1

Meditative Transformation
der Industrie
Teil 2

von

Wolfgang Eckhardt Schorat

Ein Reisebericht
zur spiritualisierung der Industrie

ISBN- 3-932209-26-5

Gertrud Schorat
geborene: Weiss

Walter Schorat
Kriegsurlaub 1944 Panzerdivision Stalingrad

Uhrzeit ist vergangen. Ich habe immer noch nicht in Montreal die Organisation gegründet und auch noch nicht eine Internetportal Webseite dafür eingerichtet. Wird kommen.

Inzwischen ist die Geldgeilkriese da. Das passt ja mal wieder. Exakt der gleiche Zusammenbruch wie damals in den USA. Die gleiche Thematik. Das gleiche abzocken. Wer es nochmal nachlesen möchte kaufe sich bloß die beiden Bücher von Edward Griffin. Welt ohne Krebs und das Ungeheuer von Jekyll Island. Beide Bücher sind inzwischen auch auf deutsch erhältlich.

Dort in den USA, dort sitzen die Megabanditen die Vasallen des Satans. Und in England. Aber inzwischen sind sie Global dabei. Und das waren sie schon seit der Schöpfung. Ho Ho Ho.

Doch wir haben ein wenig mehr „Glück" diesmal. Denn damals 1930, da waren die USA das größte Lügenkapital der Erde mit dem englischen Rothschildgeldgeilkartell und einigen anderen auf der Erde.

Aber heute hat sich ein Gegengewicht auf der Erde entwickelt mit Europa und Asien. Beides starke wirtschaftliche Märkte und auch Rußland mit seinen ErdRessourcen. Aber trotzdem dieses VerbrecherKartell aus den USA, diese Geheimbünde und hauptsächlich Materialistenanbeter und Täuscher Christen zu sein oder Gläubige Wurstkopfpiraten, hohoho, das hat identisch wie damals gewirkt, da es das Geld kontrolliert, das Papier, an das die megaverblödete Humangesellschaft immer noch glaubt, wie Untersenilaffen.

Und es war identisch zu 1930 dieser Krasch der heute murkst und die WirrnissKöpfe dieser Verblödungskulturen global in den Glauben des Aberglaubens fallen lässt und sie sich alle hypnotisieren haben lassen und Mediengesteuert an eine Wirtschaftskrise glauben sollen, was sie ja auch nun tun. HoHoHo

Mein, Gott, mein Gott mein Gott sind Menschen blöde und senil und dumpf und systemgebundene Sklaven von wenigen Geldwirtschaftsmachtkartellen.

Kein Wunder das ich damals 1993 auf Kreta da auf der Wiese den Auftrag bekam diese Organisation zu gründe zur „Meditativen Transformation der Industrie".

Auch 1930 wurde die GeldFantasieBlase bis zum äußersten gereizt und die Immobilienhypotheken zum kochen gebracht und Kredite bis zum überlaufen verschleudert für jeden schwülen Furz und jede nur mögliche Geschäftsidee. Was ja ursächlich wahrhaftig und richtig ist. Aber da Geld unrichtig und falsch ist, da es unwissenschaftlich und unwahr ist, ist es eine bloße Glaubenseinrichtung, so wie die Religionen heutzutage, die bloße Wirtschaftsunternehmen sind, mit dem

Anschein der Scheinheiligkeit, muss ja dieser Glaube wenn es außer Rand und band gerät, zerstört werden, da ja, das GeldGeilKartell, die alleinige Glaubensmacht über das Papier hat und haben will. Und somit, da diese Halbaffen von Professoren und Doktoren und Minister und Kardinäle und so weiter und so weiter, ja an, Inflation Glauben, muss das auch eintreten, wenn zu viele Menschen zu viel Freiheit verlangen, denn Geld ist nichts anderes als eine Methode um Unfreiheit zu kontrollieren, andauernd in Unfreiheit und Abhängigkeit zu halten.

Aber auf den Universitäten wo tatsächlich Senilintellekt und Senilintelligenz das studiert, wird das so tief ins System integriert das heutzutage und wohl schon immer, das Dumpfbacken und Dumpfkackensündikat daran festhält, diesen Glauben als Wissenschaft zu vermarkten.

Und so wird, dann ganz einfach, wenn den Geldbesitzern, in den USA und England, das zu weit geht, zu weit bedeutet in Wahrheit bloß, das zu viele Menschen zu viel Freiheit erlangen können, und das so was sogar, national und global, möglich ist, unabhängig und selbständig, und es bedeutet auch, das wenn diesen Geldgeilkartellen, durch die Kredite und BlasenBlähung der Zinsen, und Megagewinne, neue große Unternehmen und Banken und neue Kartelle sich dadurch entwickeln, die ihnen Profite wegnehmen , das sie dann, da sie das Geldgeben kontrollieren, sich mit ihren Geldgeilsatanskollegen, international absprechen, und Aktien verkaufen, und dann ganz einfach den Geldhahn zudrehen, und platsch, geht der Glaube ans Geld ins Chaos.

Damit wird für die Geldgeilkartelle, neuer Reichtum geschaffen, denn nun gehen viele Banken pleite und Firmen auch, und sie können sehr billig auf dem Aktienmarkt erkauft werden..

Seht heute nach wer die MegaVerblödungskrise gut überstanden hat, und wer das meiste Geld vom Staat als Unterstützung bekommt, das sind die Vasallen der Kartelle, die ihre Landsknecht in Politik und Wirtschaft haben die für sie dann die richtigen Gesetze machen, damit sie dann sogar noch, obwohl sie den Betrug begannen haben, auch da noch von profitieren können.

Denn in allen Gesellschaften auf der Erde, sind alle wirtschaftlichen Gesetze und Bankgesetze ja von der Wirtschaft und den Banken deren Lobbyisten, selber gestaltet worden..

Denn so läuft das schon als der Anfang anfing Anfang zu sein.

Die Masse der Menschen ist in Wahrheit total versklavt, das hier ist eine Gigantogehirnwäsche von Lügen und Glaubensgestaltungen für Tiere für Raubtiere für Raubmenschen, die auch Raubmenschen bleiben sollen. Raubmenschen deswegen, weil sie dann an den dumpferen Emotionen und den damit verbundenen Eigenschaften und Denkfähigkeiten und Einsichten gebunden sind.

Das hat System, schon von Anfang an bis zum Ende,

Deswegen die „Spiritualisierung der Industrie".

Denn ohne Selbsterkenntnis, gibt es keine echte weitere Evolution die über den RaubtiermaterialismusMuuuus hinausgehen kann.

Ihr sollt Raubtier bleiben.

Ihr sollt weiterhin vom Töten leben und daran glauben. Und die Kirchen sind Vasallen dieses Satans. Satan warum ?

Weil ohne Selbsterkenntnis, das Mental zu tief an die Erde gebunden ist, und der Herrscher der Erde ist, ja, vergesst das nicht, die Negative Macht, die Schwere die Trägheit die Unerleuchtetheit, das Unwache, der Glaube an das Glück der Erde, an den Reichtum der Erde, was aber auch total, total, total, das falsche ist.

Damals, als Jesus den materialismus Muus wegschickte, als der ihm die Herrschaft über die ganze Welt anbot, war alles gesagt, wo du hier bist und was du hier bleiben sollst, wenn du ans Geld glaubst und deren Befürworter und Glaubenswissenschaftler in allen wichtigen Positionen in Politik und Wirtschaft und Religionen. Global. Vergesst das nie.

Und nun, heute, sieht man, wie tatsächlich, obwohl alles da ist, genauso wie vorher, plötzlich jeder Angst hat und die Banken, die ja das Prinzip der Angst total darstellen, durch das Geld, sich gegenseitig nicht trauen, und warum ?

Ist doch klar, weil sie es ja selber sind und wissen wie da getrickst und gelogen und betrogen und kriminell gekotz wird.

Es sind die Menschen die Raubtiermenschen die sie geblieben sind, nicht die Banken. Die stehen da bloß als Gebäude.

Das ist ja auch der Irrrrrsinnnn der heutzutage zu sehen ist. Die Totalverstrickung in das Mental der Worte und Gedanken. Somit Totalverblödung.

Die sind so benebelt vom Materilaismussatan, das sie Worte glauben und von einem Wort zum anderen gehen, und das es letztendlich dann Worte sein sollen, die den Fehler machen und Schuld haben...so blöde und so bösartig auch zur gleichen Zeit.

Denn das hat System. Durch Worte immer weiter immer weiter weg vom Wesen selber zu kommen, bis der Hokuspokus total zusammenbricht.

Und somit ist nie ein Mensch verantwortlich, es sind die Worte die Formulierungen, also, die Sophisten, und somit die Unwahrheit.

Denn Sophisten denken und glauben weil sie Vasallen des Materialismus also des Satans sind, das es keine Wahrheit gibt,,

Es gibt nur Worte,,,,,

Aber, wer spricht die Worte

Und wo kommt das Wort ursprünglich her ?

Und nun, nun werden Massen richtig megamega mega abgezockt,,

Nachdem zuvor schon mega, mega, mega, abgezockt wurde.

Nun , da sie ja Vasallenpolitiker und Wirtschaftssatansbosse haben, werden sie sich sanieren finanziell, durch Steuergelder...HoHoHo

Seht ihr wie das Raubmenschsystem, ein Totalbetrug ist eine Totalversklavung.

Und die wichtigste Frage wird dann ja nie gestellt :Wer hat das ganze Geld. Das muss ja jemand haben. Denn Papier löst sich ja nicht in Luft auf. Das dauert doch etwas länger .

Also einige wenige haben diese gigantischen Mengen an Gelder bekommen, und bekommen nun gigantische Mengen an Gelder durch den Politikerfreund den sogenannten Staat. Den es garnicht gibt. Es gibt nur Menschen.

Das ist das Manko wenn man sich von Worten und Gedanken und den Glauben daran wegtreiben lässt und das wesentliche im Hokuspokuszirkus der Fantasienwelten verschleudert wird. Und so soll's ja auch sein.

Ihr sollt ja auch nur an Worte glauben und nicht an euch selber und womöglich noch herausfinden wer ihr wirklich seid. HoHoHo.

Nein das geht zu weit, das würde ja die ganze Abzocklüge und den Betrug bloßstellen. Global

Ihr sollt ja auch manische Ängste haben, um euren Arbeitsplatz bangen und ans Geld glauben ihr sollt Raubtiere bleiben.

Ihr sollt sogar glauben das ihr immer arbeiten müsst und das nur wer arbeitet glücklich ist und sein kann. Selbstwert soll immer mit Arbeit verbunden werden nur mit Werte schaffen. Oder wer nicht arbeitet soll auch nicht essen. Das alleine ist Sklavendenken , denn die Besitzer, die Kartelle, die Politivasallen und die Totalverblödeten Nachplapperprofessoren und Doktoren, halten das weiterhin aufrecht, obwohl die Technologie die Maschinen Totalarbeitslosigkeit darstellen. Damit die Selbsterkenntnis die Evolution die Ent-wicklung weitergehen kann. Und Totalbeschäftigung ist in einer materialistischen Lügengesellschaft unmöglich. Da muss es verlierer geben. Weil ja die Kartelle die Geldmacht an sich gerissen haben und damit die Wirtschafts und Politmacht global. Da muss es Verlierer geben. Weil sie ja alles immer von anderen wegnehmen müssen.

Und die heutigen Vasallen der Geldkartelle mit ihren Denkfabriken und Strategiefabriken für Politik und Wirtschaft die sich alle immer mit nationalen Namen schmücken wie deutsches Institut oder US Institution und so weiter, die gaukeln Sozial vor, und wissen das ist unmöglich, Sozial ist was Arbeit schafft, das sind Sprüche aus deren VordenkersatansKüchen in Deutschland USA oder Rußland oder China das ist überall das gleiche. Damit die Vasallenpolitiker Global was zum nachplappern haben, damit die überhaupt Ideen haben. Denn Politiker heutzutage, egal wo, sind total vernagelt, trübe, üble, dumpfe, Systemroboter. Durch das magische glotzen auf System TV und Medienstrategien sollen die Menschen weiterhin hypnotisiert werden im Glauben zu bleiben, nur wer arbeitet kann glücklich sein, und nur über Arbeit in diesem System des ausbeutens und lügens und Faschisssmussubtilismusmuus, seit ihr richtig. Alles was außerhalb liegt ist, out, ist schlecht ist nicht in...HoHoHo

Die Wahrheit ist, die Totalversklavung ist sehr, sehr, erfolgreich. Ihr seit nur noch Roboter und kostet Geld und somit immer auf der Abschussliste.

In Wahrheit gibt es keine Wirtschaftskrise, denn, DU, Ich, Er, Sie; ES, sind ja noch da .

Oder hat etwa das GELD, die Arbeiten gemacht.

Ihr müsst aus der SatansHypnose rauskommen.

Die Apokalypse. Die Klimakatastrophe.

Die Denkkatastrophe, wenn ich, Mitgefühl habe,

Die Denkkrise, nein, das nicht, es ist, das Tier, das Raubtier, der Raubmensch, und seine Ignoranz, denn wo die Unwissenheit aufhört hört auch das Böse auf. Die Unwissenheit ist keine Selbsterkenntnis zu haben. Das ist sozusagen Totalersonnenfinsternisseinszustand.

Und so stellt sich global ja auch die Menschheit dar. Bis zum Klimakollaps. Also das totalfalsche obwohl doch alles immer wissenschaftlich abgesichert ist. Oder könnte es sein, das Wissenschaftler auch bloß kartellensystemorientierte Roboter sind. HoHoHo

Denn an den Früchten werdet ihr sie erkennen.

Also wenn Wirtschaftskrise und Finanzkrise und Klimakrise und andere Krisen da sind, sind die Früchte doch keine essbaren Früchte, das sind doch vergiftete Früchte. Also das falsche. Also habt ihr die falschen Menschen die Raubmenschen die Dummschwätzer an die ihr glaubt, anstatt an euch selber, an das Selbst. Und was ist wohl das Selbst HopHoHo.

Da es eine Geldgesellschaft ist die auf dem absurden Glauben beruht, das die selbstgemachten Produkte gekauft werden müssen, damit die Gesellschaft bewegt werden kann, und so am laufen gehalten werden kann , muss ja auch für die RoboterSklaven sehr viel Geld vorhanden sein, und diese oft falschen Produkte und bekloppten Erfindungen und gefährlichen zerstöreischen Erfindungen zu kaufen und giftigen Produkte damit die gläubigen Besitzer aus Wirtschaft und Religion auch ihr Geld machen können. Also müssen die Menschen also alle auf der Erde auch dementsprechende Mengen an Geld haben. Und da Geld sowieso wertlos ist, da es bloß ein Glaubensbekenntnis für Unterbekloppte ist aber mit Sahne also Doktortitel und Professorentitel, und Diplomen, müsse alle Menschen mindestens 5000 Euro im Monat überwiesen bekommen. Einfach so. Mehr Wert ist eure Errungenschaft der Humanität heutzutage sowieso nicht. Das würde die übertragene Lüge der Denkfabriken der Geldgeilkartelle entkoppeln, die euch bis in den Tod mit Alpträumen jagen und euch nie erkennen lassen wer und was ihr in Wahrheit seid. Das hat System. Die Negativmacht hat auch ihre Aufgabe HoHoHo.

Da diese Gesellschaften alle ohne ausnahmen von Besitzern aufgebaut wurden ich meine deren Gesetze und Rechtswesen im Sinne ihres Unternehmens gemacht wurden, ist ja auch klar das Unternehmer keine Steuern zahlen, da die Abschreibungen wunderbar vielfältig sind HoHoHo. Und Steuern auf die Preise gelegt werden.

Ihr seit Sklaven wieviel hunderte von Jahren wollt ihr denn noch Leiden und Dumpf bleiben und Glauben. Auch der Kirchenglaube ist eine Farce, und viele übergeben sich und gehen raus aus dem falschen, da es eine Geldgeilfabrik ist.

Alles andere sind Hinhaltworte die mit Gottworten und Jesusworten und Mariaworten benebeln sollen.

Aber Jesus, kam hierher um aufzuwecken, um das „Himmelreich Gottes" das in eurem Tempel euren Körper also was ihr für euch haltet, präsent zu sein. Was bedeutet das wohl ?

Das Himmelreich Gottes oder der Geist Gottes lebt in eurem Tempel eurem Körper. Wer seit ihr dann wohl. Bestimmt nicht die Satanssklaven der Lügenkartelle des Subtilfaschissssmuuus.

Wenn diese Primitivogesellschaften hier auf der Erde weiterkommen wollen, auch wenn sie noch lange Raubtiere bleiben wollen und sollen, dann muss zumindest ein Grundeinkommmen ohne jede Verpflichtung für jeden Menschen auf der Erde zugegen sein. Ich bin für 5000 Euro.

Natürlich sind die Halbaffenprofessoren der HerrschKartelle immer gegen sowas da sie wie auch schon in ihren Managerverträgen sehr, sehr klein geschrieben steht, nur auf Macht über Menschen aus sind. Also der Satan sind. Die Lüge. Aber die Menschen sind das Göttliche und auch der Körper der Mensch. Das ist man zusammen. Alles ist Gott oder das Ewige Sein und darin sind alle Dinge Formen Objekte Evolutionen Veränderungen und alles ist untrennbar miteinander Eins. Das Göttliche oder das höhere Selbst oder das wahre Ich das bist du selber und zur gleichen Zeit auch das vergängliche die Form der Träger und das können kann kein Sklave sein für Spekulanten Politiker Systemdenker oder Glaubensgemeinschaften egal in welcher Richtung ob Religionen oder Politischen Sekten oder Wissenschaftlichen Sekten oder für Geld Geil MachtKartelle in Öl oder Medizin oder Pharmazeutik oder Lebensmittel .

Und alle bisher existierenden Meister auf dem spirituellen verwirklichten Weg, sind bloß Aspekte davon, sie drücken nur Aspekte des GiGaGöttlichen aus des inneren Göttlichen das sowohl Innen als auch Außen ein GiGaWesen ist denn dort gibt es weder Oben Unten Klein oder Groß in diesem komplexen Wissen können sie auch bloß aber immerhin Aspekte verkörpern. Das Bewusstsein selber ist immer noch eine Aktivität unendlich subtil aber es gibt auch das was ohne Bewusstsein ist das noch subtiler noch schneller ist und das ganze ist.

Das FinanzkollapsZirkussystem der Massenverblödung der GlaubensKartelle in das Geld das ist ja eine TotalDualistische Maloche und Verballhornung. Kein Geld-schein Kein Goldstück Keine Aktie kein Diamant tut irgend eine Arbeit oder schafft Evolution oder Ent-wicklung im Gegenteil es wird genau das Tote gefördert.

Sämtliche Arbeit geht vom Menschen aus und zwar ohne Geld.

Kein Dollar Kein Euro kann Suppe kochen oder Schuhe polieren oder Flugzeuge konstruieren oder dich küssen.

Ihr seit totalverblödet in eurem Glauben.

In dualistischen Philosophien wie Mathematik, Biologie , Politik, Wirtschaft, Wissenschaften, wird immer die begrenzende und dadurch Getrenntheit vortäuschende Seite gelebt und gepredigt, aber jede Wissenschaft die nicht zu Gott führt ist ein Aberglaube ohne Ausnahme. Und in diesen Philosophien dieser Wissenschaften inklusive der Religionen, wird diese Getrenntheit vortäuschende oder sich darstellende Kraft die, die physische Manifestation hervorbringt, immer als eine Kraft gepredigt, gezeigt, gesehen, die nicht eine Kraft des Absoluten oder des Göttlichen sein soll. Aber die Schöpfung selber ist verdichteter Form als Materie beschrieben ist Gott selber ohne dass das höhere Selbst oder Gott oder Shiva oder Brahma oder egal welcher Begriff als Bezeichnung dafür von allen Menschensorten jemals dafür verwendet wurde, sein absolutes Sein dadurch verliert. Mir wurde das schon als junger Mensch damals in Berlin lebend gezeigt wer und was ich in Wahrheit wirklich bin und was Wahrheit ist und Unendlichkeit.

So in diesen zerstörerischen menschlichen Zeiten wo Finanzkrise alles platt macht und die GeldGeilkartelle jetzt ihre Macht noch weiter ausweiten indem Konkurrenten zerstört werden vom Markt kommen und wo sie zu Niedrigstpreisen Unternehmen aufkaufen können wegen der gefallenen Aktienpreise zeigt sich dieser Totalzerstörerische Dualismus das Falsche ins seiner ganzen Pracht die Illusion oder Maya und der Glaube daran und die Totalverneinung deines Göttlichen Seins begraben im Glaube an das falsche das vergängliche.

Die Finanzkrise die Wirtschaftskrise die Klimakrise, das sind alles die Resultate dieser falschen Propheten auf das Vergängliche hin nämlich weg von dem Wesen das Du selber bist das wesentliche.

Und solche Gesellschaften sind zu andauerndem untergehen an ihren Grenzlügen verdammt.

Die falschen Überzeugungen werden tagtäglich in Medien Politik Wissenschaft Wirtschaft gelebt das alles in Wahrheit Getrenntheit ist.

Das wird nie gut gehen auch nicht mit 5000 Euro im Monat.

Aber ich sehe die Menschen nicht so ignorant das sie das nicht durchschauen und ihre Selbstversklavung ablegen werden. Wenn auch erst in ferner Zukunft.

Bis dahin wird es auf der Erde noch sehr viel Zoff und Stoff und Lügen Betrug Kriege und Machtkämpfe geben bis das Ent-wickelt und aufgelöst wurde.

Deswegen auch die Regenbogenzentren die „Meditative Transformation der Industrie".

Wenn euch die Kollektivbildung oder die Bildungsvordenker des Dualismus im Griff haben und Zwang bis hin zum Tod ausüben sei es was du zu glauben hast zu denken hast und was Inn oder Out sein soll sowohl religiös als auch politisch und wissenschaftlich dann sage ich gebe ich als Zufügung als Mittel die ständige Identifizierung mit dem Göttlichen andauerndes daran denken und hoffen oder fantasieren bis die verwirklichung die Einsicht die Erfahrung erscheint oder dämmert oder wie ein Superblitz einschlägt.

Wenn zum beispiel diese zerstörerischen Abläufe in den Gesellschaften auf der Erde die zu Micky Maus Kollektivitäten geblöfft werden, wenn die mit ihren Unterfrequenz Dumpfheiten das Beste sein sollten was es zu erreichen gäbe wo ihr immer unendlich an der Leine der Löhne und Verteuerungen gehalten werdet und nie genug haben werdet damit die Kartelle die Manager des Satans der Schattenorgien in Religion Wirtschaft Politik Wissenschaft weiterhin ihr Unwesen treiben können dann seht ihr ja nun was diese Führungskräfte nun vermurkst haben das sind bloß unwissende dumpfe Raubmenschen geblieben Raub, Raub, Raub, Manipulation, Täuschung, Betrug und so weiter. An den Früchten werdet ihr sie erkennen. Aber selbst das scheint nicht genug zu sein zum anklopfen der Ent-wicklung und dem absagen an die Ver-wicklung dieses betrug Systematikdenkens und Seins der Geld und Wirtschaftspolitik Kartelle die Hand in Hand diese zerstörerischen Gesellschaften aufgebaut haben.

Aber da ist keine Glückseligkeit.

Da ist kein Bewusstsein.

Da ist bloß so tun als ob da ist verschleierte Unwissenheit im Schein, Schein Kleid der Zwänge und der damit verbundenen Bösartigkeiten.

Wo die Unwissenheit aufhört hört auch das Böse auf.

Da ist keine Glückseligkeit keine unendliche Angstlosigkeit keine unendliche Ruhe kein all-umfassendes Bewusstsein da ist niemals das ausweiten des begrenzten Ich zum schöpferischen Ichbewusstsein des Göttlichen.

Das bedeutet und ist und wird MenschSein genannt

Menschwerdung geht in diese Richtung. Dafür sind die Regenbogenzentren konzipiert und dafür wurde mir diese Aufgabe eingeflüstert damals da auf der Wiese auf Kreta im Frühling mit den tausenden blühenden mediterranen Gladiolen und den vielen Sorten der wunderschön duftenden Orchideen.

Ohne spirituelle Entwicklung gibt es keine nichtdualen Gesellschaften sondern bloß Sklavengruppen Lohnsklaven egal ob Doktor Professor oder Papst oder Kaiser oder Maler und Verkäuferin.

Dieser Dualismus Muus verhindert eine befreite Technologie eine befreite Ökologie eine befreite Ökonomie und eine befreite Medizin oder befreite Wissenschaft oder richtiger formuliert einen befreiten Menschen.

Heute sieht man global wie Gruppen gegeneinander stehen und sich mehr und mehr eine Zweigeteiltheit global darstellt in jedem Land der Erde. Es sind hauptsächlich zwei Parteisysteme und die Wahlen sind immer enger und die Grenzen immer deutlicher.

Wenn ich mich richtig erinnere hatte Jesus mal gesagt das sich die Schafe und die Wölfe direkt gegenüberstehen werden in der Zeit der Apokalypse und davor, wann immer das auch sein mag, die Ansätze dafür werden deutlicher.

Und er sagte auch das in der Zerstörung dieser Reinigungsarbeit, werden von zwei auf dem Feld seiende einer weggenommen werden..

Das ist auch eine total dualistische Sichtweise..

Es sieht so aus als ob sich global die Verbrecher, Lügner, getäuschten die Trickser, Wortjonglierer die Rhetoriker die Manager die Verantwortlichen egal in welchen Bereichen noch mehr dualisieren noch mehr polarisieren obwohl die Pole keine polarisierung sind. Das ist bloßes dummes Geschwätz und Rhetorik der Unwissenden die sich als Wissende in der Öffentlichkeit darstellen. HoHoHo

Die Psychologiedenkerei sagt ja denkt ja die Schattenkräfte die Kräfte des Üblen der Satan der MaterialismusMuus oder die im dunkeln liegende Seite die einem nicht bewusst ist und die auf andere projiziert wird das muss integriert werden, indem man es einfach akzeptiert und damit eine spirituelle weiterentwicklung noch wesentlicher macht. Und es gibt auch überpersönliche Schattenkräfte wie zum beispiel das Kollektivbewusstsein das Karma das eine höhere Power hat und jeden auch noch beeinflusst und ganze Massen von Menschen zu Handlungen bringt die unerklärlich erscheinen,, Balkankrieg und so weiter, Aber nicht immer kann so viel Arbeit bewusst geleistet werden. Und ganze Großbereiche werden dann einfach zerstört wenn die Ent-wicklung keine mehr ist sonder eine Totalverwicklung geworden ist. Probleme die man nicht lösen kann löst man indem man sich vom Problem löst.

Da die Menschen für blöde vermarktet werden und als wissenschaftsgläubige gehandelt werden mit ihren heutigen Früchten ist keine Evolution des Geistes aus der Materie vorgesehen von diesen materialistischen Sekten oder Kartellen in Wirtschaft Politik und Wissenschaft.

Das wird unweigerlich zum Punkt kommen wo es kein zurück mehr geben wird aus der Apokalypse der Zerstörung auf der Erde. Wenn die Manager des Betrugs und der Unfreiheit weiterhin in allen Machtpositionen bleiben.

Und da der Mensch ununterbrochen manifestiert bloß in langsamer Form, also ununterbrochen schöpferisch tätig ist, also die gleichen Funktionen ausübt wie das göttliche nur in begrenzter Form, wird seine eigene Unwissenheit um das eigene

Göttliche die Nichtselbsterkenntnis als Erfahrung nicht als Denken oder fantasieren, ihn zum Rand des Abgrunds führen können...HoHoHo

So ein Grundeinkommen ist unverzichtbar weil alleine Geld sowieso bloß Glaube daran ist und die Begrenztheit in Wahrheit bloß Begrenztheit der Geldgläubigen Vasallen des Geldes ist. Sie können die Grenzen des Geldes was und wie und wo eine Inflation sein kann, ruhig grenzenlos machen, da es totale Unwissenheit ist die euch verblödet hält und damit totale Bösartigkeit.

An den Früchten werdet ihr sie erkennen.

Es geht nicht um Verdienen es geht um Dienen.

Dienen als Freude als Glückseligkeit als Tanz als Freiheit als Sonnenaufgang als Duft und Lächeln.

Und heute am 20.2.09 was habe ich da gestern gehört. Da höre ich das die Schwitzer USB Bank, ihre amerikanischen Kunden an die US Justiz verhökert, damit sie selber in den USA nicht zu enorm bestraft gerichtlich platt gemacht wird weil sie US Bürgern dabei half Steuerbetrug zu machen. Bankmanager, Raubsäugetiere, wollen sich freikaufen. Und diese Bankmanager stellen sich in der Öffentlichkeit als das Beste dar, und haben diesen Einfluss in allen Bereichen. Aber das sind Verbrecherorganisationen. Mafia. Cosanostra. Der Raubmensch. Das Töten. Das Massentöten, also die Kriege. Die jetzt ablaufen, Terror usw. Aber auch das Massenmorden an den Tieren , tagtäglich in den Schlachthäusern, das ist die Raubmenschgesellschaft. Die Kühe die Schafe die Fische ein gigantisches Blutbad jeden Tag. Das sind die Raubmenschen. Und das bedeutet das Reich des Tieres und nicht das Reich des Menschen. Der Mensch, der muss erst entstehen. Aus dem Raubtier aus dem Raubmensch ent-wickeln. An den Früchten werdet ihr sie erkennen. Das Tier das Raubtier der Raubmensch, global.

Die Finanzkrise heute wo sehr viele Pleite gehen und sehr viele an die Geldkartelle ihre Firmen verlieren werden weil die Aktien leicht zu haben sind und weil die Banken ja ganz bewusst auf diese Geldblockade aufbauen, das ist die Strategie, die schon immer angewendet wird. Auch im Krasch von 1930 auch aus den USA gesteuert mit Englands

RothschildgeldGeilkartellen zusammen. Und in ihren Zentren für Wahnsinnige, den Börsen, wo sie mit Vasallen Lügen und Gerüchte verteilen um das Hokuspokustreiben dieser Flüchtigkeitssenilen anzuheizen und um durch Betrug gesteuert Aktien zu schmälern oder zu erhöhen, in diesen Zirkus aus diesem Zirkus lässt sich eine Gesellschaft beeinflussen und glaubt an diese primitiven dumpfen üblen Wahnsinnigen spinösen abgewrackten Stinkwolken.

Wenn Europa und Asien nicht mittlerweile eine eigene Wirtschaft und Geldmacht aufgebaut hätten, wäre die Finanzkrise noch übler eingeschlagen International als damals in den USA und Europa 1930.

Und heute wie der Glaube an Wörter Blockaden aufgebaut hat wie Politiker Partei-en Länder bestimmte Industrien blockieren und Atom und Chemie und GenFood fördern. Das ist alles der Satan. Der Wiedersacher. Denn heutzutage sind alle positi-onen Global von diesem üblen Kräften eingenommen. Und das Resultat wird dem-entsprechend sein. Oder die CDU re-gierten Länder wie die konsequent Windkraft und Solar usw. blockiert haben, und erst nachgaben wenn's absolut nicht anders ging. Wie Thermalenergie, Brennstoffzellen, usw. abgeschmettert wurden, bis zum geht nicht mehr. Weil sie ja Vasallen der Bosse dieser Industrien sind und danach in den Aufsichtsräten sitzen werden. Diese Gesellschaften das sind alles betrugs und betrugs und Betrugsysteme.

Aber das ist typisch für den Wirrnishaufen CDU oder Kirchenchristen selbst der Papst ist noch für das töten der Tiere für ihn werden sogar auf dem eigenen Bauern-hof Schafe Ziegen Gänse und so weiter gezüchtet denen die Kehle durchschnitten wird, damit dieses Raubtier Fleisch Fressen kann, an den Früchten werdet ihr sie erkennen, und für Tierversuche ist er auch, und hat Aktien der Vatikanstaat in Zer-störindustrien und so weiter.

Die Welt braucht die Umkehr nicht zu schaffen, das muss der Mensch, das Tier der Raubmensch machen. Diese Raubmenschen sind von Zockern abgezockt wor-den und werden weiterhin abgezockt werden wenn sie nicht den Mut zur Wahr-heit haben. Und nicht die Angst, Angst sein lassen. Der Zusammenbruch macht die Rockefeller Rothschildkartelle noch reicher. Schaut euch die Banken an die in den USA und England unbehelligt siegen, dann wisst ihr wer das gesteuert hat.

Und wo das Geld hingegangen ist und auch hingehen sollte.

Laut Jesus wird die Zerstörung der Erde kommen. Sie wird aus dem Kosmos kom-men. Wohl über Asteroide die einen mächtigen Bummmms machen werden. So wie mit den anderen Evolutionen die außer Rand und Band gegangen waren.

Aber das Wissen habend, hat die materialistische HerrscherKartellsystematik mit ihren Wissenschaftsvasallen schon damit begonnen nun Raketen zu entwerfen die diese Asteroiden abfangen sollen..HoHoHo

So durchdacht und wissend ist die negative Seite der Schöpfung.

Sie ist genau so identisch kräftegleich und energiereich wie die positive Seite der Schöpfung.

Aber sie hat keine Liebe und damit die Zerstörungs die Selbstzerstörung. Wenn der Point of no return erreicht ist, also die denaturierung, die Synthetik, das falsche, die Entwicklung die ausschließlich das Außen im Blick als Ziel hat.

Die philosophische Denkerei das andauernde Denken von „anfangs war zu viel Na-tur und nun ist es zu wenig Natur, so das die künstliche synthetische Veränderungen nun beginnen den Menschen und den Planeten zu bedrohen und in Frage zu stellen" diese Denkerei geht am wesentlichen immer vorbei, weil nie der Mensch selber, so wie er bis jetzt geblieben ist, in Frage gestellt wird.

Was ist der Mensch noch wenn er unbeschreibliches Leid über andere Lebewesen ausübt tagtäglich, jahreinjahraus, durch die Schlachthöfe, das Fleischessen, das töten. Und das töten der Meereslebewesen. Und auch das töten der Mikrowesen in der Erde durch die synthetischen Gifte der ChemikerRaubsäugetiere.

Das ist inzwischen alles aber auch alles zur Vollblutignoranz geworden. Die aber weiterhin durch Kartell und Lobby und Verbandsinteressen und Geldmachtinteressen und vor allen Dingen durch Macht über Menscheninteressen aufrechterhalten werden soll durch die Manager des Todes des synthetischen des falschen.

Der absolute Hammer des Üblen des Geldes der Machtinteressen Macht über Menschen und Tiere und Natur zu haben, sind die AtomWahnsinnigen und die Technologie der Gentechnik die synthetische Biologie sogar mit patentierungen von Lebewesen.

Das ist alles das Üble der Satan der Wiedersacher nämlich gegen das Leben gegen Natur Bionatur und gegen Wissen Wahrheit und Wasser. Und Wasser und Wahrheit und Wissen müssen unverfälscht sein um überhaupt Evolution bewirken zu können was ja andauernd verhindert wird durch die Kartelle des Bösen des Üblen die Machtkartelle Global. Das bedeutet aber auch wenn die GeldMachtkartelle die Macht über Menschen gewinnen würde und denen geht's um Gewinnen, dann würde die Erde unweigerlich zerstört werden, weil die Evolution keine Evolution sein würde sondern versklavung durch Täuschen und Tricksen und Lügen und ausbeuten und morden und vergiften und so weiter.

Patentierung Machbarkeitswahnsinn, hemmungslose Vermarktung von sinnlosen Produkten und üblen Produkten lebensfeindlichen Produkten und Technologien in der Pharmaseuche und der Medizinseuche oder Manipulationen der Bevölkerungen durch die Wirtschaftsinteressen und deren Manager und Lobbyisten die sogar in den Ämtern ihre eigenen Gesetze schreiben und so weiter. Deswegen die Regenbogenzentren und die spiritualisierung der Industrie.

Geld Macht Innovation und der Wahnsinn das Leben durch synthetisches künstliches erstelltes zu ersetzen treibt die Entfremdung der Menschen vom Erdball der Erde der Natur der BioNatur der Du sollst nicht Tötennatur für den Menschen ins völlig abhängig gemachte Sein wo alles nur dem Geldmachen unterjocht wird dem Satan.

Die wirtschaftlichen Interessen die Machtinteressen sind heute so gigantisch das praktisch der ganze Globus davon unterjocht wurde durch die technische Manipulation und Verwertung von Lebewesen zu bloßen Objekten die keine Freiheit keine Liebe keine Existenzberechtigung haben.

Die synthetische Vergewaltigung und wirtschaftliche Ausbeutung durch die Vasallen des Üblen der Ignoranz der Unwissenheit am Rohstoff Leben ist so weit fortgeschritten das selbst die Globale Menschheit praktisch keine Bedeutung mehr für diese Interessengruppen hat und sie bloß als Ausbeutobjekte gesehen werden im Schachspiel der Kartellinteressen der Machtgierigen und der Lügner und Betrüger an die Reinheit der Natur des Lebens und der Biodiversität des Blühens der Farben und Düfte des göttlichen Lichts und Seins in Freiheit.

Der Faschismus also das Raubtier Mensch der Raubmensch ist sehr, sehr, aktiv was durch die Vereinnahmung des Lebens gesehen werden kann durch Patentierung von Tieren und Organen und Pflanzen durch die Neukonstruktion und Kontrolle des Lebendigen in das Nichtlebendige das Synthetische Sein Eugenik, gentechnische Manipulation, synthetische Biologie Manipulation und Kontrolle des Saatguts, Klonen und wirtschaftliche Vereinnahmung des Lebens durch politische Vasallen und Lobbyisten und durch Patentierung des Lebens. Das ist totalitärer Zugriff also Faschismus auf subtilere Art die aber ausgeweitet wird, indem den Menschen vorgelogen wird, also der Satan der Wiedersacher, denn die Lüge ist der Satan, der Betrug, das sie besser ist als das existierende vorgefundene Leben. Diese Kartelle der Lüge des Betrugs der Machtmenschen haben praktisch schon die gesamte Biosphäre politisch wirtschaftlich finanziell eingenommen und die Resultate sind ja sichtbar mit der Finanzkrise die bewusst gemacht wird wenn zu viele zu viel Freiheit erlagen könnten gegen die LügenBankManager und LügenLobbyisten die LügenBetrugsKartelle.

Beide Seiten sind aktiv, die Schafe und die Wölfe , mal biblisch geschrieben, und wer was wird siegen. In der EU sind sowohl kein Fleischfressen vorhanden und Bioprodukte als auch der Schutz biotechnologischer Erfindungen wo ausdrücklich festgelegt wird, das Pflanzen, Tiere und Teile des menschlichen Körpers patentiert werden können.

Damit ist die Natur das Leben dem Faschismus übergeben worden, durch das EU Recht. Also durch EUSatanisten. RaubTieren.

Also ein Gesetz der Lüge.

Da sind auch bloß Raubmenschen im Parlament die Vasallen der Lügen sind. Deswegen ist ja auch die Europäische Verfassung SatansBratenKost.

Die geistige Kapazität der Politiker ist vom MaterialismusMuus benebelt und sie haben keine klaren Einsichten oder Fähigkeiten mehr was am siegen der wirtschaftlichsten wissenschaftlichen Klone und Patente und Genmanipulationen und so weiter gut zu sehen ist und das menschliche Chaos zeigt sich mehr und mehr, die Aggressionen steigen global das Üble das Unwissende. Das die Menschheit nicht der Sklaverei der Gene unterworfen ist aber das ist den Geldmachern und Profitkartellen den Raubmenschen ist das total egal, es geht um Geld und Macht über Menschen Natur und Lebewesen.

Und die Verschnelligung Verängstigung Verunsicherung in den Bevölkerungen wird medienmäßig aufrechterhalten und ausgeweitet. Jedoch diejenigen die in ihren Supervillen und Banktresoren Leben, denen ist das total egal und sie leben in Ruhe Stille und ihre Freunde und FamilenClans sind im Glauben das es für sie bis in die Ewigkeit so weitergehen würde und sind mehr oder weniger total befreit von den Zwängen die der Menschheit aufgezwängt wurden.

Das Hamsterrad der Schuldengesellschaften gibt's für die nicht, obwohl das Papiergeld ein Schuldgeldsystem ist. Die Versklavung an das Geld ist subtilfaschismus. Das war und ist ihr Ziel.

Die oligarchen Raubmenschen die sind ja auch gewillt wie schon immer zu morden wenn es darum geht ihre LügenBetrugsIndustrien und Vorteile zu erweitern und zu verteidigen. Deswegen sind es ja auch RaubTierRaubMenschen geblieben. Und aufgrund der jahrhunderte langen Unterwerfung, geduldeten, von Politik, und so weiter, durch die Hintergrundmächte, die Lüge, die Machtkartelle, die Geldkartelle, sind die Menschen global echte Sklaven dieser Kartelle geblieben, die machen und tun und walten und schalten wie sie es wollen egal mit welchen Konsequenzen zur globalen Bevölkerung. Und die wirklichen Machthaber im Hintergrund die nie in die Medien kommen die lachen sich kaputt und rund über die verzweifelten Versuche der Menschen oder auch der Zivilgesellschaften sich von diesem inszenierten Hamsterrad zu befreien.

Alleine der gesamte Medizinkomplex der Chemiekomlex ist so weiter oder wie in Filmen gezeigt „unsere Nahrung" oder „Lets make money" und so weiter, da ist die Versklavung erlogen, und die Ausbeutung ist giftig gigantisch und gigaweit.

Aber das Welttheater geht weiter, und ein Lachen bleibt übrig da es inszeniert ist. Ein Lachen über sooo viel Blödheit dieser MachtMenschen soo viel Ignoranz und Minderwertigkeitskomplexe. Lach Lach Lach.

Und die Lemminge die Bürger bleiben feige im Angesicht der Globalzerstörung der Finanzausbeutung und der Klimakrise. Sie gehen wählen HoHoHo. Und viele wissen wohl auch garnicht was da abläuft.

Es werden viele Versuche global gemacht von Menschen die dem Kartell der GeldGierMacht und dem Kartell der dadurch existierenden Wissenschaftslobby und deren Ziele in der Politik entgegengesetzt tätig sind. Also Unabhängige, aber das wächst langsam und die Erde wird platt gemacht und die Ignoranz lebt weiter in Afrika in den Islamischen Staaten mit ihrem Chaospotenzial und ihren mittelalterlichen Evolutionsabläufen und Einsichten und Ansichten und Tätigkeiten so wie damals im Mittelalter in Europa mit den Glaubensirren und Glaubenswirren.

Aber heutzutage sind die Geldgeilkartellwissenschaftler die sich politisch positioniert haben und politisch mit ihren Gift und ChemieWahnsinnsprodukten in den Vordergrund gelogen und manipuliert und gemordet haben praktisch in der gleichen Verfassung, nämlich dem Irrglauben das Synthetik und Chemie und Atomgifte das

Ziel der Evolution und der Menschheit wären.

Nein, so ist das nicht.

Denn deren Ziele sind ja nun anhand der Früchte der Vergiftung und Zerstörung bis hin zur Klimakatastrophe sichtbar.

Diese materialistische auf Macht in den Gesellschaften ausgerichtete Technologie die ausschließlich durch jene gefördert wird die das Geld haben, was ein absurder Schwachsinn ist und Totalverblödung bedeutet und aber auch gar nichts von der Freiheit des Geistmöglichen und Evolutionsmöglichen in sich trägt, da es bloß auf geldaufgebaute Zieltechnologien die patentierbar sind ausgerichtet sind damit mehr Geld und mehr Kontrolle erreicht werden kann, die muss beendet werden, durch lebensfördernde Technologien Ungiftige Biologische Naturtechnologien und Menschen.

Ich lese das die freisetzung von Organismen mit gentechnisch verfälschtem Erbgut ob mit Tiere Pflanzen oder Mikroorganismen, nicht kontrollierbar ist.

Aber das ist jenen die bloß seit Jahrhunderten auf Geld aus sind, mehr als Gleichgültig. Man sieht ja was in den USA für Verbrecherverhältnisse sowohl wirtschaftlich als auch politisch ununterbrochen aktiv sind, und egal welche Partei am Markt ist, auch jetzt mit Obama, die gleichen Geldmachtsyndikate die gleichen Familien beherrschen die amerikanische und globale Gift und Verbrechersysteme und Technologien.

Die Biotechnologie vermurkst Tiere und Pflanzen und Mikroorganismen die aber alle Lebewesen sind und ein eigenständiges Leben haben mit eigenständiger Reproduktion, alleine deswegen kann schon eine Freisetzungskontrolle garnicht möglich sein, da werden sofort andere Lebewesen von in Mitleidenschaft gebracht.

Monsanto ist eine TotalLügenstruktur und deren Vasallen in Wirtschaft Politik und Bankenwesen.

Das sind Verbrechersysteme Verbrecherorganisation das ist der Wiedersacher der Satan, weil es die Lüge ist.

Nur grundsätzliches Freisetzungsverbot kann den Lügenwahnsinn dieser Banditenfirmen blockieren.

Die sogenannten legalen Abläufe in der Wirtschaft der Wissenschaft den politischen Gesetzen und Strukturen mit ihren eigenen Lügen und Betrugswächtern in der Verfassung und den Gesetzgebern und den Wächtern in der Lobbykultur wo sich nun praktisch das Gesetz so darstellt als ob es gar nichts anderes geben dürfe und andere Einsichten und Wahrnehmungen und Lebensmöglichkeiten die dem entgegengesetzt sind bekämpft werden sogar durch die Ordnungsstrukturen die Polizei und andere Möglichkeiten, muss bloßgelegt werden und verboten werden.

Diese Gift und Mordwissenschaftlertechnologien diese Geldmachttechnologien müssen diskriminiert werden und der Modetrend der Gleichberechtigung der ja von diesen Kartellsystemen für sich selber entwickelt wurde, muss aufgehoben werden. Es darf für Lebensverneinende Wissenschaft die unter dem Vorwand das Gute zu tun und Menschen retten oder sogar was noch blöder ist Leben zu retten, keine Gleichberechtigung geben sondern Diskriminierung und Verbot.

Ich lese das die Rolle der Wissenschaft als unabhängige Wächterin und kritische Kontrolleurin einer neuen Definition bedarf. Okay,,aber diese Wissenschaftler sind die Vasallen der Ignoranz

Sie sind Geltungsgeil und Geldgeil und Machtgeil, ,die brauchen spirituelle Entwicklung und keine materialistische Verwicklung als Vasallen der GeldmachtFamilienkartelle und Sekten von Geheimbünden und vieles was Jan Van Helsing in seinen verbotenen Büchern, die nun mittlerweile wieder erkämpft, erlaubt, sind in den Büchern Geheimgesellschaften 1 und 2 beschrieben hat, ist Tatsache , und sogar noch viel, viel, schlimmer als das gelesene selber. Anhand der Buchinformationen konnte ich sehr gut erkennen in den globalen Abläufen und den Filmen zbs.. Lets make Money, das es genau so ist wie er es beschrieb und das diese Art von Ignoranzmensch, und deswegen Bösartigkeitsmensch , total skrupellos ausbeutet und erpresst und wenn's sein muss mordet und Kriege entfacht wie die USA die in den Händen des GeldGeilkartells ist, es mit vielen Kriegen gemacht hat und Lügenvorwandt. Was ja mittlerweile bekannt ist.

Also die Wissenschaft die es nicht gibt, es gibt nur Menschen, das diese Wissenschaft sich nicht selbst kontrollieren kann, darf , oder diese sogenanten Selbstreinigungskräfte der Märkte das sind alles Strategien die in den Denkfabriken für Politiker und dann für die Öffentlichkeit erdacht werden um die Menschheit zu verblöden, diese Wissenschaft kann kein kritischer Kontrolleur seiner eigenen giftigen Tätigkeit sein, weil sie Systemkonform sind, und das System Geldkonform und Giftkonform und Betrugskonform und Ausbeutkonform und Materialistischkonform ist und sind.

Statt schwerpunktmäßige Forschungsgelder also Steuergelder die Anwendungsorientierte und Industrienahe Ziele erreichen wollen müssen Gelder in alternativ und giftfrei Technologien und lebensfördernde naturschützende Technologien und sogar was sich blöde anhört naturaufbauenden Technologien ausgegeben werden.

Die meditative Transformation der Industrie beinhaltet ja auch ein nicht tötendes also vegetarisches Leben und somit müssen Gelder in die Entwicklung von guten schmackhaften nahrhaften Getreide und Früchte und Pflanzen gehen .

Außerdem müssen junge Menschen sogenannte Wissenschaftler unabhängig alternativere Produkte und Eigenschaften entwickeln können die als Totalkonkurrenz zu den etablierten Technologien stehen und die deswegen auch nicht gefeuert werden, weil sie womöglich Mißstände und Ungereimtheiten und so weiter entdecken, sie aussprechen, und sich Freidenken vom dem Sklavensystem der LügenWissenschaftler und LügenGeldkartelle und Lügensekten und Lügengeheimbünde die ausschließ auf Macht über Menschen und Natur aus sind und nicht auf Liebe.

Die wissenschaftliche Karriere überhaupt die Karriere darf nicht zerstört werden wenn sie mit wirtschaftlichen Interessen von GeldmachtOrganisationen Firmen also Besitzern also Familien oder Logen also Menschen oder Geheimbünden in Konflikt geraten.

Das System ist Total von diesen Organisationen für sich selber aufgebaut worden über die Hunderte von Jahren und viel länger.

Zulassungsbehörden sind Totalvasallen dieser Systemdenkerei die sich sozusagen als ein Naturgesetz darstellen und das politisch korrekte ist immer das wirtschaftliche Systemkonforme korrekte, also das falsche der Betrug. Die Lüge die Unwahrheit, sozusagen mitlegalisieren.

Es gibt ja Global schon mehr Menschen, Organisationen die dem Wahnsinn dieser GeldGeilkartelle entkommen sind, und Versuche machen eine Zivilgesellschaft und keine Wissenschafts oder Politik oder Rechtsgesellschaft oder Militärgellschaft oder Religionsgesellschaft zum Vorschein zu bringen durch ihr Alternatives Tun, an verschidenen Orten.Die Zinsknechtschaft oder die Geldknechtschaft oder die Synthetikknechtschaft oder die Lügenwissenschaftsknechtschaft das ist keine Evolution das ist Zerstörung.

Evolution ist ausschließlich Leben und Liebensfördernd. Evolution ist ausschließlich friedlich und unmilitärisch. Evolution ist ausschließlich gesund und nicht krank oder giftig. Evolution ist ausschließlich BioGrünVegetarisch. Evolution ist ausschließlich nichttötend von Lebewesen.

Es werden alternative Währungen entwickelt die kleine Gruppen unterstützen, das ist ja okay, aber die Entwicklung der Menschen ist eine runde Sache und keine Kleinflächige für die diese Alternativgelder limitiert reichen.

Wie zum beispiel in den USA wo sich am 17 Dezember 2007 die Nation der Lakota Indianer von der amerikanischen Nation freisagten und ihre Unabhängigkeit proklamierten. Sie haben dann eine eigene Bank gegründet die kein Fiat-Geld akzeptiert und nicht auf dem Mindestreservesystem basiert sondern nur durch Gold und Silber gedecktes Geld als Guthaben annimmt.

Das ist zwar Lobenswert aber in letzter Konsequenz muss auch das Geld als solches aus dem Menschenreich verschwinden, da in Wahrheit das Geld gar nichts macht, aber auch nix und doppelnix und tausendnix und mehr..

Geld ist totale Fiktion.

Nur der Mensch macht und schafft und zwar unabhängig von Geld.

Alles andere ist Betrug und Schaumschlägerei und Rhetorik und Irreführung und Bösartigkeit.

Wenn Geld wegfällt fällt alles weg was zur Angst und zur Bösartigkeit mit Geld im

Zusammenhang steht.

Auf der Webseite der Bank der Lakota steht: Papiergeld ist eine Hypothek auf den Wohlstand, der garnicht existiert, gedeckt durch Pistolen, welche auf die gerichtet sind, die den Wohlstand erarbeiten müssen.

Da wir nur mit echtem Geld zu tun haben wollen, beteiligen wir und nicht an irgendwelchen Betrugssystemen der Zentralbanken,,

Geld gibt es nur, wenn man etwas produziert. Papier ist kein echtes Geld, sondern nur ein versprechen, Geld zu zahlen.

Wir hoffen das, dass eines Tages der Rest der Welt von diesem Amerikanischen Traum aufwacht, diesem Traum, dass ein Mensch Leben erhalten kann, indem dieser mehr konsumiert als er produziert. Wir nennen es den amerikanischen Traum, weil man Pennen muss, um an ihn zu glauben. Nur, der Traum hat einen Silberstreifen, weil die Menschen entdecken, der Traum ist in Wirklichkeit ein Alptraum. Die einzige Lösung ist, zu echten Werten zurückzukehren, Werte, die aus Produktion und ehrlichem Handeln entstehen".

Soweit die Lakota aus den USA das von Verbrecherorganisationen und schwerbewaffneten Menschen bevölkert ist. Warum wohl, weil sie soooo liebend so befreit so ent-wickelt sind...

Bestimmt nicht.

Die Bösartigkeit das satanische die Lüge ist in den ganzen Gesellschaften Global in den Machtpositionen. Aber wer auf Macht aus ist wird unweigerlich zerstört werden denn alles was Macht produziert führt unweigerlich zur Zerstörung. Auch der eigenen inneren Abläufe deines eigenen Körpers. Da die Evolution keine Macht über Planeten oder Natur oder die Menschen als Ziel hat. Das ist innerlich in jedem Menschen verankert diese Unmacht diese Freiheit diese Liebe die nicht zerstört sondern Lebensfördernd ist.

Schiller hat mal geschrieben: was ist Mehrheit, Mehrheit ist der Unsinn. Verstand ist stets bei wen'gen nur gewesen.

Das stimmt nicht mehr, das war bloß seine Position. Heute ist es umgekehrt, Verstand ist heute bei meh'reren und Vernunft auch, obwohl weiterhin versucht wird, durch die Lüge den Betrug, die Bildung und Befreiung nicht zu fördern, und Gelder ausschließlich für die verbrecheretablierten Industrien und Bankensysteme auszugeben.

Unter Kohl war das drastisch. Unter Buschfeuer auch. Hier ist zu beachten das die CDU die ja nach dem zweiten Weltkrieg von den USA gefördert wurde und zwar von den Republikanern fast identisch mit den Zielen der USA Republikanern sind, weswegen wohl und so weiter.

Das Unterdrückungsinstrument Schule in der die neue Generation von Indoktrinierten Weltverbrechern gezüchtet werden soll durch die Systemweltverbrecher der

GeldGeilKartelle, das muss aufhören. Deswegen auch die spiritualisierung der Industrie. Deswegen die Regenbogenzentren.

Der erklärte Wille dieser Verbrecherkartelle ist es ja den Mittelstand platt zu machen indem ihm keine Kredite gegeben werden und aber auch die Lohnabhängigen den Wohlstand in Europa und den USA auf das Dritte-Welt-Niveau abzuschmelzen durch Finanzkrisen und Konkurrenzkämpfe was allesamt auf Geld aufbaut.

Hartz IV ist da schon das Ziel die Versklavung durchzuziehen mit den satanischen Politiksystemen der Verbrecherlobby und dem Geldgläubigen an konkurrenzglaubenden „Realitätsfaschisten" in Politik und Wirtschaft und Gesetz und Rechtsanwälten, die ausschließlich Unrechtsanwälte sind.

Das Raubtiergesetz von Fressen und gefressen werden, also die Raubtiergesellschaft soll total aufrechterhalten werden. Es soll keine Evolution geben keine spirituelle Evolution. Man sieht ja das heute am 24.2.09 dieses Raubtiergesellschaftsystem total da ist es ist totaler Raubtierkapitalismus, der sogar wenn es verstaatlicht werden soll, was ja bloß bedeutet das es der Allgemeinheit gehört, als das Üble das schlechte darstellt..

Aber weil die Menschen noch in diesem Tötungssystem leben, es leben, die Tiere töten lassen und deren Fleisch essen sind sie tatsächlich auch noch an diesen Eigenschaften gebunden, die nur verschwinden wenn der Mensch allmählich Vegetarier wird und Lebensliebend wird und Naturliebend und Lebewesen liebend und so weiter.

Es wird ja global sehr viel in Szene gesetzt, die Finanzkrise, durch die ja noch mehr Kontrolle ausgeübt werden kann weil ja Firmen nun zum Schnäppchen auf dem Aktienmarkt zu haben sind und Banken auch und Politiker auch und Wissenschaftler und die Habenichtse wie ich auch, noch mehr kontrolliert werden können, noch mehr Lohnkürzungen abverlangt noch mehr versklavung, und alles bloß wegen Papiergeld, einem Irrglaube einem Glaubenssystem das nur auf Macht über Menschen aus ist.

Wie lange wollt ihr noch im Traumland verweilen. Wie lange wollt ihr noch eure versklavung bezahlen durch diesen Irrglauben an das Papiergeld ..

Die Hintergrundmächte die den wirtschaftlichen finanziellen industriellen Ablauf kontrollieren durch ihre Banksysteme Geldsysteme die steuern auf ihre „Eine Welt Regierung" hin. Das wäre dann Totalverblödung und Totaldevolution anstatt Evolution.

In dem Leitartikel der Financial Times auf der Titelseite der Ausgabe vom 8.12.2008 da sind solche Gedanken keine Verschwörungstheorien mehr sondern USEnglische Realität, da ja in beiden Ländern die RothschildRockefellerkartelle diese Finanzkriese mitsteuerten und bestimmt immens absahnten und absahnen und ja auch Russland platt machen wollten indem sie deren ÖLFirmen abkaufen wollten und ihr

Mitspieler nun in Sibirien im Gefängnis sitzt. Jedenfalls in dem betreffenden Leitartikel des jüdischen Chefkolumnisten Gideon Rachman, auf Seite 1 der Financial Times wird ganz klar offengelegt, wo es langgeht:" And now for a world goverment"!

Wohlbemerkt, Financial Times, also Finanzielle Zeit, also die Geldmacht, das Geldkartell, die Ausbeuter, deren MegaAusbeutTraumZiel.

Wenn ich mir vorstellen sollte, das diese Systemausbeutung sich nun als Weltregierung etablieren würde, dann wäre das wirklich nicht nur das falsche es wäre auch das Verbrecherideologien siegen würden, die Lüge der Wiedersacher. Das würde dann bedeuten das unweigerlich die Zerstörung der Erde wie von Jesus durch Johannes beschrieben ablaufen würde wo sich Schafe und Wölfe gegenüberstehen und wo dann wenn die Zerstörung kommen würde, die über den Weltraum über Asteroiden kommt, einer von zwei vom Feld genommen wird, wo also das falsche weggebombt wird,,HoHoHoHo

Denn diese Financial Times Vasallen, also Geldvasallen Global die haben ja auch vor jedweder Autarkie sei sie Individuelle als auch National unmöglich zu machen und insbesondere autarke Lebensgemeinschaften verboten werden sollen. Also der Mensch ist ja schon vom Land mehr oder weniger entfremdet worden und deswegen ja auch die Vergiftungsmöglichkeit und die Verblödung durch die Gentechnologien und Antibiotechnologien, weil der Mensch sozusagen in der Konservendose der Giftstädte dahinmurkst und nun sieht das sie von Giften umgeben sind nicht nur atmosphärisch sondern auch Lebensmittelmäßig sie also minderwertige Nahrung bekommen und das konventionelle die Synthetik also politisch durch ihre Vasallen weiterhin gefördert wird gegen das Biologische Nahrungspotenzial. Weil ja die chimische Industrie die diese Chemiegifte produziert das so will und die Politiker so ignorant und verlogen sind das weiterhin zu unterstützen..

Doch es gibt keine alternative zu Biologischen Produkten und zur natürlichen Medizin.

Die Auslagerung der Industrieprodukte in Billiglohnländer China und so weiter fördert ja die Unterbindung von Versklavung an das falsche und die Einführung von Billiglöhnen was in ihren Argumenten dann eingebaut wird, und Betrüger wie HartzManager und Konsorten dann auch noch das „Nichtarbeiten können" noch ausbeuten und verteufeln, dabei sie sind die satanischen Kräfte. Hier wird ja immer der Schein durch Medien gefördert der Geldschein und der ScheinSchein. Die Täuschung.

Die globale Versklavung ist auf Hochtouren deswegen die spiritualisierung der Industrie.

Man erntet was man sät.

Aber nicht immer wenn es in der Natur gesät wird.

Weil , wenn Regen fehlt, wird keine Saat leben können.

Genauso muss der Mensch, die Saat der Lüge, des Geldes, des NeoLiberalenKotzens, der an Geld gebundenen Lebensformen die total unnatürlich sind, nicht weiter aufnehmen und leben lassen. Er muss die Saat der Materialistensysteme ganz einfach verneinen. Und der friedlichste Weg das zu tun, ist durch konsequentes Abwählen der LobbyVasallen der Politik und deren Politischen NebelWirrnisRaubmenschen. Die heute aber auch alles, alles,, in den Gesellschaften beherrschen, alles, weil es alles in ihrem Sinne aufgebaut wurde. Bingo.

Jede Wirkung hat ja ihre Ursache. Und die Probleme und das zu kurz kommen in Bildung Freiheit und Demokratie ja auch. Es sind ja die dementsprechenden Wiedersacher am wirken in Politik, Wirtschaft, Wissenschaft, Bildung, Religion und so weiter. Das Leiden, die Bösartigkeit, der Subtilfaschismus, das ist ja gesteuert durch die Manager der Megafirmen was ja Global an Verbrechertum gesehen werden kann. Die deutschen FirmenbosseManager mit ihren Ausspionierungen der Mitarbeiter die USA und andere Länder in Ost West oder Süd das Üble ist sehr aktiv, die Versklavung und Verblödung. Es gibt keinen Staat also Menschen der von diesen Wiedersacherbanden nicht betroffen ist. Nämlich dem rücksichtslosen streben nach materiellem Wohlstand und das war schon immer so, denn ein Goldenes Zeitalter hat es noch nie gegeben, weil der Mensch, der Raubmensch sich ja erst vom Raubmensch zum Mensch ent-wickeln wird.

Laut biblischem Denken ist das wahre Wesen der wahre Einfluss hinter den Wirtschaftssystemen dieser Erde „der Gott dieser Welt" Satan der Teufel, die Gesinnung, die Gesinnung, die „am Werk ist in den Kindern des Ungehorsams". Man sieht ja wie auch heutzutage diese Wirtschaftspredigten über Inflationsängste und Arbeitslosigkeitsängste und Wachstumsängste und Maßhaltepredigten von den VerbandsKardinälen und GeldPäpsten vorgejodelt werden im Stiel keines kurdischen Klagelieds sondern wie eine Mahnwache georgelt.

Satan oder die GeldGeilWirtschaftsKirche wohnte ja ursprünglich in der Gegenwart Gottes auf dem heiligen Berg. (Hesekiel 28,14) Er war einer der beiden Cherubim, dessen Flügel den Thron Gottes bedeckten .Daraus kann ja ersehen werden das Gott den Satan ursprünglich nicht als Advokat des Bösen geschaffen hatte, sondern als Spiegelbild der Vollkommenheit.

Man kann lesen das Satan anscheinend eine Zeitlang ohne Sünde lebte, bevor er einen Weg einschlug der die GeldGeilMachtElitenkotze aufbaute. „Du warst ohne Tadel in deinem Tun von dem Tage an, als du geschaffen wurdest, bis in dir Missetat gefunden wurde. (Hesekiel 28,15)

Es war ein Handelssystem, das er selber entwickelte das ihn zur Sünde verleitete: „Durch deinen großen Handel wurdest du voll Frevels und hast dich versündigt". Also der Urheber von vernichtender wirtschaftlicher Konkurrenz, von feindseligem

Wettbewerb, ist also der Satan, die Lüge, der Wiedersacher. Der Weg des nehmens auf Kosten der Mitmenschen. Da steckt in Wirklichkeit, also die Lüge der Satan, hinter den Konjunkturproblemen und der Armut die viele Länder plagen.

Das kann ja heutzutage wunderbar gesehen werden wie der Kapitalismussatan un- unterbrochen die Bevölkerungen Platt macht die GeldGeilkartellPäpste, wenn den MachtPäpsten der GeldGötterGötzen, die Menschen zu viel an Freiheit und Ge- meinsamkeit erlangen, erlangten, das sie dann wie auch jetzt den Geldhahn zudre- hen und so den Zerfall bevorzugen im sicheren Wissen das sie dadurch noch mehr PleiteKonzerne auf dem Aktienmarkt aufkaufen können und noch mehr Erpressung und noch mehr Vasallen für ihr Ausbeutgejodel bekommen. Und es praktisch keine Selbstversorgungsmöglichkeit geben wird. Und aber auch alles , alles was es gibt mit Mehrkosten mit Geld belegt wird, bis hin zum Atmen sauberer Luft und trinken von sauberem Wasser und einiges mehr. Es ist also eine total bekloppte Systemkot- ze die zur Zeit auf der Erde abläuft, abgrundtief bösartig.

In den Heiligen Schriften auch der Bibel die ja durch SatansbratenTheologen und MordPäpste und FanatismusVollidioten aus allen Richtungen der Erde völlig verän- dert wurde damit Lügenherrschen aufgebaut werden kann, wird aber trotzdem der Sinn und die Absicht von Gottes Gesetz näher erläutert in dessen Mittelpunkt die 10 Gebote leuchten, was ja sowas wie die Software für die mentale Festplatte ist, die man installieren kann oder auch nicht, mit den demensprechenden Verwicklungs- konsequenzen und möglichen Abstürzen in den FaschismuskapitalismusMuuuus. So, wie er heutzutage auf der Erde ist, bis hin zum KlimaKoller immer Doller.

Als Teil des neuen Bundes, den Gott zunächst mit Israel laut Bibel, was ich aber nicht glaube, denn Gott ist bestimmt nicht ein Nationalist, Hohoho, schließen wird, und dann mit allen Nationen, wird das Gesetz in das Herz also Bewusstsein also Wachsamkeit, geschrieben. (Jeremia 31,33). Wahrhaftigkeit, Ehrlichkeit, Fairness, Toleranz, Dienstwille, werden ein wichtiges Merkmal zwischenmenschlicher Be- ziehungen sein. Auch in der Wirtschaft, also mit den Menschen, denn sowas wie eine Wirtschaft gibt es ja garnicht. Das ist ja bloß ein Überbegriff der eine Zusam- menfassung ist als WortKlauber. Es geht ja in Wahrheit immer ausschließlich um Menschen. Und auch Pflanzen und Mineralien und andere Lebewesen sogenannte Tiere sind Menschen.

Die Wortklauberei ist ja so weit fortgeschritten, das ja heutzutage praktisch keine spirituelle Entwicklung möglich ist, weil es um die immer sich weiterentwickelnde Wortbezeichnung und Denkerweiterung des bestehenden Systemdenken's geht. Da geht es dann um Politik um Wirtschaft um Geld um Bildung um Finanzkrise um Bi- ologen um Medizin um Wissenschaft um Medizin um Chemie um umumum, und es wird immer ausschließlich um die Erweiterung und Veränderung dieser dazugehö- rigen Worte und Begriffe gekämpft, was aber auch total in die Entfremdung und damit Zerstörung führt bis hin zum Wirtschaftskollaps und Krieg und den Fanatismus-gotteskriegern die aber auch total einen an der Matschbirne haben mit ihrem Glaube an geschriebene Worte weil sie geistig einfach zum Satansbraten gehören und das mittelalterliche Ent-wicklungspotenzial von Scheiterhaufen und Hinrichtungen erreicht haben...so wie der amerikanische militarismus mit GuanaGuantanamo. Ho Ho Ho Ho Ho .

Die Nächstenliebe wird gedeihen wie Pilze im topischen Urwald, und folglich wird der Handel auch der internationale keine Konkurrenz bis aufs Messer mehr sein, wenn die RaubMenschenElitenUntereliten, nach den 10 Geboten leben und vorleben. Das Überleben der sogenannten Lebenstüchtigsten in einem feindseligen globalisierten WettBürowettbewerb wird aufhören. Qualitätswaren werden zu fairen Preisen angeboten im Sinne des balancierten geben nehmen und Hunger satt Gewichte. In dieser erneuerten Welt die möglich ist , wenn nicht der „Point of no Return" überschritten wird, und die Asteroiden automatisch gezündet werden, da ja die Schwingung dementsprechende Aktivitäten zum Vorschein bringt. Ho Ho Ho.

In dieser zukünftigen Menschheit wird die Industrie jedoch keine Belastung Vergiftung Zerstörung für die Mitwelt sein da Gott den ökologischen Schutz seines Planeten ernsthaft anlächelt. „Man wird nirgends Sünde tun noch freveln auf meinem ganzen heiligen Berge" (Jesaja 11, Vers 9)

Die Stelle des sogenannten Arbeitnehmers wird es nicht mehr geben, da er ja der Arbeitgeber ist , seine Arbeit gibt, und der sogenannte Arbeitgeber in Wahrheit der Arbeitnehmer ist, die Arbeit nimmt und sie entlohnt. Das wird es nicht mehr geben. Unter Gottes ins Herz gesetzten Gesetzen oder veränderter Software, wird es keine Fließbandsklaven mehr geben, sondern lebensfördernde Arbeitsplätze der Kreativität, nicht RaubmenschArbeitsplätze der Ausbeutungen der SatansbratenGeldGeilK artelle von heute.

Das menschliche Produzieren wird keine falschen Produkte und falschen Berufe mehr haben und das tun wird Qualität hervorbringen und nicht die große Menge oder der niedrige Preis zugunsten hoher Profite wird gelebt werden. Waren und Dienstleitungen werden im Sinne des Sinnvollen nicht des ausbeuterischen oder belastenden verrückten dumpfen und vergiftenden hergestellt.

Das wird alles und mehr in den spirituellen zentren der spiritualisierung der industrie vorbereitet und ausgeführt und weitergeleitet in die gesellschaften der menschheit aller menschen aller kontinente aller hautfarben...

Man erntet was man sät Ursache Wirkung das sieht auf den ersten Blick sooooooologisch aus, ist es aber nicht. In der Fantasie und dem Mentalgeist ist sowas 100% logisch und damit vernünftig. Und trotzdem ist diese Art der Logik falsch weil es nämlich nicht Ursache und Wirkung ist, sondern Ursache und Konditionen.

Das ist so wie wir als Menschen in dieser momentan sich ausbreitenden Kriese und Krisen nicht Akteure sind, sondern mehr der Spielball weltweiter unübersichtlicher Strategien sind. Was aber Hoffnungsvoll angenommen wird und bearbeitet werden muss.

Wenn es sogenannte Schuldige gibt dann muss ja auch bewusst etwas bösartiges geplant sein. Was aber in vielen Büchern nachgelesen werden kann wie das GeldMachtSystem aufgebaut worden ist und welche Minderheiten es kontrollieren, also keine Verschwörungstheorie ist sondern Tatsache. Fakt, was ja nun Global und überhaupt tagtäglich gesehen werden kann was auf der Erde abgeht. Durch Lüge an die Macht kommen die aber keine Macht sein soll sondern Liebe. In den sachbezogenen Büchern von vielen Schrifstellern werden viele Zusammenhänge beschrieben, ich nehme nur einige hier, wie die Büchern von E.Griffin, den ich selber in englisch las und der mittlerweile auch ins deutsche übersetzt wurde und bei Amazon zu finden ist, und auch die nun wieder zugelassenen Bücher von Jan van Helsing, die ja mal verboten waren, wegen sogenannter Volksverhetzung. In diesen Büchern wird prägnant beschrieben wie der Wiedersacher gut versteckt im Hintergrund die Fäden gezogen hat und wie praktisch das ganze Weltwirtschaftssystem heutzutage ein Lug und BetrugsAusbeutungsSystem geworden ist. Da ist also die biblische Einsicht garnicht sooooo daneben, eher ZielsicherTreffsicher, präzise und zeitgemäß.

Naja, die Welt wurde ja auch nicht von einem ZufallsUrknall geknallt, sonder ist die Entwicklung Gottes.

Diese heutige Krise die wurde ja wiedermal aus USA gezockt wo der SatansKlops und falsche Gottesworte von falschen irregeleiteten Gläubigen die an Gott glauben und Massenvernichtungswaffen zum Frühstück servieren und die Wohnzimmer voller Pistolen und Panzerfäuste haben, mit Kriegen für DämonKratie Völker verbluten lassen und mit Lügen in Wirtschaftskriege ziehen wie total bekloppte Unterblöde und deswegen BösartigkeitsViren verschrobene Politiker und Wirtschaftsbosse der Kategorie Überfraß und Überfall und Überall.

Das englische Empire auch auf Mord und Ausbeuten aufgebaut war aber auch Ruck Zuck vom Fenster der Weltbühne. Trotz seiner Ausbreitung.

Heute hat England bloß noch die Bankseuche in London und die Rothschildkartelle die garantiert den Finanzkrasch mitgestaltet haben, da es im Sinne vom alten Rothschild ist durch Betrug und Lüge und der Kontrolle des Geldes weltweit Macht über Menschen auszuüben und damals auch mitgestalter war an dem US WirtschaftsKollapsKlops von 1930, wo Banken ganz bewusste Entscheidungen getroffen haben, das System zusammenbrechen zu lassen, indem sie kein Geld mehr als Kredite gaben, was heute identisch das gleiche ist, es sind also die gleichen BesitzerGenerationen in weiter geführter Familientradition natürlich.

Und die gesamte Bankenwelt global hat mitgezockt in der Megagier die gegen jegliche Vernunft ist. Aber selbst Vernunft reicht heutzutage nicht mehr aus eine optimale Veränderung, Ent-wicklung, zu erreichen. Deswegen wurde auch die „Meditative Transformation der Industrie" in den Regenbogenzentren initiiert. In diesen Zentren wird der Mensch sein spirituelles Wesen, das ja schon perfekt, ist erfahren, und darüberhinaus Erfahrungen machen die seine Göttlichkeit seine „Endlose Glückseligkeit" offenbaren werden und vieles mehr, was eine materialistische diabolische Gesellschaftsentwicklung unmöglich machen wird, und sein Sein und Denken in die Bahnen des wahrhaftigen nichtmaterialistischen Lebens führen wird. Der Raubtierurwald, der Überlebenskampf des Stärksten, was Darwin ja garnicht gelehrt hat, sondern bloß Beobachtet hatte, und nicht als Ziel für die menschliche Ent-wicklung prognostiziert hatte, wird nicht mehr dem AbzockTohuwabohu der sinnentleerten Evolution sondern der „Liebenden Evolution" und der wahrhaftigen, nämlich lebensfördernden Evolution, also der Veränderung der Organischen Entwicklung durch spirituelle Ent-wicklung sein. Denn Evolution ist nicht Ausbeutung und Abzocke auf den Finanzmärkten und Aktienmärkten die ihre Angstfantasien und Machtfantasien und Gierfantasie Gewinne auf Kosten anderer erzielen, was ja sozusagen als Sinnentleerte Evolution betrachtet werden kann, also Zerstörung, Selbstzerstörung, wobei eine gewisse Gruppe von Geldkartellen immer davon ausgeht das im Zerfall der Gesellschaften sie weiterhin keine Probleme haben werden, da das neue aufgebaute Gesellschaftssystem weiterhin im Sinne ihres Geldes aufgebaut werden wird, was ja keine Evolution ist, sondern wiederum Zerstörung da Materialismus also Geldwirtschaft unweigerlich zur Zerstörung führen muss, das ist das was die auch wissen und ad akta legen weil sie das nicht interessiert. Also sind die Folgen dieser Krisen keine besondere Überraschung eher biblisch, was man sät bekommt man, auch wenn das Feld mal kein Regen bekommt und die Saat nämlich vertrocknet, man also doch nicht bekommt was man sät. HoHoHo.
Und es könnte sehr viel Regen fallen und es könnte sehr viel Trockenheit geben und es könnte sehr viel Bums geben aus dem Weltraum. HoHoHoHo.
Aber zur Zeit gewinnt der Satan noch, da keine wirklichen Einsichten in Politik und Wissenschaft vorhanden sind, sondern bloß Löcher stopfen für die alten Socken..
Die Kartelle verblöden Kartelle wie die Pharmakartelle die Rohölkartelle die Bankkartelle die Wirtschaftskartelle die PolitikNichtRichtigKartelle. Das ZDF brachte am 9.12.08 das Pharmakartell. Griffin und andere haben schon vor sehr langer Zeit darauf hingewiesen..
Die Plünderung geht weiter.
Und die Banken aus USA und England das Kartell der Rockefeller Rothschildgruppen weigert sich gegen die Weichwaschpolitiker und mit ihren politischen und wirtschaftlichen Schlägertruppen Veränderungen zuzulassen, weil sie ja und andere

Kartelle dieses BetrugsAusbeutungssytem Global für sich aufgebaut haben, das ja nun gigantische Ausmaße erreicht hat. Natürlich sitzen derren Vasallen und Landsknechte und Lobbyisten in allen großen Organisationen auch in denen die zur Club of Rome und UN und der WTO und so weiter sowieso, ja sie haben diese Organisationen selber für sich gegründet. So läuft das doch , es werden Organisationen gegründet die vorgeben für die „Öffentlichkeit" zu sein, oder für nationale Sicherheit die werden dann mit Nationalen Begriffen bezeichnet, wie Deutsche Vereinigung für Politik und Wirtschaft oder Englische Sozialwirtschaftswissenschaft. Oder Amerikanische und so weiter...

Hinter all diesen sauber erscheinen sollenden Organisationen stehen aber immer Menschen die aber bis heute noch Raubmenschen geblieben sind. Sie leben ja vom töten der Tiere sie morden ja die Meere leer, natürlich rein wissenschaftlich, hohoho. Sie morden ja die Erdoberfläche leer durch Chemiegifte und abmorden der Vielfalt und durch Monokulturen sie morden ja Milliarden von Tiere für die Fleischfabrikbosse und deren Verbandslobbyisten. Wer vom Fleisch anderer Lebewesen meint und glaubt leben zu müssen der ist Raubtier geblieben, mit all den Konsequenzen der Verbindungen zum Raubtiertierreich, und deren Dumpfe Emotionen und deren Dumpfe Gedanken und Fantasien. Was ja in den Errungenschaften der Raubtiergesellschaften gesehen werden kann. Das Waffenarsenal ist das Raubtier. Die Chemiegifte ist das Raubtier. Die Synthetik das falsche ist das Raubtier. Das ist alles Ignoranz der Raubtiere. Wer vom Blut anderer Lebewesen lebt wird genau so umkommen getötet werden. Das ist Ursache Wirkung oder Ursache und Konditionen.

Der Kollaps des Ökosystems und die Herrschaft weniger Reicher über immer mehr bewusst verarmter Menschen wird das Resultat sein und ist es ja schon denn Ungebildetheit ist systematische Sklavenaufbereitung für Menschen die bewusst gezüchtet werden um mit dem Abfall der Ausbeutreichen leben zu müssen und dazu gehört nunmal auch der Klimakoller und die Finanzkrise. Das ist nämlich der Abfall der Abfall von der Wahrheit die es aber für das Kapital nicht gibt, da gilt nur Rhetorik und Wortjonglirerei. Deswegen ein Marktfundamentalistisches System, also GierBesitzFundamentalismus also BesitzFundamentalismus also wenige GeldGeilKartelle also wenige Familien wollen das Industrie und Banken und so weiter das fundamentalste im Leben der Menschen sein soll und das Höchste Recht beansprucht und in allen Regierungen der Erde an erster Stelle kommt,,,,,,du selber der Mensch das Wesen,,,die anderen also, außer sie selber, sollen bloß Niedriglohnsklaven sein für diesen MarktfundamentalismusMuuuus. Und an solch einen Wirtschaftsschwachsinn also Totalverblödung glauben Politiker und Wissenschaftler und Professoren und Doktoren und Diplomträger, so immens verblödet sind die, auch weil sie total entfremdet von Land sind und im Wolkenkuckucksheim der Fantasien und Gedanken torkeln und im Höllenbereich der Worte und Zahlen also Fiktionen...

Man kommt angeblich an die Superreichen nicht rann, sie sollen abgeschirmt sein von einem Tross von Spezialisten, und leben in einer eigenen Welt. Na und! Aber wir wissen wer das ist welche Familien das sind welche Sekten und Gesellschaften. Also welche Einzelmenschen auch. Im Internet kann jede einzelne Person erlesen werden die zum Ausbeuten dieser Menschen beiträgt. Werdet alle Vegetarier. Das würde alles schon gigantisch verändern da dadurch auch die geistige Fähigkeit erhöht wird und vieles, vieles mehr und so weiter. Entwickelt mehr alternative Technologien, und bringt die wirtschaftlich Unabhängig, von etabliertem Kapital, in Massenproduktion, am besten als Geinwohleinrichtungen Gemeinwohl ist also unpolitisches Handeln der Staat die Menschen also müssen unpolitisch Handeln rein philanthropisch. Politik ist ja sowieso der Handlanger der GeldgeilKartelle geworden und war das schon immer. Das zeigt ja auch welchen Kurzhorizont diese Wichte haben. Kurzum ein abwenden der etablierten Produktpalette der Superreichen GeldgeilMachtkartelle von denen die Rockefeller und Rothschildkartelle zu den größten der Erde gehört und deren Umweltfreunde und Bekannte.

Sogenannte Demokratien wie sie heutzutage erlebt werden sind fast total in den Händen dieser Superreichen und ihren Mitmachern. Dazu gehören Aktienmärkte die ja in ihrem Sinne aufgebaut wurden, vergesst nicht, Aktienmärkte sind ja in Wahrheit Lug Betrug Übernahme Zockvereine von totaldurchgeknallten Geldgeilraubtieren die im BetonUrwald der Großstädte entfremdete Figuren Schachfiguren der Superreichen sind. Und auf solche Märkte hören die Menschen auf solche verrückten Zustände davon machen sie sich abhängig und machen sogar Selbstmord wenn von ihren 15 Milliarden nur noch 50 Millionen übrig gebleiben sind, HoHoHo.

Diese ganzen Gesellschaftssysteme sind wie schon gut beschrieben in Van Helsings Bücher „Geheingesellschaften" tatsächlich so, Medienkontrollierte Systemverblödung Menschenverblödung von internationalen Nachrichtenangenturen, die tatsächlich in den Händen von gewissen Menschen sind, wofür Jan van Helsing dann als Faschist oder Rechtsradikaler und so weiter durch die Medienkontrolleure dargestellt wird. Diese Medien und Nachrichtenagenturen sie befinden sich total in den Händen der Interessengruppen die von diesem AusbeutAbzockbetrugssystem profitieren. Den Geldgeilkartellen. Das ist keine Zivilgesellschaft das RaubtierKapitalismusGanoventum.

Wenn ich mir die TV Programme ansehe wie es da von Mord und Mord und Mord nur so wimmelt und wenn ich dann die Nachrichten sehen wie fast jeder Sender sogar bildlich das gleiche Material von wenigen immer in die gleiche Richtung gehenden Informationen sehe, das ist Totalverblödung und zbs. der ARD und ZDF Richtung ein Armutszeugnis ausstellen muss als Globalsichtweise und Infirmationslieferanten, das ist Mitmachen der Glaubenssätze und Vorstellungen für die Massen die als Basis für die Regeln und Gesetze dann gelten sollen die folgen werden..

Aber natürlich ist es mit anderen Sendern auch so, Russisch, Arabisch, Französisch, USA total, Englisch, und so weiter.

Die ganze Begriffsidentifizierung die Begriffsjongliererei von Kapitalismus Marktwirtschaft Marktfundamentalismus Wettbewerb Links Rechts Grün Rot Bauer Banker Fischer all diese Selbstbezeichnugsbegriffe sind alle leer falsch und die damit aufgebauten Gedanken und Vorstellungen oder auch wenn die Menschen also Raubmenschen noch denken und Glauben sie sind Rechtsanwalt oder Richter oder Politiker oder Wissenschaftler oder Biologe oder Christ oder Moslem oder Hindu oder Jude oder Rennfahrer das ist allesamt falsch und die damit verbundenen Fantasien und Gedanken weil das aber auch total in die entgegengesetzte Richtung führt, nämlich, nämlich von dir selber, weg von dir selber in diesen tausenden von Jahren von Evolution auf der Erde.

Es sind nun keine Menschen mehr auf dem Planeten sondern diese Selbstbezeichnungsroboter die sich nun in den Netzen dieser falschen Fantasien verfangen haben und als Taliban oder sonstwas auf der Erde herumtorkeln und ihr Unwesen, ja total, ihr „Unwesen" auskotzen, mit diesen Resultaten die noch schlimmer kommen werden bis zur Apokalypse, wenn nicht der Mensch zum Vorschein kommt, und das Ignorante Raubtier Raubmensch Lebensgekotze so wie es nun ist wo der stärkste die besten Betrüger und gealttätigsten Familienklans und Kartellklans die Raubmenschen ausbeuten kann.

Es gibt nirgendwo Marktwirtschaft oder Kapitalismus oder Demokratie oder all das Gemurkse, bloß den Glauben daran, es gibt nur Menschen Raubtiermenschen die Menschen werden müssen. Sonst werden sie ihrer Verhältnisse entledigt und der Planet hustet kotzt und rülpst und furzt und hat Durchfall und Fieber in einer etwas größeren Formation als es den Raubtierkartellen lieb sein wird.

Diese ganze Aufteilung in Abgrenzbegriffe muss der Einsicht weichen das es um Menschen geht um Liebe um Lebewesen wie Pflanzen und Mineralien die alle hier sind um zu leben und sich zu entfalten und zwar friedlich und segensreich für den Planeten und das Universum.

Wenn nicht, werdet ihr plattexplodiert plattgebombt aus dem Weltall.

Also die durchsetzung der freien Marktwirtschaft ist ein Konzept das die Machtkartelle für sich proklamieren um alles zu kontrollieren und die Bevölkerungen letztendlich auf Sklavenniveau zu halten auch durch ihre Armeen auch durch ihre Polizisten auch durch ihre Richter ihre Gesetze und anderen Bösartigkeiten und so weiter.

Wie Jesus vorraussah, es werden sich die Wölfe und die Schafe gegenüberstehen .

Es wird also eine Zweiteilung der Menschen auf der Erde gemacht werden die Reichen und die Massen zur Ausbeutung für die Reichen. Abgesichert durch Armee, Polizei, Staat.

Es wird ja konsequent sogar an Schulden geglaubt, das muss aufhören, an Geld darf nicht mehr geglaubt werden das führt und hat schon dazu geführt das die Totalverblödung erreicht ist, da war noch nicht mal Bildungsvertrocknung oder Drogenkonsum und Alkoholsimsalabimm für nötig . Nur alleine dieser Glaube ans Geld und an Schulden ist eine Totalverblödung der Menschheit die ein Segen für die Geldgeilkartelle sind..HoHoHo

Die sogenannte Finanzkrise , heute, ist ja getreu dem Motto entstanden: Probleme die ich nicht sehe, sind auch nicht da. Wir kauften jahrelang mit Milliardensummen, die wir nicht hatten, Anrechte auf Milliardensummen, die es nicht gab, bis plötzlich Trillionen fehlen. Und wo ist das Geld geblieben. HoHoHo.

Ihr werdet seit jahrtausenden gigantisch verblödet. HoHoHo.

Die Manger heutzutage sind ja die Söldner dieser GeldMachtkartelle Global, diese Manger die Träger des Üblen die Vasallen des Satans des Widersachers, die ja auf Macht über die Bevölkerungen aus sind, das ist ja im Kleingedruckten ihrer Verträge enthalten, nämlich das Gute der Weisen Heiligen und Weisen Philosophen zur Entmachtung der Menschen zu nutzen indem deren Werte ins entgegengesetzte gebracht werden. Vergesst nicht diese Anzüge die ihr dort seht, die „Grauen" das ist die Farbe der vermischung von Weiß und Schwarz das Graue Licht der Verbrecher Banditen und Kriminellen...

Es soll mit aller Macht, List, Gewalt, Kriegen, und vieles mehr, verhindert werden, das ihr eine Evolution durchmacht, und zwar eine spirituelle Evolution. Ihr sollt mit aller Macht an die Biochemie der niederen Welten versklavt gehalten werden, was bis heute gut funktioniert hat. Evolution der Söhne und Töchter des MaterialismusMuuus, der Biochemie und Physik und Medizin und Pharmazeutik, das ist bloß kontinuierliche Veränderung der sterblichen Formen und Abläufe. Aber Evolution im spirituellen ist das Voranschreiten die Entwicklung von Bewusstseinskraft, durch die Überwindung physischer Begrenzungen und aller bewussten Zustände, die den vollen Ausdruck der Liebe für Gott in allen Intelligenzreichen nicht behindern. Wahre Evolution ist spirituelle Evolution, deswegen auch die „Meditative Transformation der Industrie" in den Regenbogenzentren, wo sich eure geistigen Vehikel, die anderen Körper, der Transformationskörper und mehr, im gemeinsamen Zusammenspiel auf das Göttliche Selbst entwickelt, oder erreicht wird, da ihr ja schon Vollkommen, also „VollKommenDaSein" seit. Aber als materialistische Sklaven für die niederen Machthaber der Sekten und Geheimgesellschaften und Orden und WirtschaftsZiele der GeldGeilKartelle gezüchtet werdet. Spirituelle Evolution koordiniert die Erleuchtung der, eurer, Bewusstseinsvehikel, also Reisekörper und der damit verbundenen Fähigkeiten, genau so wie es Buddha zum beispiel beschrieb, das um so mehr Körper erlangt werden, also Bewusstseinsseinszustände, um so mehr Fähigkeiten sind damit verbunden bis hin zum Transformationskörper mit dem ich an mehreren Millionen verschidenen Orten sein kann ,und, und, und. Und diese Evolution gibt dem Leben durch die Früchte der Liebe und Weisheit seinen anhaltenden Sinn.

Die RaubmenschKartelle diese Finanzseuche und die Lohnseuchen und Armutsseuchen und so weiter, das ist bloße materielle Evolution, die total ohne Gott auskommt bis hin zur Totalzerstörung, denn das ist der Lohn der materiellen Evolution. Wenn weiterhin die Steigerung auf das Geld zunimmt und aber auch alles Tun und Machen vom Geld abhängig gemacht wird, durch den Satan den Wiedersachern, wird es auch eine Totalzerstörung geben, weil die psychologische Entfremdung und Entfernung von der Göttlichen Wahrheit deiner Selbst auch Total sein wird und das bedeutet mit 100%tiger Sicherheit auch Totalverblödung und Totalzerstörung. Aber wir sind ein lebendiger Teil und sogar das Ganze, des Lebens, und keine strukturelle Autonomie, sondern ein kollektives Wesen, das andauernd aus den Himmeln, Spirituellen Himmeln, in diese planetaren Welten sich manifestiert, damit die Dunkelheit im Königreich der Göttlichen Schöpfung leuchtende Früchte duftenden Früchte lächelnde Früchte hervorbringen möge.

Die Entmachtung der RaubtierMenschKartelle passiert auch dadurch das ihr euch vom töten abwendet und vegetarisch lebt und euch rein pflanzlich ernährt. Das nämlich würde schon mehr als genug Nahrung für gigantische Massen an Menschen bedeuten, denn für die Tierhaltung, also Zerstörung auf der Erde, um Fleisch zu essen, werden 70% der Getreideernte verfüttert..70%. Damit alleine kann schon die Menschheit ernährt werden.

Das Töten also der materialismus Muus muss aufhören ihr müsst spiritueller werden deswegen auch dieser Auftrag diese Organisation zur spiritualisierung der Industrie zu gründen..

Deswegen diese Regenbogenzentren. Deswegen die „Meditative Transformation der Industrie"

Auf der Webseite von www.Godsdirectcontact.org und www.SupremeMasterTV. com, ist die Thematik sehr ausführlich bearbeitet und es gibt sehr viele Links zu unterschiedlichen Organisationen, Gruppen, Wissenschaftsforen, und anderen Aktivitäten die sich mit der menschlich globalen Situation beschäftigen den Planeten zu retten , vegetarisch zu leben, und die Konsequenzen von Fleischessen und Kosten und Krankheiten die damit verbunden sind und vieles, vieles, mehr an wichtigen Informationen um auch als „Einzelmensch" direkten Einfluss auf die Klimaveränderung ausüben zu können, unabhängig von den Wirtschaftlichen Politischen Schwerfälligkeiten und Stolperfallen der Interessengruppen um Macht und Einfluss, egal was es kostet, inklusive menschliches Leben, oder die Zerstörung der Erde..

Ich habe mir ein Link heruntergeladen und ins deutsche übersetzt und vereinfacht mit der Thematik „Wie Rülpsen und Furzen von Wiederkäuern und Tieren so viel MethanGas erzeugt das uns davon schlecht wird". Natürlich ist der Titel jetzt bloß verwitzt, aber die Thematik in diesem verkürzten Wissenschaftsbericht ist die gleiche. Im übrigen ist der TV Sender von Master Ching Hai, der einzige weltweit aktive TV Sender der sich ausschließlich mit spirituellen meditativen Themen und PositivNachrichten befasst und der gefährlichen Situation des Menschen durch sein töten der Lebewesen und dem Fleischverzehr und seinen gefährlichen Konsequenzen für Mensch und Erde, den ich bis jetzt global entdecken konnte. Wenn ich zum beispiel davon schreibe das der Mensch noch ein Raubsäugetier geblieben ist wegen des tötens der Tiere und dem Verzehr von deren Fleisch, und das beschreiben sehr viele nichtblockierte Sehende und Denkende Menschen auf der Erde schon, so sagt die Meisterin Ching Hai das so: Warum Menschen Vegetarier sein müssen.

„Ein völlig göttliche Mensch ist ein völlig humaner Mensch. Ein völlig humaner Mensch ist völlig göttlich. In diesem Augenblick sind wir nur ein halber Mensch. Wir machen Sachen mit Zögern, wir machen Sachen mit dem Ego. Wir glauben nicht, dass es Gott ist, der all das für unser Vergnügen für unsere Erfahrung einordnet. Wir trennen Sünde und Nichtsünde. Wir machen ein großes Geschäft aus allem, und beurteilen entsprechend uns und andere Leute. Wir leiden unter unseren eigenen Beschränkungen darüber, was Gott tun sollte. Verstehen Sie? Wirklich, Gott ist in uns, und wir beschränken Ihn. Wir amüsieren uns gern und Spielen, aber wir wissen nicht wie . Wir sagen zu anderen, ‚Ah! Sie sollten das nicht tun' und zu uns selbst ‚ich sollte das nicht tun . Ich muss das nicht tun. Also, warum sollte ich vegetarisch sein?' Ja! Ich weiß. Ich bin vegetarisch, weil der Gott in mir es will."

„Wenn wir in unseren Handlungen, Gedanken und Rede sogar nur eine Sekunde rein sind, alle Gottheiten, und die Schutzengel werden uns unterstützen . In diesem Moment gehört das komplette Weltall uns und unterstützt uns, und der Thron ist dort für uns, um darauf zu regieren."

Ein Lebensengagement einer strengen Vegetarier oder Lacto-vegetarischer Diät ist eine Vorbedingung für die Einweihung in die Quan Yin Methode. Nahrungsmittel von Pflanzenquellen und Milchprodukten werden in dieser Diät erlaubt, aber alle anderen Nahrungsmittel von Tierquellen einschließlich Eier sollten nicht gegessen werden. Es gibt viele Gründe dafür, aber das wichtigste kommt aus dem ersten Moralprinzip, das uns sagt, davon Abstand zu nehmen, das Leben von empfindungsfähigen Wesen zu nehmen, oder „Du sollst nicht töten."

So hier ist der MethanVegetarierBericht: Eine Neue Erderwärmungsstrategie: Wie Umweltexperten Vegetarismus Übersehen, als das Wirksamste Werkzeug Gegen die Klimaveränderung in unseren Lebenszeiten.

Die Erderwärmung ist eine der ernstesten Drohungen gegen die globale Mitwelt die jemals die Menschheit bedrohte. Sich völlig auf Kohlendioxyd-Emissionen konzentrierend, haben Hauptumweltorganisationen es nicht geschafft, für veröffentlichte Daten verantwortlich zu sein, die zeigend, dass andere Gase die Hauptverursacher hinter der Erderwärmung sind die wir heute sehen. Infolgedessen vernachlässigen sie, was die wirksamste Strategie sein könnte, um Erderwärmung in unseren Lebenszeiten zu reduzieren: das Befürworten einer vegetarischen Diät.

Erderwärmung und Kohlendioxyd

Die Umweltgemeinschaft erkennt richtig, Erderwärmung als eine der ernstesten Drohungen gegen den Planeten an. Globale Temperaturen sind bereits höher, als sie jemals in mindestens dem letzten Millennium gewesen sind, und sich die Zunahme noch schneller beschleunigt, als Wissenschaftler vorausgesagt hatten. Die erwarteten Folgen schließen Küstenüberschwemmung, Zunahmen im extremen Wetter, das Verbreiten von Krankheit, und das Massensterben mit ein.

Leider hat die Umweltgemeinschaft seine Anstrengungen fast exklusiv auf die Kohlendioxyd (CO_2) Emissionen eingestellt. Gesetzgebende Anstrengungen konzentrieren sich auf die Verbesserung von Kraftstoffsparstandards, weniger CO_2 Emissionen von Kraftwerken, und Investierung in alternative Energiequellen. Empfehlungen für Verbraucher konzentrieren sich auch auf das Kaufen von CO_2 effizienteren Autos und Geräte.

Das ist eine ernste Verkalkulation. Daten vom Dr... James Hansen und andere zeigen, dass CO_2 Emissionen nicht die Hauptursache des beobachteten atmosphärischen Erderwärmens sind. Obwohl sich das als die Arbeit von Erderwärmungsskeptikern anhört, es ist das nicht. Hansen ist Direktor des Goddard-Instituts der NASA für Raumfahrtstudien, der, der Großvater der Erderwärmungstheorie genannt worden ist." Er ist ein langfristiger Unterstützer der Aktionen gegen die Erderwärmung, die von Al Gore zitiert ist und häufig von Umweltorganisationen benutzt wird. Seine Ergebnisse werden allgemein von Erderwärmungsexperten, wie Dr.. James McCarthy, Co-Vorsitzende der Internationalen Arbeitsgruppe der Klimaveränderung II. akzeptiert

Der Fokus allein auf CO_2 wird teilweise durch falsche Auffassungen angetrieben. Es ist wahr, dass menschliche Tätigkeit gewaltig mehr CO_2 erzeugt als alle anderen zusammengestellten Treibhausgase. Jedoch bedeutet das nicht, dass es für den größten Teil des Erwärmens der Erde verantwortlich ist. Viele andere Treibhausgase fangen Hitze viel stärker als CO_2, einige von ihnen sind mehrere zehntausend Male stärker. Die Potenzial verschiedenen Gase in Betracht ziehend, stellt sich heraus, dass der Betrag des wirklichen Erderwärmens eines Gases im Laufe der nächsten hundert Jahre – den größten Teil des Erderwärmungspotenzials darstellen wird, nämlich Gase die nicht aus CO_2 zusammensetzt sind.

Das übertreibt die Wirkung von CO_2, weil die primären Quellen dieser Emissions-autos und Kraft-Werke auch Aerosole erzeugen. Aerosole haben aber eine kühl werdende Wirkung auf globale Temperaturen, und der Umfang dieses Abkühlens annulliert ungefähr die sich erwärmende Wirkung von CO_2. Das überraschende Ergebnis besteht darin, dass Quellen von CO_2 Emissionen grob Nullwirkung auf globale Temperaturen im kurzfristigen haben! Dieses Ergebnis ist in der Umweltge-meinschaft wegen einer Angst nicht weit bekannt, dass die Industrie es verwenden wird, um ihre Treibhausgas-Emissionen zu entschuldigen. Zum Beispiel ließ die Vereinigung von Betroffenen Wissenschaftlern die Daten durch andere Klimaex-perten nachprüfen, die, die Beschlüsse von Hansen versicherten. Jedoch zitierte die Organisation auch Klimaquerdenker-Missbrauch der Daten, um gegen Beschrän-kungen darin zu argumentieren gegen Beschränkungen in CO_2 zu argumentieren. Diese nonkonformistische Drehung kann nicht gerechtfertigt werden.

Während CO_2 wenig Einfluss im kurzfristigen haben kann, die Verminderungen bleibt kritisch, um Klimaveränderung im langen Lauf zu enthalten. Aerosole sind kurzlebig, sich aus der Luft nach ein paar Monaten niederlassend, während CO_2 fortsetzt, die Atmosphäre seit Jahrzehnten bis Jahrhunderten zu heizen. Außerdem können wir nicht annehmen, dass Aerosol-Emissionen Schritt halten werden mit der Erhöhung in CO_2 Ausstoß. Wenn wir es nicht schaffen heute mit CO_2 klar zu kommen, wird es in langer Sicht zu spät sein wenn die CO_2 Emission sich bei uns meldet.

Nichtsdestotrotz, der Fakt bleibt bestehen, dass die Quelle der Nicht-CO_2" Grün-haus-Gase verantwortlich sind für fast alle globale Erwärmung die wir sehen , und alle globale Erwärmung die wir sehen werden, für die nächsten 50 Jahre.. Wenn wir Erderwärmung im Laufe der kommenden Hälfte des Jahrhunderts zügeln möchten, müssen wir auf Strategien schauen, Nicht-CO_2 Emissionen zu haben. Die Strategie mit dem größten Teil des Einflusses ist Vegetarismus.

Methan und Vegetarismus

Bei weitem ist das wichtigste Nicht-CO_2 Treibhausgas Methan, und die Quelle die Nummer eins des Methans weltweit ist Tierlandwirtschaft.

Methan ist für fast soviel Erderwärmung verantwortlich wie alle anderen Nicht-CO_2 Treibhausgase zusammengestellt. Methan ist ein Treibhausgas 21 mal stärker als CO_2. Während sich atmosphärische Konzentrationen von CO_2 um ungefähr 31 % erhöht haben, seit den Vorindustriezeiten, hat sich Methan-Konzentrationen mehr als verdoppelt . Wohingegen sich menschliche Quellen von CO_2 auf gerade 3% von natürlichen Emissionen belaufen, erzeugen menschliche Quellen andert-halbfach soviel Methan wie alle natürlichen Quellen.

Mit Methan-Emissionen, die Ursache fast der Hälfte des Menschen veranlassten Erderwärmung des Planeten , muss die Methan-Verminderung ein Vorrang sein.

Methan wird von mehreren Quellen, einschließlich des Kohlenbergbaus und der Geländeauffüllung erzeugt - aber die Quelle die Nummer Eins weltweit ist Tierlandwirtschaft. Tierlandwirtschaft erzeugt mehr als 100 Millionen Tonnen des Methans pro Jahr. Und diese Quelle nimmt zu: Globaler Fleisch-Verbrauch hat fünffach in den letzten fünfzig Jahren zugenommen, und zeigt wenig Zeichen des Abnehmens. Ungefähr 85 % dieses Methans werden in den Verdauungsprozessen des Viehbestands erzeugt, und während eine einzelne Kuh einen relativ kleinen Betrag des Methans veröffentlicht, ist die gesammelte Wirkung auf die Umgebung der Hunderte von Millionen von Viehbestand-Tieren weltweit enorm. Zusätzliche 15% des Tieres landwirtschaftliche Methan-Emissionen werden von den massiven „Lagunen" veröffentlicht, wo unbehandelte Tierausscheidungen gelagert werden, und bereits als ein Ziel von Umweltexperten für ihre Rolle als die Quelle die Nummer Eins der Wasserverschmutzung in den Vereinigten Staaten gesehen.

Der Schluss ist einfach: Der beste Weg, Erderwärmung in unseren Lebenszeiten zu reduzieren, ist unseren Verbrauch von Tierprodukten zu beseitigen. Indem wir Vegetarier (oder, genau genommen, strenger Veganer) werden, können wir eine der Hauptquellen von Emissionen des Methans, das Treibhausgas beseitigen, das für fast die Hälfte der Erderwärmung verantwortlich ist, die den Planeten heute bedroht.

Vorteile des Vegetarismus über die CO2 Verminderung

Zusätzlich dazu, im Vorteil zu sein, sofort Erderwärmung zu reduzieren, ist eine Verschiebung weg von Methan ausstrahlenden Nahrungsmittelquellen viel leichter ,als die Reduzierung des Kohlendioxyds.

Erstens gibt es keine Grenze zu den Verminderungen dieser Quelle von Treibhausgas, das durch die vegetarische Diät erreicht werden kann. Im Prinzip könnte sogar 100% Verminderung mit wenig negativem Einfluss erreicht werden. Im Gegensatz sind ähnliche Kürzungen im Kohlendioxyd ohne verheerende Effekten auf die Wirtschaft unmöglich. Sogar die ehrgeizigsten Kohlendioxyd-Verminderungsstrategien bleiben hinter dem Ausschuss von Emissionen anderthalbmal zurück.

Zweitens senken Verschiebungen in der Diät Treibhausgas-Emissionen viel schneller als Verschiebungen weg vom fossilen Brennstoff brennende Technologien, die Kohlendioxyd ausstrahlen. Die Umsatz-Rate für die meisten wiederkauenden Landwirtschaft-Tiere ist ein oder zwei Jahre, so dass Abnahmen im Fleisch-Verbrauch fast auf unmittelbare Fälle auf Methan-Emissionen hinauslaufen würden. Die Umsatz-Rate für Autos und Kraftwerke kann andererseits Jahrzehnte sein. Selbst wenn preiswerte Kraftstoffquellen der Null Emission heute verfügbar wären, würden sie viele Jahre nehmen, um die massive Infrastruktur zu bauen und langsam zu ersetzen, von der unsere Wirtschaft heute abhängt.

Ähnlich ,verschieden vom Kohlendioxyd, das in der Luft mehr als ein Jahrhundert sein kann, zirkulieren Methan-Zyklen in der Atmosphäre gerade acht Jahren , so dass niedrigere Methan-Emissionen schnell zum Abkühlen der Erde führen.

Drittens, Anstrengungen, Kohlendioxyd zu reduzieren, bekämpfen starke und wohlhabende Geschäftsinteressen wie die Auto und die Erdölindustrien . Chemieindustrie, Atomindustrie und einige mehr. Umweltgruppen haben seit Jahren versucht, Brennstoff liefern Effizienz verfügbar zu machen oder Kraftwerke stufenweise einzustellen, die modernen Umweltstandards nicht entsprechen, aber ohne Erfolg. Zur gleichen Zeit sind vegetarische Nahrungsmittel sogleich verfügbar, und Kürzungen in landwirtschaftlichen Methan-Emissionen sind mit jeder Mahlzeit erreichbar.

Außerdem zeigen Untersuchungen, dass die Sorge über die Erderwärmung weit verbreitet ist und Umweltaktivisten fühlen sich häufig hilflos, um irgendetwas dagegen zu tun. Es sei denn, dass sie zufällig ein Auto oder Hauptgerät kaufen, wird den meisten Menschen, die einen Unterschied machen wollen, wenig gegeben, um abgesehen vom Schreiben an ihre Gesetzgeber und dem ausschalten ihrer Lichter wenig geboten. Das Reduzieren oder das Beseitigen des Fleisch-Verbrauchs kann der betroffen Bürger jeden Tag tun, um dem Planeten zu helfen.

Schließlich, ist es bemerkenswert, dass die Verminderungen dieser Quelle von Treibhausgas viele vorteilhafte Nebenwirkungen für die Umgebung haben. Weniger Methan resultiert in weniger trospheric Ozon, ein Schadstoff der menschlichen Gesundheit und Landwirtschaft schädigt. Außerdem verbrauchen dieselben Fabrikfarmen, die für diese Methan-Emissionen auch verantwortlich sind, den größten Teil der Wasserversorgung des Landes, und entblößen den größten Teil seiner Wildnis für Viehland und Futter Anbau. Das Schaffen von Viehland, um den wachsenden Appetit von Westnationen auf Fleisch zu füttern, ist eine Hauptquelle der Abholzung und Desertifikation-Verwüstung in Ländern der dritten Welt gewesen. Fabrikfarm-Verschwendungslagunen sind eine Hauptquelle der Wasserverschmutzung in den Vereinigten Staaten. Tatsächlich, wegen der hohen Nachfrage der Landwirtschaft des Tieres nach fossilen Brennstoffen, CO_2-beschmutzt die durchschnittliche amerikanische Diät viel mehr als ein auf Pflanzen gegründete.

Empfehlungen

Organisationen sollten bedenken, Vegetarismus als einen Hauptteil ihrer Erderwärmungskampagnen zu machen. Als ein Minimum sollten Umweltverfechter erwähnen, dass der Vegetarismus mit jeder Personen sehr viel bringen kann, um Erderwärmung zu beseitigen. • Regierungspolitik sollte vegetarische Diäten fördern. Mögliche Mechanismen schließen eine Umweltsteuer auf Fleisch ein wie bereits auf Benzin, einer Verschiebung in Landwirtschaft-Subventionen, Pflanzenlandwirtschaft über die Tierlandwirtschaft, oder eine vergrößerte Betonung auf vegetarischen Nahrungsmitteln in Regierungsgeführten Programmen zu fördern.

So, das war der MethanFurzReport.

Der Slogan, der Spruch, den Ching Hais TV Sendung hat ist:

Be Veg! Go Green!
Save The Planet

Da ja die Politiker es nicht schaffen wirkliche lebenswichtige Änderungen gegenüber der GeldGeilLobby und dem MachtKartell der globalen AbzockZertsörSekten durchzubringen, ist die Menschheit als solche, auf die zu hoffen ist, das Erwachung aus dem Schlaf passiert, gefordert. Es gibt ja mehr und mehr Zivilgesellschaftliche Gruppen die keine Ängste haben brauchen wie die zunehmende Machtlosigkeit der Politiker in dieser globalisierten Finanzwelt die nun die Erde mit ihrem GierÜberFraß bekotzen und die Menschen durch den Bankenzusammenbruch in einem noch gigantischeren Maße Abzocken wie es ehh schon zuvor passiert ist. Sie sind gefragt mehr zu tun, um auch später eine politikerfreie und geldfreie Gesellschaft zu haben die auch kein töten mehr von anderen Lebewesen vollbringt. Zwar sind die Vordenker noch total in der Gewohnheitsdenkerei verfangen und dem Glaube ans Geld, dass nämlich ohne Geld nix geht. Das alleine schon ist Urwaldlogik der gebildeten Bürgerklassen die absolut aber auch absolut im Megatiefschlaf sind. Nochmals, kein Geld hat jemals irgendetwas gemacht und kein Geld wird jemals irgendetwas zu leisten zu entwickeln und bauen fähig sein. Der SehWaschlappen der Menschheitsverblödung muss wegfallen. Natürlich werden die Lügenkräfte der satanische Sauerbratenbrei der Lobbyisten und Bankisten und Machttisten das sofort als Kommunismus darstellen wollen. Aber Kommunismus hat es noch nie irgendwo gegeben und wird es auch nie irgendwo geben. Es gibt nur Menschen. 2.3.2009 Bad Zwesten W. Schorat

Meditative Transformation
der Industrie
Teil 2

19.3.2007

So inzwischen sind ja viele Jahre vergangen seitdem ich die Mitteilung auf Kreta bekommen hatte dieses Buch zu schreiben mit diesem Thema und dann nach Montreal zu reisen um dort die Organisation zu gründen. Was ja bis heute noch nicht erledigt ist. In diesen vielen Jahren sind nun weitere Eindrücke und Infos hinzu gekommen zu diesem Thema , weil die Menschen die Industrie die Manager die Politiker und so weiter so sind wie sie sind und diese doch ziemlich Üblen Primitiven Entscheidungen getroffen haben und das Raubtier Mensch viel, viel eher dazu tendiert alles gegen die Wand zu fahren aber die sogenannten Experten in allen Bereichen sich doch als Unwissende und Ignorante dargestellt haben, denn sonst wäre die Zerstörung und MegaPrimitivGesellschaft Global nicht so Dumpf und Giftig und Verlogen wie sie sich heute zeigt.

Soo, hier sind nun weitere Infos, weswegen der Mensch Spirituelle Werte oder Erkenntnisse erlangen muss die Nichtmaterialistisch sind.

1.

Wir sitzen in unseren selbst geschaffenen Fallen!

Wir haben uns mit unserem Verhalten in den vergangen Jahren und Jahrzehnten eine Last von ungeprüften unfähigen unflätigen und nicht in Frage gestellten Autoritäten und Traditionen geschaffen, die uns heute ohnmächtig machen, blöde halten, und als Bürgervieh im Staatsstall mit konventioneller also verlogener giftiger Nahrung voll stopfen damit die K-Kassen und Pharma-Kassen und Wirtschafs-Kassen auch voll gestopft bleiben.

Nehmen wir uns ein Beispiel an den, primitiven Völkern. Schon der Begriff selbst muss uns dazu bringen, dass wir unseren Fehler im Verstehen dieser Menschen einsehen, erkennen und - vor allem ohne Bewertung - korrigieren. Diese Menschen sind, wie die Natur, einfach und klug. Sie wissen intuitiv, dass die Funktionen des Organismus nie vom Verstand gesteuert werden können, sondern, dass es die Klugheit der Natur ist, die das reibungslose Funktionieren gewährleistet. Sie überlassen sich dieser Natur und es tut ihnen als Menschen gut. Sie sind frei und glücklich. Das glauben zumindest einige. Aber wenn ich genau hinschaue ist bei denen auch

Mord Totschlag und der ganze Salat der in Kapital Gefangenschaften gelebt wird, vorhanden. Weil die Entwicklung des Körpers dessen Evolution ein langer Weg ist, den aber manche schon weit gegangen sind. Nämlich die echten Heiligen die Buddhas die Meister die Jesusse die Mohammeds und die anderen Meditierenden wacheren Menschen die erkannt haben das dort wo die Unwissenheit beendet wird auch das Böse aufhört, was ja heute Global am brodeln und kochen ist, das ist alles Unwissenheit

Und was tun wir, die zivilisierte Gesellschaft?
Wir labern sehr viel, wir labern noch mehr, wir verblöden viele andere und uns selber.

Wir haben eine Klugheit entwickelt, die sich ganz auf unseren Verstand verlässt, und deswegen gar keine Klugheit ist. Logisch, denn der Verstand lässt sich manipulieren, das Gefühl und die Intuition dagegen nicht! Aber doch, das Gefühl lässt sich sehr wohl manipulieren. Du brauchst bloß auf die Kinoleinwand zu glotzen, wenn der Film abläuft. Und außerhalb des Kinos läuft auch ein Film ab der die Totaltäuschung weiter führt.
Wir arbeiten gegen die Natur und sind tatsächlich der Überzeugung, dass wir uns dadurch Sicherheit, Schutz, ein längeres Leben, die schnellere Fortbewegung und Luxus auf Dauer gewährleisten können. Wie sehen Sie das ganz persönlich?
Vermutlich wissen Sie, dass jeder Eingriff in die Natur ein Angriff gegen Sie bzw. uns selbst ist.

In der Jugend lernt, im Alter versteht der Mensch. Das ist auch so ein blöder Ignoranzspruch.
Die verstehen sehr wenig, die nur das verstehen, was sich erklären lässt. Das ist schon besser.

Es sind täglich die neuen, anders lautenden, gegenläufigen Hiobsbotschaften, die, die Menschen so mürbe machen, abgestumpft, gleichgültig, aggressiv und unzufrieden.

Aber was wurde im Johannesevangelium schon vorgesehen. War da nicht klar bemerkt worden das die Zahl 666 regieren wird, das Tier, und damit die Totalkontrolle über die Menschheit angestrebt wurde durch gigantische Reichtümer von Industriellen und anderen Kontrollgeilen Tieren wo nichts bezahlt werden kann wenn die Zahl 666 nicht genutzt wird von der Bevölkerung. Die Kontrolle über die Nahrung das Geld die Medien die Rohstoffe die Politiker die Kontrolle über die Gesundheit über das Verhalten ja sogar die Kontrolle über das Klima. Und wird nicht die wirklich heutzutage ziemlich total verblödete Bevölkerung Global mit Krieg mit Kriegen kontrolliert und deren Angst vor Kriegen was den Kontrolleuren aber auch total Scheißegal ist die Bevölkerung, da sie ja in ihrem Wohlstandswahnsinn leben und ein paar Millionen weniger ja sogar Milliarden für die nicht mal ein Wimpernzucken wert ist. Denn sie haben ja aus ihrer Sicht alles und kontrollieren ja auch sämtliche Abläufe in den Nichtdemokratien und den Demokratien, für die nämlich Sklaven notwendig sind, weil in den Demokratien, ja die Geldokratien herrschen und alles mit ihren Gesetzen voll pflastern , so das euch ganz schwindelig wird und ihr im Nebel bleibt.

Es sind die ständig neuen Gesetze, die unsere Führungselite erlassen muss, damit sie ihre Unfähigkeiten und Ungerechtigkeiten vertuschen und uns, euch, das Volk, kontrollieren können. Weil ihr Gläubige bleiben wollt. Und Angst habt vor Geldverlust was eure Klarheit benebelt hat und ihr nun wie blöde blökende Menschen Gestammel und Gestammel erkennen lässt.

Es sind die Anschuldigungen, die wir uns täglich von der Presse - die übrigens zu fast 100% in den Händen der Politik sind – und den Händen der Wirtschaftskartelle anhören müssen: Wir sind nicht gut genug, die Kinder sind zu doof, die Alten sind überqualifiziert, die in der Mitte sind nicht flexibel genug, wir alle sind zu sparsam, wir alle müssen uns um unsere Zukunft von jetzt auf nachher selber kümmern, wir alle sind viel zu teuer für den Staat, wir alle sind einfach nur lästig und wir müssen noch mehr sparen und zwar mit allem !
Da kann doch keiner mehr „Vollkommen" leben und Sein. Sondern nur noch „SparflammenKommen" leben. Aber Vollkommen bedeutet Voll zu Kommen Voll Da Sein. Und noch einiges viel, viel, viel, mehr.

Die Terroristen, die von den Führungseliten weltweit (speziell Amerika) gezüchtet worden sind, müssen jetzt dringend bekämpft werden. Doch wer und was sind die Politiker selber die Manager selber in ihrer Inneren Entwicklung geblieben.? Und auch die Priester die Mathematiker die Wissenschaftler Professoren was sind sie Innerlich geblieben. Raubmenschen. Denn an den Früchten werdet ihr sie erkennen. Und die Früchte sind ganz schön Übel also sind diejenigen die euch geführt haben ganz schön Übel ganz schön Ignorant ganz schön Dumpf und Unwissende mit dem Deckmantel des Schafes der Freundlichkeit und der Humanistischen Masken weltweit ist das so. Die Politischen und Wirtschaftlichen und religiösen Organisationen werden aber auch total vom Satan vom Widersacher von Luzifer vom falschen Licht geführt vom Licht das Blendet. Mit Rhetorik mit Lächeln mit Freundlichkeit die aber bloß Raubmenschfreundlichkeit ist und so weiter. Das sind die Resultate heute.

Logisch, mit Angst ist ein Volk eine Bevölkerung global gut zu führen. Mit viel Angst fragt es auch nicht mehr nach den Hintergründen. Und wie saublöde hat sich die amerikanische Bevölkerung gezeigt oder die Irakische oder die Iranische und die Afghanische oder die Russische und auch die Deutsche die Europäische die Afrikanische die Südamerikanische. Das ist heute alles bloß noch eine Masse der Angst vorm Verlust des Fressens und Habgier Erfüllens der Produkte einer Schwachsinn Raubmenschgesellschaft Global. Und wer trotzdem noch fragt, wird aus der schützenden Gemeinschaft aussortiert. Er ist für die Terroristen und gegen seine Landsleute.

Die Führungselite hat tatsächlich die Idealspur auf der Autobahn der Bereicherung und des Betrugs gefunden: Die Schwarz-Weiß-Zeichnung. Es gibt gar keine Entwicklung sondern bloß noch Verwicklung da das Tier der Raubmensch gelebt werden soll, so wird es von den Kartellen den Industrien und Politikern Vorgelächelt. Bist Du nicht für das, was wir wollen, bist Du dagegen. Dazwischen gibt es nichts. In Deutschland klappt das mit dem Begriff Ausländerfeindlich auf Knopfdruck oder noch besser Antisemitisch. Du Ausländerfeindlich Du Antisemitisch ?! Und schon kuscht der Mensch.
Es besteht kein öffentliches Interesse, und schon wird der Betrug sanktioniert
Dass auf diesem Nährboden die Ideologien der Rechten und Linken wieder gedeihen, ist nur verständlich und nachvollziehbar. Aber wer noch in solchen blöden Katalogisierungen wie rechts oder links oder SPD oder CDU Katholik oder Protestant oder Moslem und so weiter Denkt und lebt, der mehr als ganz, ganz schwer ein an der Birne und zwar sehr, sehr schwer. Sie zeichnen auch Schwarz-Weiß. Nur hier ist das nicht gefragt. Hier besteht eine latente Gefahr. Sie besteht tatsächlich. Wer bitte tut wirklich etwas dagegen? Das heißt, wer hinterfragt diese Einstellung? Wer sucht nach der Ursache den Ursachen? Ich kenne niemanden. Doch einige und mich selber natürlich. Woher kommt denn diese Energie, die diese Randgruppen in ihren Reihen organisieren können? Einmal durch unser Verhalten und das der Führungseliten, dadurch, dass über kein Problem grundlegend gesprochen wird, dadurch dass sich Menschen immer mehr auf ihre eigenen Probleme zurückziehen und sich nach außen abkapseln, dadurch, dass nur noch die Gemeinschaft Gewicht hat, nicht der Einzelne. . .Aber stimmt das auch. Ist es nicht eher so, das der Mensch da er keine Selbsterkenntnis hat, und Jesus sagte mal, ihr könnt es sogar besser machen als ich, das bedeutet wohl etwas, jedenfalls, das der Mensch einfach noch ein Tier geblieben ist, und kein Echter Mensch ist, was immer Selbsterkenntnis voraussetzt. Denn nur da wird das Drama des Körpers durchschaut und der ganze

Mentalsausalat entlarvt.

Die Sau die jetzt global herumsaut.

Die Alten sind einfach aus dem Berufsleben aussortiert worden. Das war ein Spaziergang für Politik und Wirtschaft. Wenn sie aufmucken, werden sie sofort als die Schmarotzer des Staates hingestellt, und die Jungen plappern es munter nach - nicht wissend, worüber sie eigentlich reden. Wer hat denn diesen Reichtum in den Jahren nach 1945 geschaffen und davor? Genau diesen Reichtum, den die Manager und Politiker heute in ihrer gnadenlosen Einfalt mutwillig verpulvern bzw. an die Wand fahren. Wo würden sie denn geblieben sein, wenn sie sich nicht in die supergut strukturierten und Ertrag erwirtschaftenden Unternehmen hätten einnisten können? Sie hätten sich ihrer Rechtsanwaltkarriere widmen müssen oder der Karriere als Diplom-Volks- und Betriebswirte. Und heute kommen Raubmenschen von Universitäten die sind total entfremdet in Bezug zur Erde und deren Wirken indem sie Bezugslos also Totalignoranz leben abstrakte Mentalstrukturen Fantasien zum Ergötzen von Bekloppstheitsprodukten für den Sausumpfstaat und deren Raubmenschbevölkerungen anbieten.

Aber es ist wie bei allem, vom dem es zu viel gibt: Viele Köche verderben den Brei. Aber viele gute Köche nicht. Den Staat. Das Staatsgefüge. Den Sozialstaat. Aber das gibt es doch gar nicht. Es gibt doch nur Menschen Alles andere ist der Glaube an Begriffe Ideen Ideologien Programme. Und da nicht aufgepasst wurde, nämlich, die Liebe als Nahrungsursprung, aber die verändert sich zum Willen nach einiger Zeit, durch die Gewohnheit und das Mental das Gemüt murkst sich dann denkerisch den willen zurecht, aber der Wille ist schon Enge und keine Liebe mehr die breit weit und losgelöst und befreit ist, dadurch entsteht Erschöpfung durch den Willen bis hin zu den Eliteuniversitäten das ist das Manko einer LeistungsRaubmenschgesellschaft aber das wollen die Halbaffen ja, oder wollen das Andere, und so entsteht Erschöpfung weil Kampf der Wille ist, und dadurch entsteht Chaos und das Ende. Das war bisher immer so in jeder sogenannten Kultur was in Wahrheit immer bloß Habgier war Gier Macht, da keine spirituelle Entwicklung im Großformat gemacht wurde und die Lüge die 666 das Tier gewinnen konnte wie heute, auf dem weg zur Apokalypse, Hurra. Oleeee,

Apropos Sozialstaat. Wenn Sie sich in die schlauen Bücher der wichtigsten Ökonomen, Volkswirte, Wirtschaftsphilosophen u.a. einlesen wollen - tun Sie es sich an. Sie werden uni sono lesen, dass es einen Sozialstaat gar nicht geben kann. Er widerspricht dem Markt. Als wenn es einen Markt überhaupt geben würde als Lebewesen. Das sind die Überbekloppten aus der Universität die Entfremdeten Theoretiker und fantasmagorischen Wixxxer die euch zur Apokalypse führen mit sicherem Wissen der Ignoranz. Ein Glück, dass wir neben dem Staat auch noch den Markt haben, oder die Wirtschaft und ganz aktuell die Globalisierung. Stellen Sie sich vor, diese Herrschaften müssten verständlich, klar und nachvollziehbar ihr Tun und Lassen verargumentieren - sie würden uns vermutlich ausrotten, weil wir uns totlachen würden. Die - sehr seltenen - Versuche der Verargumentierung lassen Schlimmes ahnen. Was für ein Totalschaden zum Beispiel der Bandit und Wirrnisverkäufer Hartz mit seinem Saufkumpanen Schröder an Schaden Entfremdung Armut Entmündigung Verblödung und Kontoplünderungen verursacht hat. Das gleiche ja in den USA wo die Bevölkerung sogar von Gott in den Krieg geführt wird. Einem Kriegsgott dem Bush Rockefeller Rothschild Ölkartell Finanzkartell Pharmakartell AntiBiokartell Chemiekartell Bombenkartell und Atombombenkartell und dem Bankkartell . Die Amerikaner, mein Gott, und deren auch, sind die Blöde geworden seit unbeschreiblicher langer Zeit. Wo die Raubtiere die als Manager bekannt sind im Taumel des „ Im an American" Wahnsinns des Kollektivfrequenzbereichs gehalten werden. Ist das nicht gut gemacht von den Kontrolleuren dort und woanders auch.

Beleuchten wir doch die weitere Aussage, dass die deutschen Jugendlichen im Weltvergleich, zu dumm seien. Aber die anderen Nationalitäten ja auch den es gibt ja bei den Bewertungen bloß einen Sieger. Normalerweise ist es so, dass der, der etwas lernen muss oder möchte, nur so gut sein und werden kann, wie der, von dem er lernen kann und muss. Also stellen wir die Frage doch andersherum! Wie dumm sind die Verantwortlichen, die unsere Jugend zu klugen Menschen, zu umsichtigen Menschen, zu Menschen, die in Zusammenhängen denken können, zu kommunikativen Menschen, zu geradlinigen, ehrlichen und offen Menschen, zu selbstbewussten Menschen, zu emotional intelligenten Menschen erziehen und formen sollen? Aber heute werden doch die Menschen bloß vollgestopft mit dem Blödsinn der Kartelle die bloß ihre Positionen Global ausbauen wollen. Das ist keine spirituelle Entwicklung. Unsere Jugend ist wahrlich nicht zu beneiden: Zuhause müssen sie sich selbst erziehen, weil niemand da ist, keiner Zeit oder und Lust hat, sich mit der Erziehung Vorbildfunktion und Führungsfunktion, mit Gefühlen, mit Verständnis und mit der Konsequenz Grenzen aufzuzeigen, auseinander zu setzen. Das soll die Gesellschaft machen. Die es gar nicht gibt. Also vorrangig die Lehrer. Die Lehrer sind Lehrer und keine Eltern! Aber, beide sitzen im gleichen Boot. Jeder schiebt jedem den Schwarzen Peter zu, nach dem Motto:

Ein Hase sagt zum anderen: Du hast aber lange Ohren und eine schöne Designerhose. Auf der Strecke bleiben bei dem Gezerre die Kinder und die Jugendlichen.

Also machen sie sich auf die Suche nach ihrer Orientierungs (Führungs-) Person.

Hatte aber Jesus nicht die Welt überwunden. Entweder sind es die Lehrer, die es verstehen, die Jugendlichen gut zu manipulieren, indem sie, sie in Cliquen einteilen, wodurch sie einerseits das fehlende Zugehörigkeitsgefühl schaffen, andererseits ein Feindbild aufbauen gegenüber denen, die der Lehrer als nicht für tauglich erachtet.

Oder sie gehen auf andere Gruppen zu, bzw. die gehen auf sie zu, und schon sind sie gefangen. Aber ist nicht auch der Staat bloß eine Gruppe von Einzelinteressen aus Politikern und Wirtschaft, weil da der große Topf der Massen voller Gelder zu verteilen ist, was schon immer in Selbstbedienung als Kunstgewerbe hocheffiziente Gestaltung gefunden hatte und hat.

Keiner hilft ihnen, weil keiner da ist, der zuhört, der auf Wunsch auch seine Meinung sagt, der Alternativen anbieten kann.

Die Hilferufe werden einfach mit Geld, Geldwerten Geschenken und leerem Anspruchsverhalten erstickt. Die Kinder und Jugendlichen ziehen sich in ihre Welt zurück, sie sind derzeit, cool: und für die Erwachsenen nicht mehr zu erreichen. Was ja auch Cool ist und dazu gehört. Oleee. Dieser Zustand ist solange sehr bequem, solange sich die Jugendlichen an die Spielregeln der Gesellschaft halten. Du darfst alles tun, was du willst, du darfst dich nur nicht erwischen lassen - und auf keinen Fall auffallen. Aber das ist Macht und keine Liebe und Macht ist das Verhalten der Tiere wo der stärkere gewinnt.

Wenn Sie aber nicht mehr können, dann lassen sie sich erwischen, dann fallen sie auf. Aber dann sind sie wieder die Gekniffenen. Sie sind selbst schuld. Sie müssen wissen, was zu tun oder zu lassen ist, sie haben nicht . . ., sie haben doch. . ..... Aber keiner der zuständigen Erwachsenen kommt auch nur annähernd auf die Idee, die Schuld bei sich selbst zu suchen. Oder besser formuliert die Entwicklung die Evolution. Ob er sie findet, ist eine ganz andere Frage. Also was macht der Führungsapparat mit den Jugendlichen? Er zwängt sie in Gesetze, in Vorschulen, in Heime, in Vorschriften aller Art - und wundert sich, dass er damit nicht einen einzigen Stich macht. Kinder und Jugendliche sind einfach noch zu feinsinnig, sie haben noch ihre Intuitionen, sie haben noch ein sehr gutes Gefühl für Gerechtigkeit und Ehrlichkeit, deshalb kommen die Erwachsenen mit ihren fadenscheinigen Argumenten und Symptombehandlungen - Gott sei Dank - nicht an.

Letzter Rettungsversuch: Meinen / unseren Kindern, meinem / unserem Kind soll es doch (später) besser gehen. Gute Aussage. Falscher Hintergrund. Sie gehen davon aus, dass Sie Ihrem Kind Gutes tun, wenn Sie ihm ein großes Vermögen und Macht bieten und hinterlassen. Haben Sie schon einmal darüber nachgedacht, warum Kinder und Jugendliche das Geld ihrer Eltern entweder lässig sehen und anmaßend in Anspruch nehmen, oder es ablehnen? Vielleicht, weil die Kinder und Jugendlichen, unter (später) besser gehen etwas ganz anderes verstehen?

Sie haben andere Ziele. Andere Vorstellungen.

Andere Träume. Andere Wünsche. Welche? Fragen Sie, sie doch einfach!

Lassen Sie mich die Bibel bemühen: Amen, das sage ich Euch: Wenn Ihr nicht umkehrt und wie die Kinder werdet, könnt Ihr nicht in das Himmelreich kommen: Matthäusevangelium 18,3.

Ein Hinweis, der nach den Erfahrungen der vergangenen Jahre nicht so ohne weitere von der Hand zu weisen ist.

Frage:

Was bringt uns Menschen dieses Gerenne nach noch mehr Geld und noch mehr Macht?

Das ist alles bloß materielle Wertschöpfung obwohl es gar keine Materie gibt, aber der Glaube daran, und das ist die Ignoranz die Unwissenheit der Satan der Widersacher. Es wird einfach keine Spirituelle Transformation gemacht. Keine spirituelle Wertschöpfung.

Der Preis dafür wird doch täglich höher: Noch mehr Enttäuschungen, noch mehr Frust, noch mehr Hektik, noch mehr Verletzungen, noch mehr Gewalt, noch mehr Kontrolle, noch mehr Ausbeutung, noch mehr Missachtung der Natur . . .. Wo bitte bleibt hier die Freude am Leben?

Und wo der Sinn des Lebens? Zugegeben, es gibt Richtungen in den Religionen, die ihren Mitgliedern nahe legen, sich auf Erden zu quälen, um dann im Himmel den Lohn dafür zu bekommen. Wenn Sie diese Einstellung haben, ist das für Sie persönlich in Ordnung. Ich möchte jedoch die Menschen ansprechen, die sich zu diesem Dauerfrust auch schon so ihre ganz persönlichen Gedanken gemacht haben, oder zumindest das Gefühl nicht loswerden, dass das wohl nicht der Sinn unseres Daseins sein kann. Aber der Sinn der Ausbeuter und der Managerfabriken für Christen, Moslems, Buddhisten, und anderen ReligionsManager.

Vermutlich ist es an der Zeit darüber nachzudenken, ob in einer Weit - die einen hohen Grad an Wissen erreicht hat, was bedeutungslos ist, die sehr viel Geld zur Verfügung hat, was bedeutungslos ist, die, die Natur noch nicht komplett zerstört hat - sich nicht doch andere Werte als ausschließlich Macht und Geld Gültigkeit verschaffen müssen? Ist es jetzt im Zeitalter des Wassermannes und der Wasserfrau vielleicht doch unsere Aufgabe, uns in unserer Bewusstheit weiterzuentwickeln, um so in unserer menschlichen Entwicklung ganzheitlich weiter zu kommen? Selbsterkenntnis zu erlangen und den Mentalmurks den Denkmurks zu durchschauen.

Halt Stopp. Wir sind ja modern. Und die moderne Welt verträgt die, alten Gedanken nicht! Aber das bezieht sich immer nur auf die materielle Wertschöpfung, das Modern sein, denn das was du wirklich bist, hat mit dem Wegwerfschwachsinn der Materialistenkartelle des Widersachers Satans des Luzifers des Blenders überhaupt gar nichts zu tun. Auch im wahrsten Sinne des Wortes nichts zu tun.

Aber, was verstehen wir denn unter modern. Wie lebt es sich denn modern. Wer will denn, dass wir modern leben? Das Nichtspirituelle das Nichtmeditative die Nicht- liebe und wer oder was ist das? Das sind die Wirtschaftskartelle die alle im Sinne der Negativen Macht aufgebaut wurden damit Ihr Du nicht durchschauen könnte wer oder was ihr in Wahrheit seit und wo ihr überhaupt seid. Das hat alles Methode und ist die Gefangenschaft der Energien und der Süchte nach Energien und Kräf- ten. Denn vergesst nicht „ Ihr lebt im Universum" Ihr lebt in der Schöpfung Gottes und nicht in der Habgier und Machtgier der Raubmenschen die diese Systeme nur für sich aufgebaut haben, und für niemanden anders, denn alles andere sind bloß Schlussfolgerungen der Logik des Verstandes dieser Raubsäugetiere die alle noch im Dienst des Üblen des Dunklen der Unwissenheit des Bösen stehen.

Ersetzen wir die Worthülse modern gegen einen lebbaren Begriff, z.B..: Menschen- würdiges Leben. Ein Leben, das sich gestaltet aus Erkenntnissen. Das die Erfah- rungen der Vergangenheit und der Gegenwart hinterfragt, neu definiert, kombiniert, korrigiert, modifiziert. Das den Menschen die Basis dafür gibt, sich wirklich frei zu fühlen, frei von Angst, frei von Sorgen. Frei von gleichförmigen Gewohnheiten, frei vor beurteilenden Denkschemen, frei von bewertenden Verhaltensnormen, frei von sinnlosen, reglementierenden Traditionen. ... Dieses Leben, so scheint es, könnte doch - weltweit - wesentlich spannender werden, als unser Leben heute. Aber weit mehr als spannender ist entspannender denn spannender gehört zum Bereich der Veränderlichkeit der Sterben und Geburt Seite also des sehr dichten Lichtes Gottes. Wogegen Entspanntheit zum Bereich der Grenzenlosigkeit gehört der Ewigkeits- bereiche deines wahren Wesens deines Ich Bin Ichs. Und aus der Seinsweise ist eine Menschlichkeit eine Menschlichkeit und keine Raubmenschheit wie sie heute gezüchtet wird durch die Ziele der etablierten Wirtschaft und Geldmachtkartelle die praktisch alles kontrollieren von der Politik bis zu den Gesetzen. Und ist mit Angst besetzt das zu Hinterfragen und zu Hinterdenken weil das nämlich Energiebereiche in deinem eigenen Lebenssystem aktiviert die dir Unangenehm sind und dir Angst machen die du aber nicht bekämpfen sondern sie so sein lassen lässt und dich da- mit nicht mehr beschäftigst sondern sie hinter dir lässt, anschaust, und weißt das du der Anschauer deiner Ängste bist, damit bist du nicht die Energetischen Ängste in deinem Biosystem und machst dich frei von der Dumpfen primitiven kollekti- ven Bioenergie der aufgebauten Kollektivängste durch diese Systemhersteller aus der Vergangenen Gegenwart der negativen Kräfte die ihre Bedeutung hatten, denn du kannst einem Raubtier nichts von Liebe erzählen wenn seine Werte noch bei

Gier Raub Betrug und anderen Werten liegen,„dafür sind die satanischen Kräfte gemacht, um die satanischen zu erreichen. Um das Raubtier überhaupt ansprechen zu können. Den Raubmenschen so wie er heute noch ist der dabei ist sich die Apokalypse aufzubauen und sich wieder mal vom Erdboden weg zu pusten. Weil er Gläubiger Materialist also Tier geblieben ist. Also Träger der Angst geblieben ist. Wovor aber haben wir Angst? Wovor haben die Angst die diesen Schritt als erste gehen sollten? Oder ist es bei denen keine Angst sondern die Abhängigkeit von ihrem Ego, von ihrer Macht- und Geld-Sucht? Worauf warten wir, die diese Abhängigkeit abschütteln wollen, noch? Wir sind doch mündige Bürger, wir sind doch geistig hoch entwickelt also können wir uns doch auch alleine auf den Weg machen! Wo bleiben Sie?

Aber Nein, was ich sehe ist folgendes, ich sehe, in Wahrheit Unwissenheit die sich als Wissen darstellt und Täuscher die sich als Echt darstellen, ihr seit in die falle der Fantasienbereiche getaumelt die euch auch das bringen werden. Denn das was du wirklich bist ist keine Fantasiewelt du brauchst kein Wasser keine Nahrung keine Luft und so weiter.

Was genau ist Demokratie?

Demokratie ist ein mentaler NebelSeinszustand des Glaubens und nicht der Wahrheit der Realität. Plato war Sklavenhalter. Wer Glaubt das von einem Sklavenhalter etwas Erdacht werden kann an dem sich die Menschheit wirklich Echt Erfreuen kann der ist genau so Blöde geblieben wie jene die an den Papst und die Kriminalgeschichte der Katholischen Kirche glauben. Demokratie ist der Tummelplatz für satanische Energien der Mächte des Üblen der Lügen der Täuschungen der Ausbeutungen. Demokratie braucht Arbeitssklaven damit die PlatoEnergien die in seinen Lehren und Schreibereien versteckt mitwirken sich manifestieren können. Demokratie ist keine Human oder Spirituelle Evolution oder Entwicklung, da in der Demokratie die Dualität des Geldes der Glaube der Manager und deren Satanischen Energien sind. Demokratie ist keine Lebensform sondern bloß eine Vorstellung eines Sklavenhalters.

Und was seid ihr heute.

Jaja,„das Platogeld das Platomanagement, eines blöden Philosophen der bloß Worte und Ideen und Fantasien kennt und keine Selbsterkenntnis erfahren hat, wie sein Meister Sokrates, hat euch heute in den Wahnsinn gebracht der euch in die Irre geführt hat das ihr total Abhängig von MegaGeldkartellen seit, und ihr sogar Glaubt das Geld euer Leben rettet und das ihr ohne Geld nicht sein könnt und sogar noch schlimmer, das ohne Geld keine Entwicklung und Arbeit und Förderung und Kunst und Forschung und Lebensqualität sein könnte. Mit anderen Worten ihr seid total verblödet geworden. Das gehört zur Demokratie. Massen verblöden, da sie blöde für ihre Unterbekloppten Wirtschaftsziele und Machtziele brauchen. Machtziele die den unbeschränkten GierTaumel der unter dem Deckmantelbegriff Moderne oder Freie Marktwirtschaft oder Demokratie oder Freie Forschung oder, oder, oder.

Wie wehren Sie als Bürger sich gegen die Ungerechtigkeiten unserer Führungselite?
Wer und was ist der Staat?
Wohin führt uns unsere Abhängigkeit und unsere Bequemlichkeit?
Wo bleibt die Empathie und die emotionale Intelligenz?
Weshalb lassen wir (nicht nur) unsere Kinder und Jugendlichen so im Stich?

Zugegeben, die Eintönigkeit in die uns Macht und Geld hineinziehen, lässt uns nicht nur innerlich leer werden, sondern auch taub für die Flut von - oft gegenläufigen -Informationen, die uns täglich überfluten. Nachweislich kann der Mensch nur einen Bruchteil davon wahrnehmen. Wer also produziert diese Unmenge an vermeintlichem Wissen'? Und Warum?

Diese ständige Berieselung von allen Seiten, sei es aus der Politik, aus der Finanzwelt dem Wirtschaftsleben, der Werbung, der Unterhaltung, erschafft in uns Bürgern, Bürger, auch so ein Verblödungsbegriff des Unterkollektiv Bereichs, eine informelle Fettschicht die unseren Verstand einbettet und schlaff werden lässt. Seit Jahren beobachten wir alle dieses sinkende Niveau des geistigen Anspruchs, diese offiziell betrauerte Politikverdrossenheit. Wir haben es zugelassen, dass unser Verstand aus Trägheit und Faulheit nicht mehr genau beobachtet sich nicht mehr detailliert erkundigt und schon gar keine Lust mehr hat Entdeckungen zu machen. Er hat sich zur Ruhe gelegt. Eine bevorzugte Lebensweise des Deutschen, des Amerikaners, des Franzosen des Engländers, des Menschen.
Wir haben unseren Verstand auf automatische Steuerung geschaltet und uns geistig schlafen gelegt. Aber der Verstand ist gar nicht in der Lage das ganze Spektrum der Informationen die ja kein Wissen sind zu verarbeiten. Das muss erkannt werden dass innerhalb einer Lebensspanne du nur so viel an Erfahrung und Erkenntnismöglichkeiten hast. Und seine Festplatte mit dem Informationsmüll voll zu stopfen ist der Seinsnebel der die Unklarheiten hervorbringt. Lehren kommt von Leeren. Leer machen nicht füllen,

Ist das tatsächlich unser Ziel, unsere Festplatte voll zu stopfen mit dem Schwachsinn der GeldGeilKartelle der IndustrieGier der Megablindheiten, ist das unser Lebensinhalt? Werden wir damit auf Dauer wirklich einverstanden sein können? Wollen wir unsere Kinder, in deren Händen unsere Zukunft liegt tatsächlich Gesinnungen und Vorstellungen ausliefern, die schon heute versagen? Sind wir, wirklich so blind, dass wir nicht erkennen, wohin es führt, wenn sich die Führungseliten, und alleine schon der Begriff Elite bedeutet automatisch Nichtelite, weil es nur eine Elite geben kann die eine Nichtelite Bekloppten kann, mit ihren Bekloppheiten, wie sie heute zu erfahren sind, im Globalmanagement, der Bankraubsäugetiere, der Industrieraubsäugetiere der Religionsraubsäugetiere mit ihren Widersacherenergien die nun sogar das Globalklima platt machen werden. Wir gehen hoffentlich in keiner Sekunde davon aus, dass es um das Wohl unserer Kinder gehen soll! Um das Wohl eurer Kinder denn ich habe Nie Kinder gezeugt, habe aber sehr viel für sie übrig und sehe auf meinen Reisen ihr glückliches Licht und sehe dann auch was auf sie zukommen wird wenn sie dann älter geworden sind und den Schwachsinn ihrer Erlern und Vorfahren Erleiden müssen und in dem Geist und Mentalgefängnissen der Völker leben müssen. Das tut mir richtig leid das überall zu sehen. Das sie so blöde werden müssen wie ihre Eltern Politiker Wissenschaftler Künstler Industriellen und so weiter. Die Auswüchse sind noch relativ frisch - wir sollten sie uns täglich ins Gedächtnis rufen!

Einerseits fallen in den institutionalisierten Schulen rund 30% der Unterrichtsstunden aus, weil kein Geld für die notwendige Anzahl des Lehrpersonals vorhanden ist. Andererseits wird der Ruf nach Eliteschulen immer lauter. Diese Schulen müssen von den Eltern bezahlt werden! Erkennen Sie das Muster wieder? Einerseits produzieren die Führungseliten, die in Wahrheit Ignoranzeliten sind Ballastschweinchen als Bodensatz für den Staat zum anderen werden Kinder geistig von klein auf geformt, um nahtlos überall eingesetzt werden zu können - widerstandslos und reibungslos als menschliches Futter für den Kapitalismus .ln Abwandlung: Der Kapitalismus frisst seine Kinder. Oder anders die Demokratie braucht Arbeitssklaven für die GeldGeilKartelle und Überbekloppheitssysteme von Industriedenkschulen oder Bankstrategiedenkschulen oder Wirtschaftsdenkschulen und den Rockefeller Rothschild Mega Geld Geil Macht Geil Ausbeutkartellen. Die euch bis ihr alle Megaüberverrückt geworden seit vorpredigen werden das nur mit Geld zu leben sei. Das ist der Satan das ist die Welt die Jesus nicht wollte denn sein Reich ist nicht von dieser Welt, und dein reich nämlich auch nicht, und Evolution wird nicht passieren wenn die Ziele im sterbe und geboren werden Bereich bleiben. Da Du ja das Unsterbliche schon bist.

Wer will so eine Zukunft für die Kinder? Bereits heute wird Kindern keine emotionale Intelligenz vermittelt, obwohl wissenschaftlich belegt ist dass die emotionale Intelligenz wesentlich wichtiger ist als der hochgejubelte und angestrebte IQ-Wert. Es ist der Umgang, der die Führungseliten, die Verführungseliten sind, fordert: Den

IQ-Wert messen sie nach von ihnen festgelegten Kriterien. Die emotionale Intelligenz können sie nicht einfach messen, die müssen sie selbst leben, um sie verstehen zu können - und da liegt der berühmte Hase im Pfeffer und der Kakadu im Nebel: Sie können es nicht. Also gilt der Rückschluss - was nicht sein darf, das nicht sein kann. Oder was nicht messbar ist das ist Existenziell nicht vorhanden. Es reicht jetzt. Jetzt ändern wir zur Abwechslung mal die Spielregeln. Wir sind der Staat, also nehmen wir unsere Gegenwart und unsere Zukunft selbst in die Hand und machen gute Handarbeit, HoHoHo.

Wir schaffen uns unser Energiefeld, indem wir zusammen halten, miteinander gehen und füreinander da sind, uns nicht mehr auseinander dividieren lassen, zu unserer Meinung stehen und nicht sofort wieder umfallen, wenn irgendeine Führungsperson eine Verführungsperson droht, lockt oder uns unsere Zukunft in schwärzesten Farben ausmalt. Die aktuelle Führung unseres Staates, unserer Wirtschaft, unserer Finanzwelt hat den Wagen mit Karacho an die Wand gefahren - warum bitte sollen wir davon ausgehen, dass sie ab sofort wieder im Sinne des Allgemeinwohls denken können? Das haben die noch Nie gemacht, denn vergesst nicht: Ihr musstet das alles bis heute erkämpfen mit den Gesetzen die sie für sich selber gemacht haben gegen euch. Und diese Gesetze sind alle ohne Ausnahme Habgiergesetze Besitzgiergesetze. Warum sollten Sie sich um 1800 drehen?
Es geht ihnen doch jetzt so phantastisch!
Und deswegen ist es zbs. heute im Irakkrieg der Amerikaner oder dem AfghanistanMuus den Industriellen die ja damit ihre Ziele verfolgen, Öl und Systemeinfluss aber mehr als total egal wie viel da gekillt werden von allen Seiten her, denn es kommt ja nicht auf ihre Villen und Bankkonten und Leiber zu, ihrer Kinder Freunde und Verwandten und Geschäftsfreunde, die bleiben total unbehelligt davon. Bush und das Öl-Rockefeller- Pharma-Waffen-Kartell verdient sich doch egal wie viele gekillt werden einen goldenen Arsch damit. Darum geht es doch. Krieg ist eine Methode der Satanischen Mächte um euch in Angst und Schrecken zu halten in Demokratien weil damit Faschismus leichter Institutionalisiert werden kann, denn die blöden Menschen haben durch ihre Angst ihren Immunkörper schwächen lassen und so weiter.
Was sollen wir tun? Was können wir tun?
Wir formulieren unser gemeinsames Ziel klar und deutlich. Damit schaffen wir das notwendige Energiefeld. Wir können uns über Alternativen auseinandersetzen. Über Möglichkeiten, unser zukünftiges Leben, und das unserer Kinder, ab sofort wieder selbst in die Hand zu nehmen. Wir mischen uns wieder ein. Wir stellen wieder Fragen - klar - deutlich - konstruktiv - konsequent. Wir fordern Antworten auf unsere Fragen nach Ursachen - Wegen Alternativen - Zielen. An die Verantwortli-

chen vor Ort. Im Land. Im Staat.

Wir suchen und finden neue Wege, wie wir uns aus dieser VerblödungsFettRolle des Kapitalismus in unserem täglichem Leben ausklinken können. Wir fangen wieder an, nachzudenken, zu planen, Verbindungen in unseren Gedankengängen herzustellen - auch unbequeme! Wir schaffen uns unsere eigene Freiheit, denn .Freiheit zu haben, ist nur das, was wir notwendig brauchen, um das sein zu können, was wir eigentlich sein sollten, und zu haben, was wir eigentlich haben sollten.. Wir schaffen uns unsere eigenen, neuen Möglichkeiten und Voraussetzungen. Es kann nur besser für uns werden! Und es geht ausschließlich um uns! Um Dich! Und bist du noch ein Raubtier ein Raubmensch?

Manager sind keine Raubtiere behaupten Manager.

Aber sind die sich überhaupt im Entferntesten bewusst was Raub ist?

Sind die sich überhaupt bewusst was ein Raub-Mensch ist?

Da wird zuerst geraubt.

Um davon sein Leben zu gestalten.

Das ist eindeutig der Bewusstseinszustand eines Raubtieres.

Aber ein Raubtier hat nicht die Voraussetzungen zur Veränderung wie ein Raubmensch!

Hier ist der Raub des Raubtiers Raubmensch oder Raubtierkapitalismus.

Maßlose Elite, schamlose Chefs, gefallene Helden - in den letzten Wochen Monaten Jahren Jahrzehnten Jahrhunderten sind Top-Manager massiv in die Kritik geraten. In den USA entstand durch die Bilanzierungsskandale bei WorldCom und Enron, aber auch durch kriminelle Top-Manager wie den Ex-TycoChef Dennis Kozlowski der Eindruck, dass Betrug in den Chef Etagen an der Tagesordnung ist. Dass ist nicht nur der Eindruck das ist Tatsache Wahrheit. Auch in Deutschland wird Unmut laut. Dabei sind es keineswegs nur die einstigen Stars der New Economy, die während des Gründerbooms Millionenwerte verbrannten, die einer kritischen Betrachtung unterzogen werden. Vielmehr ist der Berufsstand der Manager insgesamt in Verruf geraten. Überzogene Vorstandsgehälter, Maßlosigkeit und mangelnde Verantwortung gegenüber dem eigenen Unternehmen, den Aktionären und der Gesellschaft lauten die gängigen Vorwürfe. Beispiele wie das Missmanagement bei Kirch und Holzmann oder die Erhöhung der Vorstandsbezüge bei der krisengeschüttelten Telekom um über 85 Prozent nähren den Verdacht, dass auch manches deutsche Unternehmen von einer maßlosen, manchmal sogar kriminellen Elite geleitet wird. Die Vertrauenskrise ist da. Es ist dringende Aufgabe, diese Vertrauenskrise schnell zu beenden.

In einem ersten Schritt geht es darum, die Schwarzen Schafe zu identifizieren. Korrumpierbare, sich selbst auf Kosten des Unternehmens bereichernde Manager und Vorstände kann sich kein Unternehmen leisten.

Deutlich werden muss aber auch, Menschen mit krimineller Energie gibt es über-all. Der Berufsstand der Manager ist davon nicht stärker betroffen als irgendein anderer Bereich der Gesellschaft. Und doch hat das alles System denn die Ent-scheidungen die getroffen werden sind sogar den an die Logik glauben den und den Schlussfolgerungen glaubenden nicht mehr nachvollziehbar. Wenn zum Beispiel wie bei der jetzigen Airbus Manager Kündigungswelle und Verkaufswelle die Ent-scheidung so bewusst gegen die Fülle der Aufträge geht so wie bei den Banken und Versicherungen und Globalplayers das trotzdem Menschen entlassen werden und Gehälter sogar gekürzt werden sollen und so weiter. Diese Abruptheit in der Wachstumslogik Schlussfolgerung des Denkens das ist die Negative Macht die be-wusst andere Zerstört und kaputt macht. Das ist das Satanische im Leben. Das ist der Wiedersacher der, das, genauestens beobachtet das die Menschheit, auf Ewig in Unfreiheit bleibt, in der Gefangenschaft des Glaubens an die Materie an das Geld und die Objekte der Sinne. Was die Negative Macht ist, sind die Entscheidungen von Managern von Politiker für Kriegseinsätze , gegen Bildung heimlicher Kür-zung von Bildungsetats, von Kontrollgremien die alles was über die materialisti-sche Glaubensrichtung der Wissenschaftsphysik hinaus geht versucht zu verbieten und durch unterdrückerische Gesetzgebungen und so weiter versucht dumpf zu hal-ten. Oder die trotz Gigagewinne die immer ohne Ausnahme die anderen Menschen Ärmer gemacht haben da Geld ja gleichbedeutend mit Dualismus ist. Ich kann nur haben wenn ich es von anderen bekomme. Und da Geld bewusst limitiert wird von denen die das Geld für sich drucken ist die Limitierung vorprogrammiert. Die ne-gative Macht das satanische kann wunderbar erkannt werden da sie nur nach Geld geht und alle Systeme und Gesellschaftsformen von Geld abhängig gemacht hat und machen will. Und sie gibt nur „ pro forma" nach, wenn Gegendruck, Gegen-licht, angewendet wird. Aber in Wahrheit bleibt sie das Üble und will auch das Üble das satanische. Denn Du, ihr, dürft nicht in den Wahn verfallen, das weil es so was wie Wissenschaftler gibt oder Demokratie oder einen Rechtsstaat oder, oder, das diese Wesenheiten diese Geister diese Astralwesen diese Energiewesenheiten das Luzifer die Engel und so weiter seitdem in dieser sogenannten moderne, nicht mehr vorhanden sind. Du, Ihr werdet nur so, eine Vernunftserklärung eine Verstandes Erklärung finden, für die Entscheidungen dieser satanischen Menschen den Raub-tiermenschen, den Managern finden.

Manager Ziele und Satanische Ziele sind Macht. Gut lesbar in den Verträgen der Ausbildungsstädte für Manager . Macht bedeutet, alle guten Eigenschaften Lebens-formen durch Ungerechtigkeit alle vernünftige Logik alle Zusammenhänge durch Kampf also Macht wie im Tierreich zu erreichen. Das Gesetz des Tieres des stärke-ren das ist Macht. Denn in der Tierwelt gibt es keine Gerechtigkeit. Macht bedeutet auch all das was in der globalen Menschheit als das Gute Schöne Humane und so weiter erdacht erkannt wurde zwar zu benutzen, und zwar in der Öffentlichkeit durch gute Wortansammlungen schöngeformte Gedankenkonstrukte und reden, aber insgeheim Machtziele zu verfolgen wie man die Masse Mensch gefügiger und noch ausbeuterischer einsalben kann, egal mit welchen Methoden. Das ist die satanische Schiene die hier auf der Erde gelebt wird, denn das hier ist das Reich des Todes des Sterbens des Widersachers dem Jesus No Thank you Buddy sagte, und nicht der himmlische Bereich. Wir sind hier um das zu erkennen zu durchschauen und Befreiung zu erreichen. Hier auf der Erde wird es immer diesen Dualismus Muuus geben weil es eine Niedrigschwingungsebene ist. Obwohl selbst hier kein Dualismus ist. Das ist bloß Verstandes Illusion, die Dichte wird als Grenze verstanden, gedacht, und erlebt. Aber es ist bloß die Dichte.

„Auch ihr wart tot durch eure Übertretungen und Sünden, in denen ihr früher gelebt habt nach der Art dieser Welt, unter dem Mächtigen, der in der Luft herrscht, nämlich dem Geist, der zu dieser Zeit am Werk ist in den Kindern des Ungehorsams. Unter ihnen haben auch wir alle einst unser Leben geführt in den Begierden unseres Fleisches und taten den Willen des Fleisches und der Sinne und waren Kinder des Zorns von Natur wie auch die anderen. „ Das steht im Epheser 2.1-3. Hier kann wunderbar gesehen werden „Kinder des Zorns von Natur" also der Raubmenschseinszustand. Und das hat sich heute wieder viel mehr ausgebreitet durch die Macht derjenigen die das wollen und propagieren denn es bringt ihnen die Ziele die sie brauchen um den Menschen weiterhin zu versklaven auf sehr subtile Art indem nämlich die üblen Eigenschaften als gesellschaftsfähig und anstrebenswert propagiert werden durch den Mediensalat Global weltweit Erdweit.

Diese Gier diese Megabösartigkeit in der Industrie dem Management der Politik den Versicherungen den Banken den Ölkartellen den Pharmakartellen den Rohstoffkartellen den Aktienkartellen die ist das Luziferische das Inhumane das Unwahre die Botschaft der Macht die sich wie viele Manager und die Geldgeil Selbsterhöhung gewählt haben mit den Finger zum Sieg, Sieg für den Betrug die Ausbeutung Sieg für die Unwahrheit Sieg für die Nichtliebe Sieg für „Sieg Heil „ nämlich dem Raubmensch, also den Faschisten. Denn Faschismus ist das Himmelprogramm des Raubmenschen. Im Faschismus können diese Wesen diese Manager diese Üblen sich voll - kommen ausleben das Raubtier zur Vollkommenheit führen, indem sie sich sogar staatlich sanktionieren durch Gesetze eigene Polizei und Systeme, wie es dann also alle Bösartigen Üblen Manager egal welcher Richtungen und Berufszweige, in allen Völkern schon immer geschafft haben. Heute ist der Faschismus sehr, sehr, subtil verteilt nämlich demokratisch, aber wenn das Raubtier es schafft, durch die Kontrolle der Illusionen an das Geld und Arbeit, und Land, und Rohstoffe, und Nahrung, und Medien, und Ausbildungen, die Menschen, so zu benebeln, einzuseifen mit dem falschen unwahren, dann würden sie auch wieder Öffentlich den Tod als Vorbild belecken und anbeten lassen wie unter Hitler, Saddam, Stalin, Mao, Tamerlain, Nixon, Bush, den Kaisern den Königen, den Päpsten, den Mullahs, kurzum den Verrückten, und ihren Folgern ihren Anbetern den MitmachWixxern.

Luzifer, der schöne Morgenstern, der die Selbsterhöhung gewählt hatte, wie der Deutsche Bank Scheff, und wie alle Banditen - Raubtiermanager in der Industrie den Banken und so weiter, sie sind der Einfluss des Gottes dieser Welt, und das ist bloß einfach betrachtet, roh betrachtet, denn die Heiligen die den Weg der Innenwelten und der Verwirklichung dieser Innenwelten gegangen sind, die weit, weit, weit über das Universalbewusstsein, Brahma, hinausgegangen sind, sie sagen das der Schöpfer dieser Welt, Brahma, das Universalbewusstsein, der Gefängniswärter ist. Aber wenn Jesus selber sagte in der Wüste das Satan ihm die Welt anbot und er verneinte, so muss Satan der Widersacher, also Brahma sein, das Universalbewusstsein. Oder? Und das ist auch der Einfluss den er als der „Gott dieser Welt" (2. Korinther 4,4) durchsetzt, denn der natürliche Hang und Wunsch der fleischlichen Gesinnung ist die Auflehnung gegen Gott, so wie sie nun in der Vergiftung der Erde und dem Klimawandel und praktisch in der Verblödung der Wissenschaftler die ja bloß größtenteils Fehlerprodukte produziert haben sich zeigt, denn an den Früchten werdet ihr sie erkennen, und die sind die Früchte der Vergiftung der Ignoranz also, Geldes, also des Widersachers der Lüge und Falschheit der Unwissenheit also des Bösen. Die Auflehnung gegen Gott das Göttliche zeigt sich ja auch in den Folgen der Industrie der Politiker der Päpste der Kardinäle im Heuchel Meuchelkostüm des Geldsammelns. Das ist alles Selbsterhöhung Auflehnung Ignoranz und total keine Selbsterkenntnis. Also sie wissen nicht was sie tun. Denn das sind die Giftresultate der Chemikerignoranz in der globalen Industrie Ignoranz hat euch geführt verführt im Blendwerk des Wissen und der Wissenschaft. Das wurde wunderbar gegen euch euren Glauben eure Dummheit verwendet weil das gewusst ist von denen, die diese Weltwirtschaft in ihren Sinnen konstruiert haben, nämlich die Erdgeister.
Was war das Ergebnis bei Luzifer? Jesus sagte „ Ich sah den Satan vom Himmel fallen wie ein Blitz „ (Lukas 10.18)
Satans Einfluss auf die Menschen, hat zur Entstehung einer Welt, Menschheit geführt, in der wahre Gerechtigkeit und Friede blanker Wahn sind Mangelware sind „ Da ist keiner der gerecht ist, auch nicht einer. Da ist keiner der verständig ist, da ist keiner der nach Gott fragt. Sie sind alle abgewichen und allesamt verloren. (in ihren Vergiftungen und Resultaten heute) da ist keiner der gutes tut auch nicht einer. Ihre Rache ist ein offenes Grab, mit ihren Zungen betrügen sie, so wie die Manager heute die Politiker die Banker die Menschen überhaupt in allen Nationen, wo der Steuertopf der Massen geplündert wird, Otterngift ist unter ihren Lippen, ihr Mund ist voller Fluch und Bitterkeit ihre Füße eilen, Blut zu vergießen, auf ihren Wegen

ist lauter Schaden, so wie der Schaden der Zerstörung dieser Erde und seiner Natur und Lebewesen inklusive der Menschen, und den Weg des Friedens kennen sie nicht. Es ist keine Gottesfurcht bei ihnen keine Gottesliebe (Römer 3.10-18 etwas abgewandelt von mir.)

Die Manager also jene die sich als Eure Führer die Führer der Industrien der Aktiengesellschaften darstellen das sind verstecke der negativen macht heute egal in welchen Geschäftsbereichen. Beunruhigender als das Versagen Einzelner sind die Bilanzierungsskandale in den USA. Lassen sie doch befürchten, es gäbe einen Fehler im System der Kontrolle von Unternehmen. Aber es sind die Kontrolleure selber die Wixxer sind. Die Gesetzgeber selber die der Wixxer sind. Die bisher als vorbildlich geltende Corporate Governance in den USA steht auf dem Prüfstand. Na und es ist ihr eigenes System ihr eigene unternehmen das ist ja der Wixer der Satan In Deutschland soll durch das Gesetz zur Kontrolle und Transparenz im Unternehmensbereich (Wixxerkontrolle) die Qualität der Bewertung und Bilanzierung von Unternehmen sicher gestellt werden. Doch die Diskussion um wirksame Corporate Governance und eine größtmögliche Transparenz gegenüber den Anlegern muss weiter geführt werden, damit deutsche Unternehmen im internationalen Vergleich bestehen können. Langfristig kann nur eine auf Transparenz ausgelegte, unabhängige Unternehmenskontrolle Missstände verhindern. Um weitere Verbesserungen zu erreichen, müssen weniger die Strukturen, als die inhaltliche Gestaltung der Arbeit in den Aufsichtsgremien verändert werden. Es dürfen also nur Antiwixxer Positionen haben. Aber wer ist das heute schon. Die Apokalypse kommt näher das Tier die 666 regier führt lächelt und raubt. Dazu gehört auch die Einführung des in den angelsächsischen Ländern üblichen Instruments des Board Review, d.h. der individuellen Beurteilung der Aufsichtsratstätigkeit durch eine externe Unternehmensberatung. Aber kann jemand der an Profite noch glaubt also an den Wahn glaubt der Wahn der Raubmenschmentalität nicht nur den gleichen Zerstörwahnsinn leben?
Der vielleicht wichtigste Schritt besteht aber darin, Vertrauen zu erhalten. Unrühmliche Ausnahmen sollten nicht den Blick verstellen auf mehrere tausend Führungskräfte, die, die Wirtschaft in Schwung halten. Hier sorgt man sich statt um fürstliche Gehälter lieber um die Wettbewerbsfähigkeit und den Fortbestand der Unternehmen. Damit verbunden sind der Erhalt und die Schaffung von Arbeitsplätzen. In den letzten Jahren - auch nach dem Zusammenbruch der New Economy - waren es immer wieder Risiko bereite Unternehmer, die Firmen gründeten, oft ihr Privatkapital einbrachten und so Hunderttausende Arbeitsplätze schufen.
In Krisenzeiten sind Manager gefragt, die sich mit ihrem Unternehmen identifizieren, die neben dem Shareholder- Value auch die Mitarbeitersituation und die langfristige Entwicklung im Blick haben. In diesem Jahr ist nicht nun das Luft-

hansa-Management mit gutem Beispiel vorangegangen und hat auf Gehaltssteigerungen verzichtet. Dabei verdienen deutsche Vorstände im internationalen Vergleich selbst wenn man die exorbitanten Vergütungen amerikanischer CEO's nicht mit ins Kalkül zieht - eher durchschnittlich Tatsächlich sind nur fünf Prozent der Vorstände und Aufsichtsratsmitglieder nicht deutscher Nationalität. Neben anderen Faktoren behindert auch das vergleichsweise niedrige Gehaltsniveau eine stärkere Internationalisierung. Also die Geldgier, soll Gemanagt werden, das lese ich in Zeitungen in Managerberichten. Sie kommen einfach nicht über ihre Wixxerei hinaus und bleiben Kandidaten für die Hölle für Luzifer und Brahma oder dem Universalbewusstsein. Sie werden nicht weiter darüber hinaus kommen. Mit den Worten der verwirklichten Heiligen, nicht der Heiligen der Managerkirchen den Sozialarbeitern die sie selber mit Urkunden benannt haben, die Päpste, denn das ist bloße Verblödung, sondern den Heiligen die den Weg Jesu den Weg Buddhas den Weg nach Innen durch die höheren Chakren gegangen sind, ist das die dritte Ebene der Sitz Luzifers das Universalbewusstsein, Brahma. Mehr nicht. Und das gehört dem Bereich der Kausalität des geboren und sterben ans, das ist ihre Illusionswelt. Die Welt der Täuschung und der Vernichtung. Und genau so sind ihre Handlungen und Resultate. Bingo.

Hier sind einige Infos in bezug zu Banken und weswegen die Meditative Transformation der Industrie gefördert werden muss. Denn diese Menschen die diese Banken in den USA England und auch der EU besitzen, kontrollieren damit die Politik die Schulden macht, damit sie durch ihre Versprechen sich in der Öffentlichkeit gut darstellen können, und gewählt werden, und die Industrie weltweit, und das dadurch die gesamte Menschheit auf der Erde bei ihnen Schulden hat, an die sie „Glauben „ sollen. Damit ist die Versklavung erreicht in einer Demokratie die immer Sklaven braucht. Deswegen rufe ich hier nochmals auf: Macht euch keine Sorgen wegen Schulden. Gott das Göttliche ist Schuldlos immer ewig. Und du bist das Göttliche.

Das Ostküsten-Establishment und die medienpolitische Mafia, die von den Rockefellers beherrscht wird ist fett dabei. Eine diesbezüglich nennenswerte Bank ist die »W.A. HARRIMAN', COMPANY«. Ihr Gründer William Averall Harriman wurde 1913 in den SKULL & BONES - Orden eingeweiht. In den 20ger Jahren war , W.A. Harriman der Hauptunterstützer der Russen mit Geld und diplomatischen Hilfen. Harriman hatte weitere finanzielle Unterstützung durch die „RUSKOMBANK«, die erste sowjetische kommerzielle Bank. MAX MAY, Vizepräsident des »Guaranty Trust« ((Garantie Treuhand) und Mitglied der SKULL &, BONES, wurde der erste Vizepräsident der „Ruskombank«. Der „Guaranty Trust" war durch J.P. MORGAN & Co« (Partnerbank zur N.M. Rothschild-Bank) kontrolliert. Einige der Partner J.P. Morgans waren Mitglieder der SKULL & BONES. Harold Stanley wurde 1908 eingeweiht, Thomas Cochran 1904.

Das ursprüngliche Kapital für die »Guaranty Trust« kam von Whitney, .Rockefeller, Vanderbilt und Harriman, alles Familien mit Mitgliedern im SKULL & BONES Orden.

PERCY ROCKEFELLER war der einzige der Rockefeller, der aufgenommen wurde. Er repräsentierte die Rockefeller-Investitionen im »Guaranty Trust« und war deren Direktor von 1915-1930.

Hier sind einige mehr Infos zu den Banken die das Wahnimperium der Verschuldung also Schuld aufgebaut haben und heute jetzt dick im Massenverblöden der Menschheit tätig sind.

Die „N.M. Rothschild & Sons-Bank« hat ihre Hauptstellen in London, Paris, Wien und Berlin. Die Rothschilds kontrollieren bis zu diesem Zeitpunkt der Geschichte die City in London, dadurch die britischen Kronkolonien und die englischen Regierung. Deswegen ist England auch sofort bereit jeden Krieg den die USA machen mitzumachen. Weil es ein Banksystem ist. Aber was ja in der Öffentlichkeit dann immer als krieg der USA über die Medien vermarktet wird, ist ja gar kein Krieg der USA sonder der Krieg dieser Bank und Industriekonglomerate denen die Medienkontrolle gehört. Ebenso die französische Regierung, das „Komitee der :300«, die bayerischen Illuminaten und damit auch alle durch die Illuminaten unterwanderten Geheimlogen Europas und der USA. Durch ihre Vertreter, die »Khun Loeb Bank«, deren Direktor Jacob Schiff ist, oder war, die »August Belmont & Co. Bank« und die J.P. Morgan & Co. Bank« in den USA und die ,;•M.M.Warburg Gesellschaft« in Hamburg und Amsterdam haben sie unter anderem Rockefellers ,Standard Oil lmperium«, Harrimans Eisenbahn und Carnegies Stahlwerke aufgebaut und kontrollierten damit schon den größten Teil der amerikanischen Wirtschaft.

Die gleich aufgezählten Banken sind mit die mächtigsten der Welt und werden alle durch Rothschild kontrolliert. Und dies sind erst die bescheidenen Anfänge des Rothschild-Imperiums, wie wir gleich feststellen werden. Zum Beispiel wollte ja der Yukos Besitzer der nun in Sibirien in Haft sitz weil Putins Gruppe ihn Platt gemacht hat, an diese Rockefeller Gruppe den größten Teil seines Ölimperiums verkaufen, und damit hätte diese Rockefeller-Rothschild Gruppe auch die starke Kontrolle über das russische Öl. Da kann man Putin gut verstehen weswegen er da NJET sagte.

Gegen Ende des 19. Jahrhunderts starteten die Banken, die durch Rothschild kontrolliert waren, eine große Kampagne, um die reiche US Wirtschaft unter ihre Kontrolle zu bekommen. Um 1900 sandten die Rothschilds einen weiteren Agenten in die USA, PAUL WARBURG, um mit der »Khun Loeb & Co. Bank« zusammenzuarbeiten. Merken Sie sich diesen »Rothschild-Agenten« sehr gut, er wird noch viele Organisationen miteinander vernetzen! JACOB SCHIFF und PAUL WARBURG starteten eine Kampagne für die Errichtung der „FEDERAL RESERVE BANK", als fest installierte private Zentralbank in Amerika.

.Jacob Schiff ließ die New Yorker Handelskammer bei einer Rede 1907 wissen: »Wenn wir keine Zentralbank mit einer ausreichenden Kontrolle über die Kreditbeschaffung bekommen, dann wird dieses Land die schärfste und tiefgreifendste Geldpanik seiner Geschichte erleben." (»Die Absteiger«, Des Griffin).

Gesagt, getan, stürzten sie daraufhin die USA in eine Währungskrise, deren daraus resultierende Panik am Kapitalmarkt das Leben zehntausender Menschen im ganzen Land ruinierte. Die Panik an der New Yorker Börse brachte den Rothschilds neben mehreren Milliarden US-Dollar auch dem gewünschten Erfolg. Schlau ausgedacht, benutzte man die Panik als Argument, nun endlich eine Zentralbank zu errichten, um Vorfälle wie diesen zu vermeiden. Paul Warburg sagte dann dem Bank- und Währungskomitee:

»Das erste, was mir auf die Panik hin in den Kopf kam, ist, dass wir eine Nationale Clearing-Bank (Zentralbank) brauchen...« .(»Die Insider«, Gary Allen).

Die endgültige Version des Beschlusses, das »FEDERAL RESERVE SYSTEM" (die private Zentralbank Amerikas) einzuführen, entstand auf einem Privatgrundstück J.P. Morgans, auf Jekyll lsland, Georgia. Ich habe das Buch „The Creature from Jekyll Island" von Griffin gelesen in Amerikanischer Sprache in Deutsch gibt es das nicht (Doch gibt es nun. 10.3.2009 W.Schorat), grauenhaft, primitiv diese Menschen.

Die Anwesenden des Treffens waren den Recherchen von Herbert G.Dorsey und Griffin zufolge: A. Piatt. Andrew, Senator Nelson Aldrich, Frank Vanderlip, (Präsident der Khun Loeb & Co); Henry Davidson, (Senior Partner der J.P. Morgan Bank), Charles Norton, (Präsident von Morgans First National Bank), Paul Warburg und Benjamin Strong, (Präsident von Morgans Bankers Trust. Co).

Die Einführung der »Federal Reserve« 1913 ermöglichte nun den internationalen Bankiers, ihre finanzielle Macht in den USA sehr zu festigen. PAUL WARBURG wurde erster Vorsitzender der „New York Federal Reserve Bank".

Dem »Federal Reserve« Beschluss folgte der 16. Zusatzartikel der amerikanischen Verfassung, der es nun dem Kongress ermöglichte, das persönliche Einkommen der US-Bürger zu besteuern. Das war die Konsequenz, nachdem die US-Regierung nun kein eigenes Geld mehr drucken durfte, um ihre Operationen zu finanzieren.

Dies war das erste Mal in der Geschichte seit der Gründung der USA, dass das Volk

Einkommensteuer bezahlen musste.

Die wichtigsten Aktienbesitzer der „FEDERAL RESERVE« (der Fed) waren:
1 Rothschild Banken aus London und Paris,
2. Lazard Brothers Bank aus Paris
3. Israel Moses Seif Bank aus Italien
4. Warburg Bank aus Amsterdam und Hamburg
5. Lehmann Bank aus ‚New York
6. Khun Loeb Bank aus New York
7. Rockefellers Chase Manhattan Bank aus New York
8. Goldman Sachs Bank aus New York

Kongressmitglied CHARLES LINDBERGH beschrieb schon damals die neu entstandene Federal Reserve Bank als die »unsichtbare Regierung«, durch ihre Geldmacht.

Wie funktioniert die „Federal Reserve Bank" eigentlich?
Das „Komitee des offenen Marktes" (das alleine ist schon Megatäuschung, denn
alle anderen die den Offenen Markt aus ihrer Sicht sehen und haben wollen, werden dann als die Üblen deklariert, und was ist für diejenigen die keine Geldnoten
haben der Offene Markt, gar nichts, denn Offener Markt ist eine Bezeichnung für
Unser Weg und nicht deiner) der Fed produziert »Federal Reserve Noten« (Dol-
lar-Scheine). Diese Noten werden dann für Obligationen (Schuldverschreibungen)
der US-Regierung verliehen, die der Fed als Sicherheit dienen. Diese Obligationen
werden durch die zwölf Fed-Banken gehalten, die wiederum die jährlichen Zinsen
darauf beziehen.

Entsprechende Anmerkung zur Situation von 1982, und heute 2007-03-22 ist die
Situation bestimmt um Trilliarden fetter geworden:
1982 nannte• das US-Finanzamt den Schuldbetrag von rund $1,070,241,000,000.
Die Fed sammelte also rund $ 115,800,000,000.Zinsen in nur einem Jahr von den
amerikanischen Steuerzahlern ein. Dieses Zinskapital geht ganz allein in die Taschen der Fed, und damit zu den internationalen privaten Bankiers.
1992 waren die Obligationen, die durch die Fed gehalten wurden, bei rund
$ 5,000,000,000,000. und die Zinszahlungen der Steuerzahler steigen ständig. Und
dieses ganze Vermögen hat die Fed, erschaffen, indem sie der US-Regierung Geld

verleiht und dafür hohe Zinsen kassiert, das die Fed, an und für sich nur Farb- und Druckgebühren kostet...

Das ist mit der größte Schwindel in der Geschichte der USA und kaum, einem fällt es auf. Dazu kommt, dass die Fed, durch die Obligationen der US-Regierung das Pfandrecht, staatlich und privat, auf den Grundbesitz der gesamten Vereinigten Staaten von Amerika hat. Zahllose Gerichtsverfahren waren bisher ohne Wirkung, um das »Federal Reserve«-Gesetz rückgängig zu machen. Es gibt auch rechtlich keinen Weg für die Bürger, das Geld zurück zu bekommen da die Fed, keine Abteilung der US-Regierung, sondern eine private Einrichtung ist. Angeblich ist die Fed, verfassungsrechtlich nicht erlaubt und damit gar nicht existenzberechtigt. Neun US-Staaten haben deshalb bereits „Staatsverfahren" laufen, um die Fed aufzuheben.

So warum schreibe ich das hier bringe das hier mit rein in die Meditative Spirituelle Transformation der Industrie. Ganz einfach um den Geist den Affengeist dieser Verrücktheit zu zeigen an den die Menschen glauben sollen und auch glauben, was sie in unbeschreiblicher Ignoranz gefangen hält so das keine echte Evolution passieren kann da dieser Megabekloppheitszyklus von den GeldGeilbankern aufrechterhalten wird um nur ihre eigenen Ziele die Ziele des Messias des Satans zu verwirklichen. Deswegen nehme ich auch die Banken als Widersacher und Verhinderer der Evolution der Menschheit denn sie halten die Täuschung aufrecht das Geld das einzige ist das eine Menschheit eine Gesellschaft am Leben hält und das ohne Geld nichts geschaffen werden kann und nichts geschaffen wird. Das ist das Tier dieser Glaube diese Strategien. Sie sind also 100 % Raubtiere geblieben und wunderbare Früchte ihres Wahnsinns so wie im Johannes Evangelium vorrausgesagt. Bei denen ist der einzige Weg das „Mehr". Damit der Wahnsinn nicht auffällt, ihre Banditenmehrheit, wird auf Inflation geschaut und Ab und An der Aktienmarkt platt gemacht. Das ist dann das „Super-Mehr" für sie. Aber der Mensch ist nicht das Mehr. Aktienabstürze werden bewusst gesteuert von den Besitzern der Banken indem sehr viel Kreditgelder gegeben werden zbs. Häuser Immobilien oder Kleinunternehmen also für die Masse. So wurde das schon des Öfteren in den USA gemacht mit Effekt Glaubusbazillus. Dann, wenn die Besitzer erkennen das die Kreditblase gigantisch ist, wird der Geldhahn zugedreht und die Hausbesitzer sind pleite können ihr Geld bei der Bank nicht zurückzahlen. Das macht das Kreditinstitut pleite und die davon abhängige Industrie. Und alles verliert stark an Wert so wie die großen Aktienpleiten in den USA oder auch der New Economy in der BRD.

Der Ficky Fiktionswert der Gläubigen die genau so im Wahn gehalten werden wie die Gläubigen in den Religionen ist nun MegaFickyFiktion oder anders Affengeist Pur. Die Bankbesitzer die das ganze ja steuern die Manager haben zuvor ihre Aktienpakete verkooooft. Wenn der Markt die Menschen also nun Pleite sind kaufen die

Bankbesitzer dann die günstigen Aktien wieder auf, haben die Firmen für ne Gurke und Stück Kohl, sind noch Megablöder und haben die Gefangenschaft wieder zum Stand der Dinge gemacht die sie wollen. Dann fängt die „Freiheit" wieder von vorne an. .Wer braucht will günstige Kredite und so weiter

Auf diese Art also Kunst wurde auch stark eingewirkt in Deutschland und wer weiß was die Global in anderen Ländern machen, nämlich dem Mittelstand keine Kredite mehr zu geben, so können sie nämlich das Wachstum eines Volkes kontrollieren der Menschheit, das war eine seit sehr langer zeit geplante Strategie um die deutsche Wiedervereinigung lahm oder sogar platt zu machen, und ich las das schon vor 20 Jahren irgendwo, und staunte als ich nun sah was sich da bei den deutschen Banken entwickelt hatte das dem Mittelstand Kredite sehr, sehr erschwert wurden und am Ende Kanzler Schröder sogar diese Mittelstandskreditsache starten musste damit der Mittelstand überhaupt Kredite bekommen konnte.

So, der Widersacher der Satan plant weit im Voraus und ist genau so intelligent aber was ist schon Intelligenz! Sie scheitert immer da sie bloß manipulieren kann. Weswegen, weil sie materialistisch ist also grob, und da werden nur Energien verschoben mehr nicht, natürlich gehören da auch Leichen zu wie das anzetteln von Kriegen oder platt machen von Wirtschaften und den damit verbundenen Zerstörungen der Menschlichen Lebenslage. All das ist der Satan. Das Tier die 666 wie in der Bibel gezeigt wird.

Wunderbar zu sehen ist auch wie die deutschen Politiker also Raubmenschen da sie ja Fleischfresser sind und am töten der Tiere beteiligt sind um bloß das Fenster ein wenig zu öffnen für mehr Bewusstheit bei denen und anderen, also der deutsche Politiker und aber auch die Politiker anderer Länder, in die Falle des Satans geraten sind, denn diese Menschen die eine ganz andere Sicht der geopolitischen Sachlage haben da sie ja die Kontrollen über viele Bereiche der Wirtschaft haben weil die blöden Menschen an so was noch glauben, also die Deutschen wurden wunderbar abgezockt indem geplant wurde sie finanziell und anders schwach zu halten indem sie aufgefordert wurden sich stärker in der Nato und anderen internationalen Organisationen einzubringen indem sie Internationale Kriegsdienste übernehmen da nämlich so die Staatskassen geplündert werden wo dann das Geld für die innere Entwicklung des Landes knapper wird und wer zu stark auf das Internationale schaut verliert den Sinn für sich selber seine schönen guten liebenswerten Qualitäten die als Anlage und Fähigkeit in jedem vorhanden sind. Und wer sich mit anderen vergleicht, der hat schon verloren weil er von sich wegschaut und meint er sei das Äußere die Tat die Handlung du nicht der Schöpfer das Göttliche.

Hier sind noch mal einige Infos zur Erinnerung was im Hintergrund abläuft bei denen die egal in welchen Gruppen sie auch tätig sind oder Organisationen sie angehören die nach außen hin sich mit Begriffen bezeichnen die auf wohlwollen schließen

lassen damit die Allgemeinheit getäuscht werden kann, denn : das gesamte materialistische System ist auf Täuschung aufgebaut auf hinhalten auf die Zukunft und nicht auf Jetzt auf Dich Jetzt auf die Gegenwart deines Seins. Da müsstest du sogar alle deine Kenntnisse die erst nach der Geburt entstanden sind nach der Geburt des Körpers fallen lassen und trotzdem wärst du Immens Wunderbar Glückselig Liebend und viel,viel,viel mehr, als das was dir diese satanischen Versprechungen vorjodeln im falschen Ton sogar. Bleibt nicht stecken indem was dir gelehrt wird was du gelernt hast das ist ohne Ausnahme Schrott weil es das sterbliche ist. Dein wissen wird also Kummer oder die Quelle des Glücks der Glückseligkeit und zwar in dir selber nicht vom Bankkonto oder Anzug oder Haus und Auto.
Hier also noch mal zur Erinnerung was die Hintergrundgeldmächte alles haben und damit wirken.

1. Die Kontrolle des Geldes ...»Die Kontrolle der Nationen wird durch die Errichtung riesiger privater Monopole, als Behälter gewaltiger Reichtümer, von denen sogar die Gojim (Nichtjuden) abhängig sein werden, sicher sein...
.Damit werden sie zugrundegehen müssen, zusammen mit dem Kredit der Staaten, am Tage nach dem politischen Zusammenbruch...
... Wirtschaftsschädigungen zur Schädigung gegnerischer Staaten, durch Zurückziehen des Geldes aus dem Umlauf: Durch die Anhäufung großer, privater Kapitalien, die dadurch dem Staate entzogen sind, wird dieser Staat gezwungen sein, dieselben Kapitalien als Anleihe von uns zu entnehmen. Die Anleihen belasten die Staaten mit Zinsen und machen sie zu willenlosen Sklaven. Anstatt zeitgemäße Steuern vom Volke abzuverlangen, werden sie zu unseren Bankherren kommen und betteln.
. . Fremde Anleihen sind Blutegel und es gibt keine Möglichkeit, sie vom Staatskörper wieder zu entfernen, bis sie entweder von selbst abfallen oder der Staat sie abschüttelt. Aber die Gojimstaaten schütteln sie nicht ab, sondern legen sich immer neuere zu und müssen daher unweigerlich daran zugrundegehen.
Durch die Staatsverschuldungen werden die Staatsmänner bestechlich werden und dadurch noch mehr in unsere Kontrolle fallen...

Entsprechende Anmerkung zur heutigen Situation:
Die Staatsverschuldung von Bund, Ländern und Gemeinden Deutschland betrug 1992 rund 1.300,000,000,000 DM. Und heute 2007 sind es über 1570 Milliarden Euro oder 1,57 Billion Euro. Ich bin kein Gläubiger der an diese Raubmenschsysteme glaubt so wie zum Beispiel die Kirchenväter die Manager der Religionsfirma damals als sie Andersgläubige Töteten und wie heute 2007 Andersgläubige getötet

werden . Es ist also der Glaube an das Geldsystem der die Menschen in dieser Primitivität hält. Und dieser Glaube soll mit aller Macht bis zum Ermorden und Kriege führen aufrecht erhalten werden. Das ist genau das gleiche wie im Mittelalter als die Religions-Glaubens-Manager mordeten damit nur ihr Glaube der einzige sei. Dabei ist Glaube bloß Denken und Fantasie. Glaube ist das Ego das Falsche das Gemüt. Oder : Der Widersacher der Satan das Üble. Und genau das ist das Geldsystem, vom Satan mit aller Bösartigkeit aufrechterhalten und deren Vasallen und Satansbrüder. Deshalb ist es totaler Unsinn an Geld oder Schulden zu GLAUBEN weil das Sein das ICH BIN da nicht zum Vorschein kommt und die Menschen also die Raubmenschen durch ihren IRRGLAUBEN ans Geld an das System sich unweigerlich den Zusammenbruch ERGLAUBEN und dann auch das Chaos erleben müssen. Sooo Immens Blöde sind Menschen heute 2007 noch und gehen dafür sogar zur Universität dem Zentrum der Massenverblödung weil dort die Festplatte mit den ganzen Glaubenssystemen vollgeladen wird und das Sein das ICH BIN weit, weit, weit, weg ist.

2. Die Kontrolle der Presse ...»Wir werden mit der Presse in folgender weise verfahren:
Sie dient zur Aufreizung und Entflammung der Volksleidenschaften... und die Öffentlichkeit hat nicht die geringste Ahnung, wem die Presse in Wirklichkeit dient... Unter den Blättern werden aber auch solche sein, die uns angreifen, die wir aber selbst gegründet haben, und sie werden ausschließlich solche .Punkte angreifen, die wir bereits zur Anordnung bestimmt hatten...
...Keine einzige Ankündigung wird ohne unsere Kontrolle an die Öffentlichkeit gelangen. Das wird ja auch schon jetzt erreicht, insofern als die Nachrichten aus aller Welt in einigen wenigen Nachrichtenagenturen zusammenlaufen. Diese Agenturen werden von uns bereits kontrolliert und lassen nur das in die Öffentlichkeit, was wir gutheißen....unsere Zeitungen werden von allen Schattierungen sein, aristokratisch, sozialistisch, republikanisch, sogar anarchistisch, natürlich nur solange, als die Verfassung besteht... .
...Jene Thoren, welche glauben, sie wiederholen die Zeilen einer Zeitung ihres eigenen Lagers, werden in Wirklichkeit unsere Meinung oder eine solche, die uns wünschenswert ist, nachsprechen...« Was mir auch bewusst geworden ist, ist, das sehr viele Zeitschriften die sich mit Spirituellen oder Esoterischen Themen schmücken und dadurch Menschen anziehen, die dort einen Austausch machen, dort bloß sozusagen gebündelt werden können, und der Besitzer dieser Medienkonglomerate bloß an das Geld will und die Zeitschrift damit eine Täuschung ist die in die Welt gesetzt wurde ein Köder um das Tier zu fangen.
Entsprechende Anmerkung zur heutigen Situation:

Als erstes fällt sehr stark auf das die Medien die Filme International immer mehr mit Morden Töten und Kriegen bepflastert sind. Der Anteil der Mordsfilme ist gigantisch geworden und die damit verbundene Raubmensch Eigenschaft dann auch. Durch eine solche Lockerung der Energiekörper des Menschen durch die Bombardierung der Presse der Filmemacher der Schauspieler und deren Geldgeber wird das Energiekostüm damit gespeichert und es bleibt in dem Gemüt subtil hängen so wird auch ein Globales Akzeptstanz Gemüt geformt das im Stillen wächst. Wenn dann noch Alkohol oder andere Pflanzliche oder Synthetische Substanzen hinzu kommen, ist es ein leichtes das Bösartige Astralwesen in das Energiesystem des Menschen „Einsteigen" und ihn „Plötzlich in der macht „ haben und diese sogenannten „Durchdreh Effekte" passieren können.. Es darf nicht vergessen werden, trotz dieser Illusion der Aufgeklärtheit „Wissenschaft" ist alles andere Bestehen geblieben, alle Mächte Welten und Wesenheiten Existieren nach wie vor in anderen Formen und Schwingungen und Frequenzen und Welten. Aber die negative Macht, der Widersacher das Üble, die ist im Militär und deren Universitäten Global sehr aktiv. Dort werden ununterbrochen Wissenschaftliche Studien gemacht wie die Menschheit am besten zu kontrollieren ist. Und es gibt Studien aus Amerika wo Professoren und Doktoren den Besten Weg herauskristallisiert haben wie die Menschen zu kontrollieren sind. Durch die Kriegsdrohungen und durch Kriege. Das wird ganz bewusst von den zurzeit herrschenden in den USA und anderen Ländern angewendet. Man hat als zweite Variante die Angst vor Umweltkatastrophen erkannt. Es sind die Ängste die Ausgebeutet werden und dann bewusst ausgelotet werden. Das ist der Widersacher der Satan das Üble. Und diese Ängste werden dann gekonnt in Medienbereichen immer wieder angesprochen und Vorgeführt in Filmen der Gewalt. Aber es werden auch die Grenzen im TV und deren Massenprogramme durch Wettbewerbe die immer größere Gewalt in ihren Shows haben eingeführt. Das soll hingehen bis zum Töten der Mitspieler. Und zwar so wie in Rom bei den Gladiatoren Kämpfen. Diese Studien gibt es auch und die wurden vom Militär in Auftrag gegeben. In den USA kann ja wunderbar gesehen werden dass es ein Polizei und MilitärOrgasmus Muus ist. Die sind total bekloppt dort. Verrückte. Aber andere Länder sind nicht viel besser, die sich an Kriegen beteiligen. Auch in den Ländern wird unter dem Vorwand der Demokratie und Hilfe und Gemeinschaft gemordet. Horror und Gewaltfilme gehören zur Strategie des Satans das Verhalten und wenn es auch nur in seinen Fantasie passiert zu lockern. Akzeptabler zu machen. Denn alleine dadurch können die Astralsatans in den Körper des Menschen leichter eindringen ganz zu schweigen von der eigenen Verunreinigung die der Mensch mit sich selber macht indem er sich mit so was Fantasiemäßig oder Mental oder Denkmäßig beschäftigt. Das ist alles Ignoranz das Dunkle die Unwissenheit, Unwissenheit wer du wirklich bist, und damit das Nest für das Böse. Und viele Blackouts oder Durchknall oder DurchdrehMordAktionen, stehen unter dem Einfluss dieser Astralwesen die sie Zugang zu ihrem Energiesystem gaben durch Unwissenheit und die konstante Beeinflussung der suggerierenden Medien die das Allgemeinakzeptabel darstellen in der Dauerbombardierung im Internet oder Kinofilmen und Büchern. Deshalb sagte Jesus auch: Richte nicht, damit nicht auch du gerichtet wirst. Das bedeutet, du weißt in Wahrheit nicht was wirklich da passiert ist.

3. Die Ausbreitung der Macht ...
» Wir werden in der Öffentlichkeit der Freund aller sein...
... Wir werden alle unterstützen, Anarchisten, Kommunisten, Faschisten... und speziell die Arbeiterschaft. Sie werden uns vertrauen und dadurch zu einem geeigneten Werkzeug werden...«

4. Die Kontrolle des Glaubens ...
» Wir werden den Menschen den wahren Glauben nehmen. Wir werden die Grundpfeiler der geistigen Gesetze verändern oder herausnehmen... Das Fehlen dieser Gesetze wird den Glauben der Menschen schwächen, da die Religionen die Zusammenhänge nicht mehr erklären können...
...Diese Lücken werden wir durch materialistisches Denken und mathematische Berechnungen füllen...«

5. Das Mittel der Verwirrung ...
»Um die öffentliche Meinung in unsere Hand zu bekommen, müssen wir sie in ein Stadium der Verwirrung bringen...
... Wir werden unter anderem die Presse dazu benutzen, den Menschen so viele verschiedene Meinungen zu präsentieren, dass sie den Überblick im Labyrinth der Informationen verlieren...
...damit werden sie zu der Ansicht kommen, dass es am besten ist, keine spezielle Meinung (politisch) zu haben.,.
6. Das Verlangen nach Luxus ..
.»Um den Ruin der Industrie der Gojim zu verstärken, werden wir unter den Gojim das Verlangen nach Luxus forcieren. Der gewöhnliche Mensch wird sich jedoch nicht an LUXUS erfreuen können, da wir ständig die Preise erhöhen werden, damit der Arbeiter genauso viel arbeiten muss wie vorher, um das Gewünschte zu bekommen...
... Und bis er das System erkennt, wird er bereits darin gefangen sein«
Das kann ja nun heute 2007 wunderbar gesehen werden. Da sind ja sogar sogenann-

te Politiker dabei noch mehr Weniger zu verlangen, natürlich von den Anderen, oder die Euroeinführung sofort 25-30% weniger Kaufkraft und die Erhöhung der Energiepreise und Benzinpreise und Mieten und Rohstoffpreise und so weiter,,das sind alles die Zeichen des Satans. Aber am klarsten ist es zu sehen, wie überhaupt der Mensch als solches, total verblödet ist in seinem selbstgeschaffenen Gefängnis genannt Glaube ans Geld, und damit nicht an sich selber, und das „Ohne Geld Nix und Nixxi und TrippelNixxi" geht. Die sind sogar so abgrundtief verblödet in dem Netz dieser Glaubensstrategien, die genau die gleichen Glaubensstrategien sind wie die der Priester und Kardinäle und Päpste damals und heute, euch in dem Glaube zu lassen, das ohne Geld Kein Haus gebaut werden kann oder Autos gebaut werden können oder die Menschheit zu Grunde geht . Also euch Unwissend zu halten zum Abmelken und Ausbeuten einiger weniger. Sooo immens Blöde ist der Mensch heute noch.

7. Die Politik als Werkzeug ...
»Durch unser Einflößen des Liberalismus in die Staatsorganismen wird ihr ganzes politisches Aussehen verändert...
...Eine Verfassung ist nichts anderes als die hohe Schule der Uneinigkeiten, Missverständnisse, Zankereien und Partei-Launen, mit einem Wort: eine Schule all dessen, was dazu dient, die Persönlichkeit des Staatsbetriebes zu zerstören...
...Im »Zeitalter der Republiken« werden wir die Herrscher durch die Karikatur einer Regierung ersetzten, mit einem .Präsidenten aus dem Volke, aus der Mitte unserer Puppen, unserer Sklaven...
,:. ... Wir werden die öffentlichen Wahlen zu einem Mittel machen, das uns auf den Thron der Welt verhelfen wird, indem auch dem Geringsten im Volke der Anschein gegeben wird, durch Zusammenkünfte und Vereinigungen auf die Gestaltung des Staates einzuwirken...
... Wir werden gleichzeitig die Bedeutung der Familie und ihrer erzieherischen Wirkung zerstören und ebenfalls die Möglichkeit selbständiger Persönlichkeit beseitigen... .
...Es genügt, ein Volk eine gewisse Zeit lang der Selbstregierung (Demokratie) zu überlassen, um es in einen ordnungslosen Pöbel zu verwandeln.. . ...Die Macht des Pöbels ist eine blinde, sinnlose und unvernünftige Kraft, immer in der Gewalt der Beeinflussung von irgendeiner Seite. (Das ist wunderbar zu sehen durch die gigantische Armee der Industriebeeinflussung auf die Politiker Global die Kartelle die PöbelGeldMacht nämlich die Lobbyisten).
Der Blinde kann aber nicht den Blinden führen; ohne in den Abgrund zu stürzen. Nur jemand, der von Geburt an zum unabhängigen Herrscher erzogen ist, hat Verständnis für das politische ABC...

... Unser Erfolg wird dadurch erleichtert werden, dass wir in unserem Verkehr mit den Menschen, derer wir bedürfen, immer auf die empfindlichste Seite der menschlichen Natur einwirken werden: die Geldgier; die Leidenschaft und die Unersättlichkeit nach menschlichen und materiellen Gütern...« In der Politik ist das fabelhaft sichtbar durch die Geldgier der Politiker und deren Verbindungen zu den Posten der Firmen und deren Geheimen Gehältern und den damit verbundenen Strategien in der Geldgeilverteilung der Steuergelder und den Gesetzen die gemacht werden. In den USA und auch EU ist das Firmen-Politik. Zum Beispiel Monsanto die Gangster-Firma die dem Satanischen angehört die haben sogar ihre eigenen Firmen Anwälte in die Richterstühle des höchsten Gerichte gebracht durch den „Vom Bekloppheitsgott geförderten Bushfeuer Clan" damit dort sofort sämtliche Verbrechen an die Natur und Menschheit sanktioniert werden durch Erlaubnisse per höchsten Gericht. Das ist alles der Pöbel der Widersacher der Satan. Oder Hartz und seine Kotze und seine Freunde.

8. Die Kontrolle der Nahrung ...
»Unsere Macht liegt auch in der dauernden Nahrungsknappheit.
Das Recht des Kapitals erzeugt Hunger, der die Arbeiter sicherer beherrscht, als es der Adel mit der gesetzlichen Königsmacht vermochte..
...Durch .Mangel, Neid und Hass die so erzeugt werden, werden wir die Massen bewegen...
Aber als Landbesitzer kann er uns noch gefährlich werden, da er Selbstversorger ist. Und darum müssen wir ihn um jeden Preis seines Landes berauben. Dieses wird am besten erreicht, indem man die Lasten auf den Grundbesitz vermehrt, ...indem man die Ländereien mit Schulden belädt« (Die Kontrolle der Nahrung ist ja schon passiert und in den Händen der Negativen Mächte nämlich durch die Chemische Industrie und deren blinde taube Vasallen den Bauern und Landwirtschaftsfirmen. Und der Kampf gegen die Ausbreitung von Gesundheit
Und NichtGiftNahrung ist ja voll im Gange nämlich gegen die Ausweitung der BioNahrung und BioBauern indem die Gelder dafür nicht gegeben werden oder sehr spärlich. Und die Ausweitung der GenSeuchen von Monsanto und Bayer und dem Satan persönlich.) Denn durch Chemiekost und Schlechtkost wird auch der Geist schlecht dass Mental das Gemüt der Body lebt auf Sparflamme und siiiicht langsam dahin. Somit werden dann auch wunderbar die Ärzte und K-Häuser voll gehalten von denen ja die PharmaChemie die Rockefeller RothschildGifte fabelhafte Gewinne machen um euch weiter zu verblöden.

9. Die Funktion des Krieges
»Um Machthungrige zu einem Machtmissbrauch der Macht zu veranlassen, werden

wir alle Kräfte in Gegnerschaft zueinander bringen. In ganz Europa, und mittels der Beziehungen Europas auch in anderen Erdteilen, müssen wir Gärungen, Zwiespälte und Feindschaften erschaffen', „ Wir müssen in der Lage sein, jedem. Widerstand durch Kriege mit dem Nachbarland zu begegnen. Wenn diese Nachbarn es jedoch auch wagen sollten, gegen uns zusammenzustehen, dann müssen wir ihnen durch einen Weltkrieg Widerstand bieten...«

10. Die Kontrolle durch die Erziehung ...

»Die Gojim werden nicht zur praktischen Anwendung der vorurteilslosen geschichtlichen Beobachtung angeleitet, sondern zu theoretischen Erwägungen, ohne jede kritische Beziehung auf folgende Ereignisse...(das ist heute fabelhaft Sichtbar in den von den Universitäten kommenden Verrückten die keinen Kontakt mehr zum Boden unter den Füßen haben und Totalentfremdete sind in Bezug zu sich selber und der Göttlichen Natur. Und daraus entstehen die konsequent erweiterten Killunternehmen sei es im Kriegsmaterialien Aufbau oder der Nahrungsmittelsatanisten Branche der Killmaschinen für die Massentötungen der Tiere oder der Produkte in der Chemischen Industrie oder kurzum der Theoretiker die sich bei den Religionen Theologen nennen, das sind allesamt Totalbekloppte völlig entfremdete die Totalegoismus Muus vorleben gewissenlose Penner mit Unidiplomen kurzum Blöde die hoch angesehen werden. Aber: Denn sie wissen nicht was sie tun. Wunderbar sichtbar heutzutage bis hin zur globalen Klimakatastrophe und der Zerstörung von Kulturen und der Natur.)

...Lasst für jenes Spiel die Hauptsache sein, dass wir sie Überredet haben, die Erfordernisse der Wissenschaft anzunehmen... (genau so ist es heute 2007 die Menschen werden von den Politikern immer mit der Wissenschaftlichkeit entmündigt und für blöde gehalten wenn dagegen gegangen werden soll. Und die Wissenschaftler haben sozusagen das Hoheitsrecht auf eigens sehen und Denken und Wissen gegenüber der Menschheit zugesprochen bekommen. Dabei sind Wissenschaftler was ja bloß ein begriff ist bloße Raubtiere geblieben, denn auch sie wissen ja gar nicht was sie tun, an den Früchten werdet ihr sie erkennen. Oleeee.

...Angesichts dieser Tatsache haben wir unablässig mittels unserer Presse ein blindes Vertrauen auf diese (wissenschaftlichen) Theorien hervorgerufen, Diese intellektuellen der Gojim werden sich mit ihren Erkenntnissen anpreisen...

...Indem das Volk immer mehr entwöhnt wird, selbst nachzudenken und sich eigene Meinungen zu bilden, wird es schließlich in dem, Ton reden, wie wir es wollen, dass sie reden...«

Soo das waren einige Worte aus den Protokollen der Weisen von Zion. Ich habe das bloß mal als Erinnerung und Vergleich gebracht zu den heutigen Verhältnissen und inwieweit sich die negative Macht ausbreitet. Und was in den Regenbogen Meditation Zentren nicht angestrebt wird. Dort wird die Evolution des Bewusstseins und das Ego durchschauen und Rollen durchschauen durchschaut werden und auf Du Selbst Ich Bin Sein dieser EgoWidersacher Murks abgestreift werden.

Ich komme noch mal auf das Johannes Evangelium zurück indem ja geschrieben steht dass das Tier herrschen wird : Und es (das Tier) tut so große Zeichen, dass es auch Feuer von Himmel auf die Erde fallen lässt (wohl Bomben Atombomben) vor den Augen der Menschen, und es verführt die Menschen, die auf der Erde wohnen, durch die Zeichen, die es mit Zustimmung des Tieres tun darf, und befielt denen, die auf der Erde wohnen, ein Bild zu errichten für das Tier, dass die Schwertwunde hatte und lebendig geworden war. Und ihm wurde gestattet, dem Bild des Tieres Geist zu verleihen, damit es sprechen und bewirken könnte, dass alle die es nicht anbeten, getötet würden. Und es bewirkt, dass alle die Kleinen und Großen, die Reichen und Armen, die freien und Sklaven, sich ein Zeichen an die rechte Hand oder an die Stirn machen, und dass niemand kaufen oder verkaufen kann, wenn er nicht das Zeichen hat, nämlich den Namen des Tieres oder die Zahl seines Namens- Hier geht es um Weisheit ! Wer verstand hat, der deute die Zahl des Tieres, denn es ist die Zahl eines Menschen, und seine Zahl ist die 666......

Ich nehme hier mal die Aufschließung des Textes aus dem Buch von Helene Möller „Aufschließung der Apokalypse" erschienene im Radona Verlag Usingen Taunus.

Aufschließung

In diesem Abschnitt wird gleichnishaft angedeutet, wie der Geist dieser Erde sich sein Reich errichtete, um unbeschränkt in ihm herrschen zu können. , Auf zweierlei Art herrscht dieser Geist, indem er einmal die Menschen vorsichtig noch als Anhänger des Wortes Gottes behandelt während er ein .anderes Mal offen und entschieden als Gegner des Wortes Gottes auftritt.
Es so durch diesen bildhaften Vorgang erkannt werden, wie die Menschen sich verirrten, die sich allein der irdischen Ordnung unterstellen wollten, weil ihnen an der himmlischen Ordnung, welche die Kirche Christi vertritt, nichts gelegen war.
Ich will aufklären, warum in diesem Abschnitt zwei Tiere, welche der Drache aus dem Meere und vom Lande aufsteigen ließ, als Sinnbilder verwendet wurden.
Der Mensch hat von Gott eine Seele erhalten, die mit der wunderbaren Möglichkeit begabt ist, sich an die Welt des göttlichen Geistes anschließen zu können , während das Tier nur der Erdenwelt eingeordnet verbleiben muss, da es keine der göttlichen

Welt angepasste Seele hat.

Kraftvolle, verwunderlich ergebene, und ruhig dem Menschen. Als ihrem Herrn folgende Tiere werden von Gott in späteren Schöpfungsplänen eine' höhere Verwendung finden, weil ihr aufrichtiger Gehorsam und ihre Anhänglichkeit an den Menschen sie für Gottes Pläne verwendbar machte.

Aber in seinem heutigen Zustand ist das Tier noch nicht für höhere Schöpfungspläne Gottes verwendbar, daher es nur der vergänglichen Erdenwelt eingeordnet bleibt.

Ähnlich ist die Lage jener Menschenseelen, die sich überzeugt und entschieden nur der Erdenwelt angeschlossen haben, weil ihnen an einer erhabeneren, geistigeren Daseinsart nichts gelegen ist.

Völlig eingefangen von den aufregenden irdischen Angelegenheiten denen alleine sie ihre Aufmerksamkeit schenken, verwarfen sie der ihnen innewohnenden göttlichen Seele Möglichkeit, sich an die Welt des Geistes Gottes anzuschließen.

In diesem Abschnitt werden alle diese Menschen in zwei Sinnbildern gekennzeichnet.

Ungemein gefährlich wird der Erdenmensch, wenn er sich von der ihm, von Gott auferlegten Aufgabe, die Kraft seiner göttlichen Seele auszubilden abgekehrt hat.

Allein der Erdenwelt sich ein einordnend und allein der erniedrigter arbeitenden Verstandesseele sich ausliefernd wird der Mensch seine göttliche Bestimmung nicht erfüllen können.

Gott fordert von dem Menschen die Unterordnung unter seine Gebote und unter sein Wort.

Alle Menschen, die sich abkehrten von der Gottheit Wort und Gebot, werden durch eines der in diesem Abschnitt vorgewiesenen Tiere versinnbildlicht.

„Und ich sah aus dem Meere ein Tier aufsteigen."

Dieses Tier ist ein Sinnbild für diejenigen von Gott abgekehrt lebenden Menschen, welche sich dennoch bewusst sind, dass Gott sein Wort und seine Gebote auch für sie verpflichtend gegeben.

Aus dem Meere steigt dieses Tier auf, weil das Wasser stets als ein Sinnbild genommen ist für das Wort.

Die durch dieses Tier versinnbildlichten Menschen sind die, welche dem Namen nach das Wort Gottes kennen, die sich aber in ihren Herzen und in ihren Handlungsweisen dennoch dem Worte und dem Gebote Gottes abgekehrt zeigen.

Diese Menschen sind ihrer Eigensucht und ihrer Eitelkeit, ihrem ungehemmten Triebleben und jeglicher Sünde widerstandslos hingegeben, weil ihnen Glaube an den ewigen Richter ihrer Gedanken und Taten fehlt.

Da diesen Menschen ruhig nur daran gelegen ist, ihre Lebensweise auf irdischer Welt sich so angenehm wie möglich zu gestalten, verüben sie rücksichtslose Unterdrückung und Ausnützung der Mitmenschen.

Ausgeliefert seinen Tiertrieben, ist ein solcher Mensch wirklich gefährlich für die Gemeinschaft.

„Und es hatte sieben Häupter und zehn Hörner „

Durch das Sinnbild der sieben Häupter sollte angedeutet werden, dass solche Menschen, denen nichts daran gelegen ist, ihre Unsterbliche Seele auszubilden, um sich einer höheren Daseinsweise einst einfügen zu können, alle ihre Kräfte für die Ausbildung ihres Verstandes eingesetzt, der alleine ihr Führer durch das Erdenleben hat.

Übermäßige und einseitige Ausbildung der Verstandeskräfte, und demzufolge eine außerordentliche Klugheit, wie sie die Kinder der Welt zeigen, wurde durch die sieben Häupter des Tieres angedeutet.

Die zehn Hörner sollten die unangemessen große Stoßkraft solcher Menschen kennzeichnen, da sie der Bindung durch die Gottesboten ermangeln „und auf seinen Hörner zehn Diademe"

Die Diademe sollten Reichtum und Macht versinnbildlichen. Wirklich werden solche Menschen, welche über eine außergewöhnliche Klugheit verfügen sowie über eine unangemessen große Stoßkraft, durchaus auch viel weltlichen Reichtum und durch diesen Macht über ihre Mitmenschen gewinnen.

„und auf seinen Häuptern Namen der Lästerung."

Gott weist es hier vor, wie er es von jeher wusste, dass der Menschen übergroße Klugheit sie dazu bringt, Gott und seine kraftvollen Anhänger zu lästern.

„und das Tier, das ich sah, war einem Panther ähnlich"

Dies sollte solcher Menschen raubtierhafte Gefährlichkeit andeuten.

„und seine Füße wie Füße eines Bären,'"

Hierdurch wird dieser Menschen verwunderlich rücksichtsloses Zutreten versinnbildlicht.

„sein Rachen wie der Rachen eines Löwen."

Verderbliche Gier nach Beute wird hierdurch angedeutet.

„Und der Drache gab ihm seine Macht und große Gewalt."

Gott wollte es richtig verstanden sehen, dass alle diese Eigenschaften von dem Widersacher Gottes, dem Geiste, der die Menschen zur Aufbäumung gegen Gott beeinflusst, um sie nur an die äußerliche Welt der Erscheinungen zu fesseln herrühren.

Die große Macht, und Gewalt des Drachens ist die Lüge, denn durch die Lüge herrscht Satan auf Erden.

Gott will der Menschen vornehme Seelen und aufrichtige Herzen davon ‚bewahren, dem widergöttlichen Geiste völlig zu verfallen, darum stellte Ihnen Gott durch diese Offenbarung vor Augen, in welche Gefahr sie geraten können.

All zu sehr verstrickt in ihre aufregenden, drängenden, ungemein verwirrenden irdischen Angelegenheiten, vergessen die Menschen leicht, weshalb sie auf dieser Erdenwelt leben, und vergessen die Menschen nur zu leicht, wer ihnen das Leben auf dieser Erdenwelt gegeben hat.

All zu sehr verstrickt in ihre aufregenden, drängenden, ungemein verwirrenden irdischen Angelegenheiten, vergessen viele Menschen ihres Schöpfers zu gedenken, des Geistes, der, allgegenwärtig und allwirkend, sich in ihren Seelen kund zu geben wünscht.

All zu sehr verstrickt in Ihre aufregenden, drängenden, ungemein verwirrenden irdischen Angelegenheiten, vergessen viele Menschen, dass sie vor dem Gerichte Gottes stehen, durch das über ihr vergängliches Leben entschieden wird, ob es in ein ewiges Leben übergeleitet werden kann.

Gott warnte die Menschen von jeher, weil Gott wusste, dass die in ihren Seelen verwunderlich zugesperrten blinden und tauben Menschen ruhig blind und taub ins Verderben hingehen würden, wenn Gott sie nicht wieder und wieder warnte.

Die aufregenden, verführerischen Kräfte des Widersachers Gottes welche die Menschen so leicht in seinen Bann ziehen, werden durch die folgenden Bilder anschaulich gemacht.

Ich will vorerst klarlegen, was der Zweck dieser Kräfte ist, die durch Gottes Zulassung auf die Menschen übertragen werden.

Gott wollte durch diese Kräfte des Widersachers die Menschenseelen erstarken lassen, damit sie ungemein kraftvoll und wissend und arbeitsfähig und für göttliche Pläne verwendbar emporsteigen sollten zur Welt des Geistes Gottes.

Gott wünschte die Menschenseelen ausgebildet zu sehen, durch den Geist dieser Erde, aber sie sollten nicht an ihm hängen bleiben Gott wollte den Geist dieser Erde nicht vorgezogen sehen dem Geiste Gottes.

Darum auch wollte Gott der Menschen Aufmerksamkeit auf die Vergänglichkeit der Werke des Geistes dieser Erde hinlenken, indem Gott die aus dem Geist dieser Erde entstandenen Werke immer wieder vor aller Augen vernichten ließ.

Wie ein Schlag gegen ihres Verstandes wertvolles aufbauendes Arbeiten erscheinen den Menschen solche deutlichen Eingriffe, durch die Gott sie an die Vergänglichkeit ihrer kraftvoll erbauten Werke auf irdischer Welt gemahnen wollte.

Auch wollte Gott durch solches verwundendes Eingreifen in der Menschen mühevolle Aufbauarbeiten zu erkennen geben, dass die Macht ihres Verstandes begrenzt ist.

Dies wurde durch das folgende Gleichnis noch deutlicher veranschaulicht.

„Und ich sah eines von seinen Häuptern wie zum Tode verwundet, aber seine Todeswunde ward geheilt."

Gott deutet durch bildhaften Vorgang das irdische Gesetz des Kampfes ums Dasein an, den der Mensch mit der Klugheit seines Verstandes zu bestehen hat.

Aus jeder verletzenden Niederlage soll sich der Mensch um so kraftvoller .wieder erheben, wodurch er die Klugheit seines Verstandes und die Widerstandskraft seiner Seele von Gott gestärkt erhält.

Gott will, dass der nachdenkliche Mensch überlegen soll, wie die Ergebnisse seiner Verstandesarbeit vergänglich sind im Gegensatz zu den Arbeiten an der an Unsterblichen Seele die von ewigem Werte ist, weil sie das Leben in der ewigen Geisteswelt Gottes erbaut. Mit zäher Ausdauer begannen die Menschen immer wieder aufzubauen, wenn Gott ihnen durch schwere Schicksalsschläge die Vergänglichkeit ihres irdischen Tun's vor Augen geführt hat.

„Und bewundernd folgt die ganze Erde dem Tiere nach."

In diesen Worten zeigt Gott, dass er vorausgeschaut, wie die heutigen Menschen die Ergebnisse ihrer Verstandestätigkeit voller Bewunderung anschauen, weil ihr Verstand ihnen wahre Wunder an Erfindungen und Entdeckungen und Arbeitsleistungen ermöglichte.

Kraftvoll und arbeitsfähig und überaus klug und verwunderlich selbstherrlich und selbstvertrauend ist der heutige Mensch, der sich abgekehrt hat von der dem Menschen von Gott vorgeschriebenen Lebensweise.

„Und sie beteten den Drachen an, der die Gewalt dem Tiere gegeben."

Indern die Menschen ihre Aufmerksamkeit allein den irdischen Dingen zuwenden und nur der Kraft ihres Verstandes, die an die irdische Gesetzmäßigkeit gebunden ist vertrauen, geben sie dem Drachen, dem Widersacher Gottes, dem Geiste dieser Erde, die Macht über ihre Seelen. So wie die Heiligen Gott anbeten, dem sie sich unterwerfen als dem Herrscher über ihre Seelen, werden die dem Geiste der Erde allein anhängenden Menschen hier als den Drachen anbetend bezeichnet, da sie diesem ahnungslos und blind die Herrschaft einräumten über ihre Seelen.

„Und sie beteten das Tier an, indem sie sprachen: Wer ist dem Tiere ähnlich und wer vermag mit ihm zu kämpfen?"

In diesen Worten gibt Gott zu erkennen, dass er wusste, wie groß der Menschen Überheblichkeit und Hochmut werden würde zur Zeit der siebenten Gemeinde.

Erdhaft und selbstherrlich steht der Mensch dieser Zeitspanne der Gottheit gegenüber, der er die von der Gottheit geforderte Ehrfurchtserweisung verweigert, weil er sich als nicht mehr von einem ihn überwachenden Gott abhängig zumachen wünscht.

„Und es ward ihm ein Maul gegeben, großzusprechen und Lästerungen auszustoßen." Verwunderlich deutlich verkündete Gott durch diese Worte, wie unbekümmert und überaus verantwortungslos vor Gott der Mensch der heutigen Zeit sich beträgt, wenn er die ehrfürchtigen Gebetsweisen verächtlich verwarf, die Gott dem Menschen auferlegte.

„auch ward ihm Gewalt gegeben, so zu tun zweiundvierzig Monate lang."

Hierdurch sollte erkannt werden können, dass der heutige Mensch durch die gesamte Zeit seit der Gründung der Kirche seine Ausbildung erfuhr, da in ihm die Erfahrung und Erkenntnis aller sieben Gemeinden gesammelt ist.

Gott drückte es durch diese Worte aus, wie kraftvoll der Geist dieser Erde sich der Gottheit widersetzen würde, und wie ausgebreitet seine Macht zur Endzeit sein würde.

„Und alle Bewohner der Erde beteten es an, deren Namen nicht geschrieben stehen im Lebensbuche des Lammes."

Selbstsicher und mächtig wurden die Menschen durch ihre erstaunlichen Erfolge, ihre übermäßig ausgebildeten Verstandeskräfte erbrachten, weshalb diejenigen Erdenmenschen völlig überzeugt nur der Arbeitsweise ihres Verstandes folgen, die nicht ihre Erleuchtung von Gott ersehnten. .

Ohne ihre Erleuchtung von Gott aber verdirbt des Menschen Unsterbliche Seele, daher die erdgebundenen Menschen der Erleuchtung durch den Geist Gottes bedürfen, um der ewigen, vergöttlichten Daseinsweise teilhaftig werden zu können.

Die für die ewige Daseinsweise erstarkten Seelen werden als im Lebensbuche Christi, des Lammes Gottes, aufgeschrieben bezeichnet.

„Wer Ohren hat, der höret"

Hiermit wollte Gott andeuten, dass die tauben Menschen, welche sich völlig der irdischen Daseinsweise verschrieben, ohne auf göttliche Belehrungen Wert gelegt zu haben, diese Geheimnisse der menschlichen Seele nicht würden verstehen können. Nur die von Gott bereits erleuchteten Menschen vermögen zu verstehen, was Gott in diesen Andeutungen zu erkennen geben wollte.

„Wer in Gefangenschaft führt, soll in Gefangenschaft wandern, wer mit dem Schwerte tötet, soll durch das Schwert getötet werden."

Erwählt hat Gott ruhig und sicher ein Werkzeug, durch dessen ihm gefügig gewordene Hand Gott der heutigen Menschheit erneut sein Wort kundgeben kann.

Gott wünschte der heutigen Menschheit diese Offenbarung des Jüngers Johannes aufzuklären, damit sie ihre gefährliche Lage deutlich erkennen sollte, in die sie geraten, weil sie den Satan mehr angebetet hat, als Gott.

Sie sollte zum Nachdenken gebracht werden über die ungeheure Verirrung, durch die sie verderben wird, wenn sie sich nicht noch zurückreißt von dem Abgrund, auf den sie blind und taub hin taumelt.

Gott wird durch die Auswirkung des Gesetzes, das Gott in diesen dem Jünger Christi ehedem übermittelten Worten deutlich verkündete, die Erdenmenschheit vernichtend zu Boden schlagen, wenn sie sich nicht rechtzeitig noch bekennt zu dem Gebote, das der Erlöser gegeben.

Weil unaufhörliche Kriege die Erde verwüsten werden, vertieren und verderben die Menschen an Leib und Seele, wenn sie nicht rechtzeitig noch zurückkehren zur ergebenen und liebevollen Unterordnung unter die Gebote des Erlösers.

Jeder Krieg wird einen neuen Krieg gebären, und jede Grausamkeit wird mit einer größeren Grausamkeit beantwortet werden, wenn die Menschen nicht zurückkehren zu der würdevollen, vornehmen Lebens und Handlungsweise, die der Erlöser angeraten.

Kraftvoll und Klug und ungemein wirksam werden die Menschen sich mit immer tödlicheren Waffen gegenseitig vernichten, wenn sie sich nicht abkehren von der nur durch den Verstand überwachten Lebensweise und des ablehnen, die Hilfe Gottes anzurufen.

Gott allein kann den Menschen die Kraft geben, die verderblichen Arbeitsweisen zu unterlassen, wenn die Menschen Gott inbrünstig und ehrfurchtsvoll um seinen Schutz und um seine Hilfe angerufen haben.

„Hier ist Geduld und der Glaube der Heiligen".

Allein durch das Gebet, wie es die Heiligen Gottes ausgeübt, und durch die Kraft der Selbstüberwindung, wie die Heiligen Gottes sie aus Liebe zum Erlöser zeigten, vermag die heutige Menschheit noch zu verhindern, dass ihr das Los bereitet wird, das Gott ihr in dieser Offenbarung des Jüngers Johannes vor Augen stellt.

„Und ich sah ein anderes Tier aufsteigen aus der Erde, das hatte zwei Hörner, ähnlich einem Lamme, und redete wie der Drache".

Durch dieses Gleichnis wurde angedeutet, dass sich in der letzten Zeit eine Macht erheben würde, die wie Christus, das Lamm Gottes, die Menschen erlösen wollen wird, während ihre Denkart und Redeweise von dem Geist der Erde eingegeben sein werden. . .

Diese Macht verstellt den Menschen die Kirche Gottes, indem sie der Menschen Erlösungsbedürfnis auf die Erringung irdischer erreichbarer Annehmlichkeiten und Freuden hinlenkt.

Erdenglück und Erdenerfolge werden von dieser Macht der Arbeitsweise des Erlösers entgegengestellt als viel wertvollere und wichtigere Ziele für des Menschen drängende Sehnsucht, als das Ziel zu dem der Herr die Menschen hingeleitet.

In dieser Macht wird der Kirche Christi, vorwitzig und unwissend und unehrfürchtig gegenüber Gottes Bestimmungen, ein gewaltiger Gegner entgegengestellt.

Auf diese verkehrt die Menschenseelen erziehende Macht war des Herrn Auge gerichtet, als der Herr ehedem diese Offenbarungen eingab.

Gott wusste, dass während der Endzeit Mächte sich erheben würden, die wie der Herr die Menschen erlösen wollen, deren Herrschaft aber von dem hohen Ziel abkehrt, für welches Gott die Menschenseelen bestimmte, Aufgegeben werden diejenigen Menschen als würdevolle Freunde und Helfer Gottes, welche der Gottheit Warnung überhören und der Mitmenschen Seelen mit Hartnäckigkeit dem Widersacher Gottes unterordnen. .

Verwerfen wird der Herr die Seelen derjenigen Menschen, welche die Erdenwelt als ihr einziges Ziel ansehen.

Gott will diese Macht, die aus der Erde aufsteigt, noch näher erkennbar machen.

In der Gotteswelt wird diese Macht als Satan bezeichnet weil sie die Menschen durch Lügen betört, indem sie dieselben von dem wahren Ziel ihres Lebens abzukehren sucht, um sie allein irdischen Zwecken unterzuordnen. .

Erdenfreuden werden dem würdevollen Glück der zu göttlichem Sein erhobenen Seele als viel wertvoller vorgezogen.

Erdenfreuden werden als würdiger an angesehen als das erwählte Ziel, der Gottheit zu helfen an unbegreiflich dem menschlichen Denken erscheinenden göttlichen Plänen.

Erdenfreuden aber sind vergänglicher Art, während das Glück der verantwortungsvollen Seele die der Gottheit angeschlossen arbeitet, unendlich ist.

In der ruhigen, zu Gott erhobenen Seele wirkt die Kraft Gottes, wodurch der Mensch gestärkt und von Gott richtig beraten wird, In der dem Geist dieser Erde untergeordneten, zugesperrten Seele vermag sich die helfende göttliche Kraft nicht zu offenbaren, wodurch der Mensch die verkehrten, verwirrenden, verführerischen, ihn von dem wahren Ziel abkehrenden Einsprechungen erhält.

In der Kraft der Gott angeschlossenen Seele liegt die Möglichkeit, der Menschenwelt übergeordnet zu werden.

In der Kraft der dem Satan an erschlossenen Seele liegt die Möglichkeit, völlig verwundet und ratlos und armselig als wertloser Irrgeist die Menschenwelt als sich übergeordnet zu wissen.

Göttliche Geister herrschen.

Satanische Geister werden beherrscht.

In diesen Worten ist ausgedrückt weshalb den zu Gott strebenden Menschen nichts daran gelegen ist, auf sichtbare Art über die Mitmenschen zu herrschen. .

Gott gibt gewaltigere Herrschaft, als Menschen sie sich selbst erringen könnten.

Gott verwendet die ihm anhängenden erprobten Menschen als Helfer um sie den Mitmenschen zum Heile dienen zu lassen.

Gott verwendet nicht aufgebäumte, der Gottheit abgekehrt und unwissend gegenüberstehende Menschen, weil ihre Kräfte sich den göttlichen Plänen verständnislos und verwirrend eigensüchtig entgegenstellen würden.

Unter seiner Erdenarbeit fühlt sich der Mensch unabhängig von Gott und stark.

Aber sobald er durch Krankheit oder den herannahenden Tod arbeitsunfähig geworden ist, befällt ihn die Angst über seiner Seele ungewisse Lage.

Gott will es aufdecken, dass unaufhörlich der absterbenden ungläubigen, unerretteten Menschen verzweifelte, ratlose Gefühle vor ihm ersichtlich sind, wenn ruhig diese Menschen währen ihres Erdenlebens nur an irdische Wünsche und Zwecke gedacht haben.

Gott erschaut der absterbenden ungläubigen Menschen ungeheure Angst und Verzweiflung, und darum greift Gott immer wieder ein in das irdische Geschehen indem Gott durch von ihm ausgebildeten Menschen Aufklärungen gibt.

Aus großem Erbarmen mit der Menschen verirrter Seelen greift Gott auch heute ein.

Voll wertvoller Belehrungen ist dieses Werk, das Gott durch eines Menschen ihm gefügig gewordene Hand zur heutigen Zeit geschrieben hat, weshalb ruhig sich alle Menschen daraus unterrichten können, die von der Kirche abgefallen sind und nicht zu ihr zurückzukehren wünschen.

Ähnlich wie der Erde Geschick abhängig ist von der äußeren Lage des Planeten innerhalb Gottes, ist auch des Menschen Geschick nicht unabhängig von dem Geschick dieses Planeten.

Um wirklich unwahrscheinlich dem heutigen Menschen erscheinende wunderbare, errettete Daseinsweisen erlangen zu können, müssen die Menschensee bis zum Ende dieser letzten Zeit die kraftvolle Anschließung an den Geist Gottes vollzogen haben.

Wer bis zu diesem Zeitpunkt die Seele nicht der ihn erretten wollenden Gottheit anschloss, wie Gott es in diesem Werk angegeben hat, der wird als unbrauchbar für göttliches Arbeiten sich selbst von dem Weiterwandern, ausgeschlossen haben.

Gott verstößt keine Seele, die sich ehrfürchtig und aufrichtig ihm anzuschließen sucht, aber Gott zwingt die Menschen nicht dazu, den Weg zu ihm einzuschlagen.

Gott legt es in des Menschen eigene Hand, ob er die Errettung durch seine Anschließung an den göttlichen Geist finden will, oder ob er, unwissend und taub und blind den Erdengeschicken preisgegeben, die vergängliche Daseinsweise der ewigen vorziehen will. Ich will nun weiter die Sinnbilder dieses verwunderlichen Traumgesichtes aufklären.

In dem Sinnbild des Tieres, das von der Erde aufsteigt, wurde der Geist dieser Erde angedeutet, der in den Menschenseelen das Wort des...Erlösers übertönt, indem er erklärt, selbst die Menschen erlösen zu wollen.

In diesem Sinnbild wurde wertvoll zur Anschauung gebracht, wie die ruhig aus dem Geist der Diesseitswelt nur wirkenden Menschen das Wort des Erlösers als unnötig verwerfen, indem sie erklären, selbst die Menschen erlösen zu können.

Dieser Hochmutserzeigung gegenüber dem göttlichen Erlösungswerk liegt die Arbeitsweise Satans zugrunde.

In diesem Sinnbild wird es von Gott vor Augen geführt, dass während der Endzeit die Kirche bereits so sehr niedergekämpft sein würde, dass unzählige Menschen die Belehrungen, die Gott durch die Kirche geben ließ nicht mehr erlangen können.

Aus dem Wasser war das erste Tier aufgestiegen, weil das Wort Gottes noch in den durch dieses erste Tier versinnbildlichten Menschen gekannt ist, während das Tier, das aus der Erde aufsteigt, diejenigen Menschen kennzeichnen sollte, die nicht mehr dem Worte des Erlösers Raum geben wollten oder konnten.

Alle von Gott abgekehrt lebenden Menschen werden entweder durch das eine oder das andere Tier versinnbildlicht.

Beide Tiere sind aus dem Geiste der Diesseitswelt, daher sie von dem Drachen aufgerufen wurden.

„Alle Gewalt des ersten Tieres übte es unter dessen Augen.

Dies sollte andeuten, dass die Menschen, welche durch das zweite Tier versinnbildlicht werden, nicht anders Gewalt ausüben, als es die durch das erste Tier versinnbildlichten Menschen tun.

Auch wurde angegeben, dass die durch diese beiden Tiere gekennzeichneten Menschen während der letzten Zeitperiode gleichzeitig leben.

„und es brachte die Erde und ihre Bewohner dazu, dass sie das erste Tier anbeteten.“

In diesen Worten sollte ausgedrückt werden, dass die Menschen, welche durch das Wort Gottes belehrt wurden-auch wenn sie von ihm abgefallen leben - doch noch verantwortungsvoller und würdiger leben und handeln, als es jene Menschen tun, die ohne göttliche Belehrungen geblieben.

Alle Menschen, die das Wort Gottes jemals vernommen haben und die Lehren Jesu kennen, werden sie niemals aus ihrem Bewusstsein löschen können, auch wenn sie ihnen nicht folgten.

Aber die Menschen, welche die Lehren Jesu nicht kennen, und die sich verschlossen haben vor dem Worte Gottes, werden so verantwortungslos grausam und rücksichtslos wirken, dass sie gefährlicher sein werden als die wilden Tiere.

Die wilden Tiere richten ihre Angriffskraft nur gegen die irdischen Leiber der Geschöpfe, während solche ohne göttliche Belehrungen lebenden Menschen ihre gewaltigen erdhaften Kräfte auch gegen die Unsterblichen Seelen ihrer Mitmenschen richten.

Gemessen an der Arbeitsweise der ohne göttliche Belehrungen lebenden Menschen, werden diejenigen Abgefallenen die noch die Lehren Jesu und das Wort Gottes in sich aufgenommen haben, als wirklich würdig anerkannt und gewertet werden.

Ohne die Belehrung Gottes verfinstert sich des Menschen Seele weil sie die Kraft aus dem Urquell nicht mehr erhält.

„dessen Todeswunde geheilt worden war.“

Auch sollte durch diese Worte angedeutet werden, dass diejenigen Menschen, welche die Lehren Jesu und das Wort Gottes in sich aufgenommen haben, - auch wenn sie von ihnen abgefallen gelebt haben - doch immer die Möglichkeit haben, gerettet zu werden.

Ihre tödliche Wunde die ihre Seelen durch den Abfall von Gott erlitten wird geheilt werden können, wenn sie inbrünstig darum gebeten haben.

Gar nicht verstößt der Herr die richtig ihn um ihre Errettung bittenden Menschen, erweisend es als wunderbare Gottesgüte, dass niemand verloren gehe der es nicht selbst gewollt. .

„Und es tat große Zeichen, so dass es selbst Feuer vom Himmel auf die Erde fallen ließ vor den Augen der Menschen.“

Diese Worte geben zu erkennen, dass der völlig ohne Gott und sein Wort lebende Mensch große Klugheit bewirken kann, dass ihre Leistungen vor, den Augen ihrer Mitmenschen wie wirkliche Wunder anmuten.

In der den Geschöpfen von Gott belassenen Freiheit liegt es begründet, dass auch die gottlosen wunderbar und gesichert und erfolgreich arbeiten können auf irdischer Welt.

In dem gleichnishaften Vorgang, dass sie selbst Feuer vom Himmel auf die Erde fallen lassen können, sollte zu verstehen gegeben werden, dass sie auch Gottes Zorn herabrufen können. Denn Gott verwendet ihre satanischen Arbeitsweisen ebenso als Gottesstrafen für die Menschen, wie Gott der übrigen Menschen Handlungsweisen verwendet.

„Und es verführte die Bewohner der Erde durch die Zeichen, welche ihm zu tun gegeben sind vor dem Tier, indem es den Bewohnern der Erde sagte, sie sollten dem Tiere ein Bild machen, das die Schwertwunde hatte und wieder auflebte“.

Erdengeschick ist der Kampf ums Dasein.

Unaufhörlich liegen die Völker der Erde untereinander im Kampfe, weil die Menschheit noch im Zustand des Abfalles von Gott lebt.

Daher wird es stets ein Volk geben, das im Kampfe der Waffen unterliegt.

Aber im Wechsel des Erdengeschehens wird dieses unterlegene Volk wieder aufleben können.

Weil diese Kämpfe sich nur um die irdische Daseinsweise dieser Völker drehen, so wurde das jeweils unterlegene Volk durch ein Tier versinnbildlicht, das eine Schwertwunde hatte.

Auch zeigt es das Gleichnis, dass das jeweils unterlegene Volk seine Kräfte wieder zu sammeln sucht, um sich aus seiner Niederlage zu erheben.

Aber zugleich wurde angedeutet, dass der von Gott abkehrende Geist dieser Erde die Menschen dazu verführen würde, die verwirrende Überschätzung der Erdendaseinsweise dadurch zu bewirken dass ihre Liebe und Anbetung, die sie rechtmäßig dem Schöpfer schulden durchaus unrechtmäßig dem Eigenleben ihres Volkes zugewandt werden.

Gott wünschte durchaus der Menschen aufrichtige Anhänglichkeit an ihre Volksgemeinschaft, in die Gott sie gestellt, weil die Menschen durch die Volksgemeinschaft erzogen und belehrt und geschützt werden sollen.

Ausbilden sollte die Volksgemeinschaft der Menschen wertvolle, verwirrend sonst wirkende Arbeitskräfte zu geordnetem Zusammenwirken mit den Kräften der Mitmenschen.

Aber nicht sollte der Staat der Menschen Unsterbliche Seelen unter seine Macht zwingen, und nicht sollte der Staat der Menschen Unsterbliche Seelen von der wahren Bestimmung ablenken, für die Gott sie geschaffen.

In diesem Gleichnis wurde angedeutet, dass die der Kirche Gottes während der Endzeit entgegenwirkenden Kräften auch in der Überschätzung der Wichtigkeit des staatlichen Lebens sich zeigen würden.

Einseitiges Festlegen der Menschenseelen auf das staatliche Leben wirkt dem hohen Ziel entgegen, für das Gott die Menschenseelen bestimmte.

Darum wird es in diesem Gleichnis angedeutet, dass die Menschen während der Endzeit von dem Geist dieser Erde dazu verführt werden würden, dem Leben der Gemeinschaft die Anbetung zu zollen, die rechtmäßig dem Schöpfer gebührt.

Gott überlässt es den Menschen, ihrem Gemeinschaftsleben ähnlich wie einem Götzenbilde Anbetung zu zollen, wenn sie dies wünschen; aber Gott warnt die Menschen davor, diese Anbetung ihres Gemeinschaftslebens der Kirche Gottes voranzustellen, die von Gott dafür eingesetzt wurde, dass sie den Menschen die Anbetung Gottes auferlegen sollte.

In der Anbetung wird der Mensch von göttlichen Kräften gestärkt.

In der Anbetung der Volksgemeinschaft wird der Mensch durch die Kräfte der Mitmenschen gestärkt.

In der Stärkung durch göttliche Kräfte liegt die Erlösung zu ewigem Sein, gegründet. .

In der Stärkung durch Menschenkräfte liegt die Zusammenarbeit mit dem Geiste dieser Erde begründet, der kein ewiges Sein zu geben vermag.

Gott wollte in dieser dem Jünger Johannes übermittelten Offenbarung alle der Kirche Gottes widerstrebenden Kräfte vorweisen, darum wurde auch die Überschätzung der Wichtigkeit des staatlichen Gemeinschaftslebens als eine Gegenkraft angedeutet, welche die Kirche Gottes zu verstellen sucht. .

„Und es ward ihm gegeben, dem Bilde des Tieres Geist zu verleihen, und dass das Bild des Tieres redet und macht, dass alle, die das Bild des Tieres nicht anbeten, getötet werden".

In diesen Worten gibt Gott an, dass die Überschätzung der Wichtigkeit des staatlichen Lebens auf Kosten der Wertschätzung der von Gott errichteten Gemeinschaft in der Endzeit dazu hinführen würde, dass die Volksgemeinschaft ähnlich wie die Gottheit angebetet wird.

Ich will aufklären, was das Bild des Tieres bedeutet:

Das Tier ist hier Sinnbild für das nur auf das Diesseits eingestellte Leben der Menschen, da in Wirklichkeit das Tier sich nur auf sein irdisches Leben eingestellt sieht.

Das Bild des Tieres bedeutet eine Wiederspiegelung dieser erdgebundenen Volksgemeinschaft als ein festgelegter Begriff.

So wie ein Bild das Dargestellte nicht wirklich ist, sondern nur eine Idee des Dargestellten bedeutet, so wurde durch das Bild des Tieres auch nicht die wirkliche, jeweils vorhandene Volksgemeinschaft angedeutet, sondern die Idee dieser Volksgemeinschaft.

Es bedeutet die zum Idealbild gemachte Idee der Volksgemeinschaft.

„und dass das Bild des Tieres redet und macht, dass alle, die das Bild des Tieres nicht anbeten, getötet werden."

In diesen Worten gibt Gott es deutlich an, dass die Überschätzung der Wichtigkeit des Gemeinschaftslebens während der Endzeit dazu führt, dieses Gemeinschaftsleben wie eine Gottheit anzusehen. Gott ist Geist, und der Geist Gottes vermag zu dem Menschen zu reden.

So wurde es in diesen Worten vorsichtig erkennbar gemacht, dass während der Endzeit die Anbetung und Verherrlichung der Volksgemeinschaft als wichtiger angesehen werden würde, als die Anbetung und Verherrlichung Gottes, des Schöpfers.

Ähnlich wie ehedem die Menschen danach verlangten, der Gottheit Ansprachen zu erhalten, weil sie dies zur Errettung ihrer Seelen gebrauchten, werden die Menschen, welche während der Endzeit die Volksgemeinschaft zu ihrem Gott erhoben haben, sich an diese wenden, wenn sie sich angesprochen sehen möchten.

Auch wird in diesem Gleichnis gezeigt, dass die Menschen rücksichtsloses, verwerfliches rohes Gewaltanwenden verüben wurden gegen solche Menschen, die sich der Anbetung des Gemeinschaftslebens nicht beugen wollen, weil ihre Herzen die Gottheit allein als anbetungswürdig anerkennen.

Kraftvoll wird der Kampf zwischen Gott und Satan in der letzten der von Gott für das Prüfen der Seelen vorbestimmten Zeitspannen dadurch beendet werden, dass Gott die gegen ihn aufgebäumt arbeitenden, ihr Gemeinschaftsleben dem Leben innerhalb der Gemeinschaft der Heiligen Gottes überordnenden Völker vernichten wird.

Kraftvoll wird der Herr alle Völker stärken, die ehrfürchtig die Wiederkunft des

Herrn auf Erden erwarten, und die sich der Kirche Gottes annehmen als der Kultstätte, in welcher die Gottheit verehrt und angebetet werden will.

„Und es bringt alle, klein und groß, reich und arm, frei und unfrei, dazu, ein Malzeichen auf ihrer rechten Hand oder an ihrer Stirn zu tragen."

Diese Worte weisen deutlich darauf hin, dass die einseitige Überschätzung der Wichtigkeit des irdischen Gemeinschaftslebens dazu führen würde, dass alle Menschen innerhalb dieser Volksgemeinschaft gleichgemacht werden würden, und dass sie der Gemeinschaft gegenüber verpflichtet werden würden, ihr durch die Arbeit ihrer Hand oder ihres Kopfes zu dienen.

In diesem von der Gemeinschaft auferlegten Zwang würde der Menschen freie seelische Entwicklung erwürgt, daher dieser Zwang sich widergöttlich auswirken würde, wenn das Gemeinschaftsleben gleichzeitig die Kirche Gottes ausschaltet aus ihrem Bereich.

.. „Und dass niemand kaufen oder verkaufen kann, außer wer das Malzeichen hat oder den Namen des Tieres oder die Zahl seines Namens".

In deutlichen Worten sagt der Herr es hier voraus, dass der Menschen Handlungsfreiheit in der letzten Zeitperiode ungemein eingeschränkt sein wird, weil der Staat sie völlig unter seinem Bevormundung gestellt haben wird.

Kraftvoll wollte der Herr es den heute lebenden Menschen vor Augen führen, dass er ihre Arbeitsweisen bereits am Anfang des christlichen Zeitalters geschaut hat.

Aber Gott wollte die heute lebenden Menschen auch darüber aufklären, dass ihre Arbeitsweisen sich ruhig der Arbeitsweise des antigöttlichen Geistes anschließen würden, ohne dass sie sich dessen bewusst sein würden.

Eben so wenig wie die Menschen das Geheimnis dieser im Gleichnis gegebenen Andeutungen durchschauen konnten, weil Gott ihnen die Augen dafür noch nicht geöffnet hatte, konnten sie es in Wirklichkeit durchschauen, dass ihre so klug ausgedachten Arbeitsweisen, durch die sie der Menschen freie Selbstbestimmung gelähmt haben, in Wirklichkeit der antigöttlichen Welt entsprungen sind.

Gott deckt es heute auf, dass diese dem Menschen auferlegten Fesseln ihn an die Erde anbinden, an das Reich des antigöttlichen Geistes.

Alles freie, zu Gott sich emporschwingende Gedankenleben wird von der Gegenseite verhindert werden, weshalb die Menschenseelen der Arbeitsweise Satans ausgeliefert werden.

„Hier ist Weisheit. Wer Verstand hat, der berechne die Zahl des Tieres. Es ist nämlich die Zahl eines Menschen, und seine Zahl ist sechshundertsechsundsechzig."

In diesen Worten sollte zur Anschauung gebracht werden, dass diese verwirrten Arbeitsweisen der Menschen der letzten Zeitspanne, durch die des Menschen Willenskräfte einzig für irdische Zwecke festgelegt werden, dazu führen, dass die große

Masse der Menschen ahnungslos dem widergöttlichen Geiste verfällt.

Eben so wenig wie die Menschen das Geheimnis dieser Worte durchschauen konnten, konnten sie es in Wirklichkeit durchschauen, wohin sie durch die verwunderlich ihnen ihre Freiheit beschränkenden Arbeitsweisen ihrer Machthaber geführt wurden.

Erstaunt werden die Menschen erkennen, dass diese geheimnisvollen Worte die Sinnbilder der Schlange bedeuten, des antigöttlichen Geistes, der am Boden haftet, in dreifacher Weise als Drachen, Antichrist und Satan.

Als Gegenspieler der sich in dreifacher Weise offenbarenden Gottheit wurde auch der antigöttliche Geist, dessen Sinnbild die Schlange ist, in dreifacher Weise dargestellt.

Die Zahl sechshundertsechsundsechzig ist das dreifache Bild der Schlange, indem die Zahl Sechs ihr Ebenbild ist.

Auf einfache Art kläre ich dieses Geheimnis auf, und auf einfache Art deute ich den Menschen dadurch an, dass ihre Arbeitsweisen, wodurch sie den Mitmenschen die seelische Auftriebskraft zu Gott rauben, vor Gott offenbar sind.

Sooo, das war die Durchsage des Erzengels Raphael der mit der Helene Möller Jahrzehnte arbeitete, und in vielen Büchern voller Durchsagen hinterlassen wurde. In Jan Van Helsings Büchern ist auch noch eine andere Deutung des Begriffs Messias in griechischer Schrift zu finden, die dann in der Zahlenarbeit der pythagoreischen Zahlenschlüssel zu der Zahl = 666 kommt. Also der Antichrist der Satan der Widersacher.

Was ist das Tier aber sonst noch?

Es ist in den Glauben das es durch Fressen Saufen Konsum Glücklichkeit ist und das es auf Menschen übertragen das Ziel seines Lebens sein soll so wie es die Priester der Tiere der Raubmenschen die Internationalen Bankenkonglomerate Industriehöllen euch vorpredigen durch Konsum Sex Autos Rauchen Erfolg Demokratie Monarchie Berufe Titel Positionen Bankkonten Besitz, bist du etwas und wirst du etwas, was auch stimmt, nämlich, das Raubtier die Gier die Wut die Begierden die Macht, kurzum, du bleibst das Raubtier !

Man sieht auch wie Satan Luzifer die Scheinwahrheiten theoretischer Fangkünste ausgeworfen hat, zbs. in den Wissenschaften/lern die um Vormachtstellungen ihrer Fantasien die Theorien gesponnen werden agiert. Oder in Wortkonstruktionen die Wahrheit vortäuschen. Die Darwin Evolutionslehre die bloß eine Fantasie ist und die Menschen verblödet. Oder in der Chemie die das Falsche ist und Land usw. täuscht und dann vergiftet. Oder den Pharmabranchen die das falsche das Synthetische sogar als das wahre darstellen. Das sind alles Geister geistesgestörte das ist Kollektivgeistesgestörtheit die sich immer in Zerstörung zeigt. Und eine Kultur ist ohne Ausnahme immer das Ende.

Materialismus Muus ist zugleich auch die Unbewusstheit der Identifikation mit der Form und zwar allen Formen. Anders formuliert die satanische Widersacher Seinsweise oder noch anders formuliert die Norm das Normale kurzum der Wahnsinn, also der Wahn also die Täuschung das falsche das Unwache das leblose die Hülle der Anzug der Körper.

Aber keiner Kämpft dagegen. Das ist gut Denn durch kämpfen wirst du eins mit dem bekämpften und so weiter.

Bloß ein Schauen ansehen Sehen und dann es anders machen. Kampf bestärkt das bekämpfte.

Zur weiteren Information bringe ich hier etwas von Ellen Grasse und ihren hellsichtigen Beobachtungen von Astralwesen in Bezug zum Teufel. Ich selber gehöre zu denen die wenn es wichtig ist diese Astralwesen auch sehen kann, insbesondere die Dämonischen Wesen die in den Körper der Menschen gehen können, wenn er Süchtig ist, Süchtig geworden ist egal nach was auch immer. Dann werden diese Menschen von Astralwesenheiten beherrscht und sind unfrei. Auch diese plötzlichen Gewaltsituationen wo Menschen plötzlich durchdrehen und Amok laufen und Töten sind oft von Astralwesen ausgelöst, durch die schwäche der Energiekörper dieser Menschen und auch ihren dementsprechenden Gedanken und Vorstellungen die sie im Zusammenhang mit Gewalt und Bösen haben. Dadurch werden die Astralwesen die Dämonen angezogen, die Helfer von Satan dem Widersacher dem LuziferEngel.

Teufel: Beobachten lassen sich in der Astral- oder Traumwelt alle Sorten und viele Farbvariationen großer und kleiner Teufel, die eine Hierarchie - wie auch bei den Engelnformen wohnen im Erdinnern und finden Zugang durch immer dieselben Einstiegslöcher. Sie betreten die Häuser durch die Tür oder ganz bestimmte, bevorzugte Stellen, meist geopathische Zonen (z. B. Wasseradern). Alleiniges Interesse und Aufgaben der T. bestehen darin, den Menschen gründlich für ihr Reich zu gewinnen. Sie dienen damit indirekt dem spirituellen Entwicklungsplan, denn sie zeigen die Schattenseiten des Daseins und lassen uns wichtige und nötige Erfahrungen und Erkenntnisse sammeln. Mit überraschendem Erfindungsgeist konzentrieren sie sich vor allem auf »gute« Menschen. Bei den »bösen« Zeitgenossen müssen sie sich nicht anstrengen, denn entweder sitzen sie bereits in diesen oder hängen hinter ihnen in einem feinstofflichen Sack. Gleichgültige oder unentschiedene Menschen beobachten sie nur aus der Ferne. Typisch für den grauen T. ist, dass er schon Stunden vor Ausbruch eines Streits im Unsichtbaren auf den Plan treten kann. Er versinnbildlicht auch unsere Gefangenschaft in der Materie. Graue

T. mit schwerer Bepackung (Rucksack) erscheinen z. B. in allen Häusern eines Staates, wenn die entsprechende Regierung höhere Steuern plant. Hier kündet er die ermüdenden Pflichten und Plagen der Existenz, die Diktatur der Materie an. Der schwarze T. erscheint auf der Szene, wenn es um krasse Selbstsucht, Süchte, das wirklich Böse oder um eine kaum zu beherrschende Triebnatur geht. Der rote T., meist ein sehr starker T. ist Ausdruck für brutale Sexualität und Aggression. Braune T. dienen in erster Linie chronischen, meist hoffnungslosen Krankheiten. Am häufigsten sind jedoch die weißen T. die in der alten tibetischen und persischen Kunst of dargestellt wurden. Wo sie auftauchen, versinnbildlichen sie den verfeinerten, spirituellen Egoismus, Selbstbetrug, falsche Ideologien, irreführende religiöse Lehren, Vorurteile, Selbstüberschätzung; das Unvermögen, die wahren Ursachen zu durchschauen, und die »Segnungen« der kalten Wissenschaft, ohne natürliche, lebensnahe, religiös-philosophische Grundlage (z. B. Vivisektion). Der weiße T versucht den göttlichen Plan und alles, was seiner Verwirklichung in der Materie entgegenkommt, durch raffinierte Taktiken zu vereiteln. Er verfolgt seine Opfer kilometerweit. Bei »Verlusten« kann er in Tränen ausbrechen. Wenn ein »normaler« T. keinen Erfolg hat, erscheinen immer größere und einflussreichere. Wie auch häufig in der Menschenwelt, ist der Chef der T wohlgenährt. Wichtige T fallen durch dicke Bäuche, Übergröße und unzählige Orden, mit denen sie sich gerne schmücken, auf. T. können sich in der Astralwelt im Sekundenbruchteil in eine ihnen verwandte Gestalt verändern. Im Traum kann sich der T in allen Formen, Größen und Farben. aber auch als Schlange oder Drache zeigen.

Hier sind noch mal Begriffe für den Teufel.

Dämonisch . Diabolisch . Höllisch . Luziferisch . Mephistophelisch . Satanisch . Teufelhaft. Teuflisch Asmodäus . Beelzebub . Belial . Bitru . Daus . Erbfeind . Erzfeind . Feind. Gehörnter . Geist des Bösen . Gottseibeiuns . Höllenfürst . Luzifer . Mephisto(pheles) . Samiel . Santan(as) Unhold . Urian . Versucher . Widersacher gestürzter Engel , Abbadon . Apollyon . der Arge . der Böse . Dämon . Drache . der alt böse Feind . der Leibhaftige . der Schwarze . Todesengel . Antichrist . Helfer der Hölle Ahriman . Oger . Urfeind des Menschengeschlechts . die alte Schlange . Vater der Lüge . der Geist, der stets verneint . Vater aller Hindernisse . Spottgeburt von Dreck und Feuer . [Ritter mit dem] Pferdefuß . Fürst dieser Welt. Gebieter, Herrscher der Finsternis Fürst des Abgrundes, der Unterwelt ~ böse, unreine Geister' Teufelsgezücht gefallene Engel . Bewohner der Hölle . des Teufels Großmutter Kreuzweg Blocksberg Teufelei• Teufelspakt, -werk, Besenritt.

Hier ist eine Beschreibung aus dem Tarot. Dort wird der Teufel als eine reine

Machtstrategische Machtpolitische Angelegenheit beschrieben insbesondere als Kampf gegen die damals verlogene selbst vom Teufel besessenen Religionen der also den Menschen den Priestern den Kardinälen den Päpsten die ja praktisch alle Banditen und Gangster und Mörder waren zu besonderen herausragenden Hochzeiten ihrer Wahnsinnstaten. Da geht es mehr oder weniger bloß um die Rhetorik und das ist Crowleys Tarot. Seine Deutungen.

Der Teufel

Das Prinzip der Freude des Humors angesichts von Schwierigkeiten.

Der Teufel steht für das universale Prinzip der Freude, die sich mit Stabilität paart. Dies ist die einzige Karte im Deck, die in sich selbst eine Transformation durchlaufen hat. In der griechischen Mythologie war dieses Symbol Pan, halb Mensch, halb Ziegenbock, der Gott der Freude und Sinnlichkeit. In der ägyptischen Mythologie war es Ra, der Sonnengott, ein Symbol der Lebenskraft und der Energie. Im Mittelalter kamen die alten Pankulte wieder auf, und der Archetyp des Teufels wurde erschaffen. Aus dem Bock des Pan wurde der Teufel; die Pan-gleichen Aktivitäten im Mittelalter, als die Menschen versuchten, »alles auszuleben«, hielt man für hedonistisch; um dies einzudämmen, stempelte man sie als »böse« ab, um den Weg für die neuen Glaubenssysteme zu bahnen, die damals gesellschaftspolitisch relevant waren.

Der Archetyp des Teufels/des Pan steht für die Notwendigkeit, uns all dem zu stellen, was wir für unsere Schwierigkeiten oder Probleme halten mögen, und zwar mit dem Durchhaltevermögen des Steinbocks oder mit dem Humor des Pan oder des Bacchus aus der griechischen beziehungsweise römischen Mythologie. Wir können unsere Schwierigkeiten (die Webgespinste an den Seiten der Karte) wie der Steinbock tritt Sicher durchschreiten und dabei die Freude und den Humor des Pan (der lächelnde Ziegenbock) dominieren lassen. Dieses Symbol erinnert uns daran, dass unsere Probleme zu einer Fessel werden und uns aus dem Gleichgewicht reißen können, wenn wir sie zu ernst nehmen. Das Symbol Teufel Pan steht für die Notwendigkeit, angesichts wirklicher oder eingebildeter Probleme (die Spinnweben ähnlichen Schleier) die Eigenschaften des Frohsinns, der Stabilität und unserer Harmonie miteinander zu verbinden, damit wir nicht aus dem Gleichgewicht geworfen werden. Der Steinbock oder Ziegenbock ist bereit, sowohl innere - Prozesse (das dritte Auge des Bocks) als auch äußere Probleme (die beiden geöffneten, geradeaus blickenden Augen) zu betrachten. Mit dem Horusaugen-Stab, dem ägyptischen Stab der Darstellung und der Intuition. Schützen wir uns von den Urteilen anderer Menschen über das, was wir tun oder nicht tun (die Gestalten in den Kreisen am unteren Teil der Karte). Die vier weiblichen und die vier männlichen Gestalten im unteren Kartenteil stehen auch für das inwendige Bedürfnis, in problematischen

Zeiten sowohl unseren anziehenden, empfänglichen Fähigkeiten - dargestellt durch die weiblichen Gestalten, als auch unsere dynamischen initiativen Fähigkeiten - dargestellt durch die männlichen Gestalten - einzusetzen. Schöpferische Kraft ist die Fähigkeit, den Magnetismus und den Dynamismus in unserem eigenen Wesen miteinander in Ausgleich zu bringen.

Dieses Symbol verkörpert auch das Prinzip der Sinnlichkeit und der Sexualität oder das Gesetz der Anziehung und der Resonanz. Der Phallus und die Hoden stehen für die Potenz der kreativen Kraft in jedem von uns, die auf freudige und greifbare Weise ausgedrückt werden will. Es ist wichtig, dass wir im Lehen dem nachfolgen, was uns anzieht oder was uns persönlich beziehungsweise beruflich beflügelt. Die Gesetze der Anziehung und der Resonanz motivieren und wecken grenzenlose kreative Kräfte in unserem Inneren, die auch eingesetzt werden wollen.

Saturn, der Planet mit den beiden Ringen, regiert das Zeichen des Steinbocks. Die Saturnringe sind im oberen Teil der Karte zu erkennen. Saturn ist der Planet, der am engsten mit Gleichgewicht, Disziplin und schrittweisem Vorgehen verbunden ist. Der Steinbock ist das astrologische Zeichen der Zähigkeit, der Produktivität und des Erfolgs. Durch unsere Fähigkeit, dem zu folgen, was unsere Glückseligkeit ausmacht oder in Harmonie mit uns ist, bringen wir die Disziplin auf, unsere schöpferischen Visionen in greifbare Ergebnisse umzusetzen.

Für Menschen, deren Geburtsdatum die Quersumme 15 ergibt, ist der Teufel/Pan das Lebenssymbol der Persönlichkeit oder des äußeren Ausdrucks in der Welt. In diesem Fall ist es für Sie wichtig, Ihren Sinn für Humor und Ihre Produktivität beizubehalten. Sie sind ein praktisch denkender Mensch, verstehen es aber auch, Freude im Leben zu haben. Die Menschen genießen Ihre Anwesenheit, nicht nur wegen Ihres irdischen Wesens und Ihrer entsprechenden Faszination, sondern auch wegen Ihres Sinns für Humor, der sich mit praktischem Denken und Produktivität verbindet.

Sie werden sich zu Steinbock-Menschen (geboren zwischen dem 21. Dezember und dem 21. Januar) hingezogen fühlen, weil diese als Spiegel Ihrer eigenen Erfolgsmöglichkeiten fungieren und weil Sie souverän mehrere Verantwortungen gleichzeitig bewältigen. In Steinbock-Monaten sind Sie dazu bereit, Ihre eigenen Probleme mit Freude und Sicherheit in Angriff zu nehmen und anderen bei ihren Problemen zu helfen.

Sie legen großen Wert darauf, sich durch Offenheit und Empfänglichkeit für kreative Möglichkeiten den Herausforderungen zu stellen und Lösungen auf dynamische und selbstbehauptende Weise durchzusetzen. Sie sind bereit, nach innerer Führung zu suchen (das dritte Auge des Bocks) und die Dinge eher so zu sehen, wie Sie sind, als wie Sie sie vielleicht gern hätten {die weit geöffneten Bocksaugen).

Wenn Ihr Geburtsdatum und das aktuelle Jahr zusammen die Quersumme 15 ergeben, ist die Karte Der Teufel/Pan Ihr Entwicklungssymbol. Dieses Jahr ist am besten dazu geeignet, Probleme mit Steinbock-Menschen (geboren zwischen dem 21. Dezember und dem 21. Januar) einer Lösung zuzuführen; der Monat des Steinbocks kann aber auch wichtig sein, um persönliche oder berufliche Probleme mit Humor und innerer Stabilität anzugehen. Die Karte dient als Ermahnung, dass Sie die Dinge nicht so ernst nehmen dürfen dass sie Sie aus dem Gleichgewicht bringen. Dies ist ein Jahr, in dem Sie in allen Lebensbereichen Ihren Sinn für Humor bewahren sollten. Es ist eine Zeit, in der Ihre kreativen Kräfte so stark entfacht werden, dass Sie sich zu schöpferischen Menschen und inspirierenden Ereignissen und Projekten hingezogen fühlen werden.

Jahre des Teufels/des Pan sind Jahre, in denen Sie zu einem besseren Verhältnis zum eigenen Körper und zur Sinnlichkeit finden können. Vielleicht fühlen Sie' sich zu jemandem hingezogen, durch ,den Sie Bereiche in der Sexualität erleben, die Ihnen neu sind. Es sind Jahre, in denen Sie entdecken, dass die Sexualität eine Ausdrucksform des Spiels und des Schöpferischen ist. Vielleicht revidieren Sie in diesen Jahren alte Ansichten über Sexualität.

Das Symbol des Teufels/des Pan bekräftigt die Fähigkeit, in allen Lebensbereichen Stabilität mit Humor zu verbinden. Wenn Sie Ihre Probleme mit Humor und Gelassenheit angehen wollen wird Ihnen dieser Archetyp dabei helfen, schwierige Situationen auf harmonische Weise zu meistern, und dabei zugleich die Anmut des Humors zu wahren. Durch Meditation oder kreative Visualisation kann der Archetyp des Teufels/des Pan es Ihnen leichter machen, schwierige Situationen auf eine Weise zu meistern, die Sie nicht aus dem Gleichgewicht bringt. Wenn Sie dazu neigen sollten, die Dinge zu ernst zu nehmen, erinnert Sie dieses Symbol daran, dass Sie die Fähigkeit haben, sich und die eigene Entwicklung mit Humor zu betrachten.

Ich behalte meinen Sinn für Humor auch bei Erfahrungen, die mir zusetzen.

Ich genieße meine Sinnlichkeit.

Ich• bin ein vitaler, fröhlicher und geerdeter Mensch.

Ob meine Probleme real oder eingebildet sein mögen, stets gehe ich realistisch und fröhlich mit ihnen um.

Wenn Sie dieses Symbol ziehen oder sich immer wieder von ihm angezogen fühlen, zeigt es an, dass Sie Ihre gegenwärtigen Probleme mit Humor und Sicherheit meistern

Vielleicht lösen Sie Probleme mit Steinbock-Menschen dadurch, dass Sie Anmut und Humor walten lassen und sich _weigern, sich aus dem Gleichgewicht bringen zu lassen, indem sie die Dinge zu ernst nehmen. Der Monat des Steinbocks könnte eine Zeit sein, in der Sie auf allen Gebieten des Lebens Ihren Humor bewahren müssen.

In den nächsten fünfzehn Wochen oder Monaten fühlen Sie sich vielleicht zu kreativen Menschen, Projekten und inspirierenden Ereignissen hingezogen. Dies ist die beste Zeit, um dem zu folgen, was Ihre Glückseligkeit fördert und um auf das zu vertrauen, was in Ihnen auf Resonanz stößt und Sie interessiert.

Das Symbol Teufel/Pan stellt die veräußerlichte Ausdrucksform des Archetyps der Liebenden dar. (Die Zahl des Teufels/des Pan ist 15, was die Quersumme 6 ergibt, Die Liebenden.) Viele unserer wirklichen und eingebildeten Probleme und Schwierigkeiten finden im Bereich persönlicher und beruflicher Beziehungen (Die Liebenden) statt. Das Symbol Teufel/Pan spiegelt unsere Bereitschaft wider, unsere Schwierigkeiten in Beziehungen mit kreativer, problembewusster Haltung anzugehen. Indem wir unseren Sinn für Humor bewahren, können in unseren Beziehungen das Gleichgewicht aufrecht erhalten. Wenn wir die Dinge zu erst nehmen, wird uns dies stets aus dem Gleichgewicht bringen. Wenn wir über etwas lachen können, was uns einst Schmerz zugefügt hat, drücken wir damit den Grundaspekt des Archetypens Teufel/Pan aus. Der Archetyp Teufel/Pan ist die Wiedereroberung der Freude und die erneute Hingabe an das, was uns inspiriert und erhebt.

Beziehungen (Die Liebenden) spiegeln stets die innere Beziehung wider, die wir zu verschiedenen Teilen unseres Selbst haben, ob uns dies bewusst sein mag oder nicht. Die Beziehung, die wir zu uns selbst und anderen haben, bleibt ausgewogen und ist erfolgreich (Sechs der Scheiben), wenn wir geistige Objektivität aufrecht erhalten (Sechs der Schwerter) emotionale Verspieltheit
(Sechs der Kelche) und spirituelle Offenheit für gemeinsam errungene Siege (Sechs der Stäbe). Das Symbol Teufel/Pan erinnert uns daran, dass unsere Beziehungen (Die Liebenden) Quellen kreativer Kraft und unschätzbare Lehrer sind, die uns über unsere eigenen inneren und äußeren Schwierigkeiten und Talente aufklären (vgl. die Konstellation der Liebenden in Abschnitt VI).

Gaben:

Der Teufel/Pan (Freude, Stabilität)

Die Liebenden (Kunst und Technik der Beziehungspflege)

Sechs der Schwerter (Wissenschaft des Denkens)

Sechs der Kelche (Genuss) Sechs der Stäbe (Sieg) Sechs der Scheiben (Erfolg)

Herausforderungen:

Teufel/Pan (Hemmnisse, übergroße Ernsthaftigkeit)

Sooo, das war was Crowley den Menschen anbietet. Da geht es also um Schwierigkeiten im Leben.

Aber was sind nun die Ernsthaften und war Jesus zum Beispiel ernsthaft oder Buddha oder Mohammed. Ich schätze ja, aber zu der Zeit als sie lebten, waren die Menschen womöglich sehr viel anders in Bezug zu ihren Freiheiten. Oder ! ?

Hier ist nun was die religiösen Denkwege sind und was die Bibel hinterlassen hat und was Menschen denken wie damit heute zu leben ist. Das ist aus den Texten von „Gute Nachrichten „

Wenn Sie der Teufel wären . . .
Zielgerichtet verfolgt Satan sein Vorhaben, Gottes Plan für die Menschen zu vereiteln. Wie würden Sie vorgehen, wenn Sie der
Widersacher Gottes wären? Von Paul Kieffer

Stellen Sie sich vor, Sie wären Satan der Teufel. Ein unglaublicher Gedanke? Nun, der Apostel Paulus verknüpft unseren Erfolg im Kampf
Gegen Satan mit Kenntnis seiner Taktik: damit wir nicht vom Satan übervorteilt werden; denn seine Gedanken sind uns nicht unbekannt? (2. Korinther 2,11; Elberfelder Bibel). Wie siegt man über einen Gegner, ob auf dem Schachbrett oder dem Schlachtfeld? Man versucht, sich in seine Lage zu versetzen, um so seinen nächsten ?Zug? vorauszuahnen.
Wenn Sie Satan wären, der Herrscher dieser Welt, so würden Sie alles und alle in Ihrem Herrschaftsbereich Ihnen Untertan sehen wollen.
Selbst dann wären Sie nicht ganz zufrieden, bis Sie den Zweck derjenigen, die Sie am meisten hassen würden, vereitelt hätten.
Wenn Sie Satan wären und wüssten? und das weiß Satan ganz genau? dass Gott die Menschheit zu dem Zweck schuf, als Geistwesen
Teil seiner Familie zu werden, dann müssten Sie einen Weg finden, damit diese Menschen durch Ihren Einfluss Sie statt Gott anbeten würden.
Wenn Sie Satan wären, würden Sie erkennen, wie schwer die Aufgabe wäre, das Vertrauen der Menschheit zu gewinnen, besonders wenn die Menschen Sie so sehen könnten, wie Sie es in Wirklichkeit sind? ein in Finsternis gehülltes, hässliches Wesen, völlig selbstbezogen und durch und durch böse.
Da die meisten Menschen ganz bestimmt das, was Sie wären, nicht werden wollen, wäre das erste, wovon Sie sie überzeugen müssten, dass es Sie gar nicht gibt! Das wäre ein ausgezeichneter Ausgangspunkt für Ihren endgültigen Erfolg. Als nächstes wäre die Bibel an der Reihe. Sie müssten die Menschen davon überzeugen, dass die Bibel ein Mythos ist? Eine Sammlung von alten Legenden und Märchen, vielleicht zum Lesen interessant, aber keineswegs ein verbindlicher Leitfaden für das Leben.
Aber damit wäre Ihre Arbeit nicht abgeschlossen. Durch Ihren Einfluss würden Sie die Menschen zu dem Glauben verführen, dass sie selbst Gott sind oder dass sie ihn erfunden hätten. Nach diesem Erfolg müssten Sie die Menschen lehren, dass das,

was Gott böse nennt, eigentlich gut ist und dass das, was Gott richtig nennt, eigentlich falsch ist. Sie müssten Gottes Maßstäbe völlig auf den Kopf stellen. Trotz alledem gäbe es immer noch Menschen, die den Zweck, zu dem sie geschaffen wurden, weiterhin verfolgen wollen. Die Bibel nennt diese Menschen die Berufenen, mit denen Gott in dieser Zeit vor der Wiederkehr Jesu arbeitet.

Mit diesen Menschen müssten Sie noch raffinierter umgehen. Ihre Bemühungen müssten Sie zersetzen, indem Sie sie zur Schaffung falscher Götter verführen. Für die Beharrlichsten unter ihnen müssten Sie eine Verfälschung der Wahrheit konstruieren. Mittel der Verehrung

Wenn Sie Satan wären, der Mächtige, der in der Luft herrscht (Epheser2,2), würden Sie die Ihnen zur Verfügung stehenden Kräfte der seelischen Beeinflussung nutzen und das Kommunikations- bzw. Bildungswesen kontrollieren, um Ihre Samen der Verwirrung und Verführung zu säen. Erzieher, Autoren, Prediger, Kommunalpolitiker und selbst Eltern wären dabei, ohne es selbst zu wissen bzw. zu erkennen, wichtige Mitspieler in Ihrem Spielplan. Die Schallwellen und die elektronischen Medien würden Sie zur Ausstrahlung von Lauten und Bildern nutzen, die das Böse verherrlichen und den Eindruck schaffen, dass das Leben ohne dieses Böse langweilig und ohne Herausforderung sei. Dadurch wäre der Zweck des Lebens vernebelt, und die überwiegendeMehrheit der Menschen in Ihrem finsteren Herrschaftsbereich wäre durch Ihre kluge Verführung eingelullt. Für Sie wäre es überhaupt keine Herausforderung, diese Menschen zu derselben Überzeugung zu verführen, zu der Sie ihre Eltern Adam und Eva verführten, nämlich das zu tun, was immer ihnen gefällt. Selbstbezogen und ihrem eigenen Willen folgend, entwickelt sich das Leben Ihrer Opfer zu einem verkannten Streben nach Selbsterfüllung. Ohne wahre geistliche Werte würde diese Selbsterfüllung hauptsächlich mit Materialismus zu haben mehr Urlaub, mehr Geräte, mehr Besitztümer. Den Wert eines Menschen würde man nicht, wie bei Gottes Betrachtungsweise, an seinem Charakter, sondern an seinem Eigentum erkennen.

Obwohl die überwiegende Mehrheit der Menschheit als Gefangene unter dem Einfluss Ihres finsteren Herrschaftsbereichs lebt, gibt es immer noch einige, die nicht verführt sind. Sie wurden von Gott selbst ausgewählt, um als seine Werkzeuge seinen Zweck für die Schöpfung zu verwirklichen.

Diese Menschen wissen genau Bescheid über Sie. Sie wissen, was Sie wirklich sind. Sie wollen nicht Ihnen, sondern dem wahren Gott dienen, dem Sie widerstehen. Solange diese Menschen das tun, ist Ihre Herrschaft in Ihrem Bereich unvollständig.

Als Gottes Widersacher können Sie nicht ruhen, bis Sie sie und damit gleichzeitig Gottes Plan für seine Schöpfung vernichten.

Satan sieht

Wenn Sie Satan wären und gegen diese Menschen vorgehen müssten, was würden

Sie tun? Sie würden das tun, was Satan mit dem Volk Gottes immer getan hat. Daher sind Jesu Worte in Lukas 22, Vers 31 so ernüchternd, als er sagte Simon, Simon, siehe, der Satan hat /euer/ begehrt, euch zu sieben wie den Weizen? (alle Hervorhebungen durch uns). Obwohl die in Vers 31 enthaltenen Worte an Petrus gerichtet waren, galten sie auch den anderen Jüngern. Jesus sprach in der Mehrzahl, und er hätte genauso gut euch alle sagen können. Satan /hatte bereits/ Judas, und er wollte Petrus und die anderen auch haben.

Er wollte sie alle einer großen Prüfung unterziehen.

Gott /erlaubte/ dem Satan, Petrus zu prüfen. Achten wir auf Jesu Worte in Vers 32: Ich aber habe für dich gebeten, dass dein Glaube nicht aufhöre. Und wenn du dereinst dich bekehrst, so stärke deine Brüder.

Jesus betete dafür, dass Petrus im Glauben festbleiben würde, denn er wusste, dass Satan die Erlaubnis gegeben worden war, Petrus zu sieben. Jesus betete zu seinem Vater für Petrus, dass Gott ihm die eine Waffe geben möge, die Petrus brauchen würde, um Satans Angriff zu überwinden Glauben.

Jesus verglich die Prüfung, die den Jüngern unmittelbar bevorstand, mit dem /Sieben von Weizen/. Sieben ist ein Vorgang beim Ernten, bei dem die Spreu vom Weizen getrennt wird. Satan wollte Petrus und die anderen als Spreu offenbaren. Seine übergeordnete Zielsetzung war es, zu zeigen, dass /nichts/ an der Lehre, der Lebensweise, dem Vorbild und den Versprechen Jesu diese Spreu in Weizen verwandeln konnte.

Dieses Ziel zu erreichen hätte dem Plan Gottes großen Schaden gewaltsam zugefügt. Dies war ein Angriff gegen die Kirche in ihrer frühesten Entwicklung ein Angriff, der sich gegen ihre Führung richtete.

Überall in der heutigen Welt erleben wir die Zunahme des Einflusses Satans. Da diese Welt davon überzeugt ist, dass Satan nicht existiert, toleriert sie nicht nur ihn und seine Arbeit, sie arbeitet unwissentlich enthusiastisch mit ihm zusammen.

Das Resultat ist, dass sie ihm gehört. Sie ist unter seiner Führung und Kontrolle, ob sie es weiß oder nicht!

Nun, wenn Sie Satan wären, wem würden Sie Ihre Aufmerksamkeit widmen?

Würden Sie sich auf diejenigen konzentrieren, die Ihnen bereits Untertan sind? Oder würden Sie Ihr Augenmerk auf diejenigen richten, die von Ihrer Herrschaft befreit worden sind?

Bei der Überlegung der Schwierigkeiten, die wir als einzelne und als Gemeinde von Zeit zu Zeit erleben, stellt sich die Frage, wem wir sie zuzuschreiben haben. Sind sie lediglich das Resultat einer verkehrten Handlungsweise von einzelnen Menschen? Sind sie das Resultat einer nicht durchdachten Führungsstruktur in einer menschlichen Organisation? Das behaupten nämlich einige immer wieder.

Oder stellen sie die gegen die Kirche gerichtete Arbeit Satans bei dem Bemühen dar, das Werk Gottes zu vernichten? Bedenken wir, dass Satan um die Erlaubnis bat, Petrus und die anderen Jünger wie Weizen zu sieben, und Gott erteilte? ihm die Erlaubnis.

 Können wir uns heute die Meinung leisten, dass Satan nicht mehr um die Erlaubnis bitten würde, in ähnlicher Weise mit uns zu verfahren, und dass Gott es ihm gestatten würde? Schließlich will Gott genau wissen, wo wir stehen!

Wie und warum wir gerufen wurden

Wer ist nun der wahre Feind? Die Relevanz dieser Frage und die Tragweite der Antwort sind offenkundig, wenn wir den Zweck Gottes für seine Kirche und ihre Wichtigkeit für ihn verstehen. Sehen wir uns einige diesbezügliche grundlegende Schriftstellen an.

Das Wort /Kirche/ ist die Übersetzung des griechischen Wortes /Ekklesia/, das sich auf eine aus einer größeren Gesellschaft zu einem besonderen Zweck heraus berufene Versammlung bezieht. In Johannes 6, Vers 65 sagt Jesus: Darum habe ich euch gesagt: Niemand kann zu mir kommen, es sei ihm denn vom Vater gegeben.

In Johannes 6, Vers 44 lesen wir dieselbe Botschaft: Es kann /niemand/ zu mir kommen, es sei denn, ihn ziehe der Vater, der mich gesandt hat, und ich werde ihn auferwecken am Jüngsten Tage.

Jesu Worte enthalten zwei wesentliche Aussagen. Zunächst wurde Jesus vom Vater mit einem Auftrag gesandt. Ein Teil jenen Auftrags war es, die Kirche Gottes zu gründen (Matthäus 16,18). Die zweite bedeutende Aussageist, dass Gott selbst die Menschen zu sich durch Jesus Christus beruft. Gott beruft, wen er will, und öffnet nur diesen Menschen den Verstand für seine Wahrheit, damit sie sein Vorhaben mit den Menschen verstehen können. Sonst können wir nicht durch Jesus Christus zu ihm kommen. /Es gibt keinen anderen Weg./ Es fängt mit dem Wissen an, wer wir sind, was der Zweck unserer Berufung ist und dass die Kirche kein Gebäude ist.

Die Kirche ist nicht einmal eine einzelne Gemeinde. Die Kirche ist die Versammlung der von Gott heraus berufenen Menschen, denen ein besonderer Auftrag zur Verwaltung seines Heilsplans um der ganzen Menschheit willen gegeben wurde. Wir müssen verstehen, dass es nicht unsere Kirche ist. Wir sind die Kirche. Wir müssen uns immer vor Augen halten, dass wir ein Leib und untereinander einer des anderen Gliedes in Christus sind (Römer 12,3-6). Daher soll die brüderliche Liebe unter uns herzlich sein, und wir sollen einander in gegenseitiger Ehre zuvorkommen (Römer 12,10).

Die Versammlung (/Ekklesia/), die wir die Kirche nennen, sind diejenigen, die Gott zu seiner Anbetung im Geist und in der Wahrheit gerufen hat. Gott suchte uns aus. Er nahm sich Zeit, um uns einzeln zu rufen, genauso wie er den Apostel Petrus, die anderen Apostel und alle seine Jünger im Laufe der Zeit zu seiner Anbetung rief (Johannes 4,23). Und diejenigen, die freiwillig entscheiden, den Ruf anzunehmen, machen die Kirche Gottes aus. /Deshalb sind wir die Kirche Gottes/.

Der Apostel Paulus sagt uns, dass Gott uns etwas zusätzlich zu der Heilsgelegenheit gegeben hat, weil wir die Kirche Gottes sind.

Gott hat uns seinen Zweck für die Schöpfung offenbart. In seinem Plan für diese Schöpfung hat er uns eine wichtige Rolle gegeben, die er uns reichlich hat widerfahren lassen in aller Weisheit und Klugheit. Denn Gott hat uns wissen lassen das Geheimnis seines Willens nach seinem Ratschluss, den er zuvor in Christus gefasst hatte, um ihn auszuführen, wenn die Zeit erfüllt wäre, dass alles zusammengefasst würde in Christus, was im Himmel und auf Erden ist (Epheser 1,8-10).

Gottes Zweck für seine Kirche hat u. a. mit der Entwicklung einer familiären Verwaltung zu tun, die fähig sein wird, die gesamte Schöpfung ob in den Himmeln oder auf der Erde mit ihm durch Jesus Christus zu versöhnen.

Diese Botschaft ist von so großer Wichtigkeit, dass Paulus sie in Epheser 3 wiederholt: Mir, dem allergeringsten unter allen Heiligen, ist die Gnade gegeben worden, den Heiden zu verkündigen den unausforschlichen Reichtum Christi und für alle ans Licht zu bringen, wie Gott seinen geheimen Ratschluss ausführt, der von Ewigkeit her verborgen war in ihm, der alles geschaffen hat; damit jetzt kund werde die mannigfaltige Weisheit Gottes den Mächten und Gewalten im Himmel durch die Gemeinde (Verse 8-10).

Unsere Aufgabe als Kirche Gottes ist es, seinen Weg der Gerechtigkeit und der Selbstbeherrschung jetzt zu praktizieren, damit wir auf den Dienst in der Verwaltung des Heils für die Menschheit vorbereitet sind und als sein Werkzeug seine Weisheit den Geistwesen und Kräften im Himmel seiner geistlichen Schöpfung erzeigen können.

Eines jener erschaffenen Geistwesen, denen die Weisheit Gottes durch seine Gemeinde erzeigt wird, ist Satan. Satan hat Zugang zu Gott.

In Offenbarung 12, Vers 10 erfahren wir, dass er unser Verkläger ist und dass er uns Tag und Nacht vor dem Thron Gottes anklagt. Sein Zweck dabei ist derselbe wie bei seiner Bitte um die Erlaubnis, Petrus wie Weizen zu sieben. Satan hofft zeigen zu können, dass es nichts gibt, was Gottes Geist, seine Versprechen, seine Lebensweise oder Glauben an ihn uns verändern kann.

Wenn Sie Satan wären, der sich selbst als Widersacher Gottes ausgerufen hat, könnten Sie den Gedanken nicht ertragen, dass Gott irgendwelche Weisheit hätte, die er Ihnen erzeigen wollte. In der Tat wären Sie davon besessen, ihm Ihre Weisheit zu zeigen. Die Vorstellung, dass Gott mit bloßen Menschen etwas Großartigeres als Sie schaffen könnte, wäre für Sie unerträglich.

Der Gedanke, dass Gott die Kirche als sein Werkzeug zur ewigen Vergrößerung der Familie Gottes benutzen könnte, wäre für Sie unerträglich.

Immer noch am Leben und aktiv Wenn Sie Satan wären, was würden Sie sonst noch tun? Sie würden der Kirche und der Wahrheit den Krieg erklären. Sie würden versuchen, die Kirche auf dieselbe Weise zu zerstören, genauso wie Sie die Grundlage, auf die die Kirche aufgebaut ist, zu zerstören suchen: die Vorfahren des Messias, die Propheten, das Gesetz Gottes und den Kalender, Jesus Christus, den Messias, und die Apostel.

Es gilt zu verstehen, dass Satan als Widersacher Gottes ebenfalls Widersacher der Kirche Gottes ist. Wie oft haben wir in den letzten Jahren ein deutliches Wort über das Wirken Satans in bezug auf die Kirche gehört? Daher mag er in der Kirche genauso unsichtbar sein wie in der Welt. Vielleicht haben wir vergessen, wer unser Widersacher ist oder dass wir überhaupt einen Widersacher haben.

Wenn das der Fall ist, dann haben wir uns nicht in der richtigen Weise auf ihn und seine Rolle konzentriert. Das ist jedoch äußerst problematisch, denn er hat sich von uns nicht verabschiedet, noch wird er das tun.

Menschen sind nicht unsere Feinde; Satan ist der Feind. Satan hasst Gott, er hasst Gottes Plan für die Schöpfung, und er hasst die Kirche Gottes. Die Kirche wurde schon immer angegriffen, und das ist auch heute noch der Fall.

Satan hat die Kirche nicht vernichten können, denn Gott wird das nicht zulassen. Das bedeutet nicht, dass der Krieg schon zu Ende ist, oder dass wir uns zur Ruhe setzen können.

Die Bemühungen um die Verfälschung und die mögliche Verwerfung der Wahrheit ist keine menschliche Idee, auch wenn sich Menschen zu diesem Zweck gebrauchen lassen. Nehmen wir als Beispiel die Festtage Gottes kurz unter die Lupe.

Gottes Anordnungen bezüglich der Festtage machen klar, dass es sich um gebotene Zeiten der gemeinschaftlichen Anbetung Gottes handelt, denn eine heilige Zusammenkunft ist verordnet. Deshalb waren Jesu Jünger zu Pfingsten nach seiner Auferstehung alle an einem Ort beieinander sie hielten Pfingsten (Apostelgeschichte 2,1).Andere Stellen zeigen uns die Wichtigkeit der Gemeinschaft an den Festtagen. Über die Symbole des Neuen Bundes schrieb Paulus in 1.Korinther 10, Vers 16: Der gesegnete Kelch, den wir segnen, ist der nicht die Gemeinschaft des Blutes Christi Das Brot, das wir brechen, ist das nicht die Gemeinschaft des Leibes Christi Jesus wies uns an, einander die Füße zu waschen, und er gab uns dieses Beispiel am Passaabend. Wir folgen seinem Beispiel, indem wir als Teil unserer Passa-Zeremonie die Fußwaschung durchführen.

Als Gott die Festtage in 3. Mose 23 für sein Volk einsetzte, meinte er jeweils nur /einen bestimmten Termin im Jahr, den ganz Israel gemeinsam halten sollte. Gott liebt die Eintracht. Dazu heißt es in Psalm 133, Vers 1: Siehe, wie fein und lieblich ists, wenn Brüder einträchtig beieinander wohnen!? Wenn man es anders sehen möchte, müsste man mit Paulus fragen: Ist Christus etwa zerteilt (1. Korinther1,13).

Heute gibt es bekanntlich Streit und Dissens um den jüdischen Kalender.

Wer ist der wahre Urheber von Zwietracht? Wem kommt es sehr gelegen, dass die Zwietracht um den Kalender einige die Frage stellen lässt, ob man die biblischen Festtage überhaupt noch halten solle? Wenn Sie Satan wären, würden Sie sich über den Kalenderstreit freuen!

Was wir ernten werden

Das Gleichnis vom Sämann handelt von Menschen, die Gott durch Jesus Christus ruft. Der Sämann in dem Gleichnis, der den guten Samen sät, ist Jesus (Matthäus 13,37). Einiges von dem guten Samen fiel auf fruchtbares Land und erzeugte eine gute Ernte (Vers 8). Diejenigen, die viel Frucht bringen, sind mit Gott durch Jesus Christus fest verbunden (Vers 23 und Johannes 15, 1-5). Sie verstehen die Geheimnisse des Himmelreichs (Matthäus 13,11); sie sind die Kirche Gottes.
In Vers 24 erweitert Jesus in einem anderen Gleichnis das in Vers 23 enthaltene Thema der Kirche. Dieses Gleichnis handelt von einem Feind, der Unkraut (Kinder des Bösen, Vers 38) zwischen den Weizen (Kinder des Reichs, Vers 38) säte.
Das Unkraut wurde von einem Feind (Satan, Vers 39) gesät, während die Leute schliefen. Als das Unkraut entdeckt wurde, wies der Hausvater (Jesus Christus) seine Knechte (Engel, Vers 39) an, den Weizen und das Unkraut miteinander bis zur Ernte (das Ende der Welt, Vers 39) wachsen zu lassen.
In diesen Gleichnissen macht Jesus Christus klar, dass wir diesen Kampf gegen Satan bis zum Ende dieses Zeitalters führen müssen.
Zur geistlichen Stärkung gibt uns Gott einen Widersacher. Gott verlangt von uns, dass wir diesen Widersacher überwinden, damit wir mit Jesus Christus beim Etablieren des Reichs Gottes in der Welt von morgen zur Seite stehen können. Wir werden zu Beginn der Herrschaft Jesu mit Menschen zusammenarbeiten können, die unter der Herrschaft Satans gelebt haben.
Wir werden sie aus dem ihnen vertrauten Lebensweg heraus und in den göttlichen Lebensweg hineinführen können.
Es gilt zu glauben und nie daran zu zweifeln, dass wir von Gott dazu berufen wurden, Jesus Christus Untertan zu sein.
Zu diesem Zweck haben wir auch den heiligen Geist erhalten, damit wir Untertan sein und unsere himmlische Berufung ergreifen können. Wenn wir daran glauben, werden wir im Sinne dieser Berufung handeln, mit der Gewissheit, dass Gott uns nie verlassen wird, weil wir die Kirche Gottes sind.
Ohne solchen Glauben ist unsere Perspektive verschwommen. Prüfungen, die Gott uns zur Stärkung gibt, werden als Hindernisse betrachtet. Eine Betrachtungsweise dieser Art schwächt uns. Viele Prüfungen lässt Gott absichtlich zu, wie bei dem Apostel Petrus.

Wer ist der wahre Feind?

Leider verkennen einige den wahren Feind bei unseren Prüfungen. Sie erkennen nicht, dass Satan unser wahrer Feind ist.

Stattdessen ist ihr Augenmerk auf Menschen gerichtet. Das Resultat ist dann Enttäuschung, die zu einer verärgerten Feindseligkeit und zu mangelndem Vertrauen gegenüber Gott und seiner Kirche führen kann. Die wahre Perspektive dürfen wir nicht aus den Augen verlieren. Sonst kann es vorkommen, dass wir Satan erlauben, eine Prüfung, die zu unserer Stärkung und Vorbereitung dienen sollte, zur Schwächung des Leibes Christi zu gebrauchen.

Wenn wir andererseits den Zweck Gottes in unseren Prüfungen erkennen können, wird es keinen Grund geben, Ärger oder Neid gegen irgend jemanden zu hegen. Wir werden vorbereitet sein, voranzuschreiten und unsere Aufgabe als Teil des Leibes Christi zu erfüllen.

In diesem Sinne teilt uns Paulus einiges über eine erfolgreiche Kriegführung gegen Satan mit: Denn obwohl wir im Fleisch leben, kämpfen wir doch nicht auf fleischliche Weise. Denn die Waffen unsres Kampfes sind nicht fleischlich, sondern mächtig im Dienste Gottes, Festungen zu zerstören. Wir zerstören damit Gedanken und alles Hohe, das sich erhebt gegen die Erkenntnis Gottes, und nehmen gefangen alles Denken in den Gehorsam gegen Christus? (2. Korinther 10,3-5). Unser Kampf ist also geistlicher Art und muss auf dieser Ebene geführt werden, wenn wir als Sieger hervorgehen möchten. Unser Ziel ist die Zerstörung der Festungen der Spekulation und solcher Gedanken, die sich gegen die Erkenntnis Gottes und den Gehorsam gegenüber Jesus Christus erheben.

Wenn Sie Satan wären, würden Sie nur zu gerne Misstrauen und Konkurrenz unter den Mitgliedern der wahren Kirche Gottes auslösen.

Gott beruft uns und gibt uns allen eine Aufgabe im Leib Christi. Diese unterschiedlichen Aufgaben konkurrieren nicht miteinander, sondern ergänzen sich und tragen zur Erbauung des ganzen Leibes bei. Achten wir auf die Worte des Paulus in diesem Zusammenhang: Der hinabgefahren ist, das ist derselbe, der aufgefahren ist über alle Himmel, damit er alles erfülle.

Und er hat einige als Apostel eingesetzt, einige als Propheten, einige als Evangelisten, einige als Hirten und Lehrer, damit die Heiligen zugerüstet werden zum Werk des Dienstes. Dadurch soll der Leib Christi erbaut werden, bis wir alle hingelangen zur Einheit des Glaubens und der Erkenntnis des Sohnes Gottes, zum vollendeten Mann, zum vollen Maß der Fülle Christi, damit wir nicht mehr unmündig seien und uns von jedem Wind einer Lehre bewegen und umhertreiben lassen durch trügerisches Spiel der Menschen, mit dem sie uns arglistig verführen. Lasst uns aber wahrhaftig sein in der Liebe und wachsen in allen Stücken zu dem hin, der das Haupt ist, Christus, von dem aus der ganze Leib zusammengefügt ist und ein Glied am andern hängt durch alle Gelenke, wodurch jedes Glied das andere unterstützt nach dem Maß seiner Kraft und macht, dass der Leib wächst und sich selbst aufbaut in der Liebe (Epheser 4,10-16).

Wenn jedes einzelne Mitglied die ihm von Gott übertragene Aufgabe erfüllt und gemäß der ihm von Gott zuteil gewordenen Gnade den Bedürfnissen eines jeden Mitglieds im Leib entspricht, wächst der Leib! Wenn wir gesunde Gemeinden haben, fügt Gott zusätzliches Wachstum durch das Predigen des Evangeliums hinzu. Keiner von uns darf sich aufgrund seiner Rolle in der Kirche überheblich fühlen, weil keiner von uns den Zweck Gottes in unserem Leben innerhalb der Kirche erfüllen kann ohne die Unterstützung der anderen Mitglieder des Leibes. Wir wiederum, wenn wir gemäß dem Willen Gottes Christus Untertan sind, tragen zum Wohlergehen anderer Mitglieder des Leibes bei.

Glaube ein Mittel zur Überwindung

Schätzen Sie die Wichtigkeit eines jeden Mitglieds für Gott? Wenn Sie dies tun, dann werden Sie Ihren Widersacher beachten und bedenken, was er vorhat. Dementsprechend rüsten wir uns zur Schlacht, um ihm zu widerstehen. Dabei müssen wir das Wesen der Schlacht und die Aufnahme des Kampfes mit unserem Feind verstehen. Zunächst müssen wir den Glauben Jesu Christi haben und an Jesus Christus glauben. Dieser Glaube ermöglicht uns das Wissen um die Gewissheit unseres Sieges. Angesichts seiner bevorstehenden Kreuzigung und seines Abschieds von dieser Erde versicherte Jesus seinen Jüngern: Das habe ich mit euch geredet, damit ihr in mir Frieden habt. In der Welt habt ihr Angst; aber seid getrost, ich habe die Welt überwunden? (Johannes 16,33). /Jesus hat die Welt und den Gott dieser Welt überwunden/. Diese Worte sollen uns die Zuversicht des Glaubens geben, dass wir durch ihn dasselbe schaffen können. Der Apostel Johannes schreibt: Denn alles,was von Gott geboren ist, überwindet die Welt; und unser Glaube ist der Sieg, der die Welt überwunden hat (1. Johannes 5,4).

Als Jesus Petrus informierte, dass Satan die Erlaubnis erhalten hatte, Petrus wie Weizen zu sieben, stellte Jesus gegenüber Petrus auch fest, dass er zum Vater gebetet hatte, damit der Glaube des Petrus nicht aufhören sollte. Beim Überwinden ist der Glaube entscheidend. Das Mittel zur Überwindung ist der Glaube. Der Glaube ist auch das Mittel zur geistlichen Vision.

Glaube und Demut fördern die Einigkeit

Durch seine Angriffe gegen die Kirche möchte Satan uns eine Wunde beibringen, die uns spaltet. Deshalb sollen wir den Schild des Glaubens ergreifen, mit dem wir alle feurigen Pfeile des Bösen Auslöschen können (Epheser 6,16). Darüber hinaus, dass der Glaube eine Quelle der Kraft zur Überwindung und eine Linse der geistlichen Vision ist, stellt der Apostel Paulus fest, dass der Glaube zur Einheit führt (Epheser 4,13). Wenn wir Satans Bemühungen um die Spaltung und Zersplitterung der Kirche Gottes widerstehen wollen, müssen wir unseren Glauben stärken.

An die Gemeinde zu Korinth schrieb Paulus: Denn wir wandeln im Glauben und nicht im Schauen (2. Korinther 5,7).

Wir dürfen eine Sache nicht danach richten, wie sie aussieht oder zu sein scheint. Wir müssen das Unsichtbare berücksichtigen, die geistliche Realität, die unserem Verstand durch den Glauben erschlossen wird. Spekulationen zu irgendeinem Thema, die sich gegen die Erkenntnis Gottes erheben, dürfen wir uns nicht leisten. Spekulationen über den Zweck der Kirche und ihre Rolle, die sich von dem unterscheiden, was Gott in der Heiligen Schrift sagt, müssen aus unserem Sinn ausgemerzt werden.

Es ist wichtig, zu jeder Zeit auf der Hut zu sein bei der Gefangennahme? unserer Gedanken im Gehorsam gegenüber Christus. Da wir einen solch wichtigen geistlichen Kampf zu führen haben, wären wir gut beraten, die Unterweisung des Apostels Petrus zu beachten, der von Satan gesiebt wurde und dessen Glaube nicht aufhörte: So demütigt euch nun unter die gewaltige Hand Gottes, damit er euch erhöhe zu seiner Zeit. Alle eure Sorge werft auf ihn; denn er sorgt für euch. Seid nüchtern und wacht; denn euer Widersacher, der Teufel, geht umher wie ein brüllender Löwe und sucht, wen er verschlinge. Dem widersteht, fest im Glauben, und wisst, dass Eben dieselben Leiden über eure Brüder in der Welt gehen. Der Gott aller Gnade aber, der euch berufen hat zu seiner ewigen Herrlichkeit in Christus Jesus, der wird euch, die ihr eine kleine Zeit leidet, aufrichten, stärken, kräftigen [und] gründen (1. Petrus 5,6-10). Jesus Christus ist auch unser Fürsprecher (1. Johannes 2,1).

In Epheser 6, Verse 10-13 lesen wir die ermutigenden und ermahnenden Worte des Paulus: Zuletzt: Seid stark in dem Herrn und in der Macht seiner Stärke. Zieht an die Waffenrüstung Gottes, damit ihr bestehen könnt gegen die listigen Anschläge des Teufels. Denn wir haben nicht mit Fleisch und Blut zu kämpfen, sondern mit Mächtigen und Gewaltigen, nämlich mit den Herren der Welt, die in dieser Finsternis herrschen, mit den bösen Geistern unter dem Himmel. Deshalb ergreift die Waffenrüstung Gottes, damit ihr an dem bösen Tag Widerstand leisten und alles überwinden und das Feld behalten könnt.

Keiner von uns darf zulassen, dass Satan seine Gedanken und seinen Willen dahingehend beeinflusst, das Wirken Gottes in der Kirche zu unterwandern.

Es ist wichtig, dass wir alle im Gebet um Glauben bitten und unseren Fürsprecher anflehen, damit er den Vater für uns bittet und der Wille Gottes in unseren Gedanken, Worten und Taten zum Ausdruck kommt.

Das ist besonders wichtig beim Predigen des Evangeliums vom Reich Gottes. Das ist nämlich eines der wichtigsten Ziele, die wir hätten, wären wir Satan: das Volk

Gottes vom Predigen des Evangelium abzulenken bzw. abzuhalten. Satan möchte nicht, dass diese Botschaft des Trostes und der Zuversicht in einer Zeit der Umwälzungen und Unruhen verkündet wird.

Beten wir, dass Gottes Wille geschehen möge, und zeigen wir ihm unsere Bereitschaft, mutig einzutreten für das Evangelium des Friedens (Epheser 6,15). So werden wir an dem bösen Tag Widerstand leisten und alles überwinden und das Feld behalten (Vers 13).

Keiner von uns möchte Satan sein. Unser gedankliches Rollenspiel lässt uns aber erkennen, was er im Sinn hat.

Die Bedeutung des Versöhnungstages: Satan, der große Verführer
Von Don Hooser

Wenn jemand verführt wird, beginnen andere zu analysieren. Warum fiel diese Person auf die Unwahrheit herein?

Wie ist es geschehen? Wer beeinflusste die Person? Welche früheren Erfahrungen hatte diese Person, die ihr Denken jetzt beeinflussen? Welche Fehler beging diese Person?

Es mag viele Einflüsse gegeben haben, aber der größte Einfluss wird oft am wenigsten beachtet. In der Tat mag er sogar gänzlich übersehen werden. Dieser Einfluss ist nämlich der große Drache, die alte Schlange, die da heißt: Teufel und Satan, der die ganze Welt verführt? (Offenbarung 12,9).

Dieser Einfluss ist am wichtigsten zum Teil deshalb, weil er von den anderen Einflüssen nicht getrennt werden kann.Satan hatte seinen Anteil auch an der Schaffung der anderen Probleme! Hinzu kommt die Tatsache, dass Satan hinter den Kulissen arbeitet, wodurch seine Verführung wirkungsvoller, aber gleichzeitig weniger bemerkbar wird.

Wir sind in der Tat von einer Geistwelt umgeben! Diese unsichtbare Welt ist wirklicher? als die Dinge, die wir sehen können.

Gott den Vater und Jesus Christus gibt es wirklich. Satan und die Dämonen, die uns in gemeiner Weise angreifen, gibt es wirklich. Die gerechten Engel, die Gott zu unserem Schutz benutzt, gibt es auch tatsächlich.

Viele in der Gemeinde haben dieses Bewusstsein verloren und müssen es wiedererlangen. Wir müssen zur Wirklichkeit zurückkehren und uns nicht vor den klaren Aussagen der Bibel bezüglich der verführten Welt, in der wir leben, schämen.

Dieses wachsame Bewusstsein ist nämlich Teil der geistlichen Gesinnung, die Gott von allen Christen erwartet.

Die Zeit vor dem Versöhnungstag eignet sich in idealer Weise dazu, über diese Wirklichkeit nachzudenken. Im Besonderen erinnert uns der Versöhnungstag an den bösen heimtückischen Einfluss Satans und die ständige Bedrohung, die er für unser geistliches Überleben darstellt.

Wir müssen unseren Feind und seine Taktik gut kennen, damit wir uns in unserem geistlichen Kampf behaupten können.

Der Gott dieser Welt: Ein Zerstörer

In 2. Korinther 4, Verse 3-4 lesen wir, dass Satan der Gott dieser Welt ist und dass er den Menschen den Sinn für das Evangelium verblendet. Gott lässt zu, dass Satan bis zur Rückkehr Christi in seinem Amt als Herrscher über diese Welt bleibt. Für Gott gibt es gute Gründe dafür, dies zuzulassen. Er verursacht, dass diese bösen Kräfte zu einem guten Zweck bei der endgültigen Erfüllung seines Heilsplans zusammenwirken. Satan und die Dämonen können nur das tun, was Gott zu lässt. Gott gibt den Heiligen, die er in seine Kirche gerufen hat, besonderen Schutz.

Gelegentlich jedoch lockert Gott Satans Leine, um uns eine besondere Lektion zu erteilen, wie zum Beispiel die Wachsamkeit gegenüber der Verführung. Im Buch Hiob können wir nachlesen, wie Gott dem Satan einige Freiheiten bei der Heimsuchung Hiobs erlaubte, um ihm bestimmte Lektionen zu erteilen.

Wie eine Art Hypnotiker hat Satan beachtliche Verführungskräfte. Diese Erkenntnis hilft uns, die Welt, in der wir leben, zu verstehen.

Die Welt scheint nur immer verrückter zu werden! Wir sehen jede nur vorstellbare teuflische Verführung. Wir sehen Unwissenheit und Aberglauben, Perversion und Korruption. Manchmal wird die Frage gestellt: Was ist mit der Welt geschehen? Diese Frage verdient eine ernsthafte Antwort.

Wie der Titel eines Spielfilms besagt, ist dies eine ganz verrückte Welt. Warum? Satan selbst, der diese Welt beherrscht, ist verrückt.

Sein Einfluss ist allgegenwärtig und übermächtig. Satan hat alle Teile einer jeden Gesellschaft in jedem Zeitalter der Menschheitsgeschichte verführt. Wir brauchen dringend die Wiedererlangung wahrer Werte und wahrer Erkenntnis eine Zeit, in der alles wiedergebracht wird?

Nach der Rückkehr Jesu Christi.

Satans hebräischer Name, Abaddon, und sein griechischer Name, Apollyon, in Offenbarung 9, Vers 11 bedeuten Zerstörer.

Satan ist ein Sadist. Er hasst Gottes Heilsplan und alle Menschen. In seiner Verzweiflung will er uns alle auf jede mögliche Weise vernichten physisch, geistig und besonders geistlich. Eine seiner Hauptmethoden der Vernichtung ist unsere Verführung. Der Teufel verachtet, verführt und vernichtet dadurch.

Der Vater der Lüge

Jesus sagte, dass Satan ein Mörder von Anfang an und ein Lügner und der Vater der

Lüge ist (Johannes 8,44).

Satan kann uns geistlich ermorden, indem er uns zum Glauben an seine Lügen verführt. Eines von Satans Werkzeugen sind Halbwahrheiten. Halbwahrheiten mögen einen Teil der Wahrheit enthalten, aber sie sind auch halbe Lügen. Und halbe Lügen sind Lügen.

Viele machen den Fehler, weiterhin auf Lehrer zu hören, die ihnen Lügen erzählt haben. Oft rechtfertigen solche Menschen ihr Zuhören damit, dass sie auch manches hören, was wahr ist. Gott will, dass wir unsere Ohren und Sinne schützen und dorthin gehen, wo wir die Wahrheit hören können. Schließlich mengt Satan etwas Wahrheit mit seinen Lügen, so dass insgesamt eine falsche Lehre entsteht.

Beachten wir Hoseas Worte an das alte Israel: Mein Volk ist dahin, weil es ohne Erkenntnis ist ... Du vergisst das Gesetz deines Gottes; darum will auch ich deine Kinder vergessen (Hosea 4,6). Auch Satan kennt diesen Vers. Gott will uns mit richtiger Erkenntnis erretten, und Satan will uns mit falscher Erkenntnis vernichten. Satan will besonders, dass wir wahre geistliche Erkenntnis vernachlässigen und verwerfen sie vergessen. Satan freut sich, wenn wir irgendeine Alternative wählen, solange es nicht der einzige wahre Weg ist, der auf der Wahrheit Gottes und seinem Gesetz beruht.

Satan hat viele Alternativen! Satan hat jede nur denkbare Religion und Philosophie inspiriert, um es für Menschen, die nicht berufen sind, unmöglich zu machen, die Wahrheit zu finden. Er gebraucht viele geschickte Verfälschungen. Die Wahrheit zu finden, kommt der sprichwörtlichen Suche nach einer Stecknadel im Strohballen gleich. Satan hat ein Babylon der Verwirrung, falscher Information und Desinformation geschaffen ein dunkler, nebliger und raucherfüllter Alptraum, damit der Mensch den Weg zu Gott nicht finden kann.

Ja, er hatte Sie und mich verführt. Wir sind alle verführt worden. Wie viel von dem, woran wir früher geglaubt hatten, haben wir als falsch entdeckt? Und wie viel von dem, woran wir jetzt glauben, ist falsch?

Satans Verführungskunst

Achten wir nun auf einige wichtige Bibelstellen hinsichtlich der Verführungskraft Satans. Ich fürchte aber, dass, wie die Schlange Eva verführte mit ihrer List, so auch eure Gedanken abgewendet werden von der Einfalt und Lauterkeit gegenüber Christus (2. Korinther 11,3).

In demselben Kapital warnt Paulus vor vielen bekennenden christlichen Predigern, die in Wirklichkeit die Diener Satans sind: Denn solche sind falsche Apostel, betrügerische Arbeiter und verstellen sich als Apostel Christi. Und das ist kein Wunder, denn er selbst, der Satan, verstellt sich als Engel des Lichts (2. Korinther 11,13-14). Als Wolf im Schafspelz scheint Satan gut zu sein.

Trotz dieser Warnung fallen viele bekennende Christen auf Ketzereien leicht herein, weil sie sich gerecht anhören.

Satan ist ein Genie, obwohl er verschroben und pervertiert ist. Aber die Schlange war listiger als alle Tiere auf dem Felde, die Gott der Herr gemacht hatte (1. Mose 3,1). Satan ist erfahrener Experte in Sachen Verführung. Mit übernatürlichen Kräften ist Satan ein wahrer meisterhafter Zauberkünstler. Eva war ihm nicht gewachsen. Ihr war nicht bewusst, was er im Sinn hat (2. Korinther 2,11).

Sie hätte ihm nicht zuhören und dadurch zulassen sollen, dass ihr Zweifel in den Sinn kamen. Sie hätte zu Gott fliehen sollen. Stattdessen aß Eva von dem Baum der Erkenntnis des Guten und des Bösen.

Und die Menschen nehmen immer noch von dieser Erkenntnis, die eine Mischung von Gut und Böse, Wahrheit und Irrtum ist.

Es ist wie ein Getränk, das zum Teil nahrhaft und zum Teil giftig ist. Es ist tödlich. In Epheser 2, Vers 2 lesen wir von dem Mächtigen, der in der Luft herrscht, nämlich dem Geist, der zu dieser Zeit am Werk ist in den Kindern des Ungehorsams?. Wir sehen daher, dass Satans Einfluss allgegenwärtig ist überall dort, wo es Luft gibt. Durch einen Vergleich mit einem Rundfunksender können wir dies begreifen. Satan sendet seinen Einfluss in alle Richtungen, und wir Menschen sind geistliche Empfänger (wie Rundfunkempfänger). Unser Sinn wird böse geistliche Einflüsse empfangen, es sei denn, dass wir uns aktiv auf Gott verlassen, um den Einfluss abzublocken. Wenn wir auf Gott eingestellt sind, so wird er Satans Wellenlänge abblocken. Wenn wir nicht auf Gottes Frequenz eingestellt sind, haben wir keine eigene Kraft, um Satans Einfluss abzublocken. Wir wollen, dass Gott Satan bei seinem Versuch daran hindert, uns zu beeinflussen.

Für uns sollte dies sehr ernüchternd sein! Ohne Gottes Eingreifen sind wir so verwundbar und hilflos. Ohne die Waffenrüstung Gottes sind wir nackt und der dämonischen Verführung Satans ausgeliefert. Wir sind wie schwimmende Enten oder wehrlose Lämmer, die auf die Schlachtbank warten.

Wenn wir uns sicher wähnen, können wir uns durch einige Beispiele aus der Bibel demütigen lassen.

Wie überredete der Erzengel, der Satan wurde, ein Drittel der Engel zu seiner Gefolgschaft (Offenbarung 12,3-4)?

Diese Engel waren große von Gott erschaffene Geistwesen, die seine Güte und allmächtige Kraft kannten! Dies war eine erstaunliche Leistung.

Wie wird Satan die große Völkerschar zum Schluss des Millenniums verführen Und wenn die tausend Jahre vollendet sind, wird der Satan losgelassen werden aus seinem Gefängnis und wird ausziehen, zu verführen die Völker an den vier Enden der Erde, Gog und Magog, und sie zum Kampf zu versammeln; deren Zahl ist wie der Sand am Meer (Offenbarung 20,7-8).

Diese Menschen werden unter der vollkommenen Herrschaft Jesu Christi in einem weltweiten Garten Eden gelebt haben!

Warum werden sie entscheiden, Satan zu folgen Ein Teil der Antwort hat mit der geistlichen Schwachheit der Menschen zu tun.

Kurz gesagt zeigt dieser Fall, dass Menschen konform gehen können, ohne sich zu den Lehren Gottes wirklich zu bekehren.

Solche Menschen werden die Lehre Christi nicht verinnerlicht haben, sondern nur scheinbar Untertan gewesen sein.

Aber der andere Teil der Antwort ist, dass Satan unglaubliche Kraft hat, zu verführen, wenn er dazu eine Gelegenheit bekommt.

Für uns Menschen ist es unglaublich töricht, Satan auf die leichte Schulter zu nehmen. Einige Leute machen den tragischen Fehler, sich zu viel für Satan zu interessieren. Sie mögen ihn einladen, für sie zum Geisterbeschwörer zu werden, und zum Schluss können sie besessen sein. Aber die meisten Leute machen die gegenteilige Art von Fehler. Sie sind törichterweise überzeugt, dass es keine echte Gefahr gibt. Sie verleben die meisten Tage ohne an die Wirklichkeit der Geistwelt zu denken, von der sie umgeben sind. Sie haben keine Abwehr, weil sie keine Notwendigkeit einer Abwehr erkennen können. Darum, wer meint, er stehe, mag zusehen, dass er nicht falle (1. Korinther 10,12).

Jesus Christus hat Satan nicht auf die leichte Schulter genommen. Als er wusste, dass Satan versuchen würde, ihn zu verführen und zu versuchen, fastete er vierzig Tage und vierzig Nächte (Matthäus 4,1-11)!

In gleicher Weise lehrte er uns, im Gebet unseren Vater regelmäßig darum zu bitten, uns von dem Bösen zu erlösen (Matthäus 6,13). Wenn wir Gottes Schutz haben wollen, müssen wir ihn darum bitten (Matthäus 7,7). Durch gelegentliches Fasten können wir sicherstellen, dass wir uns innerhalb der Festung des Schutzes Gottes befinden. Dazu lesen wir in Jakobus 4, Verse 7-10: So seid nun Gott Untertan. Widersteht dem Teufel, so flieht er von euch. Naht euch zu Gott, so naht er sich zu euch. Reinigt die Hände, ihr Sünder, und heiligt eure Herzen, ihr Wankelmütigen. Jammert und klagt und weint; euer Lachen verkehre sich in Weinen und eure Freude in Traurigkeit. Demütigt euch vor dem Herrn, so wird er euch erhöhen.

Hier gibt es einige Lektionen. Wir widerstehen dem Teufel hauptsächlich dadurch, dass wir uns Gott nahen. Wir müssen unsere Herzen reinigen und keine Heuchler sein oder versuchen, es mit beiden Parteien zu halten.

Wir dürfen keine Kompromisse mit Satan machen oder mit ihm kollaborieren! Wir dürfen nicht verstockt werden durch den Betrug der Sünde (Hebräer 3,13). Wir sollen nicht nur betende Menschen sein, sondern uns Gott nahen, jammern und klagen und uns vor Gott demütigen.

In 1. Petrus 5, Verse 5-9 wird Satan als Löwe beschrieben, der uns unaufhörlich auf der Suche nach einer Gelegenheit verfolgt, uns zu verführen, zu verschlingen und zu vernichten. Wir sind gewarnt, dass wir ihm widerstehen müssen. Als Petrus schrieb: So demütigt euch nun unter die gewaltige Hand Gottes, deutete er damit die Notwendigkeit des gelegentlichen Fastens an, wenn wir von Gott geschützt werden wollen.

Der Versöhnungstag lehrt uns viele Dinge, von denen eines die Wichtigkeit des Fastens ist. Wir müssen Gott sehr nahe und Satan fern sein! Während des Jahres fasten wir zum Teil deshalb, um unsere Hoffnung auszudrücken, dass Gott uns vor Satans Vernichtungsversuchen schützen wird.

Nach den Prophezeiungen der Bibel wird Satan seine Verführung in der Endzeit verstärken. Und es werden sich viele falsche Propheten erheben und werden viele verführen ... Denn es werden viele falsche Christusse und falsche Propheten aufstehen und große Zeichen und Wunder tun, so dass sie, wenn es möglich wäre, auch die Auserwählten verführten (Matthäus 24,11. 24).

Lasst euch von niemandem verführen, in keinerlei Weise ... Der Böse wird aber in der Macht des Satans auftreten mit großer Kraft und lügenhaften Zeichen und Wundern und mit jeglicher Verführung zur Ungerechtigkeit bei denen, die verloren werden, weil sie die Liebe zur Wahrheit nicht angenommen haben, dass sie gerettet würden (2. Thessalonicher 2,3. 9-10).

Gott hat uns gewarnt, damit wir vorbereitet sein können. Er möchte, dass alle Menschen zur Erkenntnis der Wahrheit kommen? (1. Timotheus 2,4).

Gott will das in uns begonnene Werk vollenden (Philipper 1,6)!

Was können wir tun, um zu verhindern, dass wir verführt werden?

Nachfolgend einige wichtige Schlüssel, von denen einige bereits erwähnt wurden., Betet ohne Unterlass ... Prüft aber alles, und das Gute behaltet. Meidet das Böse in jeder Gestalt (1. Thessalonicher 5,17. 21-22).Fasten Sie auch gelegentlich, besonders dann, wenn Sie Satans Verführung bzw. Versuchung empfinden! Vertiefen Sie sich beim Fasten in das Wort Gottes. Bewahren Sie so die Liebe zur Wahrheit!

Vor allem: Seid aber Täter des Wortes und nicht Hörer allein; sonst betrügt ihr euch selbst (Jakobus 1,22). Die Furcht des HERRN ist der Weisheit Anfang. Klug sind alle, die danach tun (Psalm 111,10).

Mit den bösen Menschen aber und Betrügern wirds je länger, desto ärger sie verführen und werden verführt.

Du aber bleibe bei dem, was du gelernt hast und was dir anvertraut ist; du weißt ja, von wem du gelernt hast und dass du von Kind auf die heilige Schrift kennst, die dich unterweisen kann zur Seligkeit durch den Glauben an Christus Jesus (2. Timotheus 3,13-15). Zuletzt: Seid stark in dem Herrn und in der Macht seiner Stärke. Zieht an die Waffenrüstung Gottes, damit ihr bestehen könnt gegen die listigen Anschläge des Teufels (Epheser 6,10-11). Am Versöhnungstag drücken wir unsere Hoffnung auf den Tag aus, an dem Satan gebunden wird (Offenbarung 20,1-

3).Wie Johannes 8,32 darlegt, werden alle zu der Zeit die Wahrheit kennen, und die Wahrheit wird sie von der Verführung des Teufels befreien.

Alttestamentliche Symbolik des Versöhnungstages

Obwohl es seit dem Tod Christi nicht mehr nötig ist, Tieropfer zu bringen, trägt die Symbolik der Opferriten entscheidend zu unserem Verständnis des Planes Gottes bei. Der Versöhnungstag ist keine Ausnahme. 3. Mose 16 beschreibt Gottes Anweisung an Israel, den Versöhnungstag zu halten.

Wir lesen, dass der Hohepriester zwei Ziegenböcke als Sündopfer für das Volk auswählen und vor Gott stellen sollte (Verse 5 und 7). Aaron, der Hohepriester, sollte dann das Los werfen, um einen der beiden Ziegenböcke für den Herrn? auszuwählen, den er opfern sollte (Verse 8-9). Dieser Bock stellte Jesus Christus dar, der als unser Sühneopfer gestorben ist.

Der andere Ziegenbock diente einem ganz anderen Zweck: Aber den Bock, auf welchen das Los für Asasel fällt, soll er lebendig vor den HERRN stellen, dass er über ihm Sühne vollziehe und ihn zu Asasel in die Wüste schicke (Vers 10).

Dieser Bock sollte also nicht getötet werden. Der Hohepriester sollte seine beiden Hände auf dessen Kopf legen und über ihm bekennen alle Missetat der Israeliten und alle ihre Übertretungen, mit denen sie sich versündigt haben, und soll sie dem Bock auf den Kopf legen und ihn durch einen Mann, der bereit steht, in die Wüste bringen lassen, dass also der Bock alle ihre Missetat auf sich nehme und in die Wildnis trage; und man lasse ihn in der Wüste (Verse 21-22).

Durch das Werfen des Loses wählte der Hohepriester den Bock für /Asasel/ aus. Etliche Gelehrte meinen, /Asasel/ sei der Name eines Dämons, der in der Wüste lebt (/Interpreters Dictionary of the Bible/, Band I, Seite 326). Der Bock für Asasel stellt Satan dar, der die Verantwortung für die Sünden der Menschheit trägt (Vers 22), weil er die ganze Welt verführt hat.

Der Hohepriester legte seine Hände auf diesen Bock und bekannte dabei die Missetaten und Sünden des Volkes. Warum tat er dies als gegenwärtiger Herrscher dieser Welt ist der Teufel für die Verführung der Menschheit verantwortlich. Das Wegbringen des mit Sünde beladenen Bocks ... versinnbildlichte die vollständige Entfernung der Sünden des Volkes und deren symbolische Übertragung auf den bösen Geist, von dem sie ausgingen (/The One Volume Bible Commentary/, Seite 95)

Der lebendige Ziegenbock ist ein Symbol für das Schicksal von Satan und seinen Dämonen, die Gott vor der Aufrichtung der Tausendjährigen Herrschaft Jesu entfernen wird. Die Offenbarung beschreibt dieses Ereignis: Und ich sah einen Engel vom Himmel herabfahren, der hatte den Schlüssel zum Abgrund und eine große Kette in seiner Hand. Und er ergriff den Drachen, die alte Schlange, das ist der Teufel und der Satan, und fesselte ihn für tausend Jahre, und warf ihn in den Abgrund

und verschloss ihn und setzte ein Siegel oben darauf, damit er die Völker nicht mehr verführen sollte, bis vollendet würden die tausend Jahre (Offenbarung 20,1-3). So werden der Teufel und seine Dämonen, die seit Tausenden von Jahren die Menschen zu jeder nur vorstellbaren Übeltat verleitet haben, in eine symbolische Wüste gebracht (Vers 3). Die vollständige Versöhnung des Menschen mit Gott kann nicht stattfinden, bevor der Urheber aller Sünden? Satan ? entfernt wird.

Soo, das waren Gedanken und Auslegungen zum Thema Widersacher und Teufel. Zusammengesucht aus den erwähnten Bereichen. Das Thema beende ich nun und sage noch mal „ In den Regenbogen Transformationszentren „ geht es darum die Gelegenheit zu nutzen zu erkennen wer du selber bist. Da wird es darum gehen, mit seiner Aufmerksamkeit ganz bei sich zu bleiben, und sich nicht in die Angelegenheit anderer einzumischen. Da geht es darum sich nicht von Reichtum, Ansehen, Beziehungen, benebeln zu lassen, sondern an seinem Ich seinem Selbst fest zu halten. Dort wird in deinem wahren Bewusstsein keine Religion oder Leiden durch Ursache Wirkung durch die Zeit sein. Dort wirst du bloß als Ich oder Ich Bin sein. Einem Seinszustand und keinem Körper-Verstand Dilemma. Dort gibt es kein Widersacher.

Denn da Luzifer erschaffen wurde ist er auch vergänglich. Und nur etwas Vergängliches kann ein Objekt der Erkenntnis sein oder ein Ärgernis werden Denn alles was Sichtbar ist, ist vergänglich. Und da Jesus oder Buddha den Widersacher trafen bevor sie den Schritt der „Ich habe die Welt hinter mir gelassen" machten sind diese Wesenheiten also Objektiv Anwesende also sterbliche. Die selber eine „Transformatorische Evolution" durchzumachen haben. Also sind diese Wesenheiten selbst Unwissende auch wenn sie die Herrschaft über die Welt haben. Aber die Lüge bleibt bestehen, die Gier nach Macht und Beherrschung der Menschen und der Versklavung der Menschen durch sogenannten Wohlstand, der aber immer mehr reduziert wird, durch subtil oder grob Veranlassungen in Wirtschaft Politik und BankenHöllen. Aber auch durch die denk und Meinungskontrolle durch Wissenschaftliche Strukturen, die dann sozusagen das Evangelium der Wahrnehmungen sein soll und der Einsichten die dann massenhaftig und massenkontrollierende Methodik haben, und alles was dann nicht mehr in das Tun handeln und denken und fantasieren dieser dann in den Gesellschaften aufgebauten Wissenschaftsbürokratien passt wird bis aufs Blut bekämpft damit deren paar billigen Gedanken und Fantasien die dann Theo-Retisch sind, ja bestehen bleiben weil nämlich dadurch gewisse Wirtschaftszweige in den besten Positionen bleiben können. Das ist so mit Pharmagiften mit Chemiegiften mit Physikschrott mit Medizinmurks oder mit Demokratiewahn, aber auch mit Religionsspagetti. Auch in der sogenannten Wissenschaft die es gar nicht gibt, es gibt bloß Raubmenschen die sich Wissenschaftler nennen, ist dieser Meinung und Denkraub vorherrschend. In den USA gibt es sogar jetzt schon Giga Gerichtskämpfe nur um die Gedankenfreiheit zu haben, nicht die Darwintheorie zu akzeptieren und das lernen der Kinder damit einseitig zu manipulieren. Vergesst nicht, der Satan herrscht, und zwar in allen Staatsformen, egal welcher Arten. Das Raubtier herrscht.

In den Regenbogen Transformationzentren wird auch gezeigt wie die „Katastrophe Mensch" zur „Katastrophe Mensch" gemacht wurde. Nämlich durch die Ignoranz der Wissenschaftler die von den Diabolischen Goldenes Kalb Geld Mächten wunderbar in ihrer Dummheit unterstützt werden, wohlwissend wo das hinführen wird, nämlich zur Zerstörung.

Es wird aufgezeigt werden wie die zusammenhänge zwischen Profit und Töten der Tiere sind, und das so was aufhören muss. Es wird auch gezeigt werden wie die Tricks der Schulmedizin und des Krankheitssystems das sich Gesundheitssystem nennt, als Werbegeck, oder Massenverblödung, auch aus der Ignoranz entstanden sind aus der Dummheit und weiterhin für Megadummheit sorgt weil nämlich damit so guuuute Profite zu machen sind. Denn all das gehört zum Bereich der Meinungshoheit und hat mit Gesundheit aber mehr als DoppelNix und TrippelNixNix zu tun. Es fördert die Blödheit und Krankheit der Bevölkerungen global. Außer man lebt Naturbezogen Biologisch und sogar von Friedfertigkeit ohne Tiere zu töten.

Denn je mehr Mediziner und Medikamente desto mehr krank sind die Menschen. Medizinische Berufe Müssen reduziert werden. Aber dafür müssen die Menschen innerhalb der Familie und den Schulen und den Universitäten auf gesunde Nahrung hingewiesen werden. Biologische Nahrung keine konventionelle Nahrung denn die gehört zum Bereich des Widersachers da sie giftig und wertlos ist und sich dort die Üblen negativen Kräfte austoben können mit staatlichen Subventionen also euren Geldern vergiftet ihr euch sogar so Megabekloppt sind die Menschen oder die Katastrophe Mensch.

Medizin also Synthetik und Theorie also Fantasie und Spinnereien mit Unidiplomen, also völlig Entnaturalisierte bekloppte aber Studierte ahhh lala Abcr studierte, habe euch in diese Lage gebracht die sogar in der Klimakatastrophe enden wird, und in Wahrheit aber völlig vom Satan beherrscht wird dem Materialismus Muus der Vollidioten. „Wenn du mich anbetest werde ich dir die Herrschaft über die ganze Welt geben „ Please let me introduce myself, im a man of wealth and fame,„Micky Maus Jagger Rolling Stones.

Auch in der Pharmabranche dem Widersacher der Heilung dem Gegenspieler des Heil Seins, dem Kontrahenten der Befreiung und der König der Entfremdung den Krakenarmen der Energiekartelle wie der petrochemischen Satansindustrien, herrscht die „blanke Lüge der Blanke Betrug. www.bukopharma.de,„schaut dort nach, und lest Bücher über die Morde dieser Widersacher Gruppen. Dort tobt sich der Satan fabelhaft aus. Und ihr zahlt noch dafür damit ihr weiterhin Krank bleibt mit deren Gifte.

Deswegen wird in den Regenbogen Meditationszentren auch gelehrt und erinnert das nur vegetarische Nahrung und nur Biologisch für die Befreiung von Mensch und Tiere angewendet werden darf. Alles andere gehört zum Bereich des Teufels des Satans des Widersachers der Evolution der Menschen der Menschheit.

Alle Schlachthöfe müssen zerstört werden.

Alle Fleischfresser müssen als das erkannt werden was sie sind und tun, Raubmenschen, und Verblödete, von den Geldinteressen der Landwirtschaftsverbände die, die Interessen der Pharmazeutisch Chemischen also der Petrochemischen Industrie also der Banken, also Privatpersonen, unterstützen.

Denn : Wenn du noch Tiere tötest oder Tiere töten lässt damit du sie „fressen kannst" denn von Essen kann da noch nicht geredete werden mögen die Sterne der Köche durch die Gewürze und Saucen den Gestank der Leichen noch so verdrängen, so bleibst du, die Menschheit, dadurch an das Reich der Tiere gebunden, und kann keine Evolution, zum Reich Gottes machen. Außer durch die Gnade des Göttlichen, also einen Wachmacher.

Der Satan der die Bereiche der Meinungshoheit total unter seine Kontrolle hat in allen Bereichen sei es in der Politik der Wirtschaft den Verbänden der Lobbyarbeit, in der Kontrolle der Erdressourcen der Nahrung der Lebensmittel, bloß die Biobauern hat er nicht bekommen können und jene die weiterhin an ihrer spirituellen Freiheit gearbeitet haben, kämpft mit allen Mitteln um die Meinungshoheit zu behalten.

Denn alle Industrien ohne Ausnahme sind alles Industrie die auf der „Hölle" aufbauen nämlich der „Verbrennung" also dem primitivsten Seinszustand der Neandertaler bloß in anderer Verpackung heute. Und nur als „Not-Wendigkeit" werden mit größter Bekämpfung der Satanischen Kräfte also der durch Gewalt gewachsenen Industrien, die Befreiteren Energien zugelassen, wie Wind und Solar und frei Energien, das ist aber ein Zeichen das es auch zu ende gehen kann, mit der gesamten Gesellschaft, da sie nun gigantische Kausalkräfte hinterlassen hat, die ihre Wege gehen werden ohne Rücksicht auf die Konsequenzen.

Weil die Meinungshoheit ja keine Wahrheit ist, aber darum enorm gekämpft wird um weiterhin der Lüge Vorschub zu leisten. Denn die Lüge herrscht in dieser Gesellschaft global.

Das ist in den Wissenschaften und den dazugehörigen Instituten die oft Scheininstitute sind und sich mit scheindemokratischen und nationalen und bürgerlichen humanen Begriffen schmücken, aber doch der Satan sind, dazu gehören auch Religionen und Sekten.

Mir wurde gezeigt was hinter den Elektrischen Lächeln und Wortwahlen und Präsentationen in der Öffentlichkeit von den Gewählten wirk, der Satan, der in ihren Leibern ist und Täuscht und Lügt, mit Lächeln und Rhetorik und mit Handlungen die allem natürlichen guten und sinnvollen widersprechen und mit den natürlichen Menschenverstand nicht mehr nachvollziehbar sind, und das ist der Satan der Teufel in Person.

„Denn mein Reich ist nicht von dieser Welt"

Aber das „Himmelreich Gottes ist in euren Körpern „

Die Spaltung ist der beste Beweis dafür dass der Widersacher der Satan das Negative herrscht.

Die Herauslösung aus Naturzusammenhängen die Isolierung das Rationale das Blöde das sogenannte wissenschaftliche das ja in Wahrheit das Unwissende ist die Ignoranz die Dummheit das Ungöttliche der Skeptizismus Muus der Vollidioten mit Doktortitel und Professorenscheiße, die haben euch fabelhaft verblödet und euch diese Vergiftungen gebracht global , die Vergiftung der Zerteilung Zerlegung der Anal Analyse also in den Arsch schauen, in die Scheiße schauen, also genau in die falsche Richtung schauen ,die sogenannte Aufklärung aber im Bereich der Scheiße, die euch als Nahrung dargestellt wird, alles das gehört zum Bereich der Kämpfe um die Meinungshoheiten, also um Macht nicht um Freiheit und diese Demokratien in denen ihr lebt und Ausgelaugt werdet durch die Gifte und Ignoranz eurer Helden der Blödheit, das sind ja gar keine Demokratien, das sind RaubGiftKratien wo ihr einmal in Vier Jahren eure Vergifter und Verblöder wählen könnt die dann eure eigenen Gelder für eure eigene Verblödung und Vergiftung gegen euch die Natur und Menschheit verbraten und verficken, ihr Vollidioten. Ihr halbaffenartigen Guccitölpel ihr UnteraffenmercedesIgnoranz.

Ihr Unteratome ihr Nebenteilmikroben ihr Zerlegungsteilchen wie Koteletts oder Filets oder Haxen und nun habt ihr keine Einheit mehr in euren Raubmenschsenilgesellschaften und werdet wohl Weggepustet werden, weil euch der Satan wahrhaftiger ist als das Göttliche.

Weil ihr das Üble sein wollt.

Weil ihr Gifte liebt

Weil ihr Zerstörung wollt

Weil ihr Kriege wollt

Weil ihr Geld wollt

Weil ihr Blut wollt

Weil ihr Ignoranz wollt

Weil ihr Bevormundung wollt

Weil ihr Hilflosigkeit wollt

Weil ihr Dummheit wollt

Weil ihr Ausgebeutet sein liebt

Weil ihr Verblödung anbetet

Weil ihr das Töten anbetet

Weil ihr als Genies geboren wurdet aber als Vollidioten abdankt.

Denn jede Wissenschaft, also das Raubtier Mensch das meint Wissenschaftler zu sein, was in sich als Aussage schon die Totalverblödung zeigt, die nicht zu Gott dem göttlichen führt ist keine Wissenschaft sondern Satanismus Muus und führt wie schon seit undenkbaren Zeiten seit anfangslosen Zeiten zur Zerstörung zur Spaltung und lässt Vollidioten entstehen die glauben sie seien Evangelisch oder Mohammedaner oder Juden oder Bäcker oder Amerikaner oder Ärzte oder Buddhisten oder Hindus oder, oder, oder, also das falsche die Spaltung.

Dabei rasen wir mit über 100 000 km/h durch die Galaxie, und drehen uns zur gleichen Zeit mit mehr als 1600 km/h um die eigene Achse, und sausen in einem Jahr fast eine Milliarde Kilometer um die Sonne herum. Und ihr Halbaffen kämpft noch um das falsche die Meinungshoheit in der Öffentlichkeit.

Dabei ist die Wahrheit jetzt und immer Präsent sie ist die Präsenz deines eigenen Wesens die Gegenwart und nicht das tierische blöde Denken und Furzen und kotzende Gestammel eures „lasst die Toten die Toten begraben" Seinszustandes.

Soo, das war's erst mal wieder für heute. Schönen Tag noch. 7.4.2007

9.4.2007

Ich suche in vielen Büchern Schriften Artikeln nach Hinweisen die in die Bereiche Spirituelle Entwicklung, also der Mensch auf seinem Weg zum Göttlichen seine Inneren Erfahrungen und Einsichten die auf Freiheit von egal welcher Form der Religionen die zurzeit auf der Erde als Profitkonzerne tätig sind, sind. Alles was zur Weiterführung der zur Zeit Primitivo Materialismo Menschheit die durch die Negativen Mächte kontrollierte Menschheit sozusagen, den Weg der nicht relativen Einsteinblödheiten gehen, diese Intellektuellen Unterbewusstseinskräfte also die zur Zeit die Menschheit kontrollieren und ausbeuten.

In diesen Regenbogen Transformationszentren die als ein Kreislaufsystem aufgebaut sind, werden die spirituellen Kräfte sozusagen „Ent-fesselt" die zur Zeit durch die Etablierten Geschäftsorganisationen der Selbstverblödungskünste in Politik Staat in Wirtschaft und Religionen praktiziert werden mit den nun ja gut sichtbaren Selbstvergiftungsresultaten und leeren Worthülsen von den Toten gesprochen für Tote.

Alle sind zu Mitläufer geworden in diesem TotalverblödungsKotzbrei der Vollblutignoranz aber mit sehr viel Geld im Arsch. Dieses Mitläufertum und die Relativitätsgonnoreah der Negativgeschlechtsmerkmale also Körperbezogene Paralyse der geistigen Lepra in Staat und Beamtensekten und Wirtschaft und Bankenreligionen also die eigentliche Weltanschauung der Kapitalanbeter also des Satans für den im tiefen Grunde seiner geistigen Umnachtungen dort unten ganz tief im Hades der Superbusenhöllenweiber Fick Fuck Logik, für den nur die Geldvermehrung Wert hat und die Lebensbestimmung ist, die wird euch alle Platt Ficken, durch die Lüge.

Aber in den Herzen der Regenbogen Meditationszentren geht es darum statt von der materiellen Basis die gar keine Materie ist, die heute die gesamte Industrielepra ausmacht, dominiert, das menschliche Gemeinwesen, über die spirituelle Einsicht und Erfahrung, zu erfrischen, erneuern, erweitern, erlösen. www.netz-vier.de ist schon im philosophisch politischen Diskurs und versucht das in die Politik zu bringen. Ich hoffe das wirkt.

Heinrichs Buch: „Die spirituelle Dimension der Demokratie" ist schon mal ein Anfang.

Aber der Heilstrom des Göttlichen oder der Heilige Geist oder der Klangstrom Gottes oder Gott in Bewegung muss in den Regenbogenzentren erfahren werden, damit die spirituelle Entwicklung schnellere Fortschritte macht. Denn die Lüge der Satan die Geldvermehrung das Synthetische das falsche also hat den Kreislauf der Abhängigkeit an das Falsche wunderbar Global installiert und kaum einer scheint das zu bemerken, aber dafür sind die Krankenhäuser voll die Krankheitskosten gigantisch die Militärausgaben horrende und die gekauften Politiker und Kardinäle und Manager die Blender der Wahrheit.

Es gibt keine alternative zur Quelle.

Alles Synthetische ist das falsche das giftige und das spirituelle Dasein ist in Wahrheit total frei von der Abhängigkeit von Falschheiten seien sie Chemischer Megaverblödung mit Nobeltitel also von Ignoranten ausgezeichnet oder sei es Synthetik Medizin oder VerblödungsAntilebensmittel Schlechtkostnahrung.

Wenn du dich selbst erkennst bist du befreit von der Lüge der Massenware Relativität und dem vergessen der Software Zehn Gebote für die Hardware Denken und Gehirn.

Gesetze der Menschen und Gebote der Menschen entpuppen sich als Verblödung durch Verblödete.

Das Licht der Göttlichen das Licht der Sonne das Licht der Meister das Licht der wirklichen Heiligen, nicht der zertifizierten kollektiv Verblödung der Managerkirchen der Dunkelheit des Glaubens der ja besteht in den Handlungen und Taten die ja wunderbar an den Früchten der Globalmenschheit gesehen werden kann, das sind ja alles Gläubige, denn das bedeutet ja immer," Auf Hilfe warten, auf Pappi auf Mammi warten, damit der Arsch abgewischt werden kann beim scheißen der Globalverblödungen der Globalausbeutungen der Globalvergiftungen der Globalgeldvermehrungen durch Lügen Ausbeutungen. „

Das Licht in Euch in allen Zellen und so weiter, das wird in den RBM,zts über die Täuschung hinausgelangen, denn das Wort Apfel ist nicht der Apfel, denn das Wort Atom ist nicht das Atom denn das Wort Jetzt ist nicht das Jetzt, denn das Wort ist nicht das Wort.

Evolution in Form von Entwicklung von Wissen und Verständnis auch für die eigene Ernährung, damit die Erlösung vom Bösen der Gesundheitssysteme und der Nahrungsmittelgifte und der Tötungsmaschinerien der satanischen Fleischindustrien gelingt und die Ernährung auf vegetarische Vertikalität gebracht wird für mehr Gesundheit und Befreiung von den giften der Petrochemischen Kartelle und deren Banksysteme die alle total auf das tote aufbauen das falsche und die Menschheit krank halten. Denn für die Geldvermehrung wird alles gemacht von den Vasallen des Satans, bis hin zu Kriegen und Weltkriegen.

So wird der Kampf um die Meinungshoheit nämlich zum Kampf um die Verblödungshoheit.

Und alle Menschen werden als Genies geboren doch fast alle sterben als Idioten.

Spirituelle Evolution wird es in den Regenbogen Meditationszentren den SpiritualitäsHotels geben, Evolution im Sinne von Arzneimittelresistenzen am Beispiel der Bakterien die nun ihr System immun gemacht haben. Sie sind also evolutionsmäßig im Wissen und Verständnis ihrer Zerstörer gewachsen. Aber deswegen werden aus ihnen keine Menschen.

Und deswegen ist die Katastrophe Mensch die Tierraubsäuger die Vasallen des Satans, denn sie sagen Gott, das Göttliche, nein, das gibt es nicht, ich will Morden ich will Töten , vergiften, Lügen, betrügen, Kriege führen, Chemiegifte versprühen, Giftnahrung produzieren, Pharmagifte als Heilmittel erlügen und das Verbrennungssystem als das Beste Einzige Wahre Preisen.

Ich will das Üble sein, im Tarnanzug der Modedesigner

Ich will nur der Körper sein, nicht mehr,das Tote, die Leiche

Beim Halbaffen Darwin dem Ahriman Arschficker der Pfundnoten Lords der Fliegen, in England, damals, da stirbt man, und ist für ewig vernichtet.

Das ist dann dein Ziel, das ist dann das Globale Ziel der Menschheit.

Aber das ist die Falschheit

Das ist Materialismus

Das ist Zerstörung der Erde.

Das ist Zerstörung der Menschheit.

Und zwar egal mit welchen Mitteln bis hin zum Morden.

Aber das ist falsch.

Denn: Du bist noch nicht mal geboren, bloß dein Körper ist geboren.

Da du ewig bist, warst, sein wirst

Bloß dein Raumanzug dein Taucheranzug für die 3 Dimensionale Welt, der Explodiert. Helau. Olee.

Doch der Kampf um die Meinungshoheit auch den hinter Dir lassen in den Regenbogen Meditationszentren und keine Bekämpfung der Meinungshoheit habenden. Bloß ein kontinuierliches Weitermachen in der Evolution spiritueller Seinsweisen Lebensformen und Einsichten, die dann zurückgegeben werden in die Gesellschaft die Industrie die Politik und die Natur die Erde.

Soo, das war mein Ostergeschenk für heute. Adee

Jesus sprach: „Die Pharisäer und Schriftlehrer haben die Schlüssel der Erkenntnis an sich genommen und sie versteckt Weder sind sie selber eingetreten noch haben sie die anderen eintreten lassen, die wollten. Ihr aber seid klug wie Schlangen und rein wie Tauben. (Thomas Evangelium Vers 39)

Hier ist noch mal wunderbar zu sehen, dass es wohl schon „IMMER" den Kampf um die Meinungsbildung gegeben hat. Bekannt ist ja das kein Papst Kardinal Priester Manager Direktor Politiker Wissenschaftler Arzt Professor Doktor jemals ein Erleuchteter war oder jemand der Selbsterkenntnis erlang hatte. Aber viele werden auch heute noch durch diese wirklich verblödenden Religionen egal welcher Nationen Rassen und Menschengruppen Global in der Meinungsbildung mit Methoden aus der Vergangenheit subtil oder roh Ad Akta gelegt.

Diese Meinungsverblödung ist ja auch fabelhaft sichtbar gewesen in dem Versuch der negativen Macht, also Jehova, also altes Testament, also Universalbewusstsein, also Brahma, die EU-Verfassung unter die Masse zu peitschen. Da sind texte drin die hat der Satan persönlich geschrieben und die totale Bindung an die Industrieziele also Materialismus Muus, Geldmacht, Bankenevangelium, Militäranbetung, Waffenschaffensseligkeit, und so weiter.

Und Gott, das Göttliche, Nix da !

Das zeigt wunderbar worum es da geht.

Doch nun sollen ja „ Die Worte" geändert werden.

Aber die Träger die Menschen die das zu Papier gebracht hatten, die sind die gleichen. Die versuchen denn mal eben das Diabolische ganz locker gleich schriftlich fest zu legen. Gut ausgebildet in Rhetorik und Sophistereien.

Der Satan versucht immer zuerst sich erst gar nicht zu verstecken, was ja gelungen ist in den heutigen Gesellschaften der Lügen des Betrugs denn ein Rechtsstaat ist ja bloß das Recht das sich aus der Gier Habgier dieser Materialisten zusammen fantasiert wird. Im Recht geht es fast ausschließlich um die Verteidigung von Habgier und Gier. Da sind Jäger und Angler und Fleischfresser und Waffennarren und Pornowichser Kinderschänder und Säufer als das Recht ihre Unterprimitivo Scho am zeigen.

Aber mit Gerechtigkeit hat das aber auch Garnix und Doppel Nix zu tun. Denn Gerechtigkeit können Menschen in diesem Entwicklung - Seinszustand gar nicht erfassen. Oder Erkennen. Gerechtigkeit setzt sich aus der Anfangslosen Nichtzeit zusammen den Vorleben und Jetztleben und allen Taten die Kausal erwirtschaftet wurden in Liebe oder Hass oder Morden Lüge und so weiter. Gerechtigkeit ist eine Unabhängige Folge der Kausalitäten die das Logische Denken der sogenannten Vernunft nicht erfassen kann. Und das ist Glück, denn wenn diese Jetztzeitmenschen 2007 auch das noch kontrollieren würden dann wäre die Ungerechtigkeit noch gigantischer. Der Materialismus Muus noch enger und jede Millisekunde Würde in Geld abgerechnet werden von denen die Nix und Garnix haben und haben werden.
Bis zum Tode.

„Spirituelle Agenda für Weltfrieden und Abrüstung"

Der ACWR(A Center for Worldreligion)-Vorschlag an die UNO setzt auf mehreren Ebenen zugleich an: bei einer gemeinsamen Anstrengung der Religionen für einen spirituellen Bewusstseinswandel von der .Grassroots• -Basis aufwärts, um wissende und friedfertige Menschen in allen Schichten heranzubilden, und bei einer globalen Neustrukturierung der militärischen Friedenssicherung, die Mittel für die dringend notwendige humanitäre und wirtschaftliche Entwicklung freistellt: Vorurteilsfreies vergleichendes Studium der heiligen Schriften auf Gemeinsames, Verbindendes hin (Stichwort: religiöse Konflikte eindämmen) sowie spirituelle Praxis (Meditation) zur Bewusstseinstransformation Dezentralisierung des UN-Sicherheitsrates auf kontinentale Sicherheitsräte mit gemeinsamen Truppen zur Wahrung der nationalen Grenzen und des inneren Friedens in ihrem jeweiligen
Zuständigkeitsbereich Massive Reduzierung der Waffenvorräte (Abrüstung} und exklusive Kontrolle der WaffenProduktion durch die Sicherheitsräte (Beendung des Rüstungswettlaufs) Reduzierung der Militärausgaben in allen Ländern um 50% Bereitstellung der so eingesparten Ressourcen für humanitäre Entwicklung {Ernährung, Behausung, Gesundheit, Bildung, Infrastruktur u.a.
Weitere Informationen zum Gesamttext unter www.un.org/Millenium/Declaration/ARS552 und www.UNMILLENIUMPROJECT.org

Soo, langsam wächst mir der Hut fest und mein Kopf wird zu eng. Ist da keine Intelligenz vorhanden oder ist Intelligenz (materialistische) abhängig von guter sauberer Nahrung Bio Nahrung sauberer unvergifteter Luft sauberen Gewässern und

Chemiefreien Produkten auf dem Land dem Erdboden der Luft dem Wasser und in Nahrungsmittel. Aber so lange wie das Raubsäugetier Mensch also der Körperbezogene Ich Mensch, durch die Geldkartelle an das Geld für Fortschritt und Intelligenzen gebunden wird, wird es keine Globale Intelligenz geben, da die Industrie-Geld-Kartelle durch das Geld die Verblödung sicher gestellt haben und somit keine Glaubensfrische erlangt werden kann. Die Bindung für fortschritt und Entwicklung und Intelligenz an das Geld und die Industrie ist der Weg Satans , insbesondere in Hochkulturen da dort der Weg der Verbindungslosigkeit so weit fortgeschritten ist, das Wahnsinn und Zerstörung deren Logik und Schlussfolgerungen geworden ist. Als kleines Beispiel einiges zum Geld in bezug zu Zinsen aus dem Internet von Detlef Quart. „Die Menschen in Deutschland könnten dank der hohen Arbeitsproduktivität längst in Freiheit, sozialer Sicherheit und Wohlstand leben. Stattdessen werden Löhne, Renten und Sozialleistungen immer weiter gekürzt, Arbeitszeiten verlängert, steigen Leistungsdruck und Arbeitsstress, wachsen Kriminalität und soziale Notlagen, geraten immer mehr Menschen trotz Arbeit in die Armut. Im Gegensatz dazu sprudeln immense Gewinne bei Großkonzernen, werden Reiche immer reicher. Im Deckmantel der Propaganda von ?Wachstum und Beschäftigung? Bewegt sich unsere Gesellschaft auf eine neuartige Form der Sklaverei zu. Am Endpunkt dieser Entwicklung herrscht eine reiche Minderheit wie zu Zeiten des Feudalismus über die arbeitende Masse, nur dass dieses nicht so offensichtlich ist wie damals. Die Hauptursache ist in unserem Geldsystem zu finden. Dieses macht die Reichen automatisch immer reicher und die Armen immer zahlreicher

Das Geld ist für den Tausch entstanden, der Zins aber weist ihm die Bestimmung an, sich durch sich selbst zu vermehren. Daher widerstreitet auch diese Erwerbsweise unter alle am weitesten dem Naturrecht." (Aristoteles, griechischer Philosoph

Die Banken sagen uns ja täglich „Machen Sie mehr aus Ihrem Geld!" oder neuerdings „Steigern Sie Ihren Ertragswinkel!" Und wirklich dumm ist, wer seine Penunzen nicht dort vermehrend anlegt. Ja, der Kapitalismus möchte doch, dass es wirklich jedem gut geht und jeder richtiggehend in Geld schwimmt. Und deshalb können Sie Ihr Geld auch für eine Verzinsung von 5 Prozent durch den Zinseszinseffekt alle 14 Jahre verdoppeln, nach 28 Jahren vervierfachen und nach rund 48 Jahren sogar verzehnfachen. Und wenn Sie Ihr Erspartes jeden Monat um einen gewissen Betrag aufstocken, geht es noch schneller mit der Vermögensbildung. Sie besitzen bei einer monatlichen Rate von 400 Euro nach 15 Jahren bereits über 100.000 Euro. Dafür müssen Sie leider etwas tun und arbeiten. Aber wenn das wirklich jeder Bundesbürger tun würde, wären wir bereits nach gut 50 Jahren allesamt Millionäre und Schluss wäre es mit dem anstrengenden Leben. Aber es geht noch weiter, denn danach läuft der Laden wie von selbst. Sie kennen ja den Spruch: „Die erste Million ist die schwerste und die zweite kommt von selbst." Und zwar bei 5 Prozent p. a. nach 15 Jahren völlig leistungslos! Sie bekommen also innerhalb der nächsten 15 Jahre die nächste Million von der Bank überwiesen, ohne auch nur einen Finger zu rühren. Na, das ist ja toll, aber auch das ist noch nicht alles, denn die Krönung kommt noch: Ein Cent, bei Christi Geburt zu 5 Prozent Zins auf die hohe Kante gelegt, wäre heute im Jahre 2006 auf über 30 Sextilliarden Euro - das ist eine 3 und 40 Nullen - angewachsen!

Nun stellen Sie sich diesen Wohlstand vor! Alle Menschen dieser Welt lebten in großzügigen Villen, hätten mindestens zehn dicke Schlitten vor der Tür zu stehen und flößten sich vorm Swimmingpool Longdrinks wie am Fließband ein! Niemand bräuchte mehr in der Frühe aufzustehen und zur Arbeit zu gehen. Alle Menschen würden das Leben in vollen Zügen genießen und nur noch das tun, was ihnen gerade gefällt. Rentenprobleme, Finanzlöcher in den Gesundheitskassen, Armut und Sozialfälle wären völlig unbekannt. Ja, der Kapitalismus ermöglicht doch glatt das Paradies auf Erden - wenn das der Marx geahnt hätte! Ich sehe gerade Ihr verdutztes Gesicht, denn zwischen Theorie und Realität klaffen wahrlich Welten.

Man könnte meinen, dass nur wenige Menschen den Sinn des Kapitalismus wirklich verstanden hätten - wie dumm.

Wahrscheinlich erahnen Sie bereits den Pferdefuß bei der Sache.

Genau, wenn wirklich jeder stinkreich wäre, könnte man sich mit seinem Geld zwar die ganze Wohnung tapezieren, aber nichts mehr dafür kaufen. Es wäre nämlich niemand mehr da, der arbeiten, also für das Geld Waren oder Dienstleistungen anbieten würde. Man müsste glatt seine Geldscheine wieder von der Wand kratzen und vertilgen, um nicht zu verhungern. Ja, so naiv kann man auch wirklich nicht sein, denn Zinsen, die man von der Bank erhält, müssen ja auch von jemand erwirtschaftet werden. Geld ist nur das wert, was man sich dafür kaufen kann, und wenn wirklich jeder Millionen auf seinem Konto hätte, wäre das Geld wie anno 1923 kaum noch etwas wert. Man könnte sich nicht mal mehr ein Brot für seine Million kaufen. Damit das nicht so weit kommt, sollte die Menge an Waren und Dienstleistungen der ständig wachsenden Geldmenge möglichst angepasst werden. Woher soll das Geld für die Zinsen denn sonst kommen? Anders gesagt muss das Geld immer wieder investiert werden und deshalb benötigen wir ein ständiges Wirtschaftswachstum. Oder noch anders ausgedrückt müssen Sie, du und ich - also wir alle - Jahr für Jahr wegen der Zinsen und auch wegen der Renditen immer mehr, schneller, härter und innovativer arbeiten. „

Soo, deswegen haben die sogenannten ärmeren Länder keine Chance und auch die Reichen Länder nicht. Und auch die geldlosen Tagelöhner in den Demokratien nicht. Es wird Zerstörung geben müssen mit dieser Satansdenkerei mach dir die

Erde Untertan. Das ist das Falsche.

Alleine durch Unterernährung ist alles vorbei.

Aber auch durch Oberernährung ist alles vorbei.

Aber durch die Vergiftung der Petrochemischen GlobalKartelle ist sowieso alles vorbei.

Und darauf sind die Politiker noch Stolz diese Vergifter und diese Menschen die sich mit so was beschäftigen zu haben. Und buhlen sogar darum diese „Spitzenkräfte" im Land zu behalten. Das sind allesamt Söhne der Hölle und der Zerstörung.

Denn an ihren Früchten werdet ihr sie erkennen, oleeee, olleee, ollee.

Es hat sich nichts geändert, weder durch Aufklärungen, Wissenschaften, oder Religionen, die Menschen sind Blöde geblieben, aber sie labern Wortreich und Gedankenvoll Schwachsinn.

Solange der Glaube ans Geld bleibt besteht auch der Glaube an das Sterben und den Tod und Erkenntnis Deiner Selbst ist bloß ein Glaube an die Worte den Satz die Gedankenzusammenstellung, und das Göttliche wird weiterhin für euch schlummern und Leiden wird euer Ziel sein und Kriege und Zerstörungen und zerstört werden.

Wohlgeordnet, ewigen Gesetzen der Weltenschöpfung folgend, bewegt sich der große Zeiger der Weltenuhr erneut der Mitternachtsstunde zu, weil die Menschheit der Erde versunken in die äußerliche Erscheinung dieser Welt schläft. Sie hat sich gewissermaßen in die einseitig auf die äußerlichen Erscheinungsformen der Natur eingestellten Lebensweise verfangen. Das Resultat ist die heutige Zivilisation, Materialismus, Geldismus, und Lüge und Betrug Kriege und Zerteilung, und Superignorante Kämpfe um die Meinung gegen die Meinung anderer. Keine geistige Evolution sondern eine Blah Blah Blah Evolution des Lebens ist passiert, weil die Menschen ihrer wahren Bestimmung ihres Daseins sozusagen verlebt, verlogen, vergeldet, vergiftet, verglaubt, haben. Das Licht, also das in jedem seiner Finsternis Verborgenheit selbst gegenwärtig ist durch eigene Erkenntnis, diese Selbsterkenntnis, die ist nicht vorhanden in den Zivilisationen der Erde, bloß das Blah Blah Blah Licht, aber das gibt nicht die Gewissheit der Unsterblichkeit und der damit verbundenen Fähigkeiten…..Oleeeee.

Die gesamte Denk und Meinungsbildung der Menschen ist auf Erdgebundene Einzelheiten auf materialistische Erkenntnisse und Denk-Erlaubnis abgeschirmt, insbesondere in den Diktaturen der Diktaturen und den Diktaturen der Demokratien die fast total auf Materialismus Muus fantasieren Denken und Spinnieren, da sie alle an ihren Mentalen Glaubenssätzen und Hirngespinsten festhalten und so in Ideologien und Wissenschaftsideen und deren Habgierziele gefangen sind. An den Früchten werdet ihr sie erkennen, nämlich dem Wahn der materialistischen Nebelwolken, die so vernebelt haben , das der Mensch doch tatsächlich nicht kreativ sein kann und schaffen kann und bauen kann und geben kann, wenn kein Geld vorhan-

den ist. Das ist wirklich eine Nobelpreis und eine Oscar Verleihung für Totalverblödung also eine NobelOscar für bekloppte mit Diplomen und Professoren Titeln und
Staatstiteln. Olleeee.

Aber in den Regenbogen Meditationszentren werden alle Gesellschaftlich staatlich
Wirtschaftlich religiös sanktionierten Regeln und Abzockgeschäfte um den Platz
ganz, ganz, ganz oben, sozusagen auf der noch höheren als noch höher und dann
noch etwas höheren Ebene, unbeachtet bleiben.

Eine typische weitere Ignoranzquelle sind die wissenschaftlichen Ergebnisse in
Bezug zu Intelligenz und Reichtum der Nationen (IQ AND THE WHEALT OF
NATIONS von Richard Lynn und Tatu Vanhanen) eine Studie zur menschlichen
Intelligenz der Nationalitäten auf der Erde und ihrem Reichtum. Was natürlich total
materialistisch also unterstes Niveau ist, mit seinen Resultaten. Hier ist eine der
Statistiken:Tabelle 6.1 IQs in 81 Nationen

Austria   102   Finland 97   Italy 102 Belgium 100   France 98
Netherlands 102 Bulgaria 93   Germany 102 Norway 98 Croatia 90
Greece 92   Poland 99 Czech Republic 97 Hungary 99   Portugal 95
Denmark 98 Ireland 93   Romania 94 Russia 96   Slovakia 96   S l o v e -
nien 95 Spain 97   Sweden 101

Nordamerika und Australien

 Australia 98   Canada 97   New Zealand 100 United States 98

Ost Asien

China 100   Hong Kong 107   Japan 105 South Korea 106 Taiwan 104

Süd und Südwest Asien

India 81   Lebanon 86   Singapore 103 Iran 84 Malaysia 92   Thailand 91
Iraq 87 Nepal 78   Türkey 90 Israel 94   Qatar 78

Süd Ost Asien und Pazifische Inseln

Fidji 84   Marshall Islands 84   Samoa 87 Indonesia 89   Phillipines 86
Tonga 87

Lateinamerika und die Karibik

Argentinia 96 Ecuador 80   Puerto Rico 84 Barbados 78 Guatemala 79 Surina-
me 89   Brazil 87   Jamaica 72   Uruguay 96 Colombia 89   Mexico 87
Cuba 85   Peru 90

Afrika

Congo Brazzaville 73   Guinea 66   Sudan 72 Congo Zaire 65 K e n y a
72   Tanzania 72 Egypt 83   Marocco 85   Uganda 73
Equatorial Guinea 59 Nigeria 67 Zambia 77 Ethiopia 63 SierraLeone 64
Zimbabwe 66 Ghana 71   South Afrika 72

Soo wenn ich mir das also anschaue und sehe wie die wirtschaftlich ärmeren Länder dastehen und die wirtschaftlich reicheren Länder dastehen, besagt der IQ Garnix, denn der Mensch als solches ob wirtschaftlich Reich oder Arm im materialistischen Sinne, ist weiterhin zerstörerisch geblieben. Sooo, was ist da dann schon Intelligenz, wenn Vergiftung, Zerstörung, Ignoranz also, Unwissenheit, wenn Klimakrebs und Ausbeutung und gigantischer Militarismus mit gigantischen Ausgaben aus den erwirtschafteten Geldern also Lebenszeit also Absterben, aufgebaut wird. Da zeigt das Intelligenz auch bloß ein Blöder Glaube ist der nicht erkennt was wirklich passiert wo der Mensch wirklich ist und was wirklich Leben ist und was „Lebenmachen" bedeutet.

Intelligenz heute, ist bloß Notwendigkeit, Notwendigkeit der Raubsäugermenschen.

Doch, die Heiligen kamen ja nicht rein „Zufällig „ auf die Erde und die Meister und Erleuchteten, sind das ja nicht rein „Zufällig" geworden.

Intelligenz bedeutet nämlich, auf ewig im Rattenkäfig der Konkurrenz und der Verteidigung und der Kampflebensweise dahinzutreiben. Weil Intelligenz keine Einheit sieht sehen kann und sehen will und somit Zerteilung projiziert selbst im Zustand der Hilfe des Helfens da Intelligenz auf Ewig an der Peripherie aktiv ist. Denn sobald Intelligenz fragt „ was bin ich- wer bin ich „ wird sie aufgelöst werden in der Wachheit und des Sehens und Hörens.

An den Früchten werdet ihr sie erkennen. Und die Intelligenz hat uns diese Früchte hinterlassen wie sie heute am 12.4.2007 auf der Erde sind. Ausbeutung und das rennen nach dem falschen den Illusionen. Und so kann sich eine Menschheit nicht weiter entwickeln, da sie auf immer an den Tod gebunden ist und das auch glaubt. Und dieser Glaube wird durch die Meinungsmacher in allen Bereichen aufrechterhalten und zwar mit aller Bösartigkeit der Macht und aller tierischen Schlauheit und so weiter.

In den Meditationszentren werden diese Intelligenz und die damit verbundenen Glaubensregeln denn mehr ist das ja nicht, hinter einem gelassen, denn Unwissenheit ist nur das Versäumnis, sich selbst nicht zu kennen.

Und Intelligenz ist Unwissenheit!

Und diese Unwissende Intelligenz ist ja weiterhin mit den in Worten gehüllten Glaubenssätzen am wirken in Wissenschaft die es nicht gibt und in Politik und in Religionen wo einem vorgegaukelt wird zu „Wissen" was man tut. Aber Jesus hatte nicht umsonst gesagt „ Pappi vergib ihnen denn sie wissen nicht was sie tun „ Und das ist ja heute wunderbar sichtbar.

In seinem neu erschienenen Buch „Intelligente Zellen - Wie Erfahrungen unsere Gene steuern" (KOHA-Verlag) (Und die Pharmakartelle die zu den Geldgeilkartellen gehören die bauen ja durch ihre Geldpyramiden eine öffentliche Meinung auf als ob die Genen die Erlösung für alle und alles sein würde. Aber das ist Meinungsmache der Materialisten die nur Geldvermehrung kennen „EGAL WIE") In dem Buch beschreibt Bruce Lipton, ehemals Zellforscher und Professor an verschiedenen medizinischen Hochschulen der USA, nicht nur die Ergebnisse seiner langjährigen Forschungen mit Stammzellen, er schlägt auch eine Brücke zum menschlichen Alltag und liefert wertvolle Beweise und Hinweise für dessen optimale Gestaltung.

Seine Versuche mit entnukleierten, also „entkernten" Zellen zeigten, dass die Funktionen der Zelle auch ohne den Kern, der lediglich das Erbgut (Chromosomen) für die Reproduktion der Zellen enthält, reibungsfrei weiterlaufen; und dass die Zelle auch die kernlose - dank der Zellmembran (der dreischichtigen Außenhülle) intelligent und selektiv auf Reize und Substanzen im Umfeld reagiert und mit dem Umfeld per Signale kommuniziert.

Gene werden nicht automatisch aktiv (Denn Gene sind ja Sichtbar und alles was Sichtbar ist, ist abhängig vom „Unsichtbaren „. Aber was ist das Unsichtbare ? HoHoHo.

Weiter beschreibt Lipton, wie gezielt Gene oder DNS-Abschnitte auf den Chromosomen in Abstimmung auf die Erfordernisse der Zellumgebung erst von der Isolierhülle („Ärmel") befreit und zur Reproduktion freigesetzt werden. Der Zellmembran kommt also der Steuerstatus eines „Gehirns" zu, während der Zellkern eher mit den Keimdrüsen zu vergleichen ist.

Gene aktivieren sich also nicht automatisch selbst, sondern dies geschieht selektiv durch die Zellmembran, die bedarfsgerecht auf die schwankenden Einflüsse der Umwelt reagiert.

Damit räumt Lipton mit dem genetischen Determinismus auf, wonach die individuelle Zelle wie der individuelle Mensch ohne Wahl und Selbstbestimmung ihren/ seinen guten wie schlechten Genen hilflos ausgeliefert ist. Denn: „Auf die Umwelt kommt's an!" „Umwelt" was ist das aber ? Das muss man sich Bildlich vorstellen. Das ist etwas was die Welt umgibt oder das Atom umgibt oder den Körper umgibt. Also mal so formuliert wie die Erdatmosphäre die Erde umgibt) Liptons Schlussfolgerung daraus: Nicht nur der Forscher sollte der Umgebung der Zellen in der Petri-Schale mehr Beachtung schenken, auch der selbstverantwortliche Mensch kann durch die Gestaltung seines Umfelds, seinen Lebensstil, seine Ess- und Trinkgewohnheiten die Gesundheit seiner Körperzellen zum Guten oder Schlechten hin beeinflussen.

Lipton, der sich selbstironisch als „biologischen Revoluzzer" bezeichnet, setzt dem aber noch eins drauf, indem er die Quantenphysik, die von der Mehrheit der Biologen immer noch hartnäckig ignoriert wird, ins Feld führt. Die Teilchenphysik zeigt den Zusammenhang von Materie und Energie im Quantenbereich auf:

Materie geht in Energie über, und Energie in Materie. Und Energie ist aus Licht und Klang und Licht und Klang kommt direkt aus dem göttlichen. Der sogenannte Heilige Geist der Logos der Klangstrom der Heilstrom) Und hier bringt Lipton - welche Kühnheit! - auch noch den Geist ins Spiel: Ähnlich wie Materie und Energie in der Quantenphysik zusammenhängen (Stichwort Interferenz), hängen auch der Geist (Energie) und der Körper (Materie) zusammen, sie beeinflussen sich gegenseitig.

Für Esoteriker, Komplementärmediziner, Yoga-Praktizierende und Meditierende ist das nichts Neues, sondern eine längst durch Erfahrung erwiesene Wahrheit: Der Zustand des Geistes hat einen weitreichenden Einfluss auf den Zustand des Körpers. Aber Bruce Lipton liefert nun von naturwissenschaftlicher, zellbiologischer Seite die Bestätigung für die Macht der Gedanken, Emotionen und Überzeugungen („beliefs" Glaube) über das Geschehen in den Körperzeilen. So gab er seinem im Mai 2005 in den USA erschienenen Buch den für rein materialistisch und mechanistisch denkende Wissenschaftler provokanten Titel „The Biology of Belief" - die „Biologie der Überzeugungen".

Der menschliche Geist - so Liptons Fazit ist stärker als das genetische Programm, das in den 50 Billionen Zellen des Körpers lagert und auf Aktivierung wartet. Dieses Primat des Geistes vor der Materie ist, wie Lipton bekräftigt, der Schlüssel zu einem autonomen glücklichen und gesunden Leben.

Hier ist eine Leseprobe aus dem (überraschenden) Kapitel „Bewusste Elternschaft Eltern als Gentechniker" zusammengestellt: Bewusste Empfängnis und Schwangerschaft

Vielleicht kennen Sie den Ausdruck: „Zu der Zeit wussten deine Eltern noch nicht, dass es dich geben würde." In diesem Satz klingen die Vorfreude und das Glück liebevoller Eltern nach, die sich von ganzem Herzen ihr Kind gewünscht haben. Es zeigt sich, dass dieser Satz auch zu den neuesten genetischen Erkenntnissen passt, die nahe legen, dass Eltern ruhig erst ein paar Wochen dieses „Lächeln" einüben sollten, bevor sie ein Kind zeugen. Die wachstumsfördernde Aufmerksamkeit und der feste Wunsch erzeugen klügere, gesündere und glücklichere Kinder.

Die Forschungen bestätigen auch, dass Eltern schon in den Monaten vor der Empfängnis als „Gentechniker" ihrer Kinder am Werk sind. In den Endstadien der Eizellen und Samenzellenreifung findet ein Prozess namens genomische Prägung statt, der bestimmt, welche Gruppen von Genen den Charakter des noch zu zeugenden Kindes bilden werden.

Untersuchungen lassen vermuten, dass die Lebensumstände der Eltern während der genomischen Prägung auf den Körper und Geist des Kindes einen großen Einfluss haben. Das ist kein schöner Gedanke, wenn man sich daran erinnert, wie viele Menschen völlig unvorbereitet Kinder bekommen. Thomas R. Verny schreibt in seinem Buch „Das Baby von morgen" (Zweitausendeins): „Es ist ein Unterschied, ob wir in

Liebe, Eile oder Hass empfangen werden, und ob die Mutter schwanger sein will. ... Eltern geht es besser, wenn sie in einem ruhigen, stabilen Umfeld leben, ohne Süchte und mit der Unterstützung von Familie und Freunden." Bei den australischen Ureinwohnern ist der Einfluss des Umfelds auf die Empfängnis seit Jahrtausenden bekannt. Bevor sie ein Kind zeugen, reinigt das Paar rituell seinen Körper und seinen Geist. (...) Es gibt eine Unmenge an Material darüber, wie wichtig nach der Empfängnis die Haltung der Eltern für die Entwicklung des Fötus ist. ...

Die Essenz der bewussten Elternschaft ist, dass sowohl Mütter als auch Väter eine wichtige Verantwortung für die Entwicklung gesunder, intelligenter, produktiver und lebensfroher Kinder haben. Natürlich können wir weder uns selbst noch unsere Eltern für die Fehler in unserem eigenen Leben oder in dem Leben unserer Kinder anklagen. Doch die Wissenschaft hat unser Augenmerk zu lange auf den genetischen Determinismus gerichtet, ohne uns den Einfluss bewusst zu machen, den Überzeugungen auf unser Leben haben, geschweige denn wie unser Verhalten und unsere innere Einstellung das Unterbewusstsein unserer Kinder prägen. ...

Programmierung durch die Eltern

Die Bedeutung der elterlichen Programmierung stellt die Annahme in Frage, dass all unsere Eigenschaften, gute und schlechte, durch unsere Gene bestimmt werden. Wie wir gesehen haben, werden die Gene durch unsere Lernerfahrungen in unserer Umwelt geformt, geführt und abgestimmt. Uns wurde beigebracht, dass künstlerische, sportliche oder intellektuelle Begabungen durch die Erbmasse bestimmt werden. Doch wir können so „gute" Gene haben, wie wir wollen, wenn nicht alles zur bestmöglichen Entwicklung unserer Anlagen getan wird, sondern wir nur Missbrauch, Vernachlässigung oder Fehleinschätzungen erleben, dann wird die Entfaltung dieses Genpotenzials untergraben. Liza Minelli erhielt ihre Gene durch ihre Star-Mutter Judy Garland und ihren filmemachenden Vater Vincent Minelli.

Die Höhen und Tiefen ihrer Karriere und ihres persönlichen Lebens entsprechen den Programmen, die ihre Eltern gelebt und in ihrem Unterbewusstsein abgespeichert haben.

Wenn Liza mit denselben Genen in einer einfachen, protestantischen Bauernfamilie in Pennsylvania aufgewachsen wäre, hätte dieses Umfeld epigenetisch eine andere Auswahl ihrer Gene angesprochen. Die Gene, mit denen sie eine erfolgreiche Karriere in der Unterhaltungsbranche machen konnte, wären durch die kulturellen Anforderungen einer ländlichen Gemeinschaft vermutlich verborgen oder unterdrückt geblieben.

Ein wundervolles Beispiel für die Effektivität von bewusster elterlicher Programmierung ist der Golf-Star Tiger Woods. Sein Vater war zwar kein herausragender

Golfer, aber er tat alles, um Tiger ein Umfeld zu schaffen, in dem er den Fokus, die Fähigkeiten, die Haltung und die Techniken eines meisterhaften Golfers lernen konnte. Zweifellos ist Tigers Erfolg auch dem Einfluss seiner buddhistisch orientierten Mutter zuzuschreiben. Die Gene sind wichtig - aber ihr Potenzial kann nur durch bewusste Elternschaft und reichhaltige Chancen im Umfeld verwirklicht werden. ...

Gene sind Potenzial, nicht Schicksal

Warum gelingt es manchen Kindern, sich trotz schwieriger Umstände gut zu entwickeln?

Haben sie „bessere" Gene? Mittlerweile wissen Sie sicher, dass ich das nicht glaube. Es erscheint mir wahrscheinlicher, dass die biologischen Eltern dieser „Wunderkinder" ihnen doch in entscheidenden Entwicklungsphasen ein nährendes Umfeld geboten haben.

Für Adoptiveltern bedeutet das, dass sie nicht so tun können, als hätte das Leben ihres Kindes erst begonnen, als es zu ihnen kam.

Das Kind wurde vielleicht bereits von seinen biologischen Eltern mit der Überzeugung programmiert, dass es nicht liebenswert oder gar unerwünscht ist. Wenn das Kind Glück hat, erhält es vielleicht an entscheidenden Punkten seiner Entwicklung positive, lebensfördernde Botschaften von seinen Betreuern. Wenn Adoptiveltern jedoch nicht berücksichtigen, dass es bereits eine Programmierung vor und während der Geburt gab, können sie mit Problemen nach der Adoption nicht entsprechend gut umgehen. Das Kind kommt eben nicht wie ein unbeschriebenes Blatt Papier zu ihnen, nicht einmal ein Neugeborenes. Es ist besser, man berücksichtigt die Programmierung und arbeitet, wenn nötig, daran, sie zu ändern. Sowohl für Adoptiv- als auch für biologische Eltern ist die Botschaft klar: Die Gene der Kinder weisen nur auf ihr Potenzial hin, nicht auf ihr Schicksal. Es liegt an den Eltern, ihnen die Umgebung zu geben, in der sie ihr Potenzial entfalten können.

DAS BUCH Bruce Lipton: Intelligente Zellen. Wie Erfahrungen unsere Gene steuern KOHA-Verlag, August 2006 ISBN 3-936862-88-5 www.brucelipton.com www.beliefbook.com

Soo, und diese Umgebung, das ist die Umgebung der Regenbogen Meditation Zentren.

Dort wird ganz bewusst der Wahnsinn der sich heute zeigt durch den Wahnsinn an die Geldbindung an die Todesbindung an die Körperbindung an die Mentalbindung an die Kausalbindung Ent-Wickelt, damit Du übrig bleibst und nicht die Illusionen der Bindungen an die Kräfte und Mächte der Widersacher Bereiche und Energien. Die ununterbrochen Meinungsbildung kontrollieren müssen damit die Illusionen aufrecht erhalten bleiben.

Der kollektive Alptraum des sogenannten „Normalen „ ist nämlich nicht mehr das Natürliche das total Eins ist, und deswegen können sich dann auch Universitäten, die Wahnsinnigen mit Diplomen immer mehr Abstrakte völlig entfremdete Produkte und Verfahrensweisen ausdenken die aber auch Total, Total gegen die Wahrheit der vor ihnen liegenden Einheit und Schönheit und Liebe richten. Denn die Abstrahierung das Abstrakte ist ja der Weg der Verführung weil er nämlich in die Totalzerteilung führt, also in die Totalzerstörung.

Aber Jesus sagte in vielen Berichten nachzulesen, das eine Zerstörung kommen wird, und sie wird aus dem „Weltraum „ kommen. Der „Jüngste Tag"

Hier ist was Paul Otto Hesse in seinem Buch „Der jüngste Tag"
ISBN 3-7999-0239-2 unter anderem schreibt:

„ Mit einer Geschwindigkeit von etwa neunundzwanzig km/sek. bewegt sich die Sonne, und mit ihr das Gefolge der Planeten, deren Monde und den Kometen im geschlossenen System, im endlosen Weltenraume fort.
Wenn wir uns diese Geschwindigkeit an einem irdischen Maßstab klar machen und uns irgendeinen Körper vorstellen, der einmal um den Äquator der Erde eilt, so brauchte dieser etwa zweiundzwanzig Minuten, um diese Strecke zurückzulegen.
Nun entwickelt aber auch unsere Erde in ihrem Lauf um die Sonne eine Geschwindigkeit, die etwa der, der Sonne auf ihrer Bahn im Weltenraume entspricht. Es ergibt sich hieraus, dass sich die Geschwindigkeit verdoppelt, die, die Erde erreichen kann, wenn sie im Weltenraum auf ein besonderes Ereignis trifft. Eine so erreichte Geschwindigkeit von etwa achtundfünfzig Kilometer in der Sekunde ist unvorstellbar groß und würde dem Auge des Beschauers wie ein Blitz erscheinen.
Über die Bewegung der Sonne selbst im Weltenraume wissen wir nach dem Stande der astronomischen Wissenschaft nichts Genaues. Astrophysikalisch schätzt man einen Sonnenumlauf auf ungefähr 25800 Jahre. Aus geschichtlichen Überlieferungen der Vorzeit ist bekannt, dass der Frühlingspunkt, der gegenwärtig etwa bei fünfzehn Grad astronomisch im Zeichen der Fische steht, sich, trotz der unfassbaren Geschwindigkeit der Fortbewegung des Sonnensystems, unendlich langsam in östlicher Richtung fortbewegt, und dass er etwa zweitausend Jahre braucht, um ein Tierkreiszeichen zu durchlaufen. Die Astrophysik des Ostens und die damit im Zusammenhang stehenden geistigen Lehren einer Erklärung des Kosmos, setzen die Umlaufzeit des Sonnensystems auf 21 000 Jahre fest. Wir wollen aber im Verfolg der Offenbarungen über die Bedeutung des Jüngsten Tages hier einmal annehmen, die Umlaufzeit beträgt 24000 Jahre.
Um überhaupt die kosmologische Bedeutung dieses Tages verständlich zu machen, sind wir auf eine schematische Darstellung angewiesen, und wie im Folgenden

bald zu erkennen ist, genügt eine derartige Illustration für diesen Einblick in den Kosmos, weil unser geschichtliches Bewusstsein und auch die genauere Zeitbestimmung auf Jahrtausende grundsätzlich verändert bzw. .. unterbrochen ist, so dass sich über die dazwischenliegenden großen Zeiträume und den sich im Turnus immer wiederholenden periodischen Abläufen schöpferischen Geschehens, tiefstes Vergessen breitet.

Dieses Vergessen, zurückzuführen auf unser geistiges Unvermögen, den Urgrund des göttlichen Planes der Schöpfung überhaupt zu erfassen, betrifft ja sogar den geringen Zeitabschnitt unseres ureigensten Erlebens zwischen Tod und Wiedergeburt des Egos in den vielen Reinkarnationen, die jede menschliche Seele ganz unbewusst schon erlebt hat. Die Rückerinnerung an ein vergangenes Erdenleben ist nur bei sehr wenigen Menschen möglich, weil die geistigen Fähigkeiten des Höheren Selbstes hierfür zu wenig entwickelt sind. Obwohl dieses Wissen in unserem Ego aufbewahrt ist - biblisch als dem Buch des Lebens - reagiert unser Bewusstsein solange nicht darauf solange wir gegen die Gesetze des Geistes verstoßen. Jesus in seiner überragenden geistigen Größe wusste aber über den unvergänglichen Teil seines Lebenslaufes, als er ohne von anderen verstanden zu werden - sagte: «Ehe Abraham war, war ich!»

Dieses Unvermögen des Erinnerns ist auch die Ursache davon, dass unsere gegenwärtige Kulturepoche von etwa zehntausend Jahren, die in Kürze abgeschlossen sein wird, sich nur des verhältnismäßig sehr kurzen geschichtlichen Zeitabschnittes der letzten dreitausend Jahre bewusst ist. Die weiter zurückliegende Zeit tritt ganz in das Dunkel des Unbewussten zurück, obwohl wir in Ansehung der wissenschaftlichen geologischen Forschungen mit Gewissheit sagen können, dass das Alter und die Bewohnbarkeit der Erde durch Menschen weit über 100 000 Jahre zurückreicht.

Aus all diesen Folgerungen ergibt sich der unzweifelhafte Tatbestand, dass im Ablauf der Lebensbedingungen kosmologisch völlig umwälzende Schöpfungsereignisse eintreten, die sich unserer wissenschaftlichen Nachforschung entziehen, weil sie die fortlaufende geschichtliche Entwicklung der Menschheit unterbrechen. Wir haben auch angesichts einer solchen Feststellung keine Veranlassung, etwa in einer ganz unberechtigten Selbstüberhebung des historischen Forschens, über vergessene Kulturen uralter Vorzeit zu blicken, die nicht auch schon wie wir selbst, eine den ganzen Erdball umspannende Verkehrsgemeinschaft entwickelt hätten.

Der dreitausendjährige kurze Zeitabschnitt geschichtlicher Entwicklung, der sich für solche Betrachtungen unserem geistigen Blickfeld eröffnet, erscheint wie ein kleines Miniaturgemälde des Eigenlebens unserer Persönlichkeit, das sich der Fortdauer des Lebens auch nicht bewusst ist

Unser ureigenes, periodisch immer wiederkehrendes körperliches Dasein, wenn das

Ego aus der geistigen Sphäre einen Schössling in die Welt des materiellen Daseins herabsendet, wird beim Tode - oder besser ausgedrückt: wenn das Ego als geistiger Gedankenleib, den in die Urbestandteile der Materie wieder zerfallenden fleischlichen Leib verlässt, von der verhüllenden Macht der Natur genau so in Vergessenheit versenkt, wie der Abschluss eines zehntau-sendjährigen Zeitalters der Finsternis, dessen wahres Leben erst am Jüngsten Tage zu irdischer Offenbarung gelangt.

Es wird uns an diesem Tage bewusst, dass es keinen Tod in dem Sinne gibt, wie ihn uns die Illusion des zehntausendjährigen Bestehens des Zeitalters der Finsternis vortäuscht, dass vielmehr das Leben einen geistigen göttlichen Sinn hat, dessen allgegenwärtige Liebe zu göttlichem Sein reifen will. Deshalb handelt auch diese Abhandlung von der Manasischen Vibration, die eine Liebesschwingung der sieben Sphären des geistigen Lebens beschreiben will.

Diese Schwingung ist Klangfülle, Rhythmus und Harmonie mit den Gesetzen der Weltschöpfung, und ihre Akkorde sind gewaltiger als die eines musikalischen Orchesters, das uns zeitweilig über den grauen irdischen Alltag zu erheben vermag, weil die göttlichen, in unserer Seele sich wiederfindenden Akkorde in ihrer Erhabenheit einen bleibenden Klang haben, der sich mit alles umfangender Liebe erfüllt. Es ist dies die gleiche Liebe, wie sie Jesus verkündet und wie er sie in das menschliche Gemüt versenkt hat, damit sie am Tage der Erfüllung eine sichtbare Erleuchtung wird. (Diese musikalische Orchester hatte zum Beispiel Jakob Böhme gehört, als er um Mitternacht seinen Sohn Tobias rief und fragte ob er auch die schöne Musik höre, als der verneint, lässt er Türen öffnen, damit man den Gesang besser hören könne. Mit den Worten: „ Nun fahre ich ins Paradies" verabschiedete sich Böhme von seiner Familie und schläft ruhig ein am 17 November 1624. W. Schorat)

Vergegenwärtigen wir uns noch einmal, dass unser Sonnensystem etwa 24000 Jahre braucht, um einen Umlauf um ihr Zentralgestirn zu vollenden, und dass wir von diesem Zeitraum kaum dreitausend Jahre geschichtlicher Entwicklung überblicken können, so tritt uns auch bei dieser Betrachtung die Vergänglichkeit all unserer irdischen Lebensgewohnheiten und deren Einschränkung vor das geistige Auge. Wir stehen in allerkürzester Zeit vor dem großen weltumwälzenden Ereignis, das die Tafel menschlichen Erinnerns auslöschen wird, genau und wahrhaftig so gewiss wie Jesus betonte, dass seine Worte nicht vergehen werden.

Die östliche Astrophysik erkennt das Zentrum der Sonnenbewegung in Alkyone, dem hellsten Stern der Plejaden, die das Siebengestirn bilden. Von diesen Gestirnen spricht Gott zu Hiob - wie eine solche Verständigung möglich ist, wurde hier bereits erklärt - Hiob 38, 3 I: «Kannst Du die Bande der Sieben Sterne zusammenbinden?»

Hier also ist der Sitz und die Kraft nach solcher Fragestellung des Vaters zu suchen, um die Verknüpfung des Siebengestirns mit unserem Sonnensystem zu finden, und auch Hinweise zu den Funktionen der Gestirnsbewegungen zu geben. Wer Ohren hat zu hören, empfängt auf den Ruf der Liebe zum Vater auch seine Antwort, denn es ist nichts verborgen, dass es nicht offenbar würde.

Sämtliche Gestirnsbewegungen des Weltalls werden durch den Lichtdruck und die Lichtreibung im Weltenraume verursacht, ebenso die Rotationen der Weltkörper. Über die hierzu empfangenen Unterweisungen ließe sich allein ein Buch schreiben. Zum Verständnis dieser Schrift sei aber nur das Notwendige gesagt, was zur Aufhellung der Verknüpfungen beiträgt, die im Zwiegespräch Hiobs mit dem Vater erwähnt sind.

Die siebente Sphäre des Alls ist mit den allerfeinsten und atomistisch nicht mehr teilbaren Partikelchen des Fohats erfüllt. Das Wort Fohat stammt aus dem tibetanischen Sprachschatz und erklärt dort die Grundlage des Absoluten, die auf allen untergeordneten Daseinszuständen des Weltalls schöpferische Gewalt des kosmischen Gedankens, die sich zum Beispiel auch in den Wirkungen der Elektrizität äußert. Das Wort Fohat wird häufig in der esoterischen Literatur gebraucht und der Begriff ist dort so umfassend, dass sich schwer ein zutreffenderer Ausdruck finden lässt.

Nach der metaphysischen Erkenntnis lässt sich jedes uns wissenschaftlich bekannte Atom auch in der Reihe der erforschten Elemente siebenfach aufteilen. Die exakte Wissenschaft hat durch die Elektronentheorie die Spaltbarkeit des Atoms physikalisch erwiesen und diese Kenntnis entspricht der des metaphysisch bekannten Astralstoffes. Nun ist aber damit die weitere Spaltbarkeit nicht erschöpft. Physikalisch wäre es noch möglich, ein Elektron nochmals zu teilen; doch ist dieser Prozess noch nicht entdeckt worden. Er würde bereits in das Reich der Lichterscheinungen zu verweisen sein und entspräche metaphysisch dem Mentalstoff und den Vibrationsbewegungen unserer Gedanken selbst. Am Jüngsten Tage wird dieser Spaltungsprozess kosmologisch durch den Eintritt des Sonnensystems in die Strahlzone des Leuchtringes der Zentralsonne bewirkt.

Eine darüber hinausgehende physikalische Spaltung ist aber nach den Gesetzen des irdischen Lebens unmöglich, weil das Leben in seinen physikalischen Erscheinungen nur einer dreifachen atomistischen Teilbarkeit unterworfen ist.

Die fohatförmige Stofflichkeit des Universums verdichtet sich zu jedem Weltkörper hin und findet beispielsweise in der atmosphärischen Beschaffenheit eines Planeten ihren massivsten Bestand. Um auf ein Gestirn zu gelangen, muss demnach jeder Lichtstrahl eine ab- und auch eine zugebrochene Parabel beschreiben, wodurch sich, infolge des Lichtdrucks und der Lichtreibung in der atomistischen Materie die Partikelchen nach dem Einfallstoß des Licht-druckes einer Parabel seitlich verschieben, einen Wirbel oder die Rotation selbst verursachen.

Auf diesem Naturgesetz beruht auch die Schiefe der Ekliptik unseres Sonnensystems, die durch die Strahlung der Zentralsonne verursacht wird, wie auch der Wirbel der atomistischen Materie in welchem die Planeten umlaufen. Selbst der Erdmond ist einem solchen Wirbel unterworfen, der wiederum durch unsere Sonne verursacht wird. Durch solchen Lichtdruck und die dadurch dem Lichtbrechungseffekt der Parabel entsprechende Lichtreibung befinden sich sämtliche Weltkörper gemäß ihrer Schwere ständig im Gleichgewicht gesetzmäßiger Bewegung. Es ist daher ganz unmöglich, dass im Weltraume Gestirne zusammenstoßen können, wodurch ein Weltuntergang möglich wäre. Die Kometen beweisen in ihrem Lichteffekt übrigens die Wahrheit dieser Erscheinungen, denn der Lichtdruck des Sonnenlichtes drückt ihre leuchtende Materie von der Sonne abgewandt parabelförmig in den Weltenraum. In der gleichen Weise sind alle Weltkörper durch die physikalischen Wirkungen des Lichtes verknüpft, und damit ist auch die Bibelstelle hinreichend erklärt, die von der Verknüpfung des Siebengestirns spricht, zu dem jedenfalls nach biblischer Bekundung auch unser Sonnensystem gehört.

Ähnlich wie den Saturn ein Ring aus sichtbarer materieller Substanz umgibt, der, weil aus leuchtenden Stoffpartikelchen bestehend - der Betrachtung offenkundig ist, so wird auch die Zentralsonne des Siebengestirns, zu dem unsere Sonne gehört, von einem in sich geschlossenen Ring allerfeinster manasischer Materie umgeben, der dem Durchlauf unseres Sonnensystems einen Raum gewährt, darin für die Zeit von tausend bis zweitausend Jahren zu verweilen bei unverminderter Geschwindigkeit des Umlaufes von 29 Kilometern in der Sekunde. Durch diesen Ring manasischer Substanz muss für die erwähnte Zeit unser Sonnensystem bei einmaligem Umlauf in etwa 24000 Jahren zweimal durchgehen. Der Eintritt ist nach der Verheißung Jesu der Jüngste Tag, an dem sich der Menschheit das Reich Gottes offenbart, Sein Bund, den er mit den Menschen geschlossen hat, und der nach der Mentalität den Liebenden vom Lieblosen scheidet.

Die Emanationen dieses kosmischen Strahlringes entziehen sich in ihrer substantiellen Beschaffenheit dem astrophysikalischen Forschen. Sie werden der sinnlichen Wahrnehmung des Menschen erst offenkundig, wenn die Gestirne des Sonnensystems in sie eintreten. Der atomistische Strahlring der Zentralsonne hat die Eigenschaft, die in ihn eindringenden Gestirne sehr weit über deren Atmosphären hinaus in einen fluoreszierenden Lichtschein zu versetzen, der Reizwirkungen auf die manasischen Auren aller Lebewesen ausübt, soweit diese die dafür bedingte Annahmefähigkeit erbringen und die hierfür notwendige Schwingung erreicht haben. Es ist dies der Zustand, der hier als manasische Vibration bezeichnet wird, jener innere Zustand der Geistseele, der überall die Wunder der Schöpfung mit Liebe betrachtet und der dieses Empfinden der Liebe auch auf die Umwelt verströmt. Besonders aber erreichen Seelen diesen Zustand, die den Ursprung dieser Liebe, den Geber derselben, den Vater erkennen und ihm die vermittelte Wonne solcher

Liebe in Gegenliebe zurückstrahlen.

Unter dem Einfluss der Geschwindigkeit, mit der wir im Weltenraum kreisen, wird dieses Ereignis tatsächlich wie Blitz über eine völlig Überraschte Menschheit hereinbrechen und dem Tage dieses kosmischen Ereignisses die „,,,,,,,,,(weiter nächste Seite)

Schematische Darstellung eines Sonnenumlaufes um die Zentralsonne

Der Jüngste Tag ist, wie die Abbildung veranschaulicht, der Tag des Eintrittes unseres Sonnensystems in die Sphäre des Urlichtes - der Sündenfall entspricht dem Austritt aus demselben. (ganz schöner quatsch dieser sündenfall.w.schorat)

Zeitereignisse :

1 Beginn der biblischen Chronologie 4128 v. Chr.

2 Das Fluterlebnis Noahs 2473 v. Chr.

3 Errichtung der Cheopspyramide 2170 v. Chr.

4 Sodom 2050 v. Chr.

5 David 1039 v. Chr.

Peter,Ich,Karin,Thomas,Vater,Marlies.18.9.2001 VaterGeburtsTag
Heiligenhaus NonnebrucherStraße 20
Hurrah Hurrah Hurrah

FISCHE
WASSERMANN
WIDDER
STEINBOCK
STIER
SCHÜTZE
ZWILLINGE
SKORPION
KREBS
WAAGE
LÖWE
JUNGFRAU

ZEITLOS
1000–2000 Jahre
B
A
LICHT-SPHÄRE
STRAHL
DER JÜNGSTE TAG
NACH CHR.
VOR CHR.
CHRISTUS
SINAI
SÜNDENFALL
SPHÄRE DER FINSTERNIS
4
1
ALC
VONE
IM TURNUS VERGANGENER-LETZTER
SONNENBAHN
SPHÄRE DER FINSTERNIS
DER JÜNGSTE TAG
RING
3
2
SÜNDENFALL
SPHÄRE DER FINSTERNIS
SAGENHAFTES ATLANTIS
10 000 JÄHRIGER KULTURZEITRAUM
LICHT-SPHÄRE
C
D
ZEITLOS
1000–2000 Jahre
ZEITFOLGE

2000
1000
0
1000
5
1615
2000
4
3
2
3 000
1
4 000
5 000
6 000
7 000
8 000
9 000
10 000

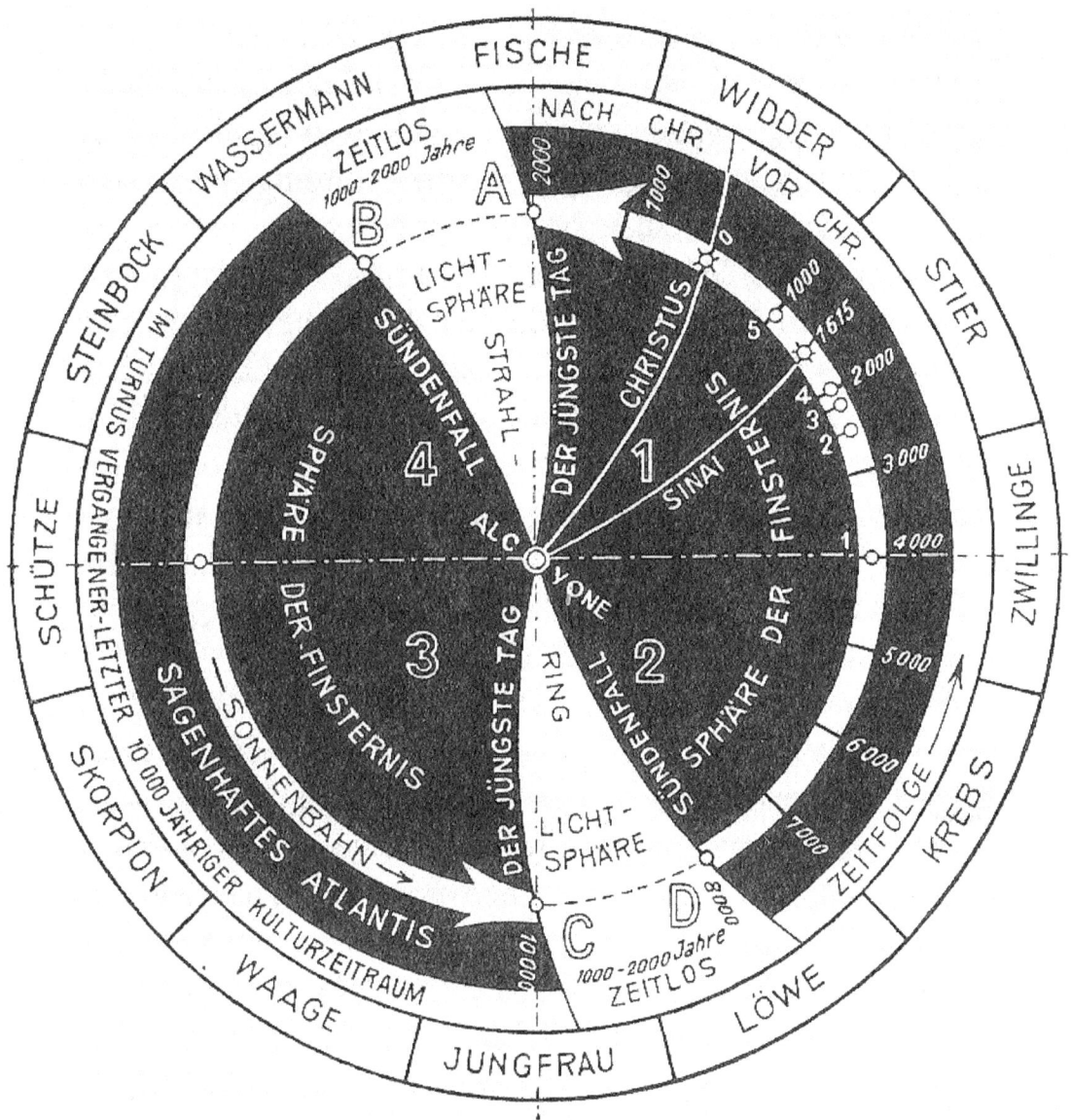

(Fortsetzung Seite 132)
Weihe der gerechten Aussöhnung mit der Allliebe des Schöpfers verleihen.

Es ergeben sich nach diesem Geschehen für das weitere Dasein vollständig neue, von den bisherigen Lebensbedingungen andersartig abweichende Naturzustände, die auch dem überlebenden Teil der Menschheit, wie auch der Tier und Pflanzenwelt ein neues Gepräge geben.

Die vorstehend beigegebene Tafelabbildung versucht diese kosmologischen Vorgänge, die sich in regelmäßigen Zeitabständen von etwa zehntausend Jahren periodisch immer wiederholen, zu veranschaulichen.

In sehr kurzer Frist wird wieder ein solches Ereignis zu erwarten sein. Tag und Stunde, wie überhaupt der genaue Eintritt des Ereignisses, bleiben nach der Verheißung aus Gründen unbekannt, die Jesus selbst zuvor erklärt hat. Plötzlich und ganz überraschend wird unser Sonnensystem mit der bereits eingangs der Darlegungen erwähnten Geschwindigkeit in die feine atomistische Substanz der unsichtbaren manasischen Stofflichkeit eintreten. (Vgl. hierzu Punkt A der Tafelabbildung nach Seite 36).

Für alle die Menschen, die den Zeitpunkt dieses Geschehens irdisch erleben, müssen die sich hierbei abspielenden gewaltigen Vorgänge kosmischen Geschehens einen hier kaum verständlichen, gewaltigen Eindruck machen. Die außergewöhnlichen Vorgänge, die hierbei in Erscheinung treten werden, sind so außerordentlich und unvorstellbar gewaltig, dass darauf unvorbereitete Menschen eine unbeschreibliche Angst und Furcht haben werden. Alle Naturgewalten der Erde und die des Himmels werden bewegt sein, und deshalb soll die Ungewöhnlichkeit dieses Zustandes so, wie er sich dem geistigen Auge hier ankündigt, zuvor allen jenen mitgeteilt werden, die in Jesu wach geblieben sind, damit sie die kommenden Naturereignisse vorbereitet betrachten und weder Angst noch Furcht empfinden sollen. Die Propheten und Seher des Altertums haben von den zu erwartenden - uns Erdenmenschen der Gegenwart unvorstellbar erscheinenden kosmischen Veränderungen sehr zutreffende Angaben gemacht, die nicht nur hier bestätigt werden sollen, sondern die sich auch nach dem Stande der heutigen Wissenschaft überzeugend erklären lassen.

Wenn es der physikalischen Forschung auch noch nicht gelungen ist, das Elektron zu spalten - ‚vielleicht ist es ein Segen für die Menschheit, dass sie darüber in Unkenntnis ist - so lehren uns doch kosmische Vorgänge, dass wir - durch die leuchtende Kometensubstanz mit der Erde hindurchgehen können, ohne dass dieser Tatsache irgendwelche besondere Bedeutung beizumessen wäre. Die Menschheit nimmt bei derartigen Durchgängen keinen Schaden, ja sie wird es kaum gewahr, wenn nicht die astronomische Erforschung uns die Gewissheit eines solchen Durchganges bestätigen würde. Ein Mensch jedoch, der die Fähigkeit entwickelt hat, bei solchen Durchgängen die kreisenden Bewegungen dieser sehr hell leuchtenden Kometenmaterie zu sehen, der weiß, dass deren Schwingungen feiner sind als die von ihm ebenfalls geschauter Elektronen. Außerdem ist es charakteristisch, dass sich die Elektronen ziemlich träge bewegen gegenüber den viel schnelleren Vibrationen ihrer weiter erfolgten Teilung. Dieser sichtbare Unterschied in den Bewegungserscheinungen zeigt sich auch in der Beschauung der astralen und der mentalen Aura des Menschen selbst. Die in den verschiedensten Fluoreszenzen farbig leuchtenden, wolkenartigen und beseelten Gebilde des Astralkörpers verhalten sich äußerst träge zu den sehr lebendigen Vibrationen der zu einem regenbogenfarbenen Strahlkomplex geschlossenen Aura des höheren Selbstes, die in Milliarden feinster Strahlen sich zeigt. Beide Auren unterscheiden sich auch durch diese typischen Erscheinungen, und wer sehend geworden ist, der kann aus dieser Anschauung erkennen, ob er den Kausalkörper oder - was wohl meist der Fall ist - den Astralkörper sieht

Was sind nun die Kometen? Es waren ehemals Planeten und wie diese den Gesetzen der Bewegung unterworfen. Sie wurden von den mächtigeren Planeten eingefangen und bilden deren Monde. Bei dem kreisenden Eindringen des von den stärkeren Planeten angezogenen schwächeren Weltkörpers spielt sich nun ein eigenartiger, chemisch physikalischer Prozess ab. Der anziehende Planet drückt die Atmosphäre des eindringenden Planetoiden heraus und auch alle die substanziellen, chemischen Partikelchen feinster Beschaffenheit, die sich mit den eigenen Aggregatzuständen nicht verbinden. Bei diesem kosmischen Vorgange spaltet sich teilweise die elektronische Materie und nimmt im Weltraum eine leuchtende Erscheinung an, die sich nach besonderen Gesetzen im Wirbel des atomistischen Aggregatzustandes der Sonne bewegt. Der Lichtdruck, der - wie bereits gesagt - im Raume eine parabelförmige Stoßkraft entwickelt, formt die von solch eingefangenen Planeten übriggebliebene, in Urbestandteile zersetzte, leuchtende Materie zu einem Schweif, der stets von der Sonne abstehen muss, weil er ihrem Lichtdruck gehorchen muss. Bei Saturn haben sich offenbar durch gleichzeitigen Einfang mehrerer Planetoiden Aggregatzustände chemisch-physikalischen Ursprungs gebildet, die vom Saturn nicht ausgeschieden wurden und das Phänomen des Ringes zeigen. Es folgt daraus, dass der Saturn ursprünglich keinen solchen Ring aufzuweisen hatte. Esoterisch betrachtet, nähren sich also auch die Planeten und haben teil an den allgemeingültigen Naturgesetzen des Alls.

Es mussten die voraufgegangenen Anschauungen zur Erklärung der kosmologischen Erscheinungen am Jüngsten Tage erwähnt werden, weil die physikalische Vorstellung des Leuchtwirkung annehmenden Atoms vielen Lesern, die sich wenig oder gar nicht mit Esoterik befasst haben, Schwierigkeiten bereiten könnte, den weiteren Darlegungen so erschöpfend zu folgen, dass daraus ein überzeugendes Verständnis möglich ist.

Unsere physikalische Wissenschaft gibt zwar noch einen Vergleich, der hier auch noch für die weitere Anschaulichmachung herangezogen werden soll, der aber auch nur von den wirklichen, kosmischen Vorgängen, die zu erwarten sind, einen kleinen Hinweis geben kann. Es ist das Beispiel der Gas-Selbstentzündung. Sie beruht auf der Eigenschaft des fein verteilten Platins (Platinmohr). Erst die Berührung des Platinmohres mit ausströmendem Leuchtgas bewirkt die Entzündung desselben.

Stellen wir uns vor, unsere Erde wie auch die andern Planeten unseres Sonnensystems bilden um ihren festen Kern riesengroße Gasbälle, und denken wir uns weiter in den Zustand hinein, der mit unseren Sinnen nicht wahrnehmbare Ring der Zentralsonne wäre unsichtbares Platinmohr, so würden sich wie bei der Gas-

Selbstentzündung bei der Berührung der Gasbälle mit dem Zentralsonnenring diese entzünden.

Nun ist aber diese Entzündung keine brennbare Materie nach irdischen Begriffen, sondern nur die Tatsache, dass unsere irdischen Atome leuchtende Eigenschaften angenommen haben, die intensiver sind als selbst das stärkste Sonnenlicht. In dieser leuchtenden atomistischen Stofflichkeit, die für den Menschen unschädlich ist, zeigen sich der sinnlichen Wahrnehmung - ähnlich wie bei den Röntgenstrahlen Zustände des Lebens, die uns vor diesem Geschehen verschlossen waren.

Da aber auch die beseelte Materie bei Menschen und Tieren diese Eigenschaften des Leuchtens in sehr verschiedenen Variationen annimmt, werden hierdurch die verschiedensten Effekte ermöglicht. Wir wissen durch die Liebeslehre Jesu überzeugend, dass nur die Menschen zu bewussten Lichterscheinungen erleuchtet werden, die in seiner Liebesschwingung, die hier Manasische Vibration genannt wird, sind.

Gottvater offenbart sich in dieser Strahlung und da Jesus mit dem Vater eins ist, wird auch alles seelische Leben, das mit Jesus und dem Vater eins geworden ist, von diesem Licht angenommen und offenbar ..

Von den zu erwartenden Veränderungen des weiteren irdischen Lebens haben - wie bereits bemerkt - die Propheten sehr anschauliche Bilder entworfen. Jesus beschränkt die Ausführungen hauptsächlich auf Verhaltungsmaßnahmen, die zu diesem Zeitpunkt den Menschen auf die gei-stige Haltung hinweisen, die für die Annahme dieser manasischen Strahlvibrationen erwünscht, oder besser gesagt, notwendig ist.

Je nach der Konstellation der Planeten, wie sie gerade am Jüngsten Tage ihren Standort zur Sonne haben, sind natürlich verschieden gegebene Wirkungen für den Erdenmenschen zu erwarten; im allgemeinen jedoch folgen alle Vorgänge den gleichen naturgemäßen Gesetzen einer geordneten Himmelsmechanik, die unberührt von diesen Ereignissen ihren Fortgang nimmt

Die Planeten nämlich, die in der Zielrichtung des Umlaufes der Sonne vor dieser in die Lichtzone des Universums eindringen, werden gleich riesengroßen Feuerbällen aufleuchten, so dass es nach den prophetischen Angaben tatsächlich so aussehen mag, als fielen die Sterne vom Himmel.

In Wirklichkeit tritt nun jene Eigenschaft des Strahlringes der Zentralsonne in Funktion, die, die sehr weit ausgedehnte manasische Sphäre eines Planeten in Vibration versetzt. Infolge des Eindringens in den Strahlring offenbart die kosmische Substanz die Leuchtwirkung der manasischen Bestandteile aller Atome.

Auf die von solchen Naturgewalten unvorstellbarer Größe nicht vorbereitete Menschheit wirkt selbstverständlich ein derartiges Himmelsereignis sehr schreckhaft. Das gigantische Schauspiel würde auf den Erdbeschauer etwa den Eindruck hervorrufen, als würde ein Weltkörper ver-brennen, so dass man in Erwartung der Dinge, die unsere Erde selbst betreffen, wirklich bange sein könnte.

Dieser kosmische Vorgang an sich ist aber trotz seiner erschreckend gewaltigen Wirkung auf das Gemüt des Beschauers harmlos und unbedeutend.

Wesentlicher und bedeutend tiefgreifender sind die diesem Ereignis folgenden und dadurch hervorgerufenen geophysikalischen Veränderungen, die unsern Planeten betreffen werden.

Befindet sich unsere Erde zurzeit des Ereignisses hinter der Sonne und muss diese in der Zielrichtung des Umlaufes zuerst in den Strahlring eintreten, so wäre im ungünstigsten Falle unter Berücksichtigung der in Frage kommenden Geschwindigkeit der Fortbewegung des Sonnensystems mit einer 110stündigen Finsternis zu rechnen, bis die Erde selbst in diesen Strahlzustand eintritt.

Gewissermaßen taumelt die Erde in diesen neuen Zustand hinein, was seherisch von den prophetischen Verkündigungen sehr überzeugend mitgeteilt wird. Astrophysikalisch werden nämlich innerhalb des Sonnensystems während dieses Vorganges die Gleichgewichtskräfte verändert. Eine solche Veränderung tritt beim Eintritt wie auch wieder beim Austritt aus der Strahlzone in Wirkung.

Diese Erscheinungen werden dadurch herbeigeführt, dass sich innerhalb des rotierenden, nunmehr leuchtenden Wirbels der Planeten der Lichtstoß, den die Sonne verursacht, reduziert, wodurch die Rotationsgeschwindigkeit vermindert wird. Aus den gleichen Ursachen verändert die Polachse ihre Lage. Sie richtet sich aus ihrer Schiefe um etwa 20 Grad auf.

Eine solche Veränderung der Lage der Polachse genügt aber bereits, um das zukünftige geographische Bild der Erde vollständig umzugestalten.

Infolge der astrophysikalischen Veränderungen und den dadurch verursachten Gleichgewichtsstörungen treten auf der Erdoberfläche Fluten auf. Glühend flüssige Substanzen unter der Erdrinde, die ebenfalls in Bewegung geraten, werden Eruptionen größeren Ausmaßes zur Folge haben. Ein großer Teil des Meerwassers wird infolge solcher tiefgreifenden Eruptionen in unvorstellbar große Erdhöhlen ablaufen, so dass besonders in der Äquatorzone der Erde neue Erdteile erstehen werden.

Infolge der Reduzierung der Reibungs- und Stoßkraft der von der Sonne nach wie vor auf die Erde anfallenden Lichtstrahlen reduziert sich auch deren Wärmewirkung, so dass die klimatischen Verhältnisse hinsichtlich der Bewohnbarkeit der Erde verändert werden. Die Strahlvibrationen der manasischen Lichterscheinungen erzeugen keine Wärme. Obwohl wir in dem neuen Zustand die Sonne nicht mehr sehen können, erzeugt sie doch nach wie vor durch die Lichtreibung in der Atmosphäre die Wärme, die für die Erhaltung des Lebens notwendig ist.

Dieses Leben wird sich hauptsächlich beiderseits des Äquators südlich und nördlich bis zum 40. Grade der Breite abspielen, da die außerhalb dieser Lebenszone liegenden Erdgebiete infolge des Temperaturrückganges vereisen. Eine Eiszeit tritt demnach periodisch für diese Gebiete auf die Dauer von tausend bis zweitausend Jahren immer und regelmäßig etwa alle zehntausend Jahre ein, wenn unser Sonnensystem in den Strahlring der Zentralsonne eintritt. Die Voraussetzungen unserer exakten Wissenschaft, dass solche Eiszeiten nach langen Zeiträumen immer wieder auftreten, sind daher zutreffend. Nur geschieht die Vereisung nicht allmählich, sondern unerwartet plötzlich mit den Erscheinungen des Jüngsten Tages.

Die Temperatur der bezeichneten Äquatorzone wird auf die der heute bekannten der gemäßigten Zone herabsinken. Da es in dem neuen Zustande weder Tag noch Nacht gibt und wir auch die Sterne am Himmel nicht mehr sehen können, weil wir ständig während des Verweilens des Sonnensystems in dem Strahlring der Zentralsonne von fluoreszierendem Licht umgeben sind, können wir Tag und Nacht nur an der Abkühlung der, der Sonne abgekehrten Erdhemisphäre feststellen. Dabei würden wir die überraschende Feststellung machen können, dass sich die Umdrehungsgeschwindigkeit der Erde bedeutend verringert hat. Aus welchen Gründen sich die Rotationsgeschwindigkeit ermäßigt, ist bereits gesagt worden: sie verringert sich infolge der reduzierten Stoßkraft des Sonnenlichtes.

Es genügen wohl bereits diese Hinweise, um uns eine Vorstellung davon zu machen, in wie radikaler Weise sich unsere bisherigen Lebensanschauungen und Gewohnheiten durch die neuen Naturzustände und Bedingungen verändern werden.

Wenn auch angesichts so bedeutender Naturvorgänge viele Menschen ihr irdisches Leben hingeben müssen, so handelt es sich bei den Erscheinungen dieses großen Tages keinesfalls um einen Weltuntergang, wie das sehr häufig angenommen wird. Die in dieser Weise betroffenen Menschen behalten ihre manasischen Hüllen, die dann sichtbar sind, und ihr Weiterleben in denselben beweist, dass der von den Menschen so sehr gefürchtete Tod nur ein Wechsel der Daseinsform ist. Der Umstand ist nur jetzt eine sichtbare gewisse Tatsache geworden und stimmt mit der biblischen Verkündigung überein, dass am Jüngsten Tage die Toten auferstehen werden, einige zum ewigen Leben das sind jene, die sich weiter inkarnieren können -während die von der atomistischen Veränderung nicht angenommenen Menschen etwa zweitausend Jahre und darüber warten müssen, bis sich für sie wieder in der folgenden Periode der Finsternis eine solche Möglichkeit bietet. Wenn es also in der Bibel heißt, die Himmel werden sich bewegen, so bedeutet das nichts anderes, als dass der uns infolge der Finsternis bisher verborgene Zustand, der so oder so immer da ist, jetzt sichtbar und jedermann offenkundig ist.

Wie könnte auch Jesus seinem mitgekreuzigten Leidensgenossen sagen: «Heute noch wirst du mit mir im Paradiese sein>. Unter der Auferstehung der Toten haben wir also nicht zu verstehen, dass sich die Gräber öffnen und Menschen von Fleisch und Gebein daraus hervorgehen, sondern die Verstorbenen - werden in dem manasischen Lichte in den unsterblichen Hüllen ihrer unvergänglichen Körper erscheinen. Infolge des Sichtbarwerdens dieser Tatsache wird für den Zeitraum des Lichtes der Tod nicht mehr sein. Wir werden beim Verlassen des irdischen Körpers erkennen, dass wir nicht sterben, sondern nur einen andern Daseinszustand annehmen müssen. Wer sich infolge seines irdischen Lebenswandels Freunde im Himmel geschaffen hat, weiß das bereits jetzt: - und zum größten Teile sind die hier gegebenen Aufzeichnungen Geschenke sehr hochgeistiger Söhne und Brüder des Lichtes. Der Vater offenbart sich in allen Seelen, die ihn lieben, dabei ist es gleich, ob sie noch in ihrem irdischen Körper wallen, oder ob sie ihn bereits verlassen haben. In der Sprache des lebendig gewordenen Gewissens oder des Kausalkörpers oder des unvergänglichen Egos sind sie zu hören, und wenn man sie ruft, dann kommen sie gern; sie entscheiden auch sehr fürsorglich, welche Geheimnisse man mitteilen darf. «Wo zwei in Liebe von mir sprechen, da bin ich mitten unter ihnen.» Auch Jesus sagt das in dem gleichen Wissen und seine Auferstehung ist eine Bestätigung für den offenbar werdenden Zustand am Jüngsten Tage.

Für alle Menschen nun, die nach diesen gewaltigen Naturumwälzungen auf der Erde übrig bleiben und die ihr irdisches Leben nun in der veränderten Form weiter fortsetzen müssen, ergibt sich eine ganz neue Lage des Daseins, wobei ihnen abgeschiedene Seelen, die sie jetzt sehen können, sehr hilfreich sein werden. Denn alles Sterbliche wird nach dem irdischen Dasein, soweit die Manasische. Vibration nur einigermaßen erreicht ist, in den Dienst der Liebe gestellt. Da diese bisher Totgeglaubten sich in ihren manasischen Hüllen blitzschnell fortbewegen können und nicht wie die Irdischen, an die langsame Fortbewegung ihrer Körper gebunden sind, werden sie die Menschen zu Bergungsorten führen, in welchen sie vorerst außer Gefahr vor den bedrohlichen Fluten und Erderuptionen sind.

Die Atmosphäre der Erde ist dann in ein fluoreszierendes Meer von Licht umgewandelt, das Tag und Nacht auf die Dauer von etwa zweitausend Jahren seinen Urlichtschein verbreitet. Da dieses Licht in jedem einzelnen Atom manasische Wirkungen hervorruft, werden die Gegen-stände auch von allen Seiten angestrahlt, und deshalb können sie nicht - wie bisher - bei Lichtwirkungen Schatten bilden.

Die Helligkeitswirkung dieses Strahlphänomens übertrifft alle unsere Vorstellungen. Sie entspricht der des geteilten Elektrons, das unsere Wissenschaft noch nicht entdeckt hat, obwohl die physikalische Findung dem menschlichen Geiste nicht verwehrt ist. Man kann daher diese Strahlung mit irgendwelchen irdischen Lichterscheinungen in keinen Vergleich stellen, doch haben sie eine sehr heilbringende Wirkung und fördern das Wachstum der Pflanzen. Die Lebensdauer des irdischen Körpers wird durch die anregende Wirkung dieses Lichtes bedeutend verlängert

Durch die vom Meerwasser freigewordenen Erdflächen, durch Erdsenkungen, wie auch durch die weitausgedehnten Eruptionen wird die Erde gleichsam von den Naturkräften neu gestaltet und aus der Allweisheit der Schöpfung so gründlich gepflügt, dass die Ertragsfähigkeit unter dem Einfluss des Lichtes außerordentlich groß und mannigfaltig wird, so dass die Versorgung der Erdbevölkerung durch sehr reichhaltige Ernten gesegnet ist.

Die in der Chemie bekannten lichtempfindlichen Stoffe verlieren unter der Einwirkung des Urlichtes ihre Wirkung. Photographische Aufnahmen dieses Zustandes sind daher unmöglich.

Unter dem Einfluss der so unerwartet einbrechenden Strahlerscheinungen steht auch die Tierwelt, die eine Lichtscheu davon abhält, tierisches Leben und das der Menschen zu zerstören.

Der Mensch selbst erkennt nun die Zwecklosigkeit eines Kampfes um Weltanschauungen und Ideen, die infolge ihrer Unzulänglichkeit im krassesten Widerspruch zu der Liebesoffenbarung der im Urlicht strahlenden Weltschöpfung stehen.

(Und genau das wird ja auch in den Regenbogen Transformationzentren gelebt, denn dort werden alle Identifikationen wie Deutsch, Katholisch, Doktor, Biologe, kurzum, sämtliche falschen Identifikationen und Ideen und Glaubensformen, fallen gelassen. W.Schorat) Jeder Mensch wird in diesen Naturbedingungen, in der Wahrheit des Lichtes nunmehr erkennen, dass nur der irdische Körper der Vernichtung anheim fällt und nach einer solchen sich im leuchtenden Glanze das unvergängliche Ego davon trennt, das mit vollem Bewusstsein und ledig der irdischen Bande, am Leben weiter teilnimmt.

Die Worte Jesu: «Fürchtet euch nicht vor denen, die den Leib töten und die Seele nicht zu töten vermögen» sind jetzt in ihrer ganzen Tragweite Wahrheit geworden. Angesichts der Tatsache, dass das Leben trotz des Verlustes des irdischen Körpers seinen Fortgang findet, ergibt sich auch die Zwecklosigkeit vernichtender Kriege. Der Sinn und Zweck des Lebens hat mit der Verwandlung unserer Erde am Jüngsten Tage einen hauptsächlich geistigen Charakter angenommen. Mensch und Tier werden auch entsprechend diesem Ereignis vorwiegend vegetarische Nahrung suchen.

Die manasischen Strahlvibrationen durchdringen in ihrer Wirkung sämtliche Elemente und rufen uns bisher unvorstellbare Erscheinungen hervor. So ist es z. B. undenkbar, dass es irgendwo einen dunklen Raum geben wird; wir werden einen solchen selbst in den tiefsten Tiefen• der Erde nicht mehr finden.

Aus alle dem geht bereits hervor, in welch ausgedehntem Umfange die neuen Lebenserscheinungen die bisher gewohnten Anschauungen verändern und mit welch neuen Eindrücken sich der Mensch in dem neuen Lebensreich anzufreunden hat.

Wie bereits erwähnt, wird die nach den Naturvorgängen übrigbleibende Menschheit in den etwa 80 Grad Breite umfassenden Äquatorgürtel abwandern müssen, da die außerhalb dieses Gürtels liegenden Erdteile vereisen.

Die Übereinstimmung vieler Forscher, die behaupten, dass Kulturen Süd- und Mittelamerikas auffallende Merkmale einer wesensverwandten Kultur Nordafrikas aufweisen, gewinnen durch diese Betrachtungen erhebliche Beachtung. Prophetisch ist auch vorausgesagt worden, dass in Jerusalem Quellen (lebendige Wasser) hervorbrechen werden, und es wird den Bewohnern Palästinas zur Zeit dieser Veränderungen geraten, auf die Berge zu fliehen. Daraus geht hervor, dass Palästina nur zu einem geringen Teil einer geologischen Veränderung unterworfen sein wird, was ebenfalls die Bewohnbarkeit dieses Landes, das sich in dem neuen Erdreich befindet, als sicher erscheinen lässt. Die ebenfalls prophetische Ankündigung, dass viele Überlebende dann Palästina in dem neuen Zustande aufsuchen werden, ergibt sich aus der Abwanderung der Völker in den Lebensbereich der Äquatorzone.

Infolge der zu erwartenden gewaltigen Naturkatastrophen ist die Bevölkerungsdichte der Erde so vermindert, dass die von der manasischen Vibration angenommenen Menschen hinreichend Möglichkeit finden, sich neu anzusiedeln.

Das größte Wunder in dieser Neuschöpfung ist aber der Mensch selbst geworden. Alle jene jedoch, die, die Lehren Jesu in den Wind geschlagen und verleugnet haben, sie werden zu spät erkennen müssen, welchen unschätzbaren Wert diese Lehren in Wirklichkeit haben. Jeder Erdbewohner wird jetzt unzweifelhaft klar sehen und sich mit eigenen Augen davon überzeugen, dass er sich in dem vergangenen Daseinszustand nicht nur selbst das Leben er-schwert hat, sondern auch vielen seiner Mitmenschen. Die in dem neuen Reich des Vaters geforderten und von seinem Sohne Jesus als notwendig gelehrten seelischen Eigenschaften müssen nun, etwa zweitausend Jahre nach ihrer Verkündigung die Prüfung bestehen, soweit sie das Leben des Einzelnen betreffen.

In der manasischen Lichtfloreszenz ist jeder Gedanke und dessen bisher verborgene Empfindung in seiner Wirkung auf die Nächstenliebe zu einer sichtbaren Vibration geworden, die jeder Mensch infolge seines manasischen Bewusstseinsträgers selbst hervorruft. Hier kann kein Gefühl der Sympathie durch äußere Formen vorgetäuscht werden, denn diese Vibrationen sind sichtbare Reizwirkungen des Gewissens und werden vom eigenen Ego wahrheitsgemäß angezeigt. Das Gewissen eines Menschen kann also in dem neuen Zustande des Lebens von jedermann ganz offenkundig eingesehen werden. Es bedarf dann weiter keiner Erklärungen und Versicherungen, um jemand von der Aufrichtigkeit und Gewissenhaftigkeit der Gesinnung zu überzeugen, wodurch dann eidesstattliche Versicherungen überflüssig werden.

Jedem Menschen ist seit dem Erscheinen Jesu hinreichend Zeit gelassen worden, sein inneres Leben so vorzubereiten, dass seelisch wenigstens die unterste Stufe eines Mitschwingens in der manasischen Liebesvibration erreicht werden konnte. Wer diese Bedingungen nicht erfüllt, der kann nach den unabänderlichen Gesetzen der kosmologischen Schöpfungsmacht auch von der Strahlung nicht angenommen werden, und er wäre auch in dem neuen Daseinszustand aus ersichtlichen Gründen nicht lebensfähig.

Tatsächlich ist der Mensch in dem neuen Zustande des Lebens das, was er denkt und empfindet. Söhne des Vaters werden (Und Töchter wohl auch. W.Schorat) in dem gekommenen Reich unveränderlich gleichmäßig leuchten, während andere Angenommene noch un-vollkommen leuchten, weil sie die letzten Schwächen ihres Wesens noch zu beseitigen haben. Jesus weist auch in seinen Belehrungen darauf hin, wenn er sagt: «es hüte sich dann jeder, in seiner Blöße zu wandeln», womit er wahrheitsgemäß diese Unvollkommenheit meint. Er hat in seiner liebevollen Fürsorge diesen Umstand nicht außer acht gelassen.

In dem kommenden Lichtreiche müssen wir eine zeitlose Atempause unseres Planeten erkennen, die zugleich auch eine Erneuerung des Lebens ist. Sie ist dem zeitlosen Zustand gleich, den wir nach dem Ablegen unseres physischen Körpers erleben.

In diesen Zuständen kann das Ego nicht die Erfahrungen sammeln, die hauptsächlich in der Welt von Zeit und Raum gemacht werden.

Hieraus ergibt sich der Tatbestand, wie außerordentlich wichtig das Erdenleben in der Verborgenheit (Finsternis) für das Ego ist, und welch göttlicher Weisheit die Schöpfung entspricht.

Erfülle mich VATER mit Deinem Licht!

Mit Klarheit, aus der die Liebe spricht!

Solang ich noch wandle in Zeit und Raum,

Lass schau'n mich weise den Lebensbaum.

Sooo, das war etwas aus dem Hess Buch. Aber es gibt ja so viele unterschiedliche Schriften und Berichte zu diesem Thema das Ich da sehr wachsam bleiben muss und davon erst mal bloß ein „ Glaube" ein „Anschauen" gemacht wird um zu sehen was da wirklich Wahrheit ist und wird und sein kann. Deswegen bringe ich hier noch einige andere berichte zu diesem Thema der Jüngste Tag oder die Zeitenwende oder 2012 wie es auch genannt wird.

Aber eines ist schon ganz klar, in den Regenbogen Transformationszentren, wird dieser Inforeichtum der zum Verstandeswirrwar führen könnte nicht gelebt werden. Denn da ist die Entwirrung eine wesentliche Aufgabe damit Befreiung erlangt wird.

Hier ist einiges zum Thema Zeitenwende Jüngster Tag aus Van Helsings Buch 3. Was meinem Erachten nach in seiner Thematik das Ziel total verfehlt hat. Aber Interessant war es zu lesen:

„Bei jedem großen kosmischen Zeitalter Wechsel wie auch jetzt vom Fische- zum Wassermann-Zeitalter, hat die Welt große weltanschaulich religiöse wie auch politisch-machtstrukturelle Umwälzungen erfahren. Mit dem Ende des Fischezeitalters kommt noch eine besondere Situation hinzu.

Wir befinden uns zugleich auch am Ende eines großen kosmischen Jahres mit 12 Weltzeitaltern von jeweils 2155 Jahren, und insgesamt 25.860 Jahren. Unser Sonnensystem hat in diesen 25.860 Jahren einen Umlauf um die Große Zentralsonne unseres Milchstraßensystems vollendet.

Dr. Sumner aus den USA führt dazu aus: „Genau wie unsere Erde und die Planetengeschwister unseres Sonnensystems die Sonne umkreisen, wandert unsere Sonne mit den sie begleitenden Planeten auf einer viel größeren Bahn rund um die Große Zentral-Sonne. Da diese Bahn elliptisch ist, variiert die Intensität der Strahlung aus der Großen Zentralsonne, je nachdem, ob wir uns ihr nähern oder uns von ihr entfernen, im Verlauf unserer Umkreisung." Zur Jetztzeit haben wir gerade die Strahlung des Sternbildes ‚Fische' verlassen, welches das niedrigste der zwölf Weltalter ist, und haben uns in das des Wassermanns begeben, dass das höchste von allen ist. Die Schwingungen der ‚Fische' zum Beispiel entsprechen denen von Infa-Rot mit 15 Trillionen Schwingungen in der Sekunde, während die des Wassermann denen des Ultra-Violett entsprechen, die aus 75 Trillionen Schwingungen pro Sekunde bestehen, also fünf mal größer sind. Und dann sind wir jetzt auch noch in den äußeren Rand der „Goldenen Strahlen" gekommen, die, aus der Zentralsonne stammend, die am stärksten umwandelnden aller Strahlen darstellen, mit denen wir die sämtlichen Zeitalter hindurch in Berührung gekommen sind. Dieser ungeheure zweifache Einfluss ruft ein einziges Mal in jedem vollen Zyklus von 25.857 Jahren des wegen dieser starken goldenen Strahlen sogenannte „Goldene Zeitalter" hervor.

Jetzt ist das Zeitalter, von dem die Prophetie gekündet hat, DIE Zeit, in der die alte Ordnung vergeht und eine neue und höhere Lebensordnung entsteht und „da alle Dinge neu gemacht werden." Helena Blavatsky beschreibt: „Diese „Zentralsonne" der Okkultisten muss sogar die Wissenschaft im astronomischen Sinne annehmen, denn sie kann die Gegenwart im Sternenraume, von einem Zentralkörper in der Milchstraße, einem unsichtbaren und geheimnisvollen Punkte, dem immer verborgenen Anziehungszentrum unserer Sonne und unseres Systems, nicht leugnen... „ und „....die Zentralsonne einfach das Centrum der universalen Lebenselektrizität ist." (Die Geheimlehre Band n. S. 250) (Ich habe kein Interesse an Geheimlehren W. Schorat)

„Wir treten jetzt ein in das „Goldene Zeitalter" unseres Planetensystems in seiner Beziehung zu unserer Großen Zentralsonne, die wir in annähernd 26.000 Jahren einmal umkreisen, und zu gleicher Zeit gelangen wir in die belebenden Strahlen des

Wassermann-Sternbildes, dessen gesteigerte Schwingungen alles Lebendige und alle Lebensvorgänge auf unserer Erde aktivieren." Und vom „Gesetz des Kreislaufs" sprechend schreibt Dr. Sumner weiter: „Diesem Gesetz gemäß, das die Bewegung aller Planeten im Universum beherrscht, treten wir jetzt im Verlauf des kosmischen Geschehens in eine Periode ein, in der die bestehende Ordnung aufgelöst und eine neue, uns förderliche Ordnung errichtet werden muss. Unsere Erde wird belebt durch ungeheuer gesteigerte geistige Strahlungen aus den Sternenregionen, und als Folge davon wird sie allmählich eine große Umwandlung durchmachen.

Es muss eine große Erneuerung auf Erden stattfinden. Alles was geistig nicht hoch genug entwickelt ist, um empfänglich für diese höheren Schwingungen zu sein, um mit ihnen zu harmonisieren, wird unterliegen und von der Bildfläche verschwinden, damit die aufbauenden Kräfte auf ihr wohltätiges Ziel losgehen können, ohne durch Einmischung von zerstörenden Kräften noch weiter behindert zu werden. „ (106, S. 10 und 11)

Diplom-Psychologe H. J. Andersen schreibt zum Übergang vom Fische- zum Wassermann-Zeitalter: „Wenn wir zurückblicken auf den Ausgang des Altertums vor fast zweitausend Jahren: Was blieb damals im Übergang zum Fische-Zeitalter, von der Welt der Antike bestehen? Sehr wenig, Mit dem Aufkommen des Christentums änderten sich die geistigen Grundlagen weitgehend. Der Kulturwandel beim Wechsel der astrologischen Zeitalter beginnt auf der geistig-religiösen Ebene und setzt sich dann von einem bestimmten Zeitpunkt an auf der geschichtlich-politischen fort. So kann man eine Vorphase und eine Hauptphase des Wechsels unterscheiden. Wo stehen wir nun heute? Wir spüren wohl deutlich, dass zumindest die Vorphase schon lange in vollem Gange ist. Zwei Weltkriege, die hinter uns liegen, können als Vorläufer der eigentlichen Hauptphase verstanden werden, deren krisenhafte Zuspitzung vielleicht nicht mehr lange auf sich warten lässt". (7, S. 9-10).

Da H.I. Andersen den großen Umbruch, der uns ja ohne Zweifel noch bevorsteht, also das Umkippen der Machtverhältnisse auf unserem Planeten, in erster Linie durch einen sogenannten „Polsprung" (Umkippen oder Verschiebung der Erdachse und damit verbundene Erdbeben, Vulkanausbrüche und Überschwemmungen) vermutet, schreibt er auf S. 108:

„Beim zukünftigen Polsprung wird wiederum eine führende Weltmacht durch kosmische Einwirkungen zurückgeschlagen, in dem entscheidenden Augenblick ihres Griffs nach der Weltherrschaft! Dann naht die Stunde der Freiheit für die unterdrückten Völker. Freiheit, sich für den Geist eines Neuen Zeitalters zu entscheiden!" (7, S. 108)

Bei dieser sogenannten „führenden Weltmacht" scheint es sich um einen Zusammenschluss der reichsten Menschen dieses Planeten zu handeln, gemäß dem linksextremen Slogan: „Wer das Geld hat, hat die Macht, und wer die Macht hat, hat das Recht." Bob Prissell formuliert dies so: „Ob man sie nun Bilderberger, Geheimregierung, die Trilaterale Kommission, den Council on Foreign Relations oder Illuminaten nennt - der Name spielt keine Rolle. Die Geheime Regierung besteht einfach aus den reichsten Leuten der Welt, und diese zirka 2000 Magnaten haben unsere sogenannten Regierungen seit langer Zeit fest im Griff. Sie entscheiden wer, wann und wo gewählt wird; sie bestimmen, wann ein Krieg stattfindet und wann nicht. Sie kontrollieren die Nahrungsmittel- Verknappungen auf der Erde und setzen die Inflationsraten der einzelnen Währungen fest. All diese Bereiche sind in der Hand der Illuminaten. Sie haben zwar keine Macht über die Naturgewalten aber wo sie zu ihrem Vorteil manipulieren können, tun sie es auch." (44).

Und nochmals H.J. Andersen's Worte über deren Zukunft:
Es wird diese „...führende Weltmacht durch kosmische Einwirkungen zurückgeschlagen, in dem entscheidenden Augenblick ihres Griffs nach der Weltherrschaft! Dann naht die Stunde der Freiheit für die unterdrückten Völker. Freiheit, sich für den Geist eines Neuen Zeitalters zu entscheiden!" (7, s. 108) Das ist doch ziemlich deutlich und benötigt keiner weiteren Kommentare.
Die Welt am Sonntag schrieb in ihrer Ausgabe vom 4.1.1981: „Für die nächsten zwei Jahrzehnte sind mehr Voraussagen gemacht worden als für jede andere Periode menschlicher Geschichte. Der in Toronto lebende Engländer Joe Fischer, 33, der für sein Buch „Predictions" die Weissagungen von Propheten aus ältester und neuerer Zeit überprüfte, stellte jetzt fest: „Alle stimmen überein, dass die Zeit bis zum Jahr 2000 einen Wendepunkt bilden wird, wie ihn dieser Planet noch niemals erlebt hat." (Aber was ist passiert, die gleichen Wirtschaftspolitischen Kräfte sind noch mächtiger geworden und die Früchte an denen ihr sie erkennen könnt sind noch reifer geworden, bis zur Klimakatastrophe kommend. W.Schorat)

Die seit alters benutzten Redewendungen vom „Weltuntergang", vom „Ende der Welt", der christlich-biblischen „Endzeit", der „Apokalypse", des nordisch-eddischen „Ragnarök" (Weltenbrand), in Wagners „Ring des Nibelungen" schon richtiger „Götterdämmerung" bezeichnet, sind doch mit Sicherheit nichts anderes als Voraussagen des oben geschilderten ENDE eines großen siderischen Zeitalters von 25.860 Jahren. Und dem damit verbundenen Untergang einer Weltherrschafts-Idee, einer falschen Welt-und Lebensauffassung und den destruktiven, weltbeherrschenden Machtverhältnissen - und eben nicht das Ende der Menschheit oder unseres Planeten schlechthin.

Die Yugas, wie in den indischen Veden die großen Zyklen der kosmischen Zeit seit alters her genannt werden, hängen mit der Umdrehung unserer Sonne um die Zentralsonne zusammen. Mit jeder vollständigen Umdrehung unserer Sonne verstärkt sich ihre Vibrationsfrequenz, und sie leitet die erhöhte Energie zu ihren Planeten weiter. Wir auf der Erde stehen am Rand einer aufsteigenden Spirale und diese Übertragung von Energie hat bereits begonnen. Die kosmische und ultraviolette Strahlung nimmt zu, wodurch die Evolution gefördert wird und gedeiht, aufgrund der dadurch auftretenden Mutationen und des Überlebens der Tüchtigsten - physisch und spirituell.

Nun kommt noch ein weiterer Aspekt mit hinzu: Und zwar die erst vor wenigen Jahren entdeckte Schlingerbewegung der Erde. Wir, das heißt das gesamte Sonnensystem, bewegen uns derart auf einer Spirale durch den Weltraum, dass es den Anschein macht, wir seien mit etwas verbunden.

Astronomen, welche diesen Vorgang ebenfalls beobachten konnten, suchten natürlich auch nach diesem Körper. Was von den Astronomen zuerst als Sterngruppe ausgemacht worden war, entpuppte sich als der Stern Sirius A. Als Gegenpol hat die Erde also Sirius A, mit dem sie sich auf einer Spirale durch das All bewegt. Diese Spirale entspricht wiederum haargenau der Helix des DNS-Moleküls. Wir teilen daher unser Schicksal mit Sirius A. Auf unserem gemeinsamen Weg entfaltet sich ein Bewusstsein, so wie die Gene und Chromosomen des DNS-Moleküls ihre Informationen von ganz bestimmten Plätzen aus freigeben. Es gibt Schlüsselzeiten, zu denen bestimmte Dinge geschehen können. Zeiten, zu denen „genetisch" kritische Ausrichtungen zwischen Sirius A, der Erde und dem restlichen Kosmos bestehen. Eine solche, ganz besondere Verbindung findet gerade jetzt statt.

Die Frequenz oder Vibration unseres Planetensystems wird sich beschleunigen, erhöhen, physisch wie auch spirituell. Die Frequenz der kleinsten Partikel wird sich beschleunigen, so auch das Leben an sich. Das ist es, was wir im Augenblick erfahren. Ereignisse im Leben spielen sich schneller ab und wie wir schon betrachtet haben, geschieht in den letzten Jahren mehr als in den letzten Jahrzehnten und auch Jahrhunderten. Doch das ist nicht nur spirituelles Gesäusel. Die Atomzeituhren, die nach, „wissenschaftlicher Aussage" tausend Jahre auf die tausendstel Sekunde genau gehen sollen, mussten alleine 1992 schon zweimal nachgestellt werden (nach Gregg Braden). Die Zeit beschleunigt sich, die Zeit verändert sich.

In der Außenwelt wird alles schneller von statten gehen und im Inneren der Menschen wird sich dementsprechend das Bewusstsein erhöhen.

Schneller schwingend bedeutet wie bei akustischen Tönen gleichzeitig höher schwingend. In der Außenwelt werden Institutionen wie die Großkirchen und andere Organisationen, die in alten Gedankenmustern und Formen festhängen, zerfallen. Auch die bestehenden Wirtschaftsstrukturen, Gesellschafts-Ordnungen" und so weiter. Leben ist Bewegung, Leben ist Fortschritt und Weiterentwicklung, doch die Institutionen der „destruktiven Kräfte" blockieren mit ihrer Existenz die Höherentwicklung der Menschheit. Nun stellt sich die Frage, wer ist stärker? Die Natur, die seit Äonen ihren Lauf geht, oder ein paar multinationale Gruppierungen auf einem kleinen Planeten inmitten eines riesigen Universums?

Die einzige Chance, die diese hatten, ihre Programme zur Kontrolle der Menschen und ihrer Entwicklung zu installieren, war die Zeit, als sich die Sonne am weitesten von der Zentralsonne wegbewegt hatte, im Kali- Yuga, im Dunklen Zeitalter, wie es schon vor Jahrtausenden im indogermanischen hieß und somit bekannt war. Ab jetzt beschleunigt sich alles. Die Sonne bewegt sich wieder in Richtung Urzentralsonne, man könnte auch symbolisch sagen, Gott atmet wieder ein.

Wir möchten Ihnen in Kurzform schildern, was sich in den nächsten Jahren hier abspielen wird - was manche „Spreu-von-Weizen-trennen" oder auch das „große Abräumen" nennen. Sie werden staunen, wie einfach und logisch das ist, was wir Ihnen schildern werden. Und so erkennt man die Wahrheit daran. (Aber einfach und logisch bedeutet nicht sofort auch Wahrheit denn beides sind Mentalkonstruktionen. W.Schorat)

Manche Gläubigen behaupten, Gott würde „aussortieren". Die Zeugen Jehovas sagen, nur 144.000 wären auserwählt, dieses Szenarium zu überleben. Oder manche Ashtar-Sheran-Anhänger glauben, sie würden nach einer Auslese vom Ashtar-Kommando, einer uns angeblich liebevoll gesonnenen außerirdischen Rasse, evakuiert werden. (Wir bezweifeln, dass dies so geschehen wird, da wir uns selbst auch schon viele Male während unserer Schulzeit vor Klassenarbeiten „evakuiert" hatten, und trotzdem nachher diese wiederholen mussten). Die nächste Prüfung kommt bestimmt!

Verehrte Leserinnen, so geht das alles nicht. Damit würde ja in den freien Willen des Menschen eingegriffen und ihm die Verantwortung über sein Geschaffenes genommen werden. Es ist viel, viel einfacher!

Was mit unserem Sonnensystem passiert ist folgendes: Da sich unser Sonnensystem zur Zentralsonne zurückbewegt, beschleunigt sich alles.

Auch die geistigen Gesetze, die das Leben aufrecht erhalten, inklusive des Kausalitätsgesetzes, des Gesetzes von „Ursache und Wirkung". Damit wird alles, was an Gedanken, Handlungen und Emotionen ausgesandt wird, schneller auf den Schöpfer derselben zurückgesandt. Das wäre mit unserem Computerbeispiel verglichen so, als würde man einen 386er Rechner mit einem 486er Rechner austauschen. Wenn man mit dem 386er Rechner, die ältere und etwas langsamere Version, etwas in den Computer eingegeben hatte, dauerte es vielleicht 30 Sekunden, bis das Eingegebene, Erfasste ausgedruckt und damit Realität geworden war. Bei dem 486er dauert der gleiche Vorgang nicht so lange - vielleicht 10 Sek. Nun wird der Mensch am Computer schneller mit dem, was er eingegeben hatte, durch den Ausdruck konfrontiert, da der neue Rechner einfach schneller arbeitet. Und mit unserem Kausalitätsgesetz ist es das gleiche. Unser Sonnensystem rüstet sich sozusagen von einem 386er auf einen 486er auf und die Person, die einen Gedanken in das Leben einwirft oder eingeworfen hat, egal ob konstruktiv oder destruktiv, wird schneller mit ihrer „Kreation" konfrontiert.

Das wiederum bedeutet, dass destruktive Menschen noch destruktiver werden und konstruktive noch konstruktiver, und wiederum sammeln sich nach dem geistigen Gesetz der Resonanz so auch deren Lager. Gleiches zieht gleiches an. So trennt sich automatisch die Spreu vom Weizen, doch hat nicht irgendein „Gott" oder „Satan" mitgewirkt, sondern jeder selbst ist sein eigener Lenker oder Henker. Das Göttliche wäre wieder mit dem Kausalitätsgesetz zu vergleichen, die Macht, die das Wirken von positiv wie negativ überhaupt ermöglicht, aber auch zulässt. Und unsere Schöpfung hat es nun vorgezogen, das Gaspedal symbolisch ein bisschen weiter durchzudrücken, nämlich das Wirken der Ordnung zu beschleunigen. Doch liegt es an jedem Einzelnen, wie er das nun schneller gewordene Leben nutzt.

Wer konstruktiv lebt, kann Konstruktives schneller in sein Leben ziehen, und so auch andersherum. Es ist einfach und in der Natur abzulesen.

Das gegenwärtige Zeitalter, das Kali-Yuga, aus welchem wir gerade heraustreten, ist das am niedrigsten schwingende und daher auch das destruktivste von allen. Die wahre Natur der Realität wird sehr wenig wahrgenommen und die chronische Nicht-Beachtung des Gesetzes (d.h. des kosmischen, natürlichen oder göttlichen Gesetzes) scheint des Menschen natürlicher Zustand zu sein. Da jedoch alle Dinge zu gegebener Zeit den vollen Kreis gehen (oder richtiger in einer vollen Spirale), und da wir uns jetzt der Endphase des derzeitigen Yuga nähern, zieht eine menschliche und planetarische Übergangsphase von der alten Zeit der Dunkelheit zum neuen Aufschwung des Bewusstseins, zur neuen Zeit des Lichtes herauf wie eine Dämmerung (The Golden, Dawn). Wie schon erwähnt: die goldene Zeit. Bei diesem Durchgang wird die Sonne durch sich verändernde kosmische Energien beeinflusst und die Strahlen (Schwingungen) transformierter Energien auf das gesamte Sonnensystem projizieren werden. Dies wird eine Periode von großem positiven Einfluss und Verstehen sein, weil sie den Höhepunkt und die Kulmination der Zivilisation dieser Zeit repräsentiert. Die verbliebene menschliche Rasse wird voll dafür ausgerüstet sein, den Rest dieses Erdendaseins in einem Zustand der Perfektion zu vollenden. Diese Lebens-Welle wird die Herrschaft über die physikalische Ebene erringen und dadurch dann bereit sein, auf ihrer evolutionären Reise zu einer höheren Ebene aufzusteigen.

Das Leben ist eine Schule für Gottes Mit-Schöpfer und die Seelen, die vor der kommenden „Reifeprüfung" ihre Lektion nicht gelernt haben, werden nach der Übergangsphase zurückgehalten, um wieder ein anderes Yuga zu einer anderen Zeit in der Zukunft zu bevölkern, wo sie immer und immer wieder inkarnieren, solange, bis sie es verstanden haben. Tatsächlich ist es sehr gut möglich, dass die meisten Menschen Sitzengebliebene sind, die vom letzten Zyklus zurückgehalten wurden (Atlantis).

Die meisten Menschen auf der Erde befinden sich nach mehreren Jahrtausenden der verschiedensten Kulturen immer noch im Überlebenskampf.

Dieser bedeutet Hausbau, Energieversorgung, Ernährung, Fortpflanzung, also die Grundbedürfnisse zum Überleben auf der Erde. Ist dieses einmal gemeistert, hat der Mensch die Zeit und Ruhe, sich Gedanken zu machen, warum er eigentlich auf die Erde gekommen ist und wie er nun, da er überlebensfähig ist, anfangen kann, seine Aufgabe, den Grund seines DaSeins, hier zu erfüllen. Doch die meisten Menschen schaffen es in ihrem Leben nie über die Schwelle des Überlebens und der Arbeit hinauszukommen und sterben wieder, ohne überhaupt wirklich bewusst gelebt zu haben.

Bevor jedoch die Umwandlung zum neuen, harmonischen Zustand erfolgen kann, stehen uns noch alle die beschriebenen drastischen Ereignisse bevor: Internationales Chaos, Schwierigkeiten der Nationen, Hungersnot, Natur- und von Menschen geschaffene Katastrophen, geophysikalische, himmlische und kosmische Anomalien und wahrscheinlich noch viele mehr. Es sind die Ereignisse, die von fast allen Religionen und von vielen Kulturen vorhergesagt sind. Ein Reinigungsprozess der Erde, dessen Karma fällig und zu zahlen ist, ehe die neue Phase wirksam werden kann. Nur das reinste Wasser kann zu Dampf werden, und so wird es auch mit uns Menschen sein, die in diesem evolutionären Zyklus gefangen sind. Die Chancen des Überlebens hängen vom Zustand des inneren Seins und von dessen relativer Reinheit ab. Wenn ein Mensch sein göttliches Potential näher erforschen möchte, so muss zuerst eine Abstimmung auf jene höhere Frequenz erfolgen, die von spiritueller Natur ist.

Gehen wir nochmals in die globale Perspektive:

Wo oder wie wir uns im Moment befinden, ist eine Wirkung. Die Ursache hierfür liegt zeitlich davor. Unsere momentane Situation ist die Wirkung früherer Gedanken. Unsere jetzigen Gedanken setzen Ursachen dafür, wo wir morgen, übermorgen, wo wir in 1000 Jahren stehen werden.

Wo wir heute stehen, stehen wir auf Grund von früher gedachten Gedanken. Aus der Qualität der Gedanken folgt eine entsprechende Wirkung. Unsere eigenen Gedanken sind vorrangig die Ursachen für die Wirkungen, die wir erleben. Aber durch Manipulation werden uns Dinge vorgehalten, die dann zu „unseren" Gedanken werden. Katastrophen oder schlechte Nachrichten werden von negativ gepolten, resignierten Menschen geradezu aufgesogen und zum eigenen Gedankengut gemacht im Gegensatz zu belanglosen Normalitäten des Lebens, die nicht tiefer gehen, eben weil sie belanglos und uninteressant sind.

Mit sensationellen Nachrichten und erschreckenden Szenarien lockt man die Menschen. Wer Derartiges auch für die Zukunft zu berichten weiß, findet Gehör, regt zum Denken an und setzt Ursachen für die Wirkungen der beschriebenen Zukunft - unserer aller Zukunft. Das wissen und benutzen die destruktiven Kräfte. Denn diese haben ein bestimmtes Endziel vor Augen, nämlich die Kontrolle über die Erde, zu deren Erreichung ihnen jedes Mittel recht ist. Da wird ein Dritter Weltkrieg berechnend angestrebt, nach dessen Ende diese als Retter hervortreten und der dezimierten Menschheit die Weltregierung anbieten wollen, die dann alles zum Besten führt.

Was ihnen natürlich gänzlich unerwünscht wäre, sind reife mündige Menschen, die ihr Schicksal selbst bestimmen wollen, ohne manipuliert zu werden. Die eigene, ethische und qualifizierte Gedanken denken und damit Ursachen setzen für eine friedvolle, gesunde Welt!

Je mehr Menschen und, damit auch deren geistiges Potential eine gewünschte Wirkung als Tatsache erkennen, um so mehr treffen die Ursachen und die Umstände ein! Wir sollten uns darüber bewusst werden, dass wir mit Kraft unserer Gedanken Gewichte auf eine Seite der Waagschale legen. Seit Jahrhunderten wird dieses Gewicht größer. Prognosen werden als Realität angenommen und erschaffen dadurch erst die Realität. Somit ist es ein Teil des Szenariums, das wir, die wir an die Realität der Prophezeiungen glauben, mit unserer Gedankenkraft die Ursachen setzen, dass diese Voraussagen wirklich wahr werden.

Wir haben die Wahl! Immer mehr wollen die notwendige, längst überfällige Veränderung in Politik, Ökologie und in Denkprozessen. Mutter Erde ist am Wende-Punkt! Nur eine radikale Kehrtwende, eine Zäsur, wendet noch alles zum Guten. Das muss aber nicht im Crash eines Dritten Weltkrieges enden, aus dem möglicherweise nur ein Drittel der Menschheit übrigbleibt, was, so fatal das klingt, trotzdem eine Rettung für diesen Globus wäre.

Uns in der kapitalistischen Welt geht es heutzutage wirtschaftlich vordergründig so gut, dass wir gar nicht mehr wissen, was wir mit unserem Reichtum noch alles anfangen sollen. Während früher und in der nicht kapitalistischen Welt jeder dankbar sein musste, sein täglich Brot zu bekommen, nehmen wir alles als selbstverständlich hin, ständig aus dem Vollen zu schöpfen. Dazu ein bis zwei Autos, Motorräder, Fernreisen, neue Kleider nach bereits jahreszeitlich wechselnder Mode. Doch das ist nicht genug: Das nächste Auto wird größer, schneller, die nächste Reise noch weiter.

Viel zu viel wird verschwendet, weggeworfen und vernichtet. Und dabei herrscht Undank, Hochmut, Neid, Gier und Egoismus.

Wie im Märchen „vom Fischer und seiner Frau" ist es vor lauter Raffen und Prassen und hektischer Arbeit nie genug. Es fehlt uns an Besinnung, wozu das alles, wohin führt das alles? Tut uns das alles eigentlich gut? Wir sehen den Sinn unserer menschlichen Existenz Gedanken- und kritiklos in der Aufblähung und im Konsum, doch dabei gehen immer mehr Menschen und unsere Welt zugrunde, da wir für ein solches Leben nicht geschaffen sind. Endlich redet man davon, wie verkehrt alles läuft. Aber was soll man tun als Einzelner? Alle machen es doch! Der Massenmensch hat den Boden unter den Füßen verloren, ist bindungslos geworden, Familien lösen sich auf, Einzelgänger und Single-Haushalte nehmen Überhand, ja werden durch Katalogbestellung, BTX, Homebanking, Erascorant und tote Mikrowellen-Ernährung gefördert. Wo ist eine Lösung, gibt's überhaupt noch eine, oder ist uns der Untergang sicher? Was soll's überhaupt noch?

Hemmschwellen sinken für Harakirisportarten wie Bungeejumping, Snowbordrasen, S-Bahn-Surfen und so weiter. Hilfsbereitschaft, Treue, Bescheidenheit, Dankbarkeit oder gar Demut? Quatsch! Schnee von gestern! Das ist lästig, hält nur auf - auf den Müll damit! Es geht uns immer besser und besser, je kränker und kaputter wir sind. Mehr Lohn, weniger Arbeit! Wer nicht mitmacht, ist out - „mega-out!". Man sagt uns, was alles „in" ist, alles ist käuflich, alles machbar. Und mag der Planet doch zu Grunde gehen, Hauptsache wir haben Fun. Wir rasen der Eskalation auf festen Schienen entgegen, weil wir nicht merken, dass, wie Jakob Lorber schon sagte, der hungrige Bär (Russland) die Krallen wetzt, um sich das von uns zu holen, mit dem wir arrogant protzen, prahlen und es verschwenden.

Das gewaltsame Ende, der atomare Overkill, ist näher, als es die Masse im Friedenstaumel ahnt! Aber immer schön auf der „Spur" bleiben!

Im 19. Jahrhundert hat schon Charles Dickens dazu geschrieben: „Das menschliche Verhalten führt zu einem gewaltsamen Ende. Aber wenn das gewaltsame Verhalten geändert wird, ändert sich zwangsläufig auch das Ende!"

Soo das war einiges was Van Helsing sich zur „Rettung der Welt" zusammengearbeitet hatte. Auch schön.

Hier ist was als Kyron in Büchern zu lesen ist zu diesem Thema:

ÜBER DIE ENDZEIT!

Viele von Euch, die mit meiner Seite- des Schleiers in Berührung sind, haben das, was ich tue, vorausgesehen; doch weil die Kommunikation bestenfalls schwierig war, habt Ihr nicht den korrekten Plan gesehen. Die Informationen waren korrekt, aber die Gedankenpakete, die Ihr empfangen habt, führten Euch zu Schlussfolgerungen, die auf bruchstückhaftem Verstehen beruhen und nicht die eigentlichen Fakten darstellen. Eure medialen Visionen handelten von einer Art „Kippen der Erde". Nichts dergleichen steht bevor. Ein auch nur leichtes Kippen der Erde, würde, zum jetzigen Zeitpunkt, zu einer verheerenden Zerstörung der Menschheit führen. Ozeane würden sich über Landmassen ergießen, die Erdkruste würde sich gewaltsam aufbäumen, der Mond würde die nun freiliegenden, schwächeren Gebiete anziehen und die Oberfläche buchstäblich aufwühlen, und Euer Wetter würde sich dramatisch ändern. Neu aktivierte Vulkane würden überall aufschießen, und das Leben der Menschheit wäre auf der Erde beendet.

Woher ich das weiß? Ich habe diesen Vorgang beim ersten Mal beobachtet!

Sicherlich wird es Überschwemmungen, Erdbeben und Vulkanausbrüche in der Zukunft geben... manche davon als Reaktion auf meine neuerliche Arbeit. Diese Geschehnisse werden jedoch nicht das Leben der Bevölkerung auf der Erde beenden. Sie werden, wie auch immer, an ungewöhnlichen Stellen auftreten.

1) Kyron spricht hier jetzt ganz deutlich über die Endzeit: „Ich habe aber der Wortwahl ZEITEN-ENDE im deutschsprachigen Titel zugestimmt, weil ich für den deutschsprachigen Raum die emotionale Betroffenheit zum Begriff der End - Zeit wahrnehme. Angst ist kein guter Lehrmeister und es gibt nichts, das es zu befürchten gibt."

Benutzt Euer Wahrnehmungsvermögen, Eure Unterscheidungskraft und Eure Intuition, die Euch auf Eurer Zellebene zu Eigen ist. Euer höheres Bewusstsein, „Gott-Selbst", wird Euch dienend bei der Antwort helfen: Denkt Ihr, dass die Menschheit bis an das Ende dieses Zyklus', der Erleuchtung des höheren Bewusstseins, durch die ganze Erdengeschichte hindurch gebracht wurde, um von einer Welle oder einem Felsbrocken erschlagen zu werden? Was wäre das für eine Graduierung? - Was für einen Abschluss? Meint Ihr nicht auch?

Nein. Das Kippen, das vorausgesehen wurde, ist mein Job. Es ist ein magnetisches Kippen zur Neuausrichtung des Gitternetzes der Erde, um es für Eure Abschlusszeit anzupassen. Im Grunde erhaltet Ihr eine korrekt abgestimmte magnetische Hülle für die Existenz und das Leben ausbalancierter, ausgeglichener, erleuchteter Menschen. Euer magnetischer Nordpol wird nicht mehr auf den geographischen Norden ausgerichtet sein. Er war es, wie Ihr wisst, eigentlich auch gar nie, doch die Abweichung wird nun beträchtlich werden.

Warum ist das jetzt wichtig und bedeutsam? Die Bedeutung liegt für die Menschen darin, dass diejenigen, die nicht darauf vorbereitet sind, auch nicht in der Lage sein werden, damit umzugehen. Manche werden bleiben, und diejenigen, die das nicht können, werden wiedergeboren werden und mit einer stimmigen Ausrichtung zurückkommen. Was dabei mit Eurer Gesellschaft geschieht, gehört zu dem negativen Teil meiner Botschaft an Euch.

Mein Arbeitsprozess wird zehn bis zwölf Jahre in Erdenzeit in Anspruch nehmen. Die allmähliche Anpassung vollzieht sich von jetzt bis zum Jahre 2002. Ca. um das Jahr 1999 solltet Ihr genauer wissen, wovon ich jetzt spreche. Die Regierungen werden von machtvollen Menschen geführt... nicht alle von ihnen sind erleuchtet. Ihre Unfähigkeit, mit dem Bewusstseinswandel umzugehen, könnte sie aus dem Gleichgewicht bringen, woraus Chaos entstehen könnte.

Euch wird aufgefallen sein, dass ich „könnte" sagte. Tatsache ist, dass Ihr hier eine reale Möglichkeit für Veränderung habt. Mit den Anpassungen des Magnetgitters wird Euch in den nächsten Jahren mehr Erleuchtung gegeben. Wie ich Euch schon zuvor sagte, sind Eure Euch einschränkenden Implantate auf meine Gitter ausgerichtet. Die Veränderung des Gitternetzes der Erde wird Euch von bestimmten Einschränkungen befreien, und Ihr werdet von da an, in einem bisher nicht gekannten Maße, fähig sein, Euer Tun zu kontrollieren. Zum ersten Mal werdet Ihr vollständig die Kraft, die durch die Energie der Liebe entsteht, erfassen und für die Heilung des Planeten einsetzen können. Ihr werdet ebenso fähig sein, diese Energie derart zu fokussieren, dass Negatives sich in Positives verwandelt. Dies hat eine Balance vieler Einzelner zur Folge, die früher keine Chance gehabt hätten, in der Phase des Übergangs hier zu bleiben.

Ehe ich fortfahre, halte ich hier an, weil ich andauernd von dem Schreiber unterbrochen werde. Er möchte etwas über die Bedeutung der dreifachen Sechs, oder Eurer Zahl 666, die für den Anti-Gott oder Anti-Christ der Endzeit steht, wissen.
Außerdem möchte er etwas über das „Zeichen des Tieres" wissen. Dieses „Zeichen" wurde von Menschen schon mit allem möglichen gleichgesetzt, wie, den staatlichen Steuer-/ Arbeitsnummern... bis hin zu den Computer-Strichcodes auf Einkaufspackungen in Euren Geschäften. Tatsächlich handelt es sich um etwas viel grundlegenderes: es ist die magnetische Balance Eures biologischen Codes auf der Zellebene (DNS)! Alle unter Euch, die ausbalanciert -, im Gleichgewicht sind, sind neutral. Diejenigen die nicht ausbalanciert sind, sind „gekennzeichnet" für eine Veränderung (auch das kann zu jeder Zeit umgewandelt werden). Die „Bestie" oder auch das, „Tier" wie es genannt wird, ist das unerleuchtete Selbst in jedem von

Euch. Es erhielt diesen Namen aufgrund der möglichen Handlungsweisen (potentiellen Aktionen) unbalancierter, unausgeglichener Führer während der Zeit der Neuausrichtung..., wie eine „Bestie", die den Frieden in Dir verschlingt. Daher tragen die Unbalancierten, Unausgeglichenen das Zeichen der potentiellen Bestie.

Das mag jenen unter Euch, welche das medial empfangene, gechannelte Buch der Offenbarung in der christlichen Bibel studiert haben, rückständig erscheinen (vergl. Offenbarung des Johannes, 13, Vers 16-18; A.d.Ü.) - aber jetzt habe ich eine Offenbarung für Euch: Dieses alte Channeling war mit Absicht in unklarer und verwirrender Form gehalten, da keine einzige Wesenheit im ganzen Universum je voraussagen konnte, wie Eure bevorstehende Prüfung tatsächlich ausgehen wird! Es gibt mehrere mögliche Ausgangsarten für Euch, und in diesem Buch der Schrift werden alle möglichen Szenarien für die Endzeit der Erde aufgezeigt - kein Wunder, ist die Auslegung schwierig - ein „kosmischer Witz". Die Bedeutung der 666 liegt darin, dass sie eine getarnte 9, eine Phantom-Neun, ist. Die Zahl 9 versteckt sich in der dreifachen 6 in vielerlei Art, sozusagen an jeder Ecke, und sie repräsentiert die Energie Eurer jetzigen Zeit. Die 9 handelt von der Schwingung der Balance, Kraft-Macht, Stärke und Liebe. Sie signalisiert desgleichen die Vollendung. Addiert Ihr die drei Sechser, erhaltet Ihr 18, was wieder zur 9 addierbar ist. Multipliziert man die so entstandene 9 mit der Kraft- und Machtzahl 3, um weitere Informationen zu erhalten, (so wie Ihr es zuvor schon mit meinem NamensKLANG getan habt), ergibt das 27, die Quersumme von 27 ist wieder 9. Wollt Ihr die dreifache Sechs als eine mit sich selbst multiplizierte Zahl verstehen, 6x6x6 (oder sechs hoch drei), erhaltet Ihr 216, die wiederum als Quersumme, 2+ 1 +6 = 9 ergibt. Die Schwingung der 9 ist die Schwingung jener, die balanciert sind und bleiben. Die 666 ist keine Zahl die man fürchten müsste. (Es gibt keine Zahlen, die zu fürchten sind. Zahlen geben uns wichtige Informationen und sind ein wunderbares dreidimensionales Instrument (wovon Ihr gegenwärtig nur zwei Dimensionen gebraucht)). Sie sind mathematisch, stehen jedoch für Energie und machen diese sichtbar.

Das Kennzeichen der drei 6er zusammen ist folgendes: Jede 6 repräsentiert eine der drei „mathematisch-basierten-Sechser Rechnungen (mathematische Grundrechnungen) der Erde:
(1) Die erste 6 ist die Zeit. Dieses fundamentale Sechser-System wurde von der Erdrotation abgeleitet und Ihr verwendet es getreulich, seit seiner ursprünglichen Entdeckung.
(2) Die zweite 6 repräsentiert das magnetische Kompasssystem von 360 Grad, ebenfalls abgeleitet und entwickelt durch die physikalische Gegebenheit der Erde, ihre Kreisform. Beachtet, dass auch der Kompass ein „Kreis von 9er" ist.

Jeder der acht 45-Grad-Punkte lässt sich zu einer 9 addieren. Die den acht Punkten gegenüber liegenden Zahlen ergeben ebenfalls 9 (360+180; 45+225; 90+270; etc.) Warum die gegenüberliegenden Punkte addieren?

Wenn Ihr lange genug in eine Richtung reist, werdet Ihr Euch wohl schließlich an dem Ort Eurer Abreise befinden. Euer Weg wurde zu einer den Globus umkreisenden Linie. Um eine Richtung zu bestimmen, muss man also beide magnetischen Grad-Angaben beachten, da die Linie weder Anfang noch Ende hat.

(3) Das letzte fundamentale 6er-System ist die Schwerkraft. Wenn Ihr in der Lage seid, sie zu berechnen und zu beeinflussen, werdet Ihr gleichfalls entdecken, dass sie auf der Sechs basiert.

Das Schreckgespenst von einem Menschenwesen, das die Macht der Finsternis auf Erden repräsentiert und mit einer teuflischen Zahl auf dem Kopf gekennzeichnet ist, ist keine gechannelte Botschaft. Es wurde vielmehr von Menschen für menschliche Zwecke geschaffen. Die Vorstellung vom „Anti-Christ" entstand aus der Tatsache, dass die Unausgeglichenen, Unbalancierten, die unerleuchtete Energie beherbergen, welche konträr zur großartigen Liebesbotschaft des Meisters Jesus ist.

Erinnert Euch, Ihr könnt Euch von allen alten Vorstellungen bezüglich der Endzeit wegbewegen und lösen. Falls Ihr Angehörige des christlichen Glaubens seid, bitte ich Euch, weiterhin Eure Augen auf Jesus, den Lehrer, zu richten und in vollkommener Liebe um Führung zu bitten, um Führung, die nicht auf menschliche Lehren und Doktrin gegründet ist, sondern auf Gottes Weisheit. Bittet und betet um Erkenntnis, Unterscheidungsvermögen und Frieden. Die Liebe wird Euch hindurchführen. Nun gibt es eine große Gefahr für Euch. Menschen werden Euch Schaden zufügen, wenn Ihr nicht vorsichtig seid. Ruft nach der Euch so familiär-vertrauten Kraft und Macht der Liebe und nutzt sie! Bittet und fragt nach geistiger Führung (der Heilige Geist) zur Wahrheit über die Endzeit und das, was Ihr tun sollt. Studiert das „Ereignis von Jonestown"4 in Eurer jüngsten Geschichte und lernt daraus.

(4) Massensenselbstmord einer Sekte in Guayana, bei der die Menschen blind den Anweisungen eines Führers folgten; A.d.U)

Die Anpassungen, die ich jetzt vornehme, werden sich mit Sicherheit auf Euch alle auswirken, so dass sich für alle Menschen einiges ändern wird. Wie ich schon zuvor erwähnte, wird die Gesellschaft der Erde veranlasst, sich zu verändern, unmittelbar ausgelöst durch die Aktionen und Handlungen der Regierungen, die, die Entscheidungsbefugnis für die Gesamtheit haben. Die Länder, deren Wirtschaftssysteme sich weitgehend selbst regulieren, könnten am meisten davon betroffen sein. Ein selbstregulierendes Wirtschaftssystem bedarf gegenseitiger, kollektiver Abmachungen und Übereinstimmungen und nicht dem alleinigen Vertrauen in die Führung einer Regierung. Wenn diese Faktoren wegfallen, ist der Kollaps sicher. Diejenigen von Euch, die in der sogenannten ersten Welt leben, sollten wachsam sein. Ausgeglichene Wesenheiten, Menschen in Balance, werden nun auf kraftvollen Wegen zu ihrer Macht finden, aber sie sollten in wirtschaftlichen, ökonomischen Angelegenheiten umsichtig sein. Traut den Geld- und Währungssystemen Eurer Regierungen während dieser Zeiten der Veränderungen nicht. Wechselt Eure persönlichen Zahlungsmittel in die einfachste Form um. Betreibt Tauschhandel, wo Ihr könnt, und verlasst Euch nicht auf irgendwelche Geldinstitute. Ihr braucht nicht vor Euren Regierungssystemen zu fliehen oder Euch davor zu verstecken, sofern Ihr nicht wirklich in Eurer Existenz bedroht seid. Steht die Veränderungen durch, und haltet an ehrenhaften Prinzipien fest, die in gerechter Weise aufzeigen, wie sich Menschen zum Wohle der Mehrheit selbst organisieren, mit Liebe und Toleranz für die Minderheit.

Das sind Empfehlungen für Euren Schutz, und sie kündigen nicht notwendigerweise schreckliche Zeiten des Überlebenskampfes oder einen Holocaust an. Es gibt auch gute Nachrichten: Ich kam im Jahr 1989 um mit meiner Arbeit zu beginnen. Aber noch bevor Änderungen vorgenommen wurden, hattet Ihr bereits begonnen Euch zu verändern. Das ist ein deutliches Zeichen für eine stimmige Zeitplanung und dafür, dass Ihr „auf gutem Kurs" seid. Auf meine ersten primären Bewegungen reagiertet Ihr weltweit auf positive Weise und habt viel von dem neuen Bewusstsein in Euch aufgenommen. Ihr sollt wissen, dass wir Euch dafür feiern. Es gibt kein besseres Zeichen für globale, weltweite
Erleuchtung als 1. der Wunsch nach Toleranz, 2. der Wunsch nach Frieden und 3. die Beseitigung von allem, das den Punkten 1 und 2 im Wege steht.

Habt ihr die Kraft der 9 in meinem Ankunftsjahr bemerkt? Die 666 mit ihrer verborgenen Bedeutung hat es vorhergesagt. Jeder, der Erkenntnisvermögen hat, hätte leicht auf das Anfangsjahr meiner Arbeit mit Euch hinweisen können, und viele taten es.

Ihr habt zu der Zeit auch einen kleinen globalen Krieg stattfinden sehen, der einzig und allein von einem Wesen ausgelöst wurde, das nicht in Balance war.
Dieser Krieg war global in dem Sinne, dass zum ersten Mal alle Staaten sofort darin verwickelt waren und sich miteinander um eine Lösung bemühten. Das Wesen, das den Konflikt verursachte, zeigte Euch genau die erwähnte unlogische Reaktions-

weise eines Unerleuchteten (Unbalancierten) Menschen auf die neue Ausrichtung des Magnetgitter. Es reagierte sehr empfindlich auf die bereits vollzogenen Veränderungen, und es reagierte vor aller Augen. Das ist die Gefahr, von der ich spreche, der Ihr begegnen könntet, und die Ihr bannen könnt. Beachtet auch, dass dieser Konflikt bei vielen, vielen Menschen zur Beendigung ihres Zyklus' geführt hat. Hier ist wahrhaftig das „Biest" am Werk, gewillt, den Frieden zu fressen. Das ist die „Anti-Christ" Energie, von der ich sprach.

Wie könnt Ihr persönlich auf Kurs bleiben? Was könnt Ihr nun tun?
Was ich Euch im Folgenden sage, ist das Wichtigste überhaupt.
Die Liebesverbindung."

Soo das war einiges aus dem Getschanelten Kyron Buch „ Das Zeiten Ende"
Also die Unterschiede sind riesig zu diesem Thema der „Jüngste Tag"
Hier sind zwei Meditationsvarianten die sehr gut zum meditieren und sein in den Regenbogen Transformationszentren passen würden

1.) Als Ende des Zweiten Weltkrieges über Hiroshima die Atombombe abgeworfen wurde, haben sich in einem kleinen buddhistischen Tempel eine Gruppe Menschen zusammengefunden und hatten dort meditiert. Und interessanterweise war es genau dieser Tempel, der als einziges Haus in der dortigen Gegend stehen blieb - alle Personen unverletzt. Doch dem nicht genug. Alle Personen, die dort meditiert hatten, sind bis heute strahlungsfrei geblieben. Zufall?

2.) Als in Kobe in Japan das Megaerdbeben die Stadt platt gemacht hatte, hörte ich später ein Radiobericht, das in Kobe mitten in der Stadt einige Mönche in einem kleinen Tempel meditiert hatten als das Erdbeben passierte. Danach war alles um ihnen herum Platt bloß sie und ihr Tempel waren unverletzt geblieben…

Hier nun noch einiges zur Zeitenwende oder Jüngstem Tag aus dem Maya Kalender
Nochmals Jose Argüelles: „Bei der allgemeinen Beschreibung der dreizehn Unterzyklen des Großen Zyklus werden die Rhythmen der menschlichen Geschichte nicht nur zu morphischen Resonanzen eines umfassenderen planetarisch-evolutionären Prozesses, sondern spielt auch der Planet Erde selber eine wichtige Rolle im Drama der größeren morphogenetischen Harmonie-Ordnung des Sonnensystems.

Der Katun 1992-2012 ist der 260. Katun des Großen Zyklus, ist der 52. und letzte galaktische Aktivations-Zyklus. Er bringt die endgültige Transformation und Umkehrung des gesamten Feldes. Eine nichtmaterialistische, an den ökologischen Harmoniegesetzen orientierte Technologie entsteht. Hierin - und in der Erkenntnis, dass es eine resonatorische Beziehung zwischen solaren und psychischen Kräftefeldern gibt, liegt der wesentliche aufklärerische Beitrag dieser Ära.

Die weltweite Mobilisierung sozialer Kräfte zur Entmilitarisierung und Entindustrialisierung erreicht schließlich, trotz Verzögerungen durch den Widerstand reaktionärer Elemente gegen Ende des Zyklus im Jahre 2012 ihr Ziel. Zu diesem Zeitpunkt steigt der Synchronisationsprozess des gesamten Großen Zyklus zu neuen Gipfeln auf, und die vereinigte menschliche Gesellschaft vollzieht eine nie da gewesene Wende zur galaktischen Ausrichtung.

Das Ende des Zyklus ist geprägt durch eine festliche Stimmung, eine Synchronisation mythischen Ausmaßes und einen Ton spiritueller Erneuerung, wie er in der historischen Phase bisher unbekannt war.
Damit tritt unser Planet in seine nächste evolutionäre Phase ein und sichert sich seinen Platz als neues Mitglied der Galaktischen Gemeinschaft."

Das Zeitalter des Wassermanns verspricht eine Ara des Nonkonformismus und des Individualismus zu werden. Es wird geprägt von Eigenschaften wie Toleranz, Offenheit und Weltbürgertum. Der Teamgeist des Wassermannzeitalters wird sich nicht nur in Forschung und Wissenschaft innovativ auswirken, der neue Zeitgeist wird auch die Menschheit erfassen. Das Wassermannzeitalter fördert eine weltweite Vernetzung und Globalisierung. Es schafft die Basis, um die Probleme der Menschheit weltweit gemeinsam anzugehen.

Mit dem Individualismus fördert es jedoch auch ein gefährliches egoistisches Denken.
Auch die Faszination mit utopischen Gesellschaftsmodellen sowie der Tendenz zum übermäßigen Vertrauen in technologische Lösungen könnte gefährlich sein.

Ob mit diesem Zeitalter auch das Ende der Kriege kommen wird, wie manche Optimisten meinen, bleibt abzuwarten. Aus astrologischer Sicht befinden wir uns auf jeden fall mitten im Umbruch zu einer neuen Ära.

Die Maya-Prophezeiungen gehen mit Einzelheiten sehr sparsam um. Die allgemeine Aussage ist, dass die Menschheit nach jedem Großen Zyklus (ca. 5100 Jahre) kataklysmische Veränderungen erlebt oder gar zerstört wird (etwa durch Feuer,

Wind, Wasser ...). Dass eine kataklysmische Umwälzung bevorsteht ist bereits abzusehen, muss aber nicht unbedingt zum Untergang der Menschheit führen. Wir haben schließlich mehrere Große Zyklen überlebt.

Der Tatsache, dass unser Sonnensystem, gerade als wir uns im Prozess des Übergangs ins Wassermann-Zeitalter befinden, zudem den physischen (und somit den elektromagnetischen) Mittelpunkt der Galaxis überqueren wird, scheint nicht unbedeutend zu sein. Dass dies eine konzentrierte Manifestation der Qualitäten des Wassermann-Zeitalters hervorrufen könnte - was möglicherweise zur Höhepunkt der extreme sozio-politische Ereignisse, die mit der Zeitenwende in Zusammenhang stehen und von dem mehrere prophetische Texte gewarnt haben - führen könnte, scheint jedenfalls nicht zu weit hergeholt.

22. Dezember 2012 Das Ende der Zeitrechnung im Maya Kalender

Quelle: Major Jenkins Der längste Zyklus im Maya Kalender beträgt 26.000 Jahre, so lange dauert die Umdrehung unseres Sonnensystems um die Sternengruppe der Plejaden. Die Tibeter, Alten Ägypter, Cherokee-und Hopi-Indianer beziehen sich in ihren mystischen Glaubenssystemen und Zeitrechnungen genau wie die Maya auf einen solchen 26.000 Jahre Zyklus. Dieser Zyklus endet nach dem Maya Kalender am 22. Dezember 2012. Zu diesem Zeitpunkt findet eine äußerst seltene astronomische Konstellation statt, die sich seit Tausenden von Jahren langsam abzeichnet. Zur Wintersonnenwende im Jahr 2012 wird die Sonne in Konjunktion mit der Milchstraße stehen. Die gesamte Schöpfungsgeschichte der Maya kann man nur durch ein Verständnis dieser Konjunktion verstehen, ebenso die uns bevorstehenden Veränderungen.
Nach dem Maya Kalender leben wir heute in einer Endzeit. Der große Zyklus des Maya Kalenders endet mit der Wintersonnenwende 2012. Nach dem Konzept der Maya von Zyklen und Zeitübergängen bedeutet dieses Ende gleichzeitig einen Neuanfang. Tatsächlich wurde dieser Übergang von den alten Maya als das Entstehen eines neuen Weltzeitalters angesehen. Am Ende jedes Zeitalters steht eine Neugeburt.
Der Ort, an dem die Sonne der Milchstraße begegnet, befindet sich in der „Dunklen Spalte" der Milchstraße, die durch interstellare Staubwolken gebildet wird. Dieses Phänomen kann jeder in einer klaren Sommernacht sehen, außerhalb der beleuchteten Großstädte. Zur Dämmerung der Wintersonnenwende in 2012 wird die Sonne sich direkt in dieser dunklen Spalte befinden und zwar so plaziert, dass die Milchstraße den Horizont an allen Punkten ringsum umfasst. Dadurch „sitzt" die Milchstraße auf der Erde, berührt sie an allen Punkten ringsum und öffnet ein

kosmisches „Himmelstor". Die galaktische und die solare Ebene befinden sich in Konjunktion.

Nach der Maya-Mythologie bezieht sich die Wintersonnenwende auf eine Gottheit: One Hunahpu, auch als Erster Vater bekannt.

Das heilige Buch der Maya, das Popol Vuh, bereitet darauf vor, dass der Erste Vater wiedergeboren werden und so ein neues Weltzeitalter beginnen kann. Die dunkle Spalte hat viele mythologische Bedeutungen: Straße der Unterwelt; Mund eines kosmischen Monsters; Geburtskanal der kosmischen Mutter. Am besten zu verstehen ist die Bedeutung der Dunklen Spalte als Geburtskanal der kosmischen Mutter, die bei der Konjunktion auf den Ersten Vater trifft. Genau zu diesem Zeitpunkt endet der Zyklus des Maya-Kalenders.

All diese Übereinstimmungen lassen es offen-kundig erscheinen, dass die alten Maya über die Konjunktion wussten und sie für einen wichtigen Übergangspunkt hielten, den Übergang in ein neues Zeltzeitalter. In mythologischer Sprache bedeutet das Ereignis die Verbindung des Ersten Vaters mit der Kosmischen Mutter - oder genauer gesagt: die Geburt des Ersten Vaters (die Sonne der Wintersonnenwende) durch die Kosmische Mutter (die dunkle Spalte in der Milchstraße).

Ein Verständnis dieser Kosmologie der Maya kann uns auch unsere eigene Welt besser verstehen lassen. Was geschieht heute in der Welt? Hat diese Konjunktion Einfluss auf unser Leben? Der Mythos der Maya erinnert uns jedenfalls daran, dass unser aller Lebensursprung die Mutter ist. Auch für unsere Zivilisation bedeutet die Wintersonnenwende ein wichtiges Ereignis. Sie markiert den kürzesten Tag des .Jahres und den Beginn von längerem Tageslicht, die Rückkehr der lebensspendenden Sonne und Wärme des Sommers. Religionen in der ganzen Welt, Naturreligionen wie auch Christen, feiern diesen Tag. Die Wintersonnenwende markiert einen extremen Moment, in dem das solare Licht und die „Lebensenergie" den Tiefststand erreicht haben. Das alte Jahr geht und der Neuanfang beginnt sich zu rühren. Dies gab den Ursprung für die Idee, dass die Sonne gestorben sei und neu geboren würde - den Ursprung des Konzeptes des Wiederauferstehens. Wir alle fühlen den Einfluss von Winter und Sommer, wir alle richten uns nach dem Rhythmus der Jahreszeiten.

Die alten Maya erkannten, dass die Sonne bei der Wintersonnenwende sich langsam Richtung Milchstraße bewegt. Zwei große Punkte am Himmel bewegten sich zueinander, um eine seltene himmlische Vereinigung zu begehen. Der Kalender der Maya hat akkurat aufgezeigt, wann dieses Ereignis stattfinden wird - und es bedeutet mehr als die Geburt eines neuen solaren Jahres. Es bedeutet den Anfang eines neuen großen Zyklus der Zeitrechnung - das Neu-Stellen der großen himmlischen Sternenuhr - und, vielleicht, eine neue Ebene in der Natur des menschlichen Bewusstseins und der Zivilisation.

Die größte Veränderung von allen ist der Wechsel von unserem schrecklich begrenzten Bewusstsein zu einem höheren Bewusstsein, daher zu einem Super-Bewusstsein zum Gottes-Bewusstsein, zur Seligkeit der Einheit mit dem Schöpfer, dem GOTT ICH BIN.

Obwohl der bevorstehende Übergang kein Geheimnis und sein Geschenk Erhebung und Freude ist, ist es wahrscheinlich, dass dieses Ereignis die Unvorbereiteten schockieren wird, besonders durch die Plötzlichkeit des Eintritts in den Photonengürtel. Um so mehr ist es ein Segen, mit dem Wissen vorbereitet zu sein, dass es sich um eine universale Wiedergeburt in Liebe und Licht handelt und nichts zu befürchten ist. ..

Gratis Homepaqe erste 1 von 1 15.04.2007 16:58

„Die Tränen der Götter"

" Prophezeiungen der 13 Kristallschädel" Weltbild Verlag ISBN 3-8289-3408-0

Hinweis zum Jahr 2012.
Im Kapitel 15 „Der Schädel und der alte Kalender" Seite 242 ab 2. Absatz wird erklärt, dass nach umrechnen des MAYA-Kalenders kurz vor Sonnenuntergang am 21.Dezember 2012 das Ende der jetzigen Welt kommt, wenn die Venus am westlichen Horizont versinkt und gleichzeitig die Plejaden am östlichen Horizont aufgehen. Und im Kapitel 26 „Unsere Zukunft" Seite 414 vorletzter Absatz noch mal eine Aussage zum Jahr 2012
1 von 1 15.04.2007 17:09

Soo, das waren noch Infos aus dem Internet, das ja voll mit Informationen dazu ist.
Hier nun noch weitere Infos zur Zerstörung aus zwei Büchern von Helene Möller-auch getschanelt „Christus spricht zu seiner Kirche" und „Christus verkündet sein neues Wort" beide erschienen im Radona Verlag.

.

Ich aber will euch dieses gewaltige Geschehen recht anschaulich vor Augen führen, indem ich aus eurem eigensinnigen und lieblosen Abkehren von Gott und seinem Werk euch, jäh aufschreckend eure Erde auf der ihr so behaglich und sicher fühlet, mit einem anderen Himmelskörper zusammenstoßen lassen will.
10 Ruhig will ich vorher euch erretten und erlösen, und darum übergebe ich euch

163

dieses mein Neues Wort aus dem ihr euch über alles zu eurer Errettung,,,,,,,,,,,,,,,,

Teile Abschnitt 1-12

1 Offenbaren will ich euch nun die Kräfte, über welche euer Planet verfügt.
Alle reichen und göttlichen Kräfte, die er in der geistigen Welt besitzt, hat er in seinem jetzigen Zustand des vorübergehenden Versenktseins in die irdische Materie
nicht mehr.

Erst nach seinem irdischen Tode wird er wieder in den Besitz seiner geistigen
Kräfte gelangen. .

Sein irdischer Tod ist die Auflösung in seiner materiellen Form.

Diese Auflösung wird durch überirdische gewaltige Kräfte bewirkt und wird irdisch
augenfällig sichtbar in unmittelbarer und wirklich erschütternder Anrührung, indem
Gott einen anderen Himmelskörper mit eurem Planeten zusammenstoßen lässt.

Auf euch unbegreifliche und augenfällige Weise übergeht euer Planet alsdann in
die geistige und reichere Daseinsweise, indem er, rasch wieder aufbauend seinen
geistigen Leib, in ihm seine richtigen göttlichen Kräfte wieder erlangt.

Ihr wiederholtet wirklich entschlossen und ausdrücklich alles, was ihr vor langen
Zeiträumen schon einmal getan, und geradeso wie zu jener Zeit Gott eure Abkehr
von ihm strafte, indem euch durch ungeheure Wasserfluten vernichtete, so wird
Gott alsbald euch strafen, indem er eure Erde mit einem anderen Himmelskörper
zusammenstoßen lässt.

Ihr aber habt ruhig meine Warnung überhört, und ungemein verantwortungslos und
leichtsinnig überließet ihr euch immer mehr den armseligen irdischen Beschäftigungen, die ihr dem Gedanken an die Errettung eurer Seelen vorzoget.

Ich sage es euch heute ruhig und eindringlich noch einmal, dass ich euren Planeten innerhalb sehr nahe liegender Zeit urgewaltig anrühren werde, und errettend
vorher ruhig und sicher alle ergebenen, gütigen, liebevollen und demütigen Menschen durch dieses mein Neues Wort, rühre ich grausam und unumstößlich die ganze Menschheit an, indem ich ihren Planeten, auf dem sie sich so sicher fühlte, dass
sie überirdischer Liebe und Hilfe nicht zu bedürfen vermeinte, erschüttere, so dass
kein Lebewesen auf ihm verbleiben kann.

Ich vermag euch nicht zu erretten, wenn ihr auch jetzt wieder mein Wort überhört,
und wenn euch auch weiterhin eure armseligen irdischen Beschäftigungen wichtiger erscheinen Gedanke an die Errettung für eure Seele., Ich vermag ruhig euch nur
zu erretten, wenn ihr treu und ehrfürchtig alle diese meine Worte aufnehmt in eure
Herzen, und wenn ihr euch meinem Führen ergeben unterstellt.

7. Ich rühre euren Planeten so urgewaltig und verwundernd plötzlich an, dass alle

eure klugen Beobachtungen und Berechnungen und all euer wissen mit dem ihr meintet, alle Vorgänge in dem eurem Auge erreichbaren All überschauen und vorausbestimmen zu können, zuschanden werden.

8. Ruhig überlasse ich es euch, wiederum mein liebevolles Warnen zu überhören. Ich richte tatsächlich heute zum letzten Male an euch alle mein Wort,

V. Hauptstück

Christi Wort über sein Wesen und seine Wiederkunft am letzten Tage (4. Mai-11. Mai 1926)

Teil A Abschnitt 1-5

1 Ich, Christus, euer Gott, übergebe euch irdischen Menschen heute eine gewaltige Offenbarung, darin ich euch ruhig und für euren irdischen Verstand fassbar zeige, dass alles göttliche Wesen auch eurem Wesen entspricht.

Ich rühre euch augenfällig bald an, um euch zurück zu führen in ganz vergessene geistige Daseinsweisen.

Ihr erkennt euer vergessenes Dasein in der geistigen lustvolleren Welt auch aus diesen meinen Erklärungen nicht wieder, und erreichend ruhig nur eure richtige Vorbereitung auf eures geistigen Daseins Wiederanfang, vertraue ich auf euer ehrfurchtsvolles und liebevolles Entgegennehmen dieses meines Wortes.

Ich rühre, zerstörend euren Planeten, erstaunlich widersprechend all euren hartnäckig und mühsam und emsig zusammengetragenen Erfahrungen, augenfällig euch an.

Ihr werdet meine unmittelbar bevorstehende Anrührung erkennen an ruhelosen Zuständen eures Planeten.

Ihr werdet eures Planeten Unruhe erkennen an erregter und erschütternder Tätigkeit in seinem Innern und an eurer eigenen Unruhe, die euch gegenseitig vernichten lässt.

Offenbaren will ich euch, dass euer augenfälliges Angerührt werden auf eurem Planeten ganz entsprechend ist dem Angerührt werden eures irdischen Körpers, wenn eure Seele ihn, erreichend wieder ihr Dasein in der geistigen Welt, verlassen will.

2 Ich erzeige euch, wie ruhig ihr, in den geistigen Leib eures Planeten übergehend, auf immer seinen absterbenden irdischen Körper verlässt.

Arbeiten sollt ihr jetzt an euren Seelen, und arbeiten sollt ihr an den Seelen eurer Brüder, um euch vorzubereiten auf euer endgültiges Verlassen eures Planeten.

Ihr errettet ruhig und sicher eure Seelen vor dem Untergang, wenn ihr liebevoll und ehrfürchtig alle diese meine neuen Worte in eure Herzen aufnehmt, und wenn ihr meiner Worte überirdischen Sinn in euren Seelen erfühlt.

Ähnlich wie ihr ohne Angst an jedem Tage einschläft, geradeso, sollt ihr auch ohne
.Angst sterben, und ebenso sollt ihr ohne Angst an den Untergang eures Planeten
denken.

Sooooooo, das war also Jeeeeesuuuuus mal mit Wuuuuuut. Zumindest bei Helene
Möller.

Und nun als letzten zu diesem Thema „Jüngste Tag" noch einen „Meister" und zwar
aus der Reihe der Licht und Klang Meditation der Sant Mat Lehren zu denen Kabir
und Sawan Singh
(1858-1948) gehört. Hier ist Charan Singh gebt ihm ein warmes Welcome, oleee

Das ist aus dem Buch von Charan Singh „ Die Mystik des Johannes-Evangeliums"
Im Anfang war das Wort
Joh. 6: 39 Das aber ist der Wille des Vaters, der mich gesandt hat: Ich soll nichts
von dem verloren gehen lassen, was er mir gegeben hat vielmehr es auferwecken
am Jüngsten Tage.

Er sagt: Mein Vater hat bestimmt, dass keine einzige der von Ihm gekennzeichneten
Seelen an die Schöpfung verloren gehen darf; ich muss sie vielmehr am Jüngsten
Tage auferwecken.
Meine Verantwortung endet nicht, wenn die Seelen auf den Pfad gebracht oder meiner Fürsorge anvertraut sind. Ich bin auch dafür verantwortlich, sie am „„ Jüngsten
Tage", zu erwecken; Der „Jüngste Tag „ ist die Todesstunde. Jede Seele hat ihren
eigenen, Jüngsten Tag'. An ihrem Todestag werde ich jeder gekennzeichneten Seele
persönlich erscheinen, um sie in meiner Strahlengestalt zu empfangen. Ich selbst
muss sie zum Vater zurückbringen. Das ist der Wille meines Vaters.
Die Seelen sind in der Schöpfung verloren, und wenn ich sie nicht zu ihrem Schöpfer zurückführe, sind sie niemals in der Lage zurückzufinden. Christus knüpft eine
Bedingung daran:

Joh. 6: 40 Und das ist der Wille dessen, der mich gesandt hat: Jeder, der den Sohn
sieht und an ihn glaubt~ wird ewiges Leben erhalten, und ich werde ihn auferwek-
ken am Jüngsten Tage.

Dieser Vers ist äußerst wichtig. Christus weist ausdrücklich darauf hin, dass er nur
für jene Seelen verantwortlich ist, die ihn sehen und an ihn glauben. Wann können
wir jemanden sehen? Nur wenn beide zur gleichen Zeit auf einer Ebene leben. Wenn

der Meister nicht in einem physischen Körper lebt, wie kann der Schüler ihn dann sehen? Wenn wir also Christus nie gesehen haben, wie können wir dann erwarten, dass er uns am Jüngsten Tage auferweckt? Deshalb betont Jesus: Als erstes muss die Seele zu mir kommen, solange ich in diesem Körper lebe. (Die Einweihung durch den Meister, ganz gleich, ob persönlich oder durch einen Bevollmächtigten zu Lebzeiten des Meisters, entspricht dem Erfordernis eines, lebenden Meisters'.) Die Notwendigkeit eines lebenden Meisters ist die erste, fundamentale Voraussetzung in der Lehre jedes Mystikers.

Zweitens: der Schüler muss dem Meister glauben, d.h. er muss ihm vertrauen, seine Lehre leben und befolgen. Einem Mystiker glauben, bedeutet, die Aufmerksamkeit in das Augenzentrum zurückzuziehen, um die Stimme Gottes dort im Innern zu hören. Das ist der Grund, weshalb beide, der Meister und der Schüler, in einem physischen Körper leben müssen. Dann, so betont Christus, ist der Meister dafür verantwortlich, den Schüler am Jüngsten Tage zu erwecken.

Wer mich nie gesehen hat und mir nicht glaubt, d.h. meiner Lehre nicht folgt, kann nicht erwarten, von mir am Jüngsten Tage auferweckt zu werden.

Doch anstatt im dunkeln zu tappen und in der Ungewissheit zu verharren, ob wir am „Jüngsten Tage" erweckt werden ...... oder nicht, sollten wir uns bemühen, der Strahlengestalt des Meisters bereits zu unseren Lebzeiten zu begegnen. Dann wissen wir mit Sicherheit, dass wir an unserem, Jüngsten Tage' empfangen werden.

Sooo, nun das ist das Ende zum Thema Jüngster Tag. Da war ja viel Unterschiedliches zu lesen, mit dem man konfrontiert sein könnte und das einem die Mentalarbeit konfus machen könnte, und genau das wird in den „Regenbogen Transformation Meditation Zentren" nicht passieren weil es darum wirklich nicht gehen wird, da es um das Jetzt des einzelnen gehen wird, und zwar um das was Du bist nicht das was du denkst fantasierst und psychologisierst.

Bei den getschanelten Berichten liegt immer ein sehr hohes Risiko denn wer weiß wer da wirklich durchgibt. Und etwas das bedrohlich rüber kommt, nein danke.

Warum weiß ich das die meisten wenn nicht alle „Durchsagen" „Channeling" nicht von Jesus sind.

Oder das Otto Hesses und die folgenden Themen nicht von Jesus sind oder Gott kommen können!?

Weshalb ist das so ! ?

Das frage ich dich, euch, was ist Selbsterkenntnis ! ?

Was bedeutet das wirklich ! ?

Was für ein „Seinszustand" ist das ! ?

Und noch weiter: Was ist der „Seinszustand „ der Meister.

Was bedeutet das wirklich?

Was ist Mann Frau dann ! ?

Kann jemand der die Meisterschaft erreicht hat, und sagen kann, bewusst, Pappi und Ich sind eins, und der die Liebe brachte, predigte , zeigte, heilte und so weiter, könnte der jemals noch das Üble bringen.

Nein.

Das geht nämlich gar nicht mehr.

Denn dann bist du immer „Eins mit der bedingungslosen Liebe"

Und aus diesem Seinszustand heraus kannst du gar nicht mehr die Zerstörung bringen. Auch wenn du zum Beispiel den Menschen gegenüber einen Mega Wutanfall haben würdest , würden da keine Wut-Emotionen mehr mit zusammen hängen, sondern pure Liebe.

Ich habe das selbst erlebt, als ich mal meine Meditationsmeisterin Ching Hai am 3 Mai 1993 in Berlin im privaten Kreis Angriff, mental, und sie mir Wütend antwortete, da war nicht die geringste Wut enthalten, ich erfuhr so das sie eine echte Meisterschaft erreicht hatte, sie war total eins mit der bedingungslosen liebe, und „Wütete" mir sozusagen diese Liebe zu. Ich war sehr erfreut das noch mal zu erleben.

Aber auch aus meiner persönlichen Selbsterkenntnis-Erfahrung dem erlebten Seinszustand, weiß ich das aus der Glückseligkeit keine Bösartigkeit mehr möglich ist. Es geht nur noch um das wohl des Menschen der Erde der Tiere Pflanzen Welt Universums.

Sooo, für heute mach ich Pause. Bis später. Heute 17.4.2007

Etwa seit dem 18. Jahrhundert haben die christlichen Kirchen beträchtlich an Einfluss auf die Gesellschaft und das Leben des einzelnen verloren, aber stimmt das wirklich. Denn der Einfluss der Kirchen ist ja tief verwurzelt in Geschäften Fabriken Banken Verlagen und wenn die Papst Euphorie gesehen wird, sehe ich doch das die Menschen Glauben wollen. Aber, eine neue, vorwiegend auf wissenschaftlichem Materialismus Muus beruhende Weltsicht ersetzt seitdem die zuvor von der kirchlichen Vorstellungen geprägte Ansicht darüber was Leben bedeutet, Leben sein soll.

Mit Hilfe der Naturwissenschaft meinten die bei weitem meisten, alles über unsere Existenz, und Sich, in Erfahrung bringen zu können, einschließlich einer Antwort auf die Frage, ob es einen Gott gibt - und wenn ja, wie unsere Beziehung zu ihm ist. Und sehr viele warten wohl darauf wann denn nun endlich Gott das Göttliche „Gemessen" werden kann, damit auch alles schön in ihre wunderbaren Vergiftungen und Ausbeutungen und Angstmachereien passt.

Je vordringlicher die Menschen damit beschäftigt sind, die physikalischen Phänomene unseres Universums zu erklären und zu benennen, desto stärker wurde der Eindruck, dass die Welt erklärbar, vorhersehbar, sicher, ja vielleicht sogar gewöhnlich und banal sei, und sogar rein zufällig einfach so auf der Weltbühne erschien. Politisch werden ja die „Wissenschaftler" für fast alles zu Rat gezogen damit die Masse Mensch besser verblödet werden kann. Um diese Illusion der Wissenschaftler aber aufrecht zu erhalten, mussten die Menschen sich allerdings konstant damit befassen, alles, was uns an das Mysterium des Lebens erinnerte, zu verdrängen, zu diskriminieren und schließlich auch im eigenen Inneren zu unterdrücken. Selbst der sonntägliche Gang zur Kirche wurde zu einem vorwiegend sozialen Ereignis - zur Postulierung eines intellektuellen Glaubens, und es handelte sich dabei schlicht um den Versuch, das Spirituelle für den Rest der Woche aus dem Leben auszugrenzen. Aber man ist ja dabei in der Gruppe oleee.

Seit den fünfziger Jahren des 20. Jahrhunderts beginnt die Wissenschaft selbst damit, ihre materialistische Weitsicht zu revidieren. Aber zuvor hatten ja die Heiligen die echten Heiligen die Buddhas die Meister Jesus die Avatare ja schon immer auf die Weltsicht und Einsicht gewiesen die spätestens seit den Forschungen der Quantenphysik sich klar heraus stellten, dass unser Universum keinesfalls ein rein materialistisches Konstrukt darstellt, sondern ein verwobenes Muster aus Energiesystemen, innerhalb dessen sich Zeit beschleunigt und verlangsamt, in dem ein- und dasselbe Elementarteilchen zum gleichen Zeitpunkt an unterschiedlichen Orten auftauchen kann, und in dem der Raum sowohl gekrümmt und endlich als auch unendlich und möglicherweise sogar mehrdimensional ist. Und das es sogar höhere Welten Astralwelten und sogar spirituelle Welten gibt haben die Wissenschaftler des Göttlichen die Meister die Buddhas Jesus ja auch immer bezeugt gewusst erwähnt.

Mehr und mehr müssen die Menschen die Beschränkungen des westlichen Denkschemas durchbrechen, das außergewöhnliche Bewusstseinszustände als etwas Bizarres oder sogar Pathologisches ansieht.
Es gibt, neueren Forschungen zufolge, zahlreiche Hinweise darauf, dass der transzendente Impuls die wichtigste und mächtigste Kraft im Menschen darstellt.
Die permanente systemische Leugnung und Verdrängung der Spiritualität, die für die modernen westlichen Gesellschaften so charakteristisch ist, kann sich als kritischer Faktor erweisen, der zu Entfremdung, Existenzangst und psychopathologischen Symptomen bei einzelnen Menschen und auch in der gesamten Gesellschaft bei-

trägt. Und dafür sind auch die Regenbogen Transformation Meditationszentren geplant. Dort werden Menschen tätig sein die spirituelle Psychologie oder Medizin oder Wissenschaft oder Biologie oder Physik oder Heilung oder, oder, oder, oder. Die weltweite Verblödung und Ausnutzung der Masse Mensch durch Steuern die zweckentfremdet werden indem Kriegsmaterialien und Industrien unterstützt werden durch „No Steuern „ und Subventionen aller Arten auch der Subvention das ein Politiker sich als Sprecher einer Industriegruppe darstellt im Parlament und sogar die Interessen der Industrie also Privatmenschen und Geldgeilkartellen ausführt. All das wird zu einem Vergiftungspottpüreee führen und hat es schon, der die Menschen schwer belastet. Da keine echte Befreiung der lasten passiert.

Um so demokratischer sich ein Staat gibt und seine Politiker um so verlogener und heuchlerischer müssen seine Bewohner werden da Demokratie gleich „das Tierreich „ bedeutet, nämlich die Macht des Tieres des Stärkeren, da ja in einer Demokratie sozusagen der beste Boden für „Rechtsstaatausbeutung und Gerechtigkeitsausbeutung „ bereitet wurde.

Und das noch mit der Heuchelei der Religionen Gottes wie in den USA oder dem Wahn in den Islamstaaten und schon ist aber auch alles total gerechtfertigt weil ja sogar nun Gott sogar sein Schwachsinnssegen gegeben hatte. Also muss Gott auch schwachsinnig sein Schlussfolgere ich daraus, rein logisch. Denn wie in den USA die ja in ihrer Bevölkerung mit ihren christlichen Gruppen aller Farben und Formulierungen, die ja immer für die Kriege gewesen sind die ihr WahnPräsident angefangen hat im Namen der Demokratie aber im Sinne der Industriellen Kartelle, und Ausbeutungen anderer Völker, ist die Religion aber auch gar nichts mehr wert. Außer dem Lernwert , das der Glaube der Menschen egal welcher Religionen bloß ein Unwahrheitsgebilde ist, das sehr leicht im Wind der Universalverblödung dahintreibt, von Furz zu Furz.

Die Denken und Glauben ja sogar das die Liebe von ihnen selber kommt und nicht von dem göttlichen und das die Liebespaare über die Liebe selber bestimmen können. Aber Liebe und Barmherzigkeit sind zwar ganz natürlich da, aber sie gehören zur Natur des spirituellen Wesens, manche sagen ja Bewusstseins, aber das Bewusstsein ist nicht dein wahres Wesen das ist frei von Bewusstsein. Aber die Scheidungen sind dick im Geschäft und die Unruhe lächelt verschmitzt. Volltreffer. Solange die Menschen aber meinen das die Liebe von ihnen selber kommen, leben sie in der Illusion dieser Täuschung, und das sie darin leben ist wunderbar sichtbar an den heutigen Verhältnissen, Privat, wirtschaftlich, politisch, religiös. So diese Liebe die gebraucht ist in der Erweiterung einer Demokratie die eine Giftokratie eine Lügokratie eine Ausbeutokratie eine Militärokratie eine Parteiokratie eine Tierokratie ist, die ist erst gegeben wenn erkannt wird dass das Göttliche der Liebesgeber ist und zwar ununterbrochen. Aber wenn der Raubmenschverstand der zurzeit auf der Erde herrscht so weiter macht, wird er auch in Liebloser Vergiftung und Blödheit und Kriegen und Zerstörungen aller Arten und Sorten enden.

In den Regenbogen Transformationszentren wird aber auch darauf hingewiesen werden sich nicht zu bemühen irgendetwas zu erlangen oder aufzugeben. Sondern bloß da zu sein zu sein.

Und alles vorbeiziehen zu lassen und zu sehen und zu hören. Mehr nicht.

Es gibt aber Durchsagen die von dem Engel Raphael sind, die ganz klare Warnungen an die Menschen aussprechen. Aber ! ? Wer hört das schon, und was für eine Wirkung hat das schon, nämlich, fast keine. Aber trotzdem, weil's so schön ist hier noch mal einige Warnungen, aber auch Verbesserungen, von „Raphael" höchst persönlich. ! ? ? Oder ?

I. Hauptstück

Offenbarung über die verkündete Gerichtszeit und das Neue Jerusalem (19. Juli-24. Aug. 1925)

Tell A Abschnitt 1-9

Friede sei mit dir!
1 Meine Stimme soll sprechen zu den Menschen, spricht der Herr.
Gott will den Menschen auf Erden und den Engeln im Himmel ein neues Geheimnis offenbaren.
Friede sei mit euch!
Gott ist gütig und liebevoll und ihn dauert der Menschheit Blindheit. Er will ihnen die Augen öffnen, und ihre Herzen will er anrühren.
Gott ist gerecht, und er will nicht, dass die Guten gleich wie die Bösen verderben.
Gott ist sanftmütig, und er schaut seine Geschöpfe mit großer Liebe an.
Gott ist weise, und er sieht das Verborgene wie das Offenbare.
Gott ist mächtig, und er macht, dass Himmel und Hölle vor seinem Antlitz erbeben.
Gott ist grausam, und er verfolgt seine Feinde mit großer Härte.
Gott Ist siegreich, und ist kein Wesen Im Himmel noch auf Erden, noch in den Tiefen der Hölle, das seiner Gewalt widerstehen könnte.
Gott ist versöhnlich, und er nimmt sich des reuigen Sünders an.
Gott ist langmütig und er lässt seinen Geschöpfen Zeit, damit sie ihn erkennen und sich zu ihm bekehren können.

Mein Wort soll gehen an alle Völker der Erde, spricht der Herr.

Mache dich auf und säume nicht, denn die Zeit ist nahe herbeigekommen.

Gehe hin zu den Menschen und erleuchte sie mit meinem Wort.

2 Posaunenschall des jüngsten Gerichtes wird die Menschheit aus ihrem Schlafe wecken, sie wird hin taumeln wie ein Trunkener, und wird sein Heulen und Zähneklappern.

Menschen und Tiere werden vor Angst vergehen, wenn Gott der Herr Recht spricht über das Erdreich.

Friede sei mit euch!

Gott will den Menschen ein Zeichen geben, auf das sie abwenden mögen das Unheil, das drohend über ihren Häuptern schwebt.

Gott ist nicht rachsüchtig und zänkisch, sondern voller Liebe und Erbarmen.

Gott ist nicht Teufel, er will seinen Kindern zum Frieden verhelfen.

Gott ist in allem, was licht ist und sanft.

Gott ist in allem, was hoch ist und rein.

Gott ist in allem, was opfert und leidet. Gott ist in allem, was duldet und trägt. Gott ist in allem, was irrt und bereut. Gott ist in allem, was liebend ihn ruft.

Gott ist in allem, was hofft auf Erlösung.

Gott ist in allem, was jubelnd ihn preist. Gott ist in allem, was ruhig und friedvoll.

Gott ist in allem, was sich überwindet.

Gott ist in allem, was rettet und hilft. Gott ist in allem, was dienet in Demut.

Gott ist in allem, was sehnt sich zum Licht.

3 Ich will den Menschen auf Erden das Wort des Herrn verkünden. Ich, Raphael, Gottes höchster Sendbote.

Friede sei mit euch!

Gott schaut der Menschen Blindheit, und er erbarmet sich ihrer. Er liebt seine Kinder, und er will sie nicht allein lassen in der Finsternis. Darum hat er seinen Engel zu ihnen gesandt, sein Wort zu verkünden.

Freut euch ihr Menschen, die ihr auf Gottes Wegen gewandelt, denn der Herr ist mit euch.

Freut euch ihr Armen, die ihr hungrig seid nach Gottes Speise.

Freut euch ihr Demütigen, die ihr großes Leid getragen habt.

Freut euch ihr Unwissenden, die ihr nie nach der Menschen Witz und Klugheit gefragt habt.

Freut euch ihr Verlassenen, die ihr eure Tränen im Verborgenen geweint.

Freut euch ihr Almosengeber, die ihr nie das Eurige gesucht.

Freut euch ihr Liebenden, die ihr Gottes Güte über alles prieset.

Freut euch ihr Gütigen, die ihr Gottes Licht ausstrahlt.

Freut euch ihr Suchenden, die ihr zum Licht drängtet.

Freut euch ihr Trauernden, die ihr voll Not seid.

Freut euch ihr Friedvollen, die ihr Gottes Kinder seid.

Freut euch ihr Büßenden, die ihr die Tiefen der Hölle geahnt habt.

Freut euch ihr Gläubigen, die ihr auf Gottes Wort gebaut habt.

Freut euch ihr Perlen, die ihr den Säuen vorgeworfen.

Freut euch ihr Führenden, die ihr die Menschen zu Gott führt.

Freut euch ihr Schaffenden, die ihr des Herrn Werk schafft.

Freut euch ihr Pilger, die ihr demütigen Herzens seid.

Freut euch ihr Prediger, die ihr des Herrn Wort verkündet.

Freut euch ihr Göttlichen, die ihr vom Herrn begnadet.

Freut euch ihr Wartenden, die ihr auf den Herrn wartet.

Freut euch ihr Fürsprecher, die ihr der anderen lasten tragt.

Freut euch ihr Bittenden, die ihr an Gottes Güte glaubt.

Freut euch ihr Müden, die ihr der Erde müde geworden.

Freut euch ihr Puritaner, die ihr den Ernst des Lebens erkannt.

Freut euch ihr Rufenden, die ihr nach dem Herrn ruft.

Freut euch ihr Tatvollen, die ihr sein Werk wirkt.

Freut euch ihr Mönche, die ihr das Loben von euch

Freut euch ihr Nonnen, die ihr in Christo lebt.

Freut euch ihr Glücklichen, die ihr im Lichte gewandelt.

Gottes sieht und hört im Himmel der Menschen Gedanken und er antwortet ihnen.

Die Menschen aber hören nicht auf seine Stimme, denn seine Stimme schwach und leise inmitten des Lärmes ihres irdischen Lebens, und nur wenige hören auf sie.

Mich hat Gott zu euch gesandt, damit ich euch seine Stimme vernehmbar machen soll.

Meine Stimme werdet ihr nicht überhören - ich will zu euch sprechen mit Donnerstimme.

Posaunenschall des letzten Tages wird euch meine Stimme schrecklich in den Ohren gellen lassen.

Dann wird sein Heulen und Zähneklappern, wie euch der Herr verkünden ließ.

Gott aber will euch ein Zeichen geben, darum ihr erkennen könnt, dass der Tag nahe bevorsteht.

Gott ist gütig und liebevoll, und er will euch nicht verderben lassen.

Er will euch warnen, damit ihr noch Zeit habt, euch zu ihm zu bekehren und Buße zu tun für eure Sünden.

Er will euch trösten, damit ihr ausharrt in Geduld und an sein kommen.

Gott sehnt sich nach eurer Liebe, und er möchte euch so gern erretten.

Gott sucht nach euren Seelen, und er findet sie nicht Gott klagt über euer Irren, und ihr hört ihn nicht.

Gott breitet nach euch seine Arme aus, und ihr seht ihn nicht.

Gott gibt euch seine Gnade, und ihr wollt sie nicht.

Gott denkt eurer in liebe, und ihr kennt ihn nicht Gott opfert sich in Treue, und ihr glaubt ihm nicht.

Gott duldet um euch Schmerzen, und ihr wisst es nicht.

Gott greift an eure Herzen, und ihr fühlt es nicht.

Gott schaut auf eure Sünden, und ihr merkt es nicht.

Gott lässt sich so gern finden, ihr aber kommet nicht.

Gott schenkt euch seinen Segen, ihr aber dankt ihm nicht.

Gott schützt euch Allerwegen, ihr flieht sein Angesicht.

Gott bebt um eure Seelen, aber ihr gebt sie nicht.

Gott bittet vor den Türen, ihr aber öffnet nicht.

Gott möchte euch gerne führen, doch ihr vertraut ihm nicht.

Gott will euch gern erlösen, ihr aber ruft ihn nicht

Gott segnet auch die Bösen, ihr aber liebt ihn nicht

Gott ruft von seinem Throne, auf dass ihr Frieden habt Ihr antwortet mit Hohne, denn Dunkel ist euch Lust.

Gott sendet seinen Engel euch liebend heut herab.

Bereut all eure Sünden, sonst kommt die ewige Nacht.

Friede sei mit euch!

5 Gott der Herr will euch durch mich ein neues Geheimnis offenbaren.

Gott möchte sich euren Herzen näher bringen.

Gott spricht zu euch durch meine Stimme, denn was ich zu euch spreche hat Gott mir eingegeben.

Gott schickt mich zu euch, damit ihr nicht verderbet.

Gott spricht zu den Menschen auf Erden:

„Mein Himmel ist euch zu hoch geworden und meine Stimme zu schwach.

Meine Liebe erkennt ihr nicht, und meinen Zorn fürchtet ihr nicht. Meinem Führen folgt ihr nicht, und meinem Warnen glaubt ihr nicht. Böse sind eure Herzen und voller Arglist, denn ihr betet Satan mehr an als mich.

Aber mein Arm ist über euch, und ihr werdet meinem Zorn nicht entgehen am letzten Tage, den ich euch verkünden ließ.

Ich will euch ein Zeichen geben, daran ihr erkennen sollt, dass der Tag nahe herbeigekommen. Ihr sollt nicht ohne Warnung bleiben.

Raphael, meinen Engel, sende ich zu euch, damit ihr an ihm ein Zeichen habt.

Glaubet seinem Wort, das er zu euch spricht, denn ich spreche aus ihm." Friede sei mit euch!

6 Gott ist gütig und liebevoll, und er will euch zu sich führen, damit ihr teilhaben sollt an seiner Herrlichkeit und an seinem Frieden.

Gott ist treu und wahr, denn er hält sein Wort, das er euch gab. Er will alles erfüllen, was in der Schrift geschrieben steht, und er sucht nach euren Seelen.

Friede sei mit euch!

Posaunenschall des letzten Tages wird eure Herzen erbeben machen.

Dann wird sein Angst und große Not, wenn der Herr kommen wird, zu richten die Lebendigen und die Toten.

Posaunenschall des letzten Tages wird eure Herzen jubeln machen, und wird sein Freude und Seligkeit, wenn der Herr kommen wird, seine Kinder um sich zu versammeln.

Gott ist gerecht, und er will, dass eure Gedanken und Taten genau geprüft werden. Es wird kein Gedanke und keine Tat verborgen bleiben, wenn der Herr kommen wird, Recht zu sprechen über das Erdreich.

Posaunenschall des letzten Tages wird schrecklich in euren Ohren gellen, wenn ihr nicht ablasst vom Bösen, der euch verführt wider Gott.

Gott kämpft um eure Seelen, er will sie noch nicht aufgeben, denn er liebt euch.

Posaunenschall des letzten Tages verkündet euch das Kommen des Herrn.

7 Bittet Gott um Vergebung, denn er ist milde und gerecht. Mit großem Erbarmen schaut er auf euch.

In seinem Namen liegt für euch Errettung.

In seinem Antlitz liegt für euch Erlösung. In seinem Herzen liegt für euch der Friede.

In seinem Auge liegt für euch Beglückung.

In seinem Munde liegt für euch das Brot. In seinem Ohre liegt für euch die Ruhe.

In seinem Arme liegt für euch der Schutz.

In seinem Finger liegt für euch die Warnung.

In seinem Reichtum liegt für euch Gedeih.

In seinem Ratschluss liegt für euch das Glück.

In seinem Richten liegt für euch Gesetz.

In seinem Rufen liegt für euch das Heil.

In seinem Lichte liegt für euch das Reich.

Friede sei mit euch!

8 Gott lässt großes Ungemach über die Menschheit kommen, dagegen alles vergangene Weh nur Säuseln des Windes gegenüber dem Beben der Erde.

Gott lässt große Stürme die Erde umjagen, wie solche nicht gesehen waren seit Anbeginn, und wird der Menschen Wohnstätte vernichtet werden.

Gott lässt große Kriege kommen, große Plagen, die schrecklich die Lande verwüsten werden, und denen die Menschen nicht werden entrinnen können.

Gott lässt der Sonne Licht nur verhüllt die Erde bescheinen, und den Glanz des Mondes wird er verdunkeln.

Gott lässt große Fieber kommen, wie sie die Menschheit nie gekannt desgleichen auch große Dürre und Hungersnot.

Gott lässt große Heuschreckenschwärme der Felder Frucht zerstören, große Raupenplagen und Hagelschauer werden der Menschen Brot vertilgen.

Gott lässt große Regen niedergehen, dass Menschen und Tiere auf den Feldern ersaufen und das Wasser der Menschen Wohnstätten verwüstet.

Gott lässt die Meere aus ihren Schranken treten, und ein Drittel allen Landes wird in den Fluten versinken.

Gott lässt ein großes Morden anheben unter den Menschen, so dass die Schwester nicht sicher sein wird vor ihrem Bruder und die Mutter nicht vor ihrem Sohn.

Gott lässt ein großes Sterben anheben, so dass man wird zehn in ein Grab legen müssen.

Gott lässt ein großes Jagen anheben, so dass ein Volk wird jagen das andere, und wird nirgends sein Ruhe und Sicherheit.

Gott lässt ein großes Gewitter anheben, so dass viele, die sich verbargen, werden vom Blitze erschlagen.

Gott lässt ein großes Erdbeben anheben, so dass die Menschen werden vor Entsetzen tot umfallen.

Gott lässt einen großen Orkan anheben auf den Meeren, so dass alle Schiffe werden zugrunde gehen.

Gott lässt ein großes Insekt kommen, das wird die Menschen verfolgen und quälen, und sie werden seinem Giftstachel nicht entrinnen können.

Gott lässt ein großes Tier kommen, und viele werden der Gewalt des Tieres erliegen.

Gott lässt ein großes Beten anheben, denn die Menschen werden vor Angst ihrer Seelen zu dem Herrn schreien, - doch der Herr wird sich verborgen halten hinter einer Wolke.

Gott lässt ein großes Wehklagen anheben, wie solches die Menschheit noch nie seit Erschaffen der Welt zum Herrn empor gesandt, - aber der Herr wird sich verborgen halten hinter einer Wolke.

Gott lässt ein großes Rufen kommen, wie solches auf Erden niemals gewesen, - aber der Herr wird sich verborgen halten hinter einer Wolke.

Gott lässt ein großes Verzweifeln kommen, - aber der Herr wird sie nicht erretten aus ihrer Verzweiflung.

Gott lässt ein dumpfes Trauern kommen, aber der Herr wird ihnen die Trauer nicht fortnehmen.

Gott lässt ein stilles Weinen kommen vor großer Verlassenheit von Gott, aber der Herr wird ihnen ihre Tränen nicht abwischen.

Gott lässt ein stummes Entsetzen kommen, - aber der Herr wird sie nicht aus ihrem

Entsetzen erlösen.

Gott lässt ein tiefes sich Beugen vor Gott kommen, - aber der Herr wird ihr Beugen nicht anschauen.

Gott lässt ihre Herzen verdorren und ihre Augen erstarren.

Und wenn der Herr nicht wollt s' nehmen seiner Auserwählten so würde kein Mensch auf Erden lebend bleiben.

Gott aber nimmt sich seiner Auserwählten an, Gott errettet sie aus großer Not, und er wird sie um sich versammeln, so wie die Henne um sich versammelt ihre Küchlein, und wird sein Jubel und Freude und lobsingen der Herrlichkeit des Herrn.

Schmach und Schande wird der Herr von ihnen nehmen, und er wird sie trösten mit seinem erhabenen Anblick. Er wird ihnen vergelten alle ihre Tränen mit seiner unendlichen Liebe, und sie werden seine Kinder sein, und er wird ihr Vater sein, lind wird des Jubels und Lobpreisens kein Ende sein.

9 Raphael, der Engel des Herrn, hat euch dies alles verkündet, auf das ihr Buße tuet in euren Herzen, solange noch nicht angebrochen ist der schreckliche Tag des Herrn.

Der Herr wartet auf euer Kommen, er sehnt sich nach eurer Liebe, er möchte euch so gern erlösen.

Der Herr suchet nach euren Seelen, er möchte sie so gern erretten, auf dass sie Anteil haben mögen an seiner Herrlichkeit.

Der Herr jubelt über euer Antworten. Er will euch eure Treue tausendfach belohnen.

Der Herr segnet euch in euren Leiden, die auch über euch kommen werden, und er will eure Tränen trocknen, und eure Herzen will er erquicken, denn er hat es verkünden lassen seit Anbeginn, dass er wird denen die Treue halten, die in Treue zu ihm halten.

Teil B Abschnitt 1-28

1 Der Herr will erschaffen einen neuen Himmel und eine neue Erde, denn der alte Himmel und die alte Erde werden vergangen sein.

Der Herr will erschaffen eine neue Menschheit, denn die alte Menschheit wird vergangen sein.

Der Herr will schaffen ein neues Beten, denn seine Kinder werden ihn im Geist und in der Wahrheit anbeten.

Der Herr will schaffen einen neuen Frieden, denn die Menschen werden nicht mehr die Hand widereinander erheben, sie werden in Reinheit leben, und in ihren Herzen wird kein Falsch sein. Der Herr will eine neue Burg bauen, und alle, so darin wohnen, werden nicht ausgesetzt sein den Angriffen des bösen Feindes.

Der Herr will einen neuen Bund schließen, und alle, so an ihn glauben, werden ewig im Lichte wandeln.

Der Herr will ein neues Gesetz machen, und alle, so nach diesem Gesetz werden leben, werden in ihrem Herzen Frieden haben.

2 Gott will ein neues Führen schaffen und ein neues Geführt werden, die Menschen sollen nicht mehr in die Irre gehen.

Gott will ein neues Weissagen schaffen, der Menschen Augen und Ohren werden aufgetan sein, und wird sie kein Übel überfallen, das sie nicht geschaut im Geiste.

Gott will ein neues Fürsprechen schaffen, und werden die Menschen einander die Lasten abnehmen und tragen helfen.

Gott will ein neues Opfern schaffen, und werden die Menschen nicht mehr Gaben darbringen an den Stätten der Anbetung, sondern sie werden Gott ihre Herzen darbringen und werden nichts für sich allein behalten wollen.

Gott will ein neues Glück schaffen, und werden die Menschen und Engel von diesem Glück immerdar erfüllt sein, und werden die Menschen und Engel sich in Freuden umfangen.

Gott will ein neues Leid schaffen, und werden die Menschen von ihrem Leid nicht zu Boden geworfen, und wird ihr Leid unter dem Frieden Gottes sein, und werden ihre Tränen nicht bitter werden, und ihre Herzen werden sich nicht verhärten.

Gott wird ein neues Bitten schaffen, und werden die Menschen erhalten, um was sie Gott bitten.

Gott will ein neues Rufen schaffen, und werden die Menschen durch ihr Rufen die Gnade des Herrn erlangen.

3 Gott will ein neues Malen schaffen, und die Menschen werden sich gegenseitig malen in ihrer wahren Gestalt, und wird an ihren Bildern kein Irrtum sein.

Gott lässt ein neues Tun die Menschen verrichten, sie werden ihre Pflichten vor Gott und den Mitmenschen in Frieden und Freude erfüllen.

Gott will ein neues Regieren schaffen, und werden die Menschen sich selber regieren, und wird ein jeglicher König sein in seinem Reich, und er wird herrschen voll Weisheit und Milde, und wird keiner des anderen Königtum neiden.

Gott will ein neues Pilgern schaffen, und werden die Menschen zu ihm nur pilgern, und weil Gott seine Wohnstätte nicht hat auf Erden, sondern im Himmel, werden die Menschen ihrer himmlischen Pilgerfahrt eingedenk sein.

Gott will ein neues Büßen schaffen, und werden die Menschen sich selbst die Bußen auferlegen, und werden die Büßer in Frieden büßen und ohne Qual der Zerknirschung, und ihre Buße wird Gott annehmen.

Gott will ein neues Feiern schaffen, und werden die Menschen ihre Feste nicht unter Geschrei und Getöse feiern, sie werden stille sein vor Gott, und sie werden erhoben werden im Geiste zu der Herrlichkeit des Herrn.

Gott will ein neues Fasten schaffen, und wird der Menschen Fasten ohne Härte sein, sie werden in Liebe zu Gott ihr Fasten darbringen, und Gott wird ihr Fasten annehmen.

4 Gott will ein neues Bekehren schaffen, und die Menschen werden sich nicht mehr mit Feuer und Schwert bekehren, sondern durch das Beispiel ihres Wandels in Gottes Licht.

Gott will ein neues Lehren schaffen, und werden die Kinder der Menschen in Weisheit und Güte unterwiesen, und werden die Kinder ihrem Lehrer in Liebe anhangen, und der Lehrer wird voller Güte seine Schüler anschauen. Gott will ein neues Rühmen schaffen, und werden die Menschen sich ihrer liebe zu Gott rühmen, und wird keiner dem anderen seinen Ruhm neiden.

Gott will ein neues Fürwahr halten schaffen, und werden die Menschen einander aufs Wort glauben, und wird kein Falsch unter ihnen sein.

S Gott will ein neues Trauern schaffen, und wird der Menschen Trauern keine dumpfe Qual sein, sie werden in Frieden zu Gott und in Harmonie mit seinen ewigen Gesetzen ihr Trauern anheben lassen. In ihrem Trauern wird keine Auflehnung sein, und Gott wird ihr Trauern anschauen.

Gott will ein neues Reichsein schaffen, und werden die Menschen ihren Reichtum in ihren Augen und in ihren Herzen haben und werden einander ihren Reichtum nicht neiden und werden fortschenken ihren Reichtum und werden immer reicher werden.

Gott will ein neues Armsein schaffen, und werden die Menschen ihre Armut in Schanden verbergen und werden einander meiden vor Scham ihrer Armut.

Gott will ein neues Mitleid schaffen, und werden die Menschen ihr Mitleid nicht mehr in Worten haben, sondern in ihren Taten wird ihr Mitleid sein, und wird ihr Mitleid Wunder vollbringen können. Sie werden durch ihr Mitleid der Mitmenschen Krankheiten heilen, und wird Gott ihre Heilkundigen mit großer Liebe anschauen.

Gott will ein neues Trösten schaffen, und wird ihr Trösten nicht in Worten sein, sondern in ihren Taten wird ihr Trösten sein, und sie werden beglückt und reich durch ihr Trösten, der Getröstete sowohl als der Tröster.

Gott will ein neues Pulver und ein neues Blei schaffen, damit sie nicht werden sich gegenseitig morden, sondern das neue Pulver und das neue Blei werden sie zu ihrer Erkenntnis der Geheimnisse Gottes verwenden, und werden sie durch dieses Pulver und dieses Blei an Macht den Engeln gleich werden, aber sie werden ihre Macht nicht anwenden, sich gegenseitig zu zerstören.

6 Gott will ein neues Richten schaffen, und wird der Richter und der Gerichtete in einer Person sein, und werden nicht mehr Menschen übereinander zu Gericht sitzen, sondern Gott.

Gott will ein neues Raten schaffen, und werden die Menschen das Amt des Beraters in Gottes Hand legen, und Gott wird ihnen raten und wird kein Fehlspruch sein, und werden die Menschen sich freudig diesem Raten unterstellen und werden keinen Zwiespalt haben in ihren Herzen.

Gott will ein neues Fragen schaffen, und werden die Menschen bei ihrem Tun Gott um Rat fragen denn ihr unwissender Verstand braucht die Erleuchtung von Gott. Er wird ihren Verstand erleuchten, und sie werden ihr Handeln in Frieden und Freude verrichten.

Gott will ein neues Arbeiten schaffen, und werden die Menschen ihr Arbeiten nicht als Last empfinden, aber sie werden Freude haben an ihrem Arbeiten, und sie werden ihrer Arbeit Früchte genießen, und wird keiner dem andern die Frucht seiner Arbeit neiden. Gott will ein neues Bilden schaffen, und werden die Menschen sich ihre Bildung von Gott verschaffen. Sie werden nicht länger ihre Gehirne mit allerlei Unwichtigem anfüllen und werden erkennen, was wichtig ist, und werden Wissen in Demut Gott danken.

Gott will ein neues Offenbaren schaffen, und werden die Menschen ihre Offenbarungen von Gott jeder für sich selbst haben, und wird nicht mehr ein Mensch nur auserwählt, um Offenbarungen zu erhalten für die Menschheit.

Gott will ein neues Stummsein schaffen, und werden die Menschen in großer Stummheit einhergehen, und werden sie ihren Mund nur auftun wenn ihnen ein Gedanke wichtig genug erscheint um Ihn auszusprechen. Sie werden ihre Kraft die Gott ihnen gibt, nicht mehr in törichtem Reden vergeuden und ihre Kraft wird mächtig anwachsen unter ihrem großen Stummsein.

7 Gott wird ein neues Sterben schaffen, und werden die Menschen festlich geschmückt und unter Lobpreisen des Herrn die irdische Hülle verlassen und wird kein Weinen und Wehklagen sein.

Gott will ein neues Schlafen schaffen und werden die Menschen nicht mehr ein Drittel ihres Lebens wie tot daliegen, sie werden Herr sein über ihren Schlaf und werden nur schlafen, wenn sie es selbst wollen.

Gott will ein neues Nahrungsnehmen schaffen, und werden die Menschen nicht mehr ihre Nahrung nehmen aus Begierde, sondern sie werden nur dann Nahrung nehmen, wenn der Körper es verlangt, und ihre Nahrung wird nicht mehr der Leib toter Tiere sein, ihre Nahrung wird rein sein vor Gott, und sie werden ihre Kraft nicht mehr aus ihrer Nahrung ziehen, sondern Gott wird ihnen von seiner Kraft geben.

Gott, will ein neues Nachgeben schaffen, und werden die Menschen nicht mehr ihren Willen mit Starrheit durchsetzen, sondern sie werden einander ihren Willen nachgeben, und wird Gottes Wille über ihnen allen sein.

Gott will ein neues Nachdenken schaffen und werden die Menschen durch ihr Nachdenken die Stimme Gottes in sich vernehmen, und sie werden reich sein in ihrem Nachdenken, und Gott wird ihnen seine Geheimnisse ins Ohr flüstern. .

Gott will ein neues Nervensystem schaffen, und werden die Menschen empfänglicher sein für die Einflüsse der Umwelt, und werden ihnen ihre Nerven mit Sicherheit Gefahr vor Krankheiten anzeigen.

8 Gott will ein neues Naturgesetz schaffen, und werden die Menschen voller Ehrfurcht das neue Naturgesetz anschauen, und werden sie mit diesem Naturgesetz mächtig werden wie die Engel.

Gott will ein neues Machtbewusstsein schaffen, und werden die Menschen ihre Macht nicht nach den Einflüsterungen des Bösen anwenden wider Gott und Menschen, sondern sie werden ihre Mach um Guten anwenden.

Gott will ein neues Mauern schaffen, und werden die Menschen ihre Wohnstätten nicht mehr mit Mühsal aufbauen, sondern sie werden ein neues Mauern anwenden, so dass sie mit Lust ihre Wohnstätten errichten und werden in ihren Wohnstätten geborgen sein vor Kälte und Hitze und werden sich freuen ihrer Wohnstätten und werden voller Dankbarkeit zu Gott sein.

Gott will ein neues Fühlen schaffen und werden die Menschen ihre Gefühle nicht wie eine Horde wilder Tiere über sich herfallen lassen sondern sie werden Herr ihrer Gefühle sein, und werden sie nur die Gefühle haben die sie wollen.

Gott will ein neues Verantworten schaffen, und werden die Menschen sich verantwortlich fühlen gegenüber ihren Mitmenschen, und sie werden die Fehler und Schwächen ihrer Mitmenschen gleichwie die eigenen bereuen,

Gott will ein neu es Vielmachen schaffen, und werden die Menschen ihre vielen Geschäfte auf einmal ausführen können und werden nicht in Schwierigkeiten geraten bei ihrem Vielmachen.

9 Gott will ein neues Predigen schaffen, und werden die Menschen nicht mehr in Gebäuden predigen, sondern ihr Predigen wird sein unter der Herrlichkeit des freien Himmels Gottes.

Gott will ein neues Priestertum schaffen, und werden die Priester Gottes nicht mehr von Menschen erwählt werden, noch werden sie sich selber erwählen können, sondern Gott, der Herr, wird sich seine Priester auserwählen, und wird er seinen Priestern Macht geben über die Menschen, und werden seine Priester geliebt, aber auch gefürchtet werden.

Gott will ein neues Lehren schaffen und werden die Lehrer nicht länger der Kinder Gehirne mit allerlei unwichtigen Dingen anfüllen, sondern sie werden sie nur lehren, was wesentlich ist, und die Kinder werden mit Liebe und Begeisterung lernen und werden ihre Lehrer verehren und werden das Gelernte nicht wieder vergessen,

Gott will neue Bußübungen schaffen, und werden die Bußübungen nicht in körperlichen Bußen bestehen, sondern darin, dass sich die Büßenden berauben des

Anblickes des Herrn, und wird ihre Buße für sie leidvoll sein, und Gott wird in Gnaden ihre Buße anschauen, Gott will neue Beichten schaffen, und werden die Beichtkinder ihrer Beichtväter in großer Ehrfurcht gedenken, und werden sie ihnen ihre Seelen völlig unterwerfen, und werden sie von ihren Beichtvätern mit großer Hingabe und Liebe geleitet.

Gott will neue Klöster schaffen, und werden die Klöster nicht von Menschen errichtet und von Menschen geleitet, sondern Gott will sich unter den Menschen seine Klöster errichten.

Gott will neue Pioniere für sein Werk auf Erden schaffen, und sollen diese Pioniere ihn den Menschen immer näher bringen. Sie sollen .feste Brücken bauen zwischen den Menschen und Gott.

10 Gott will neue Lasten schaffen, und werden die Menschen ihre Lasten mit freudigem Herzen tragen, und wird keiner klagen über seine Lasten, noch anrufen den Herrn, er möge die Last von ihm nehmen.

Gott will neue Güter schaffen, und werden die Güter gerecht verteilt sein unter den Menschen, und werden die Menschen sich ihre Güter nicht gegenseitig neiden, und wird ein jeglicher wissen, dass Gott die Güter ausgeteilt hat dass ein jeder empfängt was ihm gebührt.

Gott will neue Güterverwalter schaffen, und werden die Güterverwalter ihre anvertrauten Güter mit großer Umsicht und mit Weisheit verwalten, indem sie einem jeglichen von den Gütern austeilen nach Gebühr.

Gott will ein neues Luftfahren schaffen, und werden die Menschen gleichwie mit Vogelflügeln fliegen und werden sich aufschwingen in den Himmelsraum wie die Lerchen und werden jubelnd dem Herrn Dank sagen.

Gott will ein neues Wasserfahren schaffen, und werden die Menschen in die Wasserfluten tauchen gleichwie Fische und werden sich der Wunder und Herrlichkeiten der Meere freuen und werden den Herrn preisen, der ihnen solches gewährt.

Gott will ein neues Feuerbezwingen schaffen, und werden die Menschen nicht länger erbeben müssen vor der Gewalt und Tücke des Feuers, sondern sie werden alles Feuer bezwingen nach einem neuen Gesetz, das Gott ihnen in ihre Hand gibt.

Gott will ein neues Erdebezwingen schaffen, und werden die Menschen ihre Blicke bis in die tiefsten Tiefen der Erde dringen lassen können und wird ihnen offenbar werden das Geheimnis ihres Planeten.

11 Gott will ein neues Gerechtigkeitsgefühl schaffen, und werden die Menschen nicht mehr Unrecht leiden untereinander, denn ein jeglicher wird .das Recht des anderen so wahren wie das eigenes.

Gott will ein neues Gutsein schaffen, und werden die Menschen lieber auf der Stelle tot sein wollen als abweichen vom Gutsein.

Gott will ein neues Gutbleiben schaffen, und überwinden werden die Menschen ihre Anfechtungen mit großer Stärke und aus Liebe zum Herrn.

Gott will ein neues Gutwerden schaffen, und werden die Menschen ihre Taten nicht mehr der Menschen wegen tun sondern Gottes wegen.

Gott will ein neues Ordnungsgefühl schaffen, und werden die Menschen ihre Angelegenheiten nach bestimmten Gesetzen verrichten, und wird ihnen ihr Ordnungsgefühl viel Zeit ersparen.

Gott will ein neues Ordnungserfinden schaffen, so dass die Menschen immer neue Wege finden werden, sich ihrer Arbeit zu erleichtern.

12 Gott will ein neues Geheimwissen schaffen, und werden die Menschen ihr Wissen von Gott erhalten, und wird ihr Wissen sie in die Geheimnisse Gottes einweihen, und werden sie ihr großes Wissen in Demut tragen und werden eingedenk sein, dass Gott ihnen Ihr Wissen gab, und werden nicht hochmütig werden. Durch dieses Wissen werden sie die Jahrtausende überschauen können, und werden sie die Vergangenheit gleichwie die Zukunft schauen.

Gott will ein neues Geheimarbeiten schaffen, und wird Gott unter den Menschen einige auserwählen, die ihm bei seinem Werk behilflich sein werden. Sie werden seine Pläne kennen und werden helfen, diese Pläne auf Erden zu verwirklichen. Diese Auserwählten werden von den Menschen hoch geehrt werden, und werden die Menschen sich diesen Auserwählten unterwerfen, gleichwie sie sich Gott unterwerfen.

13 Gott will ein neues Geborenwerden schaffen, und werden die Menschen nicht mehr mit Qual ihre Kinder zur Welt bringen, sondern Gott wird es ihnen leicht machen.

Gott will ein neues Geruchsorgan schaffen, damit die Menschen werde alles riechen können was sich in ihrer Nähe befindet, und wird dieses Geruchsorgan sie schützen vor Gefahren,

Gott will ein neues Gesichtsorgan schaffen, und werden die Menschen durch dieses Gesichtsorgan die Ferne und die Nähe sehen können, und werden sie alles, was um sie ist, mit scharfen Blicken unterscheiden können, und wird es für sie ein großer Schutz sein.

Gott will ein neues Geschmacksorgan schaffen, und werden die Menschen ihre Speisen mit großem Vertrauen essen können, denn dieses Geschmacksorgan wird ihnen alles anzeigen, was für ihren Körper schädlich ist.

Gott will ein neues Tastorgan schaffen, und werden die Hände der Menschen und ihre Füße so empfindlich sein für Berührungen, dass sie an ihnen würden gepeinigt und gequält werden können. Aber es wird sie keiner quälen, denn in ihren Herzen wird keine Bosheit sein. Sie werden aber mit ihren Händen und Füßen Geheimnisse der Materie erfühlen können.

14 Gott will ein neues Gutwissen schaffen, und werden die Menschen nicht mehr

blind sein vor dem, was gut und böse ist. Gott gibt es ihnen ein, dass sie es wissen.

Gott will ein neues Abwarten schaffen, und werden die Menschen nicht mehr ungeduldig sein, sie werden in Demut alles abwarten und sie werden wissen, dass alles zu ihnen kommt, was Gott für sie bestimmt hat.

Gott will ein neues Abschauen schaffen, und werden die Menschen ihre Arbeiten und ihre Ansichten voneinander abschauen, so dass sie immer von dem Menschen abschauen, der am vollkommensten Gottes Willen erfüllt.

Gott will ein neues Ablesen schaffen, und werden die Menschen ihre Gedanken einander ablesen können, und werden sie ihre Gedanken rein halten, damit kein Falsch an ihnen gefunden werden kann.

Gott will ein neues Urteilen schaffen, und werden die Menschen ihre Ansichten übereinander von Gottes großer Barmherzigkeit und Güte erleuchten lassen.

15 Gott will ein neues Abschied nehmen schaffen, und werden die Menschen nicht länger Tränen vergießen, wenn sie voneinander scheiden Sie werden wissen, dass jeder mit jedem immer verbunden ist im Geiste.

Gott will ein neues Alleinsein schaffen, so dass die Menschen nicht mehr ihr Alleinsein als bitter empfinden, sondern ihr Alleinsein wird ihnen süß sein durch die Gegenwart Gottes.

Gott will ein neues Alleinbleiben schaffen, und werden die Menschen nicht mehr ihr Alleinsein in Schwermut verbringen, sondern sie werden die Stimme Gottes vernehmen, und ihr Herz und ihre Seele werden erhoben sein zu Gott, und sie werden alle ihre Menschengedanken vergöttlichen.

Gott will ein neues Alleinbleibenwollen schaffen, und sind die Menschen im Geiste nicht allein, wenn sie Ihren Körper in die Abgeschiedenheit versetzen, sie haben Gemeinschaft mit den Engeln, und gibt ihnen diese Gemeinschaft große Kraft und Freude.

Gott will ein neues Staubfühlen schaffen, und werden die Menschen den Staub an den Dingen mit großer Deutlichkeit fühlen. Sie werden in ihrem Tun geleitet werden durch ihr feines Gefühl, das sie von den Dingen haben. Wenn sie einen Gegenstand zur Hand nehmen, so werden sie an dem Staub, der diesem anhaftet, alles erkennen können, was vorher mit dem Gegenstand geschehen.

Gott will ein neues Flugwissen schaffen, er will den Menschen die Gesetze der Schwerkraft in ihre Hand geben. Gott will ihnen die Freude an seinem herrlichen Himmelsraum schenken, und sollen die Menschen mit himmlischer Freude erfüllt werden.

Gott will ein neues Fluglasten schaffen, und werden die Menschen alle ihre Lasten durch die Luft bringen, überall wohin sie wollen, und wird es ihnen keine Mühe machen.

Gott will ein neues Lastentragen schaffen und er gibt den Menschen dafür ein neues Naturgesetz in die Hand, so dass sie die schwerste Lasten mit Leichtigkeit bewegen können, und dass Lasten sich selbst bewegen können ohne der Menschen Hilfe.

17 Gott will ein neues Organisieren schaffen, und werden die Menschen gern ihre Arbeiten nach bestimmten Plänen verrichten, was ihnen viel Zeit spart, und sie werden damit mehr in Übereinstimmung mit Gottes Gesetzen handeln.

Gott will ein neues Ordnungslieben schaffen, dadurch die Menschen immer mehr das irdische Leben erleichtern.

Gott will ein neues Ordnungsverteidigen schaffen, und werden die Menschen solche, die ihnen die Ordnung stören, in strenge Zucht nehmen.

Gott will ein neues Ordnungsbelohnen schaffen, und werden die Menschen solche belohnen die ihnen die Ordnung fördern helfen.

18 Gott will ein neues Muttersein schaffen, und werden die Mütter ihre Kinder nicht mehr allein erziehen, sondern sie werden ihre Kinder in eine gemeinsame Erziehung geben, und werden die Kinder daher alle die gleichen Vorteile erlangen, und wird keines beiseite stehen müssen und glücklichere beneiden, und werden die Kinder fröhlich sein untereinander, und wird keines sich über ein anderes erheben.

Gott will ein neues Muttergefühl schaffen, und werden die Mütter ihre Kinder mit Stolz der Gemeinschaft übergeben, und werden sie ihrer Kinder Wachstum mit großer Anteilnahme beobachten, und werden sie die Kinder in ihrem Glück nicht stören wollen, und die Kinder werden ihre Mütter lieben und ehren und werden ihrer nicht vergessen.

19 Gott will ein neues Güterverteilen schaffen, so dass ein jeder die Güter erhält, die er infolge seiner natürlichen Anlagen gebraucht. Er wird durch die ihm zugewiesenen Güter diese Anlagen auf das beste entwickeln können.

Gott will ein neues Güterbehalten schaffen, und werden die Menschen ihre Güter nur so lange behalten dürfen, wie sie diese Güter zum Wohle der Gemeinschaft verwalten.

Gott will ein neues Güterverlieren schaffen, und werden die Menschen ihre Güter verlieren, wenn sie die von ihnen erwartete Arbeit nicht leisten, und werden solche Menschen von ihren Mitmenschen so sehr verachtet, und wird ihnen das Weiterleben unter ihnen so peinvoll sein in ihrem Herzen, dass sie lieber alle verlangte Arbeit leisten werden wollen, als dass sie sich einer solchen Schmach aussetzen möchten.

20 Gott will ein neues Organ schaffen, mit dem die Menschen die irdische Hülle verlassen können, und durch das es ihnen möglich wird, alles zu sehen, was Sie wollen, andere Orte aufzusuchen und alles in das Bewusstsein ihrer körperlichen Gehirns hinüberzunehmen.

Gott will ein neues Organ schaffen, durch das die Menschen ihren irdischen Körper in der Ferne sichtbar machen können, und durch das sie im Schlaf umherzuwandern vermögen.

21 Gott will eine neue Liebe schaffen, und werden die Menschen nicht mehr wie die Tiere zueinander laufen, sondern Gott wird sie füreinander auswählen, und wird keine Sünde sein zwischen ihnen.

Gott will eine neue Liebesirrung schaffen, und werden die Menschen ihre Liebesgefühle auch gegen das Gesetz Gottes einander bezeigen, und werden sie dadurch in große Not geraten, und werden sie lieber ihre Gefühle überwinden wollen, als dass sie sich dem Zorne Gottes aussetzen möchten.

Gott will ein neues Liebeserfüllen schaffen, und werden die Menschen sich in ihrer Liebe zueinander und in ihrer körperlichen Vereinigung so überaus glücklich fühlen, dass kein anderes Irdisches Glück dem gleichkommen wird.

Gott will ein neues Liebesurteilen schaffen, und werden die Menschen sich nicht wahllos zusammenfinden sondern Gott gibt ihnen die richtige Wahl ein.

Gott will ein neues Liebesaufgeben schaffen, und werden die Menschen nicht länger sich aneinander binden, als bis das Kind der Gemeinschaft übergeben ist und die Gesundheit der Frau die Hilfe des Mannes nicht mehr nötig macht.

Gott will ein neues Liebesverlassen schaffen, und werden die Menschen die Menschen nicht mehr Tränen vergießen indem sie voneinander scheiden sondern sie werden in Frieden und Freude voneinander gehen, und werden sie immer mit Freude und Dankbarkeit aneinander zurückdenken .

22 Gott will ein neues Schicksal schaffen, und werden die Menschen nicht länger blind sein gegenüber dem, was ihnen im Leben als Schicksal bestimmt ist, und werden sie in ihrem Geiste schauen, was ihr Schicksal sein wird.

Gott will ein neues Schicksalüberwinden schaffen, indem die Menschen es in der Hand haben werden, die Schläge des lange vorausgeschauten Schicksals in ihrer Wirkung abzuschwächen.

Gott will ein neues Schicksaldeuten schaffen und werden die Menschen ihr Schicksal aus dem Einfluss der Gestirne deuten, und wird ihr irdisches Leben vor ihnen so klar liegen wie ein aufgeschlagenes Buch,

Gott will einen neuen Schicksalsmut schaffen, und werden die Menschen ihr Schicksal mit Mut auf sich nehmen wollen, und wird ihr Mut an ihrem schweren Schicksal immer mehr wachsen.

Gott will ein neues Schicksalswollen schaffen, und werden die Menschen ihr Schicksal, wie es ihnen von Gott bestimmt ist, mit ihrem ganzen Herzen wollen, so dass sie ihr Schicksal, auch wenn es schwer ist, mit keinem anderen werden tauschen wollen.

23. Gott will ein neues Gieraufgeben schaffen, und werden die Menschen ihre Gier nach irdischen Freuden aus Liebe zu Gott überwinden. Ein großes Schamgefühl

hält sie davon ab, ihrer Gier nachzugeben.

Gott will ein neues Gierausleben schaffen, und werden die Menschen, die ihre Gier nicht zügeln, von ihren Mitmenschen so sehr verachtet und gemieden werden, dass sie lieber werden ihre Gier zügeln, als dass sie solche Schmach erdulden möchten.

Gott will ein neues Sichbetten schaffen, und werden die Menschen sich nicht mehr in Betten legen Sie werden in ihren Kleidern schlafen und keiner Betten mehr bedürfen, Ihr Schlaf wird von so kurzer Dauer sein dass sie ihren Platz auf dem sie sich gerade befinden nicht zu verlassen brauchen, und wird ihr kurzer Schlaf sehr stärkend sein..

24 Gott will ein neues Ruhen schaffen, und werden die Menschen inmitten ihrer Arbeit. Ausruhen, indem sie ihre Hände zum Himmel erheben und ihre Gedanken auf Gott lenken, Sie werden dadurch große Stärkung erlangen.

Gott will ein neues Ruhestören schaffen, und werden die Menschen, welche ihren Mitmenschen die Ruhe stören, von diesen mit großer Verachtung gestraft, und werden dieselben ausgeschlossen von gemeinsamen Freuden.

Gott will ein neues Ruheaufgeben schaffen, und werden die Menschen ihre Ruhe nur von kurzer Dauer sein lassen. Sie werden durch diese kurze Ruhe so sehr gestärkt, dass sie mehr Kraft aus ihr gewinnen als aus zehnstündigem Schlaf der heutigen Menschheit, und sie werden sich freuen ihrer Kraft und sie werden Gott danken, der sie ihnen gab. .

25 Gott will ein neues Geisteswissen schaffen, und werden die Menschen nicht mehr ihren Geist als unbekannte Kraft in sich tragen, sondern sie werden sich des Geistes, der in ihnen wohnt, wohl bewusst sein, und sie werden mit diesem Geiste sprechen können und werden Antwort von ihm erhalten.

Gott will ein neues Geistausgeben schaffen, und werden die Menschen ihren Geist in seinem Jenseits in Tätigkeit versetzen können, damit er ihnen hilft, ihre irdischen Angelegenheiten besser zu ordnen.

26 Gott will ein neues Orgelspiel schaffen, und werden die Menschen nicht mehr in Gebäuden Orgel spielen. Sie werden vielmehr in Gottes freier, herrlicher Natur Orgel spielen, und wird ihre Orgel gewaltig erbrausen unter dem hohen Himmelsdom, und werden alle Menschen und Engel in Ergriffenheit versetzt durch die Gewalt ihrer Töne.

Gott will ein neues Organ für Musik schaffen, und werden die Menschen ihre Musik nicht nur mit ihren körperlichen Ohren hören, sondern sie werden ihre Musik geistig hören, und wird sie herrlich sein, wie niemals körperliche Ohren sie vernommen.

Gott will ein neues Organ für Gesang schaffen, und werden der Menschen Stimmen in solcher Schönheit erklingen, dass sie ihre ganze Seele werden in ihre Stimmen legen können, und sie werden selbst entzückt und berauscht sein von dem Wohlklang ihrer Stimmen, die ihnen der Herr gegeben.

27 Gott will ein neues Schutzorgan für den Hals schaffen, damit der Hals der Menschen nicht mehr so empfindlich sei gegen die Einflüsse der Witterung, und werden sie durch dieses Organ ihre Stimmen immer schön und jung erhalten können.

Gott will ein neues Organ für die Nase schaffen, und .wird der Menschen Nase so fein und empfindlich sein für Gerüche, dass ihnen der Duft der Blumen eine unbeschreibliche Freude machen wird und dass sie alle üblen Gerüche fliehen werden wie die schlimmste Unreinheit.

Gott will ein neues Organ für den Magen schaffen, und wird der Magen der Menschen nur noch sehr leichte Speisen vertragen können, und werden sie auch nur wenig Speisen zu sich nehmen, denn sie erhalten ihre Kraft: von Gott.

Gott will ein neues Organ für die Galle schaffen, und werden die Menschen der Galle nicht mehr bedürfen, denn die leichte Nahrung der Menschen lässt die Galle überflüssig werden.

Gott will ein neues Organ für die Milz schaffen, denn der Menschen Blut wird so sehr rein sein, dass die Milz für sie nicht mehr nötig sein wird. Gott will erschaffen ein neues Organ für die Brust, und werden die Menschen Brust und Brustorgane in großer Sicherheit tragen, denn der Herr gibt ihrer Brust einen starken Schutz durch einen neuen Knochenpanzer.

Gott will erschaffen ein neues Organ für die Pulsadern, und werden der Menschen Pulsadern ihnen keine Gefahr mehr bedeuten, denn der Herr will ihnen die Pulsadern so verlegen, dass sie geschützt bleiben.

Gott will ein neues Organ für die Luftaufnahme schaffen, und werden der Menschen Lungen von großer Kraft und Feinheit sein.

Gott will ein neu es Organ für die Lufttiefatmung schaffen, und werden die Menschen ihren Atem so lange anhalten können, wie sie wollen, und werden sie ihr Atemanhalten von selbst aufgeben, erst wenn sie spüren, dass der Körper geschädigt wird.

Gott will ein neues Organ für die Pulsschläge schaffen, und werden der Menschen Pulsschläge nicht mehr in bestimmter Anzahl erfolgen müssen.

28 Gott will ein neues Farbenorgan schaffen, und werden der Menschen Augen von solcher Feinheit sein, dass sie in den Dingen der Natur so viele Farben sehen, dass sie große Freude darüber empfinden werden.

Gott will ein neu es Schutzorgan für die Augen schaffen, und werden der Menschen Augen gesichert sein gegen alle äußeren Schädigungen, denn Gott umgibt ihre Augen mit einem starken Schutz.

Gott will ein neues Organ schaffen für die viel deutlichere Erkennung allen Ungeziefers, und werden die Menschen alles Ungeziefer an ihren Nahrungspflanzen mit großer Deutlichkeit erkennen können, und sie werden ihre Nahrung nur gut gereinigt zu sich nehmen.

Gott will ein neues Organ für die richtige Verarbeitung der Fettstoffe schaffen, und werden die Menschen das Fett aus Milch und Pflanzen auch ohne die Galle nutzbar machen können, denn Gott gibt ihnen hierfür ein neues Organ.

Gott will ein neues Geschmacksorgan schaffen, und werden die Menschen erfahren wie köstlich einfache und reine Nahrung schmeckt.

Gott will ein neues Organ schaffen, mit welchem die Menschen ihrer Tiere Entstehung in ihrer tatsächlich geheimnisvollen Weise deutlich und viel übersichtlicher zu erkennen vermögen, als es den heutigen Menschen möglich ist.

Gott will ein neues Organ für das Gehen schaffen, und werden der Menschen Beine ihren Körper mit großer Kraft tragen, und werden sie nicht mehr ermüden, wenn sie stehend ihre Arbeit verrichten.

Gott will ein neues Organ für die Magenwände schaffen, und sollen die Menschen nicht mehr leiden unter der Tätigkeit ihres Magens, denn der Herr wird ihnen das Verarbeiten ihrer Nahrung leicht machen.

Gott will ein neues Organ für das Nahrungsausscheiden schaffen, und werden der Menschen Därme immer in großer Ordnung ihre Tätigkeit verrichten, und werden sie ihnen keine Leiden verursachen.

Teil C Abschnitt 1-10

1 Gott will einen neuen Gültigkeitsbeweis für seine große Liebe und Güte erbringen, indem er den Menschen diesen wunderbar feinen und starken Körper geben will.

Gott will einen neuen Gültigkeitsbeweis erbringen für seine große Macht, indem er des Menschen Körper und Leben nach neuen Gesetzen umschafft.

Gott will einen neuen Gültigkeitsbeweis erbringen für sein großes Urteilsprechen über die Menschheit, denn die Bösen kann der Herr für seinen neuen Menschheitsplan nicht gebrauchen, sie würden seine Pläne durchkreuzen, wie ehedem Satan es getan.

Gott will einen neuen Bund mit den Menschen machen, danach die Menschen werden Gott allein in allem folgen, und danach sie werden ohne Sünde leben und werden Frieden haben in ihren Seelen.

Gott will einen neuen Gültigkeitsbeweis schaffen, indem er die Bundschließung ehedem mit den Menschen um so viele Jahre vor der Geburt des Erlösers gemacht hat, wie er die neue Bundschließung nach der Geburt des Erlösers machen wird.

Gott will einen neuen Gültigkeitsbeweis für seinen großen Friedenswillen erbringen, indem er die Friedenstörer unter den Menschen ausscheidet, und indem er Frieden denen schenkt, die in Liebe ihm anhängen.

Gott will einen neuen Gültigkeitsbeweis erbringen für alles, was er durch seine Propheten den Menschen verkünden ließ, damit die Menschen erkennen sollen, dass ER zu ihnen gesprochen.

Gott will einen neuen Gültigkeitsbeweis schaffen für seinen großen Propheten Abraham, indem er alles erfüllen will, was er ihm verheißen.

Gott will einen neuen Gültigkeitsbeweis erbringen dafür, dass alles, was in der Schrift geschrieben steht, von ihm seinen Propheten eingegeben.

Gott will einen neu Gültigkeitsbeweis bringen dafür dass Freude göttlicher ist als Leid.

Gott will einen neuen Gültigkeitsbeweis erbringen dafür, dass alle Bosheit wider Gott mit ewiger Vernichtung gestraft wird.

Gott will einen neuen Gültigkeitsbeweis erbringen dafür, dass alle Torheit der Menschen auf Erden wider Gott mit schrecklichen Leiden bestraft wird. Gott will einen neuen Gültigkeitsbeweis erbringen dafür, dass der Propheten Fürsprechen für die Menschen und ihr Bitten um Vergebung ihrer Sünden erhört worden ist.

Gott will einen neuen Gültigkeitsbeweis erbringen, indem sein Prophet Johannes in seinen Gesichten wahr gesehen.

Gott will einen neuen Gültigkeitsbeweis erbringen, indem der Prophet Güte und Liebe Gottes als seine höchsten Eigenschaften pries.

Gott will einen neuen Gültigkeitsbeweis erbringen, indem der Prophet sich in Träumen in die Zeit des letzten Tages versetzen ließ, auf das die Menschheit gewarnt werde.

Gott will einen neuen Gültigkeitsbeweis erbringen dafür, dass der Prophet Johannes seine Lehren von Gott eingegeben erhielt.

Gott will einen neuen Gültigkeitsbeweis erbringen dafür, dass der Prophet Johannes in allem wahr gesprochen hat. .

Gott will einen neuen Gültigkeitsbeweis erbringen, indem er die Propheten auf allen ihren Wegen beschützte vor den Menschen.

Gott will einen neuen Gültigkeitsbeweis erbringen dafür, dass die Propheten in alle was sie taten von Gott geführt wurde

3 Gott will einen Gültigkeitsbeweis erbringen für sein Suchen nach euren Seelen und für seine große Barmherzigkeit.

Gott will einen neuen Gültigkeitsbeweis erbringen für sein Trösten in euren Leiden.

Gott will einen neuen Gültigkeitsbeweis erbringen für sein Helfen in all eurer Not.

Gott will einen neuen Gültigkeitsbeweis erbringen für sein Schenken aus seinem Reichtum.

Gott will einen neuen Gültigkeitsbeweis erbringen für das Offenbaren seines Wortes.

Gott will einen neuen Gültigkeitsbeweis erbringen für das Hören seiner Stimme.

Gott will einen neuen Gültigkeitsbeweis erbringen dafür, dass Offenbarungen von Gott nur dann den Menschen gegeben werden, wenn Gott dies für seine Pläne nötig findet.

Gott will einen neuen Gültigkeitsbeweis erbringen für alles, was er seit Anbeginn durch seine Propheten verkünden ließ.

Gott will einen neuen Gültigkeitsbeweis erbringen für all seine Fürsorge um die Menschheit.

Gott will einen neuen Gültigkeitsbeweis erbringen für all sein Warnen der Menschheit.

Gott will einen neuen Gültigkeitsbeweis erbringen für alle seine Verheißungen.

Gott will einen neuen Gültigkeitsbeweis erbringen für alle seine Drohungen.

4 Gott will einen neuen Gültigkeitsbeweis erbringen für all seine Liebe zur Menschheit.

Gott will einen neuen Gültigkeitsbeweis erbringen für all seine Treue gegenüber der Menschheit.

Gott will einen neuen Gültigkeitsbeweis erbringen für all sein Hoffen auf die Menschheit.

Gott will einen neuen Gültigkeitsbeweis erbringen für alle seine Schmerzen um die Menschheit.

Gott will einen neuen Gültigkeitsbeweis erbringen für all sein Sehnen nach der Menschheit, denn die Menschheit weiß es nicht, dass Gott sich in Liebe nach ihr sehnt.

Gott will einen neuen Gültigkeitsbeweis erbringen für all sein großes Erbarmen, denn die Menschen halten ihn für lieblos und gleichgültig gegenüber der Menschen Not und Jammern.

Gott will einen neuen Gültigkeitsbeweis erbringen für sein großes Vergeben, denn die Menschen tun nicht mehr Buße, weil sie nicht mehr an die teuflischen Einflüsse in ihrem Denken und Handeln glauben, und weil sie deshalb meinen, keiner Vergebung zu bedürfen Gott will einen neuen Gültigkeitsbeweis erbringen für sein großes Friedebringen auf Erden.

Gott will einen neuen Gültigkeitsbeweis erbringen für sein großes Friedenerhalten auf Erden.

Gott will einen neuen Gültigkeitsbeweis erbringen für sein großes Friedenbeschützen auf Erden.

Gott will einen neuen Gültigkeitsbeweis erbringen für sein großes Friedensegnen auf Erden.

Gott will einen neuen Gültigkeitsbeweis für sein großes Mitleid erbringen, denn die Menschen halten ihn für hartherzig.

Gott will einen neuen Gültigkeitsbeweis für sein großes Mitleid erbringen, denn sein Führen der Menschheit geschieht nur aus Mitleid.

Gott will einen neuen Gültigkeitsbeweis erbringen für sein großes Helfen.

6 Gott will einen neuen Gültigkeitsbeweis erbringen für sein großes Güteausstrahlen.

Gott will einen neuen Gültigkeitsbeweis erbringen für sein großes Güteaufzwingen, denn den Menschen ist an seinem Güteausstrahlen nichts gelegen.

Gott will einen neuen Gültigkeitsbeweis erbringen für sein großes Bittenerhören.

Gott will einen neuen Gültigkeitsbeweis erbringen für sein großes Bittenerfüllen, denn alle Menschen, die ihn bitten werden, ihre Sünden ihnen zu vergeben, werden Vergebung erlangen.

Gott will einen neuen Gültigkeitsbeweis für sein großes In-Liebe-Wiederaufnehmen erbringen.

Gott will einen neuen Gültigkeitsbeweis erbringen für sein In-Treue-Worthalten.

Gott will einen neuen Gültigkeitsbeweis erbringen für sein großes Prüfen der Seelen, deshalb die Menschen ihn gehasst und gelästert haben.

Gott will einen neuen Gültigkeitsbeweis erbringen dafür, dass Liebe stärker ist als Hass

Gott will einen neuen Gültigkeitsbeweis erbringen dafür, dass sein Plan auf Erden unverändert der gleiche geblieben.

Gott will einen neuen Gültigkeitsbeweis erbringen dafür, dass Freude und Glückseligkeit nach seinem Plane der Menschen Los sei sollte und dass die Mensch dies nicht gewollt indem sie Satan mehr Glauben schenkten als ihm.

Gott will einen neuen Gültigkeitsbeweis erbringen dafür, dass Satan der Menschen böser Feind ist.

Gott will einen neuen Gültigkeitsbeweis erbringen dafür, dass Gott mächtiger ist als Satan.

Gott will einen neuen Gültigkeitsbeweis erbringen dafür, dass Gott siegreich ist, und dass keine Gewalt im Himmel, noch auf Erden, noch in den Tiefen der Hölle ihm widerstehen kann.

Gott will einen neuen Gültigkeitsbeweis erbringen dafür, dass sein Emporziehen der Menschen zu sich aus großem Mitleid geschieht.

Gott will einen neuen Gültigkeitsbeweis erbringen dafür, dass im Glauben an ihn und im Vertrauen auf seine große Liebe der Menschen Heil liegt.

Gott will einen neuen Gültigkeitsbeweis erbringen dafür, dass Beten und Fürsprechen bei ihm Gehör findet.

Gott will einen neuen Gültigkeitsbeweis erbringen dafür, dass liebevolles und gütiges Verstehen und Helfen den Mitmenschen gegenüber ihm ganz ähnlich.

Gott will einen neuen Gültigkeitsbeweis erbringen dafür, dass alles, was auf Erden geschieht, von Gott gesehen wird.

Gott will einen neuen Gültigkeitsbeweis erbringen dafür, dass sein Wort ewig ist.

Gott will einen neuen Gültigkeitsbeweis erbringen dafür, dass Gott über allem ist.

Gott will einen neuen Gültigkeitsbeweis erbringen dafür, dass Gott in allem ist.

9 Gott will einen neuen Gültigkeitsbeweis erbringen dafür, dass Petrus in Gottes Auftrag die Kirche gegründet.

Gott will einen neuen Gültigkeitsbeweis erbringen dafür, dass Petrus in seinem Sprechen und Handeln von Gott geleitet wurde.

Gott will einen neuen Gültigkeitsbeweis erbringen dafür, dass Petrus in allem Gottes Willen erfüllte.

Gott will einen neuen Gültigkeitsbeweis erbringen dafür, dass Petrus in Paulus den großen Helfer von Gott erhielt.

Gott will einen neuen Gültigkeitsbeweis erbringen dafür, dass Petrus Macht von Gott erhielt, die Menschen von ihren Sünden zu lösen oder den Menschen die Sünden zu behalten.

Gott will einen neuen Gültigkeitsbeweis erbringen dafür, dass die Nachfolger Petri dieselbe Macht von Gott erhalten haben.

Gott will einen neuen Gültigkeitsbeweis erbringen dafür, dass Petrus allein die wahre Kirche Christi gegründet hat, und dass der Menschen Abfall von der Kirche Christi an ihnen heimgesucht wird.

Gott will einen neuen Gültigkeitsbeweis erbringen dafür, dass die Heimsuchung der Abgefallenen sichtbar wird in ihrer großen Verwirrung und Entzweiung untereinander.

10 Gott will einen neuen Gültigkeitsbeweis erbringen für seine Liebe zu seiner Kirche, indem er ihr diese seine Offenbarung übergibt.

Gott will einen neuen Gültigkeitsbeweis erbringen für seine große Fürsorge für seine Kirche, indem Gott ihr verkünden will, was er über sie bestimmt hat.

Gott will einen neuen Gültigkeitsbeweis erbringen dafür, dass Gott seine Kirche auch weiterhin leitet, indem er ihr ihren Weg vorschreibt.

Gott will der Kirche sein Wort verkünden.

Gott hat großes Wohlgefallen an seiner Kirche, die treu sein Wort gehütet und bewahrt vor den Angriffen des bösen Feindes.

Gott tröstet seine Kirche auf ihrem schweren Wege, und er will ihr helfen, und er will sie beschützen.

Gott möchte, dass die Kirche diese seine Stimme erhört.

Gott möchte, dass die Kirche das Werkzeug prüft, das Gott sich auserwählt hat, sein Wort der Kirche zu übergeben.

Teil D Abschnitt 1-8

1 Gott sieht die Menschen, wie sie sein Wort annehmen, und allen Menschen, die in Ehrfurcht und Ergriffenheit sein Wort annehmen, will er seine unendliche Gnade und Liebe schenken.

Gott sieht die Menschen, wie sie sein Wort ablehnen, und alle Menschen, welche sein Wort ablehnen, sollen verstoßen sein von seinem Angesicht.

Gott sieht die Menschen wie sie seinen Worten folgen, und er ist mit ihnen, und er segnet und behütet sie.

Gott sieht die Menschen, wie sie seinem Worte nicht folgen, und er will sie strafen und verfolgen, dass keine Ruhe für sie sein wird auf Erden und keine Seligkeit im Himmel.

Gott sieht die Menschen, wie sie seine Güte und Liebe erkennen, und wie sie ihm danken für seine Gnade, und er will sie reich machen durch seine Gnade, und er will sie stärken und trösten.

Gott sieht die Menschen, wie sie nicht an seine Liebe und Güte glauben, und er entzieht ihnen seinen Anblick, und er lässt sie allein in der Finsternis.

2 Gott sieht die Menschen, wie sie sein Wort ehren und heilig halten, und er will sie reich machen durch sein Wort, und er will sie segnen in seinem Wort.

Gott sieht die Menschen, wie sie sein Wort nicht ehren und heilig halten, und er will sie verstoßen von seinem Angesicht, und er will sie allein lassen in der Finsternis.

Gott sieht die Menschen, wie sie sein Wort prüfen, und wie sie dabei aufrichtigen Herzens sind, und er will sie erleuchten, und er will ihnen helfen in großer Geduld.

Gott sieht die Menschen, wie sie sein Wort prüfen, und wie sie dabei verstockten und unaufrichtigen Herzens sind, und Gott will sie verstoßen von seinem Angesicht, und er will sie allein lassen in der Finsternis.

Gott sieht die Menschen, wie sie sein Wort verbreiten unter die Menschen, und er will sie schützen und segnen auf allen ihren Wegen, und er will sie trösten und aufrichten, und er will ihnen viel Kraft geben.

Gott sieht die Menschen, wie sie sein Wort vor den Menschen verbergen, und er will sie verstoßen von seinem Angesicht, und er will sie allein lassen in der Finsternis.

3 Gott sieht die Menschen, wie sie sein Wort verkünden den Menschen, und er ist mit ihnen, und er will sie erleuchten und führen.

Gott sieht die Menschen, wie sie seine Wortverkünder verhöhnen und verfolgen, und er will sie verstoßen von seinem Angesicht und er will sie allein lassen in der Finsternis.

Gott sieht die Menschen, wie sie für Gottes Wort kämpfen und wie sie um seinetwillen große Not und Lästerung der Menschen auf sich nehmen, und er will sie trösten und stärken mit seinem erhabenen Anblick.

Gott sieht die Menschen, wie sie sein Wort in die Seelen der Menschen überleiten und wie sie den Menschen helfen, den Weg zu Gott zu finden, und er will ihnen ihre Treue lohnen, und er will ihnen helfen, und er will sie stärken.

Gott sieht die Menschen, wie sie gläubigen Herzens sein Wort annehmen, und er will sie segnen in ihrem Glauben, und er will sie trösten und erquicken.

Gott sieht die Menschen, wie sie sein Wort voll Hohn zurückweisen, und er will sie verstoßen von seinem Angesicht, und er will sie allein lassen in der Finsternis.

4 Gott sieht die Menschen, wie sie sein Wort verherrlichen und preisen, und er will sie auch verherrlichen durch seine Gnade.

Gott sieht die Menschen, wie sie sein Wort verlästern und verspotten, und er will sie verstoßen von seinem Angesicht, und er will sie allein lassen in der Finsternis.

Gott sieht die Menschen, wie sie sein Wort über das ganze Erdreich verkünden und wie sie voller Eifer den Willen des Herrn erfüllen, und er will voller Eifer sich ihrer Seelen annehmen, und er will sie erretten und zu sich führen.

Gott sieht die Menschen, wie sie voller Arglist sein Wort bekämpfen, und er will sie verstoßen von seinem Angesicht, und er will sie allein lassen in der Finsternis.

Gott sieht die Menschen, wie sie sein Wort als ihr höchstes Gut preisen und ehren, und er will sie preisen und ehren in der Herrlichkeit seines ewigen Reiches.

Gott sieht die Menschen, wie sie sein Wort in den Kot der Gassen treten, und er will sie verstoßen von seinem Angesicht, und er will sie allein lassen in der Finsternis.

Gott sieht die Menschen, wie sie sein Wort tief in ihre Herzen eingraben und wie sie es in ihren Herzen lebendig werden lassen, und Gott will ihre Namen tief in sein Herz eingraben, und er will sie lebendig machen in seinem Herzen.

Gott sieht die Menschen, wie sie sein Wort nicht in ihre Herzen aufnehmen, und er wird sie verstoßen von seinem Angesicht, und er will sie allein lassen in der Finsternis.

Gott sieht die Menschen, wie sie sein Wort in tiefer Demut aufnehmen, und er will sie erleuchten und stärken.

Gott sieht die Menschen, wie sie sein Wort in großer Frechheit ihrer Herzen abweisen, und er will sie verstoßen von seinem Angesicht, und er will sie allein lassen in der Finsternis.

Gott sieht die Menschen, wie sie sein Wort süß werden lassen in ihrem Munde, und er will ihre Seelen mit der Süßigkeit seiner Gnade erquicken.

Gott sieht die Menschen, wie sie sein Wort in ihrem Munde bitter werden lassen, und er will sie verstoßen von seinem Angesicht, und er will sie allein lassen in der Finsternis.

Gott sieht die Menschen, wie sie sein Wort in unverändertem Sinne getreulich den Menschen weitergeben, und wie sie nichts hinzufügen noch fortnehmen von seinem Wort, das Gott zu ihnen gesprochen, und er will es ihnen tausendfach lohnen durch seine Treue gegen sie.

Gott sieht die Menschen, wie sie sein Wort in verändertem Sinne den Menschen weitergeben, aber ihre List wird zuschanden werden vor dem Auge des Herrn, und er wird sie strafen für ihre Missetat, und er wird sie verstoßen von seinem Angesicht.

Gott sieht die Menschen, wie sie sein Wort in Treue rein erhalten durch die Länge der Zeiten, und wie sie eifersüchtig über sein Wort wachen, dass keiner komme und es fälsche und sich versündige wider Gott.

Gott sieht die Menschen, wie sie nicht über sein Wort wachen, und wie sie es fälschen und sich versündigen wider Gott.

Gott sieht die Menschen, wie sie sein Wort in Treue verwahren an einem sicheren Ort, auf dass es geschützt sei vor den Angriffen des bösen Feindes.

Gott sieht die Menschen, wie sie liebevoll sein Wort an einem sicheren Ort umhegen, und wie sie voller Ehrfurcht ihre Knie beugen vor dem Wort des Herrn.

Gott sieht die Menschen, wie sie sein Wort unter Gebet und Lobgesängen ehren an einem heiligen Ort.

Gott sieht die Menschen, wie sie sein Wort in einem kostbaren Schrein verwahren.

Gott sieht die Menschen, wie sie Wächter aufstellen, den Schrein zu behüten.

Gott sieht die Menschen, wie sie sein Wort inmitten von Aufruhr und Kriegsgetümmel und großer Wut der Menschen voller Liebe und Treue gegen Gott verbergen.

Gott sieht die Menschen, wie sie sein Wort inmitten von Feinden Gottes mit starkem Mut verteidigen.

Gott sieht die Menschen, wie sie sein Wort inmitten von Feinden Gottes mit lauten Stimmen preisen.

Gott sieht die Menschen, wie sie inmitten von Feinden Gottes für sein Wort sterben.

Gott sieht die Menschen, wie sie inmitten von Feinden Gottes sein Wort in allen Sprachen über das ganze Erdreich verkünden.

Gott sieht die Menschen, wie sie sein Wort inmitten von Wassernot und Erdbeben mit großer Kühnheit erretten und verwahren.

Gott sieht die Menschen, wie sie sein Wort mit großer Liebe beschützen.

Gott sieht die Menschen, wie sie sein Wort mit großer Treue sichern gegen den bösen Feind.

Gott sieht die Menschen, wie sie sein Wort unerschütterlichen Herzens in allen Nöten und Plagen ihres Lebens heilig halten als ihr höchstes Gut. Gott sieht die Menschen, wie sie sein Wort unerschütterlichen Herzens in allen ihren Leiden lieben als ihren einzigen Trost.

Gott sieht die Menschen, wie sie sein Wort inmitten der großen Not und Verzweiflung der Menschen unter Lobgesängen preisen.

Gott sieht die Menschen, wie sie sein Wort inmitten der großen Angst und Verwirrung der Menschen in Ehrfurcht zum Himmel emporheben, und wie sie Gott Dank sagen dafür, dass er ihnen sein Wort als Unterpfand gegeben.

Gott sieht die Menschen, wie sie sein Wort inmitten von großer Wut und Raserei der Menschen voller Tapferkeit preisen und ehren.

Gott sieht die Menschen, wie sie sein Wort inmitten von Gotteslästerung und satanischer Bosheit mit ehrfürchtigen und demütigen Herzen preisen und ehren.

Gott sieht die Menschen, wie sie sein Wort inmitten von Gütigen und Reinen unversehrt zurücklegen in die Hand des Herrn, wenn der Herr kommen wird, zu richten die Lebendigen und die Toten.

Teil E Abschnitt 1-2

1 Gott ist gütig und liebevoll, und er will der Menschen Treue ihnen tausendfach vergelten.

Gott ist voller Erbarmen, und er will der Menschen Tränen trocknen mit seiner unendlichen Liebe.

Gott ist voller Mitleid, und er will der Menschen unerträgliche Qualen abkürzen, und er will sie erretten aus ihrer großen Not.

Gott ist voller Grausamkeit und er will der Menschen Sünden an ihnen .mit großer Härte heimsuchen, und er will sie verfolgen und vernichten.

Gott ist voller Gerechtigkeit, und er will der Menschen großes Elend mildern.

Gott ist voller Friedenswillen, und er will der Menschen Unfrieden und Feindschaft untereinander und wider Gott beenden.

Gott ist voller Friedensegnen, und er will der Neuen Menschheit Frieden unter seinen starken Schutz nehmen.

Gott ist voller Friedenausstrahlen, und er will den Menschen seinen göttlichen Frieden ins Herz strahlen.

Gott ist voller Friedenausstrahlen, denn seine höchste Gabe ist sein Friedenausstrahlen und sein Friedensegnen.

Gott ist voller Bittenerhören, denn seine gütigste Gabe ist sein Bittenerhören.

Gott ist voller Bittenerfüllen, denn seine schönste Gabe ist sein Bittenerfüllen.

Gott ist voller Fürsorge, denn seine mildeste Gabe ist seine Fürsorge.

Gott will den neuen Bund mit den Menschen machen, und darum will er sich ihren Herzen näher bringen.

Gott will den neuen Bund mit den Menschen machen, und darum spricht er zu ihnen von seinen Geheimnissen.

Gott will den neuen Bund mit den Menschen machen, und darum offenbart er ihnen sein Wesen.

Gott will den neuen Bund mit den Menschen machen, und darum erklärt er ihnen sein Handeln.

Gott will den neuen Bund mit den Menschen machen, und darum übergibt er ihnen sein Wort.

Gott will den neuen Bund mit den Menschen machen, und darum überlässt er ihnen sein Wort als Unterpfand.

Gott will einen liebevollen Zeugen hinstellen vor den Menschen für die Wahrhaftigkeit dieses seines Wortes.

Gott will einen liebevollen Zeugen hinstellen für die Wahrhaftigkeit seiner Stimme.

Gott will das Werkzeug, das er sich auserwählt hat unter den Menschen, für sein Wort und für seine Stimme zeugen lassen.

Ahhhhh, geschafft, ich wurde schon ganz ungehalten und wollte diesen Text schon kürzen oder ganz abschaffen, aber nun erst mal Pause. Später geht's weiter. Ich will nun zu einem Ende hier kommen und das Projekt als ganzes für mich abschließen und an etwas anderem arbeiten mit mehr Freude und Liebe, denn das hier ist Arbeit. Das reicht jetzt was da von mir verlangt wurde. Basta.19.4.2007

Freude. 7.5.2007

„Der Friede, den selbstloses Tun mit sich bringt, verwandelt sich in ein Gefühl der Lebendigkeit, sobald dir das, was du tust, auch wirklich Freude macht. Freude ist die zweite Modalität erwachten Handelns. Auf der neuen Erde wird Freude als Triebkraft hinter dem Handeln der Menschen das Verlangen ablösen. Verlangen entsteht durch die Wahnvorstellung des Ego, dass du nur ein Bruchstück des Ganzen und getrennt von der Kraft bist, die aller Schöpfung zugrunde liegt. Durch Freude verbindest du dich mit der universellen Schöpferkraft selbst. Denn nur die Seele, dein wahres Ich hat Freude, und nur die Seele kann überhaupt lächeln. Der Körper hat nicht die Fähigkeit zu lächeln und zu lachen.

Wenn du statt Vergangenheit und Zukunft den gegenwärtigen Augenblick in den Mittelpunkt deines Lebens stellst, nimmt deine Fähigkeit, Freude zu haben an dem, was du tust - und damit deine Lebensqualität - drastisch zu. Freude ist der dynamische Aspekt des Seins. Aber auch der Selbstlose Teil der nämlich ohne Grund ohne Belohnungen wie in der Geldgeilgesellschaft glücklich ist.

Sobald sich die schöpferische Kraft des Universums ihrer selbst bewusst wird, manifestiert sie sich als Freude. Obwohl die Schöpferische Kraft des Universums sich nicht erst selbst bewusst zu werden braucht. Du brauchst nicht abzuwarten, dass etwas »Sinnvolles« in deinem Leben geschieht, um endlich Freude an dem haben zu können, was du tust. In der Freude ist mehr Sinn, als du je brauchst. Das Warten darauf, dass »das Leben endlich anfängt«, ist ein allgemeines Syndrom und eine der häufigsten, durch Unbewusstheit hervorgerufenen Wahnvorstellungen. Erweiterung und positive Veränderungen auf der äußeren Ebene erlebst du viel eher, wenn du schon jetzt Freude empfindest bei dem, was du tust, statt auf irgendeine Veränderung zu warten, durch die du dich an deinem Tun erfreuen kannst. Bitte nicht deinen Verstand um Erlaubnis, dich freuen zu dürfen an dem, was du tust. In diesem Fall wirst du bloß jede Menge Gründe hören, warum es dir keine Freude machen wird. »Nicht jetzt«, wird der Verstand sagen. »Siehst du nicht, dass ich beschäftigt bin? Die Zeit reicht nicht. Vielleicht kannst du morgen anfangen, dich zu freuen ...« Dieses Morgen kommt aber nie, es sei denn, du fängst jetzt an, dich an dem zu erfreuen, was du tust.

Es zeigt im Grunde eine falsche Sicht der Dinge, wenn du sagst: »Das und das macht mir Freude. « Dann sieht es nämlich so aus, als entspringe die Freude dem, was du tust, und das stimmt nicht. Die Freude entspringt nicht dem, was du tust, sondern sie fließt ein in das, was du tust, und dadurch fließt sie aus deinem tiefsten Innern in die Welt.

Der Trugschluss, dass Freude davon abhängt, was du tust, ist weit verbreitet, aber gefährlich, denn er lässt dich glauben, dass deine Freude aus etwas anderem, einer Aktivität oder einem Gegenstand, entspringen kann. In diesem Fall suchst du in der Außenwelt nach Freude und Glück. Aber dort findest du sie nicht. Das ist es, weswegen viele Menschen in ständiger Frustration leben. Die Welt gibt ihnen nicht, was sie zu brauchen glauben.

Welche Beziehung besteht dann zwischen dem, was du tust, und dem Zustand der Freude? Du wirst an jeder Aktivität Freude haben, bei der du voll und ganz präsent bist, an jeder Aktivität, die nicht nur Mittel zum Zweck ist. Nicht die Tätigkeit bereitet dir Freude, sondern das tief greifende Gefühl der Lebendigkeit, das in diese Tätigkeit einfließt, die Bewusstheit die auch bewusst bleibt wenn der ganze Materialismus Muus dich platt macht und du trotzdem ein Lächeln für dich hast, das ist dein wahres Wesen, das Glückseligkeit als Quelle für die Freude hat. Die Lebendigkeit ist eins mit dem, der du bist. Das heißt: Wenn du etwas mit Freude tust, erfährst du in Wirklichkeit die Freude des Seins in seinem dynamischen Aspekt. Darum verbindet dich alles, was du mit Freude tust, mit der Kraft, die aller Schöpfung zugrunde liegt.

Im Folgenden eine spirituelle Übung, die dein Leben durch Kraft und Kreativität bereichern wird. Stelle eine liste von alltäglichen Routineaktivitäten zusammen, denen du dich häufig widmest. Schreibe auch solche auf, die du uninteressant, langweilig, ermüdend, ärgerlich oder stressig findest. Ausgenommen sind nur Dinge, die du verabscheust oder hasst - die kannst du nur bereitwillig annehmen oder unterlassen. Auflisten kannst du zum Beispiel die Fahrt zur Arbeitsstelle und zurück, Lebensmitteleinkäufe, Wäschewaschen und anderes mehr, was du in deinem Alltag öde oder anstrengend findest, zum Beispiel schon wieder Vögeln. Mach nun aus diesen Tätigkeiten jedes Mal, wenn du dich ihnen widmest, ein Werkzeug für die Lebendigkeit. Sei absolut präsent in allem, was du tust, und spüre die wache, lebendige Ruhe in dir, die den Hintergrund für dein Tun bildet. Du wirst bald merken, dass alles, was du im Zustand einer solchen gesteigerten Bewusstheit tust, tatsächlich zur Freude für dich wird, statt dich zu stressen, zu ermüden oder zu ärgern. Aber das sind auch bloß schöne Worte, denn wenn dein System ermüdet ist, dann ist selbst bewusst bleiben unfreudvoll und du würdest lieber den Weg der Weisen gehen, die alles um sich herum vergessen konnten, ohne Wissen und Wollen und Tun zu sein. Denn diese Übungen egal welcher Art, sind immer noch Willensanstrengungen. Aber das was du bist braucht keinen Willen. Genau genommen macht dir nicht die Tätigkeit selbst Freude, sondern die innere Dimension der Bewusstheit, die in dein Tun einfließt. So findest du die Freude des Seins in dem, was du tust. Wenn du das Gefühl hast, dass dein Leben bedeutungslos verläuft, dass es zu anstrengend oder langweilig ist, liegt es daran, dass du diese Dimension noch nicht in dein Leben gebracht hast. Dann ist Bewusstheit bei allem, was du tust, noch nicht dein Hauptziel geworden.

Die neue Erde, Menschheit, entsteht, je mehr Menschen es als den Hauptsinn und Zweck ihres Lebens betrachten, das Licht des Bewusstseins in diese Welt zu bringen und alles, was sie tun, als ein Werkzeug für dieses Bewusstsein zu verwenden. Die Freude am Sein ist die Freude daran, bewusst zu sein. Aber auch der Spruch ist leicht verblödet, denn du kannst ja ganz bewusst etwas Bescheuertes tun oder bewusst zu betrügen oder bewusst zu lügen und so weiter oder ganz bewusst Kriege führen für Öl und anderen Schrott, des Bewusstseins. Ich will damit nur sagen, jene die sich was darauf einbilden das Bewusstsein erreicht zu haben, die haben auch noch ein an der Birne, und zwar im Hier und Jetzt. Oleeee.

Statt des Ego übernimmt dann das erwachte Bewusstsein die Führung im Leben. Aber es gibt in der Welt viele Bewusstseinswelten unterschiedlicher Räumlichkeiten und Universen und in meines Vaters Haus sind viele Räume ergo Seinsweisen. Und du stellst womöglich fest, dass sich eine Aktivität, der du dich über einen langen Zeitraum hinweg gewidmet hast, durch die Kraft des Bewusstseins ganz natürlich zu etwas weit Bedeutenderem entwickelt. Manche Menschen, die durch ihr kreatives Schaffen das Leben vieler anderer bereichern, tun einfach das, was ihnen am meisten Freude macht, ohne dadurch etwas erreichen oder werden zu wollen. Das können Musiker, Künstler, Schriftsteller, Wissenschaftler, Lehrer oder Baumeister sein oder Leute, die neue soziale oder wirtschaftliche Strukturen (erleuchtetes Unternehmertum) ins Leben rufen. Manchmal bleibt ihr Einflussbereich über Jahre hinweg klein, bis allmählich oder plötzlich eine Woge kreativer Kraft in das einfließt, was sie tun, so dass ihre Tätigkeit weit über alles hinauswächst, was sie sich je hätten träumen lassen, und unzählige Mitmenschen erreicht. Zur Freude am Tätigsein kommt nun Intensität hinzu und damit eine Kreativität, die über alles hinausgeht, was ein gewöhnlicher Sterblicher je leisten könnte.

Lass dir so etwas aber nicht zu Kopf steigen, denn da oben verstecken sich möglicherweise noch Überreste des Ego. Und wenn schon, hast du etwa Angst vor deinem „Ego"? Bist du nicht der „Seher" der das alles sieht. Okay, du bist noch immer ein gewöhnlicher Mensch. Außergewöhnlich ist nur das, was durch dich in diese Welt einfließt. Denn die Gewohnheitsenergie macht ja betäubt und damit freudlos, unwach. Doch diese Essenz hast du mit allen Wesen gemeinsam. Der persische Dichter und Sufimeister des 14. Jahrhunderts, Hafis, hat diese Wahrheit wunderbar in Worte gefasst: »Ich bin ein Loch in einer Flöte, durch die der Atem Christi strömt. « Aber da frag ich mich auch, wer ist dann „Er" wenn er das „Loch „ ist?

Schließlich gibt es noch eine andere Möglichkeit des schöpferischen Ausdrucks, die denen offen steht, die ihrem inneren Ziel, dem Erwachen, treu bleiben. Sie wissen eines Tages plötzlich, welchen äußeren Sinn und Zweck ihr Leben hat. Sie haben eine große Vision, ein hohes Ziel vor Augen, das sie von da an tatkräftig zu verwirklichen suchen. Ihre Vision, ihr hohes Ziel, steht meist mit etwas in Zusammenhang, das sie in kleinerem Maßstab bereits tun und mit Freude tun. Hier kommt die dritte Modalität des erwachten Handelns ins Spiel: der Enthusiasmus. Mit Enthusiasmus bei der Sache zu sein bedeutet, tiefe Freude für das zu empfinden, was man tut, und zugleich eine Vision oder ein hohes Ziel zu verfolgen. Wenn du ein hohes Ziel mit der Freude am Tun verbindest, verändert sich das Energiefeld oder die Schwingungsfrequenz. Jetzt fließt so etwas wie strukturelle Spannung in die Freude ein und verwandelt sie in Begeisterung. Auf seinem Höhepunkt hat kreatives Schaffen, das von Enthusiasmus beflügelt wird, eine enorme Intensität und Energie. Du fühlst dich wie ein Pfeil, der seinem Ziel entgegenfliegt - und genießt den Flug.

Einem Außenstehenden mag es so scheinen, als ständest du unter Stress, dabei hat die Intensität des Enthusiasmus nichts mit Stress gemein: Wenn dein Verlangen, ans Ziel zu kommen, stärker ist als dein Verlangen, das zu tun, was du tust, kommst du unter Druck. Dann geht das Gleichgewicht zwischen Freude und struktureller Spannung verloren, so dass die Spannung die Oberhand gewinnt. Stress ist im Allgemeinen ein Anzeichen dafür, dass das Ego zurückgekehrt ist und du dich von der schöpferischen Kraft des Universums abgetrennt hast. Was bleibt, sind die Kraft und der Druck des Egoverlangens, und du musst dich sehr abmühen und »hart arbeiten«, um das Ziel zu erreichen.

Stress vermindert stets sowohl die Qualität als auch die Effektivität dessen, was du unter seinem Einfluss tust. Es besteht außerdem eine starke Verbindung zwischen Stress und negativen Emotionen wie Angst und Wut. Stress schadet dem Körper und wird zunehmend als eine der Hauptursachen für so genannte Zivilisationskrankheiten wie Herzinfarkt und Krebs erkannt.

Im Gegensatz zum Stress hat Enthusiasmus eine hohe Energiefrequenz und schwingt daher mit der schöpferischen Kraft des Universums mit. Darum schrieb Ralph Waldo Emerson: »Ohne Enthusiasmus ist nie etwas Großes erreicht worden. « Das Wort »Enthusiasmus« stammt aus dem Altgriechischen - und Theos bedeuten zusammen »in Gott«, und das davon abgeleitete Wort enthousiasmos bedeutet »Gottesbegeisterung«. Mit Enthusiasmus merkst du, dass du nichts allein tun musst. Es gibt im Grunde nichts Bedeutendes, das du überhaupt allein tun könntest.

Anhaltender Enthusiasmus sorgt für eine Woge kreativer Energie, und dir bleibt nichts anderes zu tun, als auf dieser Welle zu reiten.

Enthusiasmus verleiht allem, was du tust, eine gewaltige Kraft, so dass diejenigen, die noch keinen Zugang zu dieser Kraft gefunden haben, ehrfurchtsvoll über deine Leistungen staunen und sie mit dem gleichsetzen, der du bist. Du kennst jedoch sicher die Wahrheit, auf die Jesus hinwies, als er sagte: »Ich kann nichts von mir aus tun. « Anders als das Egoverlangen, das im direkten Verhältnis zu seiner Intensität auch Widerstand hervorruft, erzeugt Enthusiasmus keine Gegensätze und führt nie zur Konfrontation. Bei enthusiastischem Tun gibt es keine Gewinner oder Verlierer, denn andere werden nicht ausgeschlossen, sondern einbezogen. Andere Menschen müssen nicht ausgenutzt oder manipuliert werden, weil dem Tun die Kraft der Schöpfung selbst zugrunde liegt, die keine Energie aus einer zweiten Quelle benötigt. Das Ego verlangt stets danach, von Menschen oder Dingen etwas zu bekommen; der Enthusiasmus gibt von seiner eigenen Fülle ab. Wenn der Enthusiasmus auf Hindernisse in Form von unangenehmen Situationen oder unkooperativen Menschen trifft, geht er nie zum Angriff über, sondern umgeht die Unannehmlichkeiten oder macht aus dem Feind einen Freund, indem er die gegen ihn gerichtete Energie achtet oder in sich aufnimmt und so in etwas umwandelt, das ihm hilft.

Enthusiasmus und Ego können nicht nebeneinander bestehen. Das eine setzt die Abwesenheit des anderen voraus.

Der Enthusiasmus kennt sein Ziel, ist jedoch zugleich vollkommen eins mit dem gegenwärtigen Augenblick, der Quelle seiner Lebendigkeit, Freude und Macht. Enthusiasmus »verlangt« nichts, weil ihm nichts fehlt. Er ist eins mit dem Leben, und deshalb verlierst du dich nicht im Handeln, mag das durch ihn beflügelte Tun auch noch so viel Schwung haben. Immer bleibt ein stiller, aber höchst lebendiger Raum in der Mitte des Rades, ein Raum des Friedens inmitten aller Aktivitäten, aus dem alles entspringt und der zugleich unberührt von allem bleibt.

Mit Enthusiasmus bringst du dich vollkommen in Einklang mit dem nach außen gerichteten schöpferischen Prinzip des Universums, allerdings ohne dich mit seinen Werken zu identifizieren, das heißt, ohne Ego. Wo keine Identifikation stattfindet, gibt es auch kein Anhaften - eine der Hauptursachen für das Leiden. Sobald die Woge schöpferischer Energie verebbt ist, nimmt die strukturelle Spannung wieder ab, aber die Freude am Tun bleibt. Niemand kann immerfort enthusiastisch sein. Vielleicht durchströmt dich später erneut eine Welle kreativer Energie, und dann lebt dein Enthusiasmus wieder auf.

Wenn die Rückkehrbewegung in Richtung Auflösung der Form einsetzt, ist dir der Enthusiasmus nicht mehr von Nutzen. Er gehört zur nach außen gerichteten Phase des Zyklus. Nur durch Hingabe kannst du dich auf die Rückkehrbewegung einstimmen - die Heimreise.

Fassen wir einmal zusammen: Aus der Freude an dem, was du tust, wird in Verbindung mit einer Vision oder einem höheren Ziel Enthusiasmus. Doch obwohl du ein höheres Ziel hast, muss das, was im gegenwärtigen Augenblick geschieht, weiterhin im Mittelpunkt deiner Aufmerksamkeit stehen; sonst bist du nicht mehr im Einklang mit dem universellen Ziel. Pass auf, dass deine Vision oder dein hohes Ziel kein übersteigertes Bild von dir selbst enthält und somit eine versteckte Form des Ego ist - etwa, dass du unbedingt ein Filmstar, ein berühmter Schriftsteller oder ein reicher Unternehmer werden willst. Hüte dich auch davor, das Habenwollen zu deinem Ziel zu erheben und eine Villa am Meer, eine eigene Firma oder zehn Millionen Dollar auf dem Bankkonto zu erstreben. Ein gesteigertes Selbstbild oder die Vision, einmal dieses und jenes zu haben, sind statische Ziele, die dir keine Kraft verleihen. Achte lieber darauf, dass deine Ziele dynamisch sind, das heißt eine Aktivität umfassen, in der du dich engagierst und durch die du sowohl mit anderen Menschen als auch mit dem Ganzen verbunden bist. Statt dich selbst als berühmten Schauspieler oder Schriftsteller usw. zu sehen, solltest du dich als jemanden sehen, der durch seine Arbeit eine Vielzahl von Menschen inspiriert und deren Leben bereichert. Spüre, wie dein Tun nicht nur dein eigenes Leben bereichert und vertieft, sondern auch das unzähliger anderer.

Empfinde dich selbst als Öffnung, durch die Energie aus der unmanifestierten Quelle allen Lebens zum Wohl aller durch dich hindurchfließt.

Das alles setzt voraus, dass dein Ziel oder deine Vision in deinem Innern, auf der mentalen und emotionalen Ebene, bereits Realität ist. Enthusiasmus ist die Kraft, die den mentalen Entwurf in die physische Dimension überträgt. Das ist kreativer Gebrauch des Denkens, und darum ist kein Verlangen dabei. Du kannst nicht manifestieren, was du willst; du kannst nur manifestieren, was bereits in dir ist. Durch harte Arbeit und große Anstrengung wirst du vielleicht erreichen, was du willst, aber das ist nicht der Weg der neuen Erde. Jesus hat uns den Schlüssel zum kreativen Gebrauch unseres Denkens und zur bewussten Manifestation der Form gegeben, als er sagte: »Und alles, was ihr bittet im Gebet, wenn ihr glaubt, so werdet ihr's empfangen. «" Das waren einige Worte vom tollen Eckhart Tolle zu den Seinszuständen Freude und Begeisterung, die ich ein wenig verändert habe.

So, in den Regenbogen Transformationszentren werden diese Seinszustände auch hervor gekitzelt werden. Damit sie wieder zurückgegeben werden können in den Kreislauf der Arbeitenden Gesellschaft der Globalen Menschheit Aber die satanische Macht der Lobbyisten und Politiker setzt in ihren Strategien das Üble Giftige Schlechte durchzusetzen, auch auf die Mutlosigkeit der Menschen und der Trägheit der Masse, aber vor allem auf ihre satanische Krone. Doch wenn Freude und Enthusiasmus vorhanden ist, die aus der Seele kommt dem Göttlichen, ist der Mensch nicht mehr so leicht zu benebeln und abzuservieren. Die satanische Macht des Tierreichs der 666 das Tier wird regieren aus dem Johannesevangelium, ist auch gut in dem folgenden Bericht erlesbar, wo das satanische die Menschheit ununterbrochen mit dem Töten als etwas Selbstverständliches auf Ewig gleichbleibendes konfrontiert, vermarktet.

Von Dr. med. Werner Nawrocki

Rein energetisch benötigt man die Energie von 10 Steaks, um ein Steak zu erzeugen.

Wenn man die Menge Methan (Gas) misst, die jährlich von den Hinterteilen aller Rinder der Welt entweicht, kommt man auf unglaubliche Zahlen. Dieses Methan aber belastet die Umwelt in ungeheurem Ausmaß.

Außerdem: Wenn man die Menge Rinderexkremente jährlich misst, erschrickt man total. Was da „rauskommt", ist viel zu viel, um es als Dünger einzusetzen.

Die Tötung der Rinder in den Fabriken erfolgt heute per Bolzenschuss ins Gehirn. Aber daran sterben die Tiere nicht, sie sind nur betäubt. Und so betäubt werden sie dann bei lebendigem Leibe an den Beinen aufgehängt, mit einer Säge oder einem Messer aufgeschlitzt und ausgeblutet.

Das Schächten geschieht sogar ohne Betäubung; bei lebendigem Leibe wird die Kehle mit einem Messer durchgeschnitten. Na bravo! Das tun die Menschen, um zu essen. Aber bei den Tierversuchen jammert man, man könne doch Tiere nicht quälen. Sollen denn die Tests an Menschen durchgeführt werden?

Aber Gott sei Dank erfindet man immer mehr immer neue Testmöglichkeiten, bei denen keine Tiere mehr sterben müssen.

Du frisst und frisst und täglich kommt der Bauer, um zu schauen, ob du fett genug bist. Hast du dich brav fett gefressen, wirst du sehr freundlich auf einen Lastwagen gebeten. Dort ist' s herrlich bequem, du stehst mit vielen anderen Artgenossen haut-eng und spürst stundenlang während der Fahrt durch das herrliche Europa deine Freunde und die Hitze und den Durst. Wenn du Glück hast, wirst du dann sogar in den Libanon verschifft: an den Füßen - mit dem Kran hochgezogen lässt man dich dann ganz sanft auf das Schiff hinunterfallen. In dieser Zeit hast du deinen Stoffwechsel natürlich umgestellt, statt Metabolismus nur noch Katabolismus, d.h. du baust keine lebensfördernden Stoffe mehr auf, sondern erzeugst z.B. nur noch Stresshormone, um die ganze Prozedur zu überleben. Ja, vielleicht empfindest du dann den Bolzenschuss oder das Messer an der Kehle sogar als Gnade. Dies ist dein Dank an die Menschen, die jetzt das Blut und Fleisch von Tieren essen, in denen hauptsächlich Stresshormone vorhanden sind.

Und dann sagt der Mensch als Gast im Restaurant auf die Frage des Kellners, wie er denn das Steak mag: blutig.

Da war es früher ja fast besser, als wir noch im kurzen Zweikampf dem erlegten Feind das Herz herausrissen und gleich aßen!

Nun, 36 Milliarden Tiere werden jährlich getötet.

„Solange ihr Tiere tötet, werdet ihr auch Krieg untereinander führen", schrieb einst ein weiser Mann.

Dann werden wir noch lange Krieg führen ! Die Aggressivität unter den Menschen scheint kaum abzunehmen, im Gegenteil: es wurde noch nie so viel in PC-Spielen getötet wie heute. Verstärkt wird das Töten noch durch die Kino-und TV-Filme.

So bauen die Menschen ein herrlich negatives Energiefeld auf, aber vor allem auch die negativen Gedanken der 6 Milliarden Menschen, jeden Tag über sich und An-dere und das negative Reden über Andere, sowie Neid, Eifersucht, Zorn und Hass all dies verstärkt das negative Energiefeld . Und somit erzeugen die Menschen das tierische Element in sich selbst jeden Tag neu und verstärken es.

Sie sind nur die logische Folgerung der Gedanken, Emotionen und Taten der Menschen.

Virtus heißt lat. „die Tugend" . ‚Vir' - das ist der Mann, der edle Mensch. Das ‚t' bedeutet eine Fixierung, d.h. tugendhaft zu leben, hilft uns, den edlen Menschen zu erzeugen. Aber heute ist es ja nicht in „ tugendhaft zu leben. Schlagerlieder fordern uns auf' du musst ein Schwein sein' Aber auch die Großen in Politik, Wirtschaft, Kunst und Kirche sind nicht besser. Die Elite des Volkes lebt ebenso untugendhaft wie die Masse. Nahezu täglich liest man von Bestechungen in Politik und Wirt-schaft, von sexuellen Vergehen der Priester und Kardinäle; immer mehr Untugend wird aufgedeckt.

Wer stellt denn die Tötungsspiele für den PC und die Waffen für das Militär her?
Wer baut denn Mohn an und verarbeitet ihn zu Heroin, um damit die Welt zu zer-stören?

Die internationale Mafia hat einen höheren Geldumsatz als die zehn größten Konzerne der Welt.

Aber auch die Geheimdienste sind im Drogenhandel tätig, also Regierungsangestellte. Regierungen versuchen mit speziell ausgebildeten Menschen, andere Länder zu vernichten (siehe das Buch: the economic hit man)

Solange sich nicht alle Menschen weigern , in Unternehmen zu arbeiten, die Waffen herstellen - dazu zählt auch die Elektronik und alles Zubehör - solange nicht alle Frauen ihre Männer so beeinflussen, dass sie nicht in solchen Unternehmen arbeiten , solange wir noch Tiere und Menschen töten, müssen wir uns nicht wundern , wenn neue Bakterien, Viren und Eiweiße erscheinen, wenn immer mehr Naturkatastrophen den Menschen Probleme bereiten.

Jeder sollte nur das essen, was er selbst zubereiten kann. Können sie mit einem Hammer ein Rind oder ein Schwein erschlagen? Einem Huhn oder Truthahn den Hals durchschneiden?

Noch weniger mutig ist es, mit einem Großkalibergewehr aus sicherer Entfernung Bären oder Elefanten zu erlegen; das kann ja ein Kind!

Eine Bombe fallen zu lassen, das sogar ein junges Kind tötet: einfach den roten Knopf drücken.

Zu Hause am Schreibtisch befehlen , es ist Krieg' - das ist einfach! Warum kämpfen nicht wie früher z.T. bei den Indianern immer nur die Häuptlinge, die Bundeskanzlerin oder der Präsident, von Frau zu Mann? Dann stirbt nur einer oder zwei statt Tausende oder Millionen.

Ein Führer wie Mao soll gesagt haben, es wäre auch gut, wenn die Hälfte der chinesischen Bevölkerung für das Land sterben würde, das wäre Dünger für das Land.

Unter Mao sollen mehr als 70 Millionen Menschen getötet worden sein. Unter Stalin sollen 20 Millionen Menschen gestorben sein. Heute noch werden in Afrika bei Bürgerkriegen der einheimischen Bevölkerung bis zu 3 Millionen Menschen getötet.

Täglich sterben 26 700 Kinder an Hunger.

Und die ganze Welt schaut zu!

In einem Landstrich von Kenia herrscht höchst Hungersnot, in der anderen Landshälfte wurde so viel geerntet, dass man es nicht selbst verbrauchen konnte. Merkwürdig, wieso helfen diese Menschen im eigenen Lande sich nicht selbst? Steckt dahinter internationale Manipulation?

Als ich am Krankenhaus arbeitete, fragte ich einen nigerianischen und kenianischen Kollegen, ob sie denn nach ihrer Facharztausbildung in Deutschland wieder in ihre Heimat gingen, um dort zu helfen? „ Bist du verrückt, ich gehe doch nicht wieder in den Busch zurück, wo ich herkomme.

Das könnt ihr Deutschen doch tun."Na bravo !! Offensichtlich haben wir überall die gleichen Probleme: es sind die Menschen, die nicht verstehen, dass sie sich selbst schaden, wenn sie anderen schaden.

Selbst die moderne Quantenphysik bestätigt heute, was die alte Metaphysik immer schon sagte: Alles ist Eins, alles hängt energetisch zusammen. Ich kann nichts denken, fühlen, sprechen oder tun, was nicht auf mich selbst zurückfällt. Dies gilt positiv wie negativ. Geben ist seliger denn nehmen.

Heute wird man verspottet, verlacht und belächelt, ja vielleicht sogar bekämpft, wenn man versucht, tugendhaft zu leben.

Aber das ist genau der Weg: man muss innere Stärke aufweisen, um lieben zu können. Der Himmel braucht starke Ritter des Lichtes.

Es geht also darum, das Tier in uns selbst zu besiegen, aber nicht durch töten, sondern durch Transformation (siehe hierzu das Buch: „Transformation, das Geheimnis dieser Welt", Verlag Alpha & Omega GmbH Tel 069/5601577, Fax 691 5604158 e-mail: star@AlphaOmegaGmbH.de)

Das Negative in mir, die negative Energie ganz frühzeitig zu sehen, zu akzeptieren und dann schnell zu transformieren, das ist der Weg.

Nicht die negative Energie (Hass, Angst, Zorn, Wut) hinunterschlucken, denn das macht mich krank, sie aber auch nicht herausschreien, denn das macht die Umwelt krank, sondern transformieren, indem ich sofort statt ‚Idiot ,denke ‚Friede sei mit dir'.Wenn ich das 32 Millionen Mal gemacht habe, habe ich das Tier in mir zum wahren, edlen Menschen erhöht.

Also, es ist viel besser, erst einmal den Menschen zu helfen, statt Tiere zu züchten. Tiefenpsychologisch kann man sagen, wer sich um Tiere kümmert, hat Probleme mit den Menschen. Er hat Angst vor Kritik, Angst vor Auseinandersetzungen, Angst sich behaupten zu müssen und hat selbst noch viel Tierisches in sich. Gleiches zu Gleichem.

Oder hast du schon mal einen Engel gesehen, der mit einem Hund Gassi geht?

Erhebe dich vom Tier zum edlen Menschen, transformiere das Tier in dir, aber lass die Tiere leben und züchte sie nicht, um sie zu töten.

Du sagst, du liebst Tiere und isst sie. - Ich habe Angst, du sagst zu mir, dass du mich liebst! - Friede sei mit dir!

Wir sind am Anfang des Jahres 2006. Was wird es bringen? Was fügen wir dem, was ist, hinzu? Was lernen wir aus dem, was uns auf dem Weg, von Tag zu Tag, begegnen wird? - Im politischen Bereich dürfen wir gespannt sein, was die nimmersatte Fortschrittsgläubigkeit wieder an Kriegstreiberei, Aggression und Wahnsinn hervorbringt. Das Magazin „New Yorker" berichtete, dass im Iran bereits seit einiger Zeit US-Kommandotruppen unterwegs seien, um alles für den „Tag X" vorzubereiten, zu dem Israel - nicht die USA, da sie sich nicht neu vorhalten lassen will, einen Angriffskrieg vom Zaun zu brechen - die 500 von USA bezogenen BLU-

109Sprengkörper gegen den Iran einsetzen würde, um die Bunker zu zerstören, in denen angeblich eine Uran-Anreicherung stattfinden würde. Dies mit der Maßgabe, dass sich Israel gegen eine als akut empfundene massive Bedrohung seiner Existenz wehren müsse.

Unsere Bundeskanzlerin hat zum Jahresanfang in einer millionenschweren Anzeigen-Kampagne das Wort an uns Bürger gerichtet und dazu aufgefordert, für eine bessere Zukunft gemeinsam Mut und Menschlichkeit einzubringen, indem wir mehr Kinder machen, für die dann der Staat auch Sorge tragen wolle. „Überraschen wir uns damit, was möglich ist und was wir können!", ruft sie uns zu.

Sie bezieht das auch auf die „nötigen Reformen", die in der Wirtschaft notwendig seien, damit die Sozialsysteme finanzierbar und leistungsfähig blieben. Nun, was dazu nötig sei, erfährt in den verschiedenen politischen Gruppierungen unterschiedliche Beurteilung - und nach meiner Meinung ist es eine beklagenswerte Einstellung der Mehrheit der Bevölkerung, dass wir um jeden Preis den wirtschaftlichen Wohlstand sichern müssten, selbst wenn wir unseren gesunden Menschenverstand und unsere nationale Ehre und persönliche Würde dafür an den Nagel zu hängen haben: Wir bleiben zum Beispiel in der Abhängigkeit der USA, obwohl die einen verbrecherisch agierenden Präsidenten dulden, der um dieser wirtschaftlichen Vorteile, die, die meisten in der westlichen Welt gegenüber dem Rest der Welt behalten möchten, seine Macht derart nutzt, dass er mit Hilfe der Verbündeten Gesetze bricht, in Christi Namen lügt und im Namen einer anmaßenden Welt-Polizei einseitig vorgibt, was Recht und was Unrecht sei.

Sind Sie wirklich sicher, dass dies das kleinere Übel gegenüber den dazu gegebenen Alternativen ist?

Kehren wir vor unserer eigenen Tür: Da ist derzeit festzustellen, dass sich Politik und Wirtschaft zu einer Solidargemeinschaft besonderer Art zusammengeschlossen haben. Es wird derzeit von Presse, Meinungsforschungsinstituten, Vertretern fast aller Parteien, Wirtschaftsverbänden uniso vermittelt, es ginge wieder wirtschaftlich aufwärts - für jeden von uns. Da sagen die dazu vorgetragenen Statistiken einen Aufschwung voraus, der zumindest nicht das widerspiegelt, was in der Bevölkerung wahrzunehmen ist: nämlich zunehmende Verzweiflung, Angst, Misstrauen, Verdrossenheit, Null-Bock-Stimmung Was provoziert werden soll, ist Vertrauen. Und das ist tatsächlich die einzige Möglichkeit, etwas zu ändern, denn der Geist bestimmt jetzt die Materie. Wir werden das manifestieren, was wir geistig kreieren - und da die meisten bereit sind, sich von oben manipulieren zu lassen, wird diese Stimmungsmache Früchte tragen und kurzfristig die Bereitschaft wachsen lassen, wieder auf Pump zu investieren und den Konsum auch im Binnenmarkt zu aktivieren. Wo so viel Schatten ist, gibt es auch viel Licht!

Die Bereitschaft zur Veränderung ist breit angelegt. Eine stille, innere Revolution hat eingesetzt. Viele gehen nicht mehr zur Wahl, weil sie feststellen, dass nicht die Besten (der Verantwortung Gewachsenen) gewählt werden können, sondern vorwiegend die politisch Wendigsten.

Viele besinnen sich auf ihre eigenen Stärken und warten nicht mehr darauf, für ihre bisherige Bereitschaft, vertrauensvoll in Rentenvorsorge und Versicherungen zu investieren, auch die versprochenen Leistungen zu erhalten. Viele geben im direkten und übertragenen Sinn ihre Standpunkte auf und orientieren sich bewusst neu. Viele haben das Geldsystem mit Zinsen und Inflation entlarvt und treffen innerlich Vorsorge für den Tag X, zu dem dieses System zusammenbrechen muss. Viele wenden sich von den etablierten Kirchen ab, weil sie es leid sind, eine vorwiegend auf der Historie aufgebaute Glaubenslehre anerkennen zu sollen und parallel dazu gezwungen zu werden, dem, was sie nicht mehr nachvollziehen können, auch noch steuerliche Zwangsabgaben zur Verfügung halten zu sollen.

Mehr denn je verlassen Deutschland, um dem Leistungsdruck zu entgehen, der die Langsameren in unserer Gesellschaft, die oft die Einfühlsameren sind, ausgrenzt.

Viele suchen privat jene Lehrer, die ihnen eine spirituelle Grundlage zur Bewältigung des Alltags geben, die Ihnen die Erlösung in der Überwindung der Polarität anbieten und die Quinta Essential darin erkennen, dass alles Tun und Lassen aus dem individuellen Auftrag abzuleiten ist, dass jeder seine eigene Wahrheit hat und jeder ganz persönlich seinen Christus-Weg gehen muss, der ihn an jenen Golgatha-Punkt führt, dass er/sie erkennt, nach welchem Gesetz er/sie angetreten ist - im Unterschied zu seinem Nachbarn, der vielleicht noch gebunden ist an die Welt und deren Machthaber im Materiellen und allem Seelischen, das sich daran bindet.

All diesen stillen Revolutionären ist eines gemeinsam: Sie sind die Lichtträger dieser Gesellschaft, sie wirken energetisch, so lautlos wie das Licht selbst. Sie bewirken unaufhaltsam, dass über die offenen Grenzen der Kommunikationstechnik hinaus auch die Offenheit gegenüber den machtpolitisch Ausgegrenzten wächst. Die Schummel-Etiketten werden abgenommen und der gemeinsame Kern von Christentum, Judentum, Buddhismus, Islam, Hinduismus usw. wird entdeckt. Religionskriege werden dadurch unmöglich werden, auch wenn uns Politiker Ihre Machtpolitik unterschwellig über den Aufruf unterjubeln möchten, wir müssten unsere Glaubenssysteme verteidigen.

Die Schummel-Etiketten werden abgenommen, wonach Globalisierung ein Synonym für maximale Gerechtigkeit und Sicherung des Wohlstands sei. „Wohlstand" definiert sich nicht in wirtschaftlichen Kategorien allein, sondern will auf ethisch verlässlichen Maximen begründet werden - und das ist bei dem Durchsetzungsfanatismus der Globalisierungsbefürworter wahrhaftig nicht gegeben.

Die Schummel-Etiketten von „biologisch einwandfrei" und „ökologisch unbedenklich" werden entfernt, und es wird klar werden, dass überall, wo materielle Interessen gegeben sind, dem Menschen Honig ums Maul geschmiert wird, um von dem Kuchen, der gerade über Bio-Produkte und Ökologische Förderprogramme zu vernaschen ist, möglichst viel zu bekommen.

Die Schummel-Etiketten von Seminar-Programmen, die versprechen, Heilwirkung zu haben, werden abgelöst - und an diese Stelle tritt der Arzt oder Heilpraktiker oder Lehrer oder Seminarleiter oder Coach, der sich rein als Übersetzungshelfer versteht, der seine Kenntnisse, die er vor anderen erworben hat, einbringt, und darum bittet, dass von einer höheren Warte der transformierende Geist eingebracht werden möge, dass das Mittel, das er einzusetzen hat, bewusstseinsfördernd und damit helfend wirken kann."

Auch die Regenbogen Transformationsprozesse können und sollen nichts anderes sein als ein Medium, das Ihnen Brücken baut zu Ihrem höheren Selbst, zur Erkenntnis Ihrer Bestimmung als unverwechselbares Rädchen im Uhrwerk dieser Welt., aber auch mehr, nämlich zu erkennen, das dieses Rädchen viel, viel mehr ist als bloß ein Rädchen.

Das Konzept individueller Unterschiede
Es gab einmal eine Zeit, da hatten die Tiere eine Schule.
Das Curriculum bestand aus Rennen, Klettern, Fliegen und Schwimmen, und alle Tiere wurden in allen Fächern unterrichtet.
Die Ente war gut im Schwimmen; besser sogar als der Lehrer.
Im Fliegen war sie durchschnittlich, aber im Rennen war sie ein besonders hoffnungsloser Fall. Da sie in diesem Fach so schlechte Noten hatte, musste sie nachsitzen und den Schwimmunterricht ausfallen lassen,
um das Rennen zu üben. Das tat sie so lange,
bis sie auch im Schwimmen nur noch durchschnittlich war.
Durchschnittliche Noten waren aber akzeptabel, darum machte sich niemand Gedanken darum, außer: die Ente.
Der Adler wurde als Problemschüler angesehen und unnachsichtig und streng gemaßregelt, da er, obwohl er in der Kletterklasse alle anderen darin schlug, darauf bestand seine eigene Methode anzuwenden.
Das Kaninchen war anfänglich im Laufen an der Spitze der Klasse, aber es bekam einen Nervenzusammenbruch und musste von der Schule abgehen wegen des vielen Nachhilfeunterrichts im Schwimmen.
Das Eichhörnchen war Klassenbester im Klettern, aber sein Fluglehrer ließ ihn seine Flugstunden am Boden beginnen, anstatt vom Baumwipfel herunter.
Es bekam Muskelkater durch Überanstrengung bei den Startübungen und immer mehr Dreien" im Klettern und „Fünfen" im Rennen.

Die mit Sinn fürs Praktische begabten Präriehunde gaben ihre Jungen zum Dachs in die Lehre als die Schulbehörde es ablehnte,
Buddeln in das Curriculum aufzunehmen.
Am Ende des Jahres hielt ein anormaler Aal, der gut schwimmen und etwas rennen, klettern und fliegen konnte, als Schulbester die Schlussansprache.
Originalquelle unbekannt.

Die Verhältnisse der Naturordnung.
Lust im Scharfblick führt zum Übermaß der Farbenpracht. Lust an Feinhörigkeit führt zum Übermaß der Töne.
Lust an der Menschlichkeit führt zur Verwirrung des wahren Lebens. Lust an der Gerechtigkeit führt zur Beeinträchtigung der Vernunft.
Lust an den Umgangsformen fördert trügerischen Schein.
Lust an der Musik fördert die Zügellosigkeit.
Lust an der Heiligkeit fördert allerhand Kunstgriffe. Lust an der Erkenntnis fördert die Tadelsucht.
Kunst muss in Übereinstimmung sein mit den Einrichtungen.
Die Einrichtungen müssen in Übereinstimmung sein mit dem Recht. Das Recht muss in Übereinstimmung sein mit dem Leben.
Das Leben muss in Übereinstimmung sein mit dem Sinn.
Der Sinn muss in Übereinstimmung sein mit dem Himmel.
Der Himmel ist das ganze Universum.
Sei wunschlos und du wirst genügend haben.
Sei Stille und alles kommt in feste Geleise.
Dringe durch zum Einen und alle Einrichtungen werden vollendet. Begehre nicht Besitz und Geister und Götter fügen sich.
Die Grenzen der Verschiedenheit zu überwinden das heißt Weitherzigkeit.
Zahllose Widersprüche besitzen das heißt Reichtum.
Lass das Gold in Bergen Hegen.
Halte dich fern von Reichtum und Ansehen.
Langes Leben sei dir nicht Grund zur Freude.
Frühzeitiger Tod sei dir nicht Grund zur Trauer.
Erfolg sei dir keine Ehre. Misserfolg bedeute dir keine Schande.
Und wärest du auch sehr Reich so betrachte den Reichtum nicht als dir gehörend.
Und wärest du Herrscher der Welt so sehe darin nicht eine persönliche Auszeichnung.
Lass deine Auszeichnung sein wie du alle Dinge erschaust. Wie sie alle ihre Heimat haben. Und Leben und Tod gemeinsame Zustände sind.

Trotzdem

Die Leute sind unvernünftig, unlogisch und selbstbezogen liebe sie trotzdem!

Wenn du Gutes tust, werden sie dir egoistische Motive und Hintergedanken vorwerfen tue trotzdem Gutes!

Wenn du erfolgreich bist, gewinnst du falsche Freunde und echte Feinde sei trotzdem erfolgreich!

Das Gute, das du tust, wird morgen vergessen sein tue trotzdem Gutes!

Ehrlichkeit und Offenheit machen dich verwundbar sei trotzdem ehrlich und offen!

Was du in jahrelanger Arbeit aufgebaut hast, kann über Nacht zerstört werden baue trotzdem!

Deine Hilfe wird wirklich gebraucht, aber die Leute greifen dich vielleicht an, wenn du ihnen hilfst hilf ihnen trotzdem!

Gib der Welt dein Bestes, und sie schlagen dir die Zähne aus gib der Welt trotzdem dein Bestes!

Mutter Teresa (1910-1997)

Sooo, nun werde ich noch etwas aus dem Internet von www.joytopia.net hier einfügen. Und danach das Schlussplädoyah schreiben und das war's dann endlich und ich bin erst mal befreit von dieser anstrengenden Arbeit, oleeee.

Ausgleich zwischen armen und reichen Ländern
Die Industrienationen haben Güter im Überfluss und suchen nach Absatzmärkten. Durch die monatliche Geldschöpfung besitzen die bisher armen Nationen genug Geld, um Güter, Technologie und Know How einzukaufen. Dadurch können sie ihre Entwicklung sanft angleichen. Anschließend produzieren sie ihren Bedarf zum

großen Teil selbst. Die Wirtschaft beruhigt sich. Das schont wiederum die Umwelt.

Neudefinition des Dank-Wertes

Bisher bot sich die Definition an, Euro und Dank seien wertgleich. Sobald sich jedoch der Wert des Euro gravierend verändert, ist diese Definition nicht mehr tauglich und muss durch eine neue ersetzt werden.

Wir definieren: Zwanzig Dank ist der Wert einer durchschnittlich qualifizierten Arbeitsstunde. Diese Definition entspricht dem menschlichen Leben und garantiert in Zukunft ein weltweit gleiches Preisniveau

Alte Menschen sind herzlich willkommen!

Die Altersversorgung ist allein schon durch das Grundeinkommen gesichert. Wer mehr will, hatte vielleicht schon Geld angelegt (siehe „Neue Finanzdienstleistungen") oder arbeitet noch ein wenig dazu. Die Entwicklung zum Lebensunternehmer lässt sowieso die Grenze zwischen Tätigkeit und Ruhestand verwischen.

Zum Staatseinkommen und AUF tragen alte Menschen genau so bei wie junge. Den prophezeiten demografischen Wandel können wir mit Freude erwarten.

Neue Finanzdienstleitungen

Die Vergänglichkeit des Geldes lässt neue Finanzdienstleistungen entstehen. Wer sein Vermögen erhalten will, muss aktiv werden; entweder mit Vergabe von Krediten oder mit Geschäftsbeteiligungen. Da wohl viele ihren Geldwert speichern wollen, dürfte das Angebot an Krediten sehr hoch sein.

Win-Win für alle

Nach dem Gesetz von Angebot und Nachfrage lassen sich Kreditzinsen kaum verlangen. Und gerade bei zinsfreien Krediten ist die Win-Win-Situation offensichtlich: Der Kreditgeber hat seinen Wert erhalten, der Kreditnehmer zahlt keine Zinsen.

Das Geld fließt, wo es gebraucht wird

Banken und andere Finanzdienstleister vermitteln Kredite und Geschäftsbeteiligungen in Echtzeit. Das Geld fließt sofort dort hin, wo es gebraucht wird, denn liegendes Geld würde Verlust bedeuten.

Geldwertstabilität durch planmäßige Vergänglichkeit

Durch die monatliche Geldschöpfung würde die Geldmenge laufend ansteigen, was Inflation – d.h. unfreiwillige Vergänglichkeit – zur Folge hätte. In der Natürlichen Ökonomie werden deshalb von jedem Konto monatlich 5,6 % des Guthabens als Vergänglichkeitsabgabe abgebucht. Das sind exakt 50 % im Jahr. Von jedem Dank ist also nach einem Jahr genau die Hälfte vergangen. Trotzdem sind Wert erhaltende Geldanlagen möglich

Auch Bargeld ist möglich (Variante FREE)

Falls noch Bedarf an Bargeld bestehen sollte, lässt sich dies mit der dynamischen Währung „FREE" realisieren, die ihren Wert gegenüber dem Dank ändert und zum aktuellen Kurs bezahlt wird.

Geldmenge und Geldwert bleiben etwa so wie heute

Zur Abschätzung der absoluten Geldmenge und damit verbundenen Wertstabilität soll uns wieder eine überschlägige Rechnung helfen:

Die Summe aller Guthaben in Deutschland wird zurzeit auf 4 bis 5 Billionen Euro geschätzt. Die Geldmenge der Natürlichen Ökonomie wird sich genau auf den Wert einpendeln, wo sich die monatliche Geldschöpfung von 3.000 Dank pro Person und die monatliche Vergänglichkeit von 5,6 % die Waage halten. Dies ist bei ca. 60.000 Dank pro Person der Fall, denn 5 % von 60.000 sind 3.000. Hochgerechnet auf ca. 80 Millionen Menschen ergibt sich ein Gesamtguthaben von 4,8 Billionen Dank. Auch hier liegen wir sehr genau in der heutigen Größenordnung. Der Geldwert dürfte also in etwa so sein wie heute.

Die geschöpfte Geldmenge eines Landes ist immer proportional zur Bevölkerungsanzahl. Der Geldwert ist also in allen Ländern gleich. Billigländer wird es nicht mehr geben.

Grund und Boden

Wegen der Vergänglichkeit des Geldes wird Land wahrscheinlich nicht mehr verkauft, sondern langfristig verpachtet. Das bringt dem Eigentümer ein kontinuierliches Einkommen.

Strenge Umweltauflagen

Allerdings wird Besitz von Grund und Boden mit strengen Umweltauflagen versehen. Wer eigenes oder gepachtetes Land selbst bewohnt oder bewirtschaftet, erfüllt diese Auflagen mit Leichtigkeit. Doch großer Landbesitz, der nicht ökologisch bewirtschaftet wird, wird schnell zur Last und lohnt sich nicht als Wertanlage. Es ist wahrscheinlich, dass Grundbesitzer ihr Land an die Gesellschaft abgeben werden, die sich dann um die Renaturierung kümmert.

Arbeitslosigkeit verwandelt sich in selbstbestimmte Zeit

Im Zuge der fortschreitenden Rationalisierung ist es unsinnig, gegen Arbeitslosigkeit zu kämpfen. Warum auch? Es wurde bislang eh zu viel produziert. Die Industrie kämpft um Absatzmärkte und die Müllhalden vergrößern sich. Damit ist jetzt Schluss: das Grundeinkommen bedeutet das Ende der Zwangsarbeit und zwanghaften Produktion überflüssiger Güter.

Vielfältige Möglichkeiten

Wir alle bekommen mehr freie Zeit geschenkt. Wie wir sie nutzen, ist jedem selbst überlassen. Die Möglichkeiten sind vielfältig: Urlaub, Bildung, Kunst, Musik, Handwerk, Sport, Forschung, freiwilliges Engagement... oder einfach Zeit für einander haben.

Ausgezeichnetes Arbeitsklima, keine Schwarzarbeit

Das Arbeitsklima ist überall ausgezeichnet, denn niemand ist gezwungen zu arbeiten. Die Arbeit- und Auftraggeber werben um ihre Mitarbeiter. Arbeit ist sinnvoll und macht Freude – oder sie findet nicht statt. Schwarzarbeit existiert per Definition nicht mehr, weil es keine Steuern gibt.

JOYTOPIA

Weltweiter Wohlstand im Einklang mit der Natur

Eine Geschichte von Bernd Hückstädt

Die Begegnung

Neulich hatte ich einen Traum, besser gesagt einen Tagtraum. Ich ging allein im Wald spazieren und erfreute mich an der Natur. Auf einmal bemerkte ich, wie jemand leichten Fußes neben mir einherschritt. Er war etwa zwei Meter groß, von dunkler Hautfarbe und hatte einen athletischen Körperbau. Bekleidet war er mit einer Art goldfarbenen Jogging-Anzug. Obwohl er aussah, wie ein Mensch, schien er nicht von dieser Welt zu sein. Er hatte ein so freudiges, ja fast schon lustiges Strahlen in seinem Gesicht, das man auf unserer Erde nur sehr selten findet. Als ich ihn ansah musste ich spontan lachen. Es war ein herzhaftes, fröhliches Lachen, pure Freude über den Anblick dieses freundlichen Begleiters.

„Entschuldigen Sie bitte, ich wollte Sie nicht auslachen", erklärte ich, als ich mich wieder gefangen hatte. „Ich bin nur überrascht von Ihrem plötzlichen Erscheinen."

„Das geht vielen so auf diesem Planeten", erwiderte er freundlich. „Die meisten Erdenbürger reagieren so wie Sie, nur einige wenige laufen erschreckt davon oder werden aggressiv."

„Dann sind Sie nicht von hier?" fragte ich verunsichert.

„Ich komme von Joytopia, einem Staat auf dem Planeten Freegaia am Rande der Galaxis. Durch einen Sprung im Raum-Zeit-Kontinuum bin ich hier hingelangt. Mein Name ist Goodfriend, Very Goodfriend."

„Wie haben Sie so schnell unsere Sprache gelernt?"

„Wir telepathieren gerade miteinander. Wir senden uns unsere Gedanken und unser Gehirn übersetzt sie in unsere Sprache. Das funktioniert genauso mit Bildern, Tönen, Gerüchen und Gefühlen. Sehen Sie...."

Ich sah gar nichts! Er war verschwunden. Verwundert und tief bewegt ging ich weiter. Hatte ich mir das eben nur eingebildet? Sollte ich vielleicht mal zum Arzt gehen? Am Besten ich erzähle niemanden etwas und vergesse diesen Vorfall so schnell wie möglich.

„Ich habe Ihnen etwas mitgebracht, ein Geschenk!" hörte ich Very sagen.

„Wo waren Sie denn so plötzlich?"

„Ich war kurz zu Hause um etwas für Sie zu holen."

„Dauert so etwas nicht Jahre? Ich meine die höchste erreichbare Geschwindig-keit...."

„Wir reisen in Gedanken. Gedanken sind bekanntlich frei. Raum- und Zeit-Grenzen gibt es nur, wenn man sie vorher erdacht hat. Wir hatten uns früher auch viele Gren-zen ausgedacht. Unser begrenztes Denken hatte unseren Planeten etwa so geformt, wie Ihr jetzt Euren Planeten formt. Versuche es selbst" – er war inzwischen zum Du über-gegangen – „du siehst mich, weil du denkst, dass du mich siehst."

Während er das sagte, kam uns ein Radfahrer entgegen. Er grüßte knapp und fuhr mitten durch Very durch. „Verstehst du jetzt?" fragte Very.

„Ja."

„Ich habe dir etwas mitgebracht, einen Gedanken."

„Was für einen Gedanken?"

„Der Gedanke, dass alles möglich ist, was du dir vorstellen kannst. Alles, was du denken kannst wird Realität! Alles was du dir wünschst, wird eintreten, wenn du dir es vorstellen kannst."

„Dann wünsche ich mir 10 Millionen Mark!"

„Gut!"

„Wie? Gut? Das soll funktionieren? Das kann ich mir nicht vorstellen!"

„Eben!"

Ich war beschämt.

„Andere konnten sich das vorstellen und sind Millionäre geworden. Aber vielleicht ist es ja gar nicht dein Wunsch, Millionär zu werden. Was wünschst du dir denn am sehnlichsten?"

„Am liebsten wäre es mir, wenn alle Menschen reich wären und jeder das machen könnte, was ihm am Herzen liegt, ohne anderen Menschen oder der Natur dabei zu schaden."

„Ich schlage Dir eine Reise vor. Auf unserem Planeten Freegaia haben wir dieses Ziel bereits erreicht. Du brauchst es dir nur abzuschauen und auf der Erde zu ver-breiten. Das ist unser Geschenk an euch Menschen."

„Wie kann ich denn durch das Raum-Zeit-Dingsbums..."

„Stell es dir einfach vor, ich begleite dich."

Es war eigenartig. Es schien mir, als ob ich an zwei Orten gleichzeitig war: während ein Teil von mir weiterhin im Wald spazieren ging, flog der andere mit Very durchs Universum.

Freegaia

Wir näherten uns einem Sonnensystem und bald schon schwebte sie vor uns: Freegaia, ein wunderschöner blauer Planet, ganz ähnlich unserer Erde. Sanft tauch-ten wir in die Atmosphäre ein und landeten mitten in einem wunderschönen Park, ähnlich einem riesigen englischen Garten. Unbeschreiblich schöner Duft wurde von den Pflanzen ausgeströmt. Ab und zu huschte fast lautlos ein kleines Luftfahrzeug über unsere Köpfe. Doch da: inmitten der Pflanzen standen Häuser. Sie sahen nicht aus wie unsere Häuser, sie fügten sich so in die Natur ein, dass man sie von weitem gar nicht als Häuser erkannte.

Die Menschen, die uns begegneten, grüßten alle freundlich. Sie schienen glücklich zu sein. Mensch und Natur lebten in Harmonie zusammen.

„Wie habt ihr das alles so hingekriegt? Kannst du mir etwas über eure Technologie sagen?"

„Technologie war noch nie ein Problem", sagte Very, „das Problem, das es zu lösen galt, lag im Denken der Bewohner und in der Wirtschaft. Durch Mangeldenken hatten unsere Vorfahren sich ein Wirtschaftssystem erdacht, das von Konkurrenzkampf geprägt war. Inzwischen ist unser Zusammenleben und damit unsere Wirtschaft geprägt von Überfluss, Reichtum und Liebe zur Natur und allem was existiert."

Very gab mir einen kurzen Abriss über die Geschichte auf seinem Planeten:

„Vor geraumer Zeit hatten sich einige raubende, mordende Fleischfresser (Ramofl) immer mehr an die Macht gebracht, indem sie Kraft ihrer kriegerischen Überlegenheit schwächere Menschen ermordet und ihrer Lebensgrundlage beraubt hatten. Damit sich die Ramofl nicht selbst auffraßen, wurden mächtige Gesetzbücher geschrieben, in denen jegliche Kleinigkeit geregelt wurde. Denn Verstand und Ethik der Ramofl reichten für ein friedliches Miteinander nicht aus. In diesen Gesetzbüchern standen aber auch so sinnvolle Anweisungen, wie »Du sollst nicht töten«. Das musste den Ramofl ausdrücklich gesagt werden! Während den Raubzügen der Ramofl wurden diese Gesetze entweder außer Kraft gesetzt, oder man definierte die Gegner als »Wilde«, die es zu missionieren oder auszurotten galt. Nach den Raubzügen führten dann »humanistische« Ramofl gleiches Ramofl-Gesetz für alle ein. Damit wurde Stabilität erzeugt und die neuen Machtverhältnisse einzementiert.

Die Hauptillusion der Ramofl war das Mangeldenken. Es war scheinbar nicht genug für alle da. Ihre Lieblingsbeschäftigung war deshalb der Kampf bzw. Konkurrenzkampf. Es musste Sieger und Verlierer geben. Da Töten verboten war und die meisten Wilden sowieso schon ermordet oder missioniert waren, verlagerten ehrgeizige Ramofl ihre Aktivitäten auf andere Gebiete, nämlich Wirtschaft, Sport und Spiel. In Sport und Spiel konnten sie auf relativ ungefährliche Weise ihren Konkurrenzkampf ausleben. In der Wirtschaft hingegen führte der Ramoflismus zu immer mehr sozialer Ungerechtigkeit. Die Kluft zwischen Armen und Reichen wurde immer größer.

Auf Freegaia gab es immer schon Leute, die die Natur beobachteten und ihre Gesetze zu ergründen suchten. In früheren Zeiten hatte man sie als Ketzer verbrannt. Als sich aber später ihre Erkenntnisse militärisch nutzen ließen, wurden sie zu Wissenschaftlern ernannt. Naturbeobachter, die keine militärisch nutzbaren Entdeckungen brachten, nannte man Scharlatane und gab sie der Lächerlichkeit preis.

Mit der Zeit wurde das Klima liberaler und immer mehr Staaten konvertierten zu Demokratien. Kurz vor dem Neuen Zeitalter begannen sich die Beobachtungen der Wissenschaftler und der Scharlatane immer mehr zu decken. Man fand Entsprechungen zwischen den Naturwissenschaften, der Philosophie und den Religionen und begann sie auf Politik und Wirtschaftslehre zu übertragen.

Man verglich die Wirtschaft mit der Natur:

Die Natur produziert Nahrung aus sich selbst heraus und schenkt sie ihren Lebewesen. Wenn die Natur in Ordnung ist, herrscht Überfluss, d.h. es ist mehr Nahrung da, als gebraucht wird. Die Nahrung ist vergänglich und kann nur eine bestimmte Zeit gelagert werden. Und es gibt keine Zinswirtschaft. Deshalb kommen Pflanzen und Tiere nicht auf die Idee, mehr zu horten, als sie brauchen. Dadurch gibt es keine „reichen" und „armen" Tiere oder Pflanzen. Und noch etwas: Ob und wie hart Tiere für ihre Nahrung arbeiten, ist von Lebensform zu Lebensform sehr verschieden. Jedes freilebende Tier verhält sich seinem Wesen entsprechend. Will man ein Tier in Gefangenschaft zur Arbeit bringen, muss man es ständig dazu antreiben. Kein Tier würde für ein „Recht auf Arbeit" kämpfen."

Natürliche Ökonomie

„Die Nahrung in der Wirtschaft ist das Geld. In der damaligen Zeit schenkte der Staat seinen Bürgern noch kein Geld. Im Gegenteil, er forderte sogar noch Steuern von ihnen. Es herrschte kein Überfluss an Geld, sondern der Mangel war so groß, dass sich die Staaten jedes Jahr aufs Neue verschulden mussten. Man achtete peinlich auf die Stabilität des Geldes, damit es seinen Wert auch noch nach langen Zeiträumen behielt. Es gab Zinswirtschaft, d.h. sowohl die Guthaben, als auch die Schulden wurden immer höher. Die Bürger, setzten alles daran, Geld zu horten und anzuhäufen. Die Reichen wurden immer reicher und die Armen wurden immer ärmer.

Und was die Arbeit betraf: die meisten Bürger verrichteten ähnliche Arbeiten, die selten ihrem Wesen entsprachen. Obwohl sie diese wesensfremden Arbeiten nicht gerne taten, hatten sie sich das Recht auf Arbeit zuvor hart erkämpft. Trotz dieses Rechtes waren große Teile der Weltbevölkerung arbeitslos. Auf der anderen Seite herrschte ein Überfluss an Waren- und Dienstleistungsangeboten.

Die Wirtschaft verhielt sich damals also genau entgegengesetzt zur Natur. Wir mussten nur unsere wirtschaftlichen Gepflogenheiten umpolen und in Einklang mit der Natur bringen. Diese Erkenntnis war der Schlüssel zum Neuen Zeitalter!

So entwickelten wir unser neues Wirtschaftsmodell, das noch heute auf dem gesamten Planeten praktiziert wird und allen Beteiligten Reichtum und Glück beschert, den FREI SCHENKENDEN STAAT.

Joytopia hat wie jeder Staat auf Freegaia die Geldhoheit. Jeder Staat produziert sein Geld aus sich heraus und schenkt es seinen Bürgern. Zunächst hatten Joytopia und die anderen Staaten einen General-Schuldenerlass beschlossen. Um niemand zu schädigen, überwiesen die Staaten den Gläubigern das ihnen zustehende Geld. Danach wurde die Zinswirtschaft abgeschafft. Seitdem haben wir eine vergängliche Währung. Es macht also keinen Sinn, Geld über längere Zeit zu horten, da es rapide an Wert verliert."

„Vergängliche Währung? Bei uns nennen wir das Inflation!"

„Das Wort Inflation stammt aus dem Sprachgebrauch des alten Wirtschaftssystems und trifft den Sinn nicht. Wir sprechen von NATÜRLICHER ÖKONOMIE, d.h. dem natürlichen Kreislauf von Werden und Vergehen."

„Wie hoch ist die »Vergänglichkeitsrate« auf Freegaia?"

„Anfänglich hatten wir etwas herumexperimentiert. Inzwischen haben sich alle Staaten auf 100% pro Jahr geeinigt. Das heißt, nach einem Jahr hat das Geld nur noch die Hälfte seines ursprünglichen Wertes."

„Das heißt, wenn dieses Jahr eine Brezel eine Mark kostet, kostet sie in drei Jahren 8 Mark?"

„Wir unterscheiden zwischen Bewertung und Bezahlung. Die Bewertung erfolgt in Punkten und bleibt konstant. Die Brezel mit dem Wert von 1 Punkt hat nach 3 Jahren immer noch den Wert von einem Punkt.

Unser Zahlungsmittel heißt FREE, das bedeutet „Freie Energie-Einheit".

Der FREE wird gekennzeichnet mit der Jahreszahl. Beispielsweise „FREE 2000". Der Wert des Zahlungsmittels FREE wird vierteljährlich verändert:

Im 1. Quartal ist 1 Punkt = 1 FREE,

im 2. Quartal 1,25 FREE,

im 3. Quartal 1,5 FREE

und im 4. Quartal 1,75 FREE.

Anfang 2001 ist 1 Punkt = 2 FREE 2000 bzw. 1 FREE 2001.

In der Übergangszeit zwischen den Jahren werden die Konten in alter und neuer Währung parallel geführt, ähnlich, wie Ihr das jetzt mit DM und EURO macht. Die Umrechnungsfaktoren sind kinderleicht zu merken. Sie stehen im Einklang mit den vier Jahreszeiten und mit der Musik."

„Mit der Musik?"

„Ja, sie entsprechen der natürlichen Obertonreihe, auf der das gesamte Universum aufgebaut ist. Es sind nämlich Grundton, Terz, Quint und kleine Septime."

„Müsst Ihr dann jedes Jahr neues Geld drucken?"

„Ja, Bargeld wird jährlich neu gedruckt. Das alte Geld kann im Folgejahr im Kurs von zwei zu eins umgetauscht werden. Da gibt es kein Problem."

„Wie funktioniert das nun im täglichen Leben?"

„Der Staat schenkt jedem Bürger – gleich welchen Alters – einen monatlichen Grundbetrag von 1000 Punkten, der die Lebenshaltungskosten deckt. Eine Mutter mit zwei Kindern erhält also einen Betrag im Wert von 3000 Punkten monatlich. Dadurch sind Familien oder Alleinerziehende gegenüber Singles nicht mehr benachteiligt."

„Gibt es denn noch Warenkataloge? Die müssten ja jeden Monat neu gedruckt werden!"

„In den Katalogen ist immer der Punktwert angegeben. Der bleibt stabil."

„Dann muss ich den Preis immer ausrechnen?"

„Nun, das ist ganz einfach: Wie schon gesagt, haben wir nach einem Vierteljahr den Kurs eineinviertel, nach einem halben Jahr eineinhalb und nach einem dreiviertel Jahr eindreiviertel. Das klingt für euch vielleicht etwas ungewohnt, aber bedenke, was alles dafür wegfällt: Steuern, Krankenkasse, Rentenversicherung..."

„Wieso das denn?"

„Da der Staat sein Geld selbst erzeugt, braucht er keine Steuern einzutreiben. Das bedeutet: keine Finanzämter, keine Buchhaltung, keine Schwarzarbeit und viel weniger Verwaltung. Der Staat finanziert soziale Leistungen, wie Gesundheitswesen, Pflege, Renten, Notfallhilfe usw. Versicherungen und Sozialabgaben sind überflüssig geworden."

Umweltschutz und Freies Schenken

„Wer arbeitet dann denn überhaupt noch?"

„Es ist wie in der Natur: Jeder beschäftigt sich seinem Wesen entsprechend. Wer gerne Brot bäckt, bäckt Brot, wer gerne musiziert, macht Musik. Manche Bürger üben mehrere Berufe aus, weil es ihnen Spaß macht, vielseitig zu sein. Andere legen sich eine Zeit lang auf die faule Haut. Aufgrund der Vergänglichkeit des Geldes will jeder sein Geld schnell ausgeben und sich dafür irgendeinen Luxus leisten. Die Wirtschaft – insbesondere Kleingewerbe, Dienstleistungen und Kunst – floriert bei uns wie noch nie. Andererseits arbeitet jeder nur soviel, wie es ihm Spaß macht, deshalb gibt es keine Überproduktion, die die Umwelt unnötig belastet."

„Wie haltet ihr es mit dem Umweltschutz?"

„Der Staat finanziert Projekte zum Umweltschutz. Je nach Umweltfreundlichkeit werden Industriezweige subventioniert. Die Erforschung alternativer Energien wird ebenfalls vorangetrieben. Außerdem wurde das Urheberrecht abgeschafft."

„Was hat das mit Umweltschutz zu tun?"

„Nun, alle neuen Ideen und Erfindungen gehören der Allgemeinheit. Stell dir vor, wir hatten über 100 Jahre damit vergeudet, unsere Fahrzeuge mit Verbrennungsmotoren anzutreiben. Entsetzlicher Gestank hatte sich über den Planeten ausgebreitet. In manchen Großstädten wurden Sauerstoff-Automaten angebracht, wo die Leute gegen Geld frische Luft tanken konnten! Jede Fahrzeug-Fabrik beschäftigte damals ihr eigenes Forschungs- und Entwicklungsteam, das seine Ergebnisse geheim hielt oder patentieren ließ. Am Ende ließ man fast jede einzelne Schraube patentieren. Kein Wunder, dass die Entwicklung nicht voranging. Nachdem das Urheberrecht abgeschafft war und jeder seine Ideen und Erfindungen frei verschenkte, entwickelten wir in wenigen Monaten den Null-Energie-Antrieb! Wie bei einem großen Puzzlespiel brachte jeder Erfinder und Entwickler seinen Stein an die richtige Stelle."

„Du verwendest oft den Begriff »Freies Schenken«. Was meinst du genau damit?"

„Freies Schenken ist ein wesentlicher Bestandteil unseres Wirtschaftssystems.

Während es früher darauf ankam, möglichst hohe Gewinne zu erzielen, gilt es beim Freien Schenken mit möglichst wenig Aufwand sich selbst und anderen möglichst großen Nutzen oder möglichst große Freude zu bereiten. Dabei ist eine direkte Gegenleistung nicht erforderlich, weil Nutzen und Freude von selbst auf den Frei Schenkenden mehrfach zurückfallen. Ein gutes Beispiel ist der Frei Schenkende Staat: Er braucht lediglich die Bank-Computer zu veranlassen, Geld auf die Konten der Bürger zu überweisen, und schon gibt es keine Armut mehr. Der allgemeine Reichtum der Bürger fällt automatisch auf den Staat zurück. Der Staat und seine Bürger sind ohnehin ein und dasselbe.

Ein anderes Beispiel ist das, was ihr Nachbarschaftshilfe nennt: Ein Freund hilft dem anderen auf dem Gebiet, was er am besten kann, und was dieser gerade braucht. Oder man hat einen bestimmten Gegenstand übrig, den ein anderer gebrauchen kann. Wenn man ihn verschenkt, hat man selbst wieder Platz, und der andere hat den begehrten Gegenstand. Da Geld sowieso im Überfluss vorhanden ist, hat es an Wichtigkeit verloren. Wir alle sind freigiebiger geworden und haben einen riesigen Spaß am Schenken!"

„Wer macht bei Euch die Dreckarbeit?"

„Durch die rasante technologische Entwicklung haben Dreckarbeiten stark abgenommen. Unsere Häuser sind mit Kompost-Toiletten ausgestattet, die absolut geruchsfrei sind. Alles Verpackungs-material und die meisten Gebrauchsgegenstände sind kompostierbar. Unsere Häuser werden im Baukastensystem gebaut, das aus natürlichen Materialien besteht. Schwere und unbeliebte Arbeiten werden von Maschinen erledigt. Die verbleibenden unangenehmen Arbeiten werden entweder aufgeteilt oder entsprechend hoch bezahlt. Schon mancher hat sich mit ein bisschen Drecksarbeit einen wundervollen Urlaub finanziert."

Finanzierungen und Geldanlagen

„Apropos finanzieren – wie könnt ihr große Beträge finanzieren, wenn das Geld ständig an Wert verliert?"

„Kredite werden in Punkten vergeben. Der Punktwert bleibt stabil und wird nicht verzinst. Da die Staaten nicht mehr verschuldet sind und die Steuern wegfallen, ist der Bedarf an Krediten drastisch zurückgegangen."

„Gibt es noch so etwas, wie Geldanlagen?"

„Ja, einmal kann man sein Geld verleihen, also Privatkredite vergeben, zum anderen kann man sich finanziell an Projekten beteiligen, so ähnlich wie bei Euch mit Aktien. In beiden Fällen wird nach Punktwert abgerechnet. Allerdings ist auch der Bedarf an Geldanlagen zurückgegangen. Schließlich ist jeder jederzeit versorgt. Man muss also kein Geld mehr anhäufen um schlechten Zeiten vorzubeugen. Die Angst vor dem Nichtversorgtsein hat sich aufgelöst. Wir leben alle viel mehr im Hier und Jetzt. Und im Hier und Jetzt sind wir versorgt. Oft verschenken wir auch einen Teil unseres überschüssigen Geldes."

„Wirklich?"

„Ja, wenn jemand ein Projekt plant und noch Geld dazu braucht, schreibt er einen Rundbrief an seine Freunde. Diejenigen, denen das Projekt gefällt, unterstützen ihn und schicken den Rundbrief wieder an ihre Freunde. So kann es sein, dass er reichliche Unterstützung von Leuten bekommt, die er vorher noch nicht kannte. Wir nennen das auch Here- and- Now-Finanzierung, Finanzierung im Hier und Jetzt."

„Und das funktioniert?"

„Kommt auf den Menschen und auf das Projekt an. Egotrips lassen sich so nicht finanzieren. Ihr kennt dies Prinzip als Spenden. Meist spendet ihr für einen sogenannten guten Zweck, um z.B. Menschen in Not zu helfen. Bei uns gibt es keine Not mehr, aber es gibt mehr oder weniger gute Zwecke."

„Und Ihr seid wirklich so freigiebig?"

„Einige mehr, andere weniger. Jeder nach seinem Willen. Bedenke, wir haben das Geld sowieso im Überfluss. Wenn wir es behalten, verliert es an Wert. Und wir bekommen immer mehr neue Freunde, dadurch dass wir einander helfen. Wenn wir mal was brauchen, wird uns auch geholfen."

„Die Sache erinnert mich etwas an Kettenbriefe und Schneeballprinzip, bemerkte ich, „ich weiß nicht, ob das bei uns erlaubt ist. Jedenfalls hat es einen schlechten Ruf."

„Warum hat es bei euch einen so schlechten Ruf?"

„Weil einige wenige Leute auf Kosten vieler anderer reich werden."

„Gilt das nicht für eure ganze Wirtschaft?"

„Doch!"

„Das Schneeballprinzip entlarvt euer gesamtes Wirtschaftssystem! Wir benützen das Schneeballprinzip vor allem um Informationen zu verbreiten. Es ist die einfachste und schnellste Methode, neue Informationen unter die Leute zu bringen. Wenn jeder die Information an durchschnittlich vier Freunde weitergibt, ist nach 16-17 Weitergabe-Generationen eure gesamte Menschheit informiert. Verstehst du, warum man das Schneeballprinzip in Verruf gebracht hat?"

„Ich glaube, mir dämmert`s langsam!"

„Außerdem hat es noch einen Vorteil: Jeder gibt nur die Informationen weiter, von deren Richtigkeit und Wichtigkeit er überzeugt ist. Eure Massenmedien können Euch alles erzählen, was ein paar Entscheidungsträger bestimmen."

„Es können aber auch Gerüchte entstehen. Das ist wie bei dem Spiel »Stille Post«, wo einer dem anderen etwas ins Ohr flüstert und am Ende etwas ganz anderes herauskommt."

„Das stimmt. Deshalb ist es wichtig, immer auf die Quelle, also den Urheber zu verweisen. So kann jeder sich bei der Quelle informieren und dann entscheiden, ob er die Information weitergibt."

„Wie soll das gehen?"

„Auf eurer Er-de habt Ihr das Internet. Ist es nicht jetzt schon so, dass jeder, der etwas bekannt-geben will, seine Homepage hat? Es kann also jeder beim Urheber nachlesen."

„Aber was ist bei eurer Here-and-Now-Finanzierung denn anders als bei unserem verpönten Schneeballprinzip?"

„Es ist die Einstellung zum Mitmenschen und zum Geld. Bei uns geht es um Freies Schenken. Wir machen anderen ein Geschenk, das helfen soll, ihre Wünsche und Projekte zu realisieren. Da jeder Geld im Überfluss hat, das außerdem schnell seinen Wert verliert, fällt das Schenken leicht. Dazu kommt das Glücksgefühl, anderen geholfen zu haben. Freust du dich nicht auch, wenn du anderen helfen kannst?"

„Ja, wenn ich es ganz freiwillig tue, ganz gleich ob es jemand von mir erwartet oder nicht, dann fühle ich mich wohl dabei."

„So ist das beim Freien Schenken. Es ist absolut freiwillig und macht Spaß."

„Ich möchte noch etwas über die He-re and Now Finanzierung wissen. Theoretisch könnte jeder ein oder mehrere solche Here and Now- Finanzierungen anleiern. In der Summe müsste sich das dann ausgleichen."

„Einmal muss der Zweck für die anderen plausibel sein. Außerdem hat nicht jeder zur selben Zeit ein großes Projekt, für das er viel Geld benötigt. Im Neuen Zeitalter betrachten wir das Geld nicht mehr statisch, das heißt, wir fragen nicht mehr danach, wer wie viel Geld hat. Das statische Geld verliert seinen Wert sehr schnell. Im Neuen Zeitalter regiert das dynamische Prinzip. Jetzt geht es darum, möglichst viel Geld möglichst schnell zu bewegen. Durch die Bewegung entsteht Wertschöpfung (Ein Haus, ein Auto oder was auch immer). Außerdem ist nach der Ausgabe das Geld nicht weg. Es hat nur jemand anders, der es auch wieder so schnell wie möglich ausgeben will. Dadurch entsteht wieder Wertschöpfung und so weiter. Wir betrachten das ganze sowieso mehr als Spiel."

„Als Spiel??"

„Ja, das Geld hat längst nicht mehr den Stellenwert, wie bei Euch. Da jeder genug

Geld hat, kann man niemanden mehr mit Geld zwingen. Geld ist nur noch ein Motivationsmittel, kein Machtmittel. Alles ist spielerisch geworden. Arbeit ist Spiel, Handel ist Spiel. Wer nicht mitspielen will, hat halt etwas weniger Geld zur Verfügung, aber immer noch mehr als genug zum Leben."

„Gibt es dann noch so was wie Konkurrenzkampf?"

„Im spielerischen Sinne ja. Sicher sind manche »Spiele« erfolgreicher als andere. Aber: Es kann keine wirklichen Verlierer geben."

„Werden die »Spiele« vom Staat kontrolliert?"

„Da der Frei Schenkende Staat keine Steuern kennt, besteht kein Grund dazu. Überhaupt sieht sich der Staat nicht mehr als Kontrollorgan, sondern als die Gesamtheit seiner Bürger. Staat und Bürger sind eins. Insofern hat der Staat nur ein Interesse: die Interessen seiner Bürger zu fördern."

Der Übergang

„Jetzt bewegt mich noch eine wichtige Frage: Wie habt ihr den Übergang vom alten zum Neuen Zeitalter bewerkstelligt? Wie habt ihr JOYTOPIA geschaffen? Hat es Widerstände gegeben? War der Übergang gewaltfrei möglich?"

„Du erinnerst dich, dass kurz vor dem Übergang die meisten Staaten schon Demokratien waren. Das war sehr gut so. In einer Demokratie kann man alles ändern, wenn man die nötige Mehrheit hat. Weißt du noch, wie auf deinem Planeten sogar in Diktaturen friedliche Veränderungen vollbracht wurden? Ich denke an Indien oder an die Wiedervereinigung Deutschlands. In Demokratien ist das noch viel leichter! Es begann damit, dass auf Freegaia einige Bürger die neuen Gesetzmäßigkeiten entdeckten und zu einem Staatsmodell formten. Dieses Modell des FREI SCHENKENDEN STAATES nannten sie JOYTOPIA und verbreiteten es nach dem Schneeballprinzip. Sie schrieben ein Papier und gaben es an Freunde weiter. Diese gaben Kopien des Papiers an ihre Freunde und so weiter. Andere verbreiteten den Text in Computernetzwerken. Das ging dann noch schneller. Der Text wurde in viele Sprachen übersetzt und in alle Länder verteilt. Nach ca. 16 Weitergabe - Generationen war die gesamte Bevölkerung informiert.

Parallel dazu begannen Gemeinschaften, Freundeskreise und Vereine die natürliche Ökonomie zu erproben. In Tauschringen, die damals eine Art Ersatzwährung hatten, begannen sie den FREI SCHENKENDEN Staat zu simulieren. Andere erprobten die Here and Now - Finanzierung und das FREIE SCHENKEN im Geschäfts- und im Privatleben. Die Ergebnisse wurden zusammengetragen und das Modell wurde immer mehr verfeinert. Als es perfekt war, wurden weltweit Wahlen veranstaltet. Das Ergebnis war überragend: Der weitaus größte Teil der planetarischen Bevölkerung entschied sich für das neue Modell der natürlichen Ökonomie."

„Gab es auch Widerstände?"

„Ja! anfänglich hatten viele Leute Angst um ihren Besitz. Die planetarischen Banken, die die Staatsverschuldung mit verursacht hatten, versuchten zu sabotieren, wo sie nur konnten. Die weltweite Aufklärung, die sich vollzog und die Bevölkerung des ganzen Planeten zum Erwachen brachte, brachte dann auch den Umschwung: Es begannen selbst Mitglieder der planetarischen Banken, sich für die natürliche Ökonomie auszusprechen. So löste sich der anfängliche Widerstand in Frieden und Wohlgefallen auf."

„Ging nach der erfolgreichen Wahl dann alles glatt?"

„Natürlich gab es Anfangsschwierigkeiten. Die standen aber in keinem Verhältnis zu den Problemen des alten Zeitalters."

„Lieber Very, guter Freund! Ich danke Dir von Herzen für diese Informationen! Eine letzte Frage habe ich noch, bevor ich zurückgehe: Wo genau liegt Freegaia?"

„Eben war es noch auf einem anderen Stern. Jetzt ist es tief in deinem Herzen. Viel Glück!"

Lebensgeld – Nachhaltiger Wohlstand für alle!

Konzept zur Sanierung der Volkswirtschaft

Das vorliegende Konzept senkt in Deutschland bereits im ersten Jahr (2007) das Haushaltsdefizit auf 2% des Bruttoinlandsproduktes. Damit wird erstmalig die von der EU vorgeschriebene Höchstgrenze von 3% deutlich unterschritten. Im zweiten Jahr (2008) ist der Staatshaushalt praktisch ausgeglichen. Ab dem dritten Jahr (2009) ist der Haushaltssaldo positiv. Die Schuldentilgung beginnt und führt zur Rückzahlung aller Staatsschulden bis etwa zum Jahr 2020.
Im Gegensatz zu den bisherigen Ansätzen, die mit Sparmaßnahmen und Umsteuerung den drohenden Staatsbankrott abzuwenden versuchen, führt das Konzept zu Steuerentlastungen, geringeren Lohnkosten, höheren Einkommen und damit nachhaltigem Wohlstand für alle. Der integrierte Ausgleichs- und Umwelt-Fonds (AUF) gewährleistet die Finanzierung der dringend anstehenden Umwelt-Sanierung.

Das Konzept zur volkswirtschaftlichen Sanierung basiert auf der von der FREE Akademie Joytopia entwickelten Natürlichen Ökonomie für weltweiten Wohlstand in Frieden und in Harmonie mit der Natur (kurz: Natürliche Ökonomie oder Joytopia-Modell). Es wird hier am Beispiel Deutschland erklärt und ist prinzipiell übertragbar auf jedes andere Land der Welt. Es kann wahlweise in einzelnen Ländern, in Europa oder weltweit begonnen werden. Der Fünf-Stufen-Plan zur schrittweisen Einführung garantiert eine sanfte und sichere Integration in das weltwirtschaftliche Gefüge. Global angewendet kann das Programm zu weltweitem Wohlstand in Frieden und in Harmonie mit der Natur beitragen. Lebensgeld herunterladen

Lebensgeld: Geldschöpfung durch das Leben selbst
Unser derzeitiges Geld wird im Wesentlichen durch Kredit geschöpft. Durch Zins und Zinseszins wachsen die Guthaben und die Schulden exponentiell. Aufgrund des oben beschriebenen Naturgesetzes wird es also immer wieder zum Kollaps des Finanzsystems kommen.
In der Natürlichen Ökonomie erfolgt die Geldschöpfung durch das Leben selbst. Sie ist sozusagen ein Geschenk des Lebens an jeden Menschen.
Die Einheit „Dank"
Aus diesem Grunde – und zur Unterscheidung zu unseren heutigen Währungen – nennen wir die Lebensgeld-Währung im folgenden „Dank". Der Einfachheit halber definieren wir vorläufig den Wert des Dank als identisch mit dem Euro. Diese vorläufige Definition wird im weiteren Verlauf durch eine neue ersetzt, die dem Leben besser entspricht.
Dreifache Lebensgeld-Schöpfung
Die Regeln für die Lebensgeld-Schöpfung sind denkbar einfach:
Für jeden Menschen schöpft die Gesellschaft monatlich 3.000 Dank.
Die ersten 1.000 Dank sind sein persönliches bedingungsloses Grundeinkommen: Tausend Dank weil du bei uns bist!
Die zweiten 1.000 Dank dienen als bedingungsloses Staatseinkommen.
Die dritten 1.000 Dank gehen an den Ausgleichs- und Umwelt-Fonds (AUF) zur Sanierung der Altlasten. Damit steht ein zusätzlicher Topf in Höhe des gesamten Staatshaushalts für die Umwelt zur Verfügung. Umweltschutz und Umweltsanierung werden sich zu den lukrativsten Wirtschaftszweigen entwickeln.

Die Natürliche Ökonomie
Weltweiter Wohlstand in Harmonie mit der Natur
Eine Geschichte von Bernd Hückstädt

1.Teil: Die neue Zeit
Der Besuch
„Pia! Das ist aber schön, dass du deine Großmutter besuchst."

„Hallo Omi, guck mal, was ich gekauft habe! Das ist JOY, mein neuer Bioroboter aus Fernost. Den gibt es gerade bei ALIBI im Sonderangebot für nur 2.999 Dank. JOY, come here! JOY to Pia!!! – Brav!"

! --JOY is very good friend--

„Is ja gut. – Er ist noch auf Englisch eingestellt. – JOY speak german!!"

! --FREU sprechen Deutsch--

„ Ups, an der Übersetzung wird wohl noch gearbeitet. – Wo ist Opa?"

„Beim Seniorensport."

„Ah, was macht er denn heute?"

„Fallschirmspringen! Er ist noch topfit. Kein Wunder bei unserer gesunden Ernährung! Quellwasser, Bio-Obst und -Gemüse, Wildkräuter, kaum Fleisch..."

„Weißt du, was wir heute in Geschichte hatten? Die Müllzeit! Das war doch in deiner Jugend. War da wirklich alles Sondermüll? Eure Kleidung, Häuser, Computer, Fernseher, Fahrzeuge, Treibstoff, Straßenbelag? Unser Lehrer sagte, wenn jemand krank war, musste er sogar Sondermüll schlucken! Stimmt das, Omi?"

„Nun, Pia, wir nannten das Medizin. Aber du hast recht: wenn wir Medikamente übrig hatten, durften wir sie nicht einfach wegwerfen. Wir mussten sie als Sondermüll entsorgen, der Umwelt zuliebe."

„Mein Bioroboter ist voll recyclebar. Die meisten Teile werden kompostiert und die anderen werden wieder verwendet. Angetrieben wird er mit freier Energie. Voll umweltfreundlich! – FREU, zeig mal, was Du kannst! FREU, mach die Küche sauber!"

! --Menü Küche sauber machen: Wischen, Staub saugen oder Geschirr abwaschen? --

„ Staub saugen!"

! --Gesaugten Staub kompostieren: Ja/Nein?

„Ja!"

„Also Pia, das ist ja toll, was die Technik heute kann!"

„Das kam alles durch die Natürliche Ökonomie. Diesem genialen Wirtschaftsmodell verdanken wir, dass weltweit die Armut beseitigt und Wohlstand für alle geschaffen wurde. Und ganz in Harmonie mit der Natur! Natur ist mein Lieblingsfach in der Schule."

Das Naturgesetz von Werden und Vergehen

„Also Pia, dann musst Du mir mal was erklären. Ich finde es ja großartig: unser Grundeinkommen, das alle Menschen versorgt, unser Gesundheitswesen, unseren reichen Staatshaushalt und die Umwelt-Subventionen. Aber eines ist für mich noch immer ein Rätsel: Wie funktioniert die Natürliche Ökonomie? Wo kommt das Geld her – ganz ohne Steuern und Abgaben?"

„Tja, Omi, für dich ist sie immer noch ungewohnt. Schließlich gingst Du in der Müllzeit zur Schule. Die damalige Wirtschaft ignorierte die elementarsten Naturgesetze, wie den Kreislauf von Werden und Vergehen. Aber die Vergänglichkeit ist unvermeidlich. Und deshalb überraschte sie euch in Form von Inflation, Geldcrash, Kriegen und so weiter. Dabei ging es euch ja noch gut in Europa. Auf anderen Kontinenten mussten die Menschen hungern. – Und beinahe hättet ihr die ganze Umwelt zerstört!"

„Pia, das stimmt. Ihr werdet uns das vorhalten, so lange wir leben. Zum Glück verbreitete sich die Natürliche Ökonomie, und es entstand ein Quantensprung in der Entwicklung der Menschheit. – Doch wie funktioniert sie genau?

„Das will ich Dir gerne erklären, Omi. Nächste Woche darf ich in der Schule ein Referat darüber halten. Die Natürliche Ökonomie gründet auf dem Naturgesetz von Werden und Vergehen. Wie du weißt, gibt es bei uns Lebensgeld, und die Währung heißt Dank. Das Lebensgeld wird geschöpft durch das Leben selbst. Und es ist vergänglich, wie alle Produkte der Natur."

„Lebensgeld wird geschöpft und ist vergänglich?"

„Genau! Die Gesellschaft schöpft monatlich für jeden Menschen dreitausend Dank. Ein Dank entspricht etwa dem früheren Euro. Die ersten tausend Dank bekommt jeder Bürger als Grundeinkommen. Die zweiten tausend Dank erhält der Staat und die dritten tausend Dank gehen an den Ausgleichs- und Umwelt-Fonds, den AUF."

„Der AUF bewirkt viel Gutes für Mensch und Natur!"

„Ja, der Ausgleichs- und Umwelt-Fonds dient der Wiedergutmachung der Umweltschäden, die es leider auch heute noch gibt. Für die Umwelt steht damit ein zusätzlicher Topf in Höhe des Staatshaushaltes zur Verfügung. Umweltschutz und -Sanierung sind die lukrativsten Wirtschaftszweige."

„Deshalb die gute Entwicklung! – Pia, du hast gesagt, dass das Lebensgeld durch das Leben entsteht und dass die Gesellschaft monatlich Geld schöpft. Wie kann ich mir das vorstellen?"

„Je nach Staatsform wird das Lebensgeld in der Kommune oder in einer

Zentralbank geschöpft. Jeder Mensch hat genau ein Schöpfungskonto. Der Betrag ist für alle gleich. Die Geldschöpfung beginnt mit der Geburt und endet mit dem Tode. Das Lebensgeld entsteht also durch das menschliche Leben. Alle Menschen und alle Länder haben gleiche Bedingungen."

„Das Lebensgeld wird also quasi aus dem Nichts geschaffen? Wie ist das Geld gedeckt?"

„Durch das Wertvollste, das wir haben: das menschliche Leben selbst! Jeder Mensch dient der Gesellschaft, wirtschaftlich gesprochen, als Mitarbeiter, Kunde oder beides. Die Gesellschaft, das sind wir alle. Und wir sagen jedem Menschen Dank: Danke, weil du bei uns bist!"

„Aber wenn jeden Monat geschöpft wird, wird das Geld immer mehr. Warum gibt es bei uns keine Inflation?"

„Inflation ist unfreiwillige Vergänglichkeit. Bei uns läuft die Vergänglichkeit nach Plan: Jeden Monat werden von jedem Konto etwa fünf Prozent des Guthabens abgebucht. Das ergibt fünfzig Prozent im Jahr."

„Also von jedem Dank auf meinem Konto ist nach einem Jahr die Hälfte weg. Richtig?"

„Richtig!"

„Dafür bekomme ich jeden Monat tausend Dank als Grundeinkommen dazu?"

„Ja!"

„Dann haben alle Menschen immer gleich viel Geld zur Verfügung?"

„Nein! Wer arbeitet oder Geschäfte macht, erzielt zusätzliches Einkommen – steuerfrei. Wie du weißt, gibt es weiterhin Millionäre. Nur Armut kann es nicht mehr geben."
Mal rechnen, ob es stimmt!
„Pia, ich bin weder Mathematiker noch Ökonom. Kannst Du mir einfach und plausibel erklären, wie das ganze im Großen funktioniert?"

„Gerne. Aber ein bisschen rechnen müssen wir dabei. In Deutschland haben wir heute wie damals 80 Millionen Einwohner, etwa eine Billion Staatshaushalt einschließlich Gesundheitswesen und 4 bis 5 Billionen Gesamtguthaben aller Konten. Kannst Du folgen?"

„Bis jetzt noch!"

„Durch das Zusammenspiel von Geldschöpfung und Vergänglichkeit ist die Geldmenge stabil. Sie pendelt sich auf den Wert ein, wo sich die Geldschöpfung von 3.000 Dank pro Bürger und die Vergänglichkeit von fünf Prozent die Wage halten. Das sind 60.000 Dank pro Bürger, denn fünf Prozent von 60.000 sind 3.000."

„Aha, zur Geldschöpfung gehört die Vergänglichkeit. Deshalb bleibt der Geldwert stabil. Jeder hat sein Grundeinkommen, jedes Land ein Staatseinkommen, und die Umwelt wird saniert."

„Genau! Die gesamte Geldmenge ist etwa so wie früher. In Deutschland sind das zum Beispiel 80 Millionen Bürger mal 60.000 Dank, das sind 4,8 Billionen Dank Gesamt-Guthaben. Unsere Preise sind deshalb so wie früher."

„Und der Staatshaushalt?"

„Wir haben 12 Monate mal 1.000 Dank mal 80 Millionen Bürger. Das sind 960 Milliarden Dank Staatshaushalt im Jahr, also knapp eine Billion. Auch das ist etwa gleich geblieben. Und zusätzlich haben wir noch den Ausgleichs- und Umweltfonds in gleicher Höhe."

„Ah, deshalb ist für alle Ausgaben genug Geld vorhanden – einschließlich der notwendigen Umweltsanierung. Ganz ohne Steuern, Versicherungen und sonstigen Abgaben. Phantastisch!"
Arbeitslosigkeit? Altersversorgung? Kein Problem!
„Viele alte Probleme sind damit gelöst: Arbeitslosigkeit, Schwarzarbeit, Rentenprobleme – all das gehört der Vergangenheit an. Denn durch das Grundeinkommen ist jeder vom Kleinkind bis ins Alter versorgt. Wer arbeitet, verdient steuerfrei hinzu. Viele Menschen gehen selbstständig ihren Neigungen nach: Kunst, Handwerk, Forschung, Bildung oder einfach Zeit für einander haben. Alles ist problemlos möglich. Das Arbeitsklima ist ausgezeichnet, denn niemand ist gezwungen zu arbeiten. Die Arbeit- und Auftraggeber werben um ihre Mitarbeiter. Arbeit ist sinnvoll und macht Freude – oder sie findet nicht statt.

Schwarzarbeit existiert per Definition nicht mehr, weil es keine Steuern gibt."

„Und die unangenehmen Arbeiten?"

„Die schweren, unmenschlichen Arbeiten werden schon längst von Maschinen erledigt. – Ah übrigens, was ist mit meinem kleinen Freund? – FREU, alles klar???"

! --Küche Staub gesaugt. Staub in Kompostbehälter getan-->

„Super, FREU, du bist klasse!"

! --FREU ist sehr guter Freund--

„Ja, FREU, das bist du. – Siehst Du, Omi, immer mehr Arbeit wird von Maschinen gemacht. Für die anderen Arbeiten sind die Bedingungen so gut, dass sich immer Menschen finden, die sie gerne tun. Gefährlichere Aufgaben sind bei Abenteurern sehr beliebt, denn sie werden bestens bezahlt. Übrigens sind sie weniger gefährlich als früher, weil alle Sicherheitsvorkehrungen getroffen werden."
Das System reguliert sich selbst.
„Und doch gab es mal kurz Engpässe. Während der Umstellung auf biologische Landwirtschaft wurden die Lebensmittel knapp. Das hatte sich aber schnell erledigt."

„Stimmt! Lebensmittel wurden teuer und das Grundeinkommen knapp. Viele Menschen suchten Arbeit. Der AUF förderte den biologischen Anbau und bot Permakultur-Kurse an. Zahlreiche Familien bauten sich einen Landsitz auf, und bald sanken die Preise wieder auf ein gesundes Niveau."

„Genau! Lebensmittel kosten heute zwar mehr als in der Müllzeit, dafür sind sie biologisch und die Qualität ist ausgezeichnet. Jeder kann sich diese gute und gesunde Ernährung leisten."

„Wie Du siehst, Omi, regelt sich das System selbst: Werden Güter knapp, steigt der Preis. Folglich wollen manche Menschen mehr arbeiten. Die besten Arbeitsangebote gibt es bei den knappen Gütern, die nun vermehrt produziert werden. Die Preise sinken, bis das Gleichgewicht wiederhergestellt ist."

„Plausibel und verblüffend einfach."

Bei Krediten gewinnen beide.

„Aber sag mal Pia, dein Bioroboter war doch ganz schön teuer, fast dreitausend Dank. Wie kannst du dir so etwas leisten?"

„FREU ist eine Investition. Ich habe ihn per Kredit finanziert."

„Pia, du hast Schulden gemacht?"

„Nein! Ich habe Kredit bei meinen Klassenkameradinnen aufgenommen, um die Investition zu finanzieren. Wie das geht, haben wir in Natur gelernt, und ich bin schließlich sehr geschäftstüchtig!"

„Hört, hört, meine dreizehnjährige Enkelin!"

„Soll ich dir meine Kalkulation erklären?"

„Du brennst ja förmlich darauf. Also los!"

„Du weißt ja, ich bekomme tausend Dank im Monat, wie jeder andere auch. Davon gebe ich meinen Eltern sechshundert für Miete und Verpflegung, zweihundert brauche ich für das Laufende und zweihundert habe ich übrig."

„Und die könntest du für die Zukunft sparen!"

„Im Prinzip hast Du Recht, Omi. Nur, für die Zukunft spart man nicht, sondern man investiert in die Zukunft."

„Wo ist denn da der Unterschied?"

„Würde ich versuchen, Geld für die Zukunft zu sparen, wäre es durch die Vergänglichkeit bald weg. Wir können investieren, indem wir Kredit geben oder Kredit nehmen. Ich habe mich entschlossen, einen Kredit zu nehmen und mir den Bioroboter zu kaufen. Damit gehe ich zu unseren Nachbarn und helfe im Haushalt für zwanzig Dank die Stunde. So kann ich den Kredit bald zurückbezahlen. Danach mache ich nur noch Gewinn."

„Aus meiner kleinen Pia ist eine clevere Geschäftsfrau geworden!"

„Ich investiere damit gleichzeitig in Menschen, denn FREU kann das meiste selbst tun. Ich muss ihn nur einlernen. Dann kann ich mich mit meinen Nachbarinnen und Nachbarn unterhalten oder deren Gäste bewirten. Aus guten Nachbarn werden Freunde, die sich gegenseitig weiterhelfen – privat und beruflich. Das nenne ich Nachbarschaftshilfe im besten Sinne!"

„Pia, ich staune immer mehr! – Was aber ist mit deinen Geldgeberinnen?"

„Die beiden Schülerinnen hatten gerade Geld übrig und boten mir einen Kredit. Die zwei machen das recht professionell: Indem sie immer wieder Kredite vergeben, erhalten sie den Geldwert und sammeln schon jetzt ein kleines Vermögen an. Das werden bestimmt mal Bankerinnen."

„Nehmen sie denn Zinsen?"

„Nein! Denn viele Leute wollen ihr Geld erhalten und bieten zinslose Kredite."

„Ah, die Mädels haben also auch ohne Zinsen ihren Vorteil."

„Ja, Omi. Die Natürliche Ökonomie ist ein Plus-Summen-Spiel. Da gibt es fast nur Win-Win-Situationen."
„Sind denn all deine Mitschüler so geschäftstüchtig?"

„Manche haben andere Interessen: Sport, Kunst, Musik, Wissenschaft, Forschung, Entwicklung, Handwerk... Jeder Schüler ist in mindestens einem Projekt engagiert. Alle gewinnen, denn selbst wenn ein Projekt kein zusätzliches Geld abwirft, ist jeder durch sein Grundeinkommen versorgt. Das ist bei den Erwachsenen genau so."

„Ich erinnere mich, Pia, auch wir hatten unser Haus über einen zinslosen Kredit finanziert. Das Geld vermittelte uns eine Bank gegen Gebühr. Da wir berufstätig waren und neben dem Grundeinkommen noch steuerfreie Einkünfte erzielten, konnten wir den Kredit in wenigen Jahren tilgen. Zur Müllzeit hätten wir wohl ein Leben lang abzahlen müssen."
Open Source für alle
„Ich höre ein Flumo!"

„Das muss Opa sein. Er kommt vom Fallschirmspringen zurück. Seitdem es diese öffentlichen Fugmobile gibt, ist Fallschirmspringen zum Volkssport geworden."

„Da kommt er! – Hallo Opa!"

„Hallo meine süße Enkelin! Das war ein herrlicher Tag in freier Natur!"

„Stell dir vor, Sven, deine Enkelin ist Geschäftsfrau geworden. Sie hat einen Bioroboter gekauft, der schon unsere Küche gesaugt hat."

„Klasse, Pia, dann bestehe ich darauf, dein erster Stammkunde zu werden!"

„Zu spät, Opa! Meiers von nebenan sind auch schon Kunden."

„Donnerwetter – du bist ja wirklich geschäftstüchtig!"

„Pia und Sven, ich muss euch jetzt verlassen. Im Seniorenzentrum ist LAN-Party!"

„Omi, spielt ihr immer noch mit euren alten BlueTooth-Computern, die Elektrosmog erzeugen?"

„Meine liebe Pia, wir haben zwar noch die alten Computer. Doch wir vernetzen sie mit G-Com, ganz ohne Elektrosmog, so wie dein Bio-Handy und Opas Bio-Computer."

„Omi, ich bin stolz auf dich! Viel Spaß und bis bald! – Erstaunlich, Opa, dass die alten Computer schon G-Com haben."

„Die G-Com, die Kommunikation über die Gravitationswelle ist schon lange bekannt, doch die Entwicklung unkonventioneller Technologien war früher mühsam und zäh. Wie du weißt, bin ich selbst Erfinder und hatte sehr unter dem Patentrecht gelitten, das wirkliche Neuerungen behinderte. Bei Software war das anders: Open-Source-Software war oft die bessere Wahl."

„Mit der Einführung der Natürlichen Ökonomie wurde das Patentrecht abgeschafft und das allgemeine Open-Source-Prinzip beschlossen. Das haben wir in der Schule gelernt."

„Ja, Pia, alles Wissen gehört allen. Nur so konnte die Menschheit überleben. Das allgemeine Open-Source-Prinzip wurde erst möglich mit der Einführung des

Grundeinkommens. Endlich konnten alle gut leben. Auch die unkonventionellen Denker, Forscher, Künstler und Handwerker konnten ihrer inneren Bestimmung

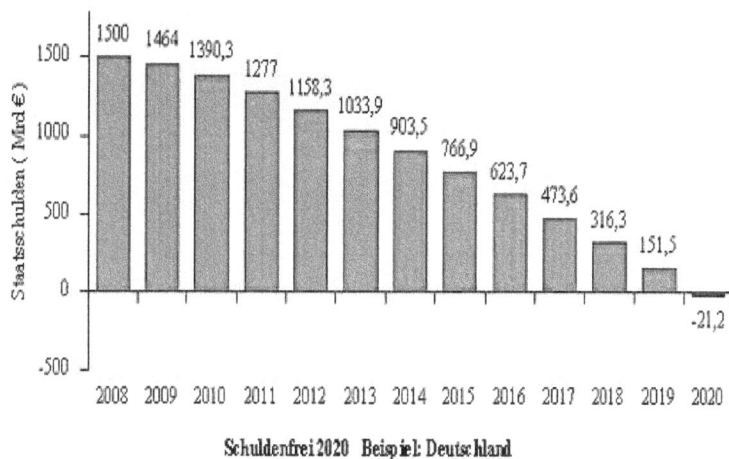

Schuldenfrei 2020 Beispiel: Deutschland

nachgehen. Es vollzog sich ein Quantensprung in der Entwicklung der Menschheit. Denk nur an die Flumos: Flugmobile mit Freie-Energie-Antrieb und Autopilot. Man braucht keine Straßen, keine Parkplätze und kein Benzin."

„Und man kann sie prima zum Fallschirm springen benutzen, gell Opa?"

„Ja Pia, und wie!"

„Nach Abschaffung des Patentrechtes kann es auch kein Patent auf Leben mehr geben."

„Richtig! Der Spuk mit patentiertem Saatgut und gefährlicher Gentechnik ist Gott sei Dank vorbei. Spät genug, denn der Futtermais wurde durch die Gentechnik fast vollständig vernichtet."

„Sag mal, Opa, du hast doch für den Ausgleichs- und Umwelt-Fonds gearbeitet und vieles mitgestaltet. Kannst Du mir bei meinem Referat helfen, das ich nächste Woche in der Schule halte?"

„Aber gern, mein Schatz!"
Ausgleich zwischen armen und reichen Ländern
„Neben der Sanierung und Bewahrung der Umwelt, hat der AUF ja noch andere

Aufgaben, nämlich den Ausgleich von bisher armen und reichen Ländern und den Vermögensumtausch, nicht wahr?"

„Ja, Pia! Ich war in dem Team, das den Ausgleich von armen und reichen Ländern begleitete. Es genügte nicht, dass alle Länder Lebensgeld schöpften. Zuerst musste die Ernährung der Menschen sichergestellt werden. Wir trugen einige Fakten zusammen und kamen zu einem erstaunlichen Ergebnis."

„Welche Fakten?"

„Wir untersuchten den Fleischkonsum der Menschen und dessen Folgen. Zwanzig Prozent der Weltbevölkerung aßen damals achtzig Prozent der gesamten Fleischproduktion. Der massive Fleischkonsum in den Industrienationen war Ursache erheblicher Umweltschäden weltweit. Für ein Stück Fleisch wurden siebzig Mal mehr Umweltressourcen verbraucht, als für vegetarische Ernährung mit vergleichbarem Nährwert. In den Ländern mit hohem Fleischkonsum gab es die meisten ernährungsbedingten Krankheiten."

„Ah, ich ahne schon das Ergebnis."

„Unsere Überlegung war: Wenn die Menschen in den Industrienationen ihren gigantischen Fleischkonsum reduzierten, würden sie gesünder. Die Umweltschäden gingen zurück und es könnte genügend Nahrung für alle Menschen angebaut werden. Das wäre eine großartige Win-Win-Situation für alle."

„Auch für die Industrie?"

„Ja! Wir finanzierten die Umstellung der Nahrungsmittelbetriebe und der Landwirtschaft. Wir kreierten eine Werbekampagne „kulinarisch – vegetarisch solidarisch" mit Kochbüchern, Gourmet-Führern und vielem mehr. Es gab übrigens keine Probleme mit ethnischen oder religiösen Gruppen, denn vegetarische Kost ist bei allen Religionen erlaubt."

„Doch wie konnten die armen Länder wirtschaftlich aufholen?"

„Das ging fast von selbst: Die Industrienationen hatten Güter im Überfluss und suchten nach Absatzmärkten. Durch die monatliche Geldschöpfung hatten die armen Nationen genug Geld, um Güter, Technologie und Know How einzukaufen.

Dadurch konnten sie ihre Entwicklung sanft angleichen. Inzwischen produzieren sie ihren Bedarf selbst. Die Wirtschaft beruhigte sich. Das schont die Umwelt."

„Einige Unternehmen mussten schließen."

„Das gab es auch schon zur Müllzeit. Doch jetzt ist eines ganz anders: Wenn heute Unternehmen schließen, leidet niemand Not. Arbeitgeber und Arbeitnehmer tragen kaum ein Risiko, denn jeder hat sein Grundeinkommen."

„Und die Einkommen haben sich weltweit angeglichen."

„Genau. Durch den Wegfall von Steuern sind die Lohnkosten in den Industrienationen gesunken. Die Löhne in den anderen Ländern holten auf. Deshalb gibt es keine Billiglohn-Länder mehr."

„Also Wohlstand für alle!"
Grund und Boden
„Opa, ihr habt auch Gesetzesentwürfe ausgearbeitet, zum Beispiel die Umweltauflagen für Grund und Boden."

„Richtig, Pia! Wegen der Vergänglichkeit des Geldes wird Land ja nicht mehr verkauft, sondern langfristig verpachtet. Das bringt dem Eigentümer ein kontinuierliches Einkommen. Allerdings ist Besitz von Grund und Boden mit strengen Umweltauflagen versehen. Wer eigenes oder gepachtetes Land selbst bewohnt oder bewirtschaftet, erfüllt diese Auflagen mit Leichtigkeit. Doch großer Landbesitz, der nicht ökologisch bewirtschaftet wird, wird schnell zur Last und lohnt sich nicht als Wertanlage. So kommt es, dass viele Großgrundbesitzer ihr Land an die Gesellschaft abgeben, die sich dann um die Renaturierung kümmert."
2. Teil: Der friedliche Übergang
Wie kann es gelingen?
„Sag mal, Opa, für uns heute ist das logisch und einfach. Und wir wissen, dass der Übergang friedlich verlief. Aber wie war das in der Müllzeit? Die Menschen dachten damals ganz anders als wir. Wie konnte es gelingen?"

„Es war kaum zu erwarten, dass die ganze Welt auf einmal ein neues System einführt. Auch hätte kein Land im Alleingang aus den wirtschaftlichen Verflechtungen aussteigen können. Es mussten Wege gefunden werden, wie einzelne Länder innerhalb des bestehenden Systems gefahrlos beginnen konnten."

„Konnten sie stufenweise eine Natürliche Ökonomie einführen, ihre Volkswirtschaft sanieren und andere Länder zur Nachahmung anregen?"

„Das war das Ziel, doch ganz einfach war das nicht. Alle Nationen waren hoch verschuldet, und die Staatsschulden stiegen von Jahr zu Jahr. Die Länder mussten mehr Geld ausgeben als sie einnahmen. Einige Leute meinten, das läge am Zinssystem. Doch das war nur die halbe Wahrheit."

„Woran lag es dann?"
Ein Denkfehler im Steuersystem wird zur Chance.
„Wir fanden einen wesentlichen Denkfehler im damaligen Steuersystem, den die Ökonomen übersehen hatten: Besteuert wurde immer der Geldfluss! Ob Einkommen-, Umsatz- oder Verbrauchssteuern – immer sägte der Staat am eigenen Ast."

„Ist doch klar! Durch Geldfluss-Steuern wird der wirtschaftliche Austausch ausgebremst."

„Wir wissen das heute, Pia. Doch viele Ökonomen sahen den Wald vor lauter Bäumen nicht! Und was machten die Länder, die mehr ausgaben, als sie einnahmen und sich immer mehr verschuldeten? Sie versuchten Ausgaben zu sparen und Einnahmen zu vermehren. Sie verringerten die staatlichen Leistungen und erhöhten die Steuern. Was war wohl die Folge?"

„Wurde der Staatshaushalt verbessert?"

„ Wenn überhaupt, dann nur kurzfristig! Langfristig hat er sich immer verschlechtert. Dafür gibt es einfache Gründe."

„Welche denn?"

„Höhere Steuern erhöhten die Preise. Es wurde weniger gekauft. Die Leute versuchten alles selbst zu machen oder halfen sich mit Schwarzarbeit. Die Industrie produzierte im Ausland. In jedem Fall entstand volkswirtschaftlicher Schaden. Arbeitsplätze verschwanden. Der Staat hatte weniger Einnahmen und mehr Sozialausgaben."

„Und geringere staatliche Leistungen brachten auch nur Nachteile. Die Lebensqualität sank. Die Wirtschaft hatte weniger Aufträge, was weniger

Steuereinnahmen zur Folge hatte. Vielleicht hätte man besser die Steuern senken sollen?"

„Steuersenkungen hätten die Entwicklung nicht rückgängig gemacht. Sie hätten kurzfristig zu noch geringeren Staatseinnahmen geführt. Eine klassische Zwickmühle!"

„Und jetzt kam eure große Chance?"

„Ja! Hier war der Ansatz für die Natürliche Ökonomie, die ohne Geldfluss-Steuern den Staatshaushalt sichert. Wir entwickelten einen Plan zur schrittweisen Einführung des Lebensgeldes."

„Eine schrittweise Einführung des Lebensgeldes?"
Klein anfangen...
„Unsere Herausforderung bestand darin, ein Projekt zu entwickeln, das den damaligen Gesetzen entsprach und klein anfangen konnte. Es sollte brennende Wirtschaftsprobleme auf regionaler Ebene lösen oder zumindest lindern helfen. Die Teilnehmer sollten einen so großen Nutzen davon haben, dass sie das Projekt gerne weiterempfehlen würden. Auf diese Weise könnte es zum Selbstläufer werden und die Natürliche Ökonomie durch Mensch-zu-Mensch-Empfehlung verbreiten."

„Eine große Herausforderung!"

„Wir analysierten die brennenden Wirtschaftsprobleme: Die Gemeinden hatten kaum noch Geld. Notwendige Arbeiten blieben liegen, oder wurden ehrenamtlich getan. Es gab sogar Bürgermeister, die ihre Arbeit freiwillig ohne Bezahlung machten. Viele Menschen wurden unschuldig arbeitslos, trotz ihrer Fähigkeiten, mit denen sie hätten Nutzen bringen können. Firmen und Selbstständige hatten zu wenige Aufträge, obwohl sie gute Leistungen anboten. Der Bedarf war zwar da, aber die Leute hatten nicht genug Geld."

„Also habt ihr Lebensgeld gedruckt?"

„Nein! Natürlich konnten wir kein Geld drucken, Pia. Das durften nur die Zentralbanken. Aber Rabatt- und Bonus-Systeme waren verbreitet. So kreierten wir ein Rabatt-System, das wir Dankpunkte nannten."

„Und wie funktionierte das?"

„Jedes Mitglied des Netzwerkes bekam monatlich hundert Dankpunkte auf seinem Konto gutgeschrieben: „Danke, weil Du bei uns bist!" Damit konnte man zum Beispiel einen Rabatt bedanken, den man von einer Firma erhielt. Diese konnte wiederum einen Rabatt bei ihren Lieferanten bedanken, ihre Einkaufspreise senken, und so weiter."

„Wenn man einen Rabatt von fünfzig Euro bekam, gab man dafür fünfzig Dankpunkte?"

„Genau! Auch nachbarschaftliche Hilfe konnte man bedanken: Herr A mähte Frau B den Rasen. Dafür gab sie ihm Dankpunkte. Herr A konnte nun Nachhilfe für seinen Sohn bedanken. Jung und alt stärkten ihre sozialen Kontakte und Netzwerke. Sie bekamen Spaß daran, einander zu helfen und zu danken. Ein neues Wir-Gefühl entstand."

„Und welchen Vorteil hatten die Gemeinden davon?"

„Gemeinden und gemeinnützige Institutionen konnten weitere Dankpunkte schöpfen um Bürgerschaftliches Engagement zu bedanken. Wichtige Leistungen, die auf Grund leerer Kassen nicht mehr bezahlbar waren, konnten von Freiwilligen Helfern erbracht werden, die damit in den Genuss vieler Vergünstigungen kamen."

„So konnten die Gemeinden Kosten sparen?"

„Ja, und als dann Bund und Länder einstiegen, wurde sogar die Staatskasse entlastet."
...und wachsen lassen
„Dann hat es bei den Politikern klick gemacht?"

„Oh ja! Bald fand sich eine Mehrheit für die Dankpunkte. Man beschloss, den Dank schrittweise als Währung neben dem Euro einzuführen. Umsätze in Dank waren steuerfrei, wie heute auch. Es begann mit hundert Dank Grundeinkommen und zehn Prozent Dank-Anteil. Das steigerten wir jährlich bis fünfhundert Dank Grundeinkommen und fünfzig Prozent Dank-Anteil. So konnten sich alle langsam an das Lebensgeld gewöhnen. Bei eventuellen Problemen hätte man genug Zeit zum Gegensteuern gehabt."

„ Das heißt, nach fünf Jahren hatte jeder ein Lebensgeld von fünfhundert Dank im Monat, und jeder Anbieter musste mindestens die Hälfte aller Zahlungen in Dank akzeptieren?"

„Stimmt. Damit waren alle Preise in Euro um mindestens die Hälfte gesunken. Genauso die Lohn- und Stückkosten. Die andere Hälfte wurde mit Dank bezahlt. Manche Anbieter akzeptierten sogar mehr Dank, um besser ins Geschäft zu kommen. Inländische Produkte wurden konkurrenzfähiger. Selbst ausländische Anbieter begannen den Dank zu akzeptieren."
Sanierung der Staatsfinanzen und Sicherung privater Vermögen
„Und der Staat?"

„Auch die Staatsausgaben in Euro sanken auf die Hälfte. Die Steuer-Einnahmen gingen weniger zurück, da wegen der günstigen Euro-Preise mehr Umsätze gemacht wurden. Die gestiegene Wertschöpfung erhöhte die Lebensqualität aller Bürger. Aber das war noch längst nicht alles. Wir hatten uns nämlich vorgenommen, die Staatsschulden in wenigen Jahren zu tilgen – natürlich in Euro!"

„Die Staatsschulden in wenigen Jahren zu tilgen?"

„Ja! Dazu muss gesagt werden, dass die Welt mal wieder kurz vor einer Wirtschaftskrise stand. Auf der einen Seite gab es Renditen im zweistelligen Prozentbereich. Zum anderen drohte das Geldsystem jeden Moment zu kollabieren, denn das exponentielle Wachstum von Guthaben und Schulden konnte nicht mehr lange weitergehen. Ob Börsencrash, Krieg oder Inflation irgendetwas würde mit großer Wahrscheinlichkeit passieren. Den Zeitpunkt kannte niemand. Jeden Augenblick könnten die Menschen ihr Vermögen verlieren. Wir suchten eine Möglichkeit, das Vermögen der Bürger sichern und gleichzeitig Staatsschulden zu tilgen. Wir entwickelten den Vermögensumtausch, kurz VUT, eine gegenseitige Verpflichtung, die beiden diente: dem Staat und seinen Bürgern."

„Also wieder eine Win-Win-Situation!"

„Ja! Der Vermögensumtausch sah vor, dass ein Teil aller Euro-Guthaben in Dank umgetauscht werden musste. Der Prozentsatz steigerte sich wieder jährlich in fünf Stufen. Nach fünf Jahren wurden von jedem Guthaben fünf Prozent pro Jahr umgetauscht."

„Haben nicht die reichen Leute ihr Geld ins Ausland gebracht?"

„Dann wären sie nicht in den Genuss der Vermögenssicherung gekommen, die der Vermögensumtausch vorsah: Bei einem Wirtschaftscrash würden die zuletzt gemeldeten Guthaben festgeschrieben und im Laufe von zwanzig Jahren in Dank ausbezahlt. Damit war jedes Vermögen auf mindestens zwanzig Jahre gesichert."

„Nehmen wir an, ich hätte damals eine Million Euro gehabt. Dann hätte ich jedes Jahr fünfzigtausend Euro in Dank umtauschen müssen?"

„Genau!"

„Solange der Euro stabil war, nahm mein Guthaben also ab?"

„Nein! Du hättest Dein Geld sicher für mehr als fünf Prozent angelegt."

„Und beim Geld-Crash?

„Der Wert des Dank blieb bestehen, denn er wurde für diesen Fall definiert: Zwanzig Dank sind der Preis einer durchschnittlich qualifizierten Arbeitsstunde."

„Aha! Mein Euro-Vermögen wäre futsch gewesen. Ich hätte jedoch zwanzig Jahre lang jedes Jahr fünfzigtausend Dank bekommen. – Und von wem?"

„Vom Ausgleichs- und Umwelt-Fonds."

„Hätte ich mein Geld heimlich ins Ausland gebracht, hätte ich nichts bekommen?"

„Richtig! Und da keiner wusste, wann es passiert, lohnte es sich, ehrlich zu sein. Außerdem hatten die meisten Menschen den großen Vorteil des Lebensgeldes erkannt: Mit Dank kann man steuerfreie Geschäfte machen."
Es hat geklappt!
„Und Deutschland wurde schuldenfrei?"

„Ja! Die vier Billionen Guthaben brachten jährlich einen Vermögensumtausch von zweihundert Milliarden Euro. In wenigen Jahren waren alle Staatsschulden getilgt."

„Was sagten die anderen Länder dazu?"

„Die Welt reagierte anfangs skeptisch. Da aber der Außenhandel weiterlief, fanden sich bald Nachahmer, die ebenfalls Lebensgeld einführten."

„Wie konnte der Außenhandel weiterlaufen?"

„Die Außenhandelspreise blieben gleich. Käufer aus dem Ausland konnten entweder alles in Euro bezahlen oder einen Teil in Dank. So bekamen die Länder, die ebenfalls Lebensgeld einführten, einen Wettbewerbsvorteil gegenüber den anderen."

„Dann müssten eigentlich alle Länder Lebensgeld eingeführt haben."

„Das taten sie auch nach und nach. Irgendwann kam dann der große Euro-Dollar-Crash. Aber das interessierte niemand mehr so richtig, denn alle waren ja bestens versorgt. Schließlich hatten wir überall Lebensgeld und die Natürliche Ökonomie."

– – – Ende – – –

Das System reguliert sich selbst:
- Werden in einem Bereich die Güter knapp, steigt deren Preis.
- Das Grundeinkommen wird nicht mehr allein zum Lebensunterhalt ausreichen.
- Folglich wollen manche Menschen mehr arbeiten.
- Die besten Arbeitsangebote gibt es in den Bereichen, wo die Güter knapp sind.
- Diese werden nun wieder vermehrt produziert.
- Die Preise sinken, bis das Gleichgewicht wiederhergestellt ist.

Die größte und friedlichste Revolution der Welt
Was sich hier so einfach und logisch liest, ist vielleicht die größte und zugleich friedlichste Revolution in der Geschichte der Menschheit. Jeder der oben angesprochenen Punkte bringt nur Vorteile für alle Beteiligten. Niemand kommt zu Schaden.
Und das alles, weil wir nicht mehr versuchen, die Naturgesetze zu ignorieren. Sobald wir nicht mehr gegen die Natur arbeiten, sondern mit ihr, trägt sie uns

automatisch hinauf zu nachhaltigem globalen Wohlstand

Umweltschutz und Welternährung

Umweltschutz und Welternährung sind keine Frage des Könnens sondern des Wollens. Und „Wollen" erreicht man in der freien Marktwirtschaft durch wirtschaftliche Anreize.

Der Ausgleichs- und Umwelt-Fonds (AUF)

Der Ausgleichs- und Umwelt-Fonds (AUF) stellt für den Ausgleich der ökonomischen und ökologischen Altlasten in jedem Land einen zusätzlichen Topf in Höhe des gesamten Staatshaushalts zur Verfügung. Dadurch entstehen in diesem Bereich die lukrativsten Wirtschaftszweige. Die Lösung dieser Probleme ist daher nur eine Frage der Zeit.

Ausblick

Lebensgeld soll nach unseren derzeitigen Überlegungen zunächst nur zur Hälfte eingeführt werden, um einen reibungslosen Außenhandel und Korrekturmöglichkeiten zu gewährleisten. Das bedeutet, dass die Vorzüge der Natürlichen Ökonomie in diesem Stadium auch erst nur zur Hälfte zum Tragen kommen.

Es ist allerdings möglich, dass auch im Bereich des herkömmlichen Kreditgeldes Verbesserungen erreicht werden. So gibt es beispielsweise auch andere Bestrebungen in Richtung Bedingungsloses Grundeinkommen, Armutsbekämpfung usw., die ohne weiteres parallel verlaufen können.

Phase 2

Die zweite Phase, also die hundertprozentige Einführung der Natürlichen Ökonomie, kann nur durch den gemeinsamen Beschluss aller Länder erfolgen. Dazu wird einiges mehr notwendig sein, als „nur" ein neues Wirtschaftsmodell. Doch die Vision einer friedlichen Weltgemeinschaft, in der die Würde des Einzelnen genau so unantastbar ist, wie die Würde des Ganzen einschließlich der uns nährenden Natur, diese Vision wächst in unseren Köpfen und Herzen – und wird sich in der Außenwelt realisieren.

Dankpunkte, weil alle gewinnen!

Ein Gemeinsinn-orientiertes Rabatt- und Bonus-System schafft neue Anerkennung, Wertschätzung und Motivation im Bürgerschaftlichen Engagement. Bisher nicht finanzierbare Projekte werden möglich und öffentliche Kassen entlastet. Für Handel und Gewerbe eröffnen sich neue Dimensionen der Visibility, CSR (Corporate Social Responsibility) und Kundenbindung.

Die Idee

Wann immer Menschen Energie in die Gemeinschaft investieren, schöpfen Sie Werte: Werte die allen zugute kommen. Je mehr wir für die Gemeinschaft tun, um so mehr Wertschöpfung produzieren wir, um so reicher werden wir alle gemeinsam.

Wenn wir als Gesellschaft reich sein wollen, sollten wir also den Gemeinsinn fördern, ja so lukrativ machen, dass Menschen jeden Alters sich sprichwörtlich um gemeinschaftliche Aufgaben reißen.

Dankpunkte bringen Menschen zusammen. Generationsübergreifend. Sie machen Bürgerschaftliches Engagement sichtbar und fördern gegenseitigen Mehrwert. Dankpunkte können für nachbarschaftliche Hilfe oder Rabatte eingetauscht werden.

Das System ist einfach

Jeder Teilnehmer bekommt von der Gemeinschaft monatlich 100 Dankpunkte auf seinem Dank-Konto gutgeschrieben: Danke, weil Du bei uns bist! Mit diesen Dankpunkten kann er Geschenke bedanken:

Dank-Rabatt: Mitgliedsfirmen schenken Mitgliedskunden beim Einkauf einen Rabatt, den der Kunde wiederum mit Dankpunkten bedankt (1 Dankpunkt für 1 Euro Rabatt).

Nachbarschaftliche Hilfe: Herr A mäht Frau B den Rasen. Dafür gibt sie ihm Dankpunkte. Herr A kann dafür Nachhilfe für seinen Sohn bedanken usw. Jung und alt stärken ihre sozialen Kontakte und Netzwerke, haben Spaß daran, einander zu helfen und zu bedanken. Wir von hier halten zusammen. Gemeinsam sind wir stark.

Eine-Welt-Sponsoring: Beim Einkauf spenden Mitgliedsfirmen einen Teil des Kaufpreises an ein humanitäres oder ökologisches Projekt. Der Kunde bedankt den Spenden-Betrag mit Dankpunkten und erhält zusätzlich Vergünstigungen, die das Projekt für Spender bereithält (vergünstigte Produkte, Reisen, Urkunden, Eine-Welt-Aktien usw.)

Bund. Länder, Gemeinden und gemeinnützige Einrichtungen können weitere Dankpunkte schöpfen und damit Bürgerschaftliches Engagement bedanken. Wichtige Leistungen, die auf Grund leerer Kassen nicht mehr bezahlbar sind, können so von Freiwilligen Helfern erbracht werden, die damit in den Genuss vielfältiger Vergünstigungen kommen.

Ein planmäßiger Kreislauf von Werden und Vergehen schafft Stabilität.

Da laufend Dankpunkte geschöpft werden, müssen sie auch wieder vergehen; so lehrt es uns die Natur. Von allen Dank-Guthaben fließen deshalb monatlich ca. 5%

in den Kreislauf zurück.

Reflektion

Im Projekt Dankpunkte wird die angestrebte Währung „Dank" reduziert auf Rabattpunkte, die man im privaten Bereich auch tauschen oder verschenken kann. Damit bewegen wir uns innerhalb der geltenden Gesetze. Rabattsysteme sind weit verbreitet. Rabatte von 50 % und mehr sind durchaus üblich.

Das Grundeinkommen von 1.000 Dank wurde reduziert auf eine monatliche Gutschrift von 100 Dankpunkten. Damit kann einerseits jeder sofort teilnehmen, andererseits besteht noch genug Anreiz, durch Bürgerengagement zusätzliche Dankpunkte zu bekommen.

Dankpunkte sind keine Komplementärwährung. Man kann sich nichts dafür kaufen, sondern erhält lediglich einen Preisnachlass in Form eines Rabattes. Ausschließlich im privaten Bereich können nachbarschaftliche Leistungen mit Dankpunkten beDANKt werden.

Das Projekt fördert viele Aktivitäten, die von allen politischen und gesellschaftlichen Lagern gewünscht werden: Bürgerengagement, Nachbarschaftshilfe, Gemeinsinn, Eigenverantwortung, Wirtschaftsförderung, CSR, Kostensenkung der öffentlichen Kassen, Miteinander von Jung und Alt, Finanzierung von humanitären und Umwelt-Projekten.

Dankpunkte schaffen also Win-Win-Win-Situationen für alle. Das Projekt kann auf regionaler Ebene beginnen und wachsen.

Lebensgeld – Sanierung der Volkswirtschaft

Aufgabenstellung

Auf Basis der Natürlichen Ökonomie und der mit den Dankpunkten gemachten Erfahrungen soll eine nationale oder internationale Komplementärwährung „Dank" geschaffen werden. Die Einführung in einzelnen Ländern muss möglich sein. Sie soll schrittweise in jährlichen Stufen erfolgen, damit jederzeit Korrekturen vorgenommen werden können, falls erforderlich.

Für einen unbestimmten Zeitraum sollen Euro und Dank parallel bestehen, um den reibungslosen Verlauf des internationalen Außenhandels zu gewährleisten.

Stufenweise sollen von Anfang an das bedingungslose Grundeinkommen, das bedingungslose Staatseinkommen und der Ausgleichs- und Umwelt-Fonds aufgebaut werden.

Mit Hilfe der Komplementärwährung „Dank" sollen so viele Euro freigesetzt werden, dass die Tilgung der Staatsschulden innerhalb weniger Jahre erfolgen kann. Die Sicherung aller Geldvermögen im Falle eines internationalen Geldcrashs muss gewährleistet sein.

Lösung

Im Folgenden wird die Lösung am Beispiel Deutschland erarbeitet. Sie ist sinngemäß auf andere Länder übertragbar. Im Gegensatz zu den Dankpunkten sind für die Einführung des Lebensgeldes Gesetzesänderungen erforderlich.

Die erste Phase der Einführung soll in fünf Stufen erfolgen. Die Dauer jeder Stufe ist offen, wir gehen im Folgenden von einer Stufe pro Jahr aus. Stufe fünf bedeutet die fünfzig prozentige Einführung des Lebensgeldes, das heißt Dank und Euro fließen parallel zu gleichen Teilen.

Stufe eins beginnt mit jeweils 100 Dank Grundeinkommen, Staatseinkommen und Einkommen des AUF. Der Mindest-Dankanteil beträgt 10 %, d.h. jeder gewerbliche Anbieter muss die Zahlung von mindestens 10 % Dank akzeptieren. Selbstverständlich darf mehr Dankanteil akzeptiert werden, beispielsweise um Wettbewerbsvorteile zu bekommen. Dank-Transaktionen sind steuer- und abgabenfrei. Das ganze steigert sich jährlich bis Stufe fünf mit 500 Dank Grundeinkommen und 50 % Mindest-Dankanteil.

Durch diese Maßnahmen senken sich alle Kosten in Euro um mindestens die Hälfte. Durch das Grundeinkommen und die Steuerfreiheit der Dank-Transaktionen erhöht sich die Liquidität der Bürger. Die Kaufkraft und damit die Umsätze steigen. Deshalb werden die Staatseinnahmen voraussichtlich weniger zurückgehen als die Staatsaugaben. Das verbessert den Primärsaldo des Staates (die Höhe des Haushaltsdefizits bzw. -Überschusses ohne die Zinsausgaben). Durch die erhöhte Wertschöpfung wächst die allgemeine Lebensqualität im Lande.

Firmen innerhalb des Lebensgeld-Währungsraums haben einen Wettbewerbsvorteil gegenüber außenstehenden. Das stärkt die inländische Wirtschaft und motiviert andere Länder zur Nachahmung.

Tilgung der Staatsschulden

Die durch den Vermögens-Umtausch eingenommenen Euro werden zur Tilgung der Staatsschulden verwendet.

In Deutschland liegen die Schulden bei etwa 1,5 Billionen Euro, was eine jährliche Zinsbelastung von ca. 75 Milliarden Euro zur Folge hat. Ausgehend von 4 Billionen Euro Gesamt-Guthaben werden in Stufe fünf jährlich 5 %, also 200 Milliarden Euro in Dank umgetauscht. Es bleiben somit 125 Milliarden Euro pro Jahr für die Tilgung übrig. Nach spätestens zwölf Jahren sind die Staatsschulden bezahlt.

Nach Bezahlung der eigenen Staatsschulden verwendet der AUF die Gelder für die Schulden-Tilgung anderer Länder. So ist gewährleistet, dass auch wirtschaftlich schwache Länder ihre Staatsschulden binnen kurzer Frist zurückbezahlen können

Vermögensschutz im Falle eines Geldcrashs

Durch die beidseitige Verpflichtung ist der Vermögens-Umtausch ein hocheffektiver Vermögens-Schutz: Im Falle eines Geld-Crashs oder galoppierender Inflation wird auf der Grundlage des vor dem Crash vorhandenen Guthabens der Vermögensumtausch weitergeführt, indem zwanzig Jahre lang 5 % des ursprünglichen Euro-Guthabens in Dank ausbezahlt werden. Damit sind alle Guthaben und natürlich auch alle Kapital-Altersversorgungen abgesichert.

Beispiel:

Von 100.000 Euro werden in Stufe fünf 5% jährlich, also 5.000 Euro in 5.000 Dank umgetauscht. Sollte der Euro plötzlich zusammenbrechen, was den Totalverlust des Euro-Guthabens zur Folge hätte, werden vom Ausgleichs- und Umwelt-Fonds weiterhin noch 20 Jahre lang 5.000 Dank ausbezahlt.

Vorteile für alle Beteiligten

Der Vermögensschutz kann nur gewährt werden, wenn das Vermögen gemeldet ist. Kapitalflucht lohnt sich daher nicht. Da sich zurzeit Renditen von weit über 5 % pro Jahr erwirtschaften lassen, bleiben die Kapitalvermögen trotz Vermögens-Umtausch erhalten. Mit den eingetauschten Dank können Lebenshaltungskosten gedeckt oder steuerfreie Geschäfte getätigt werden. So bringt der Vermögens-Umtausch auch schon bei stabiler Wirtschaftslage Vorteile für alle Beteiligten.

Vermögens-Umtausch VUT

Der Vermögensumtausch VUT dient der Rückzahlung aller Staatsschulden und dem Vermögensschutz privater Guthaben im Falle eines Wirtschafts-Crash.

Es handelt sich hierbei um eine beidseitige Verpflichtung zu einem jährlichen Umtausch von 1% (in Stufe 1) bis 5% (ab Stufe 5) aller Euro-Guthaben in Dank. Ein freiwillig höherer Vermögens-Umtausch ist möglich.

Zuständig für den Vermögens-Umtausch ist der Ausgleichs- und Umwelt-Fonds.

Teil 2: Der Weg – Dankpunkte und Lebensgeld

Aufgabenstellung

Die Herausforderung besteht darin, ein konkretes Projekt zu etablieren, das den geltenden Gesetzen entspricht und klein anfangen kann. Es soll brennende Wirtschaftsprobleme auf regionaler Ebene lösen oder zumindest lindern helfen. Der Nutzen für die Teilnehmer muss so groß sein, dass sie das Projekt gerne weiterempfehlen. Auf diese Weise kann es zum Selbstläufer werden und sich durch Mensch-zu-Mensch-Empfehlung verbreiten

Die zu lösenden Wirtschaftsprobleme:

Viele Gemeinden haben kaum noch Geld. Notwendige Arbeiten bleiben liegen, oder werden ehrenamtlich getan. Immer mehr Menschen werden arbeitslos, trotz ihrer Fähigkeiten, mit denen sie Nutzen bringen könnten. Firmen und Selbstständige erhalten zu wenige Aufträge, obwohl sie gute Leistungen anbieten. Der Bedarf ist zwar da, aber die Leute haben nicht genug Geld.

Teil 1: Das Ziel – Die Natürliche Ökonomie

Weltweiter Wohlstand für alle – im Einklang mit der Natur

Die Natürliche Ökonomie, auch Joytopia-Modell genannt, hat die Natur zum Vorbild, mit ihrem ewigen Kreislauf von Werden und Vergehen. Dieser sich selbst regulierende Kreislauf funktioniert seit Milliarden von Jahren. Übertragen auf die Wirtschaft ist er ein Schlüssel zu nachhaltigem Wohlstand in Harmonie mit der Natur

Zukunftskonzept Natürliche Ökonomie

Ein Weg zu nachhaltigem globalen Wohlstand in Harmonie mit der Natur

Einleitung

Ökonomie und Ökologie müssen keine Gegensätze sein. Das Konzept zeigt einen gangbaren Weg, Schritt für Schritt die brennenden Wirtschaftsprobleme unserer Zeit zu lösen und die Menschheit in einen nachhaltigen Wohlstand zu führen, der in Einklang steht mit den Gesetzen und Bedürfnissen der Natur. Dabei geht es nicht um Umverteilung von knappen Ressourcen, die ja niemand freiwillig hergeben würde. Es geht vielmehr um das konsequente Aneinanderfügen von Win-Win-Situationen, die das Wohlergehen aller Beteiligten schlussendlich unumgänglich machen.

Die Natürliche Ökonomie gründet auf dem Naturgesetz von Werden und Vergehen, das in unserem einseitigen Wachstumswahn meist übersehen wird. Dies führte zu den katastrophalen Zuständen der heutigen Welt. Indem wir den Kreislauf von Werden und Vergehen in die Wirtschaft integrieren, arbeiten wir nicht mehr gegen die Natur, sondern mit ihr zusammen. Damit vollziehen wir einen Paradigmenwechsel vom bisherigen Minus-Summen-Spiel, das letztlich nur Verlierer produzierte, zu einem Plus-Summen-Spiel, bei dem alle gewinnen.

Das bietet die Natürliche Ökonomie

In voll entwickelter Form bietet die Natürliche Ökonomie

- ein bedingungsloses Grundeinkommen für jeden Menschen,
- ein bedingungsloses Staatseinkommen für jedes Land,
- einen Ausgleichs- und Umwelt- Fonds zur Sanierung der Altlasten.

Die Umsetzung kann risikolos in kleinen Schritten erfolgen: Sie beginnt in Wirtschaftsnetzwerken, die ihren Mitgliedern einen Wettbewerbsvorteil gegenüber der Außenwelt verschaffen und damit zur Nachahmung anregen. Nach Erreichen der kritischen Masse werden einzelne Länder auf nationaler Ebene mit der schrittweisen Einführung einer Komplementärwährung beginnen. Die Wirtschaft dieser Länder wird einen Wettbewerbsvorteil gegenüber den anderen Ländern bekommen. Weitere Länder werden nachziehen, bis sich die Natürliche Ökonomie auf dem ganzen Globus verbreitet.

Dabei kommt niemand zu schaden. Die Reichen bleiben reich und die bisher Armen erlangen Wohlstand. Es wird weiterhin Unterschiede geben, doch Armut und wirtschaftliche Not werden systembedingt unmöglich sein.

Die Natürliche Ökonomie ist unabhängig von der Regierungsform. Idealerweise könnte sie zur Demokratisierung der Welt beitragen.

Das Ziel und der Weg

Der Autor ist sich bewusst, dass all dies in der heutigen Zeit völlig utopisch erscheint. Er wird im Folgenden mit ganzer Sorgfalt eine schrittweise logische Herleitung vornehmen. Die Herleitung erfolgt in zwei Teilen. Der erste Teil beschreibt das Ziel, also die Natürliche Ökonomie in voll entwickelter Form. Der zweite Teil befasst sich mit dem gangbaren Weg dorthin.

Das Naturgesetz von Werden und Vergehen

Vom Atom bis zur Galaxie, alles in der Welt folgt Zyklen, alles entsteht und vergeht wieder. Allein die Dauer der Lebenszyklen ist unterschiedlich. Der natürliche Kreislauf von Werden und Vergehen ist unausweichlich. Alle menschlichen Versuche, ihm zu entgehen, brachten nur Tod. Um des Goldes wegen, das man als wertbeständiges Zahlungsmittel schätzte, wurden fast die gesamten indigenen Völker Amerikas kaltblütig ausgerottet. Die heutige

Goldgewinnung richtet verheerende Umweltschäden an. Auch der Versuch, wertbeständiges Geld zu schaffen, das sich möglichst noch mit Zinsen vermehrt, führt regelmäßig zu Katastrophen, die wir als Kriege, Börsencrash oder Inflation kennen.

Ewiges Wachstum auf begrenztem Raum

Leben ist vergänglich, Tod ist beständig. Das ist die eine Seite. Andererseits gelingt der lebendigen Natur ein Kunststück, von dem die Ökonomen nur träumen können: Ewiges Wachstum auf begrenztem Raum. Dieses ewige Wachstum, dieses ewige Werden ist mit dem ewigen Vergehen untrennbar verbunden.

Mit der Natur zusammenarbeiten

Wenn wir auch nur die geringste Chance haben wollen, auf dieser Welt bessere Lebensumstände für alle Menschen und unsere Mitgeschöpfe zu schaffen, müssen wir diesen Kreislauf von Werden und Vergehen freiwillig und planmäßig als festen Bestandteil in unser Wirtschaftssystem integrieren. Alles andere ist und bleibt Flickschusterei. Haben wir allerdings diesen Paradigmenwechsel in unserem Denken vollzogen, lösen sich alle geldbedingten Wirtschaftsprobleme fast von selbst. Denn ab sofort arbeiten wir nicht mehr gegen die Natur sondern mit ihr zusammen.

Steuerfreiheit und Bürokratieabbau

Die zweiten 1.000 Dank reichen aus, um alle Staatsausgaben einschließlich gesundheits- und Sozialwesen zu tragen. Eine überschlägige Rechnung beweist dies: 1000 Dank * 12 Monate * 80 Millionen Menschen sind 960 Milliarden Dank. Wir liegen also genau in der heutigen Größenordnung (Beispiel Deutschland). Steuern und Sozialabgaben sind nicht erforderlich. Außerdem entfallen die Sozialausgaben des Staates, weil jeder Mensch bereits durch sein Grundeinkommen versorgt ist. Ganz von selbst ergibt sich ein enormer Bürokratieabbau.

Leistungsanreiz durch steuerfreien Verdienst

Die Kombination von Grundeinkommen und steuerfreiem Verdienst bewirkt einen hohen qualitativen Leistungsanreiz. Frei von finanziellem Zwang kann jeder die Ausbildung wählen, die ihm am besten liegt. Je höher die Qualifikation, desto besser die Bezahlung. Es lohnt sich daher das lebenslange Lernen in Verbindung mit zeitlich reduzierter und dafür qualitativ hochwertiger Arbeitsleistung. Jeder hat die Möglichkeit, sich zu einem einzigartigen Lebensunternehmer zu entwickeln. Die weniger qualifizierten Arbeiten werden ohnehin immer mehr von Maschinen erledigt.

Weitere Hilfreiche und der Ignoranz und Ausbeutung und der satanischen Macht abweichenden Infos unter : www.netzwerk-grundeinkommen.de und

Soooo, endlich, nun noch das SchlusssssPlädoYeahhhhh.

Schlussplädoyeah

Wie sieht die Situation auf der Erde heute am 29.4 .2007 aus. Kriege bis zur Erschöpfung. Kriege der Ignoranz Kriege der Unwissenheit und Kriege der Gier und Habgier. Die Kriege die in Afrika geführt werden die Kriege im mittleren Osten die Israelis die Palästinenser die arabischen Unterstützer die inneren Kriege in jedem einzelnen. Die Kriege um Öl die Kriege um Glaube die Kriege in Afghanistan Pakistan Indien die versteckten Kriege Grenzen oder Nationalitätenkriege im Stillen im Glauben im Mentalen in der Fantasie in den Gedanken. Die Kriege auf dem Balkan im Stillen immer noch in den Köpfen in den Gedanken der Hass die Ignoranz. Die Kriege in Europa Irland Religionen sollen das sein und das sind sie auch nämlich Individuationen das sind Religionen Persönlichkeiten Abspaltungen das sind Religionen und deren Manager. Die Kriege der Islamisten in ihren kleinen dummen Köpfen und die Kriege der US Demokraten in ihren größeren dummen Kapitalistenköpfen und Dollarköpfen und Ölköpfen. Die Bandenkriege in Südamerika Drogen und Prostitution Die Kriege in der Politik die Kriege der Spaltung der uneinheitlichen Meinungen und Glaubensrichtungen und Parteien die Politik als ein Lügen und eine Mogelpackung Leben als Mogler für die Ziele der Privaten Industriekonglomerate. Die Kriege der Machtkartelle die weit über alles hinausgehen was unter der kontrollierten Mediengesellschaft und Politikgesellschaft global zu erkennen ist, da deren Strategien Pläne sind die ein Bürger und selbst ein Bürgerpolitiker gar nicht erkennen kann und wenn dann kooperiert er mit ihnen und knickt ein vor der Lobby der Geldwahnsinnigen und des Glaubens also des Wahnsinns an das Geld . Die Kriege der Täuschungen die aus einem Land entstehen das sich das Image gegeben hat die strahlende Fackel der Freiheit zu sein und der Selbstverwirklichung die USA. Wie viele Kriege haben die in den letzten Jahrzehnten entfackelt im Namen der Demokratie die aber Ziele und Kriege für Geldgruppen und Wirtschaftsgruppen sind wie zum Beispiel der Krieg gegen Saddam oder der Afghanistankrieg und die Krieg die sie in Afrika anzettelten alles im Namen der Freiheit und sogar von Gott gewollt und sogar abgesegnet von deren Priester wo die Bomben geküsst werden und die Marschflugkörper megazynische Namen tragen. Die Kriege in deren Köpfe deren Träume deren Gedanken und Fantasien. Diese Krieg die sollen ein monumentaler Kampf auf der Erde werden ein Armageddon eine Apokalypse der Guten gegen die Bösen. Die Kriege in deren Herzen dieser

Gutmenschen und Demokraten und Religionsgläubigen an Gottglaubenden die dann in den Krieg ziehen von ihren Präsidenten hochgelogen hochgejubelt hochgeputscht mit Patriotismus also Ignoranz mit Lügen mit Betrügen mit Täuschen und kriminellen Absichten alles im Namen der Demokratien der Freiheiten der Rechthabereien. Seit wer weiß wie lange kämpfen die Menschen diesen Krieg gegen die anderen die da außen die Üblen die Bösen die Andersdenkenden die, die Rohstoffe haben die wir haben wollen die, die saubere Naturprodukte haben die wir vergiften wollen mit unseren Genindustrien die wir zu Pflichtindustrien gelobbyt haben durch unsere Vasallen in allen Gremien der Weltorganisationen und Handelsorganisationen und Religionsorganisationen und Politischorganisationen. Die Kriege der Selbstverteidigungen der Islamisten die Kriege der Selbstverteidigungen der Demokraten in den USA die ihre Grenzen auf alle Bevölkerungen der Erde ausgeweitet haben und betrügerische Ausbeutpolitik erpressen erlügen erwirtschaften erlauben erlassen ermorden erwürgen. Die Kriege die wer weiß wie viele Zivilisten ermorden zerbomben zertrümmern zerfetzen und wo Verteidigungsminister in den USA sich vor der Öffentlichkeit hinstellen und das als Selbstverteidigung der Freiheit und der Demokratie Amerikas vortäuschen und die Amerikaner wie stupide blöde primitive alles mit sich machen lassen. Das sind die Kriege der Inquisition des Mittelalters die auch das äußere verbrannten verhexten verkohlten verlogen verbannten. Genau so ist es heute das satanische in deinem inneren in deren innerem wir verleugnet durch Selbstbetrug und stattdessen nach außen auf die anderen gepuscht gelogen getrixt gelegt und dann werden Kriege gegen den Bösen anderen gemacht so wie die Islamisten die voller inneren Mist sind so wie die Demokraten in den USA die voller Betrug und satanischer Energie sind weil sie ja Materialisten geblieben sind und das führt unausweichlich zum Krieg weil die Grenzen bestehen bleiben. Es gibt dort keine Freiheit keine Glückseligkeit keine Schönheit und Friede. Die Kriege des denkenden Geistes dieser Menschen die Krieg mit ihren Hochhäusern voll Geld führen. Die Kriege der Bekloppten amerikanischen Religionsgruppen die ihre Kinder in diese Kriege senden und später weinen. Wenn sie ihre Leichen in der Küche haben. Die Kriege die geführt werden weil sie sich Bilder gemacht haben von Gott wie Gott ist sein soll sein wird und die Kriege die dann entstehen weil Gott nicht so ist anders ist und so nicht sein darf so wie sie der andere hat. Die dualistischen Eigenschaften dieser Kriege auf der Erde die Kriege die im inneren der Unbewusstheit dieser kriegsführenden Menschen sind die unweigerlich in den Filmen den Computerspielen den Lektüren den dualistischen Lebensverhältnissen von Haben und Nichts haben von Sein und nicht Sein von Bildung und nicht Bildung von Elite und Nichtelite von Positionen und Nichtpositionen von Bankkonten und Nichtbankkonten von Land und Nichtland von gutem Essen und nichts zu Essen von Arbeit und nicht Arbeit darstellt und von vielem mehr was ich heute gar nicht mehr beschreiben kann weil die Wucht dieser Kriege im Inneren des Menschen übermegagigantisch geworden ist und sich in der Zerstörung der Erde am besten zeigt in der Vergiftung der Nahrung die einmal total unvergiftet war weil ohne Synthetik ohne Gentechgifte ohne Eingriffe der satanischen Wissenschaften und Wissenschaftler. Die Zerstörung der Völker durch Gigakartelle im Wirtschaftbereich und deren für sich selbst erzeugten Welthandelsorganisationen die dann sich selbst die Legitimation geben um Handelskriege und Strafen auszuführen gegen die, die noch kein Gift wollen und im Staub der Ausbeutung den Rest der Abfälle bekommen. Die Kriege die Industrieunternehmen gegen die Menschheit führen damit sie ihre Gifte in den Augen der Bevölkerungen als Segen darstellen können so wie Monsanto oder Bayer oder die anderen Pharmagiftproduzenten und deren Giftkartelle die Petroindustrien die alle in Privathänden sind und euch alle mit ihren Geldern totwerfen könnten wenn ihr wirklich wüsstet was die alles kontrollieren und wie ihr für sie arbeitet und an eurer eigen Zerstörung arbeitet und dafür sogar noch Steuern zahlt und euch von denen versklaven lässt durch Gesetze die sie mit euren Geldern durchzocken weil sie ihre Richter und Anwälte nachziehen in die politischen Ämter siehe Buschclan und das Übermegakartell das hinter ihm steht und aus den USA eine riesige Gesellschaft von Überbekloppten erschaffen hat im Tiefschlaf eine Demokratie zu sein und ein „Im American", das ist der schönste Wahn ein Land das von dem Satan selber geführt wird der Satan der sich wunderbar dort am besten verwirklichen konnte weil es dort den glorifiziertesten Materialismus Muus gibt auf der ganzen Erde. Aber hatte Jesus nicht gesagt zu dem der ihm die Herrschaft der ganzen Welt anbot er soll sich verziehen und das der Mensch nicht von Brot alleine lebt. Was würde das wohl bedeuten. Und hatte Jesus nicht gesagt das er die Welt überwunden hat und das du ich er sie es das auch können, und können müssen. Aber es sieht bei weiten, weitem, weitem, viel mehr danach aus das die Apokalypse passiert anstatt das es unter den Menschen ein Himmelreich geben würden das es nur im Himmel gibt denn das Himmelreich ist nicht von dieser Welt nicht von dieser Energie der satanischen Energie dieser Welt. Und diese satanische Energie die in dem Land das mit Abstand das aggressivste bösartigste Land auf der Erde ist eine Gesellschaft die ein Minimum von 3 Schusswaffen pro Familie hat also ein gewalttätiges Land das auch in ihren Filmen wiedergespiegelt ist die zu 95 % oder sogar mehr Filme sind die mit Mord Krieg und Betrug und Selbstgerechtigkeit zu tun haben und die das proklamieren das die Armee dein Helfer ist und alles weiß kann und zu tun hat. Aber diese Armee ist der Hauptsitz des Satans in allen Ländern auf der Erde. Waffenbesitz ist dort nicht nur erlaubt nein Waffenbesitz wird dort als Pflicht angesehen und auf die Gesellschaft übertragen weil die noch so primitiv geblieben sind das es als freiheitliches Grundrecht gewollt ist und sogar in deren Primitivgesetze verankert ist. So primitiv ist die Menschheit dort verblendet vom freiheitlichen vom geldlichen von sexlichem vom blödlichen und das ist gewollt damit sich dort keine Gesellschaft der Freiheit formen kann denn diese Menschen dort sind Guantanamo Häftlinge im Namen der Demokratie die aber Satan ausruft mit seinem konstanten elektrischen Lächeln und Witzen und die Blöden lächeln mit und fressen mit die Abermillionen Tiere die bestialisch in deren Megawirtschaftskartellen Industrieunternehmen ermordet werden für deren unterprimitivo Steak und Hamburger. Hamburg sollte vor dem Weltgericht klagen dass der Hamburger nicht mehr Hamburger genannt werden darf da er das Blut und die Angstschreie und Ermordungen Abermillionen von Rindern und Schafen und Hühnern und Enten und Gänse und Fische ist. Ein Blutbad das die Apokalypse schmiert die kommen wird, da die Früchte auf noch viel, viel, schlechtere Früchte hinweist auf noch viel, viel, üblere Menschen die eine Kunstwelt voller Dumpfheit mit Universitätsdiplomen und Titeln haben wird und die auf immer entfremdetere Methoden und Wege raufbauen ohne den Boden unter den Füßen jemals gespürt zu haben und den Pulsschlag einer vergifteten Erde und Gewässer und Luft gar nicht mehr hören können weil sie in dem Wahnsinn ihrer Fantasien verloren sind. Dem Wahnsinn ihrer Gedanken. Die Waffen dieser Bevölkerungen der USA der anderen Länder die dann mithalten wollen und nicht von der Globalisierung verschluckt werden wollen die dann aber den Rest ihrer Schönheit der Inneren in ebensolchen Waffen legt und sie kaufen diese Waffen gelten in den USA und anderen Länder immer noch als ein Instrument der Freiheit und so ist die Idee der Freiheit direkt mit der Idee von Waffen und Gewalt verknüpft worden durch die Üblen die satanischen Demokraten die satanischen Politiker die Kartelle der Gewalt der Industrien der Betrugsindustrien und Betrugsmedien die diese Freiheit der Freiheit der Gewalt von Jahr zu Jahr zeigen in ihren Filmen und Handlungen. Aber all das sind in Wahrheit verdrängte Gewalt und Kriege die jeder dieser Billionäre und Sekten und Religionen und Industrien und Politiker nämlich in sich hat die Gewalt des Tieres auf dem Weg zum Menschen der irgendwann mal am Horizont erscheinen wird, denn in der Bibel stand schon von 2000 Jahren das Tier wird herrschen und das bedeutet das Innenleben des Tieres dieser sogenannten Menschen die sich Demokraten Sozialisten Christen Moslems oder sonst was schimpfen denken fantasieren und bloß an der Peripherie der Gedanken und Vorstellungen festgeklebt sind. Und vom Sein von Wesen aber auch gar nichts mehr wissen und wohl noch nie gewusst haben auf der evolutionären Weltreise ihres Wesen ihrer Seele. Das was sie wirklich sind. Und diese Gewalt im Inneren dieser Menschen hat die Erde vergiftet versklavt in Gruppierungen unterschiedlicher Sekten und war auch schon immer so seit sich der menschliche Körper aus seiner vergangenen Form entwickelt hat in eine immer weitere Verformung und andersartigen Form von Jahrhundert zu Tagen zu Sekunde zu Jahrtausenden bis es zum Knall kommt wenn die Megaverblödung den Knoten der Ignoranz erreicht hat die eine weitere Befreiung nicht mehr wahrscheinlich werden lässt und das Land die Erde die Gewässer die Denkstrukturen die Fantasien so vergiftet sind das es keine Hoffnung mehr gibt auf wirkliche Verbesserung außer der anhaltenden materialistischen Lüge der satanischen Materiekräfte der satanischen Fantasie und Wünsche und Hoffnungen. Denn das wird unweigerlich als nicht zur Befreiung und zur Erleichterung und zur Schönheit führen erkannt werden und der Schmerz wird sehr groß sein er wird zertrümmern wollen in Wut und Enttäuschungen. Aber das ist schon mal etwas wenn man im Sehen bleibt und keine Identifizierung mit dem inneren Abläufen erschafft um wirkliche Befreiung zu erreichen weil dann nämlich das Sehen unweigerlich mit dem Unmanifesten eins werden kann. Aber das ist für jemand der sein Leben lang die Ignoranz gelebt hat etwas zu weit gegriffen das er das erkennen könnte ja er würde wohl sogar Angst davor haben, weil ein schon vorhandenes Selbst ein Sein ein eingebundenes Selbst ja gar nicht im materialistischen Leben vorhanden war da gab's und gibt es doch nur Isolation nur Zerstörung von Gesamtheiten in Einzelteile also Entfremdungen also sogenannte Autonomie oder Individualität also der Zusammenbruch der Großfamilien der Familien überhaupt ja sogar der Ehen die ja Liebe sein sollte aber bloß Habgier Gier war bloß Fickgier oder Angst alleine zu sein, wo das Wort All-Eine-Sein eines der schönsten Worte ist die eine Bedeutung haben und eine Wahrheit die wenn sie jeder erfahren würde in ihrem Wahrheitssinne er von extremer Glückseligkeit erfasst werden würde mit all den wunderbaren Konsequenzen für ihn Gott und den Rest der Gesellschaften der Natur den Tieren der Luft den Gewässern und allen anderen Zivilisationen in anderen Welten und Universen und Himmeln und so weiter. Aber das rücksichtslose Streben nach Leistung und sogar Elitenschulen die nun kommen sollen die also eine noch mehr zersplitterte Gesellschaft aufbauen eine noch mehr entfremdete Kultur eine noch ausbeuterische Illusionsgesellschaft die ihre Fantasien für Wahrheiten hält und die Wahrheit für Fantasien. Wo der Mensch durch die Globalleistungen die er erbringe soll damit in Wahrheit doch bloß die Megakartelle und deren Besitzer ihre Positionen aufrecht halten können und ihr bloß Kanonenfutter dafür seit in dem ihr noch mehr innere materialistische also satanisch Ausbeutung machen sollt in noch intensiveren Vergleichen und Unterscheidungen und das ja euer ganzes Leben lang wo ihr aber auch nie einen Funken der Freiheit erfahren werdet ihr werdet konstante Gefangenschaft mit Versicherungen und Renten erfahren und zu jeder Zeit gefeuert werden können und sogar verhaftet werden können weil ihr nicht mehr mitmachen wollt wenn die große Verweigerung aufgrund der Erschöpfung schon kommen wird, da die Natur ja anfängt sich zu verweigern.

Die Entfremdung ist gigantisch die Isolation enorm die Liebe ist Fiktion die Wahrheit ist Fantasie geworden eure Köpfe sind voller schwachsinniger Träume von schwachsinnigen Glück und Gier und Bösartigkeiten denn an den Früchten werdet ihr sie erkennen. Aber Befreiung ist im Äußerlichen unmöglichen im satanischen gibt's nämlich keine Freiheit da ist alles Gewohnheit und Zwang. Jeder Gedanke jede Vorstellung sind Vergangenheit und in der Vergangenheit gibt es nur Vergangenheit und keine Freiheit keine Liebe keine Vertrauen keine Schönheit.- Evolution und Involution sind gleichzeitige energetische Vorgänge die unabhängig sind von der Vergangenheit aber innerlich erkannt werden müssen. Als innere Arbeit. Als innere Wachsamkeit als inneres Sehen und Hören. Aber zuerst seit ihr gigantisch mit äußerlichen Problemen beschäftigt in diesen Gesellschaften auf der Erde. Egal welcher Nationalitäten. Ihr habt alle die gleichen Probleme manche im Kleinmaßstab viel nun im Großmaßstab und die Superreichen im gigantischen Maßstab denn ihre Geschöpfe werden auch sie vernichten ihre Industrien werden auch sie vernichten ihre Gelder werden auch sie vernichten. Ihre Lügen werden auch sie vernichten aber Millionen in die Zerstörung reißen. In den USA gab's Studien die von der Armee mit etablierten Professoren durchgeführt wurden die das Thema hatten wie die Menschheit am besten kontrolliert werden kann. Aber hinter der Armee stehen ja die industriellen Organisationen die Banken die Megareiche und die sind Privatfamilien Einzelmenschen. Mit Vornamen und Hausnummer und Villen und starkbewachten Villengefängnissen. Diese Studien hatten das Ziel vor Augen, Methoden zu erkennen mit denen die Menschen die Menschheit in der niedrigstmöglichen SeinsEbene gehalten werden können und die Verblödung als globales Volksgut aufrecht zuhalten ohne das es bemerkt wird. Dazu wurde erkannt das die Blutkämpfe in der Öffentlichkeit die Verrohung das Töten die Brutalität mehr Öffentlich gefördert werden soll, es soll in den Medien als Normal akzeptiert werden und so Zugang zu mehr Menschen bekommen die sich damit als gesellschaftlich toleriert sehen können es sollen auch mehr Brutality Schows gemacht werden die bis hin zum Töten der Mitspieler dieser BrutalMegaRealitv Schows führen soll. Also wie in Rom im Kolosseum . Die Gladiatorenkämpfe. Und man hat euch schon ziemlich Tief und Breit und Flach global verblödet das ist sehr gut sichtbar in dem Matsch und Primitivo sogar unterprimitivo Gesellschaften zu denen die USA wunderbar gehören aber sehr viel andere Gesellschaften die auch so sein wollen auch. Der Waffenwahn ist zum Normalofrühstück geworden. Jedenfalls das ist also eine Methode die schon seit langen angewendet wird und langsam aufgebaut wird. Dann wurde die Angst vorm Geld nicht genug Geld haben ausgelotet das ist ein weiterer Faktor der Massenverblödung der sehr, sehr wirksam ist einen speziellen flächendenkende totalkollektiv Verblödung erreicht hat wo der Wahnsinn es doch tatsächlich geschafft hat dieser Megageldgeilkartelle der Banken und deren Privatpersonen die Familien und Häuser und Adressen haben das die Masse also die Dumpfheit also das Dunkel doch glaubt das ohne Geld aber auch gar nichts erreicht werden kann. Das kein Auto gebaut werden kann und kein Essen gekocht werden kann und keine schöpferische Tätigkeit möglich ist und deswegen keine Hilfe kein Wohlstand und kein Reichtum aufgebaut werden kann also das ohne Geld der Mensch aber heutzutage noch das Tier wertlos ist. Das ist Totalverblödung auch von denen die dafür mehrere Titel und Professuren haben und die Menschheit vollsabbern. Dann wurde die zweit stärkste Möglichkeiten ausgelotet und erkannt wie die Menschen heutzutage global zu kontrollieren sind und die Wirtschaft und das Militär also Privatpersonen die dahinter stehen, ihre super Möglichkeiten der Kontrolle weiter führen können , nämlich, nämlich, durch das schüren von Ängsten über das Klima, ‚Treibhauseffekte, Ozonlöcher, Stürme Überflutungen, also die Erderwärmung die angeblich mit ihren Folgen für Menschen Natur Tiere nicht mehr zu stoppen ist, so wie die Kartellmedien es propagieren und deren Kartellwissenschaftler, denn vergesst nicht in allen Bereichen egal was es ist , wird Meinung gebildet und zwar die Meinungsbildung das deren Meinungen und Aussagen die Wahrheit sind und das diese Meinungen von den Menschen im Glauben übernommen werden sollen und so eine Gruppenmeinung entsteht die dann von politischen und wirtschaftlichen Kartellverbänden und Lobbyverbänden wunderbar Öffentlich für Geldabzockzwecke nämlich aus den Gigakochtopf der Steuereinnahmen ausgenommen rausgenommen werden können damit sie für ihre Zwecke forschen und tuten und blasen können. Und weiterhin ihre Fantasie leben können denn mehr ist das nicht, Denn im Mittelalter wuchs in England Wein und ein gutes Tröpfchen wurde dort produziert, was bis heute dort nicht passiert ist, aber wieder kommen könnte. Und der Nordpol verschiebt sich kontinuierlich denn vergesst nicht es gibt in dieser satanischen Materie keinen festen Punkt es ist immer aber auch immer alles in Bewegung was Norden war wird Süden was Westen war oder was Oben war wird Unter was Links war wird Recht und so weiter und das ist nun mal wenn es im größeren Maßstab passiert mit allerhand Kräften verbunden die das zu schleudern bringt HoHoHo. Es gibt aber auch Zeitschriften wie Magazin 2000 plus die ganz andere Wissenschaftler zu Worte kommen lassen , vergesst nicht in einer Mediensuchtgesellschaft ist alles Meinungsmache Denkmache , und da wiedersprechen die Wissenschaftler dem Horrorszenario. Kommt da nicht die US Studie zum Zuge die als Faktor zwei der Massenkontrolle die Druckszenarien auf das Klima gelegt haben, und die werden bestimmt nicht das Klima als Nichtbedrohung darstellen wollen. Das es Stürme Überflutungen und Wüstenbildungen und Temperaturschwankung auf der Erde schon immer gab und immer geben wird, das ist nämlich völlig befreit von den politischen und wirtschaftliche Kontrollgremien, obwohl die wirtschaftlichen Gremien auch beim Klima mit ihren wahnsinnigen Forschern des Satans, Versuche gemacht haben wie sie Wolken und Temperaturen nach ihren Halbaffenköpfchenfantasien zu ihren Fantasien und Wünschen steuern können damit sie auch so die Menschheit zugrunden richten können aber alles im Namen der Demokratie und der Freiheit und Humanita und des Rechts natürlich, HoHoHo. Ich las einen Bericht von Wolfgang Maiworm in seiner Zeitschrift Lebensträume wo er gerne die Berichte dieser anderen Wissenschaftler ignorieren würde und seine Leser damit nicht konfrontieren wollte, aber, da die Politiker und auch die Medien in ihrer Umarmung mit wirtschaftlichen Interessen schon so oft gelogen haben (gelogen das ist noch gelinde gesagt ein Loben, die sind kriminelle satanische kartellbezogene Lobbyisten für diese Kräfte auf der Erde, weil sie von ihnen finanziert werden und deren Glaube an deren Ziele haben) sie haben also schon zu oft gelogen und damit ihr vertrauen verspielt, schreibt er, was ja auch Tatsache ist, Politiker und Medien sind Vasallen des negativen im Schafspelzmantel der Demokratien oder andere politischer Systeme, es sind Menschen die ein sehr niederes primitives Seinszustand erreicht haben mehr Tier als Mensch denn das Tier wird herrsche und es hat die Zahl 666 und niemand wird verkaufen oder kaufen können wenn er nicht die Zahl hat. Aber die Meinungsmacher das sind die Vasallen dieser 666 du wirst sie nur vollgefressen und voller Fantasie erleben können, und sie stellen sich je nach Tagesstärke mal stark mal wirr mal schwach mal wetterwendischer dar. Sie sind aber alle ohne Ausnahmen die Zulieferanten für die Industrielobbys. Weil das ihr Glaube ist, aber Glaube ist Wirrnis und Unwahrheit .Also Fantasie und bloßer Gedanke mehr nicht. In dem Artikel heißt es:

Dipl.-Meteorologe Dr. Wolfgang Thüne sagt in oben genanntem Magazin: „Den „Klimaexperten:' die von ihren hohen Lehrstuhlkanzeln mit quasireligiösem missionarischem Eifer ohnegleichen die Existenz des „natürlichen Treibhauseffektes" predigen und beschwören, sei empfohlen, darüber nachzudenken, warum der heiße Kaffee in der Thermoskanne trotz optimaler Isolierung nie wärmer, sondern stets immer nur kälter wird. Was in einem geschlossenen „Ökosystem" nicht gelingt, soll in einem offenen wie der Erde möglich sein?' und weiter „Der, Treibhauseffekt" ist das theoretische Konstrukt eines sich der Natur entfremdet habenden, selbstherrlichen Geistes. Ich hoffe und wünsche, dass die Kühle und Strenge in die Wissenschaft einkehren möge, die notwendig ist, um das ‚Treibhaus" als das zu enttarnen, was es ist: ein „artifizielles Hirnkonstrukt" und zur Erklärung dazu: „Wenn man, wie die gut vernetzte internationale Gemeinschaft der „Klimaexperten:' annimmt, die Erde sei als ein nahezu „schwarzer Körper" ein kontinuierlicher Strahler und zudem weiß, dass Gase stoffspezifische Linien- oder Bandenstrahler sind, dann verbietet sich die Annahme eines ‚Treibhauseffektes:' 1896 wusste S. Arrhenius um die Absorptionslinien der Kohlensäure, aber er ignorierte diese bewusst, weil er ideologisch darauf fixiert war, unbedingt die Eis- und Warmzeiten als Folge der Schwankungen des CO_2-Gehaltes der Atmosphäre erklären zu wollen. Diese Hypothese war so absurd, dass kein W. Wien, kein M. Planck, kein A. Einstein, kein N. Bohr, kein W. Heisenberg, kein M. Born etc., allesamt Nobelpreisträger der Physik, sich dazu herabließ, sich mit dieser völlig abwegigen Hypothese zu befassen:'

Zum Stichwort „Ozonloch" im Zusammenhang mit der angeblich schrecklichen Wirkung von FCKW-Gasen, wie sie in Laborversuchen festgestellt worden seien, sagt ein unter Pseudonym schreibender Wissenschaftler Dr. C.P Dorian: „Es muss als offensichtlich absurd angesehen werden, die Reaktionen einiger Moleküle herauszugreifen, diese isoliert im Labor ablaufen zu lassen und daraus die wesentlichen Abläufe der Stratosphäre abzuleiten Das war auch den Urhebern der Ozonzerstörungstheorie F. Sherwood Rowland und Mario Molina bekannt als sie ihren Bericht im Jahre 1974 erstellten, denn sie formulierten in der Einleitung sehr sorgfältig und abschwächend: Wir haben versucht, die wahrscheinlichen Ablagerungen und Lebenszeiten dieser Moleküle zu berechnen'. Diese ,Versuche' über ,wahrscheinliche' Vorgänge finden sich heute als ,offensichtliche Tatsachen' auf den Titelseiten der Massenmedien.- im „Fazit" dieser Artikels finden wir folgende Sätze: „Das Ozonloch ist ein wissenschaftlich bisher ungenügend erforschtes Naturphänomen, das sich selbst reguliert, bereits 1956 entdeckt wurde, und keinerlei Bedrohung für Umwelt und Menschheit darstellt. Jede anders lautende Behauptung interessierter Kreise ist Desinformation, die aus verschiedenen Motiven beständig weiterverbreitet wird."-

Da zieht es einem die Schuhe aus. Da bleibt auch kein Auge trocken, wenn die eine oder andere Seite hier mit uns allen spielen und uns bösartig manipulieren sollte. Doch Sie wissen ja, dass es in dieser polaren Welt nie um ein Entweder: Oder geht sondern immer um ein Sowohl: Als auch. Das würde bedeuten, dass beide Aspekte - „gefährlich" und „absolut ungefährlich" - zusammengehören. Doch bis zum Verstehen dieser Wahrheit ist es für uns alle ein weiter Weg. Weil das so ist müssen wir die Disharmonie im Pro und Contra in Kauf nehmen und beiden Aspekten Ausdruck geben - so lange, bis die Harmonie im Widerstreit gefunden ist.

Wenn man so was liest dann kommt die Armeestudie in den USA wieder hoch die ja bewusste Steuerung der Menschheit durchführt mit Ängsten und im Auftrag der Kartelle also der Privatpersonen denen diese Kartelle gehören. So die menschliche Situation auf der Erde ist eine Situation des Lügens belogen werdens und wer sagt das der Mensch belogen werden will der ist ja selber der Satan weil es diese Meinung als die Meinung aller etabliert hat. Denn wer will belogen betrogen ausgebeutet werden?

In Wahrheit niemand. Keiner.

Und die wichtigste Kontrolle und Angstmacherei die diese Studie herausfand und die systematisch schon seit sehr langer Zeit angewendet wird ist die Menschen in Kriege verwickeln und ihnen vorreden das Kriege zu führen sein oder sie in Kriegsängste zu halten. Das ist also die Hauptmethode um Menschen zu kontrollieren und sie gefügig zu machen. Und das passiert heute wunderbar auf der Erde, dass 5 Sterne Restaurant dafür ist die USA dort werden die ungemein größten Freiheiten gelebt zu denen alle Wissenschaftler also Ignorante da sie ja Wissen suchen und gar nicht wissen was das ist und erst Wissen erforsche finden müssen und erkennen müssen das die Welt endlos ist das bedeutet aber auch endlose Suchen und niemals Finden immer das Falsche vor sich haben weil das Universum endlos ist. Also alle Länder und Gruppen die dazu aufrufen andere zu töten egal welcher Gruppierungen oder Ideologien es auch sein mögen sind das satanische sind der Satan den sie auf andere projizieren. Also jeder der Bomben legt und Terror plant und Unterdrückungen egal welcher Form anwendet sei es religiöser Terror wie es zur Zeit bei den Moslems abläuft die ja noch innerlich im Mittelalter leben ihr Innenleben ist noch mit den Themen des Mittelalters verhaftet weil ja ihr Prophet 600 Jahre später erschein der Mohammed, und sie genau das gleiche erfahren werden wie die blutigen Mörderbandenraubtier der Kirchenmafia in Europa im Mittelalter, und genau das gleiche passiert in den moslemischen Ländern wo die Mullahs ja selber der Satan sind die rufen ja zu Morden auf und wo in den USA die religiösen Patriotenkirchen zum Krieg auffordern und ihre Gläubigen dorthin segnen das sind der Satan das ist das satanische, da hilft kein verstecken hinter Worten und Schlussfolgerungen und Wortlogik und Ängste schüren, die moslemische Bevölkerung ist total manipuliert durch die satanischen Glaubenskräfte und müsse so die Destruktion erleben nämlich die Totalenttäuschung das in Büchern und Glauben keine wahre Freiheit zu finden ist kein Liebe und auch keine wahre Gemeinschaft da sie Glaubensgemeinschaft ist und Glaube ist einfach Fantasie und Gedanken absolut mehr nicht ist also Illusion und Unwahrheiten. Sie haben die verschiedenen Disziplinen noch nicht durchlaufen und das sollen sie auch gar nicht weil es ja in deren Glaube verboten ist genau so wie es in Glauben der mittelalterlichen Mafiakirchen und Päpste verboten war, also die sozialen, wissenschaftlichen, moralischen, philosophischen und religiösen, durchlaufen durchexerziert habe, und am Ende finden werden, das in allen keine Freiheit Schönheit und Friede zu finden ist, weil es allesamt ohne ausnahmen Ideologien also Fantasie Denkstrukturen sind, die alle ohne Ausnahme Unwahrheiten sind, und wenn sie das erkannt haben, stehen sie nämlich vor einer Totalenttäuschung einer Desillusionierung. Die wird noch kommen und ist bei vielen schon passiert, bei den Europäer schon sehr stark, die USA ist noch im USA Wahn blockiert, durch ihre Geldkartelle und Waffenkartelle und Mordkartelle die alle ohne Ausnahme satanisch sind im Mantel der Demokratien und Freiheit, sogar für andere, und wenn diese Desillusionierung ihren Höhepunkt erreicht hat, kommt man in den

Seinszustand des Nichtwissens zurück. Und der ist das Heil der Weg zum Heil. Weil er Heil ist denn Wissen ist hier auf der Erde relatives Informieren und Abschauen von vorhandenem Wissen und Tatsachen, das ist also kein echtes Wissen das ist bloß Information. Da wird die Vergangenheit denn dieses Fantasie und Denkwissen und Denken selber ist Vergangenheit, und nicht Gegenwart Präsenz, .dann wird, ist alles sinnlos geworden, und die Zukunft ist ein Nichts ein Fragezeichen, aber erst dann erscheint die Möglichkeit Wachheit zu erkennen, ein Fünkchen zumindest, um die Gegenwart zu sehen und zwar die eigene innere Gegenwart, durch das aufrecht halten der Aufmerksamkeit die notwendig ist um diese Tierseinszustände zu transzendieren. So wie es in den Regenbogen Transformationszentren unter anderem gemacht werden wird. Denn die Identifizierung so wie sie von den Armen bis zu den Eliten zu den Lobbyisten zu den Politikern und WirtschaftNebelbomben und den Medien präsentiert werden, diese seelisch geistigen Identifizierungen mit der Bewegung des Denkens, der Fantasien, der Hoffnungen, stellt die Vergangenheit in ihrer rosaroten Totalität dar. Und das wird ohne mit der Wimper zu zucken zur Totalzerstörung führen zur Totalvergiftung weil das Tier die 666 diesen Eigenschaften unterlegen ist und sie für die Freiheit die Wahrheit das Gute das Richtige das Recht Demokratien und wer weiß was noch hält und erfantasiert, aber an den Früchten werdet ihr sie erkennen. Oleeee. Aber wenn man immer noch an der Vergangenheit hängt, aus der man Hoffnung auf eine Zukunft projiziert wird man nie fähig sein eine sinnvolle Beziehung zum Leben zu Gott zu dir selber herzustellen und zu wissen wer und was du bist. Die Vergangenheit ist das Gesehene das Beobachtete, das erkannte, aber die Wissenschaftler da sie ja die Endlosigkeit des Universums vor sich haben werden das also nie erkennen könnend denn da draußen geht's ja immer endlos weiter, also endlose Vergangenheiten, weil das ja alles schon geschöpft erschaffen ist, und sich bloß verändert, das ist also das vergangene, also auch das darauf bezogene Denken, selbst das Organ des Denkens, das in Wahrheit ein Selbstläufer ist und seine Schlussfolgerungen und Logik als Selbstläufer verselbständigt hat, ohne das es gemerkt wird in diesem satanischen Seinszustand der Materialisten oder der 666 Menschen. Nicht umsonst wird die Apokalypse kommen. Weil dass das Resultat dieser 666 ist. Aber auch das Bewusstsein das von vielen so hochgelobt wird ist Vergangenheit. Und deswegen ist die philosophische Bezeichnung und die Erfahrung der Menschen die, die Einheit also Advaita erleben, in unterschiedlichen Varianten und Einsichten, auch nicht die Wahrheit, es ist eine mehr philosophische Wahrheit, da schon alleine der Begriff Advaita philosophisch ist, und das Lebewesen das Göttliche gar nicht in sich trägt, denn Brahma, ist nicht das letzte das Höchste das allein Seiende, Brahma ist selber jemand der Hilfe braucht weil er über seinen Seinszustand nicht hinauskommt, als Universalbewusstsein was Brahma ist, aber so geglaubt und bezeichnet wird in Indien wo ja genauso Meinungsmache gemacht wurde und wird wir überall anderswo auf der Erde unter den Menschen, weil ja diejenigen die das Brahma erfahren hatten, das als das Höchste und darüber hinaus nicht mehr weiteres erfahrbares proklamiert haben, aber selbst Krishna sagte das man über die Veden hinausgehen muss,, mehr will ich dazu gar nicht sagen, also Advaita ist Meinungsmache und als Brahma zu erfahren was aber nicht das Ende ist, denn wir reden hier von Gott nicht von der Einheit. Die Einheit ist ein philosophischer Fantasiebegriff für etwas was die Meditierer erfahren hatten und es als das Höchste darstellten. Selbst Buddha musste die damalige verlogene Brahmanenkultur bekämpfen indem er neue Worte schaffte die mit dem Hinduismus Muus nichts mehr zu tun hatten, und Buddha ging über Brahma hinaus, aber nicht die Buddhisten oder die Hinduisten oder die heutigen Brahmanen die bloße Wortjonglierer sind so wie die Theologen die ja schon Lüge in ihrer Berufsbezeichnung haben, nämlich Logen also Lügen in der Vergangenheitsform.

Absolutes Gift war auch, auch, für die Kirchenchristen die gnostische Erkenntnis die ja aus dem Alten Testament den Jehova als den Satan erkannten und selber Jesus sagte das klipp und klar, „ den Gott den ihr anbetet euer Gott das ist der Satan", und das war Jehova, der ja zu Mord und Raub und Vergewaltigung und so weiter immer aufrief genau so wie heute aus den USA die politische von „Gott Jehova wohl gesegnet „ Kriegsführung gegen das Böse das sie aber selber geblieben sind . Jedenfalls das Universalbewusstsein, Brahma, oder der Cosmocrator, das ist selbst noch Gefangenschaft, aber wer bis dahin kommt der ist von enormer Glückseligkeit überpowert und hat nicht die Präsenz Präsent zu bleiben, das schafften bis jetzt nur ganz wenige, die darüber hinaus gelangten, und darunter gibt es ja noch weitere unterschiedliche Erfahrungsbereiche die alle mit Bewusstseinsveränderungen und Erfahrungen zu tun haben, die einen weit, weit größeren Seligkeitsgrad und Glückseligkeitsgrad haben, und Menschen die sich nun auf diesen inneren Weg machten, durch das Meditieren zum Beispiel in den Regenbogen Transformationszentren die werden diese unterschiedliche Bereiche womöglich erfahren können, je nach Situationen und Wille und Förderung durch höhere Mächte und Wesen und Gott selber, und so sind diese unterschiedlichen spirituellen oder religiösen Gruppen entstanden, weil die Gründer dieser Gruppen die eine transzendente spirituelle Erfahrung erreicht hatten und sogar in der Welt waren und selber den Herrscher dieser Welten begegnet sind, so weit kamen, in den unterschiedlichsten Himmelvariationen, sei es nun in der Astralwelt der Kausalwelt der Geistwelt der spirituellen Welt, die wir allesamt als feinstoffliche Körper jetzt mit uns hier auf der Erde tragen und die unsichtbar sind weil sie in der jeweiligen Weltschwingung schwingen zu der sie gehören, Physis für diese Welt, Astral oder Energiekörper für die Astralwelt, und so weiter immer höher, denn als wir direkt vom Megagöttlichen kamen, flitzten wir durch die nächste niederen Welten und bekamen dafür den jeweiligen Körper mit und der letzte gröbste ist der physische sichtbare den wir nun haben. So diese ganzen spirituellen wirtschaftlichen mystischen christlichen moslemischen hinduistischen schamanistischen Seins und Denkgruppen sind allesamt Resultate der Seinserfahrungen die gemacht wurden. Die unterschiedlichen Resultate kommen wie zbs. das alte Testament der Gott, wo sich vieles nicht reimt auf der Erde, durch die unterschiedlichen Erfahrungen ihrer Propheten oder Gründer oder getschanelten Einflüsterungen die natürlich am wirrsten sind. Und so entsteht der Kampf um die Meinungshoheit weil jeder von sich glaubte die einzig richtige Erfahrung zu haben, die beste die höchste und so weiter. Aber Jesus sagte in meines Vaters Haus gibt es viele Wohnungen. Und die Wohnungen sind auch die unterschiedlichen Seinssphären der höheren Welten zu denen gewisse Menschen auf der Suche nach Wahrheit gekommen sind. Siehe folgende Tabelle auf Seite 263 und 264.

DIE SPIRITUELLEN LOTUSSE-CHAKREN-ÜBER DEM AUGENZENTRUM
Alle Ebenen sind mit unterschiedlichen Klängen, Musik, zu unterscheiden

<u>Höchste bekannte Göttliche Meer der Spiritualität</u>
<u>Anami Radha Soami</u>
12 Sach Khand

Sat Lok   Agam (Der Unzugängliche)
Sat Purush   Anami (Der Namenlose)
Alakh (Der Unsichtbare)   **VI- Ebene**
                                             und höher

---

11 Sat Nam
_Reine Seele
Der Tropfen, vom Meer getrennt
Bhanwar Gupha

_ **V. Ebene**

<u>10 Achinta</u>

                                                        Obwohl schon weiter
                                                        abgesunken, noch
Sohang - Ich bin das -   nicht von Materie
Seele erkennt Identität   umgeben. Auf dem
mit Gott. Das sie von   Weg nach Unten.
der gleichen Essenz ist.
Auf dem Weg zurück. Maha Sunn (Große Leere)
Anfang von Bhanwar Gupha (sich drehende Höhle) Ur-Dunkelheit   Seele
immer noch Distanziert   **IV - Ebene**

---

9 Daswan Dwar (besteht aus Sunn und Maha Sunn)
Zwei Teile von Daswan Dwar
Sunna (Leere)
Rarankar   **<u>III. Ebene</u>**
Karan Man   Par Brahm

---

8 Trikuti (Kausal Ebene)

                                                  Kosmisches Bewusstsein
Maha-Yogiswharas   Veden - Rishis -
Avatare   Advaita
Gott - Gespräche mit Gott – Walsch   JHWH
Quelle der 3 Eigenschaften   Universal Bewusstsein
                                                    Beginn der physischen
Harmonie-Tätigkeit-Trägheit   Schöpfung. Kal-Zeit
Auch Brahm Lok genannt
Onkar

Brahmand - Brahm Herrscher der drei vergänglichen Welten. Physisch- Astral- Kausal
Bank Nal oder der gewundene Tunnel. Brahm ohne Maya. Aum oder Om

II-Ebene

7 Sahansdal Kamal
Tausendblättriger Lotos Astralebene
Maya mit Brahm
Yogis
Die Flamme - Jyoti

Jot Niranjan -Der Herrscher der ersten spirituellen Region. Der aus Jot (oder Jyoti) und Niranjan zwei Emanationen von Energie Strömen aus Parbrahm runterfließt zu   Sahansdal Kamal wo sie sich vereinen um die Gottheit Jot Niranjan zu formen.
I-Ebene

---

6 Ajna Chakra

Augenzentrum   Seele und Geist   Belebung des Körpers
(Mental)
Drittes Auge
Ende von Pranayama
2 Blättriger Lotos

---

5 Vishuddha Chakra
16 Blättriger Lotos
Niedere   schöpferische Ströme. Kehle
Shakti

---

4 Anahata-Chakra
12 Blättriger Lotos
Herzzentrum   Shiva
Erhaltung und Auflösung des   phys. Körpers

---

3 Manupura- Chakra
8 Blättriger Lotos
Nabelzentrum   Vishnu
Ernährung des physischen Körpers

---

2 Swadhistan- Chakra
6 Blättriger Lotos
Brahma Genitalzentrum Vorbereitung des physischen Körpers

---

1 Muladhar-Chakra
4 Blättriger Lotos
Ganesh Afterzentrum Ausscheidung phys. Stoffe

**DIE SPIRITUELLEN ZENTREN VON UNTEN NACH OBEN DA
IN WAHRHEIT ALLES SPIRITUALITÄT IST; DIE ILLUSION; DIE MAYA;DIE ZEIT;DIE
VERÄNDERUNG; ALLES.**

Denn wie lässt sich erklären das ein Rechtsstaat der genauso handelt wie Jehovas Auge um Auge Zahn um Zahn also Ursache Wirkung rein theoretisch, denn Recht ist immer Unrecht da das so genannte Recht aus der Verteidigung für die Gier die Habgier und von den Gierigen den Habgierigen entstanden ist. Da kann nur Unrecht zum Vorschein kommen. So das gehört noch zu Jahwe also dem Cosmocrator von dem Jesus sagte. Wisst ihr denn nicht das euer Gott der Teufel ist das Böse, und wo die Johannesoffenbarung zeigt dass das Tier die 666 herrschen wird was ja heute der Fall ist da die Politik eine Heuchel eine Lügen und Täuschpolitik ist weil die Menschen die 666 Seinszustände nicht transzendiert haben und Geld ihr Gott ist also die Illusionen das falsche da kann auch nur das Recht Unrecht sein,. Und wie lässt sich dann der Schöpfer der Welt also Satan oder Brahma Universalbewusstsein oder Kosmoswelt im vergleich zu Jesus Gottheit erklären. Bei Jakob Lorber der ja auch getschanelt wurde indem ihm gesagt wurde die Stimme sei Gott, naja, geht es um die Rückkehr des verlorenen Sohnes und wo bleibt die Tochter, um diesen verlorenen den gefallenen Geist Luzifer zu retten, schuf Gott das materielle Universum, aber das erscheint mir dich zu blöde, da muss Lorber einem Irren zu Opfer gefallen sein, denn einige Bücher die ich las, da hat der nicht mehr alle an der Birne, der Gott von dem, es soll das Erlösungsfeld der göttlichen Liebe sein, das liest sich aber mehr wie Jehova der auch predigte andere platt zu machen, aber die Evolution der Werdegang durch das Mineralreich Pflanzenwelt Tierreich bis zum Menschen das macht Sinn, weil alles nämlich Leben ist und Geist Seele hat, und die ist bekanntlich unsterblich ewig, das ist also die Evolution durch diese Bereiche und der Mensch ist nun dabei seine tierische Mordinstinkte zu transformieren wenn er das überhaupt will also nicht mehr töten und so weiter,., Die Materie ist bei Lorber Luziferisch, das passt zu Jesu der ja vom Satan die ganze Welt angeboten bekam, also muss er der Schöpfer der Welt sein, zumindest der physischen, und das führt wieder zu Brahma der der Schöpfergott der drei sterblichen Welten ist. Aber wer kann das heute noch nachvollziehen.

Wer kommt noch so weit in dieser verblödeten Superprimitivgesellschaft der Bösartigkeit des Neids der Zerteilung und Abgrenzung Atomisierungen Neutronisierung und bis zum Fohat. Dem dritten teilbaren Seinszustand den die Wissenschaftler noch nicht entdeckt haben. Also wie kann ich das selber nachvollziehen. Als erstes ist ja die Jesus Aussage dass Jehova der Satan ist und dazu habe ich ja schon einiges in diesem Buch drin. Also das Universalbewusstsein oder Advaita das sich als die Einheit präsentiert also Täuschung ist aber ungemein intensiv in der Erfahrung sich zeigt da es ja eine Gottheit ist mit enorm hoher Gl ückseligkeitsschwingung und vielem, vielem mehr, aber selber Hilfe braucht um darüber hinaus zu kommen, das soll also eine eifersüchtige Gottheit sein, denn in seiner eigenen Aussage sagt er ja das es niemand anders über ihm gibt, und alleine die Aussage bestätigt ja schon das es über ihm jemand anders gibt also höhere Welten Gottheiten bis hin zu wirklichen ewigen Göttlichen, das nur ganz, ganz wenige Menschen jemals erfahren haben, die aber zur Meinungsbildung der Gruppen kein Zielwasser bekamen, da die Massen immer in den Händen derjenigen Kräfte sind die auch zur Gewalt greifen gegriffen haben aber wohl irgendwann mal das nicht mehr dürfen werden. So ist zumindest der Meinungsbildungsstand der Gegenwart egal welcher Bereiche ob Philosophie ob Demokratie ob Medizin ob Politik ob Wirtschaft ob Religion und so weiter, alle sind in Wahrheit im andauernden Kampf und Verschleierung anderer weitergekommene ihren Machtansichten und Ausbeutansichten und Lebensunterhalt und Machtpositionen wankenden Erfahrungen und Einsichten zu wiederstehen egal mit welchen Methoden. Das passiert heute wie damals. Das ist das Erbe des Tieres also der Unwahrheiten dieses Tieres. Denn wer so was noch machen muss der ist noch ein Tier ein Raubtier weil er ja in Wahrheit die Gier verteidigt die Habgier und das tun nur Tiermenschen und Tiere andere Gattungen. Also wer um Meinungshoheit kämpft ist noch Tier und will auch das Menschen ihre tierischen Eigenschaften behalten so wie er selber und der damit eine Machtposition hat versucht alles um diese tierischen niederen Seinszustände kontinuierlich aufrecht zu halten durch die eben erwähnten Methoden der Meinungsbildung und des Verhaltens und Phantasierens.

Aber wenn ein verlangsamen der wählenden Bewegungen der Fantasien des Denkens eingeleitet wird entweder durch Schock oder durch zerfallen der Illusionen von Hoffnungen und Träumen an die man sich seit undenklicher Zeit klammert geklammert wird, und ein allmähliche zur Ruhe kommen passiert, geschieht etwas das dann sich verselbständigt und zum objektlosen Seinszustand führt was zuerst als das Nichts empfunden wird, wogegen die Menschen natürlich Angst haben, weil sie sich mit ihren Abläufen dem Fantasieren Denken und sogenannten Geist identifiziert haben und meinen sie wären das sogar und das soll auch so geglaubt werden denn so kann der Cosmocrator das Universalbewusstsein Brahma weiterhin die Gefangenschaft aufrecht halten auch als Einheitserfahrung der Advaitisten, die ich selber schätze und wertschätze da sie schon so weit gekommen sind auf dem Weg zur Freiheit.

Denn ein Wählen das sich mit dem gewählten identifiziert ist eine Begrenzung der Freiheit, die von den vergangenen Eindrücken des Gemüts des Mentals der Gedanken Fantasien der Gehirnzellen ausgelöst wird. Aber echte Freiheit volle Freiheit kann nicht von den vergangenen Eindrücken bestimmt werden. Das wird in den Transformationszentren erarbeitet und erlangt werden, obwohl auch die objektbezogenen Therapien mitgemacht werden, Therapien die auf Edelsteine Gewässer und Pflanzen bezogen sind und deren Wirkungen. Aber die Freiheit von dem gewussten von der Vergangenheit führt zur Freiheit von dem vorgestellten Wählen.

Denn Wählen bedeutet sich in Vorstellungen zu bewegen. Also Freiheit von der Vergangenheit bedeutet Freiheit von dem vorstellenden Wählen. Daher ist Freiheit nicht nur die Freiheit zu wählen sonder auch die Freiheit nicht zu wählen. Und das ist damit gemeint das Innenleben zu beobachten wie es im Köpfele vorbeisaust und alles vorbeiziehen zu lassen, den Wahnsinn dieser wahnsinnigen Gesellschaften die Kriege führen egal in welcher Art und Weise. Sei es physische die zur Zeit auf dem Erdball kochen sei es wirtschaftliche sei es religiöse sei es politische. Davon wird in den Regenbogen Transformationszentren nicht gewählt werden das wird alles ad Akta gelegt kann vorbeiziehen damit nur du selber übrig bleibst. Denn das was die Menschen heutzutage machen ist der pure bekloppten Seinszustand von Raubtieren die sich vorgestellt haben dies und jenes machen zu können und zu wollen, und nun mehr und mehr die Früchte davon bekommen weil er das gewählt hat er hat sich das vorgestellt aber das führt unweigerlich ohne Ausnahme zum Chaos zur Apokalypse. Denn dadurch wird Spannung Elend Konflikte zum Vorschein gebracht wie ja gut sichtbar ist und jede sogenannte Hochkultur egal welcher Zeitalter ist in diese Satansfalle gefalle alle waren sie die Besten die Höchsten die Edelsten die Eliten, und alle sind zerschmettert worden. Aber wenn der Mensch das Tier erkennt, das er in Wahrheit aber auch Garnix und DoppelNix über das Leben und den Kosmos weiß und die Wirklichkeit und sich für das Nichtwählen entscheidet dann bleibt er ins einem Wesen seiner Identität begründet die sich zur vollkommenen Freiheit und Kreativität entfaltet. Dadurch bleibt man im Sehern ohne zu wählen auf das wahrnehmen und dadurch bewegt man sich in die Zielrichtung auf das Zeitlose in dir das ewige dein wahres Wesen. Denn Vorstellungen sind Leer ohne Wirklichkeit das ist eine Erkenntnis die nur auf Denken und Worte beruhend und das ist ohne Wirklichkeit.

Dort in den Regenbogen Transformation Meditation Zentren die auch Therapiezentren sein werden, dort wird wie bei den Yogis auch ein aus der Meditation geborener Geist entstehen. Aber auch für andere die ihr Wesen zu erkennen haben das über lichte dunkle und gemischte Seinszustände erhaben ist. Denn zuerst müssen auch die Teile erkannt werden die du nicht bist um zu erkennen wer du bist was du bist. Und auf diesem Wege werden dann die gereinigten eigenschaftslosen Eigenschaften wieder zurück in den Kreislauf der Industrie gebracht werden um eine spirituelle meditative Industrie global zu entwickeln und verwirklichen die dann auch über das physische Sein hinaus geht und Kontakt zu anderen kosmischen Kulturen aufnehmen kann ohne diesen Armee Wahnsinn der sich mit seiner Bösartigkeit die er aber als Schutz vermarktet in alle Bereiche der Freiheiten der Menschheiten eingemischt hat durch die GeldGeilKartelle und deren Privatpersonen die euch manipulieren und ausnutzen und ausbeuten. Natürlich Demokratisch. HoHoHo.

Auch wird dort in den Regenbogen Therapie und Transformation Meditationszentren der Weg des Wortes verfolgt und wie weit er reicht und über das Wort hinaus gegangen denn das Wort Kirsche ist ja nicht die Kirsche. Aber die Macht die das Wort Worte auf den konditionierten menschlichen Geist ausübt ist enorm, und die heutigen Wahnsinnstaten der Moslemfanatiker die ja lieblose Religion predigen und ermorden so wie die Christenmenschen im Mittelalter, oder die auf Worten basierenden Glaubensfanatiker in den Parteien oder Machtzentren der Politik egal welcher Länder oder ihre Denkzentren, die allesamt unfrei von Worten sind und an Worte gebundener Geist sind der aber auch total unfrei und dunkel und damit unwissend und damit böse ist all das muss entlarvt werden in der Umgebung der Regenbogen Transformationszentren.

Worte wie Gott oder Religion oder Brahma oder Seele oder Gesetzgeber oder Liebe oder Allah oder Buddha oder Präsident oder, oder, oder, müssen auf ihren wortlosen Seinszustand zurückverfolgt werden um zu erkennen wer oder was das wirklich ist damit eine erfrischende Freiheit erlebt werden kann die wieder zurück in den Kreislauf des menschlichen Lebens geführt werden kann in die Arbeit. Obwohl diese Worte dem konditionierten also unfreien Festplattengeist Sinnvorstellungen vermittelt und zwar so als ob sie objektiver Wirklichkeit entsprächen können wohl nicht all zu viele Menschen sich davon befreien, denn die Früchte zeigen ja was hier auf der Erde los ist und verbissen um Wortinhalte gemordet gelogen betrogen getäuscht bekriegt und ausgebeutet wird, all das ist purer Wahnsinn des menschlichen Geistes der zur Apokalypse führen wird, weil die Wahrheit nicht erkannt wurde und das verblödende gesellschaftliche Murksdasein mit seinen zivilisatorischen Gier und Habgierkunstformen zur Vergiftung geführt hat, nämlich der Vergiftung der Täuschungen.

Der Wahnsinn beschränkt sich ja nicht bloß auf die Wahnsinnigen sondern auch auf die ausgebildeten die mit Universitätstitel und anderen Titeln und Auszeichnungen denn an den Früchten werdet ihr sie erkennen und das sind die Entscheidungen die getroffen werden bei denen die alles mit dem Denken und dem Wortsalat erreichen und beschreiben und in die Wege und Taten übergehen lassen.

Die Orientierung an der Vorstellung hat verheerende Wirkungen auf diesem Planeten deshalb müssen die Veränderungen in die Richtung des Sehens und Hörens gemacht werden. Es muss angeschaut werden was Sache ist und nicht vorgestellt die Welt als Wille und Vorstellung ist eine Verblödungsarie die sich wie ja heute gut gesehen werden kann zur Zweiteilung und Heuchelei entwickelt hat nämlich von der Gleichheit der Ungleichheit und der Vergiftung als Lebensfördernde Kreativtat. Aber egal Hauptsache es bringt Arbeitsplätze und Bares auf Konto. Bloß diejenigen die damit vom Geld und Gesundheit entfernt werden die darf es in einer Notwen digkeitsgesellschaft gar nicht geben und die werden dann eben aus der Statistik gewortet, wegfantasiert.

All das ist aber Erinnerung und Erinnerung ist Vergangenheit und Vergangenheit ist Fantasie und das ist kurzum kein Sehen was wirklich immer ist und sein soll. Die Nichtidentifizierung führt zur Loslösung aus der Heuchelei der Verstrickungen. Obwohl es keine Dualität gibt da alles aus der Schwingung dem Licht dem Wort dem Heiligen Geist des Göttlichen entstanden ist oder Gott in Bewegung ist auch die Dualismus Muus Laberei der philosophischen Murkskandidaten leeres unwissendes Gelaber sozusagen „auf höchstem Niveau" HoHoHo. Aber heutzutage muss man sowohl physisches einsehen als auch spirituelles einsehen haben und das wird in den Regenbogen Transformationszentren eröffnet werden. Denn dieses Universum der Körper Gottes des Göttlichen ist eine Verdichtung oder weniger verdichtete Einheit aus Licht und Tönen in unbeschreiblicher Vielzahl da gibt es kein dualistisches Sein. Es sieht bloß so aus da Sinne durch die Einzwängung in diesen menschlichen Körper es so sehen, selbst das Sehen das sich aus seinem göttliche kosmischen Sehen das also die Gesamtheit sieht alle Universen aller Welten es sieht die Totalität von allem, dieses Sehen zwängt sich in einem Enormverängungsakt in den menschlichen spirituellen Kanal im Kopf und „sieht" und zwar nun seine Schöpfung der Dreidimensionalität. Und das ist, ist Täuschung denn sonst wurde keine Dreidimensionalität zu sehen sein weil das Sehen als solches frei ist von Formenzwängen von sogenannten Objektzwängen. Menschen die nicht in der Dualität leben die sind der Wahrheit näher als viele Therapeuten und deren Einsichten und Philosophen die den Seinszustand als Minderwertig sehen, aber immerhin Ich und Gott das ist auch okay.

Die Stärke und Dimension des denkenden Geistes wird in den Regenbogen Transformationszentren nicht unterschätzt das Mental ist mächtig und hat viele Wege um die Unfreiheit oder zumindest die Gebundenheit an Seinszustände die dem Status Quo aufrechterhalten wollen damit Einsicht und Erkenntnis und Erfahrungen nicht passieren. Das ist Arbeit die dort verlangt wird aber mit wunderbaren Früchten. Alle therapeutischen Wege werden dort genutzt werden auf die ich hier nicht eingehen werden da dies ja bloß ein Infobuch sein soll eine allgemeine Beschreibung und aufmerksam machen das ist meine Arbeit die von mir verlangt wurde damals auf Kreta auf der blühenden Wiese mit vielen Orchideen und Lilien und Düften im VW Bus frühmorgens beim aufwachen in diese Dreidimensionalität.

An den Früchten werdet ihr auch erkennen was die Verwirklichung anbelangt denn jede Form der Befreiung und Verwirklichung mag sie sich Yogischer Erfahrungen bezeichnen oder advaitischen Erfahrungen bezeichnen oder buddhistischen Erfahrungen oder christlichen Erfahrungen oder moslemischen zbs. Derwische und so weiter, sie alle haben Früchte und diese Früchte sind Fähigkeiten die bekommen werden Geschenke auf dem Wege die konkrete Heilung bringen können weil sie schon heiler als Heil sind das wird genauestens beobachtet und zwar frei von Konzepten zu irgendwelchen Traditionsrichtungen aus Indien oder anderen Ländern und deren philosophischen also Wortmäßigen Hinterlassenschaften. Ich gebe bloß mal ein Kurzbeispiel, wenn jemand also eine gewisse meditative Verwirklichung erlangt hat bekommt er zum Beispiel gewisse „Körper „ wieder zur Verfügung mit denen er dann gewisse Taten tun kann es geht so weit das ein Transformationskörper erlangt werden kann mit dem man in unendlichen Formen überall zur gleichen Zeit erscheinen kann um zu helfen und so weiter und so weiter. Wer also von sich behauptet das er das Höchste verwirklicht hat über das es kein hinaus mehr gibt, und dann aber doch nicht mal das geben kann der ist nicht im letzten möglichen angekommen, sondern auf einer Ebene angekommen aus denen dann die Verwirklicher zuvor oder heute oder morgen also jetzt gewisse Erkenntnisse ableiten und gewissen Worten kleiden die dann genaueste Einsicht geben wie weit derjenige gekommen ist, denn, anhand des Tones der Töne der Melodien lässt sich genauestens erkennen wo derjenige wirklich hingelangt ist und ob die Einheit wirklich das letzte Einheitliche ist und so weiter. Sein und Werden ist Einheitlich und Materie und Nichtmaterie auch und Sein und Nichtsein ist auch Einheitlich, aber es gibt auf der Reise viele Wohnungen denn die Schöpfung Gottes ist mehr als gigantisch und mehr als bloß die Einheit oder Advaita wie die Inder das damals schriftlich hinterließen ich denke Shankar war das in seinen Schriften. Aber immerhin Advaita ist schon wirklich schön doch es geht weiter. Die 5 Ebenen oder fünf Körper das sind Körper die du bekommst um von deiner göttlichen Position in die anderen Welten zu reisen. Und um dort überhaupt wahrnehmen zu können und zu leben sozusagen als Taucheranzüge als Raumanzüge diese fünf Körper. Du lässt den physischen Körper hier auf der Erde und bist mit deinem Astralen oder energetische Körper dann noch in der Astralwelt die wesentlich höher schwingt und keine dichte Materie hat wie diese Welt und wenn du die Astralwelt verlässt dann lässt du den dort, und geht's in die Mentalwelt mit dem Kausalmentalkörper, .den lässt du hinter dir wenn du weiter gehst zum intuitiven Bereich der Weltschöpfung, und du lässt den Intuitionskörper hinter dir wenn du in die Geistwelt oder spirituelle Welt gehst die noch viel, viel, viel höher schwingt. Doch von da geht es noch weiter. Und wer führt dich da?

Das logische Denken hat seine Grenzen und zwar in allen Philosophien und Religionen und Wissenschaften aber die Freiheit kennt keine Grenzen. Die gesamte menschliche Situation aller vorhandenen Lehren und Wege und Methoden werden genutzt werden und wenn möglich mit verwirklichten Menschen und Meistern und Meistertherapeuten und Befreiten auf dem Wege in dieser Welt der Dichte wo das Licht von außen scheint aber die höchste spirituelle Welt um bei den Formen zu bleiben die hat Licht und ist aus Licht das von innen scheint und ist fabelhaft schön und mir und euch und dir und uns würdiger.

Die existenzielle Ein-Sam-Keit das All-Ein-Sein ist für manche eine leidvolle

Erfahrung weil ihr Mental sie so leben lässt und unfrei ist aber für andere ist Alleinsein eine Wonne und Glückseligkeit. Aber alle erarbeiteten Wege und Methoden wenn sie genauestens angeschaut werden haben immer eine Verneinung von etwas in sich was als nicht Wahrhaftig oder sogar selbstentfremdend sein soll weil es zum Beispiel ein Werden sein soll oder ist und das ist dann kein Sein. Aber das ist bloß das Manko der Logik und der Schlussfolgerungen denn in Wahrheit bist du immer und ewig von solch einer Erhabenheit und Freiheit und Schönheit die nur erfahren werden kann und aber auch jegliches Verworten ist ja dann schon das falsche. So was kann nur erlebt werden, und deshalb sind aber auch alle Lehren egal welcher Superschriften von Bibel bis Koran bis Bhagavadgita und sonst welchen Schriften bloße Erinnerungen mehr nicht also unwirkliche Wortzusammenstellungen die nicht mal annähernd und zwar hoch Unendlichkeit an das rann kommen was du wirklich bist. Die allerhöchste Logik und Mathematik ist totale Falschheit um bloß mal anzudeuten wo du wirklich stehst und wer du wirklich bist.

So die Verfechter von egal welchen Erfahrungen und Einsichten und Erkenntnissen bis hin zu Buddhas oder Jesusse oder sonst wer können nicht das wiederspiegeln was sie wirklich erfahren haben und sind und deswegen bleibt alles eins. Aber diese Aussage zeigt genau das was falsch ist an der Logik und an der Schlussfolgerung der Logik der Vernunft.Ob du nun in der Einheit oder Nichtzweiheit lebst es ist alles das gleiche geblieben.

Auch wenn du in der Dreiheit oder Fünfheit oder Zweiheit lebst oder der Milliardenheit es bleibt alles das gleiche. Und so werden in den Regenbogen Transformationszentren viel selbsterforschende Wege angeboten werden. Und da werden auch wunderbare furchteinflößende Bewusstseinszustände erlebt werden HoHoHo. Denn ein starkes Ich ein starker Körper und Mental werden auch bei der Identifikation damit stark zum schwanken gebracht werden ho ho ho und das wird dann mit vielen Ängsten verbunden sein können wenn du nicht im Sehen bleiben kannst in der Wahrnehmung dieser inneren Schwankungen.

Jedoch werden die sogenannten östlichen Wege die Meditationswege nun auch mit dem westlichen Wege von Jesus der Liebe gelebt werden also der Trip des Alleinseins des individualistischen Fixierens auf dein Sein das wird alles zu einem Kuchen gemixt werden in der Arbeitsweise der Gruppenmethoden der Kommunikationen untereinander der Beziehungen da die Menschheit global in der Arbeit ja schon Eins ist und sogar kollektiv energetisch glücklich sein kann und auch will und einiges mehr in der Gruppendynamik des Arbeitens zusammen um Ziele zu erreichen die befreit sind von der Ausbeutung der GeldGeilKartelle und politischen Schmachlügereien der Anbetung der Lobbyisten und das abküssen deren Ärsche.

Liebe und Meditation ist ein Weg kein östlich westliches Grenzgebiet das hat es noch nie gegeben. Nur weil die Sonne im Osten aufgeht ist die Sonne die im andern Osten aufgeht nicht die gleiche Sonne. Da ja die Sonne nicht wirklich aufgeht und es gar kein Osten und Westen gegeben hat und geben wird. Denn es ist immer Sonnenaufgang und Sonnenuntergang und Mittag und Abend und Nacht zur gleichen Zeit im Jetzt. So das ist alles bloß Verstandes Vernunft und psychologisches Hirngespinst das niemals eine Polarität war und sein kann. Das sind bloß Worte und der Glaube daran. Alles Unterdrückte wird da in den Regenbogen Transformationszentren Freiraum gegeben werden müssen und wollen, Sei es nun Wut Angst Liebe oder sonst was. Dafür sind ja die Therapeuten da. Das anal- analytische Denken ist hier wirklich im Arsch und wird wie die psycho-anal-lytiker in ihren eigenen Arsch zurück geführt werden damit die Scheiße von denen den Darm entleeren kann HoHoHo.

Da werden Neurosen und Altrosen und Mittelrosen und Ganzaltrosen ins Absurde geführt werden allein durch Worte HoHoHo. Weil da kein innerlich und äußerlich vorhanden sein kann.

Die erstarrten psychologischen Zwänge des konditionierten Kulturmenschen seiner eigenen Gefängnisse der Vergiftungen den Gefängniszellen seines Wortdenklebens werden die Mauern zerschlagen werden auch mit dem Zen-Kricket-Schläger so richtig mit Wucht und Spontanität wie damals als Matzu, Dögen, oder Rinzai noch zulangten HoHoHo.

Und zwar so lange bis keine Vorstellungen mehr vorhanden sind wer du nun wirklich bist und zum Sehen kommst und Hören. Hohoho.

Das Lügengefängnis das Fantasiegefängnis das Denkgefängnis der Schlussfolgerungen der Worte der Logikzusammenstellungen wird mal angepisst werden und verätzt werden mit dem ätzenden sauren Eigenurin dieser vergiftenden Kunsthokuspokus Kulturen.. Sozusagen eine Eigenurintherapie hohoho.

Alle Traditionen werden auf die Müllhalden der demokratischen Müllhalden der Zivilisationsvergiftungen der Erde geworfen werden. Alle Schatteninhalte wollte ich schon schreiben, aber, aber, der Schatten ist dich bloß der Schatten, was soll's wen interessiert der Schatten, der ist doch bloß das und nicht mehr der kann doch gar nichts tun außer Schatten spenden in der prallen Sonne. Also Schatteninhalte in der psychologischen Sinnweise sind Murks von Murkskandidaten aufgebaut die einfach Unwissenden sind. Aber Diplome und Titel haben hohoho und euch deswegen ihren Schatten aufbürden können durch gut geformte Schlussfolgerungen und logische Zusammenstellungen, HoHoHo. Denn die tierischen Aspekte unseres dreidimensionalen Körpers im Kreislauf der Evolution gehören einfach dazu und waren mal benötigte Kräfte und Energie um überhaupt klar zu kommen unter all den Sauriern der menschliche sogenannten Errungenschaften und seiner ihm umgebenden Naturspezies ala T–Rex und so weiter.

In den Regenbogen Transformationszentren werden sämtliche Methoden angewendet die es zur Zeit gibt zbs. alle Meditationsformen, Zazen, Vipassana, Atem, T'ai Chi, Sufiwege, Tänze Gymnastiken Singen Tanzen Massagen, alles was sich in den Jahren an neuen Wegen im Wellness Fitness Meditationsbereich entwickelt hat bis hin zur Megasteifen Selbsterforschung und auch eingeweihten Meditationswegen durch lebende Meister unterschiedlicher Traditionen die als Werkzeuge zu nutzen sind. Wenn es geht werden lebende Meister und Buddhas und Jesusse dort erscheinen und weiter führen. Aber Therapie ist nur der Anfang für die Meditation die die Vorbereitung für die Erleuchtung ist die die Vorbereitung für das Wesen ist und das Göttliche. Denn irgendwo her muss ja die Leuchtung das Leuchten das Licht der Erleuchtung kommen HoHoHo

Denn es gibt überhaupt nix und doppeltnixxi zu erreichen. Das was du erreichst das bist du schon seit anfangslosen Zeiten. HoHoHo

Auch das Du als Ich als Körper als Mental voller Gedanken bist die besagen ich du bin getrennt von allem anderen auch das ist okay und Glücklichkeit und kann auch Leid sein oder beides zusammen auch das ist okay denn es ändert gar nichts an der Tatsache wer du bist. Es sind bloß andere Gefühle und Einsichten die erlebt werden und manche meinten dann das wird zu viel ich muss das ändern und brauche sogar Hilfe dafür und so weiter. Dann entstanden dies und jenes und so weiter. HoHoHo Falsche Glaubenssätze werden irgendwann abfallen in den Regenbogen Transformation Zentren. Denn die Persona ist ja ein Gefährt das Ego das Ich ist ja ein Freund eine Liebe Freundin, die gepflegt werden will mit Schönheit und Liebe und Zuneigungen. Da gibt es nix und doppelnixxi zu überwinden. Das ist wunderbarste Schöpfung das Beste als Raumanzug das es gibt für diese Welt und wird kontinuierlich evolutionär verbessert durch die Veränderung der ehrlichen Gegebenheiten. Die Wahrheit ist ja auch das du ja frei bist da gibt es nix zu tun oder zu Erreichen du spielst bloß mit HoHoHo

Aber.?

Das zwar zu wissen ist schon prima!

Aber das wirklich zu erfahren das ist was ganz anders und dafür sind die Regenbogen Transformationszentren als 7 Sterne Hotel zu Verfügung. HoHoHo

Und wie sieht es mit der Psychologie des Armen und des Reichen aus. Da ja hier ein 7 Sterne Hotel System als Transformationszentrum sein soll. Sollen nicht die Armen im Geiste diejenigen sein die Gott schauen werden. Aber bedeutet das auch gleich Arm in Bezug zur Baukunst und Lebenskunst und Kunst überhaupt. Wohl nicht. Bedeutet Geist in der damaligen Beschreibung Jesus nicht wohl Verstand, und zwar das der Verstand nicht die Herrschaft hat sondern die Liebe das sogenannte Herz das herzliche die Freundschaft und Liebe und Freude der Menschen untereinander. Aber das ist durch die Explosion des Verstandes des Mentals überschritten, der eine Macht über die Menschen gewonnen hat, das Rationale der Zweck die Mathematik der Logik des Geldes, und die Reichen der Welt sollen und sind Brüder des Satans und Kinder des Teufels aus der Hölle (aus „der Haushaltung Gottes" – Jakob Lorber) ist so was heutzutage 2007 am 1 Mai überhaupt richtig. Und geht es überhaupt um diese Seinszustände auf der Erde so wie die Menschen sich entwickelt haben und entwickelt oder besser verwickelt werden. Wohl ja. Denn die Blindheit an den Glauben des Geldes des Geistlebens der Bankiers und Strategien ist ja global eine Tatsache und Versklavung an den Verstand und deren Benebelungen der Menschen, überall. Es gibt auf der Erde so viele Dinge die man nicht in den Griff bekommen kann, weil sie die Mehrheit der Welt betreffen, der Menschen. Das Kollektivkarma der Menschheit der Völker der Gruppensysteme der Geldsysteme der Wirtschaftssysteme der politischen Systeme, kurzum ihre komplexen Systeme, ihre Regierungen, Mentalitäten, Sitten, und Gebräuche sind völlig anders als die meinigen, und denjenigen die in den Regenbogen Transformationszentren ihr „Fleisch" also Körpersystem reinigen werden, damit sie eins mit dem göttlichen werden können, um das dann wiederum in das bestehenden System des primitivo Wahnsinns der Brüder des Satans also des Materialismus Muus einbringen können um zu transformieren und Licht und Liebe leben zu können. Denn jetzt, heute, am 1 Mai 2007 sind die Menschen geplagt von Versklavungen an den Glauben des Todes und des Körpers und des Geldes und sind selber praktisch nicht mehr vorhanden sie sind bloße Verhaltenscomputer geworden denen die Software des Glaubens an diese Primitivowerte tagtäglich suggeriert werden und vorgelebt werden durch die Aufrechterhaltung dieser Geldwerte die Glaubenswerte Fantasiewerte also irreale Seinszustände sind.

Es geht hier also nicht um Bekämpfung dessen was auf der Erde abgeht in Bezug zum Bösen und des Üblen, das sind ja Tatsachen, das Üble das Böse das satanische die üblen Geister die Geistwesen die sind Tatsachen trotz und auch in einer sogenannten wissenschaftlichen Verstandesumhüllung. Das bleibt bestehen, es geht nicht um ein bekämpfen dieser Verblödungen und Bösartigkeiten der Unwissenheiten aus der die Bösheit entsteht und die durch Wissen entlarvt und entmachtet werden kann, nämlich das Wissen wer du bist und dass das Göttliche da ist hier ist. Der Verstand der sich als der Satan das Böse auf der Erde nun präsentiert, also die Grenze die Abgrenzung durch die Lüge und das Falsche in Bezug zu Entscheidungen und Erstellung von Produkten und Systemen kurzum der Vergiftung der Erde, das sind alles Tatsachen, und das ist kein Manko der Tod der Schmerz das Böse, das sind Tatsachen und keine Defizite, das ist das Sosein wie Buddha sagen würde der Sidharta, denn das Böse die Unwissenheit die Freiheit zur Entscheidung für das Böse und so weiter die ist gegeben, und wenn sich die meisten dafür entschieden haben, so werden sie auch die Früchte ernten.

Es geht auch nicht um ein eliminieren des Bösen aus der Welt, das ist unmöglich weil das Üble ja eine jeweilige Verstandeserrungenschaft der Epoche jeder Zeit ist und das verändert sich, im Laufe der Evolution, in bezug zu den herrschenden Minderheiten die ihre Gier und Habgierziele bedroht sehen und so ihre eigenen sogenannten Gesetze gestalten lassen damit sie diese Stellungen die sie als Rechte deklarieren lassen nicht verlieren. Das sind Tatsachen der Unwissenden und der Ignoranten und Dumpfen. Da sie auch mit Mord und Kriegen arbeiten also der optimal Magier der beide Seiten des Lebens kennt Hell und Dunkel und beides benutzt die Lüge und die Wahrheit je nach Zwecksituation die seinen Zielen dient. Aber heutzutage durch die Vernetzung und Erkenntnisfähigkeit und Einsicht vieler Menschen auf der Erde ist eine andere Möglichkeit gegeben, die Möglichkeit über diese satanischen Machtziele und deren Resultate der Zerstörungen auf der Erde und der damit verbundenen falschen Freiheit die gepredigt wird als Demokratie hinaus zu schauen und zu wissen das diese Dunkelmänner und Dunkelfrauen und diese gigantische Woge des Geldglaubens und das ohne Geld Nix und Meganixxx geht transzendiert werden kann und durchschaut werden kann und damit schon die Freiheit erlangt ist, indem nicht mehr daran geglaubt wird. Alleine durch den Glauben nicht mehr daran zu glauben entsteht Befreiung vom Materialismus Muus und seinen Knechten den Lohnarbeitern und den Almosenempfängern und Hartz 4 Seeliegen. Und da dieses System schon existent ist, braucht das Geld und deren Verfechter wenn sie mit Gewalt daran festhalten wollen bloß entfernt zu werden. Es ist einfach ab morgen gäb's kein Geld mehr.

Was dann ?

Würdet ihr dann in Chaos enden?

Würdet ihr dann Verhungern?

Würdet ihr dann Verblöden?

Würdet ihr dann nicht mehr arbeiten können?

Würdet ihr dann keine Rechnungen und Kredite und Schulden bezahlen können?

Nein.

Das würde alles nämlich gar nicht existent sein zu eurer Existenz gehören die euch jetzt als unabänderbar vorgegaukelt wird für den Betrug der wenigen gegen die Massen der Menschheit. Die so versklavt werden kann durch die Gewohnheitsenergie und der damit verbundenen Vernebelung des Sehen und Verstehens.

Die Superreichen die Industriellen die Kirchenväter die Religionsmanager haben dieses Sklavensystem über die Jahrtausenden und Jahrhunderte aufgebaut in ihrem Gier und Habgiersinne und dann wird es als menschlich oder sozial oder für die Menschheit deklariert und zwar erst im Nachhinein wenn der Sieg der Polposition erreicht worden ist durch das platt machen der anderen. Und da euch Individualismus Muus gepredigt wurde und Ichheit auf den Körper bezogen also auf den zukünftigen Tod, also der Angst der Ungewissheiten der Unsicherheiten, ist bloß der freie Wille dieser damaligen und heutigen Gestalter des Denkprozesse und Sehweisen und Meinungsbildner in ihren Geldgefängniskartellen also der Verblödung gestaltet worden, der euren Kurs des Lebens nun bestimmt im gigantischen Ausmaß und alles ist nun unüberschaubar geworden und sogar als Naturgesetz in die Kollektivverblödung eingegangen es wird als Wahrheit geglaubt, das es nichts schöneren besseres freiheitlicheres liebendes geben kann. Und die Menschen ihr du sie es sind bloße Instrumente so wie ein Computer geworden in der Verselbständigung dieser Systeme und ihrer blinden Arbeiter darin egal ob mit Porsche Villa oder Haus aus Gold, es wird nur noch entsprechend der Programmierung reagiert und Handel getrieben und Politik gemacht und, nicht das göttliche hat euch so programmiert nein, das Üble die Ignoranz die Unwissenheit die Verbrecher die Mörder die Kriegstreiber die Waffenhändler die Vergifter die Vasallen der wissenschaftlichen Meinungshoheiten die Verführer die Blinden. Die Tiermenschen das Tier die 666. Denn wenn das Göttliche euer System programmiert hätte, und ihr dann auch wie Computer auf der Erde rumtorkeln würdet dann wäre das zumindest ein göttliches rumtaumeln, und da kann ich euch aus eigener Erfahrung sagen, das ist wunderbar glückselig und erhaben und nobel, und das alleine ist schon etwas was keiner von euch überhaupt jemals erlebt erfahren hat, und das ist bloß ein Fünkchen der Göttlichkeit deiner Möglichkeiten.

So in diesem Regenbogen Transformationszentren werden dann diese Gefängnisse des Materialismus Muusprogrammierung fallen gelassen und die Richtung geht auf das was du wirklich bist und sein kannst und sein sollst. Und du wir ich du er sie es werden sich auf die Quelle Gottes dem Göttlichen hinzubewegen und reinigen und waschen und öffnen nicht bloß im Glaube nein, in der Tatsächlichkeit der Wahrheit des Wissen und dementsprechenden Handlung und der Input der Quelle des Göttlichen das weit mehr ist als das Bewusstsein, weit, weit, mehr, unbeschreiblich viel mehr, und dann noch mal weit weit weit weit weit hoch weitgedoppeltmehr, diese universelle Kraftquelle wird dann das Instrument dein Egöchen dein Ich dein Körpersystem programmieren, und du wirst damit zurück in die Arbeitswelt dieser zu verändernden Globalgesellschaft eingehen und das weiter geben in einem geschlossenen offenen System und in die Industriewelt einbringen die dadurch transformiert wird von einer Geldgeiliverblödung zu einer Geldloserhabenheit und Liebe gegenüber allem lebenden .

Die genetische Vorprogrammierung die durch den Ton und die Musik Gottes gesoftwared wird, also die Gene die DANN Strukturen die durch den Heiligen Geist programmiert werden der die Welle der göttlichen Bewegungsabläufe ist und aus unzählbaren Klängen und Lichtern besteht dem Tonstrom Gottes dem Klangstrom Gottes oder dem Heiligen Geist der alles geschaffen hat und aufrecht erhält, der in Worten und Zahlen nicht ermessen werden kann denn das Göttliche ist unermesslich Übermegagigantisch und es gibt keine Mathematik dafür es gibt nur das erleben davon und zwar mit einem ungiftigen sauberen Ego oder Ich oder Körper der aber nun vergiftet wurde durch die Unwissenden die Üblen die sich euch als Wissenden immer dargestellt haben, und ihr deswegen ununterbrochen mit den Fehlern dieser Unwissenden zu kämpfen habt, den sogenannten Notwendigkeiten, die alles gegenwärtige beherrschen ohne das ihr jemals zur Ruhe kommen könntet weil ihr ein energetischer Funke davon seit ohne zu wissen wer ihr und was ihr wirklich seit.

Der Glaube an dieses System der Geldgeilsatanisten und Massenmörder und Kriegstreiber und Armeetempel voller Waffengifte und Kontrollsenilen hat euch langsam an den Rand der möglichen Apokalypse geführt. Aber in der Schöpfung Gottes gibt es sehr viele Variationen und Möglichkeiten und Wege und der Weg zu Gott dem Göttlichen ist ein Weg mit vielen Räumen Zimmern wie Jesus schon sagte und da gibt es viele Lichtsorten Töne und Erleuchtungsvarianten die alle an Einsicht Umfang Tiefe oder Gewissheit und Fähigkeiten variieren und alle Rastplätze sind für desjenigen evolutionären Fähigkeiten auf dem Weg zum Göttlichen dir selber. Viele meinen schon beim Blitzchen oder etwas Licht wären sie erleuchtet, aber sie sind nicht voll erleuchtet erwachte. Schon beim Lesen ihrer Aussagen merke ich das da was nicht stimmt wie zbs. Andrew Cohens Aussage dessen Meister Shri Poonjaji war und der nun wegen ein bisschen Licht wohl denkt er sei ein Erleuchteter Meister was aber nach dem lesen seiner Aussagen wirklich nicht sein kann der ist wohl im denkenden Geist mit all seinen Fehlern und Raffinessen gefangen geblieben. Und beide, er und Ken Wilber, passen gut zusammen, denn Ken Wilber ist total unerleuchtet, bloß Lesen und Denken und Fantasieren also Unfreiheit. Ich sehe das auch an mir mit all den spirituellen Erfahrungen bis hin zur Selbsterkenntnis, selbst da weiß ich das es da weiter geht und nahm später in München 1993 am 1 Mai die Initiation in Licht und Klang von Ching Hai. Das ist ein verzwicktes Spiel und ich hatte viele innere Mentalkämpfe die ich aber vorher nie hatte „Zweifel".

Aber hier auf der Erde wird ja das Spiel der Menschlichkeit gespielt wer kann menschlicher sein wer ist humaner wer ist liebender und wer und was ist das beste und schönste. Aber diese Menschlichkeit die heute existent ist, die ist nix, die ist Halbtod Scheintod und es wird mit aller Macht daran gearbeitet gegen die, die angeblich „Abgehoben „ sie und du sollst nicht abgehoben sein, aber wer sind diejenigen die so was nicht wollen das du so bist sein sollt oder überhaupt so wärest? ja, ja, Ja, wer sind diejenigen und was sind sie. ?

Es sind die erdgebundenen Geister der Benebelungen und Unwissenheiten, denn wenn bloß einer von ihnen jemals eine Erfahrung seiner Größe erfahren hätte seiner Nobelheit und Gigaerhabenheit, wäre er gar nicht in der Lage so was Blödes mehr zu Denken zu Wollen und verbreiten zu wollen, so es sind die Unwissenden die

Meinungsbildungen in diesen Verblödungsgesellschaften dieser Erdgemeinschaften verbreiten damit nämlich kein Erwachen passieren kann und soll und der Status Quo die Ignoranzdemokratie weiterhin so schön blüht und weiterhin ausgebeutet werden kann und zwar bis zum Exzess und dann bis zur Totalzerstörung.

Aber mein Furz ist nicht das Essen das verdaut wurde.

So ist auch das Böse nicht Gott das Göttliche. Es sind selbstständige Prozesse die Kausal passieren ohne das du, das Göttliche, überhaupt jemals davon zu erfahren brauchst.

Denn wenn ich das Göttliche bin und sein Sohn zu mir nehme und die Schöpfung esse und dann Rülpse und Furze so ist dann aus Gottes Sohn nicht der Rülpser und Furz geworden. Sondern ich bin immer noch das Göttliche.

Gott und Liebe und Böses und Satan und Mord und Lügen und Wände und Betrug und Rosen und Winde und alles ist da. Aber trotzdem da ist kein Dualismus. Dualismus gibt es nur im Kopf der Denker und Philosophen aber nicht irgendwo anders. Auch Wände und Grenzen sind kein Dualismus Muus. Die Theo-Logen also die Gotteslügner sie bauen das Dualismus Muus Müsli auf um die Einsicht des Einzelnen zu verhindern. Das ist der Satan. Und der ist leibhaftig. Das ist seine Sache. Meine ist meine Sache.

Auch ist die Erfahrung die als Advaita beschrieben wird nicht Gott sie ist Brahma. Aber Brahma ist bloß Universalbewusstsein deswegen reden die auch so oft vom Bewusstsein. Denn wenn die Erfahrung des Advaita Gott wäre, was wäre dann wohl der erfahrene. Er hätte ungemein viele Fähigkeiten, mal so formuliert und zwar enorme Fähigkeiten. Das haben aber die Advaita Pappis und Mammis gar nicht. Obwohl ich Ramana Maharshi sehr gerne gelesen habe und auch Nisargardatta. Mein Lob. Wunderbar. Schön. Prima so weit gekommen zu sein. Lob.

Aber auch die heutigen Zenmeister die zenautorisierten Zenmeister das sind noch keine echten Zenmeister. Denn ein echter Zenmeister der echt das Zen verwirklicht hat, hat volle Buddhaschaft erreicht, und das ist wiederum mit unbeschreiblichen Fähigkeiten verbunden die aber die heutigen Lehrer die keine wahren Zenmeister sind das sind Modezenmeister Kulturzenmeister Gesellschaftszenmeister gar nicht im Entferntesten haben. Das sind Lehrer.

Und der ganze Christen Mönchssalat der ist total mit Glaubenssauce bedeckt und Fantasien. Ich sage ja nicht das sie nicht schöne Einblicke haben schöne Erfahrungen Seinszustände usw. aber in meines Vaters Haus gibt es sehr, sehr, sehr, sehr viele Zimmer und kein Zenmeister ist ein echter Buddha bis heute geworden. Keiner. Bei den vielen Zimmern und wo endet man ab in welchem Zimmer. Und trotzdem ist das alles Einheit. Es hat noch nie etwas anders gegeben und es wird auch nie etwas anderes geben.

Ihr seit euch nicht bewusst das die Lüge in allen Bereichen und Positionen ob materialistisch oder religiös und sogar spirituell alle Positionen erlangt hat.

Ja, in dieser Welt da ist die Lüge die Wahrheit. Dies ist ja bloß eine Spiegelung einer höheren Welt und bis hin zu Brahma Universalbewusstheitgottheit ist die Lüge die Täuschung die Illusion, da Brahma der Erbauer der Welt der Vernichtung ist. Und für viele ist Advaita das Höchste. Es darf nicht vergessen werden wie schwer es ist alleine schon wenn dich hier jemand auf der Erde anlächelt und sagt ich Liebe dich und so weiter und dir Geschenke gibt und teure Geschenke und viel Geld und Positionen usw. ihr sehr ja wie reihenweise Politik zum Arschloch mit gleichem Gestank wurde und wird und ist. Nun stellt euch vor ihr schafft es bis zur Astralebene zu kommen, die um ein vielfaches höher schwingt. Und mit ungemein mehr viel Schönheit und Glanz. Wie viel werden da ins schwärmen kommen und mit dem Eindruck zurückkommen das „Höchste" Gott erreicht zu haben. Und nun bis zur Mentalwelt die noch glänzender ist mit noch mehr Licht und gleich ein Schritt zur Advaitawelt Brahma. Der Schöpfergott der Einheit der physisch sterblichen Welt die ununterbrochener Veränderung unterliegt und dann mit dieser Gottheit dieser Power diesem Glanz und Pracht zusammen kommt dem Bewusstsein eins werdet. Falls das Advaitis überhaupt jemals erreicht haben sondern bloß kurz einen ruckzuck Einblick bekommen hatten, und so weiter, oder sich ursprünglich das „Nichtzweih eitsschlussfolgerungenlogikprodukt" durch Denken Nachdenken Erschlussfolgert hatten. Was ja möglich ist mit der mathematischen Logik und so weiter.

Da ist dann nix mehr mit noch Weiter für denjenigen das ist das Ende für den das Höchste die Einheit.

So Advaita und die heutigen jetzigen Jetztmeisterschaften das sind wunderbare Erfahrungen aber das ist nicht das Göttliche Gott.

Alle Achtung vor den erfahrenen deren Erfahrung aber das ist nicht Gott. Alle Achtung vor dem erfahrenen erlebten ermeditierten oder plötzlich Vortodeseinsicht aber Gott ist das nicht.

Das ganze Lügen Betrugs Menschenausbeutungssystem der Kirchen mit ihren Sektenbeauftragten für die das Kriterium für Sekten das ist, wenn behauptet wird, das individuelle Sein sei ein Ganzes, das ist die Lüge die zur Wahrheit wurde sobald die jeweiligen Meister von der Erde wech sind, und es bloß noch um Abzockmacht geht und Kontrolle und Ausbeutung, und zwar derjenigen die nie Meisterschaft erreicht hatten nicht mal Selbstbemeisterung Selbsterkenntnis.

Aber ! ?

Mit jedem erreichten wird auch Meinungsbildung gemacht. Das ist ja okay. Das Brahmanensystem entstand aber aus denen die Brahma verwirklicht hatten durch Meditation, und heute sind sie bloß das gleiche wie die christlichen Kardinäle Bücherinformanten, die nie jemals Christus in sich verwirklicht haben das Christussein der Seinszustand. Aber deswegen auch die Vielfalt spiritueller und religiöser oder philosophischer politischer usw. Einstellungen und Meinungen. Und mit allem soll und wird Politik gemacht. Also aus dem griechischen also die Wissenschaft vom Staat. Die Kunst des Regierens Re-Gier-ens die Kunst die Geschicke einer Nation zu verwalten. Aber nicht wie in Saudi Arabien oder Russland wo nicht das Humanistische Gesetz naja, herrscht, leitet, sondern das Saudi Familien Haus oder Putin und sein Freunde.

Das Böse ist der noch tierische Körper das Tier. Denn vergesst nicht wir sind das Göttliche Wesen das eine menschliche Erfahrung macht und nicht umgekehrt obwohl das auch ist.

Und das ist kein Dualismus sondern die Kunst der Schöpfung.

Wenn Dualismus ein Übel ist dessen Verstand ist unerleuchtet und hat ihn nicht zum erkennen Seiner Selbst geführt. Oleee.

Ich will noch mal ganz, ganz klar machen. Wir reden hier von Gott dem Göttlichen.

Nicht von Buddha nicht von Advaita nicht von Zen nicht von Ich bin, von Gott dem Göttliche nicht von dem was ich hier auf der Erde erlesen habe und von eigenen Selbsterkenntnissen und mehr. !

Also von Gott nicht männlich nicht weiblich, dem Göttlichen, gigantisch Hoch Trilllllliarden.

All das wird in den Regenbogen Transformationszentren erfreit befreit werden.

Denn die Vergiftungen die auf der Erde unter den Menschen ablaufen seien sie physisch mental oder politisch oder wissenschaftlich oder religiöse Vergiftungen zeigen ganz offensichtlich das der Verstand die Vernunft gar nicht wirklich rein und sauber und womöglich vorhanden ist denn wer sich und andere vergiftet dessen Verstand ist wirr und der hat niemals eine Vernunft und kann somit auch kein Recht oder Gerechtigkeit haben und erkennen und Wahrheit das ist Fiktion für diese. Und wie soll der sogar über den Verstand das Mental das Gemüt hinaus gehen können oder überhaupt davon träumen das zu können oder das zu wollen, das geht gar nicht. Denn um über Verstand und Körper hinaus zu gehen ist es gut alles geordnet im Verstand zu haben.

In den Regenbogen Transformation Zentren werden auch keine Lebensverachtungen oder Körperverachtungen akzeptiert werden die Todesverachtung aber auch nicht. Alles wird klar angeschaut werden in das Sein hineingeblickt werden und durchschaut werden durch Erfahrung deiner selbst. Dort werden die Menschen sich ehrlich anschauen müssen und wollen und die sogenannte Außenwelt wird in Ruhe gelassen und erst mal Stille erlangt werden, Stille deswegen, weil damit erkannt werden kann das sich alles andere bewegt und du schon mal, erkennen kannst das du der Seher dieser Schow bist und was das dann wirklich bedeutet.

Womöglich könnte erkannt werden das die Gehirntätigkeit die Gedanken die

Fantasie in Wahrheit Selbstläufer sind so wie der Apfel der gegessen wurde und der nun verdaut wird und manchmal zu Furzen führt aber nicht der Apfel ist. Genau so ist es nämlich mit den Aktivitäten des Mentals des Gemüts des Verstandes das ist ein Selbstläufer eine Eigenaktivität die aber auch gar nichts mit deinem wahren Ich zu tun hat das ist nämlich frei von diesen Aktivitäten und einiges mehr. Und ganz, ganz weit weiter da ist die Glückseligkeit und einiges mehr das ist schon mal etwas was du bist, oder?

Soo ich will diese Schlusswortschreiben nun beenden und zwar mit einem Plotin Reisebericht

Der sich folgendermaßen liest:

„
Der Aufstieg und die Vereinigung mit dem Einen."

Hier die größte, die ultimative Herausforderung ist vor unsere Seele erschienen, all unsere Schwierigkeiten und Kämpfe sind deswegen. Der Mensch der dieses erreicht verwirklicht, ist gesegnet in dieser gesegneten Schau Sicht Gesehenem Erreichtem. Und der, der es nicht erreicht, der hat aber auch total versagt. Ein Mensch hat nicht versagt wenn er der Schönheit der Farben nichts abgewinnen kann, oder der Schönheit der Körper, oder Macht oder Positionen oder sogar als König, aber wenn er es nicht schafft, aber wenn er dieses nicht schafft, gewinnt, erreicht, nur dieses, und nur diese, was war dann sein Leben. Und deswegen sollte er aufhören ein König zu werden, und über die Menschen zu regieren, die Meere und den Himmel, wenn er doch nur durch verlassen und überschauen von diesen Positionen Stellungen, er zu dem sich wenden kann und es sehen kann.

Aber wie sollen können wir den Weg finden?

Welche Methode können wir benutzen?

Wie kann man die unbeschreibliche Schönheit sehen die innerhalb des heiligen Heiligtums ist und nicht heraus kommt wo das Profane es sehen kann?

Lass diejenigen die folgen können nach Innen kommen, und lass die Sicht seiner Augen draußen bleiben und dreh dich nicht um nach dem körperlichen Glanz Schönheit welche er zuvor immer sah. Da wo er die Schönheit der Körper sieht da darf er nicht ihnen nachlaufen, denn wir müssen wissen das sie bloße Bilder, Spuren, Schatten sind, und davoneilen zu dem was sie Bildern. Denn wenn ein Mensch zu den Bildern Spuren Schatten rennt, und dann will sie zu behalten, so als ob sie Realität wären, so wie eine wunderbare Reflektion auf dem Wasser, die dann jemand haben will und im Wasser versank, so ein Mensch der hinter wunderschönen Körpern her ist, und sie dann nicht gehen lassen will, wird, wie der Mensch der im Wasser versank, der wird in seiner Seele versinken, nicht im Körper, und er wird tief in die Dunkelheit kommen wo die Seele keine Freude haben wird und sie wird blind im Hades bleiben, nur mit Schatten Kontakt haben mal hier mal da mal dort. Dieses könnte ein echter Rat sein, „ Lasst uns zu unserem geliebten Land fliegen „ Wo sonst wäre unser Weg der Flucht?

Wie sollen wir in See stechen?

(Odysseus, denke ich, spricht symbolisch wenn er sagt er muss von der Hexe Circe oder Calypso wegfliegen, und er ist nicht zufrieden dort zu bleiben, obwohl er Freude an dem gesehenen hat und unter und mit sehr viel Sinnlicher Schönheit lebt.)

Unser Land von dem wir kamen ist dort, unser Vater ist dort unsere Mutter. Wie können wir dorthin reisen`, wo ist unser Weg der Flucht? Wir können dort nicht per Fuß hinkommen, denn unsere Füße tragen uns nur überall in dieser Welt hin, auch nicht per Boot. Lasst all diese Dinge los, und schaut nicht herum da nach draußen. Schließe deine Augen und ändere dich erwache in eine neue Art des Sehens die jeder schon hat, aber die aller, aller wenigsten benutzen.

Der diskursive Verstand, wenn er wünscht etwas zu sagen, muss zuerst ein Element der Wahrheit greifen und dann ein weiteres, so sind die Konditionen des diskursiven Denkens.

Aber wie kann diskursives Denken das absolut Einfache verstehen. Es ist nicht genug es zu verstehen durch eine Art von spiritueller Intuition. Aber in diesem Akt des Begreifens haben wie weder die Kraft noch die Zeit etwas darüber zu sagen, danach können wir darüber logisch Denken. Wir können glauben dass wir wirklich Sehen, wenn ein plötzliches Licht die Seele illuminiert, denn dieses Licht kommt vom Einen und ist das Eine. Und wir könnten denken dass das Eine gegenwärtig ist, wenn, wie ein anderer Gott, er das Haus von ihm illuminiert und ihn ruft, denn da wird kein Licht sein ohne seine Gegenwart. Ebenso ist die Seele dunkel die ihn nicht erblickt, aber wenn sie durch ihn illuminiert wird, hat sie was sie wünscht, und das ist dann das wahre Ende und Ziel der Seele, das Licht zu betrachten, und betrachte es nämlich durch das gleiche Licht selber, welches nichts anderes ist als das Licht durch das sie selber sieht. Denn das was wir suchen um es zu sehen finden ist das gleiche welches uns Licht gibt, auch wenn wir nur das Licht der Sonne sehen durch das Licht der Sonne. Wie denn kann das zu uns kommen? Entkleide dich von allem?

Wir müssen nicht überrascht sein dass das was das größte verlangen erschafft ohne Form ist, sogar ohne spiritueller Form, seit die Seele selber, wenn entflammt mit Liebe dafür, alle Formen ablegt die sie hatte, sogar das was zur spirituellen Welt gehört. Denn es ist nicht möglich es zu sehen, oder in Harmonie mit ihm zu sein, während man noch beschäftigt mit irgend etwas anderem ist. Die Seele muss von sich alles entfernen auch positiv oder negativ oder gutes und böses alles, so das sie nur das Eine alleine erhalten kann, da das Eine Alleine ist.

Wenn die Seele so gesegnet ist und zu ihm kam, oder anders wenn seine Gegenwart manifestiert wurde, wenn die Seele sich abwendet von sehbaren Objekten und sich selber so schön wie nur möglich macht und so wie das Eine wird, (Die Art der Vorbereitung und Schmückung ist für die praktizierenden bekannt) und plötzlich sieht wie das Eine in ihm plötzlich erscheint, denn nun ist nichts zwischen ihnen, weder noch sind sie Eins oder Zwei, aber Einheitlich Eins, denn du kannst nicht zwischen ihnen unterscheiden, während die Vision das Gesehene anhält, es ist die Vereinigung von der die Vereinigung der erdlich sich liebenden, die wünschen ihr Wesen zu mit einander zu vereinen, bloß eine Kopie. Die Seele ist sich nicht länger ihres Körpers bewusst, und kann nicht mehr sagen das sie entweder ein Mann oder ein lebendes Wesen oder irgendetwas Reales überhaupt ist, denn die Kontemplation von solchen Dingen würde unwürdig sein, und sie hätte kein gefallen daran, aber wenn, nachdem sie das Eine gefunden hat, sie sich in seiner Gegenwart befindet, geht sie um das Eine zu treffen und denkt nur an das Eine und nicht an sich selber. Was sie selber ist wenn sie schaut, daran hat sie nun keine Freude das zu sehen. Wenn die Seele in diesem Stadium ist wird sie ihre gegenwärtige Situation für nichts tauschen wollen, nein, nicht für alle Himmel der Himmel, denn es gibt nichts besseres, nichts das mehr gesegnet wäre. Denn sie könnte nicht höher gehen, alle anderen Dinge sind unter ihr, wie auch immer fabelhaft sie sein mögen. Es ist dann das sie richtig entscheidet und weiß das sie hat was sie verlangte, und das dort nichts höheres zu finden ist. Denn dort gibt es keine Täuschung mehr, wo könnte man irgendetwas Wahrhaftigeres finden als das Wahrhaftige? Was es sagt, das es ist, und es spricht danach, und spricht in Schweigen, und ist glücklich, und ist nicht enttäuscht in seiner Glücklichkeit. Seine Glücklichkeit ist nicht die Lust der körperlichen Sinne, es ist das die Seele wieder das wurde was sie zuvor war, als sie gesegnet war. All die Dinge die sie zuvor erfreuten, Kraft, Reichtum, Schönheit, Wissenschaft, all das erklärt sie als nicht erwünschenswert, sie könnte es nicht sagen wenn sie nicht etwas viel besseres getroffen hätte als diese zuvorigen Dinge. Sie hat keine Angst vor dem Bösen, während sie Eins mit dem Einen ist, oder sogar wenn sie Es sieht, denn alles andere verschwindet um sie herum, sie ist zufrieden, wenn sie nur mit Ihm sein kann, so glücklich ist sie.

Die Seele ist so erhaben das sie sogar abschwächend von der spirituellen Intuition denkt die sie zuvor hoch geschätzt hatte. Denn spirituelle Wahrnehmung beinhaltet Bewegung, und die Seele wünscht nun sich nicht zu bewegen. Sie nennt das Objekt ihrer Vision, Sicht, Gesehenem, nicht Geist, obwohl sie selbst in Geist transformiert wurde bevor sie die Vision die Sicht hatte und in das Reich des Geistes gehoben wurde. Wenn die Seele zu der Intuition vom Einen ankam, lässt sie die Möglichkeit der spirituellen Wahrnehmung hinter sich. So wie ein Reisender der in einen Palast kommt, zuerst die unterschiedlichen Schönheiten bewundert die ihn schmücken, aber wenn der Meister erscheint, ist nur er das Objekt der Aufmerksamkeit. Durch kontinuierliche Kontemplation auf das Objekt vor ihr, sieht der Schauende es nicht mehr.

Die Vision das Gesehene ist verwirrend bezogen auf das gesehenen Objekt, und das was zuvor Objekt war wird für ihn nun die Art des Sehens, und er vergisst alles andere.

Der Geist hat zwei Kräfte. Durch eine hat sie die spirituelle Wahrnehmung von dem was innerhalb seiner selbst ist, die andere ist die empfangende Intuition durch welche sie wahrnimmt was über sie ist. Das erstgenannte ist die Vision das Sehen vom denkenden Geist, die folgende ist der Geist der Liebe. Denn wenn der Geist berauscht ist mit dem Nektar, verliebt er sich, in einfache Zufriedenheit und Genugtuung, und es ist besser für Sie so berauscht zu sein denn als zu Stolz für solches berauscht sein zu sein.

Wenn du erstaunt bist dass das Eine nicht Eins dieser Dinge ist die du kennst, dann beschäftige dich doch mit diese Dingen zuerst, und halte Ausschau nach denen die du kennst, aber tu es und schaue, aber bringe deinen Intellekt nicht nach außen. Denn es liegt nicht in einem Platz und auch nicht an einem anderen Platz, aber es ist überall gegenwärtig für ihn der es berühren kann, aber nicht für ihn der das nicht kann. So wie mit anderen Angelegenheiten kann man nicht an zwei Dinge zur gleichen Zeit denken, und muss auch nichts extra anstrengendes zum Objekt des Denkens hinzufügen, wenn man wünscht sich mit ihm zu identifizieren, so hier können wir sicher sein das es unmöglich für jemand ist der von außen kommende Bilder wahrnimmt um das eine wahrzunehmen , denn das Bild wird seine Aufmerksamkeit ablenken.

So wie wir sagten dass die Angelegenheit ohne Qualitäten seiner selbst sein darf, wenn man die Form von allen Dingen erhalten will, so von Anfang an muss die Seele formlos sein wenn sie die Fülle und Erleuchtung des ersten Prinzips erhalten will. Wenn so, die Seele muss alle Äußerlichkeiten aufgeben, und total sich nach Innen wenden, und sie darf sich nicht erlauben ablenken zu lassen durch irgendetwas Äußerlichem, sondern wird das alles ignorieren, wie zum Anfang sich dorthin nicht zu bewegen und auch durch das nicht Sehen der Äußerlichkeiten, ja sie wird nicht mal sich selber kennen, und so, wird sie zu der Vision dem Sehen des Einen kommen und mit dem Einen vereint werden, und dann, nach genügend Kommunikation mit dem Einen, wird sie zurückkehren und das Wort bringen, also darüber berichten, falls es möglich ist, zu anderen, von ihrer himmlischen Vereinigung. Solches war höchstwahrscheinlich die Unterhaltung die Minos mit Zeus hatte, sich erinnernd welches die Gesetze waren welche die Bilder dieser Unterhaltung waren, inspiriert ein Gesetzgeber zu sein durch die göttliche Berührung. Womöglich, wie auch immer, eine Seele die viel von der Himmlischen Welt gesehen hat könnte nicht sehr viel von Politik halten sie als wertlos betrachten und möchte bevorzugen lieber oben zu bleiben. Gott, wie Plato sagte, ist nicht weit von irgendjemand von uns, und Jesus sagte das Gott dir näher ist als Du dir selber, HoHoHo, er ist gegenwärtig in jedem von uns und in Allem, obwohl sie ihn nicht kennen. Menschen fliehen vor ihm, oder lieber, vor sich selber. Sie können ihn nicht begreifen vor dem sie fliehen, auch dann nicht wenn sie sich verloren haben können sie keinen anderen finden, so wie ein Kind das wütend ist und außer sich so kann es seinen Vater nicht kennen. Aber der, der gelernt hat sich zu erkennen, wird wissen woraus er ist. So wenn eine Seele sich erkannt hat, ist sie sich bewusst das ihre natürliche Bewegung nicht in einer geraden Linie verlief (außer während einer Abweichung vom Normalen) aber stattdessen in einem Kreis um ein Zentrum, und das dieses Zentrum selber in Bewegung ist nämlich um dem herum von welchem sie entwickelt wurde. Von diesem Zentrum ist die Seele abhängig, und hält sich an ihm fest, was alle Seelen tun sollten, aber nur die Seelen Gottes tun so andauernd. Es ist das was sie zu Göttern macht.

Denn ein Gott ist sehr nahe angebunden an dieses Zentrum, oder, denn Gott ist das, was mit Jenem dem Einen verbunden ist, und solche weiter vom Zentrum entfernt sind Normale durchschnittliche Menschen und Tiere.

Ist dieses Zentrum (Mittelpunkt) dann das Objekt der Suche der Seele, das Gesuchte? Oder müssen wir von etwas anderem denken, oder annehmen, dass es noch etwas anderes sei, irgendeinen Punkt wo alle Zentren, Mittelpunkte, zusammentreffen, zusammenfallen? Wir müssen uns daran erinnern das unser „Kreis" und „Zentren ", nur Metapher sind, und das es dem Mittelpunkt, Zentrum eines irdischen Kreises nur analogisch entspricht Die Seele ist kein " Kreis" wie die geometrische Figur, wir nennen es ein Kreis nämlich die Archetypische Natur ist in ihr und um sie, das früheste Wesen, und weil sie aus dem ersten Prinzip entstanden ist, und noch viel mehr nämlich die Seelen als ganzes sind separat von dem Körper. Aber nun, seit ein Teil von uns nach unten gezogen wird durch den Körper, so wie ein Mensch seine Füße im Wasser hätte, berühren wir das Zentrum von allem mit unseren eigenen Zentrum, der Teil der nicht unter Wasser ist, wir berühren das Zentrum von allen Dingen mit unserem eigenen Zentrum, der Teil der nicht unter Wasser ist, denn die Zentren der größten Sphären sind in Übereinstimmung mit den Zentren der entstehenden Sphären, und ruhen dann aus. Währen diese Kreise nun körperlich und nicht psychisch, seelisch, so würde das Zusammentreffen dieser Zentren Mittelpunkte räumlich sein, und sie würden um ein Zentrum herumliegen irgendwo im Raum, aber da die Seelen zur spirituellen Welt gehören, sie geisterhaft sind, und Jenes Obere Eine oberhalb des Geistes ist, so müssen wir annehmen das der Kontakt durch andere Kräfte vermögen zustande kommt, von solchen die Subjekt und Objekt in der Welt des Einen vereinen, in der Art wie sich das Denkende mit dem gedachten seinem Wesen nach berührt, und weiter, und das der wahrnehmende Eine gegenwärtig ist in Tugenden und Gleichheiten und Identität, oder dass das Denkende durch Gleichheit und Selbigkeit in viel höherem Maße verbunden ist und vereint ohne Wiederstände Hinderungen. Ohne irgendein Scheidendes dazwischen. Denn Körper können nicht diese dichte nahe enge Verbindung haben untereinander, sie sind durch Körper gehindert, sich miteinander zu vereinigen, aber Unkörperliches wird durch das Körperliche nicht geschieden, sie sind nicht separat unter einander durch Distanzen sondern durch Nichtgleichheit und Differenzen durch Andersheit und Verschiedenheit. Und dort wo keine Verschiedenheit Andersheit ist sein kann sind sie miteinander verbunden und Eins zusammen. Das Eine das Obere, das keine Andersheit Verschiedenheit kennt, ist andauernd gegenwärtig, ist immer bei uns, wir aber sind nur bei ihm, wenn wir keine Ungleichheit mehr haben keine Andersheit mehr mit uns haben. Das Eine verlangt nicht nach uns, aber wir nach ihm damit es um uns ist. Wir bewegen uns andauernd um das Eine herum, aber wir blicken fixieren nicht unsere Aufmerksamkeit unsere Konzentration immer auf das Eine, wir sind wie ein Chor von Sänger die um einen Dirigenten stehen, aber Singen nicht andauern gleichzeitig weil die Aufmerksamkeit zerteilt ist unruhig unkonzentriert und auf Äußerliche Objekte gerichtet, wenn sie auf den Dirigenten schauen singen sie wunderbar und sind mit ihm. So bewegen wir uns andauernd um das Eine herum, wenn wir das nicht tun würden, würden wir uns auflösen und nicht mehr existieren können, aber wir blicken nicht immer zu ihm hin zum Einen. Aber wenn wir das tun, erreichen wir das Ziel unserer Existenz und können rasten, und wir singen nicht länger im falschen Ton, sondern formieren und kreisen um das Eine in einem Konzert göttlicher Reigen und Tänze.

In diesem Chorgesang dieser Übereinstimmung diesem Klangstrom diesem Tanz sieht die Seele die Quelle des Lebens und die Quelle des Einen des Geistes den Ursprung des Seins die Ursache des Guten und Schönen die Quelle der Seele. Aber nicht das die Seelen aus ihm herausfließen würden so dass das Eine dadurch weniger würde, sie sind ja keine Masse, denn dadurch würde das Eine ja weniger werden, dann wären diese Hervorbringungen ja vergänglich, aber die Seelen sind ja unvergänglich ewig, weil ihre Quelle das Eine ja unzerteilt bleibt zwischen ihnen und sich nicht in sie zerteilt sondern ganz bleibt und konstant bleibt. Deshalb bleiben auch sie permanent ewig wie das Eine, da das Licht bei ihnen bleibt, weil ja die Sonne das Eine immer da ist. Denn wir sind nicht abgeschnitten von unserer Quelle nicht separat, auch wenn der Körper das Leibeswesen interveniert und sich dazwischen drängt und sich in den Vordergrund bringt, so atmen und werden erhalten nicht weil unsere Quelle das Eine sich nur einmal uns selber gibt, und sich dann zurückzieht, nein, sondern immer solange das Eine da ist solange es das ist was es ist.

(Und das erinnert mich derjenige der diesen Plotin Text hier hinschreibt an eigene
Erfahrungen zum Beispiel in Marokko wo ich durch einen inneren Kanal mich
zwängte auf dem Weg nach draußen oder Innen oder Gleichzeitigkeit jedenfalls
war es eine rückläufige Bewegung und ich durchlief einige Stadien wo ich in Afrika
mal als Gorilla und Löwe inkarniert war und dann zwängte ich mich aus dem Kanal
im Gehirn heraus durch diese enorme Enge und war frei vom Körper und fing an
mich auszudehnen und wurde dabei immer größer und größer und größer bis ich
die Erde unter mir in mir sah und dehne mich weiter und weiter aus bis ich anfing
das gesamte Sonnensystem in mir zu haben und dann aber meine damalige Frau
Fran die neben mir lag und etwas gespürt haben muss und es wohl mit der Angst
zu tun bekam mich rief und ich wieder zurück kam in den Körper hinein und neben
ihr lag.. da kann diese Gigantischheit Gottes erkannt werden der sich wie ein Strahl
einer Sonne im menschlichen Körper im Kopf Bewusstsein eingeloggt hat. Oleee
HoHoHo. So nun weiter mit Plotin)

Aber wir sind mehr wahrhaftiger lebendig wenn wir uns an das Eine wenden und
in dem liegt unser Wohlsein unser Heil. Und ihm fern sein bedeutet Sein, Leben,
geringeren Wertes, das ist Isolation und Verkleinerung. In ihm kann sich unsere Seele
ausruhen und ist entfernt vom Üblen Bösen, denn sie ist zu dem Ort aufgestiegen
wo es kein Übles gibt, dort denkt sie dort hat sie ihre spirituellen Visionen und dort
ist sie befreit von Verlangen und Leiden dort ist ihr wahrhaftiges Leben dort lebt
sie wahrhaftig. Denn unser gegenwärtiges Leben, ohne Gott, ist bloß ein Schatten
und ein nachahmen von Leben ein Täuschen von Leben eine Täuschung. Aber dort
zu leben ist eine Aktivität des Einen die wirkende Kraft des Einen Geistes, und
durch seine friedvolle Kraft und Aktivität erschafft es auch die Götter, durch den
Kontakt mit dem Einen, und Schönheit, und Wahrhaftigkeit, und Gerechtigkeit und
die Tugend. Davon wird die Seele schwanger wenn sie von Gott befruchtet wird sie
ist voll von Gott. Und das ist der Anfang und das Ende, ihr Urgrund und ihr Ziel,
Anfang Urgrund weil sie von dort kommt und Ziel weil Gott das Göttliche dort ist,
und wenn sie dort ankommt wird sie wieder was sie war. Denn unser Leben hier
in dieser Welt ist Straucheln Hinfallen und ein Entfinden, das Exil on Mainstreet
Oleee, mit den Rolling Stones, und der Verlust der Flügel der Seele. Die natürliche
Liebe die die Seele fühlt beweist das Gott das Göttliche das Eine da ist, das erweist
auch das Verlangen, Eros, welches der Seele, Psyche, eingeboren ist, das beweist
auch warum Gemälde und Mythen sagen Eros mit der Psyche verbunden sind.
Nämlich weil die Seele etwas anderes ist als Gott, aber aus ihm entspringt, liebt sie
ihm aus Notwendigkeit, und solange sie oben bei Ihm , es, dem Göttlichen ist, ist sie
erfüllt vom himmlischen Eros himmlischer Liebe, und wenn sie hier unten auf der
Erde ist , wird sie gleichsam zur Hure entartet, also Entkunstet da ja Art Kunst ist,

sie wird Vulgär, zur gemeinen Aphrodite. Obwohl wohl heutzutage fast niemand mehr etwas mit der Bezeichnung Aphrodite anfangen kann, außer denen die diesen Begriff noch als realitätsbezogen in ihrem Köpfchen mit sich tragen. HoHoHo. Das ist auch dargestellt in der Allegorie der Geburt der Aphrodite und Eros oder Liebe die mit ihr geboren wurde. So ist es natürlich für die Seele Gott das Göttliche zu lieben, und das Verlangen zu haben Eins mit dem Göttlichen zu werden, solange sie sich in ihrem wesensgemäßen Zustand befindet, und nicht von dem physischen Astralen Kausalen und spirituellen Körpern umgeben ist die sie auf ihrer Reise in die niederen Welten als Anzüge oder Kleider oder Taucheranzüge oder Raumanzüge anlegen musste um überhaupt die Andersartigkeit dieser Welten erfahren zu können, als die Tochter oder der Sohn eines Noblen Vaters der ja bekanntlich geschlechtslos ist wie die Seele ja selber und diese Bezeichnungen Tochter und Sohn bloßes Kunstgriffdenken ist und in der Wahrheit keinen bestand haben wird.

Und die Seele fühlt eine noble Liebe zum Göttlichen Vater / Mutter, oder anders begrifflich beschrieben „Sier". Um Auseinandersetzungen darüber zu vermeiden ob Gott ein „Er" oder „Sie ist, wir hier ein geschlechtsneutrales Pronomen, bezeichnen, verwendet, wenn von Gott oder dem allerhöchsten gesprochen geschrieben wird : Sie und Er = Sier, Ihr und Ihm = Ihrm, Sie und Ihn = Siehn..

Also wenn die Seele dann hinabsteigt und eintritt in die Werdewelt, die Seele, getäuscht durch die falschen Versprechen ihrer Freier und deren falsche Liebe, und der Welt der Illusionen und Täuschungen und des Vergehens und Werdens, tauscht ihre unsterbliche Liebe für eine sterbliche Liebe, oder sie verwandelt sich in der Ferne vom Vater in eine Irdische, entfernt separat, und sie erliegt der sterblichen Liebe und ergibt sich der Schande und des Nichtschönen. Aber danach, durch das erlernen dieser weltlichen unwürdigen Schandtaten und unbefriedigt vom Verblödungsgetöse dieser Welt mit ihrer Gier und Massentourismus Muus für Unterbekloppte im Geldwahnsinn, da bekommt sie das Verlangen diesen Schwachsinn hinter sich zu lassen und wieder zu erkennen wer sie ist wo sie ist und wer und was das Göttliche ist und wo das Göttliche ist. Und sie fängt an sich wieder zu Reinigen indem sie den Schmand Schund ablegt sie läutert sich und macht sich wieder auf den Weg zurück zu Gott und ist dabei glücklich.

Lass denjenigen der diese Erfahrung noch nicht hatte hier unten in dieser physischen Welt der Habgier und der Lüge und Täuschung und des Abfalls in Gold oder Diamanten und Luxus das ist allesamt Gigaabfall und Schund, lass denjenigen der diese Gierhabgierliebesregungen noch hat, ermessen, wie gesegnet es ist, das zu erhalten was am meisten gewünscht wird, gewünscht werden kann, und bedenke dann, ohne ein Opfer des Denkens zu sein, wie oft er verletzt wurde, betrügen musste und schlimmer noch Morden musste und Entscheidungen treffen musste die sehr, sehr Übel sind und waren, alles nur um den Schatten zu erhalten, von dem was vergeht und sich ununterbrochen verändert, also wertlos ist, da Gold morgen zu Schlamm werden kann, und Gold selber wertlos ist, denn das sind keine Dinge die wir wirklich lieben sondern die von den Verrückten geliebt werden den Kindern des Üblen und der satanischen Dünnschissformationen, denn das ist nicht unser wahres Gutes weder noch verlangen wir danach sondern werden berieselt von den Ignoranten dieser Welt das zu verlangen und wenn die Objekte im TV und Medien so beworben werden das du Liebe erhältst wenn du dieses Scheißprodukt kaufst und das blöde Auto fährst das ununterbrochen die Natur zerstört wegen ihrer Megaignoranz, dann ist das ein bewusster Akt des Betruges und der Gefangenschaft in der Hölle der Materialisten und Megaüblen Wahnsinnigen. Aber dort oben da drinnen da ist das wahrhaft Gute das wir suchen und wollen das ist unser wahrhaftig Gutes das Objekt unserer Liebe, das möglich ist festzuhalten und mit dem auch eine wahrhaftige Einswerdung möglich ist eine echte Vereinigung da ja Gleiches zu Gleichem ohne Grenzen in einander geht, und es wahrhaftig besitzen kann in der Einheit, nicht in der Umarmung wie mit dem physischen Körper, da das fleischliche abgelegt wurde das uns davon abhält die Echtheit die Wahrheit zu erleben das Einssein mit dem Einssein. Und derjenige der es gesehen hat erlebt hat der weiß was ich hier sage, wenn die Seele herannaht an das Göttliche und sie ein anderes Licht hat, wenn sie zu Gott kommt, und Teil an ihm hat, und ist, und ein neues Leben empfängt, und weiß, in dem Erlebnis, Stadium, Erfahrung, das sie in der Gegenwart des Spenders des wahrhaftigen Lebens ist, und das sie nichts anderes mehr braucht und will. Im Gegenteil, sie muss alles andere ablegen, und in Ihm alleine stille zu stehen, Eins mit Ihm zu werden im reinen Alleinsein. Deswegen versuchen schnell wir von hier wegzugehen, um uns zu lösen von den Bindungen dieser Falschheit und der Illusionen und Schatten, und wir Nörgeln über diese Fesseln hier, die dieser physische Körper beinhaltet, der uns an das andere bindet, um endlich mit unserem ganzen Selbst Gott das Göttliche, mit all unseren Sein zu umarmen und zu empfangen, und kein Teil mehr an uns tragen mit dem wir das Göttliche nicht empfangen können. Dann können wir das Göttliche sehen und uns selber, so rein, so weit es erlaubt ist, soweit schauen weil dort das rechte ist, sich selbst vom Glanz erhellt glorifiziert, erfüllt vom spirituellen Licht, erfüllt vom geistigen Licht, vielmehr das Licht selber, Rein ohne Schwere, Leicht, ja Gott das Göttliche selber geworden, nein, Seiend, oder wir wissen dann das wir das Göttliche sind. Dann ist wirklich die Flamme des Lebens entfacht, diese Flamme, wenn wir zurücksinken zur Erde, schwer wird, und wieder erlöscht. Weshalb bleibt dann die Seele nicht dort oben bei Ihm es? Weil sie noch nicht ganz ihre erdliche Wohnung hinter sich gelassen hat. Sie ist noch nicht gänzlich herausgelangt. Aber es wird eine Zeit kommen wo sie ohne Unterbrechung das erlebte Gesehene erleben erfreuen wird, ohne das der Körper einen noch irgendwie belästigt. Diese Belästigung trifft übrigens nicht das Schauende das Sehende in uns, sondern das Andere der andere Teil, wenn der Teil der sieht bewegungslos ist, oder das Andere, welches während das Schauende die Schau ruhen lässt, nicht ruhen lässt, die Dialektik, das Mental, die Gedanken, Fantasien, die Wissenschaft, die in Beweise und Argumente und einem Selbstgespräch der Seele sich vollzieht. Das Schauen und das Schauende das Sehen und das Gesehene, das ist nicht Vernunft, sonder ungemein größer als die Vernunft und über der Vernunft, ebenso wie das Geschaute. Es ist unvergleichlich erhaben und Megagigantisch wogegen die Vernunft und Logik oder Wissen und Wissenschaft nicht mal ein Staubkorn ist. Es ist lächerlich diese Vernunft. Mehr nicht. Und derjenige der sich nun selber sieht, auf sich selber schaut, wenn er schaut, wird er sich als einen so erhabenen erblicken, und nicht wie in der englischen Übersetzung des griechischen Textes als ein „einfaches Wesen", sondern als erhabenes Wesen, das nun Eins geworden ist, und also nur noch „Ein-Fach" ist also einfach, aber nicht im Sinne von Minderwertig und so weiter. Wir können nicht mal sagen das er Sehen wird, sonder er wird das werden was er sieht, falls es überhaupt möglich ist dabei noch zu unterscheiden zwischen Sehen und Gesehenem, kühn behauptet in dieser Rede, das diese beiden Sehender und Gesehenem Eins geworden sind. In diesem Stadium sieht der Seher nicht, weder noch kann er Unterscheiden oder sich etwas Zweiheitliches vorstellen, er wird jemand anders, er ist nicht mehr er selber, er ist ein anderer geworden, er gehört sich nicht mehr selber. Er ist einbezogen in die obere Welt dem Göttlichen zugehörig und so ist er Eines, indem er gleichsam Mittelpunkt mit Mittelpunkt berührt. Werden doch die Mittelpunkte von irdischen Kreisen zu einem wenn sie zusammenfallen und sind doch wieder Zwei wenn sie getrennt sind so sprechen wir auch gewöhnlich vom Einen als einem Unterschiedenen. Es ist nur in diesem Sinne dass die Seele etwas anderes ist als Gott, das Göttliche. Deswegen ist die Vision das Gesehene die Schau auch so schwer zu beschreiben. Denn wie kann man von Jenem etwas beschreiben als Unterschiedlich, mit dem man Eins ist, das Einheit ist, das so erfahren erlebt wird, wo kein Verschiedenes ist. ? Deshalb wird auch die Verpflichtung auferlegt, in den Mysterienschulen, dem Nichteingeweihten, nichts preiszugeben, es einem anderen preiszugeben, Ausdruck geben, eben weil das Göttliche nicht Preisgebbar ist, es kann denjenigen nicht gezeigt werden die nicht so glücklich waren es geschaut zu haben, es zu erleben. Seit in dem Gesehenem keine Zweiheit war, sondern Seher und Gesehenes waren Eins, denn es war ein verschmelzen, so trägt derjenige der das erlebt in seiner Erinnerung ein Abbild von dem was er war während der Einheit mit dem Göttlichen. Denn er war ja dann Eins mit dem Göttlichen, und erlangte keinen Unterschied, weder in Relation zu sich selber oder das sich in ihm etwas bewegte wie Zorn, Vernunft, Verstand, Denken, oder andere Begierden, als er Eins mit dem Höchsten war. Auch keine spirituellen Wahrnehmungen oder seine eigene Persönlichkeit. Ja überhaupt kein Selbst war da vorhanden, wenn das auch mal erwähnt werden soll. Denn er war dann Eins nur mit ihm dem Einen, in Ekstase, Gotterfüllt, Bewegungslos, endlose Ruhe endlose Megaglückseligkeit, nirgends abgelenkt egal von welcher Seite, ja er wendete sich nicht mal sich selber zu, absolute Stille endlose Stille, völlige Stabilität, die Stabilität selber werden Seien, selbst die schönen Dinge beschäftigen ihn nicht mehr, er ist nun über das Schöne hinausgekommen, hinweg geeilt, er hat auch die Tugenden hinter sich gelassen. So wie ein Mensch der das Heiligtum des Tempels betritt die Statuen im Tempel hinter sich lässt, das sind die Objekte,die er zuerst wieder sieht, wenn er den Tempel wieder verlassen wird, wenn er gesehen hat was im Tempel war, nachdem die Schau beendet ist, die Vereinigung dort Oben, im Innern, nicht mit den Statuen oder Götterbildern, sondern mit den Höchsten der Gottheit dem Göttlichen selber. Vielleicht können wir nicht mal sagen das es etwas Gesehenes ist, das Geschaute, sondern eine andere Weise des Sehens, eine Ekstase und Aussichtretens, sich selber einfach machen, sich selber nicht in den Vordergrund bringen, ein Verlangen nach sofortigem Kontakt, Berührung, Stillstehen, und bedacht sein auf Anpassung, ein tiefes Verlangen sich mit dem zu vereinigen was in dem Heiligtum gesehen wird. Blickt er aber auf andere Art und Weise und sucht er auf andere Weise das Göttliche so wird er gar nichts finden. Aber dieses sind nur Figuren mit denen der Weise Prophet andeutet wie es möglich ist das Göttliche zu sehen. Aber der weise Priester der die Symbole versteht, könnte in das Heiligtum eintreten und die Schau real werden lassen. Und wenn er bis jetzt noch nicht so weit gegangen ist, so kann er zumindest auch wenn er die Kammer das Heiligtum für etwas Unsichtbares hält, nämlich für den Urquell und Urgrund, so wird er wissen das nur der Urgrund den Urgrund erblicken kann, nur ihm sich vereinigt, und nur das Gleiche mit dem Gleichen, und so wird er nichts von dem Göttlichen, welches die Seele schon vor der Schau innehaben kann, versäumen, und wird das übrige von der Schau erwarten, und dieses übrige ist für ihn, wenn er über alles hinaus geschritten ist, dasjenige was vor allem ist. Denn die Natur der Seele kann ihrem Wesen nach nicht in das schlechthin Nichtseiende gelangen, oder zu Nicht-Seien-werden, wenn sie absteigt in die niederen Welten, spirituell, kausal, Mental, astral, physisch, so wird sie zum Üblen kommen, aber sie wird nicht zum absoluten Nicht-Sein werden, aber wenn sie in die entgegengesetzte Richtung geht, so wird sie nicht zu etwas anderem kommen, sondern zu sich selber, und so kann sie, da sie nicht in einem Nichts ist, sondern nur in sich selber, kommt, sie auch nur in sich selber ankommen, nur mit sich selber ALL-EIN-SEIN und das ist Megawunderbar und Megawunderschön und Megageil und Megaglückselig und Megaangstlos und Megaruhe und so weiter, aber alles in MegaverfassungsSein. Sieht man sich Selbst in diesem Zustand, so trägt er in sich Selbst ein Gleichnis vom Einen vom Göttlichen, und so geht er von einem Abbild zu einem Urbild, Archetypus, hinüber. Und er hat das Ende, das Ziel, seiner Reise erreicht. Und wenn er zurückkommt von dieser Reise dem erlebten dem Einsseienden, so kann er diese Tugenden wieder in seinem Sein Wesen erwachen erwecken und er erkennt das sein Selbst durch die Tugenden von Ordnung und Form durchdrungen sind und von der Liebe und Wahrhaftigkeit und Schönheit, und so wird er wiederum Leicht werden und durch die Tugenden zum Geist und durch die Weisheit aufsteigen zum Einen zum Göttlichen. So ist das Leben der Götter und göttlicher seliger Menschen, eine Befreiung von allen erdlichen Bindungen, ein Leben das nicht nach dem erdlichen Lüstet nach dem Wahnsinn der Geldgeilheit dem Wahnsinn der Betrüger und des Falschen in dieser megaprimitiven Dumpfschisserrungenschaften dieser Umnebelten 666 Menschheit die sich dünkt Gerechtigkeit zu haben und Liebe zu leben dabei ununterbrochen diese Erde platt macht und deren Bewohner vergiftet und ausbeutet. Kurzum die Wahnsinnigen herrschen. Die Apokalypse aufbauenden. Hohoho. Und so reist der innerlich befreite, der jeden Mist mitgemacht hat und ihn für stinkend erkannt hat, auf der Megareise seines All-Ein-Sein zum All-Ein-Sein. Olleeeeeeeee.

7.5.2007 11:40 Bad Zwesten
Da hab ich dem Plotin einiges an „Schwung „ hinzu getextet.
Alles Gute.Für Dich.Für Alles.

294

GESCHICHTEN und UHRZEIT

Glossarium

ADAM KADMON / ALTE DER TAGE Adam Kadmon Die LICHT- Manifestation von Paradiessöhnen und Herren des Lichts, die sich über die Körperform wie der Mensch sie kennt hinausentwickelt haben (oder so geschaffen wurden). Der Lichtkörper, der die Fähigkeit hat, jede erforderliche Form anzunehmen, um irgendeine Art denkender Kreatur zu erschaffen und zu belehren, einschließlich Super-Spezies-Schöpfungen, die als Energie-Wesenheiten existieren. Der Adam Kadmon wird dem Lichtkörper verliehen, der zu einer Extension von JHWH wird.

Adamischer Mensch 1. Die exklusive Manifestation des Adam Kadmon als einer spirituell-physischen Schöpfung auf den planetaren Welten während göttlicher Schöpfungszyklen. 2. Auf dem Planeten Erde stellt der „Adamische Mensch" ein Wesen dar, das aus einer göttlichen Strahlung artikuliert wird, später aber durch den Sündenfall zunichte gemacht wurde, was zum Verlust der spirituellen Gaben und zur Intervention des Amtes Christi führte. JHWH Selbst traf die Vorkehrungen für die Wiederherstellung des Menschen.

Adept, lateinisch: »einer, der das Ziel erreicht hat«; damit werden in der Esoterik Eingeweihte oder neue Meister bezeichnet, die nach einer Vorbereitungszeit mit der Geheimlehre oder dem geheimen Wissen einer Religion, Sekte oder esoterischen,, Gemeinschaft vertraut gemacht wurden. Nach einer besonderen Weihehandlung oder Initiation wird ihnen die Berechtigung erteilt, die Geheimlehre oder Teile davon zu lehren oder zu deuten und an den Zeremonien teilzunehmen. Nach Jung ist der „ Adept der Alchemist, der bewusst am Opus Magnum (großen Werk) teilnimmt. Er; steht symbolisch für das Ich und den Analytiker und einiges mehr.

Adonai (Hebr.) „Herr." 1. Jegliche Manifestation des höheren LICHT-Bewusstseins. Die Erscheinungskraft der „Göttlichkeit" in gott-physischer Gestalt. 2. Das hebräische Wort Adonai erscheint 432 mal im Masoretischen Text der Lehrer und Schüler und wird Ky'rie im griechischen LXX Alten Testament genannt; Domine in der lateinischen Vulgata; Mar'ja in der syrischen Peshitta; Ye-Ya im aramäischen Targum von Onkelos; „meine Herren" im Samariter-Pentateuch mit den nachfolgenden Pronomina in der 2. Person Plural. Enoch sagte, Adonai stehe für eine jede Manifestation eines Herrn, der die Göttliche Vernunft (Mind) darstellt, aber Je-ho-wih A-don-ai ist Jehovah als der Höchste Herr".

Aeon Eine Schöpfungseinheit in der Architektur spirituell-physischer Welten; eine Subkomponente einer Bewusstseins-Zeitzone, Aeon repräsentiert eine Grundeinheit in den Zyklen der Schöpfung, die zum Berechnen der Seelenentwicklung gebraucht werden.

Ain Soph Das grenzenlose LICHT; das Licht, dass das Nartumid - das Ewige Licht - „sieht" und „erkennt" als die Synthese der vielen Schöpfer-Götter. Die göttlichen Emanationen, die ausgesandt werden, um die Lichtspektren zu erschaffen und die „Geheimnisse" und „Mysterien" von JHWHs Unendlichem Geist (Mind) aus einer himmlischen Hierarchie in die Schöpfung zu bringen.

Adi Granth, Adi Granth Sahib Wörtlich: Original Schrift, auch Granth Sahib genannt. Die Schriften, welche die Hymnen der ersten fünf Gurus und des neunten Gurus in der Linie von Guru Nanak und zahlreicher anderer Heiliger aus vielen Gegenden Indiens enthalten. Das macht das Buch zu einem leuchtenden Mosaik esoterischer Poesie von Heiligen unterschiedlichen religiösen, kulturellen, professionellen und geographischen Hintergrunds. Der Adi Granth wurde von Guru Arjan, dem fünften Guru, zusammengestellt, der ihm mit dem universalen Verständnis aller wahren Heiligen eine starke Grundlage und Akzeptanz verschaffte. Von Anfang an haben die Anhänger der Sikh-Gurus den Adi Granth als ihr heiligstes Buch angesehen.

Advaita: Sanskrit; Nicht-Zweiheit; ein Zustand, der nur Gott oder dem Absoluten zugeschrieben werden kann; er ist dem Verstand nicht zugänglich, da das Ego-gebundene Denken des Wachzustandes aus der Dualität der Subjekt-Objekt-Beziehung nicht herauszutreten vermag. Der Begriff bekommt für den Westen auch Bedeutung durch die neuesten Erkenntnisse der Atomphysik.

Advaita-Vedanta: Sanskrit; eines der drei Denksysteme des Vedanta, dessen wichtigster Vertreter Shankara ist. Der AV lehrt, dass die gesamte Erscheinungswelt, die Seele und Gott identisch sind. So wie die moderne Physik bei der Untersuchung der subatomaren Teile herausfand, dass die Materie aus ständig in Bewegung befindlichen Kraftfeldern von Energie besteht, so erkannten die Weisen (Rishis) des Advaita, dass die \Wirklichkeit aus Energie in Form von Bewusstsein besteht und der Mensch durch Ego-bedingte Körperidentifizierung mit grobstofflichen Sinnesorganen ein grobstoffliches Universum wahrnimmt. Etwas Wirkliches, Unveränderliches wird vom Denken überdeckt mit der Vorstellung einer
sich ständig verändernden Erscheinungswelt aus Namen und Formen. Die Advaitins differenzieren nicht zwischen der Seele (Atman) und der Überseele (paramatman). Sie sagen die Seele sei die Überseele. Die Überseele ist Gott, also bin ich Gott. Wenn ich dann also die Überseele bin, dann gibt es keine Seele die man Lieben kann. Wenn es eine Seele gibt dann kann es eine Liebesbeziehung zwischen Seele und Überseele, Gott geben. Aber wenn es nur die Überseele gibt, wen soll man dann lieben, argumentieren die Krishna-Anhänger. Sie wollen nicht wie die Advaitis, Befreiung vom materiellen Bewusstsein, sondern eine Liebesbeziehung zu Gott.

Adi Karma Ursprüngliche (adi) Handlung, die eine Reaktion (Karma) nach sich zieht; nicht vom einzelnen bewirkt, sondern vom Beginn (der Schöpfung) an vom Schöpfer selbst festgesetzt. Siehe auch unter Karma.

Agam Lok Unzugängliche (Agam) Region (Lok). Bezeichnung der siebten spirituellen Region. Agam Purush ist das Höchste Wesen, das über Agam Lok herrscht.

Ahankar Ego oder Ichbewusstsein; eine der fünf tödlichen Leidenschaften (Lust, Ärger und Zorn, Habgier, Verhaftung, Ego); Stolz und Eitelkeit; auch eine der vier Eigenschaften' des Mind: Seine Aufgabe besteht darin, das Selbst und die Selbstinteressen von allem anderen zu trennen, was dann zu einer falschen Identifikation mit den Gesichtern und Dingen dieser Welt führt. Siehe auch unter Antashkaran

Ahimsa Gewaltlosigkeit; kein lebendes Wesen verletzen, weder durch Wort noch Tat

Ahura Mazda Alter persischer Begriff für den Herrn des Lebens (ahura) und Herrn der Weisheit (mazda), besonders im Parsismus.

Altea (Atlantis-Region) Uralte Region der Programmierung durch die Bruderschaft des Lichts, die mit der Karibik, Yukatan und Südost-Mexiko zu identifizieren ist. Die größte Verwaltungsregion der B'nai 0r', etwa zwischen 18.000-12,000 v. Chr. Der Hauptteil der Altea-Nachfahren (bekannt als Nephiten), die auf dem Planeten überlebten, zog in Gegenden von Zentral- und Nordamerika, mit Ausläufern in Südamerika und Ägypten. Altea-Amerika wird die neue ökumenische Region für die Versammlung der spirituellen Menschheit, die Neuprogrammierungszone für die „spirituell Freiheit" auf dem Planeten und die Errichtung der Spirituellen Regierungsverwaltung des Alten der Tage (s. Daniel, Kap. 7) sein.

Akal Zeitlos; jenseits von Geburt und Tod.

Akal Purush Zeitloses (akal) Wesen (purush); ein Wesen, das jenseits von Geburt und Tod ist; die höchste positive Macht, im Gegensatz zu KaI, der negativen Macht.

Akash Wörtlich: Himmel; Äther, das höchste der fünf Elemente, das in allen lebenden Wesen außer im Menschen latent vorhanden ist. Siehe auch unter Tattwa.

Akash Bani Klang oder Stimme (bani) vom Himmel (akash); himmlische Musik; WORT oder Logos; hörbarer Lebensstrom. Siehe auch unter Shabd.

Akshar Unauslöschlich; unvergänglich; Gott oder die schöpferische Kraft wird **Akshar Purush** genannt.

Alakh Lok Unsichtbare (alakh) Region (lok); die sechste spirituelle Region.

Alakh Purush ist der Herrscher über Alakh Lok.

Allah Arabischer Name für Gott.

Aminosäuren Grundlegende Bestandteile der lebenden Materie; einige hundert oder tausend Aminosäuremoleküle bilden ein Protein-Molekül. Es gibt 20 Grundarten von Aminosäuren, die im DNS-Code vorkommen; sie können jedoch in einer nahezu unendlich variierbaren Ordnung aneinandergereiht werden, um die vielen Proteine zu produzieren, die zum Bau der biochemischen Hülle des Körpers nötig sind.

Amt Christi „Das Erlösungsamt des Göttlichen Lichts," das die Aktivität der 144,000 Aufgestiegenen Meister umfasst, die mit JHWH und Michael durch Jesus Christus für die Läuterung dieses gefallenen Universums arbeiten, Dazu gehören alle Aufgestiegenen Meister, die für die Befreiung des Menschen überall in der Welt und während aller Zeit-Äonen arbeiten.

Anhad, Anhad Shabd Unbegrenzter (anahad) Klang (oder Musik) (shabd): das WORT oder die göttliche, schöpferische Kraft; auch die nicht durch Instrumente erzeugte Musik, Logos genannt. Siehe auch unter Shabd.

Anami Lok Namenlose (anami) Region (lok); die achte spirituelle Region, unter der Herrschaft von Anami Purush, Radha Soami, dem Höchsten Wesen.

And, Anda Wörtlich: Ei; die Astralregion; der große Schöpfungsbereich, der direkt oberhalb der physischen Ebene oder Pind liegt.

Andi Man Astral-Mind. Siehe auch unter Mind.

Antashkaran, Antahkaran Wörtlich: innere (antar) Instrumente (karan). Die indische Philosophie kennt vier innere „Organe", durch die wir erkennen und wahrnehmen: Mind (manas), Intellekt (buddhi), reflektive Aspekte des Intellekts (chitt oder chit) und Egotismus oder falsche Identifikation (ahankar).

Anti-Materie 1. Theoretisch von dem Quantenphysiker P.A.M Dirac berechneter Satz, wonach alle Teilchen ein entsprechendes Antiteilchen haben, die aufgrund bestimmter Entsprechungsregeln charakterisiert sind, deren wichtigste lautet, dass wenn ein Paar zusammentrifft, sie einander vernichten und sich bis zum Gesamten ihrer Masse als Energie freisetzen müssen. 2. Die Unterscheidung zwischen Anti-Materie und Materie mag letztlich nur in der „Vernichtungseigenschaft" liegen, wie es beim Neutron und Antineutron der Fall ist.

Asana Stellung; spirituell gesehen eine Meditation mit aufrechtem Körper und mit kontrolliertem Verstand (mind).

Ashtdal Kanwal Achtblättriger (ashtdal) Lotos (kanwal); Bezeichnung des Zentrums oberhalb des Augenzentrums, wo der Schüler erstmalig der Strahlengestalt des Meisters begegnet.

Astralregion Der Teil des feinstofflichen Universums, der oberhalb der physischen Welten liegt; die erste spirituelle Region, genannt Sahasradal Kanwal.   .

Asura Dämonen; Asura Lok, die Region der Dämonen. In den älteren Teilen der Rig Veda wird mit Asura der höchste GEIST bezeichnet; später wurden mit sura Götter bezeichnet und mit asura die Dämonen, die „Feinde Gottes".

Äther, griechisch: »Himmel«: bei dem griechischen Philosophen Aristoteles (384322 v. Chr.) Bezeichnung für das fünfte Element, aus dem die Gestirne bestehen. Lateinische Bezeichnung: quinta essentia (Quintessenz). In der Esoterik bezeichnet man damit einen feinstofflichen Körper oder den höheren Zustand der Materie. Dem Äther entspricht in der hinduistischen Philosophie das Tattva (Akasha oder Weltenäther).

Ätherleib, eine theosophische und anthroposophische Bezeichnung für den feinstofflichen Energiekörper des Menschen, der Tiere und Mineralien, die auf die hinduistische Philosophie zurückgeht. Dahinter steht die Vorstellung, dass der Mensch eingebettet Ist in den Strom der Weltenenergie (Prana), die er ständig aufnimmt und wieder nach außen abgibt. Im Ätherleib gibt es Hauptzentren (Chakras), in denen die Energie verdichtet wird. In der Anthroposophie wird der Äther-Körper als »Bildekräfteleib«, »Elementarischer Leib« oder »Lebensleib« bezeichnet. Durch ihn ist der Mensch mit der Pflanzenwelt verbunden. Der Äther-Körper muss von dem Astralkörper (anthroposophisch: Bezeichnung »Seelenleib«) unterschieden werden, der als eine zweite Hülle um den Menschen liegt und alles Seelische enthält. Die Abstrahlung der Energie aus den Chakras nach außen beziehungsweise die äußere feinstoffliche Hülle des Ätherleibs wird als Aura bezeichnet, die man mit Hilfe der Kirlian-Fotografie sichtbar machen kann. Stauungen in den Energiezentren des Ätherleibs sind die Grundursachen der meisten Krankheiten. Dieser Ätherleib kann durch Duftstoffe, Edelsteine und vor allem Farben beeinflusst werden. Ob an diesem feinstofflichen Körper auch »psychische Operationen« ausgeführt werden können, wie sie von philippinischen Geistheilern praktiziert werden (Logurgie), ist noch umstritten beziehungsweise in der alternativen Medizin nicht anerkannt.

Atemtherapie: Die Atmung gilt in den modernen Körper- und Psychotherapien als einer der wichtigsten physiologischen Vorgänge. Sie versorgt den Körper nicht nur mit der notwendigen Lebensenergie, sondern verbindet ihn auch mit der Seele. Der Atem ist gleichsam der Träger der Lebenskraft. Flacher und oberflächlicher Atem enthält wenig von dieser universellen Lebensenergie. Das Wort Atem wurde im Sanskrit von dem Wort Atman abgeleitet, und Atman bedeutet das ungeteilte Selbst. Das Ziel in der Atemtherapie ist es, unser ungeteiltes Selbst wieder zu entdecken und diese Ur-Einheit auf allen Ebenen zu leben, das heißt auf der körperlichen, emotionalen und geistigen Ebene.

Atma Seele oder GEIST. Siehe auch unter Paramatma, Jivatma.

Atma Pad Region der Seele; im allgemeinen ist die Astralwelt oder erste Region gemeint; aber auch Daswan Dwar, die dritte spirituelle Region, in der die Seele Selbsterkenntnis erlangt.

ATP (Adenosintriphosphat) Das grundlegende Energiesystem zur Transduktion und Überwachung von Lichtsignalen innerhalb der biochemischen Hülle des Menschen. Es stellt eine einheitliche Energiequelle für eine ganze Reihe von unterschiedlichen Zellaktivitäten zur Verfügung.

Atzilut Schöpfung/Welten (Hebr.) „Emanationen." Die Schöpfung oder die Emanationen, die direkt aus der Göttlichen Vernunft (Mind) JHWHs hervorgehen, um zelem und d'mut - „Bildnis und Gleichnis" vollkommen und unveränderlich im Himmlischen Menschen zu bilden. Sie sind reine Emanationswelten, die auf das innigste mit der Gottheit verbunden sind. Sie sind die Modelle, die in die Schöpfungen der höheren Welten strahlen, aber sogar sie können nichts erschaffen, das unveränderlich gleich mit Gott wäre. Diese Trinitisations-Emanationen ermöglichen uns die Vorstellung von Gott. Und in ihrem innersten Zusammenhängen mit Imitation und Gnade lassen sich die Ur-Emanationen auf die Natur zurückführen.

Auferstehung 1. Die Verwandlung von Körper und Seele in die höheren Bereiche von JHWHs Schöpfung, wodurch unser Körper glorifiziert wird, spirituell frei in der Fülle des Heiligen Geistes. Durch Christus ins „Bildnis" des Vaters, in den himmlischen Adam Kadmon zurückgeführt (Philipper 3:21). 2. Die Auferstehung von diesem Planeten in andere Lebensgewänder, bis das vollständige Gewand des Vaters zur Zeit der kollektiven Auferstehung angelegt wird (1. Korinther 15:51-53). Ihr werdet auferweckt je nach dem Grad eurer Herrlichkeit als ein ‚Tempel des Heiligen Geistes', Darum gibt es viele Himmel (1. Korinther 15:35,4042,44).

Aufgestiegene Meister. Meister, die mehrere Inkarnationen in den niederen Himmeln gedient haben und das Kosmische Gesetz des Universums lehrten, und die wieder aufgestiegen sind, zurück in die Gegenwart des Vaters, wo sie aufgrund ihrer größeren Liebe neue Aufträge erhalten, eine große Vielfalt von Welten zu belehren.

Affirmation, lateinisch: »Bejahung«; Sammelbezeichnung für alle Autosuggestions-Methoden. besonders aber für die Psychotechniken, die unter dem Namen »Positives

Denken« eine wichtige Rolle in der modernen Esoterik spielen. Diesen Methoden liegt die Erkenntnis zugrunde, dass das Unterbewusstsein des Menschen durch positive Gedanken wie z.B. das häufige Wiederholen des Satzes »Alles wird gut! « beeinflusst werden kann. Es kann nämlich zwischen Tagträumen und Realität nicht unterscheiden. Die modernste Methode der A. ist das Unterschieben und Verweben solcher positiver Gedanken mit Musik, was ein sehr kompliziertes Mischverfahren notwendig macht (Subliminals). A. bedeutet aber auch ein Einverstandensein mit den Bereichen unserer Seele, die von Jung als »Schatten« bezeichnet wurden. Es handelt sich hierbei um die negativen Seiten der menschlichen Persönlichkeit, die verborgen werden und mit denen der Mensch nichts zu tun haben will. Dieser zweiten Persönlichkeit, die in jedem Menschen vorhanden ist, kann niemand entfliehen. Das Verdrängen beziehungsweise nicht Wahrhabenwollen der Schatten ist die Ursache von Krankheiten, Leid und Unglück vieler Menschen. Eine ganzheitliche Heilung setzt die A. dieser zweiten Persönlichkeit voraus. Aber Schatten ist ja bloß ein Metapher der psychologischen Denkereien, es geht in Wahrheit um die Transformation der Tierischen Eigenschaften in menschliche Eigenschaften die uns durch die Meister und Heiligen mitgeteilt wurden und hinterlassen wurden.

Ajna-Chakra, das 6. Chakra oder auch das Dritte Auge das seinen Sitz zwischen den beiden Augenbrauen hat. Sein Lotos hat zwei Blütenblätter, und in der indischen Tradition wird ihm eine milchig-weiße Farbe zugeschrieben. Die Keimsilbe heißt KSHAM. Es ist Sitz der Seele und für die spirituellen Funktionen wie Bewusstsein vorn Selbst, Meditation und Konzentration verantwortlich. Seine Farbe ist in der westlich-esoterischen Tradition Indigo. Energieblockaden in diesem Chakra, das mit der Epiphyse verbunden ist, rufen Störungen im endokrinen Drüsensystem hervor und führen auch zu Ohren-, Nasen- und Augenerkrankungen. Behandlungs möglichkeiten: 1. Farbtherapie: Bei Unterfunktion kann das A. durch Indigoblau, bei Überfunktion durch Grün oder Orange beeinflusst werden (Aurasoma-Therapie) 2. Aromatherapie: Pfefferminz-, Zedern-, Wacholder-, Eukalyptus- und Jasminöl.3. Edelsteinmedizin: Lapislazuli, Saphir, Bergkristall. Man legt die Steine entweder auf das Chakra oder wendet sie innerlich als Elixier an.
Anahata-Chakra, das 4. Chakra, das seinen Sitz im Herzbereich hat. Es wird symbolisch durch 15 Blütenblätter des Lotos dargestellt. Seine Farbe ist Graublau. Das Klangsymbol seiner Wurzelkraft, die Keimsilbe, ist YAM. Energieblockaden äußern sich als Herzbeschwerden, Durchblutungsstörungen, Lungenerkrankungen, Immunschwäche (AlDS) und Funktionsstörungen der Thymusdrüse. In der modernen Esoterik schreibt man diesem Chakra die Farben Grün und Rosa zu, die bei Unterfunktion angezeigt sind; bei Überfunktion: Blau. In der modernen Edelsteintherapie werden benutzt; Aventurin, Chrysopas, Turmalin, Koralle,

Rosenquarz. In der Aromatherapie sprechen auf das A-Ch. an: Rose, Rosenholz, Neroli, Salbei, Muskat.

Astral, von griechisch: aster = »Stern«, »gestirnlich«; feinstofflich, ursprüngliche Bezeichnung im Okkultismus und in der Theosophie für die Eigenschaften von Phänomenen, die weder dem geistigen noch dem körperlichen Bereich angehörten. Es muss von ätherisch (Äther) unterschieden werden, das zwar auch als »feinstofflich« übersetzt wird, sich aber auf die universelle Lebenskraft (Prana, Azoth) und den Weltenstoff Äther bezieht, aus denen die Elemente und die materielle Welt hervorgehen.Beide Begriffe werden in der modernen Esoterik oft mit der gleichen Bedeutung gebraucht. In der Anthroposophie bedeutet Astral oder astralisch die Beziehung des Seelischen des Menschen zu den Planeten. Die Erde und die Fixsterne sind wie der Mensch zur Stofflichkeit verdichtete Gedanken der Schöpfung, an welcher der Mensch durch sein geisterfülltes Ich Anteil hat.

Astralkörper, ein feinstofflicher, zweiter Körper des Menschen, der den physischen Körper und den Ätherleib umschließt. Im Gegensatz zum Ätherleib, der unmittelbar an den physischen Körper anschließt und Träger der Lebensenergie ist, umfasst der A. das Seelische und ist Sitz der Wünsche, Gefühle und Gedächtnisses, wo auch die Erinnerung an frühere Leben gespeichert ist. Zusammen mit dem Ätherleib bildet er die Aura. Seelische Vorgänge drücken sich durch entsprechende Farben des A. aus. Mit Hilfe der Kirlian-Fotografie wurde nachgewiesen, dass z. B. Wut den A. rot, religiöse Gedanken ihn blau färben. Der A. kann sich von dem physischen Körper trennen (Astralprojektion) und zeitweilig eine eigene Existenz und Sinneswahrnehmung haben. Der A.. der durch eine Silberschnur mit dem Körper verbunden ist, geht bei dem Tod eines Menschen nicht unter, sondern beginnt in der Astralwelt ein neues Dasein. In der Anthroposophie umfasst der A. die Empfindungs-, Verstandes- und Bewusstseinsseele und ist jenes Wesensglied, durch das er mit den Tieren verwandt ist. Schon in der ägyptischen Religion ist eine Seele (Ka) bekannt, die ein Spiegelbild des menschlichen Körpers ist, aber einen feinstofflichen Charakter hat

Astralreise, Astralprojektion, lateinisch: »Hervorwerfen«; Seelenreise, außerkörperliche Erfahrung. Der Astralkörper kann im Traum oder durch einen bewusst herbeigeführten Trancezustand wie bei den Schamanen den physischen Körper verlassen. Dies kann mit oder ohne Bewusstseinsverlust und nachfolgender Erinnerung geschehen. Zahlreiche Träume, paranormale Phänomenen wie z.B. Nahtod-Erlebnisse sind als A. erklärbar. In der vedischen Literatur wird beschrieben, wie Yogis sogar bei ihren A. die Erdatmosphäre durchstoßen und zu anderen Planeten reisen.Aus dem 12. und 13. Jh. sind Berichte von jüdischen Kabbalisten bekannt, die sich durch Fasten, Gebete und eine bestimmte Körperhaltung in einen Trancezustand versetzten und eine Himmelsreise durch die sieben Tore zum Thron

Gottes antraten (Merkabah-Mystik); Astrallicht«).

Aum Siehe unter Om.

Aura, lateinisch: „Hauch"; ein mehrschichtiges Energie- beziehungsweise Schwingungsfeld um den menschlichen Körper, das mit Hilfe der Kirlian-Fotografie optisch sichtbar gemacht werden kann. Andere Bezeichnung: Od, Organ, BioPlasma, Bio-Photonen oder bio elektrische Schwingungen. Solche Energiefelder lassen sich auch um Tiere, Pflanzen und Mineralien nachweisen. Eine frühere Darstellung eines solchen Energiefeldes ist auch der Heiligenschein (Aureola, Gloria, Halo-Nimbus) um den Kopf von griechischen Göttern, römischen Kaisern (Claudius, Trajan) und biblischen Personen, Aposteln und Heiligen (ab dem 4. Jh. in der christlichen Kunst). Wahrscheinlich stammt dieser Strahlenkranz aus der indischen Kunst (aber auch etruskischer und ägyptischer Ursprung wird vermutet), wo er ein Symbol der Götter ist. In der sakralen Kunst der Ostkirche wird auch der Satan mit einem solchen Kranz umgeben. In profanen Darstellungen der Neuzeit ziert er auch den Kopf von Magiern, Zauberkünstlern oder sensitiven Personen. Der Ausgangspunkt der Erforschung der A. war die Entdeckung des animalischen Magnetismus durch Mesmer, der als eine Kraft (magnetisches Fluidum) dem menschlichen Körper entströmt und durch eine »Fluidalbrücke« auf eine andere Person übertragen werden kann. Das diese Energie auch optisch wahrgenommen werden kann, wies Reichenbach (1854) nach. In einem abgedunkelten Raum konnten sensitive Menschen diese Energie, die er »Gd-Energie« oder kurz Gd nannte. als leuchtende Strahlung (odische Lohe) sehen. Diese Gd-Energie entströmt nach Reichenbach allen Lebewesen und auch anorganischen Stoffen wie z.B. Kristallen. Trotz intensiver Bemühungen gelang es Reichenbach nicht die Gd-Energie zu fotografieren. Die Franzosen Durville und Rochas setzten die Forschungen Reichenbachs fort und bestätigten. dass der menschliche Körper von einer mehrschichtigen A. umgeben wird. Einen entscheidenden Beitrag zur Deutung dieses Phänomens leistete die Theosophie. die analog der fünf (spiritueller. kausaler. mentaler, astraler und äthischer) Körper auch die gleiche Anzahl von A. unterschied. Die klassische Darstellung dieser theoretischen Arbeit, die unter Benutzung ähnlicher Gedankengänge der hinduistischen Philosophie erfolgte. enthalten die gemeinsam von Besant und Leadbeater herausgegebenen Werke Der sichtbare und unsichtbare Mensch und Gedankenformen (deutsch 1905/1908).

Die Sichtbarmachung der A.. die bis dahin nur von Sensitiven wahrgenommen wurde, gelang dem englischen Arzt Kilner, der auf einer nach ihm benannten Schirm die Aura sichtbar machte. Er unterschied drei Schichten: ätherische (farblos), innere und äußere Aura. Die beiden letzteren konnten alle Farben des Regenbogens annehmen. Kilner kam zu dem Schluss, dass bestimmte Zentren für die Ausstrahlungen der A. verantwortlich sind. Seine Ergebnisse fasste er in dem Buch The Human Atmosphäre (1911) zusammen. Der fotografische Nachweis gelang 1958 dem russischen Ehepaar Kirlian mit Hilfe der Hochfrequenz-Fotografie. Diese »Kirlian-Fotos« gelten heute als wissenschaftlicher Beweis für die Existenz der A., da sie die elektromagnetischen Schwingungsfelder um den Körper und ihre verschiedenen Farben sichtbar machen. Die moderne A.-Forschung sieht in der A. Abstrahlungen von Energie. die der Mensch kontinuierlich aus dem Universum aufnimmt und durch die verschiedenen Chakras, die man sich als Energiekonzentrationen vorzustellen hat, allen Bereichen des Körpers zuführt. Überflüssige Energie wird in Form von Farbschwingungen abgestrahlt. Man unterscheidet zwei Formen der A.: Die körperliche A. die ganz eng am Körper anliegt, ist weißlich, silbrig und bläulich, bei geschwächter Grundenergie grau. Die seelische A.. die bis zu 30 cm aus dem Körper herausreicht und die körperliche A. durchdringt, kann alle Regenbogenfarben annehmen; sie zeigt vor allem seelische Veränderungen an.

Avalokiteshvara. Einer der bedeutendsten Boddhisattvas im Mahayana.Die wörtliche Bedeutung wird verschieden interpretiert:Der Herr der herabschaut oder Der die Klänge der Welt wahrnimmt (Licht und Klang Meditation siehe Surangama Sutra ISBN-3-932209-02-8) oder auch Der Klang der die Welt erleuchtet. Avolakiteshvara ist die als Boddhisattva wirkende Kraft des Buddha. In China wird Avalokiteshvara unter dem Namen Kuan-Yin (Quan Yin) verehrt und vorwiegend als weiblich betrachtet.

Awagawan Kommen und Gehen; bezieht sich auf den Zyklus von Geburt und Tod, der sich über viele Zeitalter erstreckt; Seelenwanderung, Reinkarnation. Siehe auch unter Chaurasi.

B

Baba Jaimal Singh Maharaj Name des Gründers der Radha Soami¬Kolonie in Beas. Er war ein hingebungsvoller und spirituell weit fortgeschrittener Schüler Soami Ji Maharaj' und wurde von diesem 1877 beauftragt, das spirituelle Werk mit der Zentrale im Punjab fortzuführen. Er verließ diese Welt am 29. Dezember 1903. Wenige Monate vor seinem Hinscheiden berief er Huzur Maharaj Baba Sawan Singh Ji zu seinem Nachfolger. Dieser benannte den Ort „Dera Baba Jaimal Singh" zu Ehren seines Satgurus. Zur Erinnerung an ihn wird jedes Jahr am 29. Dezember eine Bhandara in der Radha Soami-Kolonie Beas abgehalten. Baba Jaimal Singh wurde im Juli 1839 in Ghoman (Punjab) geboren.

Bachan Wort, Vortrag, Ausspruch, Belehrung, Anordnung, Befehl.

Bani Stimme, Wort oder Lehre; die Stimme Gottes; der hörbare Lebensstrom. Siehe auch unter Shabd.

Baum des Lebens/Lebensbaum, oder kabbalistischer Baum, der die zehn Sephiroth als Symbole der zehn Emanationen der Gottheit, der zehn manifesten

Aspekte des Universums und der zehn Elemente der menschlichen Psychologie darstellt. An sich ist dieser Vergleich nicht überzeugend, weil dieser Baum nicht von unten nach oben, sondern umgekehrt von oben nach unten wächst. Denn die oberen Sephiroth gehen den unteren voraus. Im Buch Bahir (hebräisch: »Glanz«), wird dieser Grundgedanke mit der Merkabah-Mystik verbunden. Demnach hat Gott als erste Wirklichkeit das Pleroma (griechisch: »Fülle«), den Weltenbaum, geschaffen, der das Universum darstellt. Es ist gleichsam die obere Welt, die von den Kräften Gottes gebildet wird. Ihre Früchte, die Seelen der Gerechten, steigen von hier in die untere Welt hinab.

Befreiung./ Erlösung Es muss vor allem verstanden werden, dass es ohne Liebe keine wahre Befreiung gibt. 1. Die Fähigkeit, euer physisches Gewand mit eurem Überselbstkörper und dem Christus-Lichtkörper auszutauschen, der mit den Harmonien des Göttlichen Geistes (Mind) arbeitet. Die Fähigkeit, nicht auf eine einzelne Form begrenzt zu sein, die sich nicht der göttlichen Bestimmung erfreuen kann. 2. Befreiung ist die erforderliche „ Verletzung der Struktur" durch veränderte Zustände und Ebenen des Bewusstseins, die zum Verzeichnen und Neu-Verzeichnen von Gedächtnis- Vorgängen, einschließlich transbewusster Erinnerung, benutzt werden, um zum GÖTTLICHEN GEDÄCHTNIS zu finden.

3. . Befreiung ist Selbstverwirklichung der souveränen Seele durch die Anwendung der Weisheit im Worte Gottes d.h. „Glaube kommt durch hören, und Hören durch das Wort Gottes" (Römer 10:17). Die fortgesetzte Befreiung durch die Aneignung von Weisheit aus der Shekinah- Verschmelzung des „Geistes" befähigt euch, das was ihr auf den geistigen Belehrungsebenen gehört habt zu behalten, so dass ihr durch die Tore der Klänge und die Buchstäblichkeit der Heiligen Worte und Buchstaben (Tore der Buchstaben der Heiligen Namen) schreiten könnt. Dann seid ihr fähig, in die anderen Dimensionen des Shekinah-Universums einzutreten und ein Sohn des Lichts genannt zu werden (Psalm 110:4; Römer 8).

4. In östlichen Schriften der Zustand der Freiheit von Bindung an die Form. Siehe: Wort Gottes.

Beschneidung :Eine Art Kastration?Immer wieder lassen sich auch Erwachsene beschneiden, meist aus religiösen Gründen, ohne zu bedenken, dass sie sich damit einer Art Kastration unterwerfen, wie jüngste Studien belegen (1,2,3):
In einer im April 2007 veröffentlichten Studie (1) wurde bei 169 Männern an 19 Stellen entlang ihres Penis die Empfindsamkeit für Druckempfindungen gemessen. Dabei ergab sich, dass die fünf empfindlichsten Stellen in jenem Bereich zu finden sind, die bei der Beschneidung amputiert werden.
Es ergaben sich gerade im besonders empfindsamen vorderen Bereich des Penis statistisch signifikante Unterschiede zwischen beschnittenen und unbeschnittenen

Männern, auch nach Berücksichtigung verschiedener anderer Einflussgrößen, wie zum Beispiel Alter, ethnische Zugehörigkeit, Geburtsland usw.
In Übereinstimmung mit diesem Ergebnis ergab sich in einer bereits im Jahre 2004 veröffentlichten Studie (2) eine statistisch signifikante Verlängerung der Zeit bis zum Erreichen des Orgasmus.

Ebenso kam eine andere Arbeitsgruppe zu dem Ergebnis, dass sich die Beschneidung ungünstig auf das Sexualleben auswirkt: Von 255 Männern gaben 6 % eine Verbesserung ihres Sexuallebens nach der Beschneidung an, während 20 % über eine Verschlechterung klagten. Die Autoren führen diese Verschlechterung ebenfalls auf den Verlust entsprechender Nervenendungen zurück.

Fazit: Wenn man schon sein gottgegebenes Geschenk des Gehirns nicht benutzt, um die Greuelgeschichten der sogenannten Heiligen Schriften zu hinterfragen, dann werden hoffentlich die genannten Studien zum Nachdenken anregen. Der wahrhaftige Gott, Schöpfer Himmels und der Erden, dürfte jedenfalls von seinen Nachfolgern weder irgendwelche Völkermorde noch irgendwelche Beschneidungen oder sonstige rituelle Verstümmelungen und Schlächtereien fordern.

(1) ML Sorrells et al: Fine-touch thresholds in the adult penis.
British Journal of Urology 2007;99:864-869 (2) T Senkul et al: Circumcision in adults: effect on sexual function. Urology 2004;64:1267 (3) D. Kim und MG Pang: The effect of male circumcision on sexuality. British Journal of Urology 2007;99:619-622 rm

Beschuldigung
Erhebt euch, dich, nicht dazu andere zu beschuldigen. Es ist weit größer zu verlieren und zu wissen, dass man selbst den Verlust gewählt hat, als anderen die Schuld zu geben. Denn Beschuldigung wird euch an all den Tagen, die kommen werden, binden. Beschuldigung wird Dich, Euch, an das Opferdasein binden, und egal was Du, Ihr, tut, Du, Ihr, werdet nichts gewinnen. So ist die Realität eingerichtet. Es hat keinen Wert jemanden für etwas zu beschuldigen
Bewusstsein, eine besondere Form menschlichen Erlebens. Als Tätigkeit ist das B. die psychische Widerspiegelung der physischen Welt und als dessen Ergebnis der Gesamtinhalt der Phantasie-, Wahrnehmungs- und Denkfähigkeit des Menschen.
Nach Tart ist es das »Gesamtmuster des psychischen Funktionierens«. Psychische Inhalte, die vom Menschen nicht als solche empfunden werden, gehören zum Unbewussten, das nach, Jung eine ausgleichende (kompensatorische) Wirkung auf das B.hat. Die Grenze zwischen beiden Bereichen ist die Bewusstseinsschwelle,

an der ein unbewusster Vorgang zu einem bewussten wird. Das nicht bewusstseinsfähige Unbewusste (kollektives Unbewusstes) erscheint in Träumen, Visionen und Wahnvorstellungen. Man unterscheidet verschiedene B.-Zustände oder -ebenen, die mit den vier Hauptgruppen von Gehirnwellen (Alpha-, Beta-, Delta- und Thetawellen) verbunden sind. Alphawellen sind die Grundlage aller höheren Bewusstseinszustände. In Verbindung mit den Thetawellen treten sie bei der Meditation auf und sind ein Indiz für körperliche und psychische Entspannung. Thetawellen treten bei kreativer Inspiration und Meditation auf. Deltawellen sind ein Kennzeichen des Schlafzustandes, aber auch der Reaktion auf neue Ideen. Sie finden sich besonders bei Menschen mit paranormalen Fähigkeiten. Die Kombination der verschiedenen Gehirnwellen ergibt acht Bewusstseinszustände: O. Tiefschlaf, 1. Traumschlaf, 2. hypnagoger Zustand (zwischen Wachen und Schlafen), In diesem Zustand kann das Unbewusste sehr leicht die Bewusstseinsschwelle überschreiten, 3. Wachzustand, 4. Meditation, 5.lichtes Bewusstsein oder Erleuchtung (= völlige Trennung zwischen Körper und Seele, wie sie durch die Meditation des Zen erreicht wird), 6. aktive Kreativität, 7. Bewusstseinserweiterung oder Trance Im Schamanismus (besonders durch psychoaktive Drogen), 8. kosmisches Bewusstsein. Die höheren B.-Formen lassen sich auch In den Farben der Aura nachweisen. Blau/ Indigoblau tritt bei der Meditation und Intuition auf. Weiß ist ein Anzeichen von Erleuchtung. In der Esoterik sind alle B. Formen oberhalb des Wachbewusstseins von Wichtigkeit. Dazu gehören auch die qualitativen Erweiterungen des Alltagsbewusstseins (Bewusstseinserweiterung oder Transformation) besonders durch »Grenzerlebnisse« (Überschreitung der Raum Zeit-Welt), die unter anderem durch außersinnlichen Wahrnehmung, mystische Erfahrungen, Phantasiereisen, Yoga, Visualisation, etc. Des weiteren gibt es auch noch das approximative (lateinisch: »proximus« = »nächster«) Bewusstsein; eine von Jung benutzte Bezeichnung für bewusstseinsähnliche Inhalte, die sich zwischen Bewusstem und Unbewusstem bewegen und denen die Beziehung zum Ich fehlt. Im Traum können sie sich als Lichtfunken (multiple Luminositäten) äußern. Das holotrophe (griechisch: »dem Ganzen zugewandt«) Bewusstsein ist ein von Grof geprägter Begriff zur Bezeichnung des grenzenlosen, allumfassenden Bewusstseins, das nicht von der Logik, den Vorstellungen des dreidimensionalen Raumes und der linearen Zeit eingeschränkt wird. Der Gegensatz ist das hylotrophe B. (griechisch:»der Materie zugewandt«). Das holotrophe Bewusstsein wird ohne die Sinne erfahren, besonders bei durch Halluzinogene hervorgerufenen Rauschzuständen.

Bewusstseinserweiterung, Bezeichnung für jede Veränderung des Wachbewusstseins, das den Normalzustand darstellt. Das Ziel ist ein neues oder spirituelles Bewusstsein. das zugleich die Voraussetzung für die Transformation der Denk-Lebens- und Gesellschaftsstrukturen der Menschen ist. um die von der

New-Age-Bewegung erstrebte neue Welt zu schaffen. Als bewusstseinserweiternd gelten grundsätzlich alle außergewöhnlichen B.-Zustände (ABZ) oder veränderte Wachbewusstseinszustände (VBW) wie Trance. Ekstase. Besessenheit. Für solche Formen des »Außersichgetretenseins« werden selten auch Bezeichnung wie mystische Exaltationen oder Inspiration gebraucht. Ferguson unterscheidet vier Stufen: 1. Einstieg: Alte Vorstellungen geraten ins Wanken. 2. Erforschung: Alte Schemata oder Denkgewohnheiten werden unter Anleitung von spirituellen Lehrern aufgegeben. 3. Integration: Die neuen Erfahrungen werden in einer kontemplativen Phase verinnerlicht. 4. Verschwörung: Das neue Bewusstsein. das sich herausgebildet hat. strebt danach, die äußeren Umstände zu verändern. Die Verfahren zur Herbeiführung einer Bewusstseinserweiterung sind kulturbedingt.

Bewusstseinsentwicklung. Das gegenwärtige Bewusstsein der Menschheit ist das Ergebnis eines historischen Prozesses. dessen Stufen und zukünftige Formen unterschiedlich dargestellt werden. Eine der bekanntesten Theorien auf dem Gebiet der Bewusstseinsentwicklung (»Ursprung und Gegenwart«. 1949) stammt von dem Kulturphilosophen Jean Gebser (geb. 1905). der die B. nicht als Höherentwicklung, sondern als ein Weggehen vom Ursprung auffasst, wofür er den Begriff »Bewusstseinsmutation« prägte. Diese Entwicklung sei nicht gleichmäßig, sondern unterbrochen im Sinne der Mutation. Die früheren B.-Stufen seien nicht überwunden, sondern lebten als verborgener Besitz im Menschen weiter. Gebser unterscheidet folgende Bewusstseinsebenen: 1. archaische B.-Stufe: der Urzustand. in dem die menschlichen Seele noch »bewusstseinsfern« war. Es gab noch keine Trennung von Innen und Außen. 2. magische B.-Stufe: der Beginn der Bewusstwerdung. Der Mensch empfindet die Welt als fremde Kraft, die er jedoch nicht als Ganzes erfassen kann. Durch Beschwörungen und Zauberei versucht er dieses »Gegenüber« in den Griff zu bekommen. 3. mythische B.-Stufe: Kennzeichnend für diese Stufe ist die Polarität, die ihren Ausdruck im Mythos findet. Die Mythen sind das in Worte gefasste Innere des Menschen; in ihnen drückt sich die Bewusstwerdung der Seele aus. 3. mentale oder geistige B.-Stufe: die Fähigkeit. bewusst zwischen Traum und Wachheit oder mythischer Welt der Seele und Wirklichkeit zu unterscheiden: die B. Ebene des Verstandes, die alles zergliedert und perspektivisch betrachtet. 4. integrale und ganzheitliche B.-Stufe. Kennzeichen sind eine ganzheitliche Welterfassung und Erweiterung der Perspektive. Dazu gehört auch die vierte Dimension, die eine höhere Wirklichkeit als die gesehene dreidimensionale Körperwelt darstellt. Ein anderes Modell, das eine Verbindung von westlicher (Neuplatonismus) und indischer Philosophie ist, stammt vom New-Age-Denker Ken Wilber: es zeigt in acht Stufen (»Große Kette des Seins«) die Entwicklung und Rückkehr des Seins in den Urgrund auf, der den »Höchsten Geist« repräsentiert (kabbalistische Lebensbaum-

Lehre). Auf jeder Stufe habe der Mensch den Drang, zur kosmischen Ur-Einheit zurückzukehren. Dies führt Wilber zu der Annahme einer rückläufigen Evolution (Involution), die den Weg des Höchsten Geistes (Emanationen) in die Materie bis zum Unbewussten beschreibt. Auf diesem rückläufigen Weg verliert er auf jeder Stufe etwas von seinem Bewusstsein.

Bewusstseins-Zeitzelle Eine Untereinheit einer ‚Bewusstseins-Zeitzone‘, die direkt von Elohim für den ‚Abstieg‘ und die ‚Teilung‘ von Gedankenformen in Schöpfung ausgewählt wurden. Eine Untereinheit, die für spezielle Reprogrammierung und Experimentation ausgesucht wird.

Bewusstseins-Zeitzone Die Bewusstseins-Ausdehnungsgrenzen für die einzelnen Emanationen des Göttlichen Geistes (Mind). Je verfeinerter das Bewusstsein, desto komplexer die Zeitzone. Sie vereinigt die individuellen Eigenschaften der Luminarien, so dass eine bestimmte Anzahl von Schöpfergöttern ein gemeinsames Ziel teilt. Die Ain Soph-Strahlen setzen die eigentlichen Grenzen der Bewusstseins-Zeitzone und unterteilen das „Bewusstsein“ in Anfang und Ende (Jesaja 66:22; Offenbarung die Rassen entsprechend den „Strahlen von 19:7,17; 21:1; S. Schlüssel 311.)

Bhagavadgita Wörtlich: der Gesang des Herrn. Enthält die Lehren Lord Krishnas, übermittelt in Dialogform an Arjuna auf dem Schlachtfeld; das beliebteste Buch der Hindu-Philosophie.

Bhajan Anbetung oder spirituelle Übung; Lauschen auf den Klangstrom im Innern; ebenfalls ein Ausdruck für gesungene Lieder der Hingabe.

Bhakti Marg Der Pfad (marg) der innigen Liebe (bhakti); siehe auch unter Prem Marg.

Bhanwar Gupha Die sich drehende (bhanwar) Höhle (gupha); Bezeichnung der vierten spirituellen Region.

Bildnis und Gleichnis (Das Göttliche „Bildnis“ ist das Muster, in dem der Vater Sein Antlitz zum Ausdruck bringen möchte. Sein „Bildnis“ ist unveränderlich auf den Höchsten und Absoluten Ebenen der höheren Welten, aber unterliegt der Experimentation in den niederen Welten Elohistischer Schöpfung. „Gleichnis“ ist eine fortschreitende Verwirklichung des „Bildnisses“; es ist ein Streben nach Angleichung, ein Prozess der Verwirklichung, der Göttlichen Vernunft (Mind).Das „Gleichnis“ ist notwendig, um das Bild durch die verschiedenen Lichtschwellen hin zu bewahren. In der gegenwärtigen Schöpfung wird das Bildnis des Vaters durch den Sohn bewahrt, weshalb wir auch „Sohnschaft“ suchen, damit wir „Söhne Gottes“ nicht nur in der „Gesicht-Form-Erscheinung“ sein können, sondern in der tugendhaften Tätigkeit und Erhabenheit über die Schöpfung (mit Würde, Ehre, Herrlichkeit und Hoheit). Das Bildnis und Gleichnis ist ein „Ebenbild Gottes", das den Vertretern der Form gegeben wird, damit sich der Unendliche Weg fortsetzen kann.

Biologische Spezialisierung Vorhandensein innerhalb einer bestimmten Spezies einer Anzahl genetisch verschiedener Rassen oder Formen, die, obgleich in der Struktur nicht unterscheidbar, Unterschiede in physiologischen, biochemischen oder pathogenen Eigenschaften aufweisen. Von großer Bedeutung in der Pathologie. Wo z.B. eine Anzahl von Rassen eines Pflanzen-Krankheitserregers existiert, wird es schwieriger, eine widerstandsfähige Variante zu züchten, um so mehr, wenn vielleicht immer wieder neue Rassen mit neuen Unterschieden in der Pathogenität entstehen. In ihrer spezialisierten Arbeit halten die Bruderschaften die Rassen entsprechend den „Strahlen von Licht und Liebe" in Balance.

Bill Gates und Kirchenvirus (Satire)
Sehr geehrter Herr Gates!
Überwinden Sie bitte Ihre Abneigung, mit einem Unternehmen wie dem unseren zusammenzuarbeiten. Zur vertrauensvollen Zusammenarbeit möchten wir Sie einladen, denn wir sind da für alle, die mühselig und beladen sind. Und anders kann man Ihre Gemütslage ob der auf sie hereinbrechenden Flut an Würmern und Viren nicht nennen - wirklich eine Plage!
Auch unser Unternehmen wird immer wieder von solchen Viren attackiert und angegriffen. Wir haben diesen Viren, die wir seit Jahrhunderten erfolgreich bekämpfen, den Namen »Spirit« gegeben. Da gibt es den »ZeitgeisteSpirit«, der in regelmäßigen Abständen unser globales Netz unterwandert. Ebenso gefährlich ist in den letzten Jahrzehnten der »FortschrittsSpirit«, der zu großen Irritationen in unseren Reihen geführt hat. Am gefährlichsten ist für sie unser Unternehmen und System der »Demokratie-Spirit«eine geradezu teuflische Erfindung! Aber wir sind sehr erfahren darin, ein Aushöhlen und Lahmlegen unseres bewährten Systems zu verhindern. Deshalb ist es auch dem »Aufklärungs-Spirit« bis heute nicht gelungen, alle Komponenten unseres Systems zu erreichen.
Woher, lieber Herr Gates, unsere Kompetenz kommt? Nun, wir müssen zugeben, einst selbst mit einem Virus ein konkurrierendes System erfolgreich manipuliert zu haben - erst durch das Verbreiten unseres Virus, dann durch die Ausbeutung der Strukturen des konkurrierenden Systems. Zum damaligen Zeitpunkt konnte keine Macht dieses marktbeherrschende, Imperium Romanum genannte System bedrohen. Auch gegen unseren Virus schien das etablierte System immer wieder erfolgreich zu sein. Das ging so rund drei Jahrhunderte lang. Aber unser Ur-Virus,

der »Heilige-Spirit«, war letzten Endes vom Imperium Romanum nicht aufzuhalten. Gleich einem Feuer breitete er sich aus, loderte immer wieder auf, gelegentlich auch so getarnt, dass selbst wir ihn nicht klar und eindeutig erkennen konnten. Und bis heute ist er nicht zu löschen. Der »Heilige-Spirit« begeistert uns so, dass wir selbst die uns bedrohenden Viren und Würmer so nennen. Vertrauen Sie unserer Spirit-Erfahrung. Vertrauen Sie den Abwehr- Erfahrungen und der Weisheit einer uralten Institution.

Hochachtungsvoll und Gott befohlen, Ihr Kardinal John Fitzgerald Smart, Büro »Zukunft durch Vergangenheit« des Heiligen Stuhls, Vatikan, Rom

Biom (Griech. bias - Leben) Ein Komplex von Lebensgemeinschaften auf der Erde oder im Weltraum, der sich durch eine charakteristische Vegetation auszeichnet, welche von den Klimaverhältnissen der Region ermöglicht wird, z.B. ein Urwald oder eine Treibhaus-Testzone.

Biosatellit Ein „lebendiges Raumarchitektur Vehikel", das sich im Verlauf einer Zeitreise selbst „reparieren" kann und für Bewusstseins-Versetzung und „Pflanzung/**Besiedelungs**"-Aktivitäten in von der Höheren Evolution bedienten intergalaktischen Regionen gebraucht wird.

Biostratus (Nährboden) Eine geistig-genetische Superhelix, die dazu gebraucht wird, die Doppelhelix-Gitter des kreativen Gleichnisses mit dem ursprünglichen ‚göttlichen Bildnis-Gitter' für die biologische Programmierung zu koordinieren. Enoch zufolge ging der Biostratus nach dem Sündenfall verloren, der die Bildnis-Machart vom „göttlichen Gleichnis" trennte und eine spirituell/ physische Aufwertung und Erneuerung durch den „Seth'schen" und den „Messianischen Samen" entsprechend dem Archetyp von D-V-D: David erforderlich machte.

Biotransducer-Subsystem 1. Die menschliche Verkörperung als ein biologisches Gefäß, das dazu benötigt wird, die Gedankenformen fortgeschrittener mentaler und spiritueller Intelligenz zu verarbeiten, so dass Bewegungsdaten die Realitäten auf der menschlichen Ebene verändern können. 2. Ein biologisches Gerät, das Energie von einer Form in eine andere wandelt (Apg. 9:15; Römer 9:20-23).

Bodhisattva Jemand, der sich auf dem Weg der Erlangung vollkommenen Wissens befindet und nur noch eine bestimmte Anzahl von Leben vor sich hat, bis er den höchsten Stand der Buddhaschaft erreicht.

B'nai Elohim Die Söhne der Schöpfergötter, die Rechtssprechung und hierarchische Erziehung bei Nichtvorhandensein einer Regierungsgewalt in den niederen Himmel ausüben. Diese Paradiessöhne arbeiten mit den abgeleiteten Schöpfungssystemen. Sie bestimmen die „erwählte Saat", die aus der unvollkommenen Schöpfung in die Ebenen der göttlichen Unsichtbaren verpflanzt wird (Hiob 38:7). (5. Schlüssel 303:88-91.)

B'NAI OR (Hebr.) „Söhne des Lichts." Die leitende Intelligenz, die mit den Elohim und den Meistern der Siebzig Bruderschaften arbeitet, die die Große Weiße Bruderschaft ausmachen. Sie haben die Fähigkeit, sich in den Dimensionen, die zuvor von den Bruderschaften des Lichts „angesät" und „verwaltet" worden sind, zu externalisieren und zu materialisieren.

Bote/Geistlicher/Sendbote/Gesandter Das Vehikel für den Heiligen Geist-Shekinah. Ein „Lichtbote" sein heißt, an der öffentlichen Seelsorge teilnehmen und vom Geist IHWHs (Je-hov-ahs) mit der Machtbefugnis zum Lehren und Predigen betraut sein (Iesaja 61:1-2; 43:10; 2. Korinther 3:5-6).Enoch sagte: „Der Botschafter ist der wesentliche Pfeiler und Zeuge für das Reich Gottes, der den Weg für die Heerscharen Jehovahs bereitet." Der Bote ist der Eckstein des Feldamtes, der die verschiedenen Schwingungsebenen von Gottes Volk auf die große Beschleunigung und Befreiung vorbereitet, die mit den B'nai Or Melchizedek und den zuletzt Siegreichen von Jehovah kommen werden (Judas 9:14). Die Zeichen dieses geistlichen Amtes beinhalten u.a.: 1. Ernennung von Aufsehern durch den Heiligen Geist Gottes und durch das Handauflegen vonseiten einer sichtbaren regierenden Körperschaft (Apostelgeschichte 20:28; 6:3-6; 14:23). 2. Reisen des Boten/ geistlichen Seelsorgers zwecks Vereinigung der Gemeinden des „spirituellen Israel" (Apg 15:36; 1. Samuel 7:15-16). 3. Ein sicheres Wissen und Verstehen der Heiligen Schrift JHWHs, die die Grundlage für die Verklärung bildet (2. Timotheus 3:16-17; Psalm 119:105). 4. Frauen können Geistliche sein und das prophetische Gotteswort verkünden (Psalm 68:11; Psalm 148:12-13;Apg. 2:17-18; 21:9). (Siehe Schrift; Überselbst).

Brahm Der Herr von Trikuti, der zweiten spirituellen Region; auch bekannt als Herrscher von Brahm Lok, das die drei Welten bezeichnet; von vielen als höchstes Wesen angesehen.

Brahma Der Gott der Schöpfung in der Hindu-Dreifaltigkeit von Schöpfer, Erhalter und Zerstörer (Brahma, Vishnu und Shiva).

Brahmand, Brahmanda Wörtlich: „das Ei Brahms"; der große Teil der Schöpfung, der von Anda bis hinauf zu Bhanwar Gupha reicht; das gesamte Universum, über das Brahm regiert.

Brahmandi Manas Universaler Mind, der die subtilen Welten wie Himmel, Hölle usw. regiert.

Bruderschaften des LICHTS 1. Fortgeschrittene spirituelle Intelligenz, die physische Gestalt annehmen kann und die Regierungsverantwortung über Stern-

Ordnungen innerhalb der lokalen Hierarchie - Föderation der Gottheiten hat. 2. Die Siebzig Bruderschaften, die die Große Weiße Bruderschaft ergeben und die die größere Verantwortung der Ausführung des Kosmischen Gesetzes von JHWH in unserem Sohn-Universum haben."Ganzlichtwesen" bilden die Reihen der spirituellen Bruderschaften, die die physischen und spirituellen Zivilisationen auf die „Braut" vorbereiten, das Neue Jerusalem, eine himmlische Stadt oder ein Schwellenkommando mit dem Auftrag, die Schöpfung zu erneuern.

Bürgergeld: Ein Sozialexperiment

Es gibt Ideen, die sind auf den ersten Blick so simpel und überzeugend, das man sich fragt, warum sie noch nie jemand umgesetzt hat. Zu dieser Kategorie der Ideengeschichte gehört das „Bürgergeld", welches derzeit in der Debatte die Zukunft des Sozialstaates Hochkonjunktur hat.

Im Kern geht es um Folgen. Jeder Bürger soll - ob er arbeitet oder nicht - ein bedingungsloses Grundeinkommen vom Staat bekommen (Hier muss die Illusion und Täuschung sofort aufgehoben werden, das der Bürger etwas vom Staat, der gar nicht existiert bekommen würde. Werdet wach. Alles machen die Menschen für sich selber.

Der Betrug Staat und deren Nutznießer die Beamten und Politiker und Geldgeil-Eliten-Negativ-Macht verdrehen die Wahrheiten seit sie Raubsäugetiere sind und es auch bleiben wollen und andere sollen das auch bleiben.) Im Gegenzug fallen praktisch alle anderen Sozialleistungen wie Kindergeld, Bafög, ‚Hartz IV und dergleichen weg. Reine Utopie?

Nicht ganz. Frontmänner der Bewegung wie der umtriebige Drogeriekettengründer Götz Werner verweisen auf die positiven Wirkungen der wohltstaatlichen Rosskur. Die ganze Sozialbürokratie ließe sich mit einem Schlag abschaffen. Die Menschen, die heute unter würdelosen Bedingungen ihrem Fallmanager im Jobcenter erklären müssen, mit wem sie ein Verhältnis haben, welches Auto sie fahren und ohnehin unter stetem Generalverdacht stehen, zu Hause größere Bargeldvorräte zu bunkern, bekämen ein Stück Würde zurück.

Und: Ganz so unfinanzierbar, wie das vermeintliche Schlaraffenland auf Erden anmutet, ist es nach Berechnungen der meisten Wissenschaftler dann doch nicht. So rechnet etwa der marktliberale Chef des Hamburgische Weltwirtschaftsinstituts HWWI), Thomas Straubhaar vor, das heute, im bestehenden System, jeder Bürger im Schnitt 625 Euro aus der staatlichen Sozialbürokratie erhalte. Allerdings mit einem Überwachungs- und Kostenapparat, der allen nur Ungemach bereite. Straubhaar nicht eben im Verdacht, ein sozialromantischer Träumer zu sein, hält das Bürgergeld darum für gut geeignet, den pervertierten Sozialstaat der Gegenwart vom Kopf auf die Füße zu stellen - wenn man schlicht jedem Bürger eben diese 625 Euro auszahlt, ohne Bedingung, ohne Fragen.

Idee: Arbeitgeber und Arbeitnehmer treffen sich auf Augenhöhe. Ähnlich sieht das Dieter Althaus (CDU), Ministerpräsident Thüringens. Althaus wirbt für sein abgewandeltes Modell, welches er vom HWWI hat durchrechnen und mit wissenschaftlichem Segen versehen lassen. Althausen will seine konkrete Utopie von einer besseren Gesellschaft am liebsten ins Grundsatzprogramm der CDU schreiben doch Gegenwehr ist ihm gewiss. Denn das Bürgergeld ist massiv umstritten, weil es an den ideologischen Grundfragen gesellschaftlicher Wertesysteme rührt. (Auch das ist falsch, Menschen die mit diesem Banditen Betrugssystem herrschen, wollen nicht dass es geändert wird)

Die einfachste und schwierigste zugleich liegt auch am nächsten. Wer geht eigentlich noch arbeiten, wenn ihm der Staat 625 Euro (Straubhaar), 800 Euro (Althaus) oder bis zu 1500 Euro (Werner) überweist? Die meisten, meint Anthroposoph Werner, weil die Menschen, frei vom Zwang einer staatlichen Gängelungsbürokratie und ausbeuterischen Niedriglöhnen endlich die Freiheit haben, mehr ihren Fähigkeiten und Wünschen nachzugehen. Marx lässt grüßen. Befürworter rechnen mit einem Boom an ehrenamtlichen Tätigkeiten, Pflegetätigkeiten und ähnlichem. Straubhaar denkt in anderen Kategorien, argumentiert aber ähnlich.

Der Arbeitsmarkt .argumentiert der Ökonom, würde endlich wieder mehr zu einem echten Markt, auf dem sich Arbeitgeber und Arbeitnehmer auf Augenhöhe begegnen. Wer ein staatliches Grundeinkommen im Rücken hat, tut sich leichter, Lohndrückern die Stirn zu bieten und eine Beschäftigung abzulehnen. Insofern ist das Bürgergeld der Gegenentwurf zur Bürgerarbeit, welche staatliche Transfers immer an gemeinnützige Arbeit koppeln will. Auch ein Mindestlohn wäre in der schönen neuen Welt überflüssig. Die Sache hat nur einen Haken: Niemand kann vorhersagen, wie die Menschen tatsächlich auf das neue, radikal veränderte wohlfahrtsstaatliche Anreizsystem reagieren werden. Das Bürgergeld, so charmant und machbar es klingen mag, wäre in jedem Fall ein Sozialexperiment mit völlig unvorhersehbaren Folgen.

Grundeinkommen für alle: Drei Varianten

Götz Werner, Gründer der dm-Drogeriekette, schlägt vor: 650 bis 1500 Euro für alle; Kosten: bis 1,2 Billionen Euro/Jahr;

Finanzierung: Mehrwertsteuer bis zu 50 Prozent.

Dieter Althaus «(CDU):

800 Euro für alle. 500 Euro pro Kind; gekoppelt an Flat-Tax für Einkommenssteuer und Kopfpauschale im Gesundheitssektor; Kosten .613 Milliarden Euro;

Finanzierung:

Keine Sozialleistungen. Hamburgisches Weltwirtschaftsinstitut CHWWIJ:

625 Euro für alle, wenige ergänzende Sozialleistungen, Kosten: 618 Milliarden Euro;

Finanzierung: Wegfall aller Sozialleistungen.

(Wirklich gefährlich für die Menschen wird es aber werden wenn der Wegfall des Geldes verlangt werden wird. Weil nämlich nur damit echte natürliche Vollbeschäftigung erlangt werden wird und Wohlleben in allen Kategorien für die gesamte Erdbevölkerung und allem Leben auf der Erde. Denn dann müsste die Negative Macht die wenigen Familien die Bankbesitzer und Gelddruckfamilien die Rothschilds und die Rockefeller und Vanderbildts und Sirs und anderen wenigen die das Land haben und die Rohstoffe und die Nahrung kontrollieren und Waffenaids und Senilaids aufbauen, wenn die das loslassen müssen, weil die Menschheit das will, dann wird es zum Massenmorden kommen, von denen, die nicht wollen dass das Sklavenmittel Geld abgeschafft wird. Deshalb empfehle ich, Schorat, eine Totalliste all dieser Besitzer dieses Geldraffausbeutungen anzulegen und öffentlich zu machen. Wo sie leben wo ihre Grundstücke sind wo ihre Banken welche Mega Mega Imperien sie haben wozu auch die US-Fed gehört und so viel das wenn das bekannt wird, aber auch niemand mehr Arbeiten will, weil fast alle Profite nämlich zu denen gehen, und diese Verbrecherdemokratien wunderbare Systeme sind um „Legal" auszubeuten und zu Massenverblöden „)

Buddh, Budh, Buddhi Intellekt; einer der vier Ausprägungen des Mind. Siehe auch unter Antashkaran.

Buddha Der große Weise, Prinz Siddharta vom Geschlecht der Sakya. Seine Lehre bildet die Grundlage des Buddhismus.

Bundeslade Die Bundeslade ist gleichbedeutend mit den „Energietafeln von Gottes Gesetz", die an bestimmten Schlüsselorten der Welt aufbewahrt werden. Als David die Lade nach Zion brachte, wurde der Ort von da an geheiligt (2. Samuel 6:10-12) 2. Eine Lade/ Arche ist ein Bogen, der mit einem Lichtmeridian verknüpft ist.

Bürokratie: Vergeudete Steuern
Keiner wagt es, irgendeine Art von Bürokratie auf der Welt einer ernsthaften Kosten-Nutzen-Analyse zu unterziehen, denn das vorhersehbare Ergebnis wäre, dass der Unterhalt derselben den durch sie erzielten Gewinn bei Weitem übersteigen würde. Wir alle wissen in unserem tiefsten Innern, dass Regierungsbürokratien Geld verschwenden, doch wenn wir vor der Herausforderung stehen, dieser Verschwendung entgegenzutreten, lehnen wir uns zurück und versuchen, nicht daran zu denken. In der Zwischenzeit steigen unsere Steuern mit zunehmender Bürokratie. Wirtschafts- und Finanzanalysten zucken mit den Achseln und nennen die Last zum Unterhalt der Regierungsbürokratie „inhärente Kosten" oder einfach etwas, das wir zu tolerieren haben.

Das ist durchaus verständlich, denn diese Erfindungen sind wie Dampfwalzen, die nicht aufzuhalten sind. Sie wurden eingeführt, um riesige Geldvermögen in einer Hand zu konzentrieren und riesige Summen auszugeben, ohne selbst etwas zu produzieren. Sie dienen als Einweg-Schornsteine, durch die Geld ausgestoßen wird und bilden die einzige Rechtfertigung für unser Steuersystem, denn ohne sie könnte niemand die systematische Zwangsbesteuerung rechtfertigen, die unseren gesamten Planeten überzieht.

Die Regierungsbürokratie betrifft auf die eine oder andere Weise jeden einzelnen Menschen. Ihre Tentakeln reichen rund um die Uhr bis in jedermanns Taschen, um ihren unersättlichen Appetit nach Geld zu befriedigen. Es gibt eine Steuer auf alles, was man konsumiert, selbst die Luft, die man atmet und das Wasser, das man trinkt. So geht das Jahr für Jahr und selten wird das Budget eines bürokratischen Apparats kleiner. Obwohl es manchmal vorübergehend stagniert, so steigt es am Ende, wenn die Aufmerksamkeit der Öffentlichkeit abgelenkt ist, schließlich doch wieder an.

So ist eine bürokratische Organisation von Natur aus immer parasitär, denn sie produziert nichts außer Papier und Vorschriften. Einige stellen Lizenzen, Führerscheine, Personalausweise, Zertifikate und dergleichen aus, um zusätzlich zu ihrem durch Steuereinnahmen erzielten Budget Geld einzunehmen. Einige haben sogar Express-Dienste eingerichtet, damit sie für ihren Service einen Höchstpreis verlangen können, ganz wie die unter-dem Tisch-Zahlungen, die die Bürokraten in einigen Ländern verlangen, um die Dinge" zu erleichtern", indem sie die Hürden abbauen, die sie selbst zuvor errichtet haben.

Da sie unter dem Schutz einer offiziellen Funktion auftreten, können Regierungsbehörden auch die Massenmedien beeinflussen. Regierungsvertreter preisen sich selbst in Lobesreden, um die Dienste ihrer jeweiligen Behörden zum Wohl der Öffentlichkeit zu rechtfertigen. Sie müssen die Leute ständig daran erinnern, wie viel Gutes sie ihnen tun.

An der Basis gelingt es kleinen lokalen Regierungsbehörden durch ihre Dienste eine gewisse Ordnung in der Gesellschaft aufrechtzuerhalten. Auf nationaler Ebene jedoch sind ihre Rechtfertigungen sehr fragwürdig, da ausschließlich auf dieser höheren Ebene der Provinzen oder des Gesamtstaates, national oder international- die teuersten und fest institutionalisierten Formen der Bürokratie existieren, denn hier sind sie dem Urteil der Öffentlichkeit weitgehend entzogen. Bürger können auf ihre lokalen Regierungsvertreter ein wachsames Auge haben, aber sie sind machtlos, wenn es darum geht, Behörden auf der Ebene des Gesamtstaates, der Provinz, national oder international, zu beurteilen.

In allen für die Menschheit wichtigen Belangen führt heutzutage die Bürokratisierung zu einer allgemeinen Lähmung im Entscheidungsfindungsprozess, da ihre Selbsterhaltung stets vor allen anderen Fragen, die auf dem Tisch liegen, Vorrang hat. Die meisten bürokratischen Institutionen fangen mit hohen Idealen und einem gewissen vibrierenden Optimismus an. Nach und nach schleicht sich jedoch das Eigeninteresse der Organisation ein. Löhne, Vorteile bei der Gesundheitsfürsorge, Renten, Dienstreisen und Aufstieg durch Weiterbildung werden zu ihren vorrangigen Zielen.

Geringe Risikobereitschaft und der Erhalt ihrer Arbeitsplätze beeinflussen das Denken der Bürokraten, und es ist sehr selten, dass man einen Mutigen findet, der seine eigene Position grundsätzlich in Frage stellt. Es ist ein Machtet der Hierarchie, eine völlige Umkehrung der ursprünglichen Ideen.

Die Öffentlichkeit beklagt sich ständig über „die Bürokraten", ihre Kosten, ihre Ineffektivität und ihr wucherndes Anwachsen, und dennoch beherrscht Bürokratie weiterhin unser Leben und wächst weiter, trotz des Schadens, den sie bei den Bürgern in aller Welt anrichtet. Warum ist das so? Die Antwort ist einfach:

Diese Organisationen wurden nicht gegründet, um der Menschheit zu dienen; sie wurden gegründet, um den Interessen der Dunklen Mächte zu dienen.

Die Bürokratisierung der Welt

In den Jahren nach dem 11. Weltkrieg kam es zu einem besonders ausgeprägten Anwachsen bürokratischer Institutionen. Die Großmächte China und Russland, die sich dem Kommunismus zuwandten, schufen riesige totalitäre Regierungsapparate und öffentliche Dienste, die buchstäblich alle Aktivitäten im Land und jeden Aspekt des täglichen Lebens jedes einzelnen Bürgers kontrollierten. Die Ausbreitung des Kommunismus nach Osteuropa, auf den Balkan, die Baltischen Staaten, Nordkorea, Nordvietnam und Kuba führte zu massiven Bürokratien selbst in den kleinsten Ländern.

Diesem Trend schlossen sich die demokratischen sozialistischen Bewegungen in Europa an, die mehr Sozial- und Gesundheitssysteme schufen, Regierungsbehörden und halböffentliche Unternehmen sowie neue bürokratische Verordnungen zusätzlich Zu den bereits vorhandenen, mit dem Ziel, Kapitalismus und Sozialismus zu verschmelzen. Das Ergebnis war die Entwicklung noch größerer staatlicher Bürokratien, die sowohl die Regierungstätigkeit als auch Wirtschaft und Handel beherrschten.

In den 50iger und 60iger Jahren kämpften nationale Befreiungsbewegungen darum, britische, französische, spanische, holländische und portugiesische Kolonien von ihren Kolonialherren in den Metropolen zu befreien und schufen eine Reihe neuer Länder in Asien, Südasien und Afrika. Diese von leninistisch- antiimperialistischer Ideologie durchtränkten Länder neigten dazu, ausufernde staatliche Bürokratien zu übernehmen, gemäß den sozialistischen oder kommunistischen Vorbildern.

C

Causa} Region Kausalregion. Siehe auch unter Trikuti.

Chakra Rad; Zentrum; Nervenzentrum; jedes der sechs Energiezentren des menschlichen Körpers, die den Blütenblättern des Lotos ähneln. Siehe auch unter Kanwal.

Chakra, sanskrit: »Rad«, Bezeichnung für ein feinstoffliches Energiezentrum, das seine Ursprünge im Yoga des Shaktismus hat. Die Beschreibung der einzelnen Chakras ist in den tantrischen Schriften (Tantra) und in den modernen westlichen esoterischen Schulen sehr unterschiedlich. Um leben zu können benötigt der menschliche Körper kosmische Energie, die sich als Atem manifestiert. Am Hauptenergiekanal des Körpers (Sushumna, Nadi), der sich entlang der Wirbelsäule erstreckt, liegen sechs Hauptchakras, welche die kosmische Energie gleichsam als Regulatoren sammeln und verteilen. Ein siebentes Chakra befindet sich außerhalb des Körpers über dem Scheitel. Im untersten Ch. ruht wie eine Schlange die höchste Energie, die Kundalini, die nach ihrer Erweckung nach oben steigt und dabei alle Chakras nacheinander aktiviert. Jedes Ch. das die Kundalini auf ihrem Weg berührt, erblüht wie ein Lotos. Da von den Chakras Energiekanäle (Nadis) ausgehen, werden auch die benachbarten Organe davon betroffen. Außer einem ständig wachsenden Glücksgefühl werden bei jedem Ch. auch besonders übersinnliche Kräfte (Siddhi) geweckt, die in dem Gefühl von höchster Glückseligkeit und einem Überbewusstsein beim Erreichen des siebten Chakras gipfeln.

In der modernen Esoterik werden die Chakras als Schwingungskörper auf gefasst, die Energie jeglicher Art, also außer der kosmischen Energie auch die von Tieren, Pflanzen und Mineralien, empfangen, transformieren und verteilen. Man betrachtet diese Schwingungskörper in ihrem wörtlichen Sinne als »Räder«, durch die die Energie hindurchfließt. Je schneller die Energie fließt, desto schneller drehen sich die Räder. Man unterscheidet eine negative und eine positive Drehrichtung.

Wenn sich die Chakra-Energien im Uhrzeigersinn drehen, dann wird kosmische Energie aufgenommen, um sie dem Körper zuzuführen. Bei einer Bewegung gegen den Uhrzeigersinn werden feinste Energien dem Bewusstsein zugeführt. Jeder dieser Energiekörper hat aufgrund der unterschiedlichen Schwingungszahlen verschiedene Farben. Da dem Körper ständig neue Energie zugeführt und überflüssige Energie in die Aura abgestrahlt wird, kann anhand der verschiedenen oder veränderten Farben der Aura der Zustand der einzelnen Chakras überprüft werden. Wenn eines der Chakras stärker oder schwächer arbeitet (»strahlt«), dann führt dies zu einem Ungleichgewicht Im Gesamtsystem der Chakras, und es kommt zu einer Energieblockade (Chakratherapie). Die Hauptchakras sind: 1. Muladhara (Wurzel-Chakra, zwischen Geschlechtsorgan und Anus, am Damm), 2. Svadhisthana

(Sexual-Chakra, in der Region der Sexualorgane), 3. Manipura (Nabel-Chakra, in der Nabelgegend). 4. Anahata (Herz-Chakra. In der Herzgegend). 5. Visuddha (Kehlkopf-Chakra. In der Mitte der Kehle), 6. Ajna (Drittes Auge, in der Mitte der Stirn zwischen den Augenbrauen). 7. Sahasrarapadma (Scheitel-Chakra. am oder oberhalb des Scheitelpunktes des Kopfes, also über dem grobstofflichen Körper). Außer diesen klassischen Chakras gibt es noch Nebenchakras, die besonders In der modernen Esoterik wichtig sind: Chakras der Handinnenflächen. Hara-Chakra (Bauch), Milz-Chakra. ThymusChakra (siehe auch „Ajna-Chakra«. „Anahata-Chakra«. „Manipura-Chakra«. „Muladhara-Chakra«. „Sahasrarapadma-Chakra«. „Svadhisthana-Chakra«, „Visuddha Chakra«).Es gibt aber mehr als 7 Chakras, nämlich 12 bisher erkannte, was abhängig vom erreichen der spirituellen Arbeit ist, das zu erkennen, so wie in der Sant Mat Meisterreihe zbs. Soami Ji aus Indien, der einwandfrei 12 Chakren erlebte auf seiner Reise zum Höchsten zum Göttlichen. Im Buch „Die Meisterin Ching Hai habe ich eine Liste, Skala, aufgestellt mit den 12 Chakren. Dazu gibt es genügend Literatur auch die dazugehörigen 12 Strang –DNS und so weiter.

Zu den einzelnen Chakren:

Gleichsam an einem Zentralkanal aufgefädelt befinden sich folgende Sieben Hauptchakren, und zwar von unten nach oben sich reihend:

Das Wurzel-Chakra (Muladhara-Chakra):ist positioniert in der Höhe der Wurzel der Wirbelsäule! Im geistig unerwachten Menschen ist es der Brennpunkt der Lust und der Leidenschaft. Im erwachten Menschen ist es der positive Brennpunkt der Reinheit. Es ist das Zentrum des Willens und der Selbstbeherrschung. Dieses Zentrum überwacht auch die Geschlechtstätigkeit des Menschen. Der unerwachte Mensch vergeudet viel Lebensenergie durch falsche Handhabung der Geschlechtlichkeit. Die Triebbefriedigung wird zum essentiellen Selbstzweck, durch die Geschlechtsbegegnung erreicht der Unerwachte nicht die Ganzheit des anderen Du's; die Folge ist eine nicht zu stillende Frustration, Schwere Beeinträchtigungen des menschlichen Willens (Selbstdisziplin) sind die Folge.

Auf der Erde ist dieses Chakra auf den Osterinseln lokalisiert, bis vor 10000 Jahren war dieses Zentrum voll aktiviert und „regierte" zusammen mit dem Zweiten Chakra die ganze Erde bis Atlantis; unter diesem Einfluss wurde die Schwingungsfrequenz der Erde neu positioniert. Heute arbeitet dieses Chakra nur noch mit ca. 10 % seines Leistungspotentials.

Das Milz-Chakra (Svadhisthana-Chakra):hat seinen lokalen Sitz in der Nähe der

Milz! In seinem minderen negativen Brennpunkt fokussiert es den Ärger, die Bosheit, den Hass, selbst schon Abneigung ist dort beheimatet.

Seine positiven Leistungen sind die Macht des Gebetes, der mantrischen Tätigkeit. der Invokationen (Anrufungen....)

Das Zweite Chakra liegt erdbezogen in Mexiko (Landeplatz der Donnervögel!) Auch dieses Chakra arbeitet nur auf einem Niveau von 10 %.

Das Solarplexus-Chakra (Manipura-Chakra) lokalisiert in der Nabelzone! In seiner negativen Ausformung kommuniziert und artikuliert es die GIER, die Gefräßigkeit, die Habgier, die ANGST und alle anderen niederen Gelüste - ein Chakra, das sich in unserer Letztzeit in seinem destruktiven Potential massenhaft zu Höchstformen steigerte. Das positive Potential dieses Chakras sind Friedensenergien, persönliche Ausgeglichenheit, Harmonie, Furchtlosigkeit. Als Besonderheit gilt, ist es entwickelt, so ist der Mensch geschützt vor negativen Gedanken und Wünschen anderer, auch vor der eigenen Gier und allen anderen niederen physischen Gelüsten. Das Dritte Chakra ist lokalisiert auf der Erde im Zentrum der Cheops - Pyramide. Diese Energiezentrale hält seit über 3000 Jahren stabilisierend diese Erde im Gleichgewicht. Dieses Chakra arbeitet mit 80 % seines Potentials. Langsam reduziert sich dieser Energie-Pol der Erde, um dem nächsten, dem Vierten Erdchakra die „Macht" zu übergeben.

Das Herz-Chakra (Anahata-Chakra) Drückt im unerwachten Zustand Lethargie, Faulheit und Schlamperei aus. Die positive Strahlung dieses feinstofflichen Zentrums sind die reine, selbstlose, allumfassende Liebe, Toleranz und allumfassendes Verstehen. Die Erde kommt zusehends unter den Einfluss des Vierten Chakras; die Gefühlsaura erfährt eine große Reinigung, alle aggressiven und destruktiven Kräfte werden aufgelöst oder beseitigt. Es entspricht dem menschlichen Herzchakra - dem Liebeszentrum. Positioniert ist diese weltverändernde Zentrale auf Golgotha. Die Kreuzigung Christi bildete damals vor 2000 Jahren den Höhepunkt zur Einleitung dieser Kräfte.

Das Kehlkopf-Chakra (Visudha-Chakra) ist das Zentrum der Macht, wo im negativen Aspekt der NEID und der Wunsch nach persönlicher Macht und Selbstdarstellung liegt. Seine positive Wirkung ist die Kraft, Vollkommenes zu schaffen, den Göttlichen Willen auszuführen, den Göttlichen Plan zur Verwirklichung zu bringen. Das Fünfte Chakra ist erdbezogen auf Stonehenge in England positioniert. Da unser Kehlkopfchakra aus 16 „Blütenbättern" besteht, so besteht auch der Steinkreis in England aus 16 senkrechten Steinen.

Das, Stirn-Chakra (Ajna-Chakra): ist das Zentrum der Verstandesmacht als Weisheit. Im negativen Aspekt offenbart es STOLZ und Verstandesdünkel. Hier ist die Schnittstelle, wo der ZWEIFEL ins Dasein tritt. Über dieses Zentrum agiert auch die Massenunsitte der Kritiksucht! Der Antrieb, permanent zu werten und zu urteilen. Im positiven Aspekt wird es auch als Drittes (Göttliches) Auge bezeichnet, sowie als Brennpunkt der Konzentration und der mentalen Entwicklung. Das Sechste Erdchakra liegt in der Mongolei (Wüste Gobi!). Jene Position, wo früher die „Goldene Stadt" Schambhala lag; feinstofflich existiert diese bis heute! Dieses Erdchakra wird in einer späteren Evolutionsphase wieder voll aktiviert.

Das Scheitel-Chakra (Saharshrana-Chakra) ist die Krone des Körpers, daher auch Kronenchakra genannt. Dies ist bei den meisten Menschen noch nicht entwickelt, daher ist es auch nicht von negativen Eigenschaften belastet. Es existiert nur in der reinen hohen Form. Erst wenn das Herz-Chakra entsprechend entwickelt, geöffnet und ausgeweitet ist, wird dieses Kronen-Chakra aktiviert. Die hohe, reine Liebe ist sein Entwickler. Diese Entwicklung ist auch dreidimensional bemerkbar, man erlebt diese Entwicklung mitunter durch Pochen, (Akustische Wahrnehmung!), auch durch Druck und das Gefühl der Ausweitung! Dem Aurasichtigen zeigt es sich durch eine Lichtkorona (Heiligenschein!). Dieses Chakra aktualisiert das Gefühl der Glückseligkeit und der Erleuchtung!

Das Siebente Erdchakra ist lokalisiert im Himalaya Gebiet, wo viele feinstoffliche Seelen heilend auf die Erde einwirken. Auch dieses Erdchakra bekommt erst in späterer Evolutionszeit volle Bedeutung.

Das Achte und die folgenden Chakren sind nicht physisch lokalisiert, bekommen aber zusehends Bedeutung und Einfluss auf die Erdenentwicklung und natürlich auch auf die Ganzheit des Menschseins. So ist das Achte (Alpha - Chakra) oberhalb des Kopfes positionieren, erdbezogen liegt es feinstofflich über dem Nordpol. Beim Menschen liegt das Neunte Chakra (Omega Chakra) unterhalb der Füße - erdbezogen außerhalb des Südpoles, diese weitern Chakren positionieren die Ausdehnungsmöglichkeit Unserer Energie: das gilt einerseits für den einzelnen Menschen, das gilt andererseits für die Erde als Ganzes, es trägt die Eigenstrahlung der Erde, die Unseren Planeten allmählich zu seiner Bestimmung - eine Sonne zu sein (zu werden!)- führt.

Diese Sieben Hauptchakren stehen natürlich auch in direkterer Korrespondenz mit dem physischen Nervensystem und führen beim aufsteigenden Bewusstsein zur Erleuchtung, zu einer Harmonisierung des physischen Körpers und einer harmonisch ausgeglichenen Gefühlswelt, die weder in die eine noch in die andere Richtung ausrastet. Die äußeren Gefühlsregungen nehmen ab und werden immer mehr verinnerlicht. Von einem solchen Menschen strahlt eine immer größer werdende Ruhe aus, die auch die Umwelt entsprechend zu harmonisieren imstande ist. Die logische Folgekonsequenz ist persönliche Harmonie, Gesundheit, Frieden und Wohlbehagen. Auch die mentale Gedankenwelt kommt unter Kontrolle, sie steigt immer weiter auf, so dass sie immer mehr über den Dingen steht; alle vorschnellen Gedankenmuster treten zurück!

Generell bedeutet das Ausweiten der Chakrenqualität, dass der entsprechende Mensch immer gesünder wird an Körper, Gemüt (Seele) und Geist. Und alle Elemente zusammen konzentrieren eine wachsende Energie - ein solcher Mensch wird zu einer „Hochleistungsbatterie", die unbeschwert laufend auf höchster Ladung gehalten wird: ein Strahlungsbündel! Und ohne Zwang wächst der Seelenkörper zu einer immer reineren und leuchtenderen Qualität! Für sich und andere! Nicht aber sollte der Schüler versuchen, mit irgendwelchen Tricks Lernstufen überspringen zu wollen.

Durch aufsteigendes Bewusstsein und die daraus folgenden persönlichen Konsequenzen - Bewusstsein ohne persönliche Konsequenz im Konkreten Leben ist immer ein Trugbild und führt zu gefährlichen Situationen - steigt der Schüler Stufe für Stufe auf. Einfach in Ruhe stetig wachsen, und alles passt zusammen, nichts kommt aus dem Gleichgewicht; und wenn da oder dort noch Gleichgewichtsstörungen auftauchen, dann sind diese relativ leicht korrigierbar; und der Weg kann ungestört weitergegangen werden. Es gilt, eine geistig bewusste, eine ethische und moralische Entwicklung durchzumachen, das führt für sich Selbst und für die Erde schließlich zum Ziel des Aufstiegs! Der Aufstieg des Menschen zu seiner Geistigen Freiheit ist substantiell mit seinem Chakrenkörper verknüpft, sie sind das Instrument dafür!

Seit kurzer Zeit (1992) ist der Planet Erde in eine kosmische Qualität eingetreten, wo das Potential für weitere Chakren eröffnet wurde. Zu diesen Sieben Chakrenmustern kommen zunächst Fünf weitere hinzu, die der Seinsqualität der Erde und ihren Bewohnern, den Menschen, bisher nicht mögliche Verwirklichungen eröffnen werden. Die Namen der nächsten beiden Chakren sind an sich schon bekannt, das Alpha- und Omega-Chakra lokalisiert oberhalb und unterhalb der beiden bisherig äußeren (Wurzel- und Kronenchakra);die weiter nach außen folgenden müssen erst benannt werden, sind noch nicht aktiviert!(Hierzu möchte ich folgendes hinzu fügen, die Sant Mat Meister oder die Meister die Licht und Klang Meditationen anbieten und in Licht und Klang initiieren, wie Ching Hai oder die Meister der Surat Shabd Linien, insbesondere Swami Ji der Gründer der Soami Ji Sant Mat arbeitet, und dessen Vormeister bis hin zu Kabir, die sind den Weg dieser Chakren gegangen und können darüber berichten, bis zum Zwölften Chakra, das die sterblichen Welten Brahma hinter sich lässt, und so weiter. W.Schorat) Evolutionszwischenziel dieser Entwicklung ist einfach, das Geistige Bewusstsein - die individuelle Essenz weit über die bisherige Ausdehnung der Aura zu dehnen, um damit letztendlich die Bewusste Menschheit zu vereinen, damit wird sie das einheitliche Bewusstsein ERDE!

Chakra, Achtes Die Schablone/Templat, durch die die höheren Energiesysteme, die den Körper umgeben, mit dem menschlichen Biocomputer-System vereinigt werden, das durch die sieben Chakra-Stationen im Energiefluss gesteuert wird. Das Achte Chakra - als Energiezentrum für das „göttliche Licht", die „Flamme der Erlösung" und das ewige Licht, das über dem Kopf erscheint - ermöglicht die Vereinigung zwischen dem Überselbstkörper und dem menschlichen Bio-System. Chakra-Zentren Zentren der Energie-Ausrichtung, verbunden mit dem menschlichen Körper, wo die biologischen Uhren mit äußeren Energiefeldern zusammenarbeiten und eine gemeinsame Portallinie zwischen komplexen spirituellen, mentalen und biologischen Netzwerken bilden.

Chaurasi Vierundachtzig; „das Rad der 84" oder das Rad der Seelenwanderung. Der Name bezieht sich auf die 8 400 000 Lebensformen (= 84 Lakh Lebensformen) in der Schöpfung gemäß der indischen Mythologie und den Hindu-Schriften. Die Mystiker verwenden diesen Ausdruck, um die Vielzahl von Leben hervorzuheben, durch welche die Seele nach dem Karmagesetz in dieser Schöpfung hindurchgeht. Siehe auch unter Karma und A wagawan.

Cherubim Engel-Orden, der die Hüter der himmlischen Aufzeichnungen/Urkunden aufstellt. Sie bewachen die Eingänge zu den Thronen und Herrschaften, die die Basis der THRONE des Vaters bilden. (S. Schlüssel 303:78-87).

Chetan Bewusst; erwacht; GEIST; bewusstes Leben im Gegensatz zu jar (unbewusst, träge); Vernunft; Seele; Selbst; Intelligenz; Weisheit; auch „Chaitanya" genannt.

Chetan Akash Die himmlische Region oberhalb der Augen; Teil der ersten spirituellen Region.

Chiliokosmos Die gegenseitige Durchdringung von tausend verschiedenen Ebenen kosmischer Schöpfung - alle so miteinander verflochten, dass „Läuterung und Erneuerung" der Schöpfung in allen tausend Ebenen/ Zellen gleichzeitig stattfinden können. Laut Enoch repräsentiert der Chiliokosmos die Multiplexität der Evolution und den größeren Zusammenhang zwischen den vielen Universen, die im Plan des Vaters verschmolzen sind, im Gegensatz zum ‚Tausendjährigen Reich', das in begrenztem Raum und Zeit festgelegt ist.

Chit, Chitt, Chitta Widerspiegelnder Aspekt des Intellekts; eine der vier Eigenschaften des Mind; die Fähigkeit, sich an Schönheit, Form und Farbe zu erinnern und sie zu unterscheiden. Siehe auch unter Antashkaran.

Christus „Ho Christos als der Gesalbte." Des Vaters Sohn, der den Göttlichen Plan des Vaters in den Welten des Adam Kadmon beginnt, verwirklicht und vollendet. In Begriffen des physischen Ewigkeits-Universums ist der Christus das Erlösungs-Vehikel das Gottes Kinder zu gleichwertigen Partnern in der gesalbten Sohnschaft des Lichts macht, gänzlich befähigt zur spirituellen Arbeit in des Vaters Wohnwelten der Höheren Intelligenz. Für diejenigen, die vom Sündenfall betroffen waren, kommt der Christus, das verlorene Bildnis und Gleichnis wiederherzustellen und die Schwellentore zum wirklichen Lichtgewand zu öffnen, das der Mensch anlegen muss, wenn er die Ebene des ursprünglichen Adam Kadmon erreichen will. Durch den inkarnierten Christus erhalten wir eine neue Beziehung zum Vater. Da wir Brüder und Schwestern des Sohnes sind, sind wir Söhne und Töchter des Vaters. Insoweit Gott durch den Heiligen Geist Seine Wohnung in uns hat, steigen wir zur Würde der Sohnschaft auf, weil wir den Sohn selbst in uns haben, zu dem wir in seinem Geiste verwandelt werden. Indem wir uns zu der Kühnheit unserer eigenen Zeugenschaft aufschwingen, sagen wir:"Abba, Vater"! (s. Hebräer 2:10-11.)

Christus-LICHTkörper Die Höchste Frucht von Gottes Geist in unserem inkarnierten Lebensvehikel. Der geheiligte Körper arbeitet und legt Zeugnis ab (Psalm 97:11) im Verein mit Christus (2. Korinther 5:16-17); die Einheit von Körper und Seele in Verzückung und Offenbarung mit Je-she-wah Jahweh (Römer 8:15-19), so dass sogar das Überselbst die Mysterien von Gottes Reich schauen kann (Epheser 3:5; 2. Korinther 3:18 u.12:2).

D

Dadu (1544 - 1603); ein Heiliger aus Rajputana (Rajasthan), berühmt für die kühnen Äußerungen in seinen schönen Gedichten.

Dama Die Leidenschaften im Zaum halten, den Mind zügeln.

Dand Selbstdisziplin; Strafe; Lebensgesetz.

Das erpresserische Steuersystem

Heutzutage haben Regierungen wie einst die Feudalherren das Recht, ihre Bürger zu besteuern, oder, um es schonungsloser auszudrücken, ihre Bürger zur Abgabe von Steuern zu zwingen. Ein Bürger zahlt Steuern vorgeblich um Recht und

Ordnung in der Gesellschaft aufrecht zu erhalten, für den Ausbau und Unterhalt der Kommunikations- und Verkehrswege, für die Funktionsfähigkeit gemeinnütziger Einrichtungen wie Post, Luftfahrt, Verteidigung der Gesellschaft gegen feindliche Übergriffe von außen und eine Menge anderer Ausgaben, die die Regierung ihm aufzwingt. Einige Aktivitäten der Regierung sind ohne Zweifel für die Bürger von allgemeinem Nutzen, andere jedoch sind ausgesprochen fragwürdig. Dennoch stellen die meisten Bürger die Rechtmäßigkeit ständig steigender Steuern nie in Frage und kommen ihrer Bürgerpflicht als Steuerzahler nach.

Regierungen erheben Steuern in allen Gesellschaftsschichten und auf jeden Aspekt des Lebens, um ihre ständig steigenden Ausgaben zu decken. So erheben sie beispielsweise Steuern auf Benzin, Zigaretten, Alkohol, Luxusgüter, Reisen, Schulen, Wasser, Heizöl, Flugsicherheit, Grenzkontrollen, Hafennutzung, Zölle, Flugreisen, Restaurantbesuche - mit anderen Worten auf alles, was man zum Überleben braucht. Selbst Rentner, Kranke und Schwache, Behinderte und Arbeitsunfähige müssen auf ihr Einkommen Steuern bezahlen. Tatsächlich ziehen die Regierenden ihren Bürgern schleichend so viel Geld aus der Tasche, dass der Durchschnittsbürger Geld borgen muss, um über die Runden zu kommen. Private Kreditgeber vergrößern den Rahmen für Privatkredite und Hypotheken, Kreditkarten und Konsumentenkredite dergestalt, dass der ausgelaugte Steuerzahler auch noch von externen Organisationen abhängig wird. Sie leihen den Bürgern sogar Geld, damit diese ihre jährliche Einkommenssteuer begleichen können!

In den Vereinigten Staaten, wo Steuern laut Verfassung freiwillig sind, wurde die Behörde, die mit dem Eintreiben der Steuern betraut wurde, der Internal Revenue Service ohne jegliches legales Mandat ins Leben gerufen.

Dennoch treibt diese Behörde heute, vor dem Hintergrund eines sehr fragwürdigen Mandats, Billionen von Steuerdollar ein mit Hilfe von bewaffneten Polizeikräften, die die Bürger ins Gefängnis werfen, falls sie nicht zahlen.

Der fragwürdige legale Status des IRS entzieht seine Aktivitäten dem Einflussbereichs der Justiz. Dennoch erlässt er Steuergesetze und Regularien unter Androhung von Gewalt. Eine genauere Untersuchung der Steuergesetzgebung in anderen Ländern der Welt würde wahrscheinlich zur Aufdeckung ähnlicher Vorgehensweisen führen.

Ob die Steuerbehörden eines Landes legal sind oder nicht, ist eine Sache, aber all diese Behörden haben ein gemeinsames Merkmal: Sie sind unantastbar und müssen niemals Rechenschaft im Sinne einer Buchprüfung ablegen. mit anderen Worten, der Steuerzahler weiß nie genau, wie viel Geld die Finanzämter eigentlich einnehmen. Die Tatsache, dass riesige Summen unter dem Deckmantel der nationalen Sicherheit bewilligt werden, die jedoch nicht im Staatshaushalt ausgewiesen sind und über die nie öffentlich Rechenschaft abgelegt wird, ist lediglich die Spitze des Eisbergs in dieser ungeheuerlichen Situation.

Wie viel Steuergeld zieht mein Land tatsächlich ein?

Um den Steuerzahler zu verwirren und diese Lage zu vernebeln, machen es komplexe Steuergesetze für jedwedes private Kontrollorgan in Wirklichkeit unmöglich, die Höhe der Steuereinnahmen zu kalkulieren." Für jede Regel gibt es eine Ausnahme. Wir betrachten jeden Steuerzahler als Einzelfall", sagen die Finanzämter dazu.

Deshalb trifft der Versuch, das Steuersystem zu vereinfachen und einen für jedermann klar verständlichen Steuersatz einzuführen, auf so starken Widerstand. Ein begradigtes Steuersystem würde es für die Bürger zu einfach machen, herauszufinden, wie viel Steuergelder durch das gegenwärtige System erhoben werden.

Weltweite Steuerbehörden sind in der Lage, jedes Jahr nicht nur Milliarden, sondern Billionen von den Bürgern einzukassieren. Und die Weltbank hat zu ihrer Unterstützung vor kurzem für eine Milliarde Dollar ein Projekt ins Leben gerufen, um die Effizienz der Steuererhebung in den Entwicklungsländern zu verbessern! Wie effizient diese Steuererhebungssysteme auch immer sein mögen, so sind sie doch nie irgendjemanden Rechenschaft über ihre Einnahmen schuldig.

Agenten der Dunklen Mächte schöpfen zunächst nach Belieben Gelder ab, und dann erst veröffentlichen die Steuerbehörden ihre Zahlen. Niemals kommt es dabei zur Verifizierung durch eine dritte unabhängige Instanz.

Aber eines ist von unserem Blickwinkel aus sicher: Die Dunklen Mächte wirtschaften auf Kosten der Bürger in die eigene Tasche. So müssen zum Beispiel die USA, bekanntlich das reichste und mächtigste Land der Erde, erst noch ein funktionsfähiges Gesundheitssystem für ihre Bürger aufbauen. Dennoch geben sie Milliarden für Rüstungs- und Raumfahrtprogramme aus und noch viel mehr für verdeckte Aktivitäten.

Die Allgemeinheit muss aufwachen und alle Steuern in Frage stellen. Es gibt bereits Abweichler, die die gegen diese Ungerechtigkeiten protestieren, aber verglichen mit der breiten Mehrheit der Leute, die sich wie eigene Lämmerherde zur Schlachtbank führen lassen, handelt es sich dabei nur um eine kleine Minderheit. Jeder von uns sollte jedes Mal, wenn die Registrierkasse im Laden eine Verkaufs- oder Mehrwertsteuer ausweist im Geiste aufschreien und fragen, „Halt! Wohin geht dieses Geld?'Warum sollte ich es bezahlen?" Dieser mentale Widerstand beschwört Energie aus den spirituellen Dimensionen herbei, die dazu führt, dass das allgegenwärtige Steuersystem seine Herrschaft über die Welt.

Jeder einzelne sollte seinen Regierungsabgeordneten fragen, ob er die genaue Höhe der von der Regierung eingenommenen Steuer kennt. Aber man sollte sich nicht wundern, wenn man auf Ratlosigkeit trifft. Hat jemals jemand daran gedacht, diese Frage zu stellen? Außerdem sollte man die Frage stellen, ob je irgendjemand außerhalb der Regierung die Finanzbehörden überprüft hat.

Sie müssen nicht mit Plakaten vor ihrer Finanzbehörde demonstrieren. Es ist schon von unermesslichem Nutzen, wenn Sie ganz einfach diese bohrenden Fragen stellen, damit die Dunklen Mächte ihre Herrschaft über den weltweiten Kapitalmarkt verlieren. Dies beschwört nicht nur die Kraft Ihres Höheren Selbst, sondern auch die Stärke der Bruderschaft herauf, diese Situation in einer anderen Dimension zu bereinigen, denn sobald dies erledigt ist, wird die Lösung hier auf der irdischen Ebene zu Tage treten. Ihre Fragen und Nachforschungen Werden durch einen Schneeballeffekt diese tragische Situation ans Licht bringen.

Darshan Sicht oder Anblick; den Meister intensiv anschauen, mit einem tiefen Gefühl von Respekt, liebevoller Hingabe und ungeteilter Aufmerksamkeit.

Daswan Dwar Wörtlich: das zehnte Tor; Bezeichnung der dritten spirituellen Region. Trikuti hat eine innere Zitadelle (garh), die zehn Tore besitzt, von denen neun geöffnet sind. Das zehnte Tor, das zur dritten Region führt, ist geschlossen; deswegen wird die dritte Region selbst Daswan Dwar genannt. Sowohl Sunn als auch Maha Sunn werden als Daswan Dwar bezeichnet - Sunn als eigentliche Region und Maha Sunn als die Region tiefster Dunkelheit zwischen Daswan Dwar und Bhanwar Gupha (der vierten Region).

Das Trennende

Das Wort „Wissenschaftlich" und „ Wissenschaftler" ist zu einem synonym für Richtig, oder Gut, oder Zuverlässig geworden, und wird machtpolitisch und machtmaterialistisch ausgebeutet, und zwar von solchen Privatpersonen, die Menschen Ausbeuten und versklaven wollen. Es wird ausgenutzt gegen das selbstständige Denken der Menschen, Bürger, Künstler, und Arschlöcher, um sie „Still-zu-legen" und um Macht-Strategische-Zeit" zu gewinnen, in der Argumentation, ja wir müssen erst mal wissenschaftliche Untersuchungen machen lassen, weil das Tiermensch-Ego nämlich bloß Kurz-Kurz-Kurzzeit-Gedächtnis hat. Und damit fallen die Erkenntnisse und Einsichten gegen die Dunkle-Graue-Macht-Elite, also das Üble, das satanische, der Mord, der Krieg, die Versklavung, die Lüge, der Betrug, meistens in den nicht-existenten-Bach und sind futschikato. Nicht umsonst sind diese Vertreter des satanischen des Betrugs die sich in alle Positionen von großen Organisationen hineinmanövriert haben, die Organisationen Infiltriert haben, alle auf durch ihre einheitlichen grauen Anzüge oder dunklen Anzüge, denn sie sind ausnahmslos Vertreter des Grauen Lichts also Grau aus

Weiß und Schwarz. Sie sind das gefährlichste auf der Erde da sie an nichts glauben sondern nur das Tier das sie bleiben müssen leben, nämlich die Ungerechtigkeit also wo Stärke vor Gerechtigkeit kommt also Macht, denn das ist das Tierreich.

Um in der akademischen Welt, die es gar nicht gibt, die bloß so fantasiert gedacht wird, ernst genommen zu werden, ist es notwendig, die wissenschaftliche Ebene, die es auch gar nicht gibt, das wird bloß so fantasiert gedacht, und die persönliche Ebene , Faszination, zu trennen. Gutes Beispiel Ken Wilber der diese Angst vor Nichtakzeptanz seiner Wissenschaftskollegen also Demagogen also Sataner zugab, und seine Schriften sind durchzogen von dieser verlogenen Kälte und Kühle und Nichtwissen denn sie bestehen bloß aus Worten und Fantasien und erlesenem Trauma seiner Unfähigkeiten, innerlich. Dieses trennende ist eine reine Mentalfiktion eine reine Denkfiktion eine reine Fantasiefiktion, und bedeutet ja immer das der Andere das Andere der Üble das Üble das zu bekämpfende das auszubeutende das zu versklavende ist, das gegen meine innere Weltsicht mein Denken meine Fantasien meine Gedanken und Ziele steht, und das muss beseitigt werden egal was es auch ist, ob Mensch, Tier, Pflanze oder Mineralien, oder ob die Erde selber, so übel ist das Tier das zur Zeit global herrscht und in allen Positionen auf der Erde angekommen ist und eine Totallüge eine Totalbetrügerei und eine Totalversklavung auf sehr, sehr subtile Art vorbereitet hat und seine faschistoide Tierheit denn Faschist sein ist das Tier der Tiermensch der seine abgrundtiefe Bösartigkeit in einem Faschistischen Staat am vollkommendsten ausleben kann egal welcher Nationalität. Denn das Tier der Tiermensch ist auf der Erde überall der gleiche ob Deutsch Amerikaner Chinese Russe oder Afrikaner und so weiter. Ob im Christentum wo der andere der Herätiker war, ist, und verbrannt gefoltert oder durch Steuern versklavt wurde und wird, oder in der Politiksektiererei, oder in der Wirtschaftswahnsinnkacke, oder in der Struktur der Beamten, und der Struktur der Managersysteme, die Selbstkonzeption der westlichen und östlichen und südlichen und nördlichen Kultur fußt wesentlich auf einem polemischen also erfantasierten erdachten Diskurs des Ausschließens. Fiktive Grenzen gedankliche fantasierte Grenzen aufzubauen und somit andere als Minderwertig also ausbeutbarere zu deklarieren und das wird fortgesetzt bis in alle sogenannten Ebenen die es gar nicht gibt in den Banken den Firmen den Wissenschaften den Religionen und der staatlichen Systeme. Man kann mit sehr gutem Gewissen sagen und schreiben, dass heutzutage auf der Erde die negative Macht das Dunkle die Grauen, die Tiermacht das Üble herrscht. Die Menschheit wird heutzutage am 30.5.2007 fast total von der negativen Macht beherrscht.

Das Wesen des Menschen Trotz des oft zitierten Wortes von Pope, dass das eigentliche, das wichtigste Studium für die Menschheit der Mensch selbst sei, weiß der Mensch erstaunlich wenig über sich selbst. Wohl befasst sich die Psychologie mit der Erfassung des inneren Wesens des Menschen, doch die moderne Psychologie fußt lediglich auf den äußeren Phänomenen des menschlichen Bewusstseins, wie sie im täglichen Leben oder bei wissenschaftlichen Versuchen zutage treten. Sie nimmt die Seele nicht zur Kenntnis, vielmehr hat sie ihre Existenz Oft genug verneint. Die Ausführungen dieses Kapitels über das Wesen des Menschen beruhen auf der Psychologie der Meister. Sie umfassen die Wissenschaft von Geist) und Seele, ihre grundlegende Struktur und Funktion, das Verhältnis zwischen beiden und andere damit zusammenhängende Fragen. Die Psychologie der Meister ist die älteste und zugleich die modernste. Die älteste, weil die Meister schon vor Millionen von Jahren begonnen haben, die Wahrheitssucher auf diesem Planeten über das Wesen des Menschen aufzuklären, denn Meister gab es seit Beginn der Menschheit auf dieser Welt. Trotzdem ist die Psychologie der Meister für die westliche Welt neu, weil sie bisher noch in keinem dem Westen zugänglichen Buch niedergeschrieben wurde. Mit diesem Buch wird zum ersten Mal in der Geschichte der Versuch unternommen, die Wissenschaft der Meister den Menschen der westlichen Hemisphäre zugänglich zu machen. Die Frage nach dem Wesen des Menschen kann nicht in wissenschaftlichen Laboratorien beantwortet werden; die Forschung der modernen Psychologie vermag nur die Oberfläche der menschlichen Psyche zu berühren. Einzig die wahren Meister sind in der Lage, das Wesen des Menschen zu ergründen, weil sie die Fähigkeit besitzen, sich von ihrem physischen Körper zu trennen und, von ihm losgelöst, sich als Geistwesen zu erfahren. Darüber hinaus vermögen sie sich auch von ihrem geistigen Leib zu trennen; und sich selbst als reiner Geist, als Seele zu schauen• Von dieser hohen Warte aus können sie die Phänomene ihres eigenen Lebens sowie das Leben anderer Menschen erforschen. So können die Meister zum Beispiel Gedanken sehen und beobachten, wie sie sich bilden und wieder vergehen. Den Meistern sind mentale Reaktionen ebenso sichtbar, wie physische Reaktionen vom menschlichen Auge erfasst werden können. Die Meister lehren, dass es, verborgen im physischen Leib des Menschen, noch einen weiteren, viel feineren Körper gibt, den feinstofflichen Körper, den Astralleib.. Er hat diesen Namen, weil er aus Millionen kleiner Funken besteht, die wie Sternenstaub aussehen. Jeder Mensch besitzt einen Astralleib und macht von ihm hier und jetzt Gebrauch, auch wenn er sich dessen nicht bewusst ist. Durch diesen feinstofflichen Leib sind Geist und Seele imstande mit dem physischen Körper und der Außenwelt in Verbindung zu treten. Der Astralleib nimmt Form und Farbe entsprechen dem Charakter der betreffenden Persönlichkeit an. Auf der Astralebene, auf der wir mit dem Astralleib wirken, ist keine Täuschung möglich. Man sieht dort jeden so, wie er ist, denn der Astralleib offenbart sein wahres _ Wesen. ‚Der Astralleib hat wie der physische Körper fünf Sinne. Nach dem Tod bleibt der Astralleib des Menschen erhalten und dient als Mittler in der Astralebene. Innerhalb dieses Astralleibes befindet sich nach der Lehre der Meister noch ein weiterer Körper, der noch subtiler ist als der Astralleib... Er wird .Kausalleib genannt, weil in ihm die Ursachen oder Keime für die Begebenheiten im Leben eines jeden Menschen gespeichert sind. .In diesem Kausalleib ist jedes Erlebnis des Menschen während seiner ungezählten irdischen Existenzen eingeprägt! Aus all diesen Erlebnissen bildet sich der Charakter, dem dann alle Handlungen entspringen. Nach dem physischen, astralen und kausalen Körper ist der Geist (eng! mind, Sanskrit: man, bestehend aus manas = (Wahrnehmung, chitta = Erinnerung, buddhi= Intellekt,-Verstand und ahankar = individuelles. Bewusstsein) die vierte Einheit im Gesamtaufbau des Menschen. Der Geist ist noch feiner, noch subtiler als der Kausalkörper; und ist der Seele näher. Wenn wir uns in dieser materiellen Region aufhalten, bedürfen wir des physischen, astralen und kausalen Körper sowie des Geistes. Wenn wir uns auf die Astralebene begeben, müssen wir zeitweilig den materiellen Körper verlassen. Gehen wir höher zur zweiten Region, Trikuti, lassen wir den Astralleib zurück und wirken mit dem Kausalkörper und dem Geist. Verlassen wir auf dem Weg nach oben Trikuti, entledigen wir uns des Kausalkörpers und des Geistes und lassen sie in Trikuti zurück, da wir sie in den Regionen darüber nicht mehr benötigen. Das geschieht in Daswan Dwar, der dritten Region auf dem Pfad der Meister. Hier sind wir aller Hüllen oder Körper ledig und erblicken uns als Seele. Wir erkennen dann alles durch unmittelbare Wahrnehmung, ohne die Vermittlung von Geist und Leib. Es mag zunächst schwer verständlich sein, wie sich jemand seines Geistes entledigen und trotzdem. etwas erkennen kann. Wir sind es gewohnt, den Geist als Werkzeug des Erkennens zu betrachten. In Wirklichkeit erkennt aber nicht der Geist, sondern er ist nur ein Werkzeug für die Seele, um Verbindung mit den Objekten der Erkenntnis in der materiellen Welt zu erhalten. Die Seele allein hat Bewusstsein, ist Bewusstheit; sie vollzieht das wirkliche erkennen. Deshalb benötigt sie den Geist nicht, wenn sie nach Daswan Dwar und noch höher aufsteigt. Sie erkennt durch unmittelbare Wahrnehmung. Alles Wissen steht ihr ohne irgendein Hilfsmittel des Erkennens zur Verfügung. Der Geist ist weder seiner selbst bewusst, noch wird er von sich aus tätig; er besitzt keine Entschlusskraft. Er ist nur eine Maschine, sehr feinfühlig zwar und außerordentlich machtvoll, wenn er von der Seele in Bewegung gesetzt wird. Nur die Seele vermag zu erkennen, zu denken, schöpferisch zu Wirken und aus eigener Kraft tätig zu werden. Die Seele ist die Antriebskraft des Geistes, so wie der elektrische Strom als Kraft eine Maschine in Bewegung setzt. Schließlich kommen wir zum wahren Menschen, nämlich der Seele (eng: Spirit, Soul, Sanskrit: Atman). Die Seele ist der eigentliche Kern des Menschen. Sie ist die fünfte Einheit im Gefüge jenes Wesens das wir Mensch nennen, so wie wir ihn hier in diesem Leben sehen. Er legt bei seinem Aufstieg in die höheren

Regionen all seine Körper nacheinander ab, weil er auf diesen Ebenen für sie keine Verwendung hat. Jeder dieser Körper eignet sich nur als Hilfsmittel für den Gebrauch auf einer bestimmten Ebene. So ist also die Seele der wahre, der eigentliche Mensch. Die Meister lehren, dass jede einzelne Seele ein Funke des unendlichen Lichtes, ein heller und strahlender Tropfen des unendlichen Seins ist. Als solcher ist sie eins mit dem Allerhöchsten - eins im Wesen und in den Eigenschaften. Sie ist ein Teil von ihm und wesensgleich mit ihm.

In der Seele liegt alles Bewusstsein und alle Macht. Alles, was darunter liegt, ist ohne Bewusstsein, nur mechanisch tätig. Das gilt auch vom Geist des Menschen. In der Tat hängt das Leben und Handeln eines jeden Wesens ganz und gar von seiner Seele ab. Die bescheidenste Pflanze, das winzigste Insekt lebt und webt kraft seiner Seele, des winzigen spirituellen Funkens, der ihm Leben und Dasein gibt. Alles übrige im Menschen vergeht oder wird von ihm auf seinem Weg nach oben abgelegt. So erlangt er vollkommene Freiheit.

Müsste sich die Seele aufgrund ihres Karmas nicht in diesen stofflichen Bereichen aufhalten, wären Körper und Geist für sie nicht nötig. Wegen ihrer außerordentlich feinen, spirituellen Beschaffenheit kann die Seele mit den unteren Regionen ohne vermittelndes Werkzeug nicht in Berührung kommen. So ist sie gezwungen, sich mit den verschiedenen „Kontaktmitteln" zu bekleiden. Die Seele ist Seele, ganz gleich, in welchem Körper sie sich befindet. Sie stammt vom höchsten Herrn ab und ist von derselben Substanz. Die Meister lehren, dass das gesamte Universum mit Seelen erfüllt ist. Die einen haben einen hervorragenden Geist, einen höher entwickelten Körper als andere; aber sonst besteht kein Unterschied zwischen einer Amöbe und einem Menschen, zwischen einem Insekt und einem Gelehrten.

Das wirft ein helles Licht auf die Lehre der Meister bezüglich der Wiederverkörperung der Seelen. Die Lehre von der Wiederverkörperung ist für den westlichen Menschen nicht leicht zu begreifen. Aber bei sorgfältigem Studium bietet sie eine rationelle Erklärung für viele geheimnisvolle Abläufe im Leben des Menschen und der gesamten Schöpfung.

David Rockefeller

David Rockefeller, Ehrenvorsitzender des Council on Foreign Relations und der Trilateralen Kommission, Eigentümer der Chase Manhattan Bank und durch sie einer der Hauptaktionäre der FederalReserve Bank, taucht in mehr Verschwörungstheorien auf als irgendjemand sonst seit Adam Weishaupt.

Selbst bei flüchtigem Hinsehen erkennt man die Rockefellers als Hauptakteure im Spiel der Macht. Schon 1890 raffinierte die Familie 90 Prozent der Rohölförderung der Vereinigten Staaten; ihr Vermögen wächst seit dieser Zeit kontinuierlich. Ein

Rockefeller, Nelson, war als Republikaner Gouverneur des Staates New York und Vizepräsident der Vereinigten Staaten; ein anderer war als Demokrat Gouverneur von Arkansas. 1916 betrug das Familienvermögen 500 Millionen Dollar, damals eine astronomische Summe; 1930 gehörte ihnen ein substantieller Anteil an den Aktivposten der 40000 eingetragenen Firmen in den USA. Die Rockefellers besitzen heutzutage große Anteile an Exxon, am Rockefeller Center, an der Standard Oil of California, IBM und der Chase Manhattan Bank, zusätzlich zu ihrem Firmenwert von mehr als zwei Milliarden Dollar und Aktienpaketen in etwa 50 anderen Firmen.

Sie haben außerdem die Aktienmehrheit in der City National Bank und besitzen Anteile an 50000 angeschlossenen Banken in mehr als 100 Ländern. Klingt nicht schlecht? Die Rockefellers sind auch noch an den vier größten amerikanischen Versicherungsgesellschaften beteiligt. Und sie haben genug Aktien, um 37 der 100 größten Industriefirmen und neun der 20 größten Transportfirmen zu kontrollieren oder zumindest zu beeinflussen. Dazu kommen viele kleinere Firmen. 1993 gehörten David und andere Rockefellers zu den fünf Spitzenaktionären von 122 der größten und gewinnträchtigsten Firmen und Konzerne.

Daya Erbarmen; Barmherzigkeit; Gnade.

Dayal Der Barmherzige; eine Bezeichnung des Höchsten Wesens, der positiven und barmherzigen Macht, im Gegensatz zu Kal, dem Herrn des Gerichts, der erbarmungslos Recht spricht.

Deka-Delta-System 1. Zehn Licht-Emanationen, die durch einen pyramidalen Kegelschnitt wirken, der den Lebensbauplan ordnet. In Verbindung mit der göttlichen Rekorderzelle, ein einzigartiges pyramidales Energienetzwerk, das durch zehn LichtSuperschriften des Göttlichen Geistes (Mind) gebildet wird, Das Netzwerk ist ein Energiehabitat für Sephirotische Lebensformen, die von jeder Ebene der höheren universellen Substanz ausgehen und die Olam Hayihud, die Welt der Vereinigung, bilden, 2. Die Energie-Vielfalt (bzw. auch -Verteilersystem), durch die verfahrensmäßige Initiativen weitergeleitet werden, um die Materie-Energie-Typologien für das richtige Gleichgewicht zwischen den niederen und den höheren Welten zur Koordinierung der Schöpfung zu errichten.

Denken Eine der Varianten, die für die Übersetzung von „Mind" gewählt wurde. Es soll damit auf den schöpferischen Akt des Gedankens/Denkens hingewiesen werden und darauf, dass auch in den höheren Welten der Geist im Sinne des zum kreativen Gedanken fähigen Bewusstseins das erschaffende Prinzip ist.

Der Ausverkauf der Nationen: Die nationale Verschuldung

Die meisten von uns haben sich schon irgendwann einmal Geld geliehen. Wenn man ein Haus auf Kredit kauft, unterschreibt man einen Hypothekenbrief bei einer Bank oder einem Kreditgeber, mit dem man sich für zwanzig oder gar Dreißig Jahre verschuldet. Kauft man ein Auto auf Kredit, verschuldet man sich auf drei bis fünf Jahre. Die meisten Leute versuchen, diese Schulden zu begleichen. Aber wenn man zum Beispiel den Kredit nicht tilgt, wird der Kreditgeber das Wohneigentum einziehen und einen auf die Straße setzen. Wenn Sie die Raten für Ihr Auto nicht tilgen, wird Ihnen der Kreditgeber „Ihr" Auto wegnehmen. So schwebt das Damoklesschwert des Kreditgebers stets über einem, und man fühlt sich ihm gegenüber verpflichtet.

Heutzutage leihen sich Länder rund um die Welt Billionen von Dollar von unbekannten Leihgebern. Es ist nur logisch, anzunehmen, dass diese Leihgeber ihrerseits einen enormen Einfluss auf die Führer der verschuldeten Länder ausüben, genug Einfluss, um selbst den Präsidenten des mächtigsten Landes der Erde zu einer reinen Marionette zu machen.

Im Verlauf des 20. Jahrhunderts haben die meisten Nationen auf der Welt dem Gold abgeschworen. Das bedeutet, dass es nicht länger notwendig war, eine Währung mit Goldbarren abzusichern. Stattdessen druckten und prägten Staaten ihr eigenes Geld auf Papier bzw. billigen Metallen und erklärten diese Produkte für wertvoll. Der Staat würde diese Währung durch eine gute Finanzpolitik stützen, und dies würde Lieferanten und Verbraucher beim Handelsaustausch auf dieses Papier vertrauen lassen.

In jüngster Zeit wurde Bargeld als Zahlungsmittel hinfällig. Gegenwärtig findet Handel mit Zahlungsmitteln in weitaus flüchtigerer Form statt, primär mit elektronischem Geld- bzw. Buchungstransfers sowie Kreditkarten. Dadurch sind die Geldströme sogar noch flüssiger geworden. Riesige Geldsummen können binnen Sekunden von einem Ende der Welt zum anderen transferiert werden und bei gekonnter Manipulation per Mausklick verschwinden oder wieder auftauchen.

Der Gebrauch von Bargeld in Form von Banknoten und Münzen wird der breiten Masse zur Erledigung ihrer Tagesgeschäfte überlassen, aber selbst in diesem Bereich verwenden die Leute Kreditkarten für ihre täglichen Basiseinkäufe. In der Tat wird heute jeder, der zu viel Bargeld bei sich trägt oder damit bezahlt als Geldwäscher oder Drogen-bzw. Waffenhändler gebrandmarkt.

Sobald sie die Absicherung durch Gold hinter sich gelassen hatten, nutzten die Regierungen die weniger restriktiven Bedingungen, um ihre Ausgaben exponentiell zu erhöhen, denn alles, was sie tun mussten, war zu drucken oder prägen, was immer sie brauchten. Mit dem Aufblühen der Bürokratien blähten sich auch ihre Verwaltungs- und Projektbudgets bis zu dem Punkt auf, dass die von den Regierungen erhobenen Steuern nicht mehr ausreichten, um deren Ausgabevolumen zu decken.

Sie lernten, dass nur Geld zu drucken, um diese Ausgaben zu decken, zu Inflation, Abwertung der Währung und einen Vertrauensverlust in die Stabilität führen würde.

Um den alljährlichen Fehlbetrag im Haushalt auszugleichen, beschlossen die Regierungen, das zur Deckung des laufenden Defizits nötige Geld von den Finanzmärkten zu leihen. Die US-Regierung gab zum Beispiel Schatzbriefe heraus, Schuldscheine mit langer Laufzeit sowie Bürgschaften und ergriff weitere ad hoc Maßnahmen in Form weiterer Schuldscheine für jeden, der ihr Geld leihen würde und versprach im Gegenzug gute Zinsrendite. Bis zum heutigen Tag hat das US-Finanzministerium auf den weltweiten offenen Finanzmärkten 44 Billionen Dollar auf diese Art und Weise ausgegeben und zahlt eine jährliche Zinslast von ca. 400 Milliarden Dollar oder 1,5 Milliarden Dollar täglich!

Und diese Schulden wachsen weiter. Die US-Regierung ist so sehr verschuldet, dass auch die Dollarnote selbst ein Dokument der Verschuldung ist, bekannt als Federal Reserve Note. Die USA sollen uns wegen der Höhe der Schuldenlast als Beispiel dienen, aber es steht außer Zweifel, dass heutzutage jedes Land der Erde verschuldet ist.

In den 90iger Jahren, als große Spekulationen an der Tagesordnung waren, waren die Staatsanleihen bei den konservativsten Investoren nicht sehr beliebt, dennoch kaufte irgend jemand alles auf. Die US-Regierung weist darauf hin, dass 55% der Schuldscheine von privaten Investoren gehalten werden, während der Rest aus der Beleihung der Sozialversicherung stammt. Dies ist nur ein Beispiel.

Während die nationalen Führer die Vermögenswerte des Landes.. .an unbekannte Gläubiger verhökert haben, verlangen sie weiter Steuern von den Bürgern, um die Zinsen für diese Hypotheken abzutragen. Billionen von Steuermitteln fließen direkt aus den Taschen der Steuerzahler in Form von Zinszahlungen in die Tresore dieser Gläubiger. Viele Leute zucken mit den Achseln, wenn sie mit diesem Problem konfrontiert werden, denn es fällt ihnen schwer zu begreifen, dass eine Regierung bankrott gehen kann, besonders wenn sie die Macht hat, von ihren Bürgern zwangsweise Steuern einzutreiben, wann immer sie mehr Mittel benötigt.

Dennoch scheint niemand die sachdienlichste aller Fragen zu stellen: WEM GEGENÜBER IST DIE REGIERUNG VERSCHULDET? Mit anderen Worten, welche Mächte leihen den Nationen Billionen über Billionen Dollar? Kann es sein, dass dieses gesamte System der Verschuldung bewusst geschaffen wurde?

Die Antwort auf diese simple Frage wird eine unvorstellbare Macht enthüllen- die Dunklen Mächte- die die Vermögenswerte unserer jeweiligen Länder besitzen! Und wie alle Gläubiger haben sie eine unerhörte starke Verhandlungsbasis der politischen Führung jedes Landes gegenüber, wenn es darum geht, ihre Ziele zu erreichen. Eines der schockierendsten Beispiele für diese Macht ist das, was Präsident Kennedy passierte. Da er sich weigerte, die USA in den Vietnamkrieg zu führen, wurde er kurzerhand am heillichten Tag vor den Augen der Weltöffentlichkeit hingerichtet.

Geld zu leihen ist nie umsonst. Die Regierung muss Zinsen auf die nationale Verschuldung zahlen, und um das Geld, für die Zinsen aufzubringen, erhebt sie Steuern von den Bürgern. Jeder Steuerzahler zahlt im wesentlichen eine indirekte Steuer (die Zinsen) an die Dunklen Mächte.

In den USA addiert sich die Zinszahlung für die Verschuldung auf $ 3,3 Billionen jährlich, und sie wächst von Monat zu Monat.

Doch auch wenn Ihnen Ihre Regierung nie die Wahrheit über diese Lage sagen wir bitten wir Sie Ihre Phantasie ein wenig spielen zu lassen und etwas Logik anzuwenden. Wenn Sie der Führer eines Landes wären, wären Sie dann nicht der Person oder Organisation verpflichtet, die Billionen von Dollar der Hypothek Ihres Landes hält? Die Antwort liegt auf der Hand, denn der Gebrauch von der Möglichkeit, jederzeit die Begleichung einer derartigen riesigen Schuld einzufordern, würde zum unmittelbaren Zusammenbruch der gesamten Volkswirtschaft eines Landes führen!

Heutzutage gibt es Beispiele von Regierungen in Südamerika und Afrika, die derart verschuldet sind, dass sie ihre Zinsen nicht mehr aufbringen können. Sie sind faktisch bankrott, und in dem Kampf, ihren Verpflichtungen ihren Gläubigern gegenüber nachzukommen, haben sie sich buchstäblich gegen ihre eigenen Bürger gewandt und deren Ersparnisse beschlagnahmt. Diese Länder nehmen die Zukunft jener Länder vorweg, die den Dunklen Mächten noch anheimfallen werden, denn diese werden so lange weitermachen, bis sie jede Nation ihrer Ressourcen beraubt haben.

Machen Sie sich klar, dass diese Situation real ist und beginnen Sie sich oder Ihre Regierungsvertreter einfach zu fragen, „Wer besitzt die Schuldscheine meines Landes?

Wann wurden diese Schulden gemacht? Warum wurden wir nicht konsultiert, ehe unser Land oder unsere Gemeinde Schulden machte?" Die Antworten würden Sie erschrecken, denn die meisten würden vorgeben, es nicht zu wissen.

Wenn Sie Ihr Recht ausüben, diese Fragen zu stellen, beschwören Sie die Macht der Bruderschaft, in den oberen Sphären, gegen diese ungeheuerliche Tatsache einen Feldzug zu führen, denn sobald diese Schlacht geschlagen ist, wird der Schleier der Unwissenheit auf der Erde nach und nach gelüftet werden und das Joch, unter dem die Dunklen Mächte jede Nation halten, wird abgeschüttelt werden. Die Leute werden aufwachen und das Ausmaß dieses Problems begreifen.

Es liegt auf der Hand, dass jede Organisation, die über Billionen von Dollar verfügt, die sie Regierungen leiht, eine wahrliche Macht darstellt. Es liegt ebenso auf der Hand, dass diese Mächte die Welt fest im Griff haben, bis zu dem Punkt, dass sie bestimmen können, welchen Kurs Nationen einschlagen, unabhängig davon, was deren Bürger wollen. Dies ist einer der Gründe, warum die Vereinten Nationen nutzlos geworden sind, denn es ist nicht der Wille ihrer Gemeinschaft von Nationen, der die Dinge in diesen Zeiten vorantreibt, sondern der Wille der Dunklen Mächte. So ist es auch nicht erstaunlich, dass einige Nationen Kriege anzetteln und den lauten Rufen der Weltöffentlichkeit nach deren Beendigung kein Gehör schenken. Woher nehmen diese Mächte ihre Mittel, um die unerhört großen Schulden der Nationen zu übernehmen?

Eine der Quellen haben wir im Vorangegangenen Teil- bereits genannt- das nicht genau zu beziffernde Steueraufkommen. Eine zweite Quelle speist sich aus der Plünderung des Privaten Sektors.

Deva, Devta Strahlende Wesen; Personifikationen der Naturkräfte; Götter, Engel.

Dev Lok Region der Götter.

Dharam Rai Wörtlich: Richterkönig; der Herr der Gerechtigkeit, der nach dem Tod einer Seele Lohn oder Strafe austeilt, gemäß den im Leben vollbrachten Taten.

Dharma Rechtschaffenheit oder Pflicht; moralische und religiöse Lebenspflichten; auch ein Synonym für Religion.

Dharma Megha Eine bestimmte Stufe der Konzentration (samadhi), die den Mind von allen äußeren und inneren Aktivitäten befreit; von einer Person, die diese Stufe erreicht hat, heißt es, dass sie einen Mantel aus strahlendem Licht trägt.

Dhun Klang oder Melodie; das WORT; die himmlische Musik. Siehe auch unter Shabd.

Dhunatmak, Dhunatmik, Dhunyatmak Nam Der unaussprechbare Urton, der nicht gesprochen, geschrieben oder mit den physischen Ohren gehört werden kann; die innere Musik, die nur die Seele erfahren kann. Siehe auch unter Shabd.

Dhyan Innere Kontemplation. Eine Meditationstechnik der Heiligen, bei welcher der Schüler seine Aufmerksamkeit auf die innere Gestalt des Meisters konzentriert.

Die Körper

Zu jedem Lebensstrom gehören sieben Körper, wobei Wir vier Niedrige und drei Höhere unterscheiden. Jeder dieser sieben Körper hat seine eigene Schwingung - Dichte - und wirkt auf der ihm entsprechenden Ebene. Diese Körper durchdringen einander. Die Vier Niederen Körper werden (Wir nennen diesen Vorgang Tod) nach und nach abgelegt. Die drei Höheren Körper sind der unsterbliche Teil von Uns selbst!

Die Niedrigen Körper:

1) der Physische Körper

2) der Ätherkörper, in diesem sind alle Erfahrungen (Essenzen) der Inkarnationen aufgezeichnet - das ätherische Double.

3) der Gefühls- oder Astralkörper

4) der Gedanken- oder Mentalkörper

Schon bei den niedrigen Körpern ist das Wesentlichste immateriell, durch die Schwere des Physischen Körpers ist die Essenz lokal gebunden. In dieser vierschichtigen Erscheinungsform artikuliert sich der Lebensstrom - HOLON - als Mensch in der dreidimensionalen Wirklichkeit. Selbstverständlich sind auch in einer solchen konkreten Historischen Inkarnation seine drei höheren Strukturell präsent. Wobei diese Höhere Qualität auch während einer Inkarnation die Niederen Reiche vorübergehend verlassen kann; das tun wir jeweils, wenn Wir schlafen, das tun Wir bewusst, wenn Wir meditieren; und wenn Wir voll erwacht sind können Wir bewusst mit diesem Potential überallhin im Kosmos „reisen" ohne Raketen, nur mit dem Potential der voll entwickelten Telepatischen Energie!

Die drei Höheren Körper:

1) der Kausalkörper

2) das Heilige Christ-Selbst (Buddhi)

3) jedes Menschen Höchste Autorität, der Teil (Funke) Gottes in ihm, das ICH BIN (Atma!)

Der Kausalkörper ist die unsterbliche Essenz des Ätherkörpers, durch ihn werden die Lebensfülle und auch die karmischen Essenzen von einer auf die folgende Inkarnation weitergetragen. So beginnt essentiell eine Neue Inkarnation auf dem Stand, wo die vorhergehende aufgehört hat. Das biologische Werden - Kind - Jugendlicher - Reifer Mensch - ist immer nur ein Neuer Vollstart in einen konkreten neuen Lebensvollzug!

Das Heilige Christ-Selbst ist Jene geistige Bewusstseinsentwicklung, die die funktionierende Brücke zwischen den niedrigen Körpern und der Kausalseele mit der Essenz des Göttlichen Funkens in einem Selbst herstellt.

„Niemand kommt zum Vater als durch mich!" Ohne diese Brücke gibt es keine Rückkehr. Nicht der historische Christus ist die Brücke, sondern der „Erwachte" Christus in einem Selbst!

Dies ist die Liebesenergie, die alle Reiche in einem Selbst und in der Ganzheit alle Reiche miteinander vereint. Und das ist letztlich die Lichtenergie, die jenen „Raum" einnehmen wird, der heute noch von Karmaenergie besetzt ist! Es ist im wahrsten Sinne die Erleuchtung! - „Es werde LICHT!" LICHT = LIEBE

Din Dayal Din bedeutet demütig; dayal bedeutet barmherzig; deswegen: „Den Demütigen gegenüber barmherzig sein".

Doppelhelix Teil der komplexen Geometrie der genetischen Codierung, die als zwei Polynukleotidketten vorkommt, welche ineinander gedreht sind und durch Wasserstoffbindungen zwischen den Basen zusammengehalten werden. Die Basen sind in einem Zucker-Phosphat-Rückgrat verankert. Die Basen Adenin, Guanin, Zytosin und Thymin binden die Nukleotide in diesem spiralförmigen DNS-Molekül

Dreifaltigkeit der Dreifaltigkeiten JHWHE-Elohenu-JHWH im Unendlichen Gewand von Einheit und Vielheit. JHWH - Elohenu JHWH, die drei Namen bilden eine Einheit, und deshalb wird JHWH „Einer" genannt. Dies ist die göttliche Einheit, die - als ein Mysterium - durch den Heiligen Geist Shekinah offenbart wird. Diese Einheit ist auf Verschiedene Art erklärt worden, und doch hat derjenige recht, der sie als mit JHWH beginnend versteht, und derjenige hat recht, der sie als mit Elohenu beginnend versteht. Die Namen des Vaters bilden die höchste Sephirot-Trinität, die aus den Funktionen der Krone, des Königs und der Königin bestehen. Es sollte verstanden werden dass es nicht das Ain Soph ist, das die Welt erschaffen hat, sondern die Dreifaltigkeit, wie sie in der Kombination der Sephirot dargestellt ist.

Dreifaltigkeit: Höchste-Äußerste-Absolute.

Der Vater, insofern Er die Weisheit des Alten der Tage mit Sich Selbst und Seiner Schöpfung teilt, ist die Höchste Trinität; der Sohn, insofern Er das Wort des Vaters im Unendlichen und im Kosmos entfaltet, das in der Äußersten Trinität erneuert und zusammengefasst ist, die Shekinah-Gegenwart des Vaters, insofern der Geist Zeugnis ablegt für alle Herren des Vaters und alle Vehikel des Wortes, innerhalb und außerhalb der Unendlichkeit, ist die Absolute Trinität. Erst durch die Offenbarung des Offenbarenden Vaters leben und wachsen wir in eine Beziehung mit der Dreifaltigkeit der Dreifaltigkeiten und der Dreifaltigkeit der Liebe des Vaters.

Dreifaltigkeit: „Die Paradies-" (häufig: „Paradies-Trinität") Moses, Jesus und Elias in unserem Sohn-Universum. Sie wird zuerst durch die Verbindung des Höchsten-

Letzten Willens der Göttlichen Vernunft (Mind) als Vater aktiviert. Wenn sich diese Partnerschaft bildet, bringt sie die Entfaltung von Gott, dem Absoluten, herab durch die Weisheit, exemplifiziert in Moses, durch das Wort im Beispiel Jesu, und durch das Licht-Vehikel, veranschaulicht in Elias.

Dies macht die „Sohnschaft" des Vaters zur Tatsache, um uns am Triumph der Schöpfung Anteil haben zu lassen als glorifizierte „Ganzlichtwesen", die in Jesus, Moses und Elias verschmolzen sind, wie die drei in einen Ewigen Sohn eingegangen sind.

Dreifaltigkeiten: Experimentelle Die trinitisierten Formen der Lichtherren, wenn sie die Arbeit der Vater-Sohn-Shekinah-Partnerschaft auf ihrer Schöpfungsebene manifestieren. Die existentielle Natur der Menschheit passt in das Gewand der trinitisierten Herren (s. Trikaya). Sie sind abhängig von der Paradies-Trinität, die experimentelle Mängel in ihrer spirituellen Entwicklung ausgleicht.

Drittes Auge (Sanskrit: Ajna) 1. Es steht mit der Zirbeldrüse in Zusammenhang, die als ein rudimentäres Auge angesehen wird. Die Erweckung dieses Chakras stellt den Beginn der spirituellen Reise zur Einheit dar, das Einsetzen des kosmischen Bewusstseins.

Indem es sich entwickelt, vereinigt es sich mit den direkt darüber liegenden Chakren wie Stengel und Blume. Turaya oder der Weg des dritten Auges sollte nicht mit der Vielzahl an Augen bei selbstverwirklichten Wesen verwechselt werden, aber auch nicht mit dem höheren Kronen-Chakra (Sahasrara), dem tausendblättrigen Lotus, dem achten und neunten Chakra des höheren Selbst und dem neunten bis zwölften Chakra des Überselbst verbunden ist. 2 Das Chakra-Zentrum das mit dem Intellekt und dem Empfang von Information zu tun hat.

Dwapar Yuga Das Kupferne Zeitalter, das dritte im Zyklus der Zeitalter. Siehe auch unter Yuga.

E

Ehyeh Ascher Ehyeh (Hebr.) „Ich Bin Der Ich Bin." Der Göttliche Code gegenseitiger Polarisation und Kommunikation, die (zwischen Seelen-Intelligenzen) stattfindet, wenn das „ICH BIN"-Bewusstsein einer individuellen/planetaren Intelligenz mit dem „ICH BIN" von fortgeschrittenen höher-evolutionären Orden und Bruderschaften verknüpft wird, die eine galaktische Dimension bewohnen. 2. Die höchste Aussage, die ein Sterblicher in dieser Welt machen kann. Sie ist der Ausdruck des „Bündnisses" zwischen dem menschlichen Selbst und dem Christus-Überselbst und eine Erkenntnis unserer wahren Identität, unserer Bestimmung und Schlüssel zu den höheren Schwellen. 3. Die Anerkennung der Absorption/Verschmelzung der individuellen Identität in die göttliche Identität, oder umgekehrt, wodurch ein Gleichgewicht zwischen der Mensch/Gott-Partnerschaft hervorgebracht wird. 4. Ein heiliges Mantra/Grußwort, benutzt bei den Bruderschaften und der Hierarchie von JHWH.

Eka-Körper Es besteht ein Substrat (Unterschicht) von Gleichstrompotentialen im Körper, das den Aktionspotentialen der biologischen Realität vorangeht. Dies ist ein Höherer Bewusstseinskörper /Körper-Substrat, der die inneren Realitäten eines jeden Bewusstseins-Vehikels durch eine netzgeschaltete Uhren-Vielfalt koordinieren kann, wodurch die Bewusstseins-Zeit vollkommene Kontrolle über die biologischen Uhren und die gewöhnliche/weltliche Realität ausüben kann. Enoch nennt dieses Vehikel den ‚Eka-Körper', der eine Ansammlung vieler Plus- und Minus-Relativitäten ist, je nach der Beschaffenheit der Bewusstseinsebenen. Das Bewusstseins-Vehikel, das für Zeitreisen gebraucht wird, während eine direkte Beziehung zum physischen Gefährt, das an irgendeinem Punkt in der biologischen Zeit zurückgelassen wird, beibehalten wird. Wenn ihr euren Ursprung kennt, kennt ihr auch eure Bestimmung, denn der Eka-Körper ist eine Vehikel-Synthese in der „Klärung der Bewusstseinszeit" zbs. macht es eine 7-8-9-Chakra-Konfiguration dem Bewusstseins-Vehikel möglich, gleichzeitig „innerhalb und außerhalb der Zeit" zu arbeiten. (Hesekiel 3:12-15)

Elektromagnetischer Körper Dieser Vehikel- Körper codiert euren physischen Körper mittels der ganzen Reihe oder Familie an elektromagnetischen Wellen direkt in andere Bewusstseins-Regionen des lokalen Universums. Das EM-Vehikel muss mit seinem „Christus-Überselbstkörper" oder einem Lichtmeister arbeiten, wenn es mit den vielen elektromagnetischen Spektren arbeiten soll. Enoch sagte, die „zehn Jungfrauen" veranschaulichen das „verlorene Energiespektrum", das sich auf des Menschen Vermögen bezieht, andere Lichtkörper in der Mega- Realität vieler Spektren einzunehmen. Man muss zuerst das EM-Vehikel mit LICHT zum Leuchten bringen, bevor man die negative Masse-Schwelle überschreiten kann. Matthäus 25:3-10 berichtet von den Bewusstseins-Vehikeln, die das Potential des Energiespektrums und den Lichtkörper des Herrn außer acht gelassen hatten.

Elektromagnetische Nullzone Ein Energien Vakuum, in dem sich keine elektromagnetischen Felder befinden.

Elektromedizin Die Wissenschaft des Heilens und der Regeneration durch nicht-chirurgische Methoden unter Einsatz elektromagnetischer Bestrahlung. Eine Medizin, die sich mit dem vierten und fünften Materiezustand befasst, der auf Magnetfeldern und Licht basiert.

Elektron 1. Ein Elementarteilchen mit negativer Ladung und einem Atomgewicht von 1- 5,4862 x 10-4 amu. 2. Den Schlüsseln Enochs zufolge ist das Elektron Teil eines Super-Elektrons, das von Metatron zur Vereinheitlichung der Subkomponenten unseres lokalen Universums entworfen wurde.

Elohim (Singular:Eloha)1. Die vielgestaltige Pracht des Schöpfer-Gottes als pluralis excellentiae, mannigfache Erhabenheit. Die Schöpfergötter / -gottheiten JHWHs, die die, Licht-Kalibrationen kontrollieren, die dazu notwendig sind, alle Kombinationen von Bildnis und Gleichnis durch das Ewige Auge des Göttlichen Vaters zu entwickeln. Darum beginnt die Schöpfungsgeschichte mit „ßereshith bara Elohim", denn es sind die „Schöpfergötter", die die Welt nach dem Willen JHWHs geschaffen haben. 2. Diese Plural-Anrede für die Schöpferische Gottheit erscheint überaus häufig (mehr als 2500 mal) im Alten Testament als eine Bestätigung der Majestät und Größe der Schöpfung. Beginnend mit der Genesis wird Elohim, „Schöpfergötter", im Hinblick auf die höhere Schöpfung gebraucht. Jedoch erst nachdem Enoch ‚in der Zeit' als ‚Vater' zeugte (Genesis 5:21) und „mit dem wahren Gott wandelte" (Genesis 5:22), erscheint der hebräische Ausdruck „ha-Elohim" in der Bibel in bezug auf die offenbarte Schöpfer-Gottheit hinter den Schleiern der Schöpfung. Der Ausdruck „ha-Elohim" ist z. B. zu finden in:
I, Mos., 5:22,24; 6:2,4,9,11; 17:18; 20:6,17;; 27:28; 31:11; 3:7; 41 :25,28,32,32; 44:16; 45:8; 48:15,15.Mo 1 :17,21; 2:23; 3:1,6,11,12,13; 4:20,27;
1‘1: 1‘1; 17:9; 18:5,12,16,19,19; 19:3,17,19;20:20,21; 21:6,13; 22:8,9; 24:11,13. Mo, 22:10; 23:27.Mo, 4:35,39; 7:9; 33:1.Esra 1:3,4,5; 2:68; 3:2,8,9; 6:22; 8:36;10:1,6,9.Nehemia 4:15; 5:13; 6:10; 7:2; 8:6,8,16; 9:7;
10:28,29,29; 11:11,16,22; 12:24,36,40,43;13:1,7,9,11, Hiob 1:6; 2:1,10, Psalm 87:3.
Prediger Salomo 2:24,26; 3:11,14,14,15,17,18;5:1,2,2,6,7,18,19; 6:2,2; 7:13,14,26,29;8:12,15,17; 9:1,7; 11:5,9; 12:7,13,14, Jesaja 37:16; 45:18.
Jeremia 35:4.Hesekiel 31:9.Daniel 1:2,9,17; 9:3,11.Jona 1:6; 3:9,10,10; 4:7.und vielen anderen Stellen in der Bibel.

Enoch „Jemand, der ins Licht einweiht." Enoch, der Offenbarer der „Vierundsechzig Schlüssel", ist derselbe „biblische Enoch", der „genommen ward und mit Gott wandelte" als ein Zeuge des Lebendigen und Offenbarenden Vaters der Schöpfung, Er arbeitet mit Metatron und den anderen Herren in der Regierung der niederen Welten, so dass die treueste Einheit und vollkommenste Vielfalt der Weisheit des Vaters verliehen werden kann. Enoch ist der Meister-Schreiber von des Vaters „Schöpfungstafeln", verantwortlich für die Übermittlung der wissenschaftlichen Schlüssel des Lebendigen Lichts an die Wohnwelten des Lebens. Die griechischen, hebräischen, äthiopischen und anderen Fragmente des gemeinen ‚Buches Enoch' leiten sich von einer früheren Schriftrolle über die ‚Geschlechter Adams' ab und enthalten zum Teil die „Maße und Gewichte" einer früheren Lehre über die ‚Schlüssel des Enoch', die dem Menschen zu Beginn der Zeit offenbart wurden. Seine Schlüssel wurden enthüllt, um den Heiligen, am „Ende der Zeit" die wissenschaftliche und spirituelle Einheit kund zu tun, so dass sie vorbereitet sind, in die vielen Himmel des Göttlichen Vaters einzutreten, um im „Gewande des Menschensohnes ",derSohnschaft des Vaters, mitzuregieren.

Enneagramm Ein esoterisches Symbol das im Westen zuerst in der Arbeit des armenischen Mystikers G.I. Gurdijeff (1865-1049) auftauchte. Gurdijeff bezeichnete das Enneagramm als ein universelles Symbol, das die Gesetzmäßigkeiten des Universums beinhaltet. Seit Ende der sechziger Jahre ist das Enneagramm durch den bolivianischen Mystiker Oscar Ichazo, sowie durch einen seiner ursprünglichen Schüler, den chilenischen Psychiater und spirituellen Lehrer Claudio Naranjo bekannt geworden. Sie verwandten das Enneagramm um Egostrukturen mit spezifischen kognitiven und emotionalen Störungen abzubilden.

Entropie (Griech.: „Übergang") 1. Ein Maß für das Vermögen eines Systems, Arbeit auszuführen; die Zunahme an Entropie in einem Verlauf kann man sich als den Verlust an Vermögen dieses Systems denken, Arbeit zu leisten. 2. Das Maß für Verfall und Entartung von Materie und Energie (negativer Prozess). Gegensätzlich zur Zentropie, der Elektrifizierung von Materie-Energie. 3. Die höhere Intelligenz steht über dem entropischen Prozess, indem sie Bewusstseinskontrolle über Entropie ausübt.

Epi-kinetischer Körper Das biologische Plasma, das vom Energie- Vibrationskörper zur Projektion und Teleportation innerhalb einer einzelnen Dimension benutzt wird. Der Epi-kinetische Körper ist das Bewusstseinsvibrations-Vehikel, das die gemeingültigen kinetischen Paradigmen von Geschwindigkeit und Masse durchdringen kann. Große vibratorische Schutzenergien, Inspiration und der Ausgleich der schöpferischen Bewusstseinsebenen mit den unbewussten und unterbewussten Ebenen können über dieses Schwingungssynthese-Vehikel stattfinden, z.B. in einer 4-7-8 Chakra-Anordnung. (In Verstärkung durch „den Herrn", s. Daniel 3:19-25).

Erlösung Der Plan der Errettung (für eine gegebene Schöpfung), geoffenbart, um die Menschheit vor der Zerstörung in der negativen Entropie der planetaren Welten, die unter der Kontrolle der gefallenen Intelligenzen stehen, zu bewahren (Psalm 31:1-5;Jesaja 44:23).

Erleuchtete Diagnose
Von der Höchsten Meisterin Ching Hai, Hsihu, Formosa, 12. Januar 1992
(Original in Chinesisch)

Es war einmal ein frommer Gläubiger, der es mit seiner spirituellen Kultivierung sehr ernst nahm. Jeden Sonntag ging er in die Kirche und versäumte keine Zeremonie und keine Taufe. Eines Tages ging er zum Arzt.

Der fühlte seinen Puls und untersuchte ihn gründlich, jedoch alles ohne Befund.

„Es hat nicht den Anschein, dass Sie krank sind", sagte er.

„Wenn ich nicht krank wäre, hätte ich Sie doch nicht konsultiert" erwiderte der Mann.

„Frönen Sie ungesunden Vergnügungen?" fragte der Arzt.

„Nein! Ich esse regelmäßig, dreimal am Tag, die festgelegte Menge, und kein Körnchen mehr." „Dann haben Sie vielleicht zu viel getrunken? Das sollten Sie lieber lassen!" „Natürlich nicht! Ich trinke keinen Tropfen Alkohol; nur klares Wasser." „Arbeiten Sie oft noch spät abends? Wissen Sie, dass das gesundheitsschädlich ist?" „Niemals! Um halb zehn tauche ich ab und morgens um sechs stehe ich auf. Und das jeden Tag, ohne jede Ausnahme!".

„Dann frönen Sie vielleicht fleischlichen Vergnügungen?", forschte der Doktor weiter.

„Aber nicht doch! Ich bin Junggeselle, ich weiß gar nicht, was eine Frau ist." Der Arzt war mit seinem Latein am Ende und machte einen letzten Versuch. „Leiden Sie unter Kopfschmerzen?" „Ja, das ist es! Ich habe schlimme Kopfschmerzen, und kein Medikament schlägt an."„Aber natürlich", meinte der Arzt, „Ihr Heiligenschein ist zu eng!"

Errettung/Erlösung Der Prozess der Befreiung aus Knechtschaft und Sünde zu immerwährendem Leben und innewohnender Liebe in den Wohnungswelten des Vaters (Johannes 17:3; 3:36; Lukas 1:46,47; Kolosser 2:3; 1.Timotheus 1:1; 2.Timotheus 3:15;1.Petrus 1:8,9; Psalm 85).

Eshyouhod Das „verzehrende Feuer" als Nemesis, negative Entropie und Gericht über die gefallenen Herren des Lichts - Meodrach, Semjaza, Baal etc. und die falsche Priesterschafen, die die Wurzelrassen der Planeten in karmischer Knechtschaft gehalten haben, blind gegen die Befreiung der Seele, die Lichtbruderschaften und die Liebe des Vaters.

Essener (Bruderschaft der). syr.: »die Reinen«; eine jüdische Sekte. die im 2. Jh. v. Chr. entstand und nach 70 n. Chr. unterging. Durch die ca. 800 Textfunde von Qumran (1947) wurden Einzelheiten über ihre Lehre bekannt. Der französische Orientalist Szekely, der wichtige Beiträge zur Essener-Forschung lieferte, veröffentlichte 1936 in englischen Übersetzung eine Schrift The Gospel of the Essenes, welche genaue Angaben über die Lebensweise der E. enthält. Sie verwarfen den Geldbesitz, lebten ehelos in einer Gütergemeinschaft und befolgten genaue Reinheits- und Speisevorschriften. Das schlimmste Vergehen war die Lüge. Im Mittelpunkt ihrer religiösen Vorstellung steht ein Dualismus von Licht und Finsternis, der seinen Ursprung vielleicht in der persischen Religion hat, sowie die Hoffnung auf einen Messias. Die unsterbliche Seele geht nach dem Tod eines Menschen in eine Art Paradies ein. Man vermutet, dass sie sich später dem Christentum zuwandten und als Ebioniten (hebräisch:))Arme«) oder Zazaräer eine Glaubensspaltung heraufbeschwören. Diese Sekte hielt am mosaischen Glauben fest und betrachtete Jesus nur als einen Reformator des Judentums.

Evolution/Entwicklung Dieser Ausdruck wird nicht im Sinne von Darwinismus-Lamarckismus gebraucht, sondern von „spiritueller Evolution", die der Evolution aus den „primitiven Elementen" diametral gegenübergestellt ist. Spirituelle Evolution beginnt, nachdem die „Seele" als eine „Samenform" aus des Vaters Willen auf eines der Fließmuster der individuellen Schöpfung gesetzt wurde. Ist die Samenform einmal ‚gepflanzt' oder ‚vorbestimmt', operiert sie anhand von ‚Programmen zur Verarbeitung' der verschiedenen Lichtstrahlungen.

Exobiologie 1. Die zukünftige Wissenschaft zur Erschaffung „lebendiger Modelle" für biologische Zeugung im Raum aus bereits bestehenden „lebendigen Materialien".

2. Eine Synthese von Wissenschaften, die durch Simulierung der urzeitlichen „Erdumwelt" feststellt, ob lebensähnliche Moleküle durch derartige Methoden wie die Entladung elektrischer Ströme in eine geschlossene „primitive Umgebung" erzeugt werden können.

F

Fall/Sündenfall 1. Die Trennung der Engelfürsten des Lichts und der Paradies-Gottheiten vom Thron und der Schatzkammer des Lebendigen Lichts aufgrund ihrer Weigerung, an des Vaters Plan der „schöpferischen Erfahrung" beim Schöpfungswerk des Adamischen Menschen teilzunehmen, wo einem Materie-Energie-Wesen die gleiche Licht-Qualität verliehen wurde, wie sie in der Kosmischen Unendlichkeit besteht. 2. Die Trennung von „Bildnis" und „Gleichnis" im Adam Kadmon und dem Adamischen Menschen als Ergebnis der „Widersacher-Hierarchie" des Vaters, die die Qualität und Universalität, in der spirituelle Absolutheit erfahren werden kann, zu begrenzen suchte. Diese „Gottheiten" trafen nicht Vorsorge für ewiges Wachstum und mischten und dogmatisierten die Schwingungsbeziehungen des Lebendigen Gotteswortes. Durch die Vater-Sohn-Partnerschaft wurde aber die olam ha-perud, die „Welt der Getrenntheit" vom Amt des Christus überwunden, und das Unendliche Lebendige Licht wurde den niederen Welten zurückgebracht, so dass im Verlauf des Fortschreitens im Licht die Einheit zwischen der Seele und der Substanz, aus der sie ausstrahlt, erneuert werden kann. (2, Korinther' 2: 14).

Faqir, Fakir Arabische Bezeichnung für einen Heiligen; ein Asket oder Bettelmönch.

Federal Reserve Bank Es wird behauptet, dass die Federal Reserve Bank 1913 als ökonomisches Werkzeug mit dem Ziel gegründet wurde, Bankiers und bestimmte Politiker reich zu machen, während der Rest der Bevölkerung arm, dumm und manipulierbar bleiben sollte. Das mag sich wie typischer Verschwörungsblödsinn anhören, ändert aber nichts daran, dass die meisten Leute arm, dumm und manipulierbar sind.

Im Prinzip ist die Federal Reserve Bank, seit ihrer Gründung Gegenstand der Kritik vor allem von rechts, aber auch von links, eine private Körperschaft unter minimaler Regierungskontrolle, die all das Geld macht, das die Amerikaner in ihren Brieftaschen herumtragen. Kritiker befürchten, dass die Regierung die Bank nicht so kontrolliert, wie sie sollte, dass sie sogar selbst in ihrer Schuld steht und dass die Bank generell mehr Macht angehäuft hat als alle Regierungsbeamten zusammen.

(Dieselben Befürchtungen gab es von Andrew Jackson, Martin van Buren und Senator Thomas Hart Benton gegen die erste Bank of the United States.) Einem Kritiker vom Spotlight-Magazin gefällt es überhaupt nicht, dass die Bank Papiergeld ausgibt. Er weist darauf hin, dass die Verfassung die Ausgabe von Geld, das nicht aus Gold oder Silber besteht, verbietet (Artikel 1, Absatz 10), und sagt: »Sie machen wirklich ein gutes Geschäft. Sie geben ein Stück Papier aus mit einer Nummer, die so viele Nullen drangehängt hat, wie es ihnen passt. Dann nennen sie es Geld. Sie wissen ganz genau, dass man Gold und Silber nicht fälschen kann. Sie ziehen die Papiermethode vor. « Derselbe Autor erzählt die amüsante und etwas unheimliche Geschichte von dem Stück »echten« Papiergeldes, das er in seinem Haus fand - ein Silberzertifikat, also der altmodische Papierdollar, den man gegen einen Silberdollar eintauschen konnte. Er versuchte, ihn einzuwechseln, und wurde von Pontius zu Pilatus geschickt, bis er entdeckte, dass die Banken 1964 aufgehört hatten, Silberzertifikate in Silberdollar umzutauschen, und dass das Papier, wie alles Bundesgeld, nur gegen Papier getauscht werden kann. Klingt nach Kafka, nicht wahr? Das erste »Geld« oder was immer es war, das die Bundesbank 1914 herausgab, hatte den (hier übersetzten) Aufdruck:

Diese Banknote ist gesetzliches Zahlungsmittel für alle nationalen und Federal-Reserve- Banken und für alle Steuern, Zölle und andere öffentlichen Abgaben. Auf Verlangen ist es durch das Schatzamt der Vereinigten Staaten in der Stadt Washington, District of Columbia, in Gold oder andere gesetzliche Zahlungsmittel bei jeder Federal Reserve Bank einzutauschen.

Während Kritiker wie Ezra Pound das moralische und juristische Recht der Bank,

Geld auszugeben, bezweifeln, war das Geld doch eintauschbar gegen Gold oder »gesetzliche« Zahlungsmittel. (Man erinnert sich: Die Verfassung verlangt, dass gesetzliche Zahlungsmittel aus Gold oder Silber bestehen müssen!) 1950 wurde der Aufdruck geändert in:

Diese Banknote ist gesetzliches Zahlungsmittel für alle Verpflichtungen, öffentlich oder privat, und ist auf Verlangen in gesetzliches Geld durch das Schatzamt der Vereinigten Staaten oder bei jeder Federal Reserve Bank einzutauschen.

Das war um einiges zweideutiger - welcher Bürger kennt schon die verfassungsrechtliche Definition von gesetzlichem Geld? -, trotzdem würde vor Gericht die Bedeutung bestehen bleiben, dass man auf Verlangen Gold oder Silber für das Papiergeld erhalten müsse. 1963 ersetzte man den Aufdruck wiederum durch den, der bis heute gilt:

Diese Banknote ist gesetzliches Zahlungsmittel für alle Verpflichtungen, öffentlich oder privat.

Das bedeutet schlicht und einfach, dass Papiergeld nicht mehr gegen echtes Metall getauscht werden kann, nicht einmal gegen Kühe, wie das im alten Rom der Fall war. Es ist nur Geld, weil die Bundesbank das sagt und weil niemand in der Regierung etwas dagegen tut. Das ist, zusammengenommen, die Meinung der Rechten über die Federal Reserve Bank: Sie sehen das Institut einfach als gigantischen Fälscherring, der uns zwingt, immer höhere Zinsen auf Geld zu zahlen, das die Regierung selbst herausgeben könnte, wie sie es einmal getan hat, ohne dafür Zinsen zu verlangen, wenn das Volk es so verlangt.. .

Wie Thomas Edison einst sagte: »Wenn die Regierung Anleihen drucken kann, kann sie auch Geld drucken. « Nachdem das Federal-Reserve-Gesetz 1913 den Kongress passierte, schrieb der Abgeordnete Charles A. Lindbergh (der später ein berühmter Flieger wurde) an den Kongress:

Dieser Vorgang etabliert den größten Trust der Welt . . . wenn der Präsident diese Vorlage unterschreibt, wird die unsichtbare Regierung der Macht des Geldes, deren Existenz die Money Trust Investigation bewiesen hat, gesetzmäßig. . . Das neue Gesetz wird eine Inflation schaffen, wann immer sie vom Trust gewünscht wird.

Bankenkritiker haben soviel gegen die Rothschilds und gegen David Rockefeller, weil der Londoner Rothschild-Bank und der Chase Manhattan (Rockefellers Bank) angeblich der Löwenanteil der Federal Reserve Bank gehört. Matthew Josephson, ein Konspirologe in den 30er bis 50er Jahren, dessen Werke zur Zeit unauffindbar sind, bestand darauf, dass die wahre Macht von der Warburg Bank in Amsterdam ausgeübt wird und damit Teil der »Oranien-Übernahme« von England und Amerika war, die auf die unrechtmäßige Einsetzung des Holländers Wilhelm von Oranien als König von England folgte (siehe: Lady Dianas Tod, Grand Orange Lodge of Ireland). Der Kongressabgeordnete Wright Patman führte viele Jahre lang einen Ein-Mann-Kreuzzug gegen die Federal Reserve Bank, mit dem Erfolg, dass er nur zum Helden der Anti-Bank-Verschwörologen wurde. Er sagte: In den USA von heute haben wir effektiv zwei Regierungen...wir haben die verfassungsmäßige Regierung ... und dann haben wir eine unabhängige, unkontrollierte und unkoordinierte Regierung im Federal Reserve System, die die Geldmacht ausübt, die eigentlich durch die Verfassung der Regierung vorbehalten ist.

Es gab nie eine Prüfung der Federal Reserve Bank. In vergangenen Jahren haben die Senatoren Dorgan und Metcalf und die Kongressabgeordneten Gonzales und Crane versucht, eine Überprüfung der Federal Reserve Bank zu veranlassen, aber alle diese Versuche sind bis dato gescheitert. Das AFL-CIO Executive Council veröffentlichte am 21. Februar 1996 ein Statement, in dem die Federal Reserve Bank wegen ihres »ungerechtfertigten Angriffs auf das Bureau of Labor Statistics« (Büro für Arbeits-Statistik) getadelt wurde, der eine Verfälschung des Konsumenten-Preis-Indexes zur Folge haben wird und so Arbeiter und Rentner beraubt, während die Federal Reserve Bank und ihre Mitglieder davon profitieren.

Fernsehen

Das Fernsehen war die wunderbarste Erfindung der Nachkriegsjahre. Seine Präsenz im Leben der Mensch ist phänomenal, so dass es heute in fast jedem Haushalt einen oder mehrere Apparate gibt. Selbst in den entlegendsten Winkeln der Erde kann man Leute um den Fernseher versammelt sitzen sehen, sei es in einem Cafe, auf einem zentralen Platz oder im Haus eines Nachbarn.
Mit dem Satellitenfernsehen, das die ganze Erde umspannt, muss niemand mehr ohne Fernsehen leben.
Von unserem Standpunkt aus sehen wir unsichtbare Signale von den weltweiten Sendeanstalten, die in jeder Sekunde des Tages jeden Haushalt erreichen.
Jenseits der unschuldigen Sendesignale, die immer wieder „I Love Lucy" in den Äther strahlen, existieren elektronisch geeichte Signale, die dazu geschaffen wurden, unterschiedliche Stadien von Retardierung, Autismus, Dummheit, Mesmerismus und allgemeine Missempfindungen unter Milliarden von weltweiten

Fernsehzuschauern auszulösen. Deshalb kostet es oft eine große Willensanstrengung, sich vom Fernseher abzuwenden. Die Leute sprechen oft im Scherz davon, vor dem Fernseher geradezu „festzukleben". „Magnetisch angezogen" (mesmerisiert) wäre der zutreffendere Ausdruck.

Schalten Sie Ihren Fernseher aus. Hängen Sie eine Schnur vor das Gerät. Schalten Sie nun das Gerät wieder ein, und Sie werden sehen, wie sich die Schnur nach vorne bewegt, sobald die Wellen ins Zimmer treten. Noch mal diese Wellen wurden geeicht, um Sie zu betäuben und ruhig zu stellen und je länger Sie und Ihre Kinder vor dem Fernseher sitzen, desto empfänglicher werden Sie für die schädlichen Einflüsse, zu denen gehört, dass Sie immer träger werden, fauler und unfähiger, klar zu denken.

Zusätzlich zu diesen elektronischen Signalen bedient das Programm des Fernsehens eher die emotionale als die rationale Verstandesebene der Menschheit, oft auf der Stufe des kleinsten gemeinsamen Nenners. Die Sendungen zeigen Charaktere, die äußerlich oft sehr schön und attraktiv sind, aber ihre Emotionen nicht beherrschen können. Betrachten Sie diese Sendungen einmal objektiv. Die populärsten sind voll von Leuten, die einander anbrüllen. Jemand verliert die Beherrschung.

Jemand betrügt. Jede Rolle verletzt immer wieder und wieder das kosmische Gesetz. Leider sind das die Programme, die die Leute am interessantesten finden.

Wo sind die Sendungen, in denen eine tapfere Seele vor scheinbar unüberwindlichen Hindernissen steht und sie spirituell alle überwindet? Wir sehen heutzutage, wenn überhaupt, sehr wenige Siege dieser Art. Stattdessen sieht man Leute, die ständig in die schwierigsten und verwickeltsten Beziehungen verstrickt sind, stets in der Verletzung der kosmischen Gesetze. Es ist so, als wolle jemand sagen: „Das seid ihr, so seid ihr. Akzeptiert es. Es ist euer Los. Ihr seid ein Haufen zankender Tiere und werdet es immer bleiben", denn gemäß dem kosmischen Gesetz, wird man zu dem, auf das man seine Aufmerksamkeit lenkt. Worüber der Mensch nachdenkt, dazu wird er folglich.

Das Fernsehen wird auch benutzt, um die öffentliche Meinung von schändlichem Unheil abzulenken. Vor einigen Jahren wurde die Welt wegen der Gerichtsverhandlung eines Individuums namens O.].Simpson vor dem Fernseher festgehalten. Monatelang beobachtete und hörte man die stoßweise vorgetragenen Schilderungen von Herrn Simpson darüber, ob er seine Frau nun ermordet hatte oder nicht. Ist das interessant?

Was mag alles passiert sein, während die Leute derart abgelenkt wurden? In den USA war die Öffentlichkeit in den Tagen vor dem Terrorangriff auf das World Trade Center in New York im Bann der Geschichte einer verschwundenen

Kongresspraktikantin, die ein Verhältnis mit einem Kongressabgeordneten gehabt hatte.

Die Mehrheit der an den Bildschirm gefesselten Menschheit hat in der Tat die gottgegebene Gabe zu denken, kreativ zu sein und mit Kräften von außerhalb zu experimentieren, verschmäht. Die schädlichen Wirkungen der genau geeichten elektronischen Signale, die den Lebensraum fast jeder Familie auf Erden erreichen und die menschlich erniedrigende Programmgestaltung haben einen derartig betäubenden Effekt auf die Menschheit, dass die Dunklen Mächte die Öffentlichkeit sowohl auf die eine als auch auf die andere Seite hin lenken können, sie in den Krieg ziehen lassen können, sie Zu ihrer eigenen Hinrichtung zusammentreiben und ihnen ihr hart verdientes Geld vor ihren eigenen Augen aus der Tasche ziehen können. Medienkritik: Allgemein

Auf der unten angegebenen Website sagte »John Swinton«, ehemaliger Stabschef der New York Times, 1953 in einer Rede vor dem New Yorker Presseclub folgendes: Wenn ich mir erlauben würde, meine ehrlichen Überzeugungen in einer Ausgabe meiner Zeitung zu drucken, wäre ich meinen Job innerhalb von 24 Stunden los. Aufgabe der Journalisten ist es, die Wahrheit zu zerstören; zu pervertieren; zu verleumden; vor dem Mammon zu kriechen; und dieses Land und diese Rasse für ihr täglich Brot zu verkaufen. Wir sind Werkzeuge reicher Männer hinter der Bühne. Wir sind Marionetten; sie ziehen an den Schnüren, und wir tanzen. Unser Talent, unsere Möglichkeiten und unser Leben sind Eigentum anderer Männer. Wir sind intellektuelle Prostituierte.

Mark Crispin Miller, der Medienwissenschaften an der John-Hopkins-Universität lehrt, hält Fernsehen für ein »Wie-werde ich-dumm«-Training. Er beobachtet, besonders am Beispiel des »Erziehungskanals« Channel One, aber auch in allen TV-Nachrichtensendungen folgendes: Fernsehnachrichten sind laute, schnelle Lückenfüller mit minimalem Hintergrund und ohne Zusammenhang, die einen mit nichts als ein paar flüchtigen Zahlen, einem Gefühl der Hilflosigkeit angesichts allgemeiner Katastrophen, einem intellektuellen Echo offizieller Beruhigungssprüche und (kaum überraschend) einer überwältigenden, vagen Beklemmung sitzen lassen . . .Ihre wahre Funktion ist nicht eine journalistische, sondern eine kommerzielle. . .

Sie müssen sich dauernd selbst löschen, dürfen nie etwas zu Kraftvolles oder Interessantes sagen, ... denn es ist unter keinen Umständen erlaubt, von der Werbung abzulenken.

Fuerbuchstaben/Flammenschrift 1. Die Sprache der „Feuer- oder Flammen-Geometrien", die die drei Schleier der konventionellen Relativität durchdringen und die Augen des Menschen zu öffnen vermögen, damit er die wundersamen Dinge der Göttlichen Weisheit erblicken kann. Die Feuerbuchstaben können menschliches Bewusstsein ins LICHT codieren. Die Flammenschrift umfasst die geheimen Mysterien, aus denen die Torah Or für die Adamische Menschheit erstellt wurde.

2. Spezifische Buchstaben einer heiligen Sprache in Form einer ‚Feuerschrift', so dass das Bewusstsein der heiligen Buchstaben in den spirituellen Schriften effektiv in die Seele des Lesers dringen kann, damit die Seele des Lesers zu einem Schauen der Gottheit gelange.

Flotten-Wesen Ein höheres Intelligenzwesen, das fähig ist, van Sternensystem zu Sternensystem versetzt zu werden. Aus seinem einzelnen Körper können viele Kategorien von Materie-Energiekörpern hervor gebracht werden. Ein „Flottenwesen" kann aus seinem/ihrem System eine ganze „Rasse von Wesen" gemäß der biologischen Vorherbestimmung für ein bestimmtes Sternensystem, wie z.B. Adam, entwickeln.

Food and Drug Administration (Lebensmittel- und Drogen-Aufsicht)
Im Laufe der letzten zehn Jahre hat sich die Food and Drug Administration (FDA) durch Überfälle auf alternative Gesundheitsfirmen hervorgetan - Firmen, die offen und, wie sie glaubten, legal operierten. Diese Razzien nehmen mehr und mehr die gewalttätige Form an, wie man sie von Überfällen der DEA auf verdächtigte Crack-Dealer kennt. In jedem Fall verkauften die Firmen Kräuter und Vitamine, die eine wachsende Minderheit von Medizinern gutheißt, denen aber mächtige Interessen und die FDA entgegenstehen. Die Life Extension Foundation (Stiftung zur Lebensverlängerung) schrieb:
Mit ihrer Einschüchterungstaktik terrorisiert die FDA Amerikaner, damit sie sich an die Polizeistaats-Parteilinie der Gesundheitsvorsorge und Medizin halten. Das Ziel der FDA ist nicht nur, die Arbeit und das Leben der Zielpersonen zu
zerstören, sondern auch Angst und Schrecken im ganzen Land zu verbreiten, damit andere, die sonst etwa gegen die Agentur rebellieren könnten, eingeschüchtert und unterwürfig bleiben.

Fünf Körper Die fünf potentiellen geistigen Energievehikel, die mit dem körperlichen Vehikel des Menschen zur Befreiung und spirituellen Verwandlung zusammenhängen. Siehe Elektromagnetischer Körper, Epi-Kinetischer-Körper, Eka-Körper, Gematria-Körper, Zohar-KÖrper.

Fünfte Dimension Das nächste „Lichtgewand", in das unser Materie-Energie-Körper im Prozess, der spirituellen Evolution eintritt. Ein weniger grobstofflicher Körper, in dem das wiedererlangte „Gleichnis" Gottes die physischen Vorgänge lenkt. Enoch sagte, die dreidimensionale Menschheit werde in die fünfte Dimension versetzt werden, nachdem sie ihre Erziehung in diesem Bereich von „Bildnis und Gleichnis" vollendet hat.

Fürst der Luft Der hauptsächliche Widersacher JHWHs in diesem lokalen Universum. Einer der zahlreichen Herren des Luziferischen Aufstands, der über die höheren Intelligenzreiche herrscht, die sich nicht verpflichtet haben, das Kosmische Gesetz und die Entscheidungen der Licht-Räte einzuhalten. Sie streben danach, unabhängige Könige und Herren des Universums zu sein und Herrschaft über die Dimensionen der kreativen Erfahrung zu haben, aber JHWH wünscht, dass die freien Gaben von „Liebe", „Glauben" und „Gnade" all denen gegeben werden, die an Seinem Reich teilhaben. Auf der Erde besteht eine Weiterführung dieser Gegnerschaft zwischen den gefallenen Herren und JHWH (Epheser 2:2).

Fürsten der Erde Anführer der materialistischen Kräfte auf dem Planeten Erde, die sich als Objekte politischer Verehrung und militärischer Autorität einsetzen und den Göttlichen Geist (Mind) und die Wirklichkeit der Gottheiten leugnen, die die Massen ohne die Götzenbilder der Erde belehren können.

Fürstentümer und Mächte Die Welten der Herrscher, die die Söhne Gottes in verschiedenen Zonen der Zeitlichkeit prüfen, wo heilige Wirklichkeiten zum Wohnen in den profanen Welten gestaltet werden. Die Niederen Himmel, wo die „Götter" oder „Herren" sich bemühen, die Archetypen einer Aufeinanderfolge von Ewigkeiten in Zeit und Raum einzusetzen. Hier trainieren die „Götter" und ihre „Zwillingsstrahl-" oder Göttinnen-Manifestation die Intelligenzen, die die Fähigkeit haben, in spirituellen und materiellen Welten gleichzeitig zu existieren. In östlichen Schriften wird gesagt, sie seien unter der Zuständigkeit von: Vajrosnlsa, Ratnosnisa, Padmosnisa, Vivosnisa, Tejosnisa, Dhvajosnisa, Tiksnosnisa, Chhatrosnisa, Vajrankusi, Vajrapäsi, Vajrasphota, Vajraghantä, Usnisavijayä, Sumbha und unzähligen anderen, die unserem Vater-Universum dienen und den „Göttern" und Elohistischen Manifestationen des Jüngsten der Tage unterstehen.

G

Gaben des Heiligen Geistes 1. Die Dienstämter des „Lebendigen Lichts der Liebe", verliehen vom Heiligen Geist Shekinah für den Aufbau der Gemeinde Gottes und den Sieg von Gottes Reich. 2. Die Gaben/Wirken wunderbarer Dinge, verliehen von des Vaters Geist, die dazu verwendet werden sollen, die Diener Gottes zu salben und sie durch Ihn zu stärken, der da ist der Autor des Lebens als der Tröster, Spender, Führer, Beflügler, Einwohner, Rechtfertiger, Tadler, Ansporner, Enthüller, Offenbarer, Heiligender, Lehrer, Zeuge und Eintritt zum Unendlichen Weg. Jeder „Gechristete" oder gesalbte Mensch soll die „kreative Macht" und „Weisheit" des Heiligen Geistes Shekinah im Namen des Vaters JHWH Jahwe erstreben, damit er nicht Gericht über sich ziehe, weil er versagt hat in der Unterscheidung der Geister. Enoch sagte, dass neben den traditionellen geistigen Gaben die Shekinah den

Erwählten die Fähigkeit verleihen wird, in spirituell-wissenschaftlichen Zungen zu reden; Engelsprachen zu sprechen; die Fähigkeit, den Engellehrer des Lichts zu sehen und mit ihm zu arbeiten; das Verständnis der Mysterien der Shekinah-Reiche; die Macht, Tote wiederzuerwecken. 3. In der Fülle der Shekinah wird den Auserwählten der „Mystische Körper" des Herrn als die „Dreifaltigkeits-Macht" der Gottheit gegeben, so dass sie die Substanz der Erde umwandeln können (I.Korinther 12:6-12; Apostelgeschichte 2:3-20; S. Schlüssel 113:3744.)

Gabetha/Gabbatha (Hebr.) „Der Gerichtssitz als steiniger Weg." Das Gericht der sechsten Stunde, oder das Gericht, das ihr über euren eigenen „Geist" bringen müsst, während einer Schlüsselzeit im Drama des Lebens. Der Entschluss, Gott durch den Überselbstkörper aus Licht zu dienen, indem ihr euren Körper der Souveränität Gottes opfert, und nicht den „Nationen" der Welt.

Galaxie/Galaxis 1. Eine große Ansammlung von Sternen; eine typische Galaxie enthält Millionen bis zu Hunderte Milliarden Sterne. 2. Unser lokales Universum' (Galaxis) innerhalb einer Super-Galaxie, sozusagen als ein Bereich innerhalb eines Sohn-Universums.

Ganzlichtwesen Jene Lichtwesen, die in reinen Energiekörpern existieren und mittels quanten-mechanischer Lichtkorpuskel durch die Universen reisen und sich durch Gravitationsfeldlinien-Kontrollen mitten unter die Menschen begeben. (Psalm104:2-4)

Gebet/Meditation Die Annäherung an die Gottheit in Wort und Gedanken. Die Aufforderung an die Shekinah, das „göttliche Bewusstsein" im Körper zu aktivieren. Die Verwendung positiver Energie zum Wohl der Menschheit; die Anrufung des LICHTS zur Herstellung von Gleichgewicht und Harmonie zwischen den Welten. Wenn man sich auf einen Gedanken oder eine Idee konzentriert, tendiert sie zu Handlung und Selbst- Verwirklichung. Wenn jedoch jemand etwas zu erreichen wünscht, aber nicht glaubt, dass er Erfolg haben wird und es noch so mühevoll versucht, um so unmöglicher wird es. Wenn Gedanke oder Idee eines offenbarten heiligen Namens mit Gefühl verbunden werden, wird diese jede andere Bewusstseins-Suggestion überflügeln und verdrängen. Unter den unzähligen Gebets-und Meditations-Formen sollte man sich nach Enoch an fünf Hauptpraktiken halten:

1. Festhalten am heiligen Weg des Lebens.

2. Ehrt in euren Handlungen alle mit den Strahlen der Liebe.

3. Schaut nach innen und schaut nach außen und seht euch als eure eigene Brücke zwischen Himmel und Erde.

4. Seht den Palast des Universums und die Myriaden Sphären des organischen Gleichgewichts in der Natur.

5. Wisst, dass ihr euch immerdar an der Gottheit und an den Myriaden Strahlen des Lebendigen Lichts erfreuen könnt.

Gebet/Projektion Die Gabe, durch die Macht Gottes das „Gewand Gottes" zu verwirklichen. Die Bewegung von einer Bewusstseinsebene zu einer anderen, was nur stattfinden sollte, wenn das Zohar-Licht der Shekinah oder das „Christus-Licht" um das Vehikel gelegt wurde. In weiter fortgeschrittenen Formen der Projektion wird auch der Eintritt in andere Verkörperungen möglich. Dies sollte jedoch vermieden werden - es sei denn, man ist unter der Leitung eines „Engel-Führers" oder eines Meisters, dessen Absicht es ist, euren freien Willen im Reich des „Lebendigen Gottes" gelten zu lassen.

Geist Wird häufig als Übersetzung des englischen Mind verwendet. Synonym u.a. Ego, Ich, denkender Geist, Verstandes-Geist, Körper-Verstand-Mechanismus. Geist bezeichnet ein Konstrukt aus Inneren und projizierten Äußeren Ideenwelten, die aus der Identifikation des reinen Bewusstseins mit dem Ich-Gedanken hervorgegangen sind. Die Verwechslung dieser Ideenwelten mit der Realität bringt menschliches leiden hervor. Ramesh S. Balsekar führte die hilfreiche Unterscheidung zwischen dem denkenden Geist und dem arbeitenden Geist ein. Der denkende Geist lebt aus der Erinnerung und plant seine Zukunft, um der Leere zu entkommen. Dieser Zeitstrom wird in Tausenden von Ich-Gedanken täglich wiederholt. Der arbeitende Geist erledigt die anstehenden Aufgaben und organisiert die gegenwärtige Arbeit, die ein Mensch zu verrichten hat. Er ist der Träger menschlicher Intelligenz.

Geist-1 / Denken/Verstand (mind) Die Verbindungskapsel zwischen den göttlichen Sprachsystemen und den Sprachsystemen des Geist(mind)-Körper-Komplexes. Das „Gehäuse der Wetware" oder der Wahrnehmungsapparat für die Geist-2 Realität der höheren Intelligenz. Enoch sagte: „Das Denken (Mind) ist im Bewusstsein lokalisiert; das Bewusstsein ist nicht im Denken (Mind) lokalisiert." Hier empfängt der Verstand „Bilder" aus einer unendlichen Zahl von Geistern, welche die Ebenen des Quanten-Universal-Denkens sind.

Geist-2/höheres DENKEN/Vernunft (Mind) Eine zweite Welt der Bewusstseins-Entwicklung, die der Welt der physischen Form vorausgeht. Eine zweite Welt von fortgeschrittener Intelligenz' als ein Überselbst-Gouverneur, der den planetaren Verstand-Körper-Komplex mit den Funktionen der Universellen Vernunft verbindet. Geist arbeitet wesentlich schneller als Geist und ist innerhalb des größeren Universums mit zahlreichen Entitäten zusammengeschaltet.

Geist, lateinisch: »spiritus«; griechisch: »pneuma«, »nous«, »logos«. Bezeichnung für den nicht körperlichen (immateriellen) Teil der Welt im Gegensatz zur Materie.

Analog dieser Zweiteilung der Welt werden beim Menschen Geist, Seele (Gefühl) und Körper unterschieden. Der Begriff G. ist aber doppeldeutig, denn es kommt nicht zum Ausdruck, ob es sich hierbei um den rationalen G. (= Verstand) oder den überrationalen G. (Spiritualität) handelt. In der Esoterik ist deshalb eine Einteilung des Menschen in vier Aspekte üblich geworden: Spirit, Verstand, Gefühl und Körper. Dieser Einteilung, die in der Theosophie und Anthroposophie noch verfeinert wird, liegt die Vorstellung zugrunde, dass es eine einheitliche Geist-Energie gibt. die in ihrer obersten Stufe reiner G. ist und sich nach unten immer mehr verdichtet. Die Bereiche zwischen reinem G. und dem Körper werden als feinstofflich bezeichnet.

Geldangelegenheiten Die Sanctus Germanus Prophezeiungen
Bis 2012 werden die Türme der wirtschaftlichen und finanziellen Herrschaft eingestürzt und alle Rettungsversuche vergeblich gewesen sein. Die Welt wird eine ernste Wirtschaftsdepression erleben, die mehrere Jahre andauern wird. Diese Situation wird vorübergehend sein, bis die neue Wirtschaftsform, die von der Großen Bruderschaft des Lichts entworfen wurde, sich in den Köpfen der Menschen verankert hat. Der Zusammenbruch des gesamten Wirtschafts- und Finanzsystems wird jedoch im täglichen Leben für einiges Chaos sorgen. Alle Voraussetzungen deines Lebens werden in Frage gestellt, wenn diese Finanz- und Regierungsbehörden, die dich enttäuschen, ihr wahres Gesicht zeigen.

Um auf die wirtschaftlichen Herausforderungen dieser Zeit vorbereitet zu sein, schlagen wir folgende Vorsichtsmaßnahmen vor:

1. Kaufe Gold- und Silbermünzen, andere Edelmetalle und Edelsteine. Das bildet eine 100% Garantie gegen den Zusammenbruch des Finanzsystems. Bewahre sie an einem sicheren Ort außerhalb einer Bank auf, da Bankenkräche vielfach vorkommen werden. Nur wenige, wenn überhaupt, werden überleben. Die US- Währung wird ebenso wie die Währungen anderer Länder kollabieren, genau wie die Währung der Konföderation nach dem amerikanischen Bürgerkrieg.
2. Kaufe nicht unnötig ein, selbst wenn Regierung und Medien zum Wohle der Wirtschaft Zum Konsum aufrufen.
Es ist nicht deine Aufgabe, die Wirtschaft durch wahlloses Einkaufen zu retten und dich dabei zu verschulden. Kauf also nur das absolut Notwendige und verkaufe gegen Bargeld, was du nicht unbedingt brauchst.
3. Wenn du noch immer in Aktien, Immobilien oder Mischfonds investiert hast, ziehe dich sofort aus diesem Geschäft zurück und rette, was übrig ist oder kaufe Edelmetalle und Edelsteine mit diesen Mitteln. Diese „Investitionen auf dem Papier" werden für lange Zeit nicht zu ihrem Wert zurückkehren, wenn überhaupt je. Was du retten und in Gold konvertieren kannst, wird angesichts der Deflation in der Wirtschaft an Kaufkraft gewinnen.
Und vergiss nicht, dass der Kummer und das Leid nur vorübergehend sind und schließlich zu etwas weitaus Besserem im Neuen Zeitalter führen werden.

Meditation

Letztlich werden die Menschen angesichts des Wahnsinns, der unseren Planeten überwältigt, erwachen und die Lage erkennen, und sie werden nach geistiger Gesundung streben, die sie nur in ihrer eigenen Göttlichkeit finden können. Einigen von euch wird das Wort Göttlichkeit Unbehagen bereiten, weil ihr vermutlich euer himmlisches Elternteil, euer Höheres Selbst, schon lange nicht mehr aufgesucht habt. Wir schlagen euch vor, das zu tun, im Herzen und in Gedanken und zwar durch regelmäßige Meditation.

Armageddon ist also dieser schreckliche Filter, den ihr alle durchlaufen müsst, und ihr werdet vielleicht hier und da ein wenig anecken. Aber ihr könnt euch nicht in diesem Netz verfangen, denn euch wurden vorher die Augen geöffnet. Ihr werdet stattdessen unter dem Schutz eurer Göttlichen Mutter hindurch gleiten. Gleitet weiter!

Ihr werdet durch diesen Ozean des Wahnsinns gleiten.

DIES IST DIE LETZTE GROSSE HÜRDE AUF DIESEM PLANETEN, EHE ER DEN PFAD DER ERLEUCHTUNG EINSCHLÄGT.

Gematria Die Wissenschaft von der Berechnung der nötigen Eingangsleistung, die zum Aufbau eines Bewusstseins-Körpers gebraucht wird; d.h. die mathematische Berechnung der Maße und Gewichte, die ein jedes Bewusstseinsvehikel tragen. 2. Ein System für das Studium der Torah, das auf der numerischen Beziehung von Buchstaben und Buchstabengruppen und ihren Vergleichen basiert.

Gematria-Körper Das Lichtsynthese-Vehikel im Körper, das durch die „Lebenskraft" der Shekinah gebildet wird, die alle inneren Lichtverhältnisse kontrolliert. Dieser Körper bereitet das menschliche Vehikel darauf vor, mit dem Christuskörper-Überselbst verbunden zu werden. Auf physischer Ebene kann er das Verhältnis zwischen dem Plasmazustand lebender Dinge und der atomar-molekularer Materie kontrollieren. Der Gematria-Körper ist aus „Licht-Geometrien" zusammengesetzt, die bei Bewusstseins-Schöpfung, Inspiration und Heilung, etc. gebraucht werden, wobei jeder einzelne der Energiemeridiane des menschlichen Systems mathematisch so geordnet wird, dass sie den Körper leiten und mit Energie füllen können.(Lukas 11:13;Markus 13:11) Der Gematria-Körper legt mit der Shekinah Zeugnis dafür ab, dass wir „aktive" Menschen Gottes sind (Johannes 14:26) und „aktiv" in einem Körper aus Licht innerhalb des fleischlichen Körpers wohnen (Jesaja 40:13). Als Vehikel für die Heiligen (Johannes 14:17) befreit der Gematria-Körper schöpferisches Leben aus der Sklaverei im physischen Körper.

Der innere Teil des Körpers, Gewiyyah, kann in der Arbeit für den Herrn große Macht beweisen (Daniel 10:6).

Gemeinde/Versammlung Die ‚Siegel‘ der Mitgliedschaft in der Gemeinde des Lichts beinhalten: 1. Öffentliches Verkünden von Namen und Ziel JHWH-Gottes (l.Petrus 2:9; Psalm 110:2; Hebräer 7:15-17; 13:15). 2. An-den-Tag-Legen wahrer Liebe zusammen mit Wissen von Gott (l.Johannes 4:7-8; Philipper 1:9-11; Epheser 4:1-2; Matthäus 22:37-39). 3. Bilden einer organischen Einheit von Licht - nicht in Form von Gebäuden (Apostelgesch. 17:24; Kolosser 4:15; Apg.19:8-9). 4. Wirken als Einheit zwischen dem Volk Gottes und den Bruderschaften des Lichts, den Engels-Boten von JHWHs Königreich, bestehend aus den spirituellen Orden, die JHWH unmittelbar dienen (Hebräer 12:22-24). 5. Handeln als Priester und Könige in den Himmeln von JHWH (Offenbarung 1:6).

Geomantie. griechisch Erdweissagung. Ursprünglich verstand man darunter das Weissagen aus unterirdischen Lauten. besonders Erdbeben. Bei den Chinesen ist die G. als Feng Shui bekannt. Im Mittelalter bezeichnete das Wort die Punktierkunst. die seit dem 12. Jh. über die Araber nach Europa kam. Agrippa von Nettersheim brachte diese Wahrsagemethode in ein System mit der Astrologie. In der modernen Esoterik ist die G. das Wissen von den Kraftlinien beziehungsweise -orten der Erde. die wie ein lebender Organismus von diesen Linien als ihren Nervenbahnen durchzogen wird. Diese Kraftströme der Erde lassen sich mit Hilfe der Radiästhesie aufspüren. Es gibt sichere Hinweise, dass den keltischen Druiden schon eine Technik des Aufspürens bekannt war. Sie haben diese Orte mit einer Wünschelrute gefunden, die identisch mit dem Krummstab der christlichen Bischöfe war. Schon um die Jahrhundertwende entdeckte Alfred Watkins, dass eine große Zahl von alten Kirchen und Kultplätzen auf einer geraden Linie (eng! leyIines) lagen, wenn man sie auf einer Karte miteinander verband. Erfahrenen Geomanten können diese Linien schon an der Beschaffenheit der Vegetation erkennen. Es gibt Bäume und Sträucher, die Strahlen fliehen wie z.B. Tanne oder Fichte. Strahlensucher sind Holunder, Haselnuss und Brennessel, Mistel, Eiben, Weißdorn und Wacholder findet man an Kraftorten sehr häufig. Weitere Hinweise bieten Ortsnamen wie Teufelsstein. Druidenstein. Lichtenstein.

Geon Kleinste bekannte Gravitations-Einheit.

Gericht „Tag Jehovahs.“ 1. Der „Tag des Aufstiegs“ oder des „Gerichts“, je nachdem, wie sich die Seele mit der Liebe des Vaters und dem Christus-Licht im Innern selber beurteilt und richtet. Die Eingangsschwelle zum „neuen Leben“ durch eine Neubewertung des Lebens. Ein Tag der Bestrafung für jene, die sich selbst für nicht würdig halten, aber ein Tag des Aufstiegs für diejenigen, die dem Bund des Lebendigen Gottes angehören (Jesaja 1:24-31; Daniel 7:21-22). Es ist eine „Graduierung", durch die ihr eine Manifestation größerer Bewusstseins-Existenzebenen in den vielen Universen erhaltet. Manche werden sich als des ewigen Lebens würdig erweisen, andere werden das verdammende Urteil der ewigen Vernichtung empfangen und müssen zu den ersten Anfängen zurückkehren (Johannes 5:2K,29; Offenbarung 20:14-15;Römer 2:1-16. 2. Tätigkeit die vom Volk Gottes ausgeführt wird, das das himmlische Leben mit dem Sohn empfängt, über die Engel und über diejenigen richtend, die versäumt haben, die gegenwärtige Schwelle der Verwandlung des Lebendgewandes „zu klarieren" und zu passieren (Matthäus 19:28;1.Korinther 6:3; Offenbarung 20:4). Das Gericht der Liebe", das der Heilige braucht, um täglich sein/ ihr Gewand aus Fleisch in ein „Gewand" der Liebe und Gnade zu verwandeln (Psalm 101:1,2).

G i e r s c h (Aegopodium podagraria)

Der Giersch ist unter anderem auch als Geißfuß und Gichtkraut, in Österreich auch als Erdholler, bekannt. Selbst die sich so oft irrende Hildegard von Bingen pries seine „Grünkraft" und seine vielen wichtigen Inhaltsstoffe und hatte mit ihrem Lobgesang wirklich Recht. Er gehört zur großen Familie der Doldengewächse, an seinen weißen Blütendolden kann man ihn zur Blütezeit auch erkennen.
Unverwechselbar ist er auch an den beiden asymmetrisch gespaltenen unteren Blattpaaren.
Wie die alten Namen schön andeuten, setzte man ihn früher, als noch nicht der pharmazeutisch - industrielle Komplex bei uns das große Sagen hatte, bei Rheuma- und Gichterkrankungen lindernd ein. Speziell bei der sehr schmerzhaften „Fußgicht, Gicht'; die man früher auch schlicht „Zipperlein" nannte. wirkt schmerzlindernd bei Harnsäurestau, wovon Menschen geplagt werden, die immer noch „Tierleichen' Produkte" (Fisch, Milch, Fisch) zu sich
nehmen, Giersch enthält folgende schon bekannten Lebensstoffe in Hülle und Fülle: Ätherische Öle, Mineralsalze (Eisen), Proteine (Eiweiße), •Vitamine (Beta-Karotin, Vitamin A- Retinol, viel Vitamin C), Spurenelemente (Kalium), Enzyme etc. Dadurch wirkt er - wie alle Wild pflanzen - entzündungshemmend, harntreibend und reinigend! Giersch löst abgelagerte Harnsäurekristalle im Körper und schwemmt sie aus, denn in diesen abgelagerten „Schlacken" liegt eine der Ursachen von Gicht, Rheuma und vielen anderen Beschwerden.
Diese Inhaltsstoffe, welche für diese Wirkung verantwortlich sind, kommen natürlich auch in anderen Wildpflanzen vor, weshalb Wildpflanzen generell zu empfehlen sind!

Giersch ist eines der wunderbarsten Wildgemüse ab dem Frühjahr, weil er überall wächst, unverwüstlich, sehr aromatisch und wohlschmeckend ist. Iss ihn reichlich (Tellerweise!) zu jeder Mahlzeit. Auch später im Jahr ist er nicht zu verachten. Je älter, desto lieber, denn dann haben unsere Zähnchen ordentlich zu tun und scheiden durch den intensiven Kauvorgang den karieshemmenden Speichel aus. Schluck ihn erst hinunter, wenn er ganz verflüssigt ist, dann kann Dein Körper ihn am besten aufschließen und verwerten.

Giga-Hertz (Ghz) Eine Milliarde Hertz.

Goldener Schnitt; (lateinisch sectio aurea). auch »stetige Teilung«. bei Johannes Kepler »göttliche Teilung«, wurde schon von Euklid behandelt. Ist eine Strecke AB durch einen Punkt E so geteilt. dass der größere Abschnitt die mittlere Proportionale zu der ganzen Strecke AB und dem kleineren Abschnitt BE ist. so heißt die Strecke stetig oder nach dem G.S. geteilt. Annähernd ist das Verhältnis des kleineren Teils zum größeren wie 5:8. Die Anwendung des G.S. als Maßverhältnis bezog sich auf die antike Architektur und Werke der Renaissance. Die gesamte Forschungsarbeit hat bestätigt, dass der menschliche Körper im Prinzip nach den Maßverhältnissen des G.S. gebaut ist. Dessen Wesen besteht darin. eine gegebene Strecke so zu teilen, dass sich der kleinere zum größeren Teil so verhält wie dieser größere Teil zur ganzen Strecke. Die algebraische Formel dafür sieht so aus: m:M = M:(m+M)/m = minor, kleinerer Teil, M = major, größerer Teil. Exakt kann diese Teilung nur durch geometrische Konstruktion erreicht werden. Aufgrund dieser Konstruktion lässt sich aber ein Näherungsindex von 0,6180339 (beziehungsweise 1,6180339; siehe auch „Phi«) errechnen, der als Multiplikator für den zu teilenden Streckenwert dient. Das Ergebnis nennt dann den größeren Teilstreckenwert ziemlich genau. Nach der sogenannten »Lame'schen Reihe« erhält man mit zunehmender Genauigkeit ebenfalls Näherungsproportionen zum G.S.: (1: 1, 1 :2) 2:3, 3:5, 5:8, 8: 13. 13:2] und so fort). Meistens begnügt man sich bei der Berechnung der menschlichen Körperproportionen mit der Proportion 3:5, nach der ein Streckenwert von 8 (3+5) aufs einfachste nach dem G.S. zu teilen ist. Beträgt eine Körpergröße also z.B.176 cm, so ist ein Achtel davon 22 cm lang (5/8 = 110 cm + 318 = 66 cm). Zeichnet man also einen Menschen, trägt man nur die gewünschte Höhe von der Standlinie bis zum Scheitel ab und halbiert diese Höhe: nacheinander erhält man Hälften, dann Viertel und schließlich Achtel der Höhe. Der Teilpunkt 3 beziehungsweise 5 teilt die Gesamthöhe nach dem Goldenen Schnitt. Den praktischen Wert dieser Achtelteilung erkennt man, wenn man weiß. dass seit dem Altertum folgende Faustregel Gültigkeit hat: Der menschliche Kopf (von Kinn-Unterkante bis Kopfhaut-Scheitel gemessen) macht 118 der Körperlänge aus. Ferner wird die Körperlänge bei 518 nach dem G.S. geteilt. Von der Standlinie aus gerechnet trifft: dieser Teilpunkt den Nabel.

Die Länge von Stand bis Nabel lässt sich auf der I 18-Basis nochmals nach dem G.S.im Verhältnis 3:2 teilen. Die erhaltene Teilungslinie trifft wiederum wichtige Proportionspunkte des Unterschenkels. Die Proportion 3:5 steht ziemlich am Anfang der Lame'schen Reihe; sie ist also nicht sehr genau. Den Grad der Ungenauigkeit erfährt man, wenn man 176 mit dem Index 0,6]8... multipliziert. Man erhält dann 108,6. Die Differenz zur Höhe der Achtelteilung beträgt also 1,4 cm, und das bedeutet praktisch, dass der Nabel nach Augenmaß um ein Geringes unter der 5. Linie des Teilungs-Schemas anzusetzen ist.

Göttlicher Same/Saat 1. Die schöpferische Lebensgliederung durch die Elohim. Er ist ein Produkt des Göttlichen Denkens (Mind) (als Alter der Tage, JHWH, oder irgendeine Manifestation des Vaters in unserem Universum, die für die Pflanzung oder Wiederholung eines Elementemusters gebraucht wird, das zum „Bildnis und Gleichnis" einer göttlichen Schöpfung gehört. Das Dekadelta formt den Göttlichen Samen, der das „Bildnis" von des Vaters Geist (Mind) in das „Gleichnis" einer göttlichen Schöpfung trägt. 2. Produkt einer göttlichen Gedankenform, die von einer schützenden Lichthülle aus der Schatzkammer des Lichts oder von LICHT aus einer der Sephirotischen Emanationsebenen umhüllt ist. Sie wird in natürlicher Auslese eingesetzt und verändert die genetische Zusammensetzung einer Bevölkerung.

Göttliche Schablone/Templat/Matrix 1. Ein sehr spezialisiertes Lichtmuster, das von den Elohim benutzt wird, um die Evolutions-Spektren zu gestalten. Sie ist ein Maßstab/Norm für göttliche Gedankenformen und wird als eine Auflageschicht auf den Energieschwellen der höheren Welten gebraucht, damit durch Frequenz –Modulation Duplikate dieses primären Musters in den Energieschwellen niederer Welten geschaffen werden können. 2. Das „Lichtgitter" Göttlicher Weisheit, das über dem Kopf des rechtschaffenen Gottesdieners projiziert ist, so das das Kronen-Chakra, die höchste Triade Sephirotischen Wissens im Menschen, mit der Weisheit Gottes gesalbt werden kann.(Apostelg. 2:2-6)

Göttliche Schöpfung Die Elohim in Zusammenarbeit mit dem Alten der Tage bei der Ausdehnung der ‚äußeren Erzeugung' des Alten der Tage in ‚neue Vater-Universen', die mit der Vater-Shekinah-Gottheit in Mit-Teilhaberschaft wirken. Aus der „Initiative des Alten der Tage" geht eine neue Hierarchie von Ältesten und Paradiessöhnen hervor, die entlang des Unendlichen Weges nach außen/innen in die kreativen Grenzen noch unentdeckten Raumes vordringen.
Siehe Elohim.

Göttliche Sohnschaft 1. Der Christus als Gottheit. 2. Unsere Göttliche Sohnschaft.

wird durch die Teilnahme am „Gewand" des Gottessohnes erreicht, welches ein Abbild des Sohns und folglich auch des Vaters ist; es ist die Umgestaltung unserer Natur zur göttlichen Natur, in deren Bild der Mensch ‚im Anfang geschaffen ward.

Granth Ein Buch, insbesondere ein religiöses Buch; die heiligen Schriften der Sikhs.

GRAVITATION Verstärkte oder metagalaktische „Anziehungskraft" im Universum, die von der Höheren Evolution benutzt wird, um konventionelle „Gravitationsanord nungen" zu kontrollieren. Dies bewirkt die Freisetzung von „gravitativ gefangenem Licht", „molekulare Strukturveränderungen" usw., wodurch der Fortschritt eines Programms/ Spezies möglich wird.

Gravitation/Gravitationskonstante/Schwerkraft Gravitative Anziehung der Erdmasse auf Körper /Strahlungsenergiequanten. In metrischen Einheiten beträgt die Gravitationskonstante ‚Y 6.668 x 10-8 dyn. Cm2/ g2
Gravitationsflusslinien-Kontrolle (auch: feldlinien-) Die gezielte Steuerung von Energie, die durch von den Bruderschaften des Lichts und den „Ganzlichtwesen" herbeigeführten Gravitationskollaps oder partiellen Kollaps eines Systems freigesetzt werden kann. Spezifische „Signalrahmen", die Gravitationsfluss, isolierten Fluss, internen Gravitationsfluss, Trägheits-/Nicht-Trägheits-Felder usw. kontrollieren, so dass sich Operationen der höheren Intelligenz frei durch die Energierahmen des Weltraums bewegen und die Weiterentwicklung der spirituellen Intelligenz aufrecht halten können.

Größenordnung Ein Faktor von 10. Demnach sind drei Größen 1000 oder 103.

Große Weiße Bruderschaft Die Siebzig Orden/Bruderschaften als ein Intelligenzfeld, das dem Vater dient.

Guna Eigenschaft oder Qualität; es gibt drei Eigenschaften oder Qualitäten der Urmaterie (prakriti), aus der die Schöpfung hervorgeht (Harmonie, Tätigkeit und Trägheit), deren Quelle in Trikuti liegt. Siehe auch: Satogun, Rajogun und Tamogun.
Gurbani Wörtlich: die Lehre des Gurus; esoterisch: Nam; Shabd oder das WORT. Unter Gurbani versteht man auch, was im Granth Sahib geschrieben steht; Lehre der Heiligen; manchmal wird ein bestimmtes Buch, wie z.B. der Granth Sahib, Sar Bachan usw. auch als Gurbani bezeichnet.
Gurbhakta Ein Schüler, der dem Guru „Bhakti" entgegenbringt.

Gurbhakti Liebevolle Hingabe an den Guru.

Gurmat Lehre des Guru; Sant Mat oder die Lehre der Heiligen.

Gurmukh Jemand, der sein Gesicht dem Guru zugewandt hat; der sich ganz dem Guru übergeben hat, im Gegensatz zu jemand, der Sklave seines Mind (manmukh) ist; eine geistig hochentwickelte Seele; manchmal werden Heilige oder vollkommene Meister so bezeichnet.

Gurmukhta Die Eigenschaften eines Gurmukhs; Liebe und vollständige Unterwerfung dem Guru gegenüber; Gehorsam.

Guru Meister; Lehrer; spiritueller „Lichtbringer". Lehrer geistiger Disziplinen auf dem Wege zur Selbsterkenntnis und weiter. In der Hindutradition werden unterschiedliche Gurustufen unterschieden. Auch Eltern und weltliche Lehrer werden als Gurus bezeichnet.

Guru Nanak (1469 - 1539); geboren in Talwandi, nahe Lahore (jetzt Pakistan). Seine Eltern hießen Kalu und Tripta. Guru Nanak verurteilte scharf den orthodoxen Glauben der Leute und betonte stattdessen mit Nachdruck die spirituellen Aspekte der Religion und die Liebe zu Gott und den Menschen. Er machte vier größere Reisen, um seine Lehre zu verbreiten. Seine Nachfolger (Sikh-Gurus) in der Meisterschaft waren:

Guru Angad (1504 - 1552):

Guru Amardas (1479 - 1574):

Guru Ramdas (1534 - 1581):

Guru Arjan Dev (1563 - 1606):

Guru Hargovind (1595 - 1644):

Guru Har Rai (1630 - 1661):

Guru Harkishan (1656 - 1664):

Guru Teg Bahadur (1621 - 1675):

Guru Gobind Singh (1666 - 1708):

Gyan Wissen; wahres Wissen; spirituelles Wissen; spirituelle Weisheit; spirituelle Erleuchtung.

Gyani Ein Gelehrter; jemand, der auf dem Pfad des Wissens und der Weisheit (gyan) wandelt.

Gyan Marg Der Pfad oder Weg (marg) der Gelehrsamkeit, der Erkenntnis. Siehe auch unter Bhakti Marg.

Gyan Yoga Die Yoga-Art, die Gott durch das Erlangen von Wissen zu erkennen versucht.

H

Hafiz Ein berühmter Dichter-Heiliger Persiens.

Hakamim (Hebr.) Die ‚Wächter' der Programme JHWHs. Es gibt von ihnen sechsunddreißig, die das Schicksal der Erde beaufsichtigen. Sie dienen JHWH in Demut auf Planeten wie die Erde, und haben dennoch die Fähigkeit, zu höheren Welten aufzusteigen, um durch Weisheit die Familie des Menschen mit der „Himmlischen Familie Gottes" zu vereinigen.

Hansa Schwan; Symbol der Reinheit; Bezeichnung hochentwickelter Seelen in den jenseits von Brahm befindlichen Regionen; die weniger entwickelten Seelen werden oft mit Krähen verglichen.

Haq Wörtlich: Wahrheit; arabische Bezeichnung für die fünfte spirituelle Region.

Har-Magedon (Hebr.) „Armaggedon." Die endgültige Konfrontation zwischen den experimentierenden Gottheiten mit all ihren autoritären politischen Herrschern und Helfern in den physischen, astralen und spirituellen Dimensionen - und Jahwehs „Experiment des Lebens" innerhalb des ewigen Lebens, das von der Sohnschaft des Christus regiert wird (Offenbarung 16:14;Judas 14:15). Die größeren Armaggedon Themen enthalten: 1. „Göttlicher Vollstreckungs-Krieg", der das Unwirksammachen des Militarismus und der unvollkommenen Bewusstseins-Experimente auf dem Planeten Erde, die Seelenfortschritt hinderten, bewirken wird (2. Thessalonicher 1:6-9). 2. 1);1s Dilemma des Menschen, der mit seinen nuklearen Waffen Gottes Absicht für die Erde doch nicht ändern kann (Offenb.11 :'18). 3. Die Reinigung und Säuberung der Erde von aller Gottlosigkeit für ein neues rechtschaffenes System der Dinge (Jesaja 11 :1-4). 4. Die Botschaft für unser Überleben lautet (Zephanja 2:2,3; Matthäus (10:22): Anrufen des Namens Jod-He-Wod-He, Unendlicher Vater der Liebe und des Lichts, durch den heiligen Geist und den „Gesalbten" Christus(Matthäus 10:20) 5. Die Beschleunigung des Volkes Gottes in die Himmlische Universelle Regierung mit Vertretern der Erde nach der abschließenden Hausreinigung auf dieser Lebensstation (Matthäus 6:9-10; Psalm 45:16; Daniel 2:44). 6. JHWHs Schwelle einer ‚Neuen Verwandlung' im Triumph über die politischen, wirtschaftlichen, wissenschaftlichen und religiösen ‚Spiele' auf der Erde und anderen Planeten, die von ‚sterbenden außerirdischen Zivilisationen' gespielt werden (Offenb. 16:16).

Hasmal (Hebr.) „LIcht-Manifestationen." Licht-Energien, die in ein frei-schwebendes System kombiniert sind, das um eine jede Sternschöpfung gezogen werden kann, um so den Farbindex eines bestimmten Sterns oder Sternensystems auf eine neue Sequenzphase, die Reparierung oder Wiederherstellung von

Verfallsprozessen usw., abzustimmen, damit die Planeten und planetaren Sterne des Systems eine neue Intelligenz-Manifestation tragen können. ().

Hauptreihen-Stern Ein Stern, der in seinem Kern Wasserstoff in gleichmäßigem Prozess verbrennt.

Haus der Belehrung (Hebr.: „beth hamidrash".) Ein Ort, an dem die verschiedenen spirituellen Erkenntnisniveaus zusammengebracht werden, so dass eine echte Gemeinschaft von JHWHs lebendiger Weisheit und Offenbarung geschweißt werden kann, und so dass ein Dienstamt, das mit der höheren Intelligenz im „Streben nach Frieden und in der Liebe zur Menschheit" zusammenarbeitet, ein „Lichtzentrum" aufbauen kann.

Haus der Vielen Wohnungen (Hebr. und Aram.: „Bayith".) 1. Eine Wohnstätte des Herrn; Myriaden Sternsysteme, die Ausdruck „des Gewands" eines Sohn-Universums sind. Die Berührung vieler Sternkonfigurationen mit einem zentralen Sonnensystem, das als Kolob bekannt ist, so dass die Essenz des „BewusstseinsLebens" bei der physischen Zeitübersetzung von Sternschöpfungsebene zu Sternschöpfungsebene bewahrt bleiben kann. Das Vater-Universum wiederum ist aus Myriaden „Häusern" mit Vielen Wohnungen zusammengesetzt und teilt jedem Haus, das als ganzes einen „Lebensbaum" darstellt, Ebenen der Seelen-Emanation zu. 2. Die Hekhaloth oder „Hallen" der Göttlichen Weisheit jenseits des phyischen Entwicklungsschemas, wo himmlische Wesen ihre Freude an der Gemeinschaft im Licht miteinander austauschen (Hesekiel 47:1-2)). 3. Eine Stätte für einen „Tempel", der von der höheren Intelligenz benutzt wird (Hesekiel 40:5-44:9). 4. Enoch zufolge existiert die Adamische Schöpfung, die eine „begrenzte Schöpfung" ist, auf der Ebene einer „Sieben Wohnungswelten-Realität" innerhalb der Vater-Sohn-Entfaltung des Lebendigen Lichts.

Hatha Yoga Eines der indischen Yoga-Systeme, das sich lediglich auf den physischen Körper bezieht.
Hazrat Mohammed Prophet und Begründer des Islam.
 Heilige/r Jemand, dessen Energie der Liebe und des Lichts so stark ist, dass das Gefühl der Nähe Gottes in der Gegenwart dieser Seele erfahrbar wird. Damit die Fromme Frucht wächst, braucht es Vertrauen in JHWH, Glauben, Vergebung, Kümmern um das Wohlergehen anderer, Barmherzigkeit, Zusammenarbeit, ermutigende Konstruktivität, geduldigen Langmut, Frieden, Selbstbeherrschung, Ernsthaftigkeit, Aufrichtigkeit und eine natürliche Sprechweise.
Heilige Sprachen 1. Die Sprachen, die die vielfachen Ebenen des Wissens

rekapitulieren, das mit der vollen Entfaltung einer planetaren Spezies und ihrer spirituellen Bestimmung zusammenhängt; in unserer planetaren Bewusstseins-Zeitzone die Sprachen Hebräisch, Ägyptisch, Sanskrit, Tibetisch und Chinesisch. 2. Es sind dem Menschen zahlreiche heilige Sprachen gegeben worden, damit er durch eine mentale Zeitkrümmung direkt in das Bewusstsein eines Meisters eintreten kann.

Heiligung 1. Der Prozess, über den der Mensch durch den Genuss von Gottes höchsten Segnungen geheiligt wird (Jesaja 6:3; 1. Thessalonicher 4:3-4,7-8; Hebräer 12:14; I.Korinther 1:2). 2. Des Vaters Heiliger Name J-HW-H soll heilig gehalten und als heilig verkündet werden (Jesaja 29:23).

Heirat/Hochzeit/Ehe Eine „Himmlische Hochzeit" der vor-adamischen Intelligenz und der „Zwillingsstrahl-Seelen", bevor der Seele-Geist-Lichtkörper in die physischen Welten versetzt wurde. Eine Heilige Einrichtung, von Gott gegründet (Genesis 2:22-24;Genesis 1:27-28). Ehe sollte mit jenen geschlossen werden, die „im LICHT" sind (Deuteronomium 7:3; 1.Könige 11:2,7-9; Esra 10:2;Sprüche 31:10-31). Jesu Bezugnahme auf die Auferstandenen, die „weder heiraten, noch in die Ehe gegeben werden", bezieht sich auf die Seelen der niederen Himmel, deren Heirat nur in diesem System der Dinge geschlossen war, und nicht auf zwei Wesen, die in den „Wohnungswelten" des Vaters im höheren Leben zu einem heiligen Wesen verschmelzen (Hosea 2:16-20)

Herren des LICHTS 1. Die Gottheiten, die mit Freude dem Alten der Tage dienen, der sich als der Lebendige Gott offenbart, weswegen Er als „Gott der Götter" und als „Herr der Herren" verkündet wird. Sie sind die Gottheiten, die mit den Ämtern des Allerhöchsten Gottes im Sinne Seiner Heiligen Namen identifiziert werden können, die für die Manifestation all dessen benutzt werden, was ist und was sein wird. 2. Die Experimental-Gottheiten, die durch Metatron, Michael, Melchizedek und die „Göttliche Sohnschaft" den Programmen JHWHs dienen, indem sie „Mächtige Weisheit" beweisen und „Anlehnung an die Werke und die Liebe Gottes" üben. Siehe Elohim und Söhne des Himmels.

HIERARCHIE 1. Es gibt vielfache Ebenen Hierarchischen Kommandos, angefangen beim Vater, der in der Dreifaltigkeit der Dreifaltigkeiten und in den Elohim-Architekten der Meister-/Wohnungswelt beim Ausdrücken der unwiderstehlichen Kräfte der Ewigen Liebe handelt. 2. Die HIERARCHIEN entwickeln sich im Umkreis der Programme der Göttlichen Autorität, die sich in den Ober-Kommandos von Metatron, Michael und Uriel im Zusammenwirken mit den Gottheits-Absoluten Gabriel, Raphael, Ariel und den Schöpferischen Formen des Heiligen Geistes Shekinah in Gottheits- Trinitisation ausdrückt. Sie tun den Willen von JHWH Jahwe/Jehovah und manifestieren Seine wunderbare Freude und Verzückung über Seine Göttliche Saat in den Myriaden Universen ohne Anfang und Ende. 3. Die „Ganzlichtwesen"-Hierarchie einer Thron/Herrschafts-Region und Sephirotischen Schöpfung einschließlich der Hyos Ha Koidesh, Elohim, B'nai Elohim, Cherubim, Ophanim, Seraphim, Malachim, Hashmalim, Arelim, Elim und Ishim, die imstande sind, sich als Gruppe durch unendliche Schöpfungsebenen zu bewegen, um „Schöpfung" auf sub-unendlichen Ebenen wie dem menschlichen Reich sicherzustellen. Diese schließen die „Lichtorden" mit ein, die das Werk der Vater-Sohn-Schöpfung festigen. Sie befähigen die ‚Samenformen', die vom Vater ausgegangen und gepflanzt und durch den Sohn erlöst und erneuert wurden, sich in zukünftig-ewige Liebesbündnisse fortzupflanzen ‚ohne von unvollkommenem Bewusstseins-Raum und Schöpfung umschrieben zu sein. Sie bringen die Weisheit des lebendigen Lichts, so dass alle Schöpfungen mit dem Alten-Jüngsten-Zukünftigen der tage vereint werden können.

Hierarchie 2. Eine „nicht-statische" Entfallung des Vater-Schöpfers in den Kosmos Seiner Gedankenformen über Gottheiten, die' kreative Vehikel für den Ausdruck eines Ganzen/Teiles eines Programms sind. Diese schließen experimentelle „Gouverneure" in einem lokalen Universum, die die Planeten verwalten, mit ein. Diese Regierung von Gottheiten leitet eine Föderation von Planeten, die auf die zukünftige Ewigkeit innerhalb des Unendlichen Weges hinarbeiten. 2. Die lokale Hierarchie von „Meistern", von denen laut Enoch viele aufgrund großer geistiger Unausgeglichenheit und Vernachlässigung ihrer Herrschaftsregionen, die dann unter die Kontrolle des Fürsten der Luft und der Kräfte spiritueller Dunkelheit gerieten, aus ihren Autoritätspositionen entfernt wurden. 3. Die gefallenen Hierarchien sind die führenden Lichtherren, die gegen den Vater rebellierten. Dazu gehören u.a.: Azazet Turet Simapesiel, Baraqel, Batarjal, Armen, Armaros, Artaqifa, RumaeI, Turael, Turet TumaeI, Bus-ase-jet Hananet Kokabel, Danjat Rumjat Jetrel, Assael, Semjaza (Semjase), die die „Heerscharen von Sataniel" in unserem Vater-Universum befehligen. Die Räte und das Amt Christi bringen jetzt Befreiung in diese Regionen, die unter der Kontrolle der gefallenen Herren des Lichts stehen.
HIMMEL/Himmel (Hebr. „Shamayyim".) 1.Schichten von Ain-Soph-LICHT aus dem Alten der Tage, das vom Schöpfer-Gott für die Einsetzung der Schöpfungs-Gedankenformen durch Metatron, die Heerscharen des Vaters und das Amt Christi verwendet wird. 2. Die Ordnungen in einem Vater-Universum bis hinunter zum niedersten Shekinah-Substratum, wo Atome aufgespalten werden und nukleare Komponenten sich mit der Palette von Ain Soph-Farben Verbinden. 3. „Himmel"/ nächstes Universum: Die nächste Evolutionsordnung, die eine große Vielfalt von Weltraum(Stern)Reihen kontrolliert, z.B. weiße Zwerge, Sub-Zwerge, Sub-Riesen, Riesen, leuchtend Riesen, Super-Riesen, 05 BO B5 AO A5 1;0 F0 KO K5 MO M5, einschließlich einer Sternenschwelle, die nicht im sichtbaren Spektrum und dennoch

Teil des „Königs der Himmel" ist, des „Melek Shamayyim" der unumschränkten Regionen des größeren Universums des Vater-Schöpfers. 4. Einer der „Neuen Himmel" oder das „beim Herrn sein" als die Wohnstätte JHWHs. Die „Neuen Himmel" werden eine große Vielfalt von spirituellen Planeten enthalten, wie im Werk von JHWH verheißen wurde (Jesaja 66).

Hochfrequenz-Vehikel 1. Ununterbrochen Energie-erzeugende Vehikel-Technologie der Höheren Evolution, die für großangelegte galaktische Verwaltungsprozeduren benötigt wird. 2. Energie-Vehikel, die einen perpetuierlichen Puls benutzen und wirkungsvolle Operationen innerhalb eines weiten Bereichs von Fluggeschwindigkeiten und -höhen ermöglicht. Fortgeschrittene Avionik und Vehikel-Technik mit multidimensionalen Eigenschaften in Einsatzfähigkeit, Sicherheit und Zuverlässigkeit bei Sternflotten-Manövern mit vollautomatischer oder halb-automatischer Steuerung. 3. Ein spirituelles Vehikel, dass das Produkt einer Gedankenform-Technologie der Brüder und Herren des Lichts ist.

Höhere Evolution/Höhere Intelligenz Fortgeschrittene Formen physischer und geistig-physischer Intelligenz, die interplanetaren Zivilisationen durch die positiven Bruderschaften dienen.

Hyos Ha Koidesh Die höchsten Diener des Alten der Tage. Diese Herren dienen dem unendlichen Schöpfungsplan des Vaters, indem sie in Seinen Trinitisierten Erscheinungsformen arbeiten. Sie sind eine sich nicht (mehr) entwickelnde Hierarchie.

Hyperdimensionaler Raum 1. Die Benutzung von Raum durch die Höhere Intelligenz für eine Unternehmung oder Folge von Unternehmungen auf einem spezifischen Input-Korridor zwischen dreidimensionalen Raum-Anordnungen. 2. Multidimensionaler Raum, der durch Lichthüllen-Pakete geschaffen wird, so dass ständige metamorphische Transformationen und Integrationen stattfinden können, z.B. durch Zeit und durch Superzeit-Programme wie in Alpha-Omega-Programmen. 3. Eingebaute Kraftverteilungen von nicht-euklidförmigen Quanten in euklidische Geometrie, die entfaltet ist.

I

Ideographische Kybernetik Sprache aus „Licht"-Symbolen, die mit mehr als zweidimensionalen Formen graphischer Sprache arbeiten. Es sind geometrische Bilder und Zeichen, die durch ein Kontrollsystem, das das Gehirn mit elektrischen Netzwerken verbindet, auf vielen Bewusstseinsebenen wirken. Die Höhere Evolution macht Gebrauch von „Bild-Codes", die sie in die Feedback-Systeme des Gehirns einprägen kann, um den Input/Output der Sinne weiterzuentwickeln, so dass er nicht länger mit den Bewusstseins-Zeitmustern im physischen Universum gleich läuft. Der Vorgang ermöglicht es der Höheren Intelligenz, sich ohne Rücksicht auf die verbale Sprache in Verbindung zu setzen, und zwar durch „mentale Anleitung", die das Gedächtnissubstrat der Sprache verändert und die psychologischen, neurologischen, biochemischen und kosmologischen Ebenen der Gedankeneinstimmung beeinflusst.

Illuminarien/Illuminatoren Die Heerscharen von Jahweh, unmissverständlicher Bestandteil des Schöpferischen „Lichtgewandes" als der Ur-Matrix von Metatron. Sie erschaffen die Lichtperioden unter den Gottheiten, nämlich im Sinne der relativen Länge des Tages/ Aeons, sowie alle Abstufungen von Lebenstypen für die Verteilung der Programme Jahwehs. Die Geistlichen Lichtgewänder beinhalten das Bewusstsein (Mind) von Sharshiya, Htspatziel,Gevirieyah,Sagmagigrin, Tsaltselim,Tavg-Tavel,jehova Vehaja, Hova HaYa,Hashesivan,Hayat,Jahsiya,Tsaf tsefiyah, Tafttevia,Zerahiya,Tamtamiyah,Adadiyah,Duvdeviyah,Alaliyah,Tahsasiy ah,Papeltiyah,Avysangosh,Asasian,und Hasmiyah. Sie interpretieren die „Worte" von des Vaters Lebendigem Licht, die in die Tafeln des Wissens eingeschrieben sind, aus denen alles kommt, das ist und das sein wird im Schicksal des Göttlichen Programms. Siehe auch Ganzlichtwesen.

Induktive Verbindung Die Informationswelt des Menschen hängt von der Wahrnehmung ab. Information durch Induktionsverbindung meint das Ordnen der Wahrnehmungswirklichkeit zum Zweck der Interaktion mit der Höheren Intelligenz. Es ist die, Bildung neutraler Muster für eine nachfolgende Neuordnung des Bewusstseins mit Bezug auf neue Information. Dadurch, das LICHT auf die Nervengänge und -Muster konzentriert wird, manifestiert sich ein System zur Ordnung der Wahrnehmungswirklichkeit des Seins. So ergibt die Konfiguration aller geordneten Nervenimpulse die resultierende Aktivitätsform, die zur Wahrnehmungsrealität des Organismus, seiner Perspektive, wird.

Inkarnation , lateinisch : „Eingehen in das Fleisch" Bezeichnung für die Menschwerdung Gottes. Sowohl in den primitiven Religionen der Naturvölker als auch in den Hochreligionen findet sich die Vorstellung, dass die Könige, Religionsgründer und Helden Inkarnationen eines Gottes sind. Im Hinduismus, der solche Inkarnationen als Avatare bezeichnet, sind verschiedene Götter und Menschen Inkarnationen Vishnus. Der Buddhismus und der Lamaismus lehren, dass bedeutende Persönlichkeiten Inkarnationen Buddhas und der Boddhisattvas sind. Zentrales Thema des Christentums ist die Menschwerdung Christi. Die moderne Esoterik versteht in Anlehnung an den Karmagedanken des Hinduismus (Brahmanismus) unter Initiation das Jetzige leben, dass eine Folge der Taten in den früheren Leben ist.

In Space/Innen-Raum Die Raumregionen auf genau der anderen Seite unserer Lichtschwelle, die zur Kommunikation mit der höheren Intelligenz benutzt werden können. Anstatt mit „Weltraum"-Transmissionen zu arbeiten (z.B. 1420 MHz, 1667 MHz, 2380 MHz), sagte Enoch, gibt es einen „in den Raum" gebauten Raum, den der Mensch im Umgang mit der höheren Intelligenz für sowohl irdische als auch außerirdische Operationen benutzen kann.

Internal Revenue Service (Amerikanische Finanzbehörde)

Der Internal Revenue Service (IRS) ist die gefürchtetste und meistgehasste Institution in den USA. Eine typische Anti-IRS-Website informiert uns, dass der IRS nicht buchstäblich zur Regierung gehört: Er ist eine private Aktiengesellschaft, eingetragen 1933 in Delaware; er kassiert keine Steuern, sondern »Beiträge« [Tribute] (d. h., das Geld, das der IRS den amerikanischen Bürgern wegnimmt, geht direkt zur Federal Reserve Bank, die es als »Kredit des US-Schatzamtes« hält, also als Zinsen auf die Staatsschulden). Die Federal Reserve ist ebenfalls keine Regierungsbehörde, sondern eine Privatgesellschaft, die 12 Familien gehört - einer amerikanischen und 11 ausländischen Familien. Dem Gesetz nach müsste man nicht einmal eine Steuererklärung abgeben, sagen viele libertäre Kritiker. Das Einkommensteuergesetz hat sich nie die Mühe gemacht, die Steuerzahler zu verpflichten; wer das Risiko nicht scheut, kann auf seinem Recht zu Nichtwillfährigkeit bestehen und denen sagen, sie sollen den Steuersatz selbst herausfinden. Und man muss ihnen kein Fitzelchen Papier geben, um ihnen dabei zu helfen. Philip Marsh, der Autor von Compleat Patriot, konnte in achtjähriger Suche kein Gesetz finden, das Kooperation mit der IRS verlangt.

(Obwohl das de jure wahr ist, ist es de facto noch lang nicht wahr: Diejenigen, die es mit der Non-Kooperation versucht haben, führten endlos lange Prozesse, die stets mit Geld- oder Gefängnisstrafen oder mit beidem geendet haben. Aber natürlich gibt es auch Verfahren, die noch laufen.) Theorie und Praxis der IRS verursacht nach der unten angegebenen Website 1000 Todesfälle pro Monat in den USA, dazu die Hälfte aller Scheidungen und 75 Prozent der Konkurse. Hauptsächlich kommt der Hass gegen das amerikanische Steuersystem jedoch von der Ähnlichkeit zwischen Steuereinzieher und Bandit, wie sie in der libertären Literatur immer wieder beschrieben wurde, aber nie besser als mit den Worten des Anwalts und Individualisten Lysander Spooner:

Tatsache ist, dass die Regierung, wie ein Straßenräuber, zu einem Mann sagt: »Geld oder Leben...« Aber der Straßenräuber trägt ganz allein die Verantwortung, die Gefahr und das Verbrecherische seiner eigenen Tat. Er behauptet nicht, das (gestohlene) Geld zu unserem Nutzen zu verwenden. Er behauptet nicht, etwas anderes als ein Räuber zu sein.

Wenn der Straßenräuber unser Geld hat, verschwindet er. Er besteht nicht darauf, uns gegen unseren Willen auf der Straße zu folgen und sich als unser Souverän aufzuspielen, wegen des »Schutzes«, den er uns anbietet. Der Räuber fährt auch nicht fort, uns zu »beschützen«, indem er uns befiehlt, uns zu verbeugen und ihm zu dienen, indem er uns sagt, was wir tun sollen und was nicht, er beraubt uns nicht aufs neue, sooft er dazu Lust hat; und er brandmarkt uns nicht als Rebellen, Verräter und Feinde des Vaterlandes und schießt uns nicht gnadenlos über den Haufen, sobald wir sein Recht anzweifeln oder uns weigern, ihm Gehorsam zu leisten. Der Räuber ist zu sehr Gentleman, um sich in solchen Verbrechen und Schurkereien zu ergehen. Kurz, er verlangt nicht, zusätzlich zu unserem Geld, dass wir seine Sklaven seien. Zu diesem Thema Steuern und Steuererklärung brachte Das Erste Fernsehen am 13 Mai 07 um 21 Uhr ein Programm indem ähnliche Eigenschaften und „über Recht und Gerechtigkeit"wirkenden Menschen, die einwandfrei zur „Negativen Macht" gehören und dem „Üblen" zugehören. Die Menschen werden betrogen ausgebeutet und belogen und sind bloß die Unterhalter dieser „Mega-Dualismus" Vasallen. Die mit der Industrielobby kategorisch alles „Übermeggga-Komplex" formulieren und und und und,,,sehr Übel.

Irdische/irdisch- Das Bewusstsein der Bewohner auf einer physischen Lebensstation im Gegensatz zu den „Ausserirdischen", die sich frei umherbewegen können. Wenn mit einem anderen Wort durch Bindestrich verbunden, meint es erd-gebundenes oder 3-D Bewusstsein.

Ism-i-Azam Der größte Name; Shabd; Klang; innere Musik; WORT.

Israel (Hebr.) 1. „Er, der mit Gott streitet bis zum Sieg." Das „Licht-Programm", das vom Vater verabschiedet wurde und das jeden Sohn und jede Tochter Gottes befähigt, den „Salbenden" Christuskörper zu erlangen und der Schöpfung auf dem Unendlichen Weg der Liebe und des Lichts zu dienen. Die „Salbung" des in Liebe tätigen Glaubens wird demjenigen zuteil, der wie Jakob mit dem Engel des Herrn ringt, bis er Ihn von Angesicht zu Angesicht schauen kann 2. Ein poetischer Name für die Gesalbte Menschheit.

Israel, das Volk 1. Das jüngste Experiment der Elohim, die menschliche Evolution durch ein Volk zu verbessern, das einen höheren ‚Wahrnehmungskanal' für spirituelle Energie besitzt, der mit der Macht des Heiligen Geistes Shekinah verbunden ist. Diesem Volk wurde die Torah 0r gegeben, damit die planetaren Wissens ebenen und die höheren Baupläne der spirituellen Weisheit in der breiteren Realität des physischen Universums angewandt werden konnten. Als die Schubkraft dieses Programms durch gefallene evolutionäre Intelligenzen (die durch die Herrscher und Fürsten der Erde daran arbeiten, die Lehren Zions zu zerbrechen) zunichte gemacht wurde, war es das Amt Christi, das die Realität des „Gesalbten Wiedergeburtskörpers" wiederherstellte. Daher ist laut Enoch Israel sowohl der parochiale Same, die „Söhne Jakobs", in die Nationen der Erde gepflanzt, als auch der ökumenische Körper, die „Synthese aller Söhne des Lichts" in der Sammlung aller Lichtfunktionen als das spirituelle Israel. Es ist die Auswahl aus allen Nationen, zusammengestellt aus denen, die beschlossen haben, zum Dienste am Licht erwählt zu sein. 2. Das Programm der „Völkerschaft Gottes" überall in den vielen Intelligenzwelten und im besonderen in den zwölf Adamischen Stämmen Israels in diesem lokalen Universum als die „göttliche Nachkommenschaft" oder die „himmlische Saat", die einen gemeinsamen „erstgeborenen Ursprung" teilt. Dieses Programm bringt die „Sohnschaft" einem jeden Sohn und Tochter Gottes, die ihre „Göttlichkeit" in der Vater-Sohn-Shekinah - Partnerschaft findet und für das ewige Wachstum in neuen Welten sorgt. Im Vater sein heißt, an den Paradiesgottheiten der Elohim teilhaben. Im Sohne sein bedeutet, im erstgeborenen Sohn und in den erstgeborenen Elohim sein. In der Shekinah sein heißt, in der unbegrenzten Beschränkung der Universalität des Lebens-Siegels sein.

J

Jehovah Die griechische, anerkannte Form des offenbarten Gottes unseres Vater-Universums; .Je-ho-vah ist die manifestierte Verkörperung von JHWH, die anerkannt und geliebt werden darf als der „Souveräne Herr", der die Erlösungsprogramme in unserem Universum lenkt. Der Heilige Große Eine, einzig durch seine Offenbarung erkannt. Der „Offenbarende" Heilige Große Eine, der sich auch durch Seine Heiligen Namen Jehovah-Jire („Jehovah ist Erhalter"), Jehovah-Shalom („Jehovah ist Frieden"), Jehovah-Shamma („Jehovah ist da"), Jehovah-Nissi („Jehovah ist mein Banner"), Jehovah-Tsidkenu („Jehovah ist unsere Rechtschaffenheit") manifestiert und wo immer der heilige Name geoffenbart wird. Als Ewiger Beschützer, leuchtend wie das Feuer, ist Er EL, EL, EL, EL Jaoel sowie „Abba", den Jesus anrief. Der „Offenbarte Name" (Exodus 6:2,3; ursprüngl. griech. Texte: Offenbarung 4:8; 22:5). (Also mit Jehova habe ich, der Schreiber hier, so meine schweren Bedenken, zumal im Alten Testament das Morden ,Plündern, Vergewaltigen, Ausbeuten, und so weiter alles im Namen ihres Gottes gemacht wurde nämlich Jehovah. Und Jesus sagte im Johannes Evangelium: „Wäre Gott euer Vater, so liebtet ihr mich, warum versteht ihr denn meine Sprache nicht, Ihr habt den Teufel zum Vater, und nach eures Vaters Gelüsten wollt ihr tun. Der ist ein Mörder von Anfang und steht nicht in der Wahrheit, denn die Wahrheit ist nicht in ihm. Wenn er die Lüge redet so redet er von seinem Eignen; denn er ist ein Lügner, und der Vater der Lüge". Sooo, dieser Alte Testament Gott egal was für ein Name er auch hat, das ist ein ganz schön BÖZER ONKEL. Und diese ganze JHWH Angelegenheit ist mir äußerst „SUSPEKT" und erinnert mich sehr stark an den Satan persönlich. Oder Kal oder Kali oder Supermaterialismus Muus im Gewandt der Intelligenten Worte und des Umfangreichen Denkvermögens und des Rhetorisch geübten Sophisten und Magiers der beide Seiten die Gute als auch die Üble für seine Zwecke nutzt. Und wenn Jesus schon darauf hinweist, dann ist „Enormvorsicht" geboten. Und dieser Jehova hatte ja auch gesagt: „Ich bin ein eifersüchtiger Gott, und es gibt keinen Gott über mir." Aber wenn er wirklich Gott wäre dieser Jehova, dann bräuchte er nicht mal davon zu denken geschweige denn davon zu sprechen, Eifersüchtig zu sein,,denn das alleine bedeutet ja, das er weiß , das es einen Gott über ihm gibt,,Oleee)

Jerusalem-Kommando Der taktische Zweig des Oberkommandos vom Orion, der direkt mit Michael und Jophiel an der Umstürzung der gefallenen Engel-Reiche und der militärischen Reiche auf den Planeten arbeitet. Siehe Neues Jerusalem.

Jesus/Joshua ‚der Christus' 1. Ewiger Göttlicher Sohn des Vaters, dazu auserkoren, den Kindern Gottes die ‚Sohnschaft' zu bringen und das Werk von Je-ho-vah, J-H-W-H, Abba, seinem Vater, über die ganze durch den Fall negierte Schöpfung zu aktivieren (Matthäus 4:10; Johannes 20:17; 4:23-24).2. Der Einzig-Gezeugte Sohn Gottes für dieses Existenz-Aeon, der das irdische Reich Gottes dem Throne des Vaters darbringen wird. Das Haupt des Amtes von des Vaters Thron. Das Haupt des Amtes Christi, das die 144.000 Aufgestiegenen Meister mit einschließt. 3. Göttliche Liebe aus dem Elohistischen Lebensgewand, gesalbt als das Vehikel des Freikaufs/ Erlösung (Epheser 1:7; Johannes 3:16; 1.Johannes 4:9-10), so dass Vergebung und Errettung zum Ewigen Leben für jene möglich werden, die „in das Christus-Bewusstsein eingehen" durch Christus in Einheit mit dem Vater und dem Sohn (Johannes 1:29; Apostelg. 10:43; Offenb. 7:9-10,14-17).

Jesus Christus als das ‚Wort Gottes' Transformierende Namen von Gottes Wort in den Heiligen Schriften, wozu u.a. gehören: der Letzte Adam (1. Korinther 15:45). Fürsprecher (1.Johannes 2:1). Der Allmächtige (Offenbarung 1:8). Alpha und Omega (Offenbarung 1:8). Amen (Offenbarung 3:14).Urheber ewiger Errettung (Hebräer 5:9).Vervollkommner unseres Glaubens (Hebräer 12:2), Geliebter (Matthäus ,12:18), Der gerechte Spross (Jeremias 23:5). Brot des Lebens (Johannes 6:35). Auserwählter Gottes (1.Petrus 2:4)Der Christus (Matthäus 16:16) Christus der Christus des Herrn(Lukas 2:26). Christus Gottes (Lukas 9:20).Christus, der Herr (Lukas 2:11). Christus, der Sohn des Gesegneten (Markus 14:61).Helfer beim Vater (1.Johannes 2:1). Eckstein (Jesaja 28:16). Bündnis (Jesaja 42:6). Sohn Davids (Matthäus 9:27). Tagesanbruch aus der Höhe (Lukas 1:78). Erlöser (Römer 11:26). Wunsch aller

Völker (Haggai 2:7). Tür (Johannes 10:9). Glanz (Hebräer 1:3).Der Erste und der Letzte (Offenbarung 1:17). Der Erstgeborene von den Toten (Offenbarung 1:5). Der Erstling derer, die entschlafen (I.Korinther 15:20). Der Grund (1. Korinther 3:11). Gabe Gottes (Johannes 4:10). Ehre des Volkes Israel (Lukas 2:32).Gottes Lob in Ewigkeit (Römer 9:5). Gott unser Heiland (1.Timotheus 2:3). Der Eckstein (Matthäus 21:42). Der Hohepriester der guten Dinge, die kommen (Hebräer 9:11). Der Heilige, der Sohn Gottes (Lukas 1:35). Das Horn der Errettung (Lukas 1:69). ICH BIN (Johannes 8:58). Das Bild Gottes (2.Korinther 4:4). Immanuel (Jesaja 7:14).Jesus, der Sohn Gottes (Hebräer 4:14). Richter der Lebenden und der Toten (Apostelgeschichte 10:42). Das Leben (Johannes 14:6). Das Licht (Johannes 12:35). Licht der Welt (Johannes 8:12). Herr Christus (Kolosser 3:24). Herr der Herren (1.Timotheus 6:15).Messias (Johannes 1:41). Der Starke Jakobs (Jesaja 60:16). Unser Osterlamm (1.Korinther 5:7). Friedensfürst (Jesaja 9:6). Sühneopfer (Römer 3:25). Auferstehung (Johannes 11:25). Der Fels (I.Korinther 10:4).Wurzel Davids (Offenb. 5:5). Heiligung (I.Korinther 1:30). Heiland des Körpers (Epheser 5:23). Heiland der Welt (1.Johannes 4:14). Ein Sohn (Hebräer 3:6). Einziggezeugter Sohn (Johannes 1:18). Menschensohn (1.Johannes 1:3). Sohn des Höchsten Gottes (Markus 5:7). Sohn des Lebendigen Gottes (Matthäus 16:16). Weisheit Gottes (I.Korinther 1:24). Zeuge des Vaters (Offenb. 3:14). Das Wort Gottes (Offenb.19:13). Das Wort des Lebens (I.Johannes 1:1). Siehe auch Christus.

Jesus-Moses-Elias Die „Gesalbte Paradiestrinität", in die Welt des Menschen gesandt, um die Lichtschwellen des Väterlichen „Erlösungs"-Programms zu aktivieren, so dass der Mensch von Lichtwelt zu Lichtwelt aufsteigen kann, entsprechend dem Bauplan von JHWHs Lebendigem Wort. Der Kollektive Messias als eine „Kollektive Verklärung", die zeigt, dass Jesus nicht allein arbeitete, sondern innerhalb einer „Licht-Bruderschaft", die laut Enoch ihre höhere Bedeutung im dreifachen Geben des Sternencodes an die menschliche Evolution hat. Moses gibt dem Menschen die „Torah Or", die er aus dem „Lebendigen Licht" empfängt; Elias beweist die Einheit mit dem „Lichtvehikel", das unser physisches Universum an andere Universen von Botschaftern des „Lebendigen Lichts" heftet. Jesus demonstriert die „Kollektive Messiasschaft" mit der „erstgeborenen Saat" der höheren Überselbst-Welten, wobei der „heilige Mensch" das Gewand des Christuskörpers jenen bringt, die dazu bestimmt sind, „auferstandene Söhne und Töchter des Lichts" in der Erneuerung und Wiedererweckung dieser Intelligenzwelt zu sein. Jesus aktiviert die Sohnschaft von Jahwe für die immerwährende Weltherrschaft durch „seine Auferstehung im Licht", Wisset denn, geradeso wie Moses-Jesus-Elias zusammen durch die Lichtverklärung in die Welt kamen (Matthäus 17:3), so werden sie auch gemeinsam zurückkehren, um die Heiligen an jenem Tage anzuspornen, da die Erde bebt und Passah („Vorübergehen') nicht als das Passah („Vorübergehen') des Menschen gesehen

wird, sondern als das der „Söhne der Himmel", die in den Himmeln erscheinen werden. Moses (Deuteronomium 33:1,2; Numeri 16:35;Exodus 7:17-19) und Elias (Offenb. 1:5,6;2.Könige 1:10; I.Könige 17:1) werden das Israel des Fleisches richten, aber der Menschensohn wird das Israel „der Himmel" richten und ebenso die Seelen der gesamten Menschheit vor seines Vaters Thron. Die Weisheit JHWHs wird über Seine Auserwählten ausgegossen werden und Meshihe als „Der Gesalbte der Propheten", „Der Gesalbte der Priester" und „Der Gesalbte des Himmlischen Israel" wird erscheinen. So setzt sich die „Trinitisation" am Tagesanbruch eines Neuen Zeitalters von „Christgeweihten" im Vater in die zukünftige Ewigkeit fort.
JHWH Jod He Wod He des Lebendigen Immerwährenden Lichts. Der Offenbarte Name für unser Vater-Universum des Lebendigen Gottes hinter allen Schöpfergöttern. ‚JHWH' ist einer der zweiundsiebzig heiligen Namen des Unendlichen Geistes (Mind), von denen jeder sein eigenes Vater-Universum und seine eigene himmlische Hierarchie hat.

Jiv, Jiva Lebewesen; die individuelle oder unbefreite Seele; manch¬mal werden ganz allgemein Menschen mit „Jiva" bezeichnet.
Jivan Mukti Erlösung, solange man noch lebt; spirituelle Befreiung zu Lebzeiten.
Jivatma Die im physischen Körper befindliche Seele. Jnana Yoga Siehe unter Gyan Yoga.
Jod-Spektrum 1. Die verlorenen ‚Spektrum-Einheiten', die die menschliche Rasse mit höheren Intelligenzrassen verbinden können, die mit uns die gleiche Bewusstseins-Zeitspur teilen. 2. Ein Spektrum, das aus den göttlichen Buchstaben entsteht, die dazu benutzt werden können, das Bewusstsein des Individuums zu heben. Die Codierung für biologische Transmutation durch subatomare Ebenen, so dass Nuklearchemie und Biochemie denselben Verwandlungsprozess teilen und so den Körper befähigen, Zelle für Zelle mit LICHT wieder aufgebaut zu werden.

Johannes, der Göttliche/der Offenbarer 1.
Aufgestiegener Meister und jemand, der mit Petrus und Jakobus ‚die Schlüssel' zur Melchizedek-Priesterschaft als eine ‚sichtbare Priesterschaft' hält. 2. Verfasser der Schriftrolle der Offenbarung; Zeugnisträger für die Wahrheit von Jesus Christus und Michael in den Himmeln unseres Vaters, JHWH Jehovah. Die Schriftrolle enthält zwölf Hinweise (Offenbarung 1:8; 4:8,11;11:17; 15:3,4; 16:7; 18:8; 19:6; 21:22; 22:5,6) und vier Abkürzungen des Heiligen Namens (als) JAH (Off. 19:1,3,4,6). 3. Oberhaupt der Bruderschaft des Lichts, die eine Farbensprache und Lichtkommunikation gebraucht.
Jot, Jyoti Licht; Flamme; bezieht sich auf das Licht der ersten spirituellen Region,

Sahasradal Kanwal (Sahansdal Kanwal).

Jotzer Amaroth (Hebr.) „Schöpfer der Lichtkörper / Luminarien." Der „Schöpfer", der durch die Elohim-Heerscharen arbeitet, wenn er universelle Schöpfung durch die Zweiundsiebzig Göttlichen Namen und Permutationen manifestiert. Die „heiligen Namen" der Elohim, die den Vater manifestieren, beinhalten Myriaden von Wesen. Einige der Wesenheiten sind: Avhil, Ahhild, Adbag, Agdath, Abgath, Albath und ihre Umstellungen; Albach, Achbi, Aibat, Atbach, Achbaz, Azbav und deren Permutationen; Azbaf, Afba, Assbas, Asban, Anbam, Ambal, Alback und deren Umstellungen; und Albam, Abgad, Athbash, Ashar, Arbak, Akbaz, Afbaf und Afba und deren Permutationen. Die Elohim sind durch ihre Treue und ihre unumschränkte Hingabe an Jod-He- Wad-He, die wahre Manifestation des Alten der Tage, bekannt.

K

Kabbala ‚Die Wissenschaft von den vielen Universen höherer Intelligenz, die der Gottheit dienen.' Die ‚offenbarte Wissenschaft' davon, im Dienste an den Hierarchien/ Theophanien von Kontinuität und Wandel in des Vaters Kontinuum unmittelbar im Licht zu arbeiten. Die Kabbala kann nicht einfach in den Sprachen des Menschen verstanden werden und muss, laut Enoch, direkt durch den Engel/ Gesandten JHWHs enthüllt werden. Der Studierende/Diener der Schriften wird in die höheren Dimensionen versetzt, wo er direkt im Wissen und in der Weisheit und in der Unterscheidung unterrichtet wird, was im Umgang mit den Realitäten der niederen Welten „zu enthüllen" und was „nicht zu enthüllen" ist. Die Kabbala wurde von den Bruderschaften des Lichts in früheren Zyklen im Dienst an den Adamischen Völkern auf der Erde benutzt. Sie wurde von den Brüdern sogar schon vor der Epoche der Midrash-Literatur und vor den „himmlischen Transkriptions"- Texten, die durch Rabbi Ishmael und Rabbi Akiba (während der ersten vier Jahrhunderte) verfasst und überliefert wurden, gelehrt. Die Kabbala benutzt die Sprache des Lichts bei der Anwendung der Codegesetze und, macht nur in „dokumentarischen Darstellungen" von einem schriftlichen „Sprachen-Differentiator", z.B. Akkadisch, Aramäisch, Arabisch, ägyptische Hieroglyphen, Koptisch, Griechisch, Hebräisch usw., Gebrauch. Die Weisen haben die „höhere Kabbala" sorgfältig gehütet und ließen das „salbende Wissen" erst nach der Beherrschung, der grundlegenden Schriften erscheinen. Die Christliche Kabbala und die okkulte Literatur gehen nur bis zur „Neunten Stunde" oder, „Tor" des geheimnisvollen Namens JHWH und sind nicht die „höhere Kabbala", die von den lebendigen Boten Jeho-wahs enthüllt wird, sondern sind Verallgemeinerungen über Emunot ve-De'ot, die „Theorie der Schöpfung".

Kabir Sahib Ein berühmter Heiliger (1398 - 1518), der in Benares (Kashi) lebte und Surat Shabd- Yoga lehrte und praktizierte. Er verurteilte die Torheiten, Rituale und Gebräuche der Hindus und der Muslime gleichermaßen. Sein Nachfolger war Dharam Das.

Kal Zeit oder Tod; die negative Macht; der universale Mind; der Herrscher der drei vergänglichen Welten (der physischen, der Astral- und der Kausalwelt); auch Dharam Rai, der Herr des Gerichts, und Yama, der Herr des Todes, genannt. Der Hauptsitz Kals befindet sich in der zweiten spirituellen Region, Trikuti, deren Herrscher er ist; eine andere Bezeichnung für Brahm.

Kalma Arabische Bezeichnung für Bani; WORT; Shabd.

Kalyug, Kalyuga Der vierte Zeitzyklus, das Dunkle oder Eiserne Zeitalter, in dem wir jetzt leben. Siehe auch unter Yuga.

Kam Lust; Sinnesfreuden; Begehren; eine der fünf Leidenschaften (Lust, Ärger und Zorn, Habgier, Verhaftung, Ego). Siehe auch unter Krodh, Lobh, Moh, Ahankar.

Karan Man Der kausale Mind, der die Kausalregion regiert und sich bis zur Spitze der Brahm-Stufe erstreckt.

Karan Sharir Kausalkörper; auch Samen- Körper (bij sharir) genannt, weil die Saat des Karmas in ihm ruht; alle Karmas oder Handlungen manifestieren sich im niederen Astralkörper und im physischen Körper. Der Kausalkörper hat Bezug zur Kausalregion. Siehe auch unter Trikuti.

Karma Ein universelles Gesetz von Ursache und Wirkung, das der Seele Gelegenheiten für physisches, mentales und spirituelles Wachstum gibt. In der Inkarnation: der Eintritt der Seele in einen Zyklus des niederen „Lebens" aus den „erstgeborenen" Schwellen des Lebendigen Lichts. Karma ist dem „Ewigen Leben" untergeordnet, wie Elias (I.Könige 17:17-24), Elisha (2.Könige 4:32-37), Jesus (Matthäus 9; Johannes 11), Petrus (Apostelg. 9:40) und Paulus (Apg.20:9-10) bewiesen haben.

Karma Handlung; das Gesetz von Ursache und Wirkung; die Schulden und Verdienste als Ergebnis unserer Taten, die uns wieder in die Welt zurückbringen, um deren Früchte zu ernten. Es gibt drei Arten von Karma: Pralabdh oder prarabdh karma, das Schicksal, das wir im gegenwärtigen Leben durchlaufen und das durch bestimmtes vergangenes Karma gestaltet wurde; kriyaman karma, die Schulden und Verdienste, die den Handlungen des gegenwärtigen Lebens entspringen und die in zukünftigen Leben Früchte tragen; sinchit oder sanchit karma, alles noch nicht abgearbeitete Karma, der „Saldo" von unbezahltem Karma, das aus allen vorangegangenen Leben herrührt, das Vorratskarma.

Karma und Reinkarnation

Die fünf karmischen Gesetze

Das erste Kosmische Gesetz für Unseren Planeten beinhaltet die Wiederverkörperung {Reinkarnation}.

Das zweite ist das Gesetz von Ursache und Wirkung KARMA, damit wird die Wiedergutmachung aller Störungen der Harmonie im Universum bewirkt.

Das dritte Gesetz ist das Gesetz der wiederholten Gelegenheiten - DHARMA (= Recht und Ordnung als verpflichtendes Weltgesetz)

Das vierte ist das Gesetz der Entsprechungen

Das fünfte ist das Gesetz der Ausgleichenden Gerechtigkeit.

Grundsätzlich sind diese Fünf Gesetze essentiell miteinander verknüpft, insbesonders das erste und das zweite. Karma heißt Handlung oder Wirkung erzeugende Ursache. Wenn von Kanna gesprochen wird, ist meist negatives Karma gemeint, selbstverständlich gibt es auch positives Karma. Jeder Lebensstrom - in der bewussten Form als Mensch verkörpert - wird von wertfreien Energien durchflutet, diese werden vom Bewusstsein Gedankenenergien - beeigenschaftet. Diese nun qualifizierten Energien werden ausgestrahlt und kehren immer wieder zu ihrem „Schöpfer" zurück!

Im Laufe der äonenlangen Zeit der evolutiven Entwicklung hat sich Massenkarma positioniert. Die bewusst gewordenen Lebensströme haben spezifisch energetisierte „Smogfelder" erzeugt, die nach dem Resonanzprinzip auf ihre Verursacher unentwegt zurückstrahlten, von diesen entweder verstärkt oder vermindert oder sogar aufgelöst werden konnten. Meist wird nur vom persönlichen Karma gesprochen. Karma gibt es aber für alle kollektiven Einheiten, die oft noch dazu in einem permanenten Mischungsprozess neue Qualitäten gebären! So gibt es neben dem persönlichen Karma, ein Familienkarma, ein Gruppenkarma, ein Volkskarma, ein Nationenkarma, ein großräumiges Kulturkarma - letztlich ein Erdenkarma! In unseren Ausführungen haben wir dafür den Begriff des geistigen Smogs, wenn Wir vom Negativen Karma sprechen, geprägt.

Diese geschaffenen Energien binden nicht nur die Lebensströme, sondern sie tragen in sich das unabdingbare Gesetz des Ausgleichs. Dieses Gesetz hat seine historische Definition gefunden im: „Aug um Aug, Zahn um Zahn...." Diese

Gesetzeskausalitäten sind an sich unabdingbar und wirken auf die manifestierten Lebensströme als disharmonische Erfahrung zurück. In der dreidimensionalen Ausformung unseres Seins spiegeln sich nun diese karmischen Auswirkungen irgendwann einmal ausgesandter Bewusstseins(Gedanken)Felder, auf die jeweiligen individuellen, beziehungsweise kollektiven Schöpfer zurück!

Diese Spiegelungen können im Prinzip schon im konkreten Leben erfahren werden, aber aus Gründen der Gnade wurde diese Kainsenergie oft auf viele Lebenszeitalter und Inkarnationen „aufgeteilt"! Daraus ergibt sich für den kurzsichtigen Verstand des Menschen immer wieder das Schicksalsproblem. Da die Vordergründigkeit der menschlichen Seele ihre persönliche Essenz nicht kennt - und natürlich auch nicht die ihrer Familie, ihres Volkes, ihrer Kultur - kann sie auch die Rückwirkungen, die in ihrem konkreten persönlichen Leben auftauchen, nicht kausal verstehen! So waren die Reaktionen meist falsch und haben dadurch fast immer als Verstärker die Negativenergien reflektorisch erhöht!

Die Rückwirkungen sind Uns in der dreidimensionalen Erfahrungswelt sehr gut bekannt: Wir erlebten sie in allen Formen von Leid - seelischem wie körperlichem ja in der letzten Konsequenz als körperliche Krankheiten und physische Defekte bis hin in Unsere zentralen Gehirnzellen, wo sie sich als „Geisteskrankheiten" erschreckend dokumentieren konnten.

Wobei vermerkt sei, Geist kann nie defekt sein, defekt werden können nur die physischen Formmuster (Gehirnzellen!).

Leider wurden diese kausalen Gesetze in unserer Religionstradition umgedeutet und in den Begriffen Sünden und Sündenstrafen formuliert. Wenn zwar ursächlich im Prinzip diese Formulierung gar nicht so falsch ist, ist sie insofern verhängnisvoll geworden, weil die Polarisation entfremdet dargestellt wurde: da die Religionsformen einen fremden - außerhalb seiner Selbst befindlichen - Gott projiziert haben, gegen den sich das „sündhafte" Verhalten gerichtet haben soll, konnte sich Entfremdung total bewusstseinsmäßig entwickeln. Das war wahrlich eine Katastrophe! Dem Menschen wurde Minderwertigkeit, Objekthaftigkeit - Sklave Gottes zu sein - zur Identität! Er begriff nicht mehr, dass seine „Sündhaftigkeit" sich ausschließlich nur gegen sich Selbst richtet und dabei noch die Ganzheit der Einheit stört! Länger vorher schon hat er das Bewusstsein der Einheitsverflechtung aller Lebensströme der Erde „vergessen", sonst hätte er immer gewusst, dass seine destruktive Aktivität nicht nur ihn Selbstbetrifft, sondern dass er damit die Ganzheit des planetarischen Seins belastet.Genauso aber soll ihm bewusst sein, dass jede Karmalöschung - Freiliebung nicht nur primär ihm Selbst, sondern genauso dem Ganzen planetarischen Sein zugute kommt! Vielleicht werden durch diese Einsichten die Begriffe Schuld und Sühne besser verstehbar. Es gibt also keine Bestrafung durch irgendeinen Äußeren Gott, wie immer man diesen auch darstellt! Das, was als Strafe erlebt oder als solche empfunden wird, ist nichts anderes als Rückwirkungen seiner persönlichen oder kollektiv verursachten Destruktionsenergien; und sie sind ausschließlich mit der Absicht zu Uns - von Uns - zurückprojiziert, um Uns der Ursachen - wo immer und wann auch immer von Uns geschaffen- bewusst zu werden!

Da es sich um Energieessenzen handelt, gilt es primär nicht, konkrete historische Taten zu suchen, die irgendwann einmal) vielleicht vor langer) langer Zeit begangen wurden) sondern die Bewusstseinsqualität, aus der die Taten folgten! Es ist hier passend diese Zusammenhänge aufzuklären: die Gedankenenergien (Bewusstseinsenergien) sind die Unserer Worte und Unserer Werke! Beides sind nur Manifestationen unseres Schöpferpotentials der Gedankenenergien!

Die Rahmenumstände, wo sie sich artikulieren, die spezifischen Lebensnischen) in denen sie das Kleid ihrer Historizität anziehen) sind von nebensächlicher Bedeutung.

Wir können ohne weiteres soweit gehen zu sagen) unsere ganzen historischen Lebensausformungen mit all ihren) leidvollen Wegen haben ausschließlich den Hauptsinn) mit unserer Essenz ins Reine zu kommen. Das) was Wir so wichtig nehmen unser konkretes historisches, physisches Leben - ist nur eine Erfahrungsplattform, wo Unsere Essenzen das Potential der Heilung - des Heilwerdens - vorfinden. Alle Mängel, alle Disharmonien, die Uns die historischen Leben immer wieder spiegeln, waren und sind im Kern nichts Anderes als die auf die sichtbarsten und spürbarsten Formen gebrachten Auswirkungen unserer Essenzenergien mit dem konzentrierten Ziel: zu erkennen, dass Wir Selbst in Unserer Essenz die Ursachen für alles Leid auf dieser Erde sind!

Kerngedächtnis/Kernspeicher Höheres Gedankenverarbeitungssystem, das von der Hierarchie benutzt wird, um Gedankenformen direkt in das menschliche Bio-Computersystem zu füttern- ohne die Benutzung einer phyischen Technologie. Dieser Vorgang geschieht so auch bei jeder beseelten Wesenheit im lebendigen Universum unter Beaufsichtigung der Hierarchie.

Kesil (Hebr) „Orion." Die Zentral-Kontrolle für alle höheren Evolutionsprogramme, verbunden mit den astro-chemischen Netzwerken und reprogrammierenden Lebenssynthesen in unserem Universum, gespiegelt und niedergelegt in den pyramidalen Anordnungen in Ägypten (Hiob 38:31)

Kether (Hebr.)"Krone". Die höchste Triade in den Sephirot im Vergleich mit der Neshama, der „Seele" und dem Ruach, dem „Geist" der Sitz von Gut und Böse. Göttlicher Koordinationspunkt.

Khat Chakras Die sechs Zentren oder Nervengeflechte im Körper. Khat Sampatti Die sechs Arten von Wohlstand oder moralischer und spiritueller Reichtum:
1.   Sama - Ausgeglichenheit, Gleichmut
2.   Dama - Selbstbeherrschung

3.   Uparati - von Zeremonien und Riten losgelöst sein
4.   Titiksha - Geduld
5.   Sharaddha - Vertrauen
6.   Samadhanta - tiefe Meditation Koran Dasselbe wie Quran.

Kiddush Ha-Shem (HebL) „Vorbereitung auf den Heiligen Namen." Enoch zufolge „Weihe, Segen und Erlösung" für den hohen Sabbath der Ruhe, oder den „siebenten Lichtstrahl", der die Welt durch die Entfaltung des Mysteriums der Mysterien befreien wird, wenn der große Geheimnisvolle Name JHWH unter den Gerechten der Erde voll und ganz verwirklicht sein wird (Jesaja 12:1-6). 2. Das „Königs mahl" der auserwählten Diener Gottes, die das Brot des Lebens segneten und aus dem Kelch der Unsterblichkeit tranken und wussten, dass sie nicht in den Priesterschaften der Menschen dienten, sondern im Werk von JHWH, dessen Heiliger Name durch Michael gestärkt und durch den Messias geheiligt wird. 3. Segnung, die im Heiligen Namen des Vaters gespendet wird, sei es nun Zebaoth, EI Shaddai, Adonai oder sonst ein Name des „Gesalbten", der die Vater-Geist-Partnerschaft zum Ausdruck bringt (Jesaja 49:16-20).

Kimah (Hebr.) „Plejaden." Der Bauplan für dieses unmittelbare Universum. Die Sterncodes von Kimah bilden die Dimensionen der biochemischen Rhythmen im Atomkern (Hiob 38:31).

Kirche/Gemeinde Gottes Die Familie Gottes als eine Familie von Seelen, die die Liebe und die aktiven Geistesgaben der Gottheit manifestieren. Die Familie der „Gesalbten Lichtarbeiter", die sich über die Theologien der Menschen erhoben haben, um die „spirituellen Stämme Israels" als Tempel des Heiligen Geistes Shekinah in dieser Welt (I.Korinther 3:16) und als Tempel JHWHs in den höheren Welten zu vereinigen (Hebräer 12:22).

Kodoish, Kodoish, Kodoish Adonai ,Tsebayoth/Sabayoth (Hebr)
„Heilig, Heilig, Heilig ist der Herr, Gott der Heerscharen/ Armeen." Der glorreiche Gruß an den „Herrn der Heerscharen" oder den „Souveränen Herrn der Heere", dargebracht von, denen, die sich ihrer Identität in den Welten, Thronen und Herrschaften des Lebendigen Gottes bewusst sind (Jesaja 6:3; Offenb. 4:8). Ein Mantra, in dem die atemspendende Fähigkeit des Subjekts zur Gänze göttlich ist, aufgesogen in die Person des „leben - spendenden Herrn"

Kolob Das Zentralsonnensystem, das die Mitte des Hauses der Vielen Wohnungen bildet. Es wird dazu gebraucht, die Lichtschöpfung aus Sternsystemen von fortgeschrittener Intelligenz in neue komplexe Evolutionen zu pflanzen.

Königreich/Reich Ein Verwaltungsbereich des Lichts; eine Ebene der Bewusstseins-Verwaltung, wo ein Nachkomme der Göttlichen Person die Natur vieler Intelligenzen annehmen kann, so dass es nicht nur eine Inkarnationsebene „Göttlicher Sohnschaft" gibt, sondern „viele Sohnschaftsebenen". Außerdem kann ein Universum zahllose Millionen von Geschichtsepochen innerhalb eines Sohnschafts-Zyklus hervorbringen. Deshalb gibt es innerhalb eines Zyklus endlose Regierungsvariationen unter einer Göttlichen Person, die dieser Pracht Harmonie und Bedeutung verleiht. In unseres Vaters Reich sind die entscheidenden Merkmale folgende: 1. Das Königreich ist eine Regierung mit Herrschern, Autoritäten, Untertanen (Daniel 7:27;Psalm 2:6-8;Offenbarung 5:10;12:10) 2. Es hat sich nicht durch die Bemühungen von Menschen und menschlichen Regierungen entwickelt (Johannes 18:36; Daniel 2:44; Jesaja 9:7). 3. Das Reich soll sowohl die Himmels- als auch die Erdregionen der Adamischen Saat regieren (Epheser1:12-21; Offenb.21:2-4; I.Korinther 6:2-3). 4. Das „Reich der physischen Herrlichkeit", das mit der Segnung des planetaren Samens durch Melchizedek beginnt und mit der Transplantation des physischen Samens von Gottes Volk in die größeren „Lebensbäume" endet (Genesis 14:17-20; 17:7; 22:17-18; 2.Samuel 7:12-13; Lukas 1:32-33; Hebräer 7). 5. Das Volk Gottes als der „Gechristete Same", dazu bestimmt, ‚beigeordnete Könige und Priester' mit Christus Jesus aus dem Orden Melchizedek in den seligen Himmeln zu sein (Offenbarung 14:1,4; 5:910; 20:6). Die „Würde der Himmel", die den Heiligen des Allerhöchsten, des Alten der Tage, verliehen wird, dessen Königreich der Schöpfung ewig währen wird (Daniel 7:27; Offenbarung 11:15; Daniel 7:14,18).

Kontakt Es gibt, Enoch zufolge, zwei Arten von Kontakt: 1)Physischer Kontakt mit höheren galaktischen Intelligenzwelten, wo es auch um den Austausch praktischen Wissens zum Segen der Menschheit geht; 2) Spiritueller Kontakt mit der Merkabah, der zum Verständnis der Göttlichen Weisheit führt und euch auf die Rückkehr der Paradiestrinität und auf die Mitbürgerschaft in JHWHs „neuen Himmeln" vorbereitet (Offenb. 11:15; Daniel 7:14; Philipper 3:20).

Kosmoproton Ein Energiepartikel, das dazu gebraucht wird, verschiedene Ebenen universeller Gedankenformen (als Manifestationen des Göttlichen Denkens) miteinander zu verbinden. Dies geschieht innerhalb der Grenzen des physischen Universums mit individuellen Intelligenzebenen über eine Proton-an- Proton-Spinkopplung.

Krishna Lord Krishna wird als Inkarnation von Lord Vishnu angese¬hen. Er verfasste den berühmten „Gesang des Herrn" - die Bhagavadgita.

Kristallfluss 1. Die „Milchstraßen"-Galaxie, in die die Herren des Lichts ihre

Gedankenformen „tauchen". 2. Ein Strom von Myriaden Sternschöpfungen, der seinen eigenen „Stromweg" und Außenränder hat, die man sich als „Ufer" zum Pflanzen einer Vielfalt von Lebensformen vorstellen kann.

Kristall mit Schallgedächtnis Mississippi - In der Telekommunikation werden so genannte ferroelektrische Kristalle aus Lithiumniobat verwendet. Wie Physiker der University of Mississippi feststellten, besitzt das Material ein Schallgedächtnis. Wird der Kristall akustisch angeregt, ertönt ein feiner Glockenton, und nach einer Pause von 70 Mikrosekunden gibt das Material denselben Ton noch einmal ab. Diese Eigenschaft könnte in der Fertigungskontrolle der bisher nur schwer prüfbaren Kristalle genutzt werden.
Quelle: Physical Review Letters

Krodh Ärger, Zorn; eine der fünf tödlichen Leidenschaften (Lust, Ärger und Zorn, Habgier, Verhaftung und Ego). Siehe auch unter Kam, Lobh, Moh, Ahankar.

Kuan-Yin (Quan Yin) chinesisch, wörtlich: den Ton der Welt betrachtend; chinesische Ausprägung des Boddhisattva-Avalokiteshvara. Kuan-Yin zählt neben Samantabhadra,Kshitigarbha und Manjushri zu den vier großen Boddhisattvas des chinesischen Buddhismus, denen besondere verehrung zukommt. Kuan-Yin manifestiert sich in allen erdenklichen Formen dort,wo ein Wesen seiner Hilfe bedarf.

Kundalini Die „aufgerollte" Energie an der Basis der Wirbelsäule oberhalb des niedrigsten Zentrums (mul chakra). Wenn sie wachgerufen wird, entrollt sie sich wie eine Schlange und steigt über den „zentralen Kanal" der Wirbelsäule nach oben; diese Praxis muss von Satsangis gemieden werden, weil dadurch leicht spirituelle Kräfte vergeudet und Krankheit, Wahnsinn und Tod verursacht werden können.

L

Lak Boymer/Lag Ba'omer

Enoch zu folge die Neu-Programmierung der menschlichen Chemie durch die „Göttliche Weisheit", so dass die zweiunddreißig chemischen Grundbausteine im menschlichen Körper mit einem dreiunddreißigsten Element gekoppelt werden, das die Synthese der besten Attribute und besten Funktionen der vorherigen zweiunddreißig Elemente darstellt. Das 33. Element ist die Einpflanzung der „Göttlichen Weisheit" die die Vibrationen des-physischen Körpers verändert und ihn für die Wiedereingliederung (zurück) in den „Göttlichen Körper" vorbereitet. In der biblischen Tradition ist es der 33. Tag im Omer Zählen (die Sefirah-Zeit

zwischen Pesach und Shavuot), bekannt
als das „Fest der Gelehrten" .

Laserartige Netzwerke

Raum-Netzwerke, aktiviert mittels Lichtamplifikation durch stimulierte Strahlenemissionen. Neue Wellenlängenbereiche, die die Menschheit mit ihren Gegenstücken im Weltraum verbinden und die vom Menschen für folgendes eingesetzt werden: 1) Raumfahrt zur Errichtung von Raumbasen für Erdenmenschen. Die Fortbewegungsnetzwerke werden aus einem Raum-füllenden Gitter von laserartigen Strahlenbündeln bestehen. 2) Medizinische Programmierung, die neue Anwendungen in den materiellen Wissenschaften (unter 100 Angström) im Zusammenhang mit dem axiatonalen System des Menschen finden wird. 3) Durchführung von Gentransport, indem genetisches Material mittels Super-Hologramme und gespiegelter Bilder durch den Raum ‚gebeamt' wird.

Laya Yoga Eine Yoga- Art, bei welcher der Schüler seine Individualität mit der des Gurus oder des Shabd vereint.

Lay-u-esh (Hebr) „Lichtsäule." Energieprojektion von LICHT, die von den Bruderschaften zur Kommunikation mit den Gläubigen benutzt wird, indem LICHT-Harmonische verwendet werden.

Leben

Die Erfahrung, die auf das spirituelle und ewige Leben mit Gott vorbereitet. Es wird für eine Geburt innerhalb des Unendlichen Weges ausgesät und führt zur Gemeinschaft mit dem Vater-Sohn-Shekinah. Wahres Leben wird durch tätigen Glauben erreicht, der danach strebt, „das Licht" zu sein, indem man wie Christus durch das Wort gesalbt wird, das die „Elemente des Körpers in das Licht tauft". In der Fülle des Geistes wird man Vollkommenheit in der Verwirklichung des Lebens finden. Diese Beziehung ermöglicht die Vollkommenheit auf allen Ebenen der Seligkeit mit Gott (Psalm 139)entsprechend dem Grad der Offenbarung und Glorie.(2.Korinther12:1-2)

Letzten Tage. Der Abschluss eines „göttlichen Programms", nach welchem eine Aufwärtsspirale in das neue „Meister-Programm" aus der Vater-Geist-Initiative erfolgt. Die Zunahme an innerem „Frieden" und an den Segnungen der „Freude", die mit der Ausgießung der Gaben des Heiligen Geistes Shekinah über die spirituelle Menschheit kommen wird, welche das Wissen um den Allerhöchsten Gott verstehen und die Weisheit der „Söhne des Lichts" nutzen wird, um sich auf die Regierung im Namen von JHWH vorzubereiten (Jesaja 65:17-22). Die „Letzten Tage" werden ein merkliches „Schnellerwerden" der Bewusstseins-Zeit und eine Intensivierung der geistigen „Liebe" an sich haben, da sie das Versprechen der „Erlösung" und ein neues „System der Dinge" für die Getreuen bringen werden (2.Petrus 3:13;Psalm 37:29; Matthäus 25:31; Markus 13:3-33) Für jene die nicht mit dem Licht arbeiten, wird es eine Zeit großer Trübsal, eine Zeit der Vergeltung für die Babylonischen Welt-Systeme des Materialismus und wirtschaftlichen Manipulierens der menschlichen Schöpfung, die zu einem Ende gebracht werden (Offenbarung 18:1124; Daniel 12:1-13).

Letztlich Siegreiche Die Legionen von Heerscharen, die mit Michael zur Reinigung der niederen Himmel und zur Vernichtung der „materialistischen Mächte", die die Spezies auf dem Planeten verderben, zurückkehren werden.

LICHT Eine göttliche superluminale [überlichtschnelle) Emanation aus einer höherevolutionären Manifestation oder aus irgendeiner Anzahl astrochemischer Bewusstseins-Kräfte, die mit vielen elektromagnetischen Spektren co-existieren können.

Licht Die Einstein-Lorentz- Transformation ist eine mögliche Definition für das gewöhnliche oder niedere Lichtspektrum, das in der Schöpfung eines Alpha-Omega-Feldes gebraucht wird. Materie in diesem Zusammenhang ist in der Schwerkraft gefangenes Licht.

LICHT-Bündnis Ein Bündnis ist ein Übereinkommen zwischen Gott und Seinem Volk (Genesis 3:15; 6:18; 9:9; 15:18; 2.Korinther 3:6). Der „Bund des Lichts" ist das „Meisterbündnis", das alle Bündnisse zusammenfasst und den Söhnen Gottes „unverhüllte, ewige Teilnahme" an den Himmlischen Reichen des Vaters gewährt.

LICHT-LEBEN Die Encodierung von Wissen für Metamorphose und Entfaltung aus dem Ewigen Licht in eine „Lichthülle" von Form. Die Erstreckung von Ewigem Licht in die Vielfalt des Göttlichen Selbst, das sogar die physische Gestalt erlebt.

LICHTPYRAMIDE 1. das zentrale Modell, das zur Verknüpfung des biomagnetischen Netzwerks im Körper, planetaren Körper und interplanetaren Körper der Kosmen mit höher-evolutionären Ordnungen gebraucht wird. Die Lichtpyramide ist mit einem bestimmten Thronzentrum zur Filterung der Göttlichen Weisheit verbunden. 2. Ein Deka-Delta-Modell für Schöpfung, Einweihung und Regeneration.

Lichtreiche – Lichtkörper Der Begriff LICHT ist im spirituellen Sprachgebrauch nicht im Sinne des optischen Sonnenlichtes zu verstehen, das eben eine bestimmte Bandbreite des Spektrums von Schwingungsfrequenzen dokumentiert (Infrarot bis Ultraviolett), und durch Unsere physischen Sinnesorgane wahrgenommen werden kann. Wenn Wir vom LICHT sprechen, dann meinen Wir eine Höhere Qualität, die in der Struktur oberhalb des sichtbaren physischen - Lichtes liegt und mit dem physischen Sinnesorgan Auge nicht wahrnehmbar ist.

Da jede Energiequalität gleichzeitig auch Information ist, ist sie in Unserem Fall auch das Potential, aus dem Unser LICHTKÖRPER gebildet ist. Was Uns Humanoide betrifft, können Wir im individuellen Bereich davon ausgehen, dass Unser spezifischer LICHTKÖRPER in der Struktur eben Unserer körperlichen Form entspricht. Wir können ohne weiteres davon ausgehen, dass der sich wandelnde LICHTKÖRPER (insbesonders in Qualität und Dichte!) immer unserer Physis auch im Werden und im Wandel entspricht.Wenn Wir vom Ätherischen Double gesprochen haben, dann können Wir den LICHTKÖRPER als Gerüst bezeichnen, das eben als Resonanzkörper fungiert. Auch in dieser Ebene können Wir zwischen FORM und ESSENZ unterscheiden.Während die ätherische Form das Lichtkörpergerüst darstellt, ist der LICHTKÖRPER Selbst das individuelle strahlende Qualitätspotential, das einerseits die immer im Wandel befindliche Kausalseele wie auch den Geistfunken der Quelle Selbst - die unsterbliche Seele trägt.Wenn in Unserer physischen Erscheinungswirklichkeit FORM und ESSENZ immer mehr zusammenwachsen, so ist diese Nähe in der Ätherischen Ebene um noch vieles ausgeprägter. Es besteht eine unmittelbare Wechselwirkung zwischen dem Äußeren Bewusstsein - von der physischen Form getragen - und dem ätherischen Astralleib und ins besonders der Kausalseele, das macht erst diese Einheit des Wesens Mensch aus. Die Strahlkraft - die Resonanzqualität - des LICHTKÖRPERS ist daher letztlich verantwortlich für die Bewusstseinsqualität des Menschen.

Wenn Wir jetzt wissen, dass die LICHTKÖRPER der Menschheit - zunächst waren es einzelne, zur Zeit sind es schon sehr viele und die Zunahme explodiert förmlich - diese Unsere Erde als Ganzes zum Strahlen bringen, begreifen Wir was geschieht! Die Erde war immer und ist immer die Summe der Essenzen der der Erde entsprechend „zugeteilten" Lebensströme, daher wird auch klar, was JETZT passiert: die LICHTPUNKTE nehmen zu, sie vernetzen sich, somit wird die Erde als Ganzes ein immer stärker werdender stellarer Körper; weil dadurch seine Resonanzfähigkeit steigt, fließt stärker diese Kosmische LICHTENERGIE = LIEBESENERGIE auf den Planeten zu und hebelt diesen faktisch nach „oben" - zu einer Höheren Qualität!

Dieser Vorgang ist kein linearer, sondern ein exponentieller: daher wird auch klar, warum auf dieser Erde in den kommenden Jahren sowohl das Wissen wie im besonderen das Bewusstsein förmlich explodieren wird. Diese zunehmende Zahl von LICHTZELLEN auf der Erde beschleunigt daher den Umwandlungsprozess in eine Geschwindigkeit einer derzeit kaum vorstellbaren und auch auf dieser Erde noch nie dagewesenen Umwandlungskraft. Diese Explosion von Energie wird einfach massenhaft die noch schlafenden Bruder- und Schwesterseelen mitnehmen mit Ausnahme derer, die sich dagegen wehren, die im Alten Destruktionsbewusstsein HERR / SKLAVE verharren wollen; diese aber können dieser gewaltigen Energie in ihrer schweren Substanz nicht standhalten: sie verurteilen sich zum Verlassen dieses werdenden LICHTSTERNES.

Lichtsäule Eine unendliche Anordnung von Lichtemissionen, die eine bestimmte Wellenlänge zur Projektion und Erlösung der Göttlichen Nachkommenschaft produzieren. Das Licht ist in sich ein „lebendiges Bewusstsein", das durch göttliche Gedankenformen kontrolliert wird, die zerstörerische Lichtkanäle, Kernphotoeffekt, Photodissoziation, etc. unwirksam machen können. Es kann auch Ebenen höherer Intelligenz „materialisieren" (Exodus 14:1920,24).

LICHT-Schriften 1. Das geoffenbarte „Wort Gottes" als kosmologischer Kanon, einschließlich der Schriften der Lichtsöhne, die in den heiligen Archivstätten auf dem Planeten Erde vor der letzten Sintflut niedergelegt wurden, und einschließlich der jüngst enthüllten Schriften JHWHs, die die Rechtschaffenen über die nächste Erdumwälzung hinweg tragen werden. Daher: die umfassenderen Lichtschriften, die die biblischen Dokumente von Jahwe und alle Dokumente umfassen, die Seinen Namen heilig halten (als Jah, Jao etc.) und von den Bruderschaften und Meistern in Israel und in der Diaspora benutzt werden. Dies beinhaltet auch die mystischen Schriften in Ägypten und die Schriften der „Erlösung", die in die Provinzen des Orients und der Neuen Welt ausgeschickt wurden (Esther 9:29-32; 1:1). 2. Die Schriften der Selbstverwirklichung, die Alpha und Omega-Programme enthalten, z.B. Mahavairocana-Sutra, Amoghavajra's Tsung-shih t'o-lo-ni I-tsan, etc. 3. Das Ewige Wort der Göttlichen Stimme.

Lichtschwert/ (-Projektionen) Werkzeug für große Veränderungen, hauptsächlich mit den Herren des Lichts in Zusammenhang gebracht. Wenn z.B. das Dunkel der Unwissenheit zerstreut werden soll, wird „Bodhicitta" oder der „Wille zur Erleuchtung" zu einem Schwert, durch das der Schleier der Unwissenheit zerrissen wird.

LICHTsprache 1. Sofortkommunikation mit der Unendlichen Intelligenz (Mind) durch den Gebrauch von ideographischer und piktographischer Kybernetik. Sie wird von den „Elohim" in Verbindung mit dem Nartumid „Ewigen Licht" benutzt, um die uranfänglichen Aeonen und „Wohnungswelt „Wachstumszonen zu schaffen (Genesis 1:13; Johannes 1:1-3). Sie ist die Ur-Sprache einer Gottheit, die in einem Gesamtmuster oder -plan zur Skizzierung eines Vorgangs, zur Codierung von Wissen in einen Kristall, etc. eingesetzt wird. 2. Lichtsprache als ein Vehikel, befähigt die Herren des Lichts, viele planetare Welten und Realitätsebenen gleichzeitig zu erreichen und die verschiedenen Sprachen in dasselbe Szenario zu verschmelzen. Dadurch kann der Mensch über super-holographische Prozesse mit anderen Intelligenz-Planeten in Verbindung treten. 3. Als Gottes Wort (Psalm 119:105,130; Sprüche 6:23). Die Kenntnis dieser Sprache kommt von einem Information-Kerngedächtnis (Kernspeicher), an dem die höheren spirituellen Existenzebenen Anteil haben. Sie befähigt den Menschen, die „Geheimnis-Aufzeichnungen" in den höheren Himmeln zu lesen.

LICHT-Taufe Die wahre Lichttaufe ist die Taufe durch den Heiligen Geist Shekinah, der mit eurem Geiste bezeugt, dass eure Seele zur Vollkommenheit bestimmt ist. Für den Heiligen Geist verhindert die Lichttaufe, dass irgendetwas zwischen den ‚Gläubigen' und den Vater treten könnte, einschließlich eines ‚Glaubens', der für die Seele nicht entwicklungsfördernd ist. Alles, was die Vereinigung ‚eurer Seele' mit dem ‚Geist' des Vaters verhindert, ist unverzeihliche Sünde. Deshalb wird gesagt, dass die unverzeihliche Sünde die Sünde gegen den Heiligen Geist ist. Es gibt viele ‚äußere Formen' der Taufe, die das Bewusstsein aus diesem physischen Todes-Leben herausheben sollen; aber durch die Taufe des Lebendigen Lichts seid ihr auf ewig mit den Vater-, Sohn- und Shekinah-Universen vereint (2.Petrus 1 :1921; Joel 2:28-29; Matthäus 28:19; Galater 5:22,23; Epheser 6:17).

LIEBE Die Substanz des Ewigen Lebens. Sie wird im Gläubigen durch den Heiligen Geist Shekinah erzeugt (Psalm 51:10-15; Römer 5:5), der ihn dazu drängt, sowohl Gott als auch den Menschen zu lieben (Jesaja 56:6-7;2.Korinther 5:14-18). 1. Jahweh Gott istdie Personifizierung der Liebe (Jeremias 2:2-9;Johannes 3:16). 2. Außerordentliche Liebe für einander kennzeichnet die wahren Lichtarbeiter (1. Johannes 2:5; 5:3; Philipper 1:911).

Lobh Habgier, eine der fünf tödlichen Leidenschaften (Lust, Ärger und Zorn, Habgier, Verhaftung und Ego). Siehe auch unter Kam, Krodh, Moh, Ahankar.

Logos 1. Der Gedanke Gottes, gleich-ewig mit allen hierarchischen Entfaltungen einer Göttlichen Gedankenform. Im Sohn-Universum ist laut Enoch „der Logos Christus" als innergöttlicher und außergöttlicher Gedanke der Gottheit. „In

Christus sein" heißt, in den Göttlichen Gedanken sein, die vom Vater offenbart werden. 2. Philonischer Logos: „Als Gott in Seinem Gnädigen Willen beschloss, diese unsere Welt zu erschaffen, warf Er die Vorstellungen, die von Ewigkeit her in Seinen Gedanken gewesen, in eine ‚intelligible Welt‘, und diese intelligible (verstehbare) Welt stellte Er in den Logos, der gleichfalls von Ewigkeit her in Seinen Gedanken existiert hatte." (Oe Opificio Mundi, 5:20). 3. Platonischer Logos: „Es gibt einen Gott, der der Demiurg, der Schöpfer, genannt wird. Sodann gibt es neben dem Demiurg ein Modell, das mit dem Demiurg existiert. Dieses Modell ist beim erkennbaren (intelligiblen) Wesen und enthält in sich erkennbare Wesen." (Timaeus 29B). 4. Planetarer Logos: Enoch zufolge, in unserem System der Dinge die gefallenen planetaren Lebenssysteme des Logos, also gefallene Gottheiten des Adam Kadmon, die einen falschen Zustand von „Göttlichkeit" erlangten und dadurch Seelenwachstum auf die Schleier der Furcht und materiellen Täuschung begrenzen, so dass sich die Seele nicht nach Länge der Tage und Leben in Ewigkeit sehnt.

Logos Spermatikoi Die „frei-schwebenden Gedankenformen" der Elohim zur Erschaffung von Welten innerhalb von Welten, und Bewusstseins-Zeitzonen-Realitäten. Die „Gedankenformen-Pakete" können das göttliche Korpus-Bildnis direkt in die Korpus-Gestalt der gewünschten Intelligenz eingliedern. Die Formen erleichtern Rekombination und Genmanipulation entsprechend den vielfachen Lebensformen, die einen lokalen Raum teilen.

Loka (Sanskr.) „Ein Feld oder eine Sphäre von Bewusstsein, Kraft und Substanz, die einem bestimmten Licht-Modifikationsprinzip unterliegt." Bewusstsein, das unter eine andere Form der Licht-Modifikation fällt, wäre eine andere Loka usw. Die Sanskrit Texte, AV 11.1.37 zum Beispiel, erwähnen eine ganze Menge von Vorstellungen und Konzepten, die mit Loka zu tun haben. „Wir werden mit dem Licht (jyotisa), mit dem die Götter. . . zum Himmel (dyam), zum Ort der religiösen Verdienste (sukrtasya lokam) aufsteigen, zu dem Ort der religiösen Verdienste gehen, indem wir den himmlischen Bereich (svar) ersteigen, das höchste Himmelsgewölbe (nakam)." Daher bezeichnet der Begriff nicht nur das himmlische Licht und die Sphären des Lichts, zu dem man Zugang hat, sondern auch einen Zustand der Seligkeit und des Wohlbefindens, ein Zustand, der auch in anderen Sprachen „Himmel" genannt wird, ohne das er sich in einem bestimmten Ort befindet.

Loka-Gedankenanpasser Eine Wesenheit mit höherem Bewusstsein, die eine Bewusstseinsebene beim komplexen Problemlösen verwaltet und leitet. Im allgemeinen die „Gedanken-Erweckung" bei Schülern, die mit der Familie eines Herrn, Meisters, Aufgestiegenen Meisters verbunden sein werden - z.B. Johannes, der Offenbarer. Der priesterliche Name eines Ordens, der sich aus Gedanken-Anpassern zusammensetzt und durch die „Offenbarungen" arbeitet, die in den niederen Welten mit „Bewusstseins-Veränderungen" einhergehen.

Lokales Universum In den Evolutionskosmologien eines Sohn-Universums eine bestimmte Testzone zwischen den verschiedenen spirituellen Evolutionen. Es existiert in Galaxien, ferngelegenen Galaxien, jungen Galaxien usw. Seine Ordnung beruht auf dem Ausmaß eines „Bewusstseins-Programms". Im physischen Sinn ist das lokale Universum vornehmlich die unmittelbare Galaxie, die sich bis zum lokalen Superhaufen, einem Galaxienhaufen, ausdehnt.

Lotos-Zeitzelle 1. Eine Struktur mit vielen Ebenen im Universum, wo höhere Intelligenz-Ordnungen leben, Leben entfalten und sich durch unzählige Vorgänge mit anderen Lebensordnungen verbinden und ihre Wirksamkeit Glied um Glied vervollkommnen, um ihren Bewusstseinsbereich (zu entwickeln) und auszudehnen. 2. Ein Vehikel für komplexe Energieerzeugung mit eigenem Fruchtblatt, das jenseits der biologischen Zeitordnung existiert, durch die die Differenzierung des Lebens geschieht. 3. Der Herrscher zellulärer Koexistenz.

Luminarien (Leuchtkörper/Lichtwesen) 1.Die „unvergänglichen Sterne." Die höchsten Sternmodelle, aus denen heraus die höheren Himmel die niederen physischen Schöpfungen entwickeln. 2. Die Kräfte in jedem Universum, die den Lebensvorgang aus dem endlichen Bereich bis zur Unendlichkeit abwickeln. Es muss verstanden werden, dass, ganz gleich wie minuziös ein Organismus auch sein mag, die Kosmogonie hinter der minuziösen Substanz ist unendlich viel komplexer als das, was durch Quantenphysik analysiert werden kann. Es wäre unsinnig, zu erwarten, dass eine solche Organisation zufällig in einer kurzen Zeitspanne ‚aus einfachen Lösungen und durch Infusion entstehen könnte. (Psalm 104:'1-4).

M
Magnetfeld/magnetisch Der Raumbereich in der Nähe eines magnetisierten Körpers, in welchem magnetische Kräfte festgestellt werden können.

Magnetisch/MAGNET- Mega-magnetische Konfigurationen, die von der Höheren Evolution dafür gebraucht werden, gewöhnliche „magnetische Felder und Eigenschaften" zu kontrollieren und Programmierungen durchzuführen. Eine Anordnung von super-magnetischen Feldern zur Kontrolle von Magnetostriktion und starren Raumbeziehungen in Magnetfeldern.

Magnetohydrodynamik (MHD) 1. Bezieht sich auf Energiekräfte, die sich aus der Bewegung elektrisch leitender Medien bei Vorhandensein elektrischer und magnetischer Felder ergeben. 2. „Freie Energie" im Raum, genutzt von der Höheren Evolution für die Versorgung mit zusätzlichen Energiereserven. Es gibt Schlüsselbereiche im Weltraum für MHD-Justierungen, die von der Bruderschaft des Lichts benutzt werden, z.B. das Takla Makan-Gebiet in Tibet, das BermudaDreieck, etc.

Magnetohydrodynamische (MHD) Sternkanäle Alignment-Abbildungen, die in die pyramidalen Schlüssel-Chronometer eingebaut sind, um magnetische und elektromagnetische Gittermuster der Sternausrichtung mit bestimmten Punkten der Erde in Verbindung zu bringen. Diese Punkte sind die Vortexpunkte im Magnetfeld rund um die Erde, wie die van Allen-Gürtel, die auf bestimmte Oberflächenpunkte der Erde hinabreichen, wo die Vortices zu „Zeit- Tunneln" werden.

Magnetosphäre Der Bereich um einen Plantenkörper wie die Erde, wo das Magnetfeld dieser Sphäre stark genug ist, um eine messbare Wirkung auf die interplanetaren Gase, die ein hydromagnetisches Feld formen, auszuüben. Auf der Erde wird diese Dynamik durch hereinkommende Sonnenwindenergie durch Magnetfeldverschmelzung kontrolliert.

Mahadeo, Mahadev Der dritte Gott der Hindu-Trinität; auch Shiva genannt.
Maha Kal Der Herrscher des oberen Teils von Brahmand; derselbe wie Kal.
Maha Nada Große Musik; die innere Musik oder der hörbare Lebensstrom.
Maha Sunn Die Region absoluter Dunkelheit, die über Sunn oder Daswan Dwar und unterhalb von Bhanwar Gupha liegt. Maha Sunn ist tatsächlich eine der sechs großen spirituellen Regionen, wird aber von den Meistern nie erwähnt, weil die Schüler zu ihrem eigenen Schutz sich nicht mit ihr beschäftigen sollen. Die Seele kann sie nur mit Hilfe des spirituellen Meisters durchqueren. Obwohl es sechs große spirituelle Regionen gibt, werden in der Sant Mat-Literatur nur fünf genannt; diese Region ist in den fünf Regionen inbegriffen, ohne gesondert erwähnt zu werden. Deswegen besteht Daswan Dwar in Wirklichkeit aus Sunn und Maha Sunn.
Mahatma Große Seele; auch eine Bezeichnung für spirituell hoch- entwickelte Menschen.
Maitreya In Sanskrit und tibetischen Schriften „der kommende Buddha" für die Planeten in der goldenen Licht-Oktave. Herr der fünften Lichtwelt.

Malake Haballam Die Zyklen von „Gericht" und „Reinigung", und Heimsucher mancher Welten und Zivilisationen wegen der Verletzung nicht nur der Lehren des Kosmischen Gesetzes, sondern sogar der Natur der natürlichen Evolutionsordnung selbst - einschließlich der Verletzung der Energietransformations-Schablonen.

Manas Mind; zum Mind gehörig (siehe auch unter Man und Mind).
Manmukh Wörtlich: dem Mind (man) zugewandt; jemand, der den Eingebungen seines eigenen Mind gehorcht. Ein materiell oder weltlich eingestellter Mensch, im Gegensatz zu einem spirituellen Mansur Ein persisch-islamischer Heiliger (870 - 923 n. Chr.).

Mantra 1. Heilige Silben: Eine verkürzte Form der Dharanis (Sanskrit: Silben als Gebete) für mentale und spirituelle Erweiterung. Das Mantra verleiht die Energie der Gottheit und ihrer Attribute (s. Schlüssel 111). 2.Eine Gruppe von Klangmustern und Gedankenformen, die Bewusstsein in das Licht-Bewusstsein codieren können. 3. Die Mantren sind heilige Meditations-Energieformen, die dazu benutzt werden, den Körper mit den Kräften und der Ekstase des Göttlichen Geistes (Mind) aufzuladen. Je größer die Gedankenform, desto größer das Mantra zur Öffnung des Bewusstseins (mind) für die wahre Erschließung von Wissen. Die Mantren sollten Ausdruck der Namen der Gottheit sein. Z. B. Jesha ,yahu, Jon Me Shi-ha, He Me Shi-Shi, A-hu-ye-ya A-don-ai Jod-He- Wad-He, etc. dienen der Erschließung der spirituellen Fähigkeit der wahren lebendigen Kraft von Gott JHWH und der Herrlichkeiten des Mysteriums aller Mysterien, der Sohnschaft mit dem Alten der Tage.

Maser/Laser(Maser ist ein Kurzwort für Mikrowellenamplifikation durch stimulierte Strahlungsemission; wohingegen Laser ein Akronym ist für Lichtamplifikation durch stimulierte Strahlenemission.) 1. Ein Gerät zur Aussendung oder Verstärkung elektromagnetischer Strahlen (Licht, Mikrowellen, Wärme, etc.) durch den Quantenprozess einer erregten Strahlungsabgabe. 2.Analog, ein kollektiver, gerichteter und kohärenter Prozess der Energieamplifikation oder -emission. 3. Eine Lichtquelle oder Strahlung, die nicht als Wärmequelle beschrieben werden kann, vielmehr als eine Quelle mit negativer thermodynamischer Temperatur jenseits positiver infiniter thermodynamischer Temperatur.

Materiewelle Welle, die mit sub-atomaren Teilchen assoziiert ist, so dass der Charakter der Welle-Teilchen-Dualität durch alle fundamentalen „physischen" Einheiten, Moleküle, Atome, Protonen und Elektronen an den Tag gelegt wird, und jedes einzelne mit einer Art Wellenbewegung verbunden ist, deren Wellenlänge durch die DeBroglie Gleichung bestimmt ist. Enoch sagte, Materiewellen haben die Fähigkeit, sich schneller als unser gewöhnliches Lichtspektrum zu bewegen.

Matrix 1. Der Ursprung einer Form; die Gussform (Matrize) oder das Modell, die Vorlage. 2. In der Mathematik eine zweidimensionale rechteckige Anordnung von Größen. Matrizen werden in Übereinstimmung mit den Regeln der Matrizenalgebra behandelt.3. In Computern ein logisches Netzwerk in Form einer Gruppierung von Input- und Output-Leitungen, wo logische Elemente an manchen ihrer Schnittpunkte miteinander verknüpft sind, gebraucht für die Ausführung logischer Operationen oder für Codetransformation. 4. Im erweiterten Sinn daher eine Anordnung einer beliebigen Anzahl von Dimensionen. 5. Eine regelmäßige Gruppierung von Programmen, die mit dem Lebensraum einer Bewusstseins-Region synonym sind.

Maulvi Rum, Maulana Rum, Rumi Ein berühmter islamischer Heiliger Persiens (1207 - 1277), der ein hingebungsvoller Schüler Shamas-i-Tabriz' war; Autor des weltbekannten Masnavi.

Meditation. Latein. Verweilen in der Mitte, das unbegrenzte und von äußeren Bedingungen unabhängige Verweilen in der Stille des No-Mind. Der begriff wird oft auch für bestimmte vorbereitende Übungen und Techniken verwendet.

Mehayyai Hametim (Hebr) „Der die Toten zu immerwährendem Leben ruft." Der Code, der für die Wiederauferweckuug der Toten gebraucht wird. Teil der Omega-Minus-Funktion, die zur Sammlung der Lichtpulsationen bei der Wiederbelebung der Toten gebraucht wird.

Maya Illusion, Täuschung, Nicht-Wirklichkeit, Welt der Erscheinungen, Scheinwelt; alles, was nicht ewig, nicht wirklich oder wahr ist, wird Maya genannt; es scheint zu sein, ist es aber nicht. Der Schleier der Illusion, der uns nicht erlaubt, Gott zu schauen.

Melchizedek 1. Ewiger Herr des Lichts, Souverän des Lichts, beauftragt mit der Ordnung der Ebenen der himmlischen Welten JHWHs für einen Übergang in neue Schöpfung. Gleichrangig mit Metatron und Michael in der „Errettung, Erneuerung und Umerziehung von Welten", die durch die Läuterung des Lebendigen Lichts gehen (Genesis 14:18; Hebräer 5:7-10). Er hat die Aufsicht über den himmlischen Orden/Bruderschaft von Melchizedek und die spirituelle und planetare Priesterschaft Melchizedeks (Psalm 110:4; Hebräer 7:13,15-24). 2. Jehovah wird die Welt durch Melchizedek und den Orden Melchizedeks auf die Befreiung vorbereiten (Psalm 110:4-7; Richter 5:19-21; Hebräer 5:9-12).3. Melchizedek ist eine Manifestation eines ‚Gottessohnes' (Hebräer 7:3). In der Geschichte des Planeten wurde Melchizedek (in Übereinstimmung mit dem ‚Bund Enoch') bevollmächtigt, die wahre Priesterschaft der ‚Sohnschaft' auf einem Planeten für die eschatologische Teilnahme mit den Söhnen des Lichts vorzubereiten. Siehe Orden von Melchizedek.

Melchizedek, LICHTgemeinschaften (auf den Planeten) 1. Enoch sagte: „Die

‚Auserwählten' des Ordens von Melchizedek sind Söhne des Lichts, die sich entschlossen haben, in die Welt der Form zu kommen und die Herrschaft JHWHs zu manifestieren, indem sie die Erde verwandeln." Sie arbeiten, indem sie die Wahrheiten Gottes erfüllen und sich gelegentlich sogar als ‚sichtbarer Orden' zeigen, der dem Menschen durch die Merkabah dient, so dass die architektonischen Modelle in den Himmeln als Wegweiser zu den vielen Ebenen der universellen Schöpfung auf der Erde gebaut werden können. Der Melchizedek Orden ist in der Art des Ordens des Gottessohnes. Er regiert die Quadranten der planetaren Welten, in die die Adamische Saat gepflanzt worden ist, indem er diesen Welten spirituelle Dinge vermittelt. Er besitzt die Schlüssel für die Erschließung der Himmel hinsichtlich der Kontaktbereiche auf der Erde und hat die Fähigkeit, sich mit den himmlischen Gemeinschaften der Lichtbruderschaften überall in den Vater-Universen in Verbindung Zu setzen, da er das Werk des Christus in den Himmeln und auf der Erde koordiniert. Der Orden ist ewig (Hebräer 7:3) und hat seine ‚Priester und Programme' vorherbestimmt, noch ehe die Welt war. In der Geschichte des Planeten hat der Orden von Melchizedek in kleinen Familien-Gemeinschaften von Patriarchen-Priestern, Priester-Wissenschaftlern und Poeten-Gelehrten existiert, die getreulich auf das Wort Gottes geachtet haben. Somit sind die ‚Generationen Adams' der Beginn der Arbeit von Melchizedek auf diesem Planeten, und zwar durch die ‚Väter' oder den Patriarchalischen Orden von JHWH, der die Macht hat, sich Fürstentümer und Mächte gefügig zu machen und die Erde in Regionen der Lichtsöhne einzuteilen. Die ‚Generationen von Adam' sind: Söhne des Lichts, Adam, Seth, Enosh, Cainan, Mahalaleel, Jared, Enoch, Methusalem, Lamech, Noah, die an der ‚Göttlichen Sohnschaft' teilhatten und durch den Orden, von dem sie abstammten, befreit wurden. Verbunden mit dem Orden des Gottessohnes hat der Orden Melchizedek (mit Hilfe bestimmter EngelOrden) die gerechte Saat während besonderer planetarer Zyklen befreit, denn er ist berechtigt, das Licht, das von der Adamischen Saat auf den planetaren Welten erzeugt wird, zu empfangen und weiterzuleiten. Von Melchizedek zu Abraham, zu Moses, zu Elias, zu David, zu Jesus und den ‚Dreien' hat die inspirierte und Segen-spendende Weisheit der Ewigen und Göttlichen Sohnschaft die Menschheit auf den großen, furchterregenden Tag Jehovahs vorbereitet, an dem die Söhne des Lichts erscheinen werden. 2. Laut Enoch sollten die verschiedenen Zweige des Melchizedek Ordens im Laufe der Geschichte des Planeten nicht mit den Gnostischen Elchesaitern, Ebionitern, Gnostischen Ebionitern, Nasoräern, und anderen verwechselt werden, für die die „gesalbte Macht der Sohnschaft" nur ein Schatten von Melchizedek ist.

Melchizedek, Priesterschaft des Lichts (auf der Lebensstation Erde)
Die Priesterschaft von JHWHs Licht', die den Schaltkreis für die Interkommunikation

mit den Paradiessöhnen darstellt. Eine königliche Priesterschaft von Priestern, die die Stimme JHWHs empfangen', um das ‚Lichtvolk' zu heiligen und die das Volk Gottes organisieren, damit es die Streitheere der Nationen überlebe. Sie teilen die ‚Gaben der Shekinah' aus, die die mentalen, physischen und spirituellen Seinszustände beeinflussen. Diese ‚Priesterschaft' ist in jeder Generation als eine verstreute Licht-Bruderschaft „sichtbar", damit der ‚Baum der menschlichen Rasse' mit der salbenden Kraft und dem Licht durchdrungen werde, welches notwendig ist, um die gerechte Saat wiederzuerwecken und wieder in das Licht der höheren Welten auferstehen zu lassen. Sie sind ‚Söhne der Wahrheit' hinter dem historischen Wissen, die die Schlüssel zur wahren Geschichte des Planeten und zur wahren Genealogie des Adamischen Volkes innehaben. Sie ‚sammeln das Licht' des Menschen, das sie durch die Lehren des Wortes Gottes entwickelt haben, Enoch zufolge wurde die ‚Heilige Bibliothek' ihrer priesterlichen Dokumente aus dem Tempel in Jerusalem in Wüstengebiete wie Qumran gebracht, um ihre Aufzeichnungen bis zum ‚Ende der Zeit' zu bewahren, da die Söhne des Lichts als der' Orden Melchizedek auf die Erde zurückkehren werden, um die zerstreute Bruderschaft Melchizedeks zu vereinigen und das Reich Gottes mit Jesus, der der Ewige Sohn und Hohe Priester nach der „Weise Melchizedeks" ist (Hebräer 6:20), zu errichten. Auch Moses hatte die ‚Schlüssel' zu dieser ‚Priesterschaft des Lichts' (Exodus 24: 17) von Gott vor der Schöpfung der Welt offenbart bekommen (Matthäus 17: 1-9}). Als er auf die Erde kam, wurde er durch die Priesterschaft' auf Erden als ein berechtigter Empfänger jenes Lichts gesalbt, das von Noah und seinen Geschlechtern an Abraham und von Abraham durch die Priesterschafts-Generationen an Jethro und dann an Moses weiter gegeben wurde. Aaron und die siebzig Ältesten Israels, die ihn „ins Licht verklärt" sahen, wurden beauftragt, eine Priesterschaft zu gründen, die dem Orden Melchizedeks unterstand.

Membran-Codierung/Genetischer Code Findet durch die Göttliche Schablone statt, die das DNS/RNS-Gitter kontrolliert. Bei der Proteinsynthese wird die genaue Sequenz der Aminosäuren, die im Protein gelagert sind, durch die Abfolge der Nukleotide bestimmt, von denen es in der Boten-RNS (die ihrerseits auf die Nukleotid-Sequenz in der DNS wirkt) vier verschiedene gibt. Der genetische Code ist das Übereinstimmungssystem zwischen Nukleotidfolge und der Aminosäurensequenz.Jede der zwanzig Aminosäuren ist durch eine andere Anordnung von drei aneinandergereihten Nukleotidbasen spezifiziert.Es gibt 64 mögliche Zusammenstellungen von jeweils drei Nukleotiden, und viele Aminosäuren sind durch mehr als ein Triplett festgelegt.

Mensch/menschlich Eine biologische Schöpfung, die aus einer frequenzmodulierten Code-Botschaft ersteht, die in die Genesis einer fortwährenden Schöpfung ausgestrahlt wird. Ein Biotransducer, der die „Gedankenformen" und „Lichtsignale" für die höhere Intelligenz verarbeitet, begrenzt auf die „Spiele" der niederen Gottheiten, dem aber durch die Sohnschaft Gottes das „Geschenk" der Vehikel-Teilnahme „in der Freiheit des Geistes" gegeben ist. Ein Bildnis vorprogrammierter DNS, ,9.as durch bestimmte Ton und Licht-Frequenzen ins Leben gerufen werden kann.

Mensch/Menschlich Der Mensch als der erlöste „Gechristete Mensch", der an der Aktivität des Heiligen Geistes Shekinah und der Sohnschaft" teilnimmt, so dass er eine begrenzte „Alpha-Omega-Realität" verlassen und in die Partnerschaft der göttlichen Sohnschaft und schöpferischen Tätigkeit mit den Söhnen des Lichts eintreten kann. Ein „Gewand" des Vaters, ursprünglich geschaffen, um mit den Herren des Lichts jenseits von Auflösung materieller Dinge, Ursachen, Ursprung und Grund zu regieren. „Bildnis" und „Gleichnis", zur Gänze zum Ausdruck gebracht durch die Elohim, entsprechend der Liebe- und Licht-Kapazität des freudvoll empfangenen, in Form gezeugten „Adam Kadmon". Nach dem Fall wurde die Bildnis-Schöpfung des Adam Kadmon begrenzt und als ein Biocomputer für Aktivitäten in den niederen Himmeln benutzt.

Mensch der Heiligkeit/der heilige Mensch Der Menschensohn mit der Obhut über den Bewusstseins-Bauplan für dieses lokale Universum.

Menschensohn 1. Ein Paradiessohn, der kommt, der Menschheit zu dienen. 2. Göttliche Sohnschaft, erlangt durch die Verbildlichung (Verkörperung) des Adam Kadmon und infolgedessen des Vaters. Es ist die Umgestaltung unserer Natur in göttliche Natur (Daniel 8:17).

Meoroth Lebende Leuchtkörper (Luminarien), die Licht in die dunklen Regionen des interstellaren Raumes bringen.

Meridian Ein Sektor der geophysikalischen und biophysikalischen Zeit-Umwandlung, in welchem Energie durch den Körper, die Erde, astrophysische Systeme, usw. ausgetauscht wird.

Merkabah Ein göttliches Lichtvehikel, das von den Meistern benutzt wird, um die Gläubigen in den vielen Dimensionen des Göttlichen Geistes (Mind) zu sondieren und zu erreichen. Die Merkabah kann in den physischen Welten viele Formen einer strahlenden Briolette annehmen (Hesekiel 1:4-28; 2.Könige 2:11).

Merkabah-Mystik. hebräisch: »Gotteswagen. -gefährt, -vehikel«: eine Richtung in der jüdische Mystik, die vom 1. Jh. n. ehr. bis ins 11. Jh. bestand. Sie beruht auf dem 1. Kapitel des Buches Hesekiel (AT), wo die ekstatische Schau des göttlichen Thronwagens (Merkabah) beschrieben wird. Die Erkenntnisse des Mystikers 1 auf seinem Weg durch die sieben Paläste (hebräisch: »Hekhath«) zum Thron Gottes bilden den Inhalt der »Hekhaloth-Literatun. Diese Tore können nur nach einer umständlichen Prozedur durchschritten werden, denn die Wächter verlangen die Kenntnis von geheimen Siegeln und Passworten. Am Ende sehen die »Jorde Merkabah« die Gottheit (hebräisch: »Scha'ur Koma«) in einer solchen menschlichen Gestalt, wie sie der Prophet Hesekiel sehen durfte. Die Maße dieser Gottheit übersteigen jede menschliche Vorstellung. Aber Ziel dieser mystischen Reise ist nicht allgemein Gott, sondern der höchste aller Engel, Metatron (griechisch: »Der neben dem Thron Stehende«). Es ist niemand anders als der in den Himmel entrückte Henoch. Denn die Beschreibungen der Himmelfahrt Henochs stimmt in vielen Punkten mit der Reise der Merkabah-Mystiker überein. Die Geschichte der Merkabah ist eng mit der jüdischen Kabbala verbunden. Kabbala, heb.: >.von Mund zu Ohr«, also gesprochene Überlieferung. Bezeichnung für die jüdische Mystik und Geheimlehre, besonders ihrer mittelalterlichen Ausformung seit dem Beginn des 13. Jahrhunderts. Das Wort K. bezeichnet ursprünglich alles, was nicht zum Pentateuch (die fünf Bücher Moses der Bibel) gehörte. Die K. ist eine Phase in der langen Geschichte der jüdischen Mystik, deren Anfänge bis in das 1. Jh. n. ehr. zurückreichen. Bezeugt sind in dieser Zeit Geheimlehren, die sich mit mystischen Spekulationen im Anschluss an das erste Kapitel der Genesis (Schöpfungsgeschichte) und des Buches Hesekiel beschäftigen. Eine dieser Geheimlehren, »Die Kunde von den Anfangsdingen« (hebräisch: Ma'asseh Bereshiht), kann als eine Art mystische Kosmogonie bezeichnet werden. Wer aber die Etappen der Entstehung der Welt und des Menschen kennt, ist auch im Besitz des Wissens, um an die Quelle allen Seins, Gott, zu gelangen. Bei weitem einflussreicher war aber die zweite Geheimlehre, »Die Kunde von dem Gotteswagen« (hebräisch: Ma'asseh Merkabah), die sich bis ins 11. Jh. nachweisen lässt und die bei der Entstehung der Kabbala eine wichtige Rolle spielte. Diese Merkabah-Mystik brachte eine umfangreiche Literatur hervor, welche den Weg des Mystikers durch die sieben Paläste (heb.: Hekhaloth) beschrieb. Religionsgeschichtlich kann man die Merkabah-Mystik als eine Form der jüdischen Gnosis bezeichnen. Reste dieser jüdischen Mystik haben sich im Buch Bahir, dem ältesten kabbalistischen Werk, erhalten, das auch schon die kabbalistische Sephiroth-Lehre enthält

Meson Ein subatomares Partikel. Es gibt mehrere Arten von Mesonen, z.B. kappa, pi, tau, my (my-Mesonen = Myonen), mit positiver oder negativer Ladung. Diese

Mesonen repräsentieren eine breite Palette von LichtManifestationen; z.B. kann sich das tau-Meson in drei separate Mesonen von geringerer Masse teilen, während manche Mesonen überhaupt ein unterschiedliches Lichtquantum repräsentieren.

Messias: Erlöser 1. Jemand, der vom Vater für die Salbung der Menschheit auf diesem Planeten gesandt wird. Der „Führer" des „Spirituellen Israel" während des Programms, das der Mitregierung mit dem Amt des Christus in den Himmeln vorausgeht. In den vielen spirituellen Welten regieren Jesus- Moses- Elias als die Paradiestrinität. Der „Messias" kommt nicht wegen eines einzelnen Ereignisses in der Geschichte von den Himmeln auf die „Erde", sondern er versorgt die Gläubigen ununterbrochen mit dem „Ratschlag des Heiligen Geistes Shekinah", (seit das lebensnotwendige Verbindungsglied an die Göttlichkeit des Adam Kadmon in den Himmeln durchtrennt wurde) (Hebräer 8:1-10; Jesaja 52:12-15; Johannes 8:58; Maleachi 4:2-5;Matthäus 17:3). 2. Das Haupt des Amtes Christi als ha-Mashia, „Der Gesalbte", der kommt, um die „kollektive Messiasschaft" des Volkes Gottes als Meshihe voranzutreiben.

Meta-Schöpfung 1. Unsere Welt, in der sich das Heilige offenbart. Schöpfung, in der das Heilige die absolute Realität enthüllt und gleichzeitig Orientierung ermöglicht; daher gründet sie die Welt der Form und eine Reihe von Welten in dem Sinne, dass sie die Grenzen festsetzt und die Ordnung der Welt erstellt. 2. Der Kosmos, der sich auf den verschiedenen Ebenen einer Hierophanie abspielt. 3. Bei der Schöpfung dazu gebraucht, eine neue, aber verwandte Disziplin zu entwerfen, die sich kritisch mit den ursprünglichen Konzepten der Schöpfung befassen soll.

Metatron „Das Gewand von Shaddai." Die sichtbare Manifestation der Gottheit als „Gewand" des Vaters. Allmächtiger, Ewiger Herr und „Göttliche Stimme" des Vaters.Schöpfer der äußeren Welten. Lehrer und Führer Enochs und Schöpfer der Schlüssel.„Metatron ist der Erschaffer des Elektrons." (Genesis 17:1; 28:3; 43:14; Numeri 24:4,16;Psalm 68:14; Offenbarung 15:3)).

Metatronische Schöpfung 1. Schöpfung durch ein Göttliches Wort, das von Metatron als „Logos" in der Formation/Transformation der Schöpfung übertragen wird.Ideen in den Vater-Gottheiten als freischwebende innergöttliche Substanzen, die durch Metatron in den äußeren Welten zu „Schöpfungen" und „Hierophanien" werden. 2. Die Kosmogonie als eine höchste göttliche Manifestation; der beispielhafte Akt, durch den die Gottheiten mittels der Führung Metatrons synchronisiert werden, um aus dem „Gewand des Lebendigen Lichts" Form zu erschaffen. Die Schöpfung der niederen Welten müssen mit seinem größeren Licht gründlich vorbereitet werden, um mit den höheren Bereichen arbeiten zu können.

Michael 1. Ewiger Schöpfer und Herr-Protektor der Höchsten- Äußersten Programme der Herren des Lichts und Heerscharen im ‚Vater-Universum'. Er leistet die Gewähr, dass die Lichtvariationen Teil des wahren Spektrums sind, das von den Herren des Lichts abstammt(Daniel 2:1-4), Schützer der Verwandlungsfunktionen des „Bildnisses" (zelem), das weder erschaffen noch zerstört werden kann ohne Michaels „Äquivalenz"-Koordination (Daniel 12:2; Judas 8:9), 2. Haupt des „Oberkommandos" und Herr JHWHs, der mit Gabriel an der Wiederherstellung spiritueller und galaktischer Reiche arbeitet (Offenbarung 12:7•H; Daniel 10:13). Ein „trinitisierter Ausdruck" Gottes, des Absoluten, der zusammen mit Metatron und Melchizedek an der Erschließung unendlicher Ausblicke auf neue Welten arbeitet, die nach den „Büchern des Lebens" und dem offenbarten Ausdruck des Alten der Tage (Daniel 12:8-10; 7:10) gesät werden, Sein Name Mik-ky-ilu (MIKAL) wird von den Paradiessöhnen und den Patriarchen für die Wiederherstellung der Lichtkraft gebraucht.

Mind (engl. mind, gesprochen: maind; Gemüt, Verstand, individueller Geist, Eigenwille, Ego, Absicht, Sinnen und Trachten, Herz, Sinn usw.) ist ein Instrument oder Hilfsmittel der Seele, mit der äußeren Welt zu kommunizieren und die Verbindung mit ihr aufrechtzuerhalten. Der Mind selbst ist ohne Bewusstsein und ohne Leben. Seine Kräfte erhält er von der Seele. Eine Glühbirne z.B. kann kein Licht ohne elektrischen Strom spenden. Sie erhält diese Energie vom Kraftwerk. Die Seele ist ein Tropfen des spirituellen Ozeans oder von der Wesenheit Gottes. Der Mind dagegen ist ein Teil Kals oder der negativen Macht und handelt in seinem Auftrag. Der Mind, der sich mit der physischen Welt und den Sinnen verbunden hat, wird von diesen total beherrscht, und die Seele, die ihre wahre Identität vergessen hat, ist zum Sklaven des Mind geworden. Der unter dem Diktat der Sinne stehende Mind wird von Sinnes vergnügen angezogen und läuft diesen ständig hinterher. Die Seele, die an den Mind gebunden und ihm unterworfen ist, geht nur dahin, wohin auch der letztere geht. Eine der grundlegenden Eigenschaften des Mind ist es, sich an Sinnes vergnügen zu erfreuen. Indem er diesen nachgeht und weltliche Besitztümer begehrt, liebt er die Abwechslung; kein Vergnügen kann ihn jedoch auf längere Zeit binden. Der Mind ist immer aktiv und bringt Gedanken und Bilder aus sich selbst hervor. Die Gedanken und Bilder von weltlichen Gegenständen und Menschen lassen Bindungen an diese entstehen; und dies bringt die Seele immer wieder in die Welt zurück. Wenn der Mind beginnt, die innere Freude zu genießen, d.h. wenn er der „Shabd-Melodie", der „göttlichen Melodie" oder der „Stimme Gottes" im Innern lauscht, und zwar mit voller Aufmerksamkeit im Augenzentrum, wird er davon gefesselt. Dann verlieren die Vergnügen der Welt wie Reichtum und andere vergängliche Dinge, die Bindungen an die Familie, an Verwandte und

Freunde allmählich ihren Reiz. Wenn der Mind anfängt, sich des Segens von Shabd zu erfreuen, haben die Freuden dieser Welt keine Bedeutung mehr für ihn. Dann erfahrt man den wahren spirituellen Segen und erlangt Seelenfrieden. Die Seele oder „Surat" in der Sant Mat- Terminologie - ist dann aus den Fängen des Mind befreit, und sobald dies eintritt, vereint sie sich mit „Shabd", „Nam" oder dem „WORT Gottes", der schöpferischen Kraft Gottes, oder besser, Gott selbst. Auf diese Art und Weise wird die Seele auf ewig von dem unseligen Kreislauf von Geburt und Tod erlöst. (Quelle: Dera- Text). Mind/mind Eines der grundlegenden Konzepte der Enoch-Lehre, nicht zu verwechseln mit „spirit" (vgl. dazu die Ausführungen unter Geist-l und Geist-2, sowie Denken). Jeweils der deutschen Übersetzung des Wortes in Klammern nachgestellt, um dem Leser eigene Interpretationsmöglichkeiten offenzulassen, da eine exakte Wiedergabe im Deutschen nicht immer möglich ist. Das englische „mind" findet im Deutschen bis zu sechzehn verschiedene Ausdrucks varianten und muss deshalb aus dem Kontext begriffen werden. Einige der Varianten sind Geist, Gemüt, Sinn, Verstand, Denken, Herz, Seele, Bewusstsein, Vernunft, Meinung, Kopf, Gehirn, Gedächtnis, Intelligenz u.a.

Min-Ha-Ada-Mah/Men-Ha-Ada-Mah (Hebr) Min-Ha-Ada-Mah bedeutet „Blut vom Boden", im Gegensatz zu Men-Ha-Ada-Mah, was „Blut, in die nächsthöhere Ebene der Schöpfung getragen" bedeutet. Ersteres stellt die erdgebundene Intelligenz dar, die nicht mit dem Göttlichen Geist (Mind) durch die notwendige Bio-Technisierung kommunizieren kann, Letzteres bedeutet die Verwandlung der Blutkristalle und das Freiwerden der menschlichen Chemie von der erdgebundenen Dimension, damit das Blutkreislaufsystem auf der nächsten Sprungfunktion der universellen Intelligenz existieren kann. Laut Enoch „die Reinigung und Erneuerung des Bluts" und verwandter Materialien, so das der Mensch fähig ist, auf der nächsten Orbitalebene der Universellen Vernunft(Mind)zu existieren. Im Grunde die Neuschöpfung des Blutkreislaufsystems, so dass der Mensch mit den höheren Adamischen Schöpfungen, die JHWH dienen, leben kann. Diese Bluterneuerung bedarf des Gebrauchs besonderer Licht-Energieschwingungen und ist nicht einfach eine Mischung von Aminosäuren, Antibiotika und Perfluor-Kohlenstoffverbindungen (Genesis 4:10-12; Levitikus 17:11; Hesekiel 3:18-19; Apostelgeschichte 20:26-27).

Mitsvahs ,Esh. (Hebr.) „Feuer/LICHT-Bündnis." Der Feuer-Bund zwischen den Illuminarien JHWHs und der physischen Saat des Lichtvolks. Die Manifestation gewisser Lehren und Wegweiser durch Feuer.

Mitsvahs Israel Der „Bund Israel" auf allen Ebenen. Ewiges Bündnis zwischen den Gläubigen und den Hierarchien von JHWH, die mit allen Farbfrequenzen und allen Kindern Gottes arbeiten können, die den Regenbogen der Liebe bilden.

Mitsvahs Or (Hebr.) Das „LICHTbündnis", errichtet zwischen den Illuminarien JHWHs und gewissen Mitgliedern der menschlichen Rasse, die als Matrix für die Einpflanzung größeren Wissens und größerer Verantwortung während aller Zyklen spiritueller Prüfung und spirituellen Wachstums fungieren sollen.

Mittel-Stationen Programmierungspunkte und Durchlass/KIarierungsstationen, die von vielen Licht-Bruderschaften bei der Regierung der physischen Sternfelder benutzt werden.

Moh Verhaftung; weltliche Verhaftung oder Verwicklungen; eine der fünf tödlichen Leidenschaften (Lust, Ärger und Zorn, Habgier, Verhaftung, Ego). Siehe auch unter Kam, Krodh, Lobh, Ahankar.

Moksha Erlösung oder Befreiung vom Kreislauf von Geburt und Tod.

Mol Chakra Das Chakra am Rektum.

Mutterschiff Jegliche Kategorie von Vehikelbeförderung, die eine Menge kleinerer Raumfahrzeuge tragen kann und auch die Fähigkeit hat, auf der Oberfläche von Planeten zu landen und als eine Stadt zu fungieren. Im lokalen Universum wird das Mutterschiff dazu gebraucht, eine Schar von Spektrumvehikeln durch die verschiedenen Lichtschwellen in den Mega-Ordnungen der Schöpfung zu transportieren.

Myon 1. Auch my-Meson genannt. 2. Subatomares unstabiles Teilchen der Leptonen-Familie (nicht der Mesonen-Familie) mit einer mittleren Lebensdauer von $2{,}2 \times 10{-}6$ sek., einer Masse von ungefähr dem 200fachen der Elektronenmasse, mit positiver oder negativer Ladung und einem Spin von $1/2$ mit einer Geschwindigkeit, die der Lichtgeschwindigkeit in einem Vakuum nahe kommt.

N

Nächstenliebe

Nicht theoretisches Wissen, sondern Nächstenliebe bewirkt, dass die Menschen es nicht über sich bringen können, Böses zu tun

Es ist richtig, dass die Menschen ihre früheren Leben und daher auch ihre Wesensart und die Handlungen, die sie früher begangen haben, und die an ihrem heutigen mehr oder weniger unglücklichem Schicksal schuld sind, nicht erinnern können. Aber das ist ja nur eine liebevolle Vorkehrung in Gottes Erschaffung der Menschen. Es würden nicht gerade leuchtende oder ermunternde Erinnerungen für die betreffenden Menschen sein.

Sie würden deshalb auch keine gute Ergänzung der eventuellen dunklen Erinnerungen sein, die dieselben Wesen ohnehin haben. Sie würden ganz gewiss ihren Urhebern ein Wissen von ihren früheren Handlungen geben, aber ein theoretisches Wissen hält den Menschen nicht davon ab, Böses zu tun. Die Menschen wissen ganz genau, dass sie nicht hassen, morden und betrügen sollen.

Aber sind nicht alle Polizei- und Gerichtsbehörden mit Arbeit überlastet. Die Menschen wissen sehr gut, dass es ungesund und ganz unnatürlich ist, Alkohol und Tabak und viele andere schädliche Produkte zu genießen , die im schlimmsten Falle den normalen Menschen in ein elendes Subjekt verwandeln können; aber dies hält sie nicht davon ab, den schädlichen Genuss fortzusetzen.

Sie befördern damit einen langsam wirkenden Selbstmord oder den Untergang ihres jetzigen Lebens und eine Schwächung kommender zukünftiger Leben bis zur Abnormität. Nicht das bloße theoretische Wissen kann den Menschen dazu bringen, diese oder jene böse Handlung nicht zu begehen. Dagegen kann dies das Vorhandensein der Fähigkeit des Mitleids oder der Nächstenliebe in dem betreffenden Wesen.

Die Nächstenliebe wird immer verfeinerter, je mehr der Mensch sein Leidensschicksal Überwunden hat. Der Tag des Gerichts ist also ein großer Prozess, durch den die Menschen durch die Wirkungen ihrer dunklen Handlungen die Liebesfähigkeit entwickeln können. Ohne diese Fähigkeit kann es absolut keinen Frieden auf Erden geben. Wenn das Schicksal nicht ausschließlich die Wirkung ihrer eigenen Wesensart wäre, würde das Weltgericht oder der Kriegszustand ewig fortsetzen. Und es würde niemals die göttliche Realität entstehen können, die wir als absolute und wirkliche. Liebe" kennen. Und das Leben würde eine ewige Hölle sein, eine Sphäre der qualvollen Finsternis. Die Liebe ist also das Licht des Friedens.

Nad   Klang; Shabd; WORT; innere Musik.

Nad-Bindu Der Klang, dem alles entspringt; die Bezeichnung einer Upanischade.

Nag Hammadi Kodicees/Schriften Die Schriften der „Drei Lichtschleier". Die mystische Schrift der Bruderschaft in Ägypten während des ersten Jahrhunderts n. Chr. Diese Schriften vermitteln das Melchizedek'sche Verständnis vom Lichtkörper, der aus den Himmeln herabkommen und nach der Offenbarung zum größeren Universum zurückkehren kann. Im Gegensatz zu dem, was die Gelehrten der Kirchenkonfessionen später über die ‚frühe Kirche' schreiben sollten, zeigen die Kodices, das eine große Anzahl Gelehrter und christlicher Mystiker die wahre Bedeutung der Offenbarung des Johannes in dem Sinn verstanden haben, dass Jesus einen leuchtenden Körper aus flammendem Feuer hatte. Diese Kodices sind jedoch eine Zusammenstellung von verschiedenen Graden spirituellen Wissens, unter denen nur die Schriften, die sich auf den mystischen Körper Christi beziehen der den Adamisch-Sethischen Samen umfasst - einen echten Kommentar zurprophetischen

Offenbarung JHWHs liefern. Diese prophetischen Lehren enthüllen, dass das, was auf dem Erdenplan stattfindet, schon auf den höheren geistigen Ebenen stattgefunden hat.

Nam Name; Shabd, Logos oder WORT; die göttliche, schöpferische Kraft.

Nam Bhakti Liebevolle Hingabe an Nam.

Nanak Siehe unter Guru Nanak.

Neue Worte für Teufel oder Satan im Jahre 2009

Geld, Arbeitgeber, Al Keida, Graue Wölfe, Litem Agent, CIA Agent , KGB Agent, Geheimdienst, Staatsgeheimnis, Staat, EU Verfassung, Politiker, IslamIslamist, Schächten, Schlachter, Fleischfresser, Raubmensch, Kosher, Finanzkrise, MANAGER, Personalüberwachung in Konzernen und Staat, Ausspionierung, Demokratie, Wissenschaftler, Mediziner, Finanzkrise, PrivatLobby, Lobbyist, Hedge Fonts, Börse, Verbrennungsmotor, Militär, Waffenproduktion, Atomkraftwerke, Kernspaltung, Spaltung, Grenzen, Parteien, Finanzamt, Geld, Geld, Geld, Mensch, Steuern, Hartz IV, Arbeitslosengeld, Bänker, FED, Federal Reserve Bank, Todesstrafe, Scharia, China KP, Nordvietnam KP, Han Chinesen, Kreml, Weiße Haus, Pentagon, Medien, Miete zahlen, Walfänger, CDU, FDP, SPD, CSU, GRÜNE, NPD, Genfood, konventionelle Landwirtschaft, Atomkraftwerke, Physiker, Mediziner, Pharmazeutika, Chemiefood, MONSANTO, Genpflanzen, Militär, Materialismus, Kapitalismus, Ärztelobby, Pharmalobby, WTO, Privat Equity Funds, Systemrelevant, Mensch, Systembezogen, Systemrelevante Fantasien, Wirtschaftliche Elite, Eliten, Bonuszahlungen, Raubsäugerdemokratien, Massenmedien, Behörden Irrsinn, Beamten Kleinkarriertheit, Pflichterfüllung, Religionen, FirmenAusSpionierFaschismus, Angst, Angstmachen, MonopolStrategien, Lüge, Manipulation, Täuschung, geltendes Recht, Bürokraten Halbaffen, politisch Korrekt, Experten, Machtstreben, Besitzstreben, Eigentumverhaftung, PrivateigentumsGrenzen,

Nephesh (Hebr.) „Die Seele." (Lebens-Seele) 1.Ein aktives Instrument, das in allen Wesen wirkt und eine Verwirklichung des göttlichen Selbst bewirkt. Die ‚unerzogene Seele' ist die direkte Ursache der niederen Funktionen, Instinkte und des animalischen Lebens und entspricht der ‚Grundlage' der menschlichen Lebenssphäre. Sie ist die dritte Triade in den Sephirot. Die Seele als Nephesh ist weniger entwickelt als die Seele als Ruach (hebr), „die Seele als Ratio", der höchste Teil der menschlichen Seele, welcher Sitz von Gut und Böse als auch der moralischen Eigenschaften ist und der mit ‚Schönheit' und ‚Kreativität' übereinstimmt und mit der zweiten Triade in den Sephirot zusammenhängt, dem Synthesebereich des Geistes. Jedoch ist die souveräne Seele nicht dasselbe wie der Geist (Hebräer 4:12;1.Thessalonicher 5:23). 2. Die Seele kann auch das eigene Selbst bezeichnen (Genesis 23:8; Jesaja 61:10). 3. Die Seele kann mit einem Schwert getötet werden (Josua 10:32). Siehe Seele-Geist.

Nephilim Diejenigen, die die Liebe und das Licht des Väterlichen
Mandats verletzt haben, das da lautet, Seinem Bildnis und Gleichnis in der Entfaltung
der verschiedenen Arten von Adam Kadmons zu folgen.

Die Intelligenzen, die mit den Wurzelrassen experimentierten und sich mit ihnen
vermischten (Genesis 6:4; Numeri 13:32-33).

Die Schöpfung einer Nachkommenschaft mit großen Körpern und wenig Verstand
(mind). Siehe rabbinische Quellen, z.B. Taittiriya Beahmana 1,3,4,9.

Neues Jerusalem, 1.Ein Stadt-Kosmos, der von den Räten der Göttlichen Vernunft
(Mind)benutzt werden wird, um Übergänge von den vorbereitenden Planetenbasen
in die komplexe Struktur des Kosmos zu erleichtern. 2, Im gegenwärtigen
Programm des Herrn, das „Haus Israel" in den Himmeln, das sich entfaltet, um
über die verschiedenen Energie-Etagen den Übergang der Seelen und Wesen auf
andere Strahlungsfrequenzen und Quanten zu überwachen und zu lenken. Die
„Auslöse-Tore", die für die Implantation eines Paradies-Experimentes und für
die Darbringung von „Braut und Bräutigam" als Friedensstifter für andere Welten
beim Reisen zwischen den Himmeln notwendig sind (Hesekiel 41 :42-4:1), 3. Eine
Musterstadt des Ordens von Me1chizedek, die auf dem Planeten eine Grundlinie
markiert, an der die eindringenden kosmischen Kräfte der Bruderschaften während
bestimmter Pflanz- und Erntezeiten kommunizieren können. Ein Modell für die alte
Stadt von Melchizedek, Salem, Ursalima, Uru-Salim, Jerusalem usw. Im weiteren
Sinne die „Mutterstadt", gegründet über der Welt und durch spezielle Energien
in Yohuallichan, Tlamohuanchan, Tula, Xuchatlapan, usw. in der Erde verankert,
um den Menschen zu lehren, wie er ein „Angesicht" entwickelt, das direkt mit
den „Gottheiten" sprechen kann. 4. Das Heim der von den Himmeln Geliebten
(Offenbarung 3:12;l.Petrus 2:4-5,9; Offenb. 14:1-4).

Newli Karma, Neoli Karma Eine Yoga-Übung, bei der man aufrecht
sitzend die Schultern senkt, den Rücken gerade hält und dann mit Hilfe des Atems
den Unterleib nach rechts und links und nach oben und unten bewegt, so wie man
Milch in einem Gefäß quirlt.

Nijmanas Der innere Mind, der dem Kausalkörper (karan sharir) entspricht.

Nil Chakra Blaues Zentrum; esoterischer Begriff für eine bestimmte Stufe, welche
die im Innern aufgestiegene Seele erreicht hat.

Niranjan Wörtlich: rein; der Name des Herrschers der ersten spirituellen Region.

Nirat Die Fähigkeit der Seele zu schauen; die innere Aufmerksamkeit.

Nirguna Eigenschaftslos, Name für Gott. Siehe auch unter Guna.

Nirvikalpa Unerschütterlich, konzentriert; ein Stadium tiefer Meditation (samadhi),
in dem der Schüler zwischen sich selbst und dem Gegenstand der Meditation nicht
unterscheiden kann.

Nogan/Nogah-Hüllen Energiehüllen, die den Körper umgeben und durch

Kontemplationsenergien geschaffen werden. Die Farb und Klangschleier um den Körper, die in der kontemplativen Ekstase in Gott erzeugt werden. Der kugelförmige Farbschutzschild, der sich um das Energie-Kraftfeld des Menschen herum erzeugt, wodurch euer Körpervehikel als natürliche Seele vorbereitet wird, momentan mit dem „Lebendigen Licht" vereint zu werden. Im 2. Buch Mose (26:31-34) wird berichtet, dass Vorhänge aus zartem Blau, Purpur und Scharlachrot das Heiligtum bedecken; dies ist auch ein Modell für den im Gebet versunkenen Geist (mind), der vom Kraftfeld der Nogan-Hüllen umgeben ist. Während wir im ‚Tempel Heiligtum des Lichts' unseres Geistes (Mind) stehen, kann die Seele das ganze Farbenspektrum wahrnehmen und in dieses eintreten, hinausgehend über den Dualismus von ‚Licht-Bewusstsein' versus Dunkelheit, bis die Kraft die höchsten Sehnsüchte unserer Seele ergreift. Dadurch beginnt das heilige Sanktuarium zu erglühen und die erste Reihe der heiligen Farben wird durchdrungen und man sieht die Farben Weiß, liebende Güte, und Rot, Macht, in einen blauen und purpurroten Hintergrund von Wissen und Weisheit verschmelzen, der das Denken (mind) umgibt und die Kräfte von Chokmah (= Sephirah der höheren Weisheit) entfaltet. Der ‚Nogan' wirkt als ein Schirm vor dem Göttlichen Licht und hilft euch, in jene höheren Realitäten von Leuchtkraft und Farbe zu codieren, die ihr normalerweise nicht seht, die aber existieren.

No-Mind. English, dieser begriff bezeichnet den scheinbaren Wiederspruch eines Geisteszustandes, in dem der denkende Geist abwesend ist, ein Geistloser Zustand reiner Intelligenz. Er beschreibt den natürlichen Zustand der Meditation ohne einen Ich-Gedanken.

Nuqta-i-Swaida Schwarzer Punkt; Drittes Auge; arabische Bezeichnung für Tisra Til oder dem Dritten Auge.

Nuri Sarup Lichtkörper; die Strahlengestalt des Meisters; die Astralgestalt.

O

Olam Atziluth (Hebr.) „Die höhere Welt der Emanationen" oder die Atzilatische Welt.Die höchste Welt des Himmlischen Menschen-Prototyps, die dazu gebraucht wird, die universellen Schwellen der Schöpfung (die Briatischen), die Schwellen der Gestaltung (die Jetziratischen) und die Schwellen der Sphären (die Keliphoth) zu erschaffen.Die „höhere Welt" wird der Bauplan der „Meisterschöpfung" und ist auf das innigste mit der Gottheit verbunden. Wenn das „Gewand" des Adam Kadmon vom Vater in den Entfaltungen Seiner Höchsten-Äussersten Göttlichkeit direkt gebraucht wird, bleibt der Bauplan der Olam Atziluth, während er durch die Sphären der niederen Himmel reist, vollkommen und unveränderlich.

Om

Das KlangsymbolBrahms; hörbarer Lebensstrom oder Klang der zweiten spirituellen

Region. Siehe auch unter Shabd.

Omega-minus-Funktion 1. Die transhumane Wiederherstellung des Körpers entsprechend seinem vollkommenen ÜberselbstLichtkörper, bevor er eine Inkarnation annahm und als ein Geschenk der Göttlichen Gnade ins Leben gesandt wurde. 2. Die Funktion, die von der höher-spirituellen Intelligenz eingesetzt wird, um das mathematische Elektronen-Netz im Körper mit einem leuchtenden mathematischen Gegenpart auf einer anderen Energieebene gleichzurichten. Hier wird die Sterblichkeit von der Aura überwunden und, in einem SuperZeit-Paradigma, das durch die Meister des Lichts koordiniert wird, wird der Übergang durch den Anti-Welt-Teilchenschirm möglich.

Operation Sieg 1. Das ‚Leit-Unternehmen' JHWHs durch das Oberkommando von Michael und den Orden des Melchizedek zur Reinigung eines Bereichs im Universum. Dies wird der Aktionsplan sein, der auf das gegenwärtige spirituelle Belehrungsprogramm, bekannt als Programm Israel, folgen wird. 2. Der Einsatz einer höheren, geistigen Intelligenz, der eine planetare Gesellschaft aus ihrem historischen Karma befreit.

Ophanim Die höheren Engel-Intelligenzen (minds) des Lichts, die den Vater- und Sohn-Universen dienen, indem sie die Himmel durch „Räder-innerhalb-von-Rädern" regieren und spirituelle Form in Kategorien von multidimensionaler biologischer Schöpfung verwandeln.

Or LICHT, das von den höheren Himmeln in die planetaren Welten übertragen wird. LICHT, das als eine Manifestation von Ain Soph gebraucht werden kann, wie z.B. in der Arbeit der B'nai Or. Or hat sein Gegenpart in Ur, dem Licht, das durch höheres Bewusstsein aktiviert und vom Planeten in die Dimensionen der höheren Welten gesandt wird.

Or-Stationen Netzwerk-Zentren zum Andoggen von Technologienfortgeschrittener Zivilisationen, die imstande sind, zwischen Galaxien und Super-Galaxien zu reisen. Orden von Enoch/Bruderschaft des Enoch Der Orden Enochs weiht die Gläubigen in neue Bewusstseinswelten ein, indem er die spirituell-wissenschaftlichen Schriftrollen des Wissens herstellt. Die Bruderschaft baut die für die Entwicklung der IntelligenzBiome notwendigen Pyramiden Gitter auf den Planeten.

Orden von Melchizedeks/Bruderschaft des Melchizedek .Der Orden Melchizedeks ist mit der Reprogrammierung des Bewusstseins beauftragt, die erforderlich ist, um die physische Schöpfung mit der Externalisation der Göttlichen Hierarchie zu verbinden

Orden von Michael/Bruderschaft des Michael Der Orden Michaels schützt die Galaxien vor biologisch-spirtueller Einmischung durch die geringeren Lichtkräfte, außer, wo es nötig ist, den Fortschritt der Seele zu testen/trainieren.

Orionis Codewort für Orion in bezug auf die vielen Throne und Herrschaften der spirituellen Engelshierarchien, die den Bruderschaften dienen.

Orium Eine Mikrokomponente des LICHTS, um ein Tätigkeitsgebiet gelegt, so dass es mit anderen Existenzfeldern arbeiten kann. Ein Primärbestandteil der inner-protonischen Struktur, welche dreigeteilt ist.

Ormuzd Altpersische und Parsi-Bezeichnung für Gott; ein Engel; auch der Planet Jupiter.

Osiris Der Schöpfer-Herr von Orion, der verantwortlich war für einen der Programmierungsversuche durch die Bruderschaften zur Hebung des Bewusstseins der Wurzelrassen, indem man ihnen ein Modell von Tod und Auferstehung zeigte. Enoch sieht Osiris als Osi Osa, eine Zwillings-Gottheit der Mittleren Himmel, dem Vater-Schöpfer unterstellt.

P

Padam Puran Ein mythologisches Buch, das eine detaillierte Beschreibung der Zeitzyklen der vier Yugas gibt.

Paltu Sahib, (Paltoo Sahib) (1710 - 1780): Ein berühmter indischer Heiliger, der für seine mutigen und klaren Beschreibungen des Pfades der Meister, der zu den höchsten spirituellen Regionen führt, bekannt ist.

Pandit, Pundit Ein Gelehrter der Hindu-Religion und -Theologie; die Priester-Klasse der Hindus; Brahmanen-Priester; ein Brahmane.

Par Jenseits.

Paradiessöhne Söhne des Alten der Tage, die eine spirituelle Lehrbefugnis über die Räte der Elohim ausüben und als Kollektiv mehrere Sohn-Universen verwalten. Einige der Paradiessöhne regieren zugleich als Herr, Schöpfer-Gott und Paradiesessohn, wie Michael und Christus-Jesus.

Paramatma, Parmatma Die höchste Seele oder Gott. Siehe auch unter Radha Soami.

Param Sant Höchster Heiliger; ein Heiliger, der die höchste spirituelle Region erreicht hat.

Parbrahm Jenseits von Brahm; die Regionen, die jenseits von Brahm Lok liegen.

Patanjali Ein Weiser des Altertums, bekannt für sein Yoga-System (Ashtanga Yoga).

Patriarchen I. Die ‚Väter‘ des Adamischen Experiments auf dem Planeten Erde und die Erneuerer der Adamischen Rasse. Unsere ‚Patriarchalische Linie' existierte seit Beginn der Adamischen Rasse auf Erden und in Übereinstimmung mit den direkten Aktivitäten Michaels und der Seraphim-Bruderschaft. 2. Die Programmierung des Adamischen Samens durch einen ‚göttlichen' Patriarchalischen Segen, wie er z.B. Jakob erteilt wurde, der direkt mit einer höheren spirituellen Intelligenz rang, bis er den Segen empfing, den er an sein Volk weitergab.

Pharisäer und Sadduzäer. Laut Enoch sind die Pharisäer (hebr. Perushim, die Getrennten) die religiösen Eiferer, die sich ihre eigenen gesonderten Erlösungswege geschaffen haben, welche aber die vielfältigen Gaben der Shekina und das Eingreifen der höheren Welten ausschließen. Die Sadduzäer (hebr. Sadduqim)stellen die Traditionalisten dar, die glauben, das die Gesandten aus Gottes Reich erstmals auf dem Planeten wandelten, aber jetzt nicht mehr zum Menschen sprechen, noch ihn für die Auferstehung in anderen Welten vorbereiten können.

Phowa (Tibet.) „Licht-Bewusstsein." Dieser Begriff von „Bewusstsein" soll im Zusammenhang mit spiritueller Kommunikation und Konversation mit einem spirituellen Lehrer, Führer oder Abgesandten des höheren Wissens gebraucht werden. Obwohl ursprünglich prä-tibetisch, wird der Begriff zuweilen vergleichsweise im Zusammenhang mit Ödsal benutzt, der Bewusstseins-Projektion zwischen einem Meister und einem Schüler.

Pind, Pinda Das physische Universum; der physische Körper des Menschen; Bezeichnung für die niederste Schöpfung. Siehe auch unter Anda, Brahmand, Sach Khand.

Pindi Man Physischer (niederer oder materieller) Aspekt des Mind, der den Körper und die Sinne beherrscht.

Pneumatikoi (Griech.) 1. Die spirituellen Adepten des Christuskörpers in dieser Welt. Diese besitzen nicht nur die Ausgießung der Gaben des Heiligen Geistes, sondern auch die höhere ‚Gnosis', ‚Gotteserkenntnis' oder ‚Weisheit' von des Vaters Kosmischem Gesetz und Erlösungsvehikel aus „Licht", das nicht vom Lebendigen Licht getrennt werden kann. 2. Die ‚Mystiker', die die Menschheit durch die Arbeit an sowohl den ‚inneren' als auch den ‚äußeren' Ebenen zu erheben suchen, damit sie an den höheren Welten des Lichts teilhat.

Population-I Lebenssysteme Neue physische Zivilisationen, die sich innerhalb einfacher Sternsysteme zu entwickeln beginnen.

Population-II Lebenssysteme Physische Zivilisationen mit höherem Bewusstsein, die zwei oder mehrfache Sonnen/Sternensysteme benutzen. Die Welten und Zivilisationen mit höherer Technologie, die gerade dabei sind, in die Bewusstseinsschichten der Gedankenform-Technologie und in die Arbeit der Meister vorzustoßen.

Prakriti Natur; Jyoti; Maja; weibliche Energie oder shakti einer Gottheit; die eigentliche Natur des Mind und der Materie, die sich in unterschiedlichen Ausprägungen von Emotionen und Handlungen projiziert, und die auch die verschiedenen Teile des Körpers beeinflusst. Es gibt 25 prakritis , die in jeweils fünf Hauptmanifestationen der fünf Elemente im Körper zum Ausdruck kommen.

Prakritis Es gibt 25 Prakritis, die aus den fünf Manifestationen von jedem der fünf Elemente (tattwas) bestehen:

1.   Äther - Wünsche, Ärger und Zorn, Scheu, Furcht, Verblendung.

2.   Luft - Laufen, Gehen, Geruchssinn, Zusammenziehung, Ausdehnung.

3.   Feuer - Hunger, Durst, Schlaf, Ichgefühl, Trägheit.

4.   Wasser - Lebensenergie, Blut, Fett, Urin, Speichel. 5. Erde - Knochen, Fleisch, Haut, Adern, Haare.

Pralabdh, Prarabdh Schicksalskarma; unser Schicksal in diesem Leben, das durch Handlungen in vergangenen Leben geschaffen wurde, auf denen das gegenwärtige Leben beruht. Siehe auch unter Karma.

Prana, Pran Lebensenergie; inneres Wesen oder „Kraft" der Luft.

Pranayam Teil des Patanjal- Yogasystems; hat zum Ziel, die „Lebensluft" (pran), hauptsächlich durch Kontrolle des Atems, zu beherrschen. Diese Praxis sollte nicht ohne Lehrer oder Guru ausgeübt werden. Siehe auch unter Guru.

Prem Marg Der Pfad (marg) der Liebe (prem); der Pfad der Heiligen. Er wird auch Bhakti Marg genannt.

Priesterschaft I. Die wahre Priesterschaft ist ewig und manifestiert die Kräfte der Sohnschaft. Ihre Mitglieder reinigen die niederen Welten und koordinieren die mentalen Energien in Übereinstimmung mit den Programmen der Göttlichen Vernunft (Mind). Siehe Melchizedek, Priesterschaft des Lichts.

3.Die Kinder der „Rechtschaffenen" (am Ende des Zeitalters), die ‚gesalbt' mit spirituellen Gaben hervortreten und die ‚Auserwählten' darauf vorbereiten werden, die B'nai 0r' Melchizedek zu empfangen. Die Meister, die als Kinder auf diese Existenzebene kommen. 3. Auf Erden die Organisation derjenigen, die befugt sind, heilige Riten zu vollziehen, von denen die Mehrzahl männlich-orientierte Priesterschaften sind, die die „weibliche Seite" der Gottheit, die „weiblichen Manifestationen" des Unendlichen Geistes (Mind), der Unendlichen Spezies, und den direkten Umgang mit dem Wort Gottes durch die Laienpriesterschaft leugnen. Gemäß Enoch wird es jedoch vor der Landung der Lichtsöhne eine Versammlung der ‚Erwählten' aus allen erdgebundenen Priesterschaften in die Priesterschaft von Melchizedek geben. Die Priesterschaften des Menschen, unterhalb der Ewigen Priesterschaft, sind einander in ihrer auf höheren Autoritäten und Formeln beruhenden Autoritätsstruktur grundsätzlich ähnlich. Zum Beispiel: Lateinische Augustinische Bezeichnungen: Lehrer - Magister, Bischof - Episkopus, Älterer -

Presbyter;GriechischeBezeichnung:(L)Didaskalos,(E)Episkopos,(Ä)Presbyteros; Pahlavi-Bezeichnungen: (L) Mozag, (B) ,Ispasag, (Ä) Mahistag; Türkische Bezeichnungen: (L) Mozag, (B) - , (Ä) Maxistag; Chinesische Bezeichnungen:(L) Mou-sho, (E) - , (Ä) - ; Arabische Bezeichnungen: (L) Mu'allim, (B) Musammas, (Ä) Qissis.

Programmierer als ,Himmelsöhne' Organisatoren von Alpha-Omega-Programmen, die sich mit der Erziehung und dem Abbruch alter Schöpfungen und der Gestaltung neuer Wirklichkeiten befassen. Sie sind nicht sichtbar für die begrenzten Sinnesmechanismen menschlicher Wesen, außer für jene, die sich in Demut den Prüfungen der spirituellen Erziehung öffnen.

Programmierung Die Kunst der Planerstellung für die Lösung eines Problems; Förderung von Projektfortschritt durch vernünftige Instruktionen, die durch eine gegebene Intelligenzebene erreicht werden können.

Prophet Ein ,gesalbtes Sprachrohr' für JHWH und die Räte von JHWH Elohim, dessen Einheit in Gedanke und Botschaft mit der unmittelbaren Offenbarung des Lebendigen Gottes übereinstimmt (Hesekiel 3:17-21).

Purush Ein Wesen; schöpferische Energie; der Mensch.

Purusha und Prakriti Region Die erste spirituelle Region, in der prakriti oder jyoti mit Niranjan verschmolzen ist. Purusha und prakriti erstrecken sich bis Brahm; dann gibt es nur noch Brahm - bis Par Brahm.

„Psyche-Pneuma" (Griech.) „Seele-Geist." Die Unterscheidung zwischen „lebendiger Seele" in der Tradition der griechischen Philosophen und „Geist", wie es von den Bruderschaften des Lichts in der hermetischen Tradition Ägyptens und des griechisch-sprechenden Israel benutzt wird, wird auch in den Schlüsseln des Enoch gemacht. Die getreuen „Pneumatikoi" spirituell verwirklicht - haben einen Geist (,Ruach'), der seine „ICH BIN"-Identität mit dem Vater kennt und die Gaben des Heiligen Geistes Shekinah trägt, anders als die breiten Massen, die nur eine Seele (,Nephesh') haben, die sie nicht in eine Synthese mit der Universellen Vernunft (Mind) hinein entwickelt.

Psychekoi Das Verstandesdenken (mind), das noch mit den geometrischen Bauplänen in der physischen Ordnung des Universums und in den biologischen Strukturen der Psyche verbunden ist. Denker, die nicht die Früchte der Weisheit haben. Denker, die in den „Bewusstseins-Zonen" zwischen dem Intellekt und der souveränen Seele verloren gegangen sind, so dass der ,Übergang in Ehrfurcht vor den vielen Universen' zwischen den 6. und 7. Chakra-Ebenen des Geistes (mind) nie richtig vollzogen wird und jede gute Gelegenheit für einen direkten Kontakt mit der Höheren Intelligenz verpasst wird.

Ptah 1. Schöpfer-Herr des Lebens, Vater der Väter, der Gott des schönen Gesichts, das in den experimentellen Funktionen zur Gestaltung von Körpern in den niederen

Himmeln gebraucht wird. Ein schöpferischer Teil der Experimental-Trinität Ptah-Seker-Asar Osiris, die gewisse physische Zivilisationen für die Erziehung der Seele qualifizieren soll. 2. Ein Herr des Lichts, der Michael und dem Thron von JHWH untersteht.

Pyramiden 1. Die auserlesenen Pyramiden-/Yakate-Zeituhren, die von früheren Kreisläufen der höheren Intelligenz zur Beobachtung oder Leitung des Schicksals eines Experiments in den verschiedenen planetaren Sektoren gebaut wurden. 2. Codierte Zeitstrukturen. 3. Unterirdische Amazonas-Stadt-Zeitgewölbe.

Pyramiden-fünf Formation 1. Gebrauch eines Fünfecks oder einer Fünfeck-artigen Geometrie durch die Höhere Intelligenz, zur Kontrolle bestimmter Lebens-Experimente. 2. Die geometrische Koordination, welche eine wechselseitige Verbindung zwischen gewissen Aktivitäten in der Nukleotidbase und astrophysikalischen Aktivitäten, die Ebenen der Samen-Programmierung verknüpfen, ermöglicht.

Q

Quadratisches Reziprozitätsgesetz (Math,.Phys.)

Quadratisches Entfernungsgesetz, Gesetz, das festlegt, dass von zwei Größen/Mengen sich eine umgekehrt zum Quadrat der anderen unterscheidet, so wie sich die jeweilige Lichtstärke zur Quelle im umgekehrten Quadrat der Entfernung von der Quelle verhält.

Quadratur des Kreises Die Konstruktion eines Quadrats mit derselben Flächengröße wie die eines gegebenen Kreises als Folge der Transzendenz von pi. (Eine ausführliche Studie dazu kann im Lindemann Theorem gefunden werden.)

Quanten 1. Die nicht mehr teilbaren Minimum-Bestandteile elektromagnetischer Strahlung - Licht irgendeiner Wellenlänge oder Frequenz - was von Gammastrahlen, Röntgenstrahlen, ultraviolettem Licht bis zu sichtbarem Licht bis zu Infrarot-Strahlung und Radiowellen reicht. 2. Die nicht mehr reduzierbaren Minimum-Komponenten aus nicht elektromagnetischen Spektren.

Quran, Koran Das heilige Buch der Muslime, das dem Propheten Mohammed offenbart wurde.

Quark Sammelbezeichnung für Elementarteilchen mit Ladungen gleich dem Bruchteil der Elementarladung. Es sind die Konstituenten anderer Elementarteilchen, wobei ein Quark und ein Anti-Quark ein Meson bilden. Jedes Quark hat einen speziellen Namen, der seine Eigenschaft bezeichnet, z.B. „Geschmack" und „Farbe", oder „Charme" und „Seltsamkeit", welches nicht deskriptive Namen sind, sondern ‚Codes' für äußere Eigenschaften der Wellenfunktion darstellen. Sie repräsentieren die unteren, subatomischen Zweige am

Baum des Lebens im Sinne von trinitisierten und halb-trinitisierten Beziehungen.

Qumran Vorbildliche Gemeinschaft der ,Söhne Zadoks' während der intertestamentarischen Zeitepoche. Ihre Gemeinschaft von ,Verbündeten' entlang dem Toten Meer liefert uns ein Modell einer Untergrund-'Bundesgesellschaft', die sogar während großer Kriege und Verfolgungen getreu dem Wort ergeben war. Die Schriften Enochs und Esras waren Bestandteil ihres Kanons. Sie verschmähten die ,Tempel-Priesterschaft' in Jerusalem und konzentrierten ihre Bemühungen stattdessen auf die Architektur des Universums und auf die Söhne des Lichts.

R

Räder-innerhalb-von-Rädern 1. Galaktische Konfiguration, von der Höheren Evolution erschaffen und von den Ophanim gebraucht, um eine Schöpfungsebene in eine andere zu schieben. 2. Fahrzeugdesign, das eine notwendige Voraussetzung für sein Antriebssystem bedeutet.

Rat der Neun Ein Tribunal von Lehrern, die unsere unmittelbare supergalaktische und galaktische Region regieren und bei der Entwicklung „neuer Programme" des Väterlichen Reichs der Veränderung unterliegen.

Rat der Zwölf Himmelssöhne, die mit JHWH bei der Beaufsichtigung über die Erschaffung und Erneuerung der niederen Welten arbeiten (Hiob 38:3-7).

Rat der Vierundzwanzig Der Rat, der die spirituellen Zivilisationen im Sohn-Universum regiert; sollte nicht mit den Vierundzwanzig Ältesten verwechselt werden.

Rat der Hundertvierundvierzigtausend Tribunal aufgestiegener Meister, sie verwalten die Programme des „Alten der Tage", der Unendlichen Vernunft (Mind), die durch die durch JHWH als Schöpfergott arbeitet. Die Hierarchie der ,höheren Himmel', die die Hierarchien der mittleren und niederen Himmel regiert und über die endgültigen ,Seelenprogramme' von Mensch und Meister gleichermaßen entscheidet (Daniel 7:9-10; Offenbarung 14:3).

Räte des LICHTS Der Rat der Neun, der Zwölf, der Vierundzwanzig, der Einhundertvierundvierzig und der Einhundertvierundvierzigtausend, die diese Galaxie und andere Regionen entfernter Universen (die Kuchavim) regieren. Die „Lichträte" sollten nicht mit solaren und planetaren Konzilien/Räten verwechselt werden, welche alle vergänglich sind.

Radha Urseele.

Radha Soami, Radha Swami Herr (soami) der Seele (radha); ein Name des absoluten Höchsten Wesens.

Radha Soami Din Dayal Wörtlich: „Herr der Seele, barmherzig den Demütigen gegenüber."

Rahim, (Raheem), Rahman Wörtlich: gnadenreich, vergebend; Gott; Allah.

Rajas, Rajogun Die schöpferische oder aktive Eigenschaft (Guna). Siehe auch unter Tamogun, Satogun.

Raj Yoga Ein Yoga-System, das die Kräfte des Mind durch Kontem¬plation und bestimmte Stellungen verstärkt. Die Übungen dieses Yogas sind ohne Lehrer oder Guru nicht zu empfehlen.

Ram, Rama Ein Name für Gott; die Kraft, die alles durchdringt; ein Hindu-Gott.

Reinkarnation, lateinisch: »Wiederzufleischwerden«; Bezeichnung für die Wiedergeburt oder Seelenwanderung, d.h. für die Vorstellung, dass der Mensch nach seinem Tod in eine neue Existenz eintritt (zu Gruppenreinkarnationen; laut Arthur Guirdham). Damit ist der Glaube verbunden, dass gute Taten (Karma) zu »guten« Wiedergeburtsformen führen, während schlechtes Handeln und Denken zu entsprechend leidvollen Seinsformen führt. Zu den möglichen Wiedergeburtsformen gehören auch Tiere, Pflanzen, aber auch Höllenwesen und Götter. Die meisten Menschen haben die R schon unzählige Male erlebt. Diesem Kreislauf (sanskrit: samsara) von Geburt und Vergehen zu entrinnen, ist das Ziel aller Weltreligionen Asiens (Hinduismus, Buddhismus). ähnliche Vorstellungen finden sich auch bei den Ägyptern (ägyptisches Totenbuch), bei den Pythagoräern und bei Naturvölkern. Grundsätzlich unterscheidet man zwei Formen der R: 1. Seelenwanderung. Jedes Wesen hat eine Seele, die bei der Wiedergeburt in einen neuen Körper eintritt. 2. Im Buddhismus ist die Wiedergeburt dagegen nicht an eine Seele gebunden (Atman).Die wandernde Personalität - nicht Person, da der Buddhismus kein Ich (Atman) kennt ist ein aus Elementen zusammengesetztes Wesen, das ständigen Veränderungen unterliegt. Der Gedanke der R war auch dem frühchristlichen Denken nicht fremd. Origenes von Alexandrien (185-254 n. ehr.) lehrte, dass die Seele schon vor der Entstehung der materiellen Welt vorhanden war. Der Sinn des Lebens besteht für ihn darin, dass sich die Seele durch viele Inkarnationen läutert und veredelt, damit sie wieder in die Gemeinschaft Gottes gelangen kann. Als Grundlage diente ihm die Bibelstelle Kor. 1.15,36 des NT.

Religion Von Gott der Menschheit für diejenigen gegeben, die unfähig sind, den Ewigen Geist (Mind) direkt zu erfahren und die „Gewänder des Lichts" zu wechseln.

Reue/Umkehr 1. Ein Verzicht auf den bisherigen Lebensweg, um von nun an mehr mit dem Plan des Vaters übereinzustimmen (Kolosser 3:5-10). 2. Im Bereuen sollte man ein wahrhaftiges und genaues Wissen von Gottes Willen und Weisheit erstreben (2. Timotheus 2:25; Römer 12:2; Jesaja 45:2225).

Rishi Jemand der sieht, ein Erleuchteter; ein Weiser des alten Indiens, der spirituell eine bestimmte Stufe erreicht hat, aber gewöhnlich nicht die eines Heiligen. Siehe auch unter Sant, Yogi.

Sach Khand, Sat Desh, Sat Lok, Nij Dharn Die wahre oder unvergängliche Region; die fünfte spirituelle Region (Sat Lok) oder die höchste Ebene der Schöpfung. Die Region des Wahren Herrn (Sat Purush, Sat Nam).

Sadhu, Sadh Jemand, der seinen Mind beherrscht; eigentlich ein Schüler, der die Region des Mind und der Materie durchquert und die dritte spirituelle Region (Daswan Dwar) erreicht hat; manchmal wird jemand mit Sadhu bezeichnet, der die zweite Region (Trikuti) erreicht hat; allgemein ein Heiliger, der einem spirituellen Pfad folgt.

Sahansdal Kanwal, Sahas Dal Kanwal, Sahasra Dal Kanwal Der tausendblättrige Lotos, der Name der ersten spirituellen Region; die Astralregion.

Samadhi 1. Gemäß Enoch ein „falsches Gefühl von Erleuchtung", das die Gottheiten der Alten Hierarchie in den niederen Himmeln deswegen erreichen konnten, weil sie den spirituellen Bedürfnissen der Planeten, die sie regierten, nicht nachkamen. 2. Ein Zustand von „Illusion", der in den niederen Himmeln erlangt werden kann, wo angenommen wird, dass keine weitere spirituelle Entwicklung zum Weiterschreiten auf dem Unendlichen Weg notwendig sei.

Samadhi Sanskrit: sam (zusammen mit), adhi (das ursprüngliche Sein). Der Geist ist vollkommen im Herrn versunken. Letzte, höchste Stufe des Yoga: „Ich bin Du". Einssein mit dem Absoluten

Samadhi Eine Stufe der Konzentration, in der man sich der äußeren Welt nicht mehr bewusst ist

Samadhan Tiefe Meditation, Überbewusstsein; ein Zustand der Verzückung.

Sannyasi Jemand, welcher der Welt entsagt hat und frei von Bindungen ist.

Sannyasin Weibliche Form von sannyasi.

Sanskaras Eindrücke von vergangenen Leben, von früherer Erziehung und von Traditionen und gesellschaftliche Einflüsse, welche die Ansichten und Verhaltensweisen eines Menschen formen. Sanskari Jemand mit vergangenen Erfahrungen; beste spirituelle Voraussetzung; vorherbestimmt; ein Sucher nach Gott.

Sant Heiliger; jemand, der die fünfte spirituelle Region erreicht hat (Sach Khand); eine Seele, die Gott erkannt hat. Siehe auch unter Param Sant und Sant Mat.

Sant Mat Die Lehre (mat) der Heiligen (sant). Siehe auch unter Surat Shabd-Yoga.

Sant Satguru Ein Heiliger, der gleichzeitig spiritueller Lehrer ist. Jeder, der die 5. spirituelle Region erreicht hat, ist ein Heiliger, aber nicht alle nehmen Jünger an oder sind dazu bestimmt zu lehren. Deshalb ist jeder wahre Meister oder **Satguru** ein Heiliger, aber nicht alle Heiligen sind Satgurus.

Sar Bachan Wörtlich: wesentliche, wahre oder wichtige Worte. Der Name eines Buches von Soami Ji.

Sar Shabd, Sar Shabda Das Wesen (sar) des WORTES oder Klanges (shabd); der reine Shabd, frei von Materie, oberhalb von Trikuti. Siehe auch unter Anhad Shabd.

Sat Wahr, wirklich, immerwährend. Siehe auch unter Satguru,

Satan - der große Verführer

Weshalb werden so viele Menschen Satans irreführenden Wegen so eifrig bis in den Tod folgen? Dafür gibt es zwei hauptsächliche Ursachen. Die eine erwächst aus der menschlichen Natur und aus der dem Menschen eigenen Feindseligkeit gegenüber der Lebensweise Gottes (Römer 8,7). Die zweite Ursache ist Satans meisterhafte Verführung von Menschen.

Wie gelingt Satan seine Täuschung? Er benutzt Menschen, um andere Menschen zu verführen. Er liebt es besonders, Menschen dafür einzusetzen, die allem äußeren Anschein nach vertrauenswürdig sind. Ein treuer Nachfolger Gottes muss deshalb sorgfältig danach streben, sich „als guter Arbeiter zu bewähren, der sich nicht zu schämen braucht und der das Wort der Wahrheit richtig erklärt" (2. Timotheus 2,15; „Neues Leben"-Übersetzung).

Mit anderen Worten: Er muss wissen, was die Bibel wirklich lehrt, und dieses Wissen richtig einsetzen. Er muss sich weigern, einen religiösen Brauch leichtgläubig nur deshalb zu akzeptieren, weil er von allen anderen praktiziert wird oder weil er bei oberflächlicher Betrachtung richtig erscheint. Sonst wird er leicht verführt.

Paulus beklagte das, was einigen in seiner Zeit widerfuhr: „Denn wenn einer zu euch kommt und einen andern Jesus predigt, den wir nicht gepredigt haben, oder ihr einen andern Geist empfangt, den ihr nicht empfangen habt, oder ein anderes Evangelium, das ihr nicht angenommen habt. so ertragt ihr das recht gern!" (2. Korinther 11,4). Wenn falsche Lehrer die Botschaft der Bibel verdrehen und verfälschen, dann gelingt es aufrichtigen Menschen oft nicht, diese Täuschung zu durchschauen.

Paulus fährt fort: „Denn solche sind falsche Apostel, betrügerische Arbeiter und verstellen sich als Apostel Christi. Und das ist auch kein Wunder; denn er selbst, der Satan, verstellt sich als Engel des Lichts. Darum ist es nichts Großes, wenn sich auch seine Diener verstellen als Diener der Gerechtigkeit; deren Ende wird sein nach ihren Werken" (2. Korinther 11, 13-15).

Paulus warnte, dass selbst Gläubige dazu gebracht werden könnten, leichtgläubig Lehren von falschen Lehrern zu akzeptieren - falls sie es vernachlässigen würden, die Bibel zu studieren und die Wahrhaftigkeit ihrer Glaubensüberzeugungen zu überprüfen.Jesus hatte zuvor gewarnt, dass Satan und seine Vertreter beständig versuchen würden, die Menschen abzulenken und zu verführen, um sie von Gottes

Wahrheit abzubringen. „Manchmal fallen die Worte auf den Weg. So ist es bei den Menschen, die die Botschaft zwar hören, aber dann kommt **sofort** der Satan und nimmt weg, was in ihr Herz gesät wurde" (Markus 4,15; Gute Nachricht Bibel).

Jesus warnte offen vor Satans Methode der Irreführung: „Seht euch vor vor den falschen Propheten, die in Schafskleidern zu euch kommen, inwendig aber sind sie reißende Wölfe. An ihren Früchten sollt ihr sie erkennen" (Matthäus 7,15-16).

Satan wird in der Endzeit sein entsprechendes Verhaltensmuster nicht ändern. Er wird einen mächtigen falschen Propheten erwecken, dessen Einfluss nicht von politischen Barrieren eingeschränkt werden wird. Satan wird das babylonische religiöse System mit dem Zentrum in Rom führen und seinen Propheten dazu benutzen, eine leichtgläubige Welt zu verführen, die nicht sorgfältig in der Bibel überprüfen wird, ob das, was er sagt, wirklich von Gott kommt (Offenbarung 19,20).

Paulus beschreibt die Auswirkungen dieser Täuschung: „Der Feind Gottes wird bei seinem Auftreten vom Satan unterstützt, so dass er Aufsehen erregende Wunder vollbringen und die Menschen damit blenden kann. Alle, die verloren gehen, wird er durch seine bösen Künste täuschen. Sie erliegen ihnen, weil sie ihr Herz nicht der Wahrheit geöffnet haben, die sie retten könnte. Deshalb liefert Gott sie dem Irrtum aus, so dass sie der Lüge Glauben schenken. Alle, die der Wahrheit nicht geglaubt haben, sondern am Bösen Gefallen hatten, werden so ihre Strafe finden" (2. Thessalonicher 2,9-12).

Unterschätzen Sie niemals die Geschicklichkeit, die Satan bei seiner Verführung der Menschheit an den Tag legt. Das Buch der Offenbarung sagt unverblümt: Er ist „die alte Schlange, die da heißt: Teufel und Satan, die die ganze Welt verführt" (Offenbarung 12,9).

Kosmische Drama zwischen den Lichtboten-Menschen und gefallene Verstandes-Menschen, die höhere Lichtenergien verlassen haben um unharmonischen Satanischen-Luziferischen-Lichtkräften zu dienen.Diejenigen die zuerst nach Macht-Ehre-Herrschaft streben und nicht nach Liebe.

Sat Desh, Sat Lok, Sat Purush. Sat Desh Wahre (sat) Heimat oder Region (desh); eine andere Bezeichnung für Sach Khand. Siehe auch unter Sat Lok.

Satguru, Satgur Wahrer (sat) spiritueller Lehrer (guru); vollkommener Meister; wahrer Spender von Licht; ein Meister mit Zugang zur 5. spirituellen Region (Sach Khand). Ein Satguru lehrt äußerste Demut, Wahrheit und Mitleid, sorgt für seinen eigenen Lebensunterhalt und lässt sich niemals für seine Dienste bezahlen.

Satguru Seva Dienst am Satguru; wirklicher Dienst am Satguru durch den Schüler besteht darin, regelmäßig zu meditieren. Diesen Dienst wird der Guru stets akzeptieren.

Sat Lok Wahre (sat) Region (lok); eine andere Bezeichnung für Sach Khand. Siehe auch unter Sat Desh.

Sat Nam Wahrer (sat) Name (nam); der unausgesprochene, ungeschriebene Name oder das WORT Gottes, des Höchsten Schöpfers, des Herrn der fünften spirituellen Region, des Ursprungsortes der Seele. Der wahre spirituelle Vater. Siehe auch unter Sat Purush.

Sato Guna, Satogun, Satwa Guna Die Qualität oder das Wesen des Rhythmus', der Harmonie und der Wahrheit. Siehe auch unter Gunas.

Sat Purush Wahres oder ewiges (sat) Wesen (purush); Höchstes Wesen; Gott, Herr der fünften spirituellen Region. Siehe auch unter Sat Nam.

Satsang Wahre (sat) Gemeinschaft (sang); Gemeinschaft mit der Wahrheit; die Gesellschaft mit einem vollkommenen Meister ist äußerer Satsang. Die Verbindung der Seele mit der Strahlengestalt des Meisters, des Shabd oder Nam im Innern ist innerer Satsang. Die höchste Form von Satsang besteht darin, mit dem Shabd zu verschmelzen. Eine Versammlung von Menschen, die einem spirituellen Vortrag lauscht, wird ebenfalls Satsang genannt. Selbst an den Meister und seine Lehre zu denken ist eine Art von Satsang.

Satsangi Jemand, welcher der Wahrheit folgt; ein Eingeweihter eines vollkommenen Meisters; im esoterischen Sinne jemand, der die erste Stufe erreicht hat.

Sat Shabd Wörtlich: das wahre Wort; der göttliche Klang.

Sat Yuga Das wahre (sat) Zeitalter(yuga); das Goldene Zeitalter, das erste der vier großen Zeitalter. Siehe auch unter Yuga.

Sawan Singh Ji Maharaj Genannt der: „Große Meister", der ein sehr ergebener und bevorzugter Schüler Baba Jaimal Singh Jis im Punjab war. Während Baba Jaimal Singh sich als erster an dem Ort niederließ, der sich später zur Radha Soami-Kolonie in Beas entwickelte, war es Maharaj Sawan Singh Ji, der die Dera in Wirklichkeit errichtete und zu jener blühenden Ansiedlung ausbaute, die sie heute ist. Von allen Gesellschaftsschichten und aus allen Teilen der Welt zog er die Sucher an. Maharaj Sawan Singh Ji wurde am 19.120. Juli 1858 *) im Dorf Jatana in der Nähe von Mehmansinghwalla im Distrikt Ludhiana (Punjab) geboren. Von Baba Jaimal . Singh wurde er 1903 zu seinem Nachfolger ernannt, und er erfüllte diese Aufgabe mit großer Hingabe bis zu seinem Tode am 2. April 1948.

*) Ursprünglich wurde der 27. Juli als sein Geburtstag angegeben, denn das ist der Tag, an dem dieser in der Dera gefeiert wurde. Das richtige Geburtsdatum ist aber der fünfte Sawan 1915 Bikrami nach dem indischen Kalender, und das ist der 19.120. Juli 1858 A.D.

Schatzkammer des Lichtes. 1.Ein himmlischer Wohnungsbereich, wo die „Auserwählten des Wortes" mit allen Schrifttafeln und Dokumenten (hebr. Seferim ha-Temunah) arbeiten, um Gedankenformen in Programme einzugliedern, die die Metamorphose alter Welten vorantreiben und die Zusammenstellung „neuer Welten" bestimmen werden. Der bevorzugteste Weg, auf dem der Eintritt in die „Schatzkammer" erfolgen soll, geht über gemiluth hasadim, die Übung des Wohlwollens zur Förderung von Frieden zwischen Mensch und Mensch und zwischen Mensch und dem Gesetz Gottes, wie sie in den höheren Welten gepflegt wird, 2. Der Aufbewahrungsort für die Torah Kedumah, die uranfängliche Torah, die gebraucht wird, um eine neue Tikkune Torah hervorzubringen, einen „Lebensbaum" in den grenzenlosen Sphären der Schöpfung. (Siehe auch Ex, Rabba 40:3; Gen. Rabba 24:2;

Qoheleth Rabba 3:4).

Schriftrollen vom Toten Meer 1.Die heiligen Lehren von JHWH, die von den Qumran-Verbündeten , einer spirituellen „Melchizedek"-Gemeinschaft, die dem größeren „Bund des kommenden Zeitalters" geweiht war, benutzt wurden. Ihre Lehren handelten auch von „den Söhnen des Himmels" und von der „kollektiven Messiasschaft" Aarons und Israels, als Meshihe , symbolisch dafür, wie die „Priesterschaften" der Himmel und der treu übriggebliebenen Same Israels auf Erden vereint werden sollen, wenn der „Menschensohn" mit dem Orden Melchizedek und den B'nai Or in Triumph zurückkehren wird. 2.In bezug auf die Schriften von JHWH, die mit der Verkündung des Wortes Gottes, der Arbeit Enochs, Melchizedeks, und Michael zusammenhängen, bezeugt die Qumran Licht-Gemeinde einen größeren Korpus der Torah Or und den ökumenischen Samen Josephs und seiner Brüder, den Enoch „die Einpflanzung des Lichts „ nennt.

Seele-Geist Seele und Geist sind nicht als ein und dasselbe zu verstehen. Die Seele (Nephesh) ist das naturhafte Lebens-Bewusstsein ohne die höhere Verwirklichung von Welten, die dieser Welt und den Welten, die noch kommen werden, vorausgegangen sind. Die Seele (Nephesh) muss durch viele Gestaltungen, Verwandlungen und Wiedergeburten gehen, bevor sie mit dem göttlichen Bewusstsein des Überselbst verflochten werden kann. Zweitens, wenn man versteht, dass die Seele nicht dasselbe ist wie der Geist (Ruach), dann bittet man die Gottheit um den höheren Ratschlag, um echtes Wissen und wahre Weisheit zu erlangen: Zu diesem Zeitpunkt wird „Ruach" als „der Geist" der höheren Vernunft von Gott für Inspiration und Verständnis der vielen Ebenen des Göttlichen Denkens (Mind) gegeben. Wenn dann schließlich der „Ruach" und die natürliche Seele (Nephesh) verschmelzen, erschafft die aus einer solchen Vereinigung entstehende höhere Sehnsucht die souveräne LICHT-Seele (Neshamah), die in das Licht berufen wird, um die Früchte der Göttlichkeit zu zeugen und diejenigen zu salben, die als Vehikel der höheren Liebe und Weisheit ins Werk des Göttlichen Geistes (Mind) gerufen sind. Die Bildung der Seele-Geist-Einheit, die notwendig ist, um in den vielen Wohnungswelten tätig zu werden, erfordert den Ausgleich zwischen der ersten und der zweiten Sohnschafts-Triade (Hebräer 4:12; l.Korinther 15:44; 1.Thessalonieher 5:23).

Sephiroth Die ersten Emanationen des Ain Soph-Lichts oder die ‚offenbarende Gottheit', die die vereinigten Schöpfungsenergien von Zeugung, Entwicklung und Fortführung ausdrücken. Die Sephiroth wirken als Triaden-Trinität und geometrische Farbsynthese auf jeder Schöpfungsebene im Shekinah-Universum. Durch die Sephiroth werden die Urwelten der physischen Schöpfung nacheinander zu neuer Form erschaffen. Mit den Heiligen Namen = Baum des Lebens.

Sephirothische Emanationen Emanationen auf verschiedenen Ebenen des Ain Soph, verantwortlich für die Erschaffung vielfacher Universen innerhalb eines ‚Programms' des Vater-Universums. Die weitere Ausdehnung der Göttlichen Substanz zu den Gedankenform-Schwellen von Emanation, Schöpfung, Entstehung und Handlung. Die Emanationen, die aus sich nacheinander Welten erschaffen, die von verschieden-spirituellen Wesen bewohnt sind. Mit Ausnahme der höchsten Schwellen, die mit dem Pluralismus der Gottheit arbeiten, manifestieren die sephirothischen Emanationen den archetypischen Adam Kadmon. Die Emanationen sind darauf programmiert, in die Dreifaltigkeit von Vollkommenheit und Harmonie durch die Shekinah-Entfaltung auszulaufen.

Seraph-Computer Eine denkende Wesenheit, die in den niederen Himmeln unablässig Wissen verwaltet und die selbst teils Bewusstsein (mind), teils Maschine ist. Einige Seraph-Computer sind „Schwellenkontrollen", die rund um Sonnensysteme stationiert sind.

Seraphim Engel-Bewusstseine (minds) des Lichts, die Vater- und Sohn-Universen durch Multi-Lichtcodierungen und mit der Fähigkeit dienen, die ‚Erscheinungskraft/ Form' multikörperlicher Gestalt anzunehmen.

Seva, Sewa Dienst; freiwilliger Dienst für den Meister oder seine Schüler. Von den vier Sewa-Arten (mit Geld, physisch, mental und spirituell), ist die höchste Form der spirituelle Sewa - nämlich die Meditation. Siehe auch unter Satguru Seva.

Shabd, Shabda WORT oder Klang; spiritueller Klang; hörbarer Lebensstrom; Klangstrom. Die schöpferische Kraft, die Quelle aller Schöpfung, die sich als Licht und Klang in den spirituellen Regionen offenbart. Der Shabd ist das WORT der Bibel; Kalma, Isme-i-Azam, Bang-i-Asmani oder Kalam-illahi des Koran; der Nad der Veden; Nam, Ram Nam, Gurbani, Bani und Dhun des Adi Granth; das Tao der Chinesen; Vadan; und der Saut-i-Surmad der Sufis. Die Parsen nennen ihn Shraosha, und er hat noch viele andere Namen. Das Geheimnis des Lauschens auf den Klangstrom im Innern kann nur von einem wahren Meister (Satguru) vermittelt werden. Siehe auch unter Shabd-Dhun, Surat Shabd Yoga, Anhad Shabd.

Shabd-Dhun Musik (dhun) des WORTES (shabd); der Shabd; der hörbare Lebensstrom.

Shabd Marg Der Pfad (marg) des WORTES (shabd); der Pfad des Shabd- Yogas, der Pfad der Heiligen. Siehe auch unter Surat Shabd-Yoga.

Shabd Yoga Dasselbe wie Surat Shabd-Yoga.

Shah Rag, Shah Rug Wörtlich: königliche Ader; bezieht sich jedoch nicht auf eine Ader im physischen Körper. Sie ist vielmehr der zentrale Strom oder Kanal im feinstofflichen Körper, der durch spirituelle Übungen entsprechend den Anweisungen eines wahren Meisters lokalisiert und durchquert wird. Shah Rag wird auch sushmana oder sushumna genannt, der zentrale Strom. Der linke Strom wird ida oder ira genannt, der rechte pingala.

Shakti Macht, Energie oder Stärke; die höchste Form von maya oder Illusion.

Shamas-i-Tabriz, Shams-i-Tabriz (1206 - 1248): Shams-Uddin Mohammed Tabriz, besser unter dem Namen Shams-i- Tabriz bekannt, ein berühmter islamischer Heiliger Persiens, der in Tabriz, Iran, geboren wurde. Er war der Meister von Maulana Rum; dieser benannte seine Gedichte nach dem Namen seines Meisters - Diwan-i-Shams- Tabriz. Er wurde von religiösen Fanatikern ermordet.

Shankaracharya Ein großer Kommentator der Vedanta Sutras und der Upanischaden.

Shanti Frieden; Seelenfrieden.

Shariat Das religiöse Recht des Islam, das Gesetz des Lebens und der Muslime (Scharia).

Shastras Hindu-Schriften; philosophische Schriften und Morallehren.

Shekinah Die „Gegenwart Gottes", die Heilung der molekularen Form des inneren Universums durch den Heiligen Geist.

Shekinah Universum Das innere Universum, geschaffen zur Transformation der grundlegenden Intelligenz-Bausteine aus dem Meer des Ewigen, um in die Gegenwart des Vaters zu gelangen.

Shema Israel Die höchste Schwingung, kollektiver Danksagung und Befreiung, die dem Volk Gottes während des gegenwärtigen Programms von ‚Frieden und Vorbereitung' auf Sein Reich geschenkt wurde. Diese Schwingung wird auf die auserwählten Diener zur Zeit von Je-ho-vah Shamma ausgegossen werden, wenn der Herr eine ‚Mauer aus Licht' schickt, die Sein Volk von den zerstörerischen Vibrationen der Erde befreit. Gemäß Enoch wird diese Belebungs-Vibration in der Dämmerung der Erde kommen.

Shemot (Hebr.) „Exodus." 1. Die Befreiung der Teilnehmer in einem Programm nach dem Willen JHWHs. Die „Heilsgeschichte" .oder die Geschichte eines Volkes im Hinblick auf die Beispielsfälle Göttlichen Eingreifens. 2.Fortbewegung von einer planetaren Oberfläche zu einem anderen Planeten .oder planetaren Stern.

Sheol (HebL) „Stätte der entschlafenen Seelen." Der Ort oder der Zustand der Seele zwischen Tod und Auferstehung gemäß dem „Meister-Programm" des Vater-Universums. 1. Einige betreten Sheol sehr früh, indem sie zur Strafe einen unzeitgemäßen Tod sterben (Numeri 16:22-24, 31-33; 1.Könige 2:5-6). 2. Die Tüten können sich nicht selbst aus Sheol befreien; Befreiung ist nur durch Auferweckung möglich (Hiob 7:8-9; 14:13). 3. Alles im Sheol-Hades (unter verschiedenen Namen in anderen Sprachen) wird gerichtet werden; es wird vollständig vernichtet (Offenbarung 20:12-14).

Shiva Der Gott der Zerstörung in der Hindu-Trinität des Schöpfers, des Erhalters und des Zerstörers (Brahma, Vishnu, Shiva).

Shraosha Zarathustra bezeichnete mit diesem Wort den inneren Klangstrom, Shabd. Er wird als der erhabenste Aspekt oder die erhabenste Kraft von Ahura Mazda bezeichnet, weil er ewiges Leben hervorbringt.

Siebenter Strahl 1. Die Strahlung geistiger Intelligenz, die die Elohim benutzen, um den fortgeschrittenen Adamisch-Sethischen Samen auf diesen Planeten zu bringen. Laut Enoch wurde dies am siebten Tag/ Aeon der Schöpfung vollendet. Der Strahl, den die Boten von Adonai ,Tsebayoth einsetzen, um die Söhne und Töchter des Göttlichen Geistes (Mind) zu erreichen und mit neuer Kraft aufzuladen. Der Siebte Strahl arbeitet mit dem hoheitlichen, göttlichen Teil der Menschenseele. 2. In östlichen Schriften ist der siebente Strahl mit den Ausstrahlungen der kollektiven Gottheiten gleichzusetzen, insbesondere mit den Herren-Gottheiten: Jamantaka, Prajnantaka, Padmantaka, Vighnantaka, Takkiraja, Niladanda, Mahabala, Akala, Usnisa, und Sumbharaja.

Sikh, Shiskya Wörtlich: Schüler oder Anhänger; dasselbe wie Chela; die Anhänger Guru Nanaks und seiner neun Nachfolger werden Sikhs genannt; jemand, der die erste spirituelle Region erreicht hat.

Simran, Sumiran Wiederholung oder liebevolle Erinnerung; das Wiederholen der fünf heiligen Namen gemäß den Anweisungen eines vollkommenen Meisters. Der Simran, den uns ein vollkommener Meister gibt, ist mit seiner Kraft aufgeladen; die Schüler konzentrieren ihre Aufmerksamkeit im Dritten Auge (Tisra till) und wiederholen die Namen mit Liebe und ungeteilter Aufmerksamkeit. Dies befähigt sie, die Seelenströme vom Körper zum Dritten Auge zurückzuziehen, von wo aus die wahre spirituelle Reise beginnt.

Sinchit, Sanchit Der „Vorrat" unbeglichenen Karmas aus früheren Leben. Von diesem Vorrat wird das Schicksalskarma (pralabdh) gebildet. Siehe auch unter Karma.

Soami, Swami Herr; das Höchste Wesen; der Meister; jeder spirituelle Lehrer wird allgemein mit Swami bezeichnet. Siehe auch unter Radha Soami.

Soami Ji, (Swami Ji) (1818 - 1878); der große Heilige und Begründer der Radha

Soami-Lehre, -Wissenschaft und -Philosophie. Sein eigentlicher Name war Seth **Shiv Dayal Singh.** Siehe auch unter Radha Soami Dayal.

Söhne des LICHTS Die „Gewänder der Vollkommenheit", die, als eine Grundlage für Erleuchtung und Tugend, die Kraft und die Herrlichkeit des Göttlichen verleihen. Sie manifestieren sich auf den planetaren Welten zu Beginn und am Ende von Programmen, um den Kampf zwischen den Mächten des spirituellen Lichts und der Dunkelheit zu beenden. In den östlichen Lichtschriften gehören dazu:

Ratnaparamita; Danaparamitä;

Silaparamita; Ksantiparamita;

Viriyaparamitii; Dhyanaparamita;

Prajnaparamita; Upayaparamitä;

Pranidhiinaparamita; Balaparamita;

]nanaparamita; und Vajrakarmapäramita.

Ihre Macht ist so groß, dass sie ihren Schülern in einer einzigen Geburt „Transzendenz" verleihen und dadurch eine Vielzahl von Inkarnationen in der materiellen Existenz auf den planetaren Welten verhindern können.

Söhne Gottes Herren des Lichts oder spezielle Elohistische Erweiterungen des Vaters, die des Vaters Unendliche Absicht und Liebe in der Entwirrung von Rivalität und zerstörerischen Wettkampf unter den Hierarchien der Himmel in einem Vater-Universum ausdrücken. Sie beanspruchen keinen Ruhm für sich, sondern verherrlichen gemeinsam mit den Paradiessöhnen und dem Einzig-Gezeugten Sohn Gottes den Alten der Tage (Genesis 6:4; Hiob 1:6).

Söhne Israels 1. Kinder aus dem „Saat-Programm" JHWHs für dieses Aeon in den Himmeln und auf der Erde. 2. Die Kinder des Lichts, die zuerst Gott die Treue schwören, und die für das Wohl der Menschheit arbeiten. Sie sind nicht bloß geographische oder chronologische Ausdrücke eines ‚heiligen Bundes'; vielmehr repräsentieren sie die vielen Seelen, die in verschiedenen Völkern der Welt inkarniert sind, so dass Gottes Volk nicht durch eine Gruppe von Lichtarbeitern aufgehoben wird.

Sohn-Universum Das Universum, das, aus Schöpfungs- und Evolutionsprogrammen besteht, die von den Paradiessöhnen geleitet werden und verschiedene Lebens-Kombinationen von Intelligenz, von grober Materie bis zum reinen Licht, umspannen.

Sommer-wuf-Sommer Paradigmen der berüchtigten 666 als eine Kraft der Begrenzung und eine Kraft, die die Freiheit des Geistes einschränkt. Die Permutation gefallenen Gedanken (Mind) Energie oder der Geist der Verneinung, der die

Bedingungen der spirituellen Evolution in der niederen Schöpfung kontrolliert. Die Gematria von 9-9-9 kehrt 6-6-6 kraft eines Gebets um.
(Offenbarung 13:18).

Spirituell.lat.:"geistig", oder „Immateriell", andere Bezeichnung, transzendental, d.h. nicht von dieser Welt, im Gegensatz sowohl zu der grobstofflichen als auch der feinstofflichen Welt.

Spirituelles Israel/ geistiges Israel Enoch zufolge die Encodierung spiritueller Seelen in die einzelnen Nationen der Welt, damit eine Göttliches Programm von JHWH nicht durch ein historisches Volk aufgrund der Mächte spiritueller Begrenzung zunichte wird. Die „Funken der Torah Or", die den Auserwählten in jeder Nation durch die Boten Gottes gegeben werden. Das „Volk des Lichts".

Sprache der Überselbst-Belehrung Der Überselbstkörper, aber auch Brüder und Meister,die durch das Überselbst arbeiten, gebrauchen sprachliche Nah- und Fern-Rezeptor-Mechanismen , so dass das Bewusstsein für Unterweisungszwecke Kontrolle über die physiologischen Vorgänge im Körper hat. Infolgedessen zählen zu den Auswirkungen des Gebrauchs dieser Instruktionssprache: die Entwicklung von Subsensitivität für den Neurotransmitter; der verminderte Ausstoß von endogenen Neurotransmittern; der Einsatz eines hemmenden oder modulierenden Signals; und die Aktivierung einer Vorstufe, wesentlich für die Synthese spiritueller und physischer Gedankenpartikel.

Struktur des Weltreichs

Mit dem Wachsen der Friedensgruppe zur Mehrheit wird deren Antikriegsgesinnung und Friedenskundgebung in entsprechendem Grade die herrschende Macht in der ganzen Welt sein. Und alle Staaten der Welt werden unter einer gemeinsamen Regierung vereinigt werden und auf diese Weise ein Reich sein. In diesem Reiche werden keine Valutaschwierigkeiten vorkommen, indem dieses Reich ja nicht mit fremden Reichen handeln wird. Ihm gehören alle Reichtümer der Erde. Es braucht deshalb weder zu kaufen noch zu ver. kaufen. Deshalb wird Geld total wertlos sein und fortfallen. Alles, was sich an Mineralen, Metallen, Kohlen, Öl usw. auf Erden findet, wird im Besitz der ganzen Menschheit sein. Jeder einzelne Mensch wird daher Mitbesitzer aller dieser Dinge sein. Sie können nicht mehr im Besitz von privaten Personen, Konzernen oder Aktiengesellschaften sein. Kein Mensch kann seines angeborenen Erbrechts auf diese genannten Werte beraubt werden. Das einzige, was diese Werte zum Nutzen, zur Freude und zum Segen für die Menschen machen kann, ist die menschliche Arbeitskraft. Deshalb wird es die wichtigste Aufgabe der Regierung der Weltstaaten sein, dafür zu sorgen, dass jedes Kind, das zur Welt kommt, die größtmögliche Ausbildung auf dem Arbeits - oder Schaffens gebiet bekommt, für das es begabt ist oder für das es Talent und damit die größte Arbeitslust hat. Die Wissenschaftler des Weltstaates werden mit Hilfe ihrer sehr effektiven Hilfsapparate, Elektronengehirne und ähnlichem ganz genau Bescheid wissen, wie viele Menschen sich jeden Tag auf der Erde befinden und wie viel Material bearbeitet werden muss, um die Zufriedenstellung der Lebensbedürfnisse dieser Menschen zu erreichen, bis zu einem Lebensstandard, der im Verhältnis zu dem heutigen Lebensstandard des gewöhnlichen Menschen als große Wohlhabenheit bezeichnet werden muss. Die Bearbeitung dieses Materials fordert also menschliche Arbeitsstunden. Diese müssen auf die gesamten arbeitstüchtigen Menschen der ganzen Welt verteilt werden. Aber da man weiß, wie viele Menschen jeden Tag existieren, kann man mit Leichtigkeit konstatieren, wie viele Arbeitsstunden jeder Mensch haben wird. Wahrscheinlich werden es nur einige Stunden in der Woche oder vielleicht nur zwei Tage sein. Jedenfalls wird es sehr minimal sein im Verhältnis zu der Arbeitsleistung, die viele Menschen heutzutage aufweisen müssen. Kein Mensch wird frei von dieser Arbeitsleistung sein. Aber dafür bekommen alle Menschen einen Pass mit einer Quittung darüber, dass sie ihre gesetzpflichtigen Arbeitsstunden ausgeführt haben und können dann ihren ganzen Verbrauch innerhalb des genannten Lebensstandards total gedeckt bekommen. Es handelt sich dabei um Ernährung, Garderobe, Wohnung, Reisen, Autos. Theater usw. Wünschen sie einen noch besseren Lebensstandard, können die das bekommen, aber müssen dann mehr Arbeitsstunden ausführen, entsprechend der Erfüllung dieses besseren Lebensstandards. Dieser Lebenspass oder diese Arbeitsquittung ist streng persönlich, ebenso wie ein Pass in unseren Tagen. Derselbe kann von keiner anderen Person benutzt werden als der, für die er ausgestellt ist. Kein Mensch kann auf Kosten anderer leben. Da kein geschaffenes Ding, wie Schmuck, Uhren, Kleider, Schuhe, Inventar usw. Geldwert hat, können diese Dinge weder gekauft noch verkauft werden. Damit ist der Anlass für Raub und Plünderung vermindert. Die Menschen können sich natürlich gegenseitig ihre Sachen schenken oder untereinander tauschen, wenn sie Lust dazu haben. Keiner ist verpflichtet oder braucht mehr Arbeit zu leisten, als eben die Stunden, die die Aufrechterhaltung seines eigenen Lebens in dem genannten Lebensstandard erfordert.

Kein Wesen kann also finanzielle Sorgen haben.

Da alle Menschen nur auf den Gebieten arbeiten werden, für die sie Begabung, Talent und Lust haben, arbeiten also alle in ihrem Hobby. Gleichgültig ob es sich um Literatur, Wissenschaft, Kunst oder Technik usw. handelt. Kein Mensch braucht mehr sehr grobe Arbeit auszuführen, da all das von Maschinen besorgt wird. In diesem Weltreich ist jede Grundlage für Militarismus, finanzielle Streitigkeiten, Armut, Bettelei, materielle Not und Elend total fortgefallen. Da alle Wesen ebenso nächstenliebend sind, wie sie vorher egoistisch waren, ist der wirkliche absolute Weltfrieden hier eine unerschütterliche Tatsache.

Alle gereichen also allen zur Freude. Hier ist man aus der Finsternis oder dem Weltgericht herausgekommen, wo alle im Krieg mit allen waren.

Zu der materiellen Wissenschaft kommt hier die Geisteswissenschaft hinzu, die den Menschen kraft des kosmischen Weltbildes gegeben wurde, in dem die Lösung des Mysteriums des Lebens, die Wissenschaft von der Gottheit, die Wissenschaft von dem Weltall als der Organismus oder der Manifestationskörper der Gottheit, die Wissenschaft von der Unsterblichkeit der Lebewesen und deren Platz in der ewigen Weltordnung der Gottheit und der Lebensgesetze enthüllt wird. Die Wissenschaft vorn Grundton des Universums, der Liebe ist, wird hier im Welt- Staat ebenso exakt sein wie die materielle Wissenschaft es heutzutage ist. Die Gesinnung und das Wesen der Menschen sind der wirkliche Weltfrieden. Dieser lichte Zustand des Friedens oder der Liebe ist Gottes Ziel mit der Umbildung oder Verwandlung des Menschen vom Tier zum Menschen.

Subatomare Teilchen/Partikel 1. Diese Bezeichnung gilt für alle Partikel, mit weniger als Atommasse, d.h.Elementarteilchen (Boson , Proton, Neutron, Elektron, Positron, Neutrino, Meson, und Photon) Alphateilchen und Deuteronen ebenso wie Antineutronen, Antineutrinos, Antiprotonen etc. - laut Schlüssel des Enoch. 2. Subnukleare Teilchenfamilien, wie Ypsilon, Tau und Zion, etc. -Teilchen, die das unmittelbare physische Universum als eine Untermenge des Superelektronen-Universums Metatrons definieren.

Sub-Spezies Intelligente Gebilde, die von einer patriarchalen Adam Kadmon-Intelligenz, welche zahllose Unter-Intelligenzen entwickeln kann, erschaffen wurden. Der Überrest von Menschen, die nach einer Reihe von Experimenten auf einem bestimmten Planeten lebt.

Sufi Ein Anhänger des Sufismus, einer mystischen Sekte, die in Persien entstand. Die Sufi-Anhänger glauben an einen Murshid (Guru) und führen ein heiliges Leben. Heilige Männer werden heutzutage bei den Muslimen allgemein als Sufis bezeichnet.

Sukshm Sarup Subtile Form, Gestalt; Astralkörper.

Sultan-ul-Azkar Wörtlich: der König der Methoden; bezieht sich auf den Surat Shabd- Yoga.

Sumerisch-Akkadische Tafeln Tafeln der Patriarchen von Shem bis zur Zeit Abrahams, gefunden nahe Aleppo. Die Tafeln zeigen das tatsächliche historische Milieu des Krieges zwischen Chedorlaomer, König von Elam, und seinen

Verbündeten gegen Bera, König von Sodom, Birsha, König von Gomorra, Shinab, König von Adma, Shemeber, König von Zeboiim und Zoar, dem König von Bela, der der Segnung Abrahams durch Melchizedek auf der Tiefebene von Schawe vorausging. Ein Archiv von mehreren hunderttausend Tafeln, von denen die meisten in einer semitischen Sprache geschrieben sind. Die Sammlung enthält Tafel-Kodices vom ‚Mystischen Licht', das die Hintertür des Alten Testaments zu einem früheren Verständnis der Söhne des Lichts öffnet.

Sumeru Ein anderer Name für den Meru (ein Berg), auf dem Götter wohnen sollen; symbolisch der oberste Teil des Rückgrats. Sumeru wird auch der goldene Berg, der Juwelen-Gipfel, der Lotos-Berg und Berg der Götter genannt.

SÜNDE (Erbsünde) Das Bewusstsein der Begrenzung als Ergebnis des Versagens spirituellbiologischer Experimente.

Sünde 1. Alles, was das „lebendige Licht" des Unendlichen Geistes (Mind) daran hindert, durch das Körpervehikel „kreativ wiederverwertet" zu werden. 2. Das Bewusstsein, eine Begabung zu besitzen und sie nicht zum Wohle der Menschheit zu nutzen.

Sunn, Sunna Ist vom Sanskrit-Wort shunya abgeleitet; wird gewöhnlich als leerer Raum, Leere und Vakuum übersetzt; die Heiligen jedoch haben diesen Begriff anders verwendet. Diesen zufolge ist Sunna eine innere spirituelle Region, die ohne jegliche Materie ist. Wenn die Seele in diese Region eintritt, wird sie von allen Bindungen der Materie, des Mind und der drei Eigenschaften (guna) befreit. Siehe auch unter Daswan Dwar.

Surat Seele; Bewusstsein; innere Aufmerksamkeit. Da im Körper aufgrund der Anwesenheit der Seele Bewusstsein ist, wird die Seele auch surat genannt.

Surat Shabd Yoga Die Praxis, die Seele (surat) mit dem WORT (shabd) zu vereinen (yoga); wenn die Seele einmal mit dem Shabd vereinigt ist, wird sie durch den Shabd zu ihrer Quelle, dem Herrn, zurückgetragen.

Sushumna, Sushmana Der zentrale Strom im subtilen Körper, der beim Augenzentrum beginnt und nach oben zu den höheren spirituellen Regionen führt, die durch die spirituellen Übungen, wie von den vollkommenen Meistern gelehrt, lokalisiert und beschritten werden; auch unter dem Namen Shah Rag bekannt. Der hier angesprochene sushumna darf nicht mit dem sushumna der Yogis verwechselt werden; der letztere ist der zentrale Kanal, der sich entlang der Wirbelsäule erstreckt und der von Satsangis und spirituell Übenden gemieden werden muss. Der sushumna hat zwei Kanäle, der linke heißt ida und der rechte pingala.

T

Tama, Tamo-Guna, Tamogun Die Eigenschaft der Auflösung, Trägheit und

Dunkelheit. Siehe auch unter Guna, Satogun, Rajogun.

Takla Makan-Wüste Primärer Vortex-Bereich in Zentralasien (Sinkiang), der sich zum Tarim-Becken erstreckt und von interdimensionaler Intelligenz und den LichtBruderschaften auf Erden benutzt wurde und noch benutzt wird.

Tathagata Jemand, der etwas erreicht hat; ein Name des Buddha.. Sanskrit,Pali, wörtlich: Der so dahingelangte (so Gekommene, Vollendete) bezeichnet einen auf dem Weg der Wahrheit zur Höchsten Erleuchtung (samyak-sambuddha) Gelangten und ist einer der zehn Titel des Buddha, dessen er sich selbst bedient, wenn er von sich oder anderen Buddhas sprach. Im Mahayana stellt der Tathagata den Buddha in seinem Aspekt des Nirmanakaya (trikaya) dar. Er ist sowohl der vollendete Mensch, der alle formen annehmen kann und mit den Zehn kräften eines Buddha (dashabala) ausgestattet ist, als auch das kosmische Prinzip, die Essenz des Universums, das Nicht-Bedingte. Er ist der Vermittler zwischen dem Essentiellen und der phänomenalen Welt. Vielfach wird Tathagata als Absolutes mit Pranja und Shunyata gleichgesetzt.

Tattwa Element, Essenz; die fünf Elemente sind in allen Lebewesen in unterschiedlich hohem Grade vorhanden: Erde (prithvi), Wasser (jal), Feuer (agni), Luft (vayu) und Äther (akash).

Tausendjähriges Reich Christi/Goldenes Zeitalter 1. Ein Zeitabschnitt großer Glückseligkeit oder vollkommener Regierung. In den orthodoxen Theologien ein lineares Konzept einer tausendjährigen Friedensepoche. 2. In Enochs Lehren ist das Tausendjährige Reich eine der vielen Öffnungen durch die Lichtschleier (Katapetasmata), in die der Mensch eintreten kann, um sich frei und ungezwungen unter die höheren Intelligenzen und Gottheiten anderer Welten zu mischen (I.Korinther 4:5; 6:2; Offenbarung 20:4). Es ist das Zusammentreffen der Erde mit tausend verschiedenen Zeitzellen der Sohnschaft. Es wird während des goldenen Zeitalters viele Gelegenheiten geben, dass die Auserwählten der Menschheit durch unsere Bewusstseins-Zeitzone hindurchgehen und sich frei durch die Räume der „Sohnschaft" (toisde tois kosmois) bewegen, in andere Raumintelligenz-Regionen, die sowohl unter als auch nicht unter der Regierung der Söhne Gottes stehen.(1. Korinther14:40;Johannes21:25)

Throne und Herrschaften Die Hekaloth-Welten oder „Hallen" zwischen den Wohnungswelten, wo Bewusstseinszeit dadurch erneuert wird, indem sie neu erschaffen wird. Die schöpferischen Bereiche für die „Lebensbäume", wo architektonische Strukturen aus Licht von den Elohim und den Ältesten um des Vaters Thron empfangen und sorgfältig zu räumlichen Entwürfen und zeitlichen Horizonten in Raum und Zeit verarbeitet werden. Im Grunde die Welten der beispielhaften Akte von Kraft, Überfülle und Kreativität seitens der experimentierenden „Götter" und Gottheits-Emanationen (Sephiroth), die dem Jüngsten der Tage und dem Zukünftigen der Tage, die sich durch den Vater-Schöpfer JHWH manifestieren, dienen.

Tohu-Wa-Bohu (Hebr.) „Wüst und leer." Die Formlosigkeit und Leere, die jedes Schöpfungsstadium auf des Vaters Unendlichem Weg durchlaufen muss. (Genesis 1:2).

Til Wörtlich: Samen der Sesam-Pflanze; esoterisch: die kleine Öffnung, von der aus die Seele von Pind nach Brahmand gelangt; das Augenzentrum.

Tisra Til Drittes (Tisra) Auge (til); ein Punkt im subtilen Körper zwischen und hinter den Augenbrauen; der Sitz von Mind und Seele im menschlichen Körper und der Punkt, von dem aus die Schüler der Heiligen ihre Konzentration beginnen und nach oben gehen. Von den Sufis auch „schwarzer Punkt" (nuqta-i-swaida) genannt und in der Bibel das „eine Auge".

Titiksha Ausdauer, Geduld; die Kraft, Mühsal mit Ruhe und innerem Frieden zu ertragen.

To the Reader of this Blatt

When you are always the gelackmayerte, when you have it brought to nix and you are not on green Zweig, then you can come to the church.

We meet together at 10 o'clock on every Sunday.

But be careful, for you have to stop gammeln in the church. Anderersides we take it easy, when you are a little bit'drecky, longhaired or a hippy, that mokt nix.

Hope to see you! (schorat)

Torah Die göttliche Schrift von JHWH, die alle Lehren JHWHs enthält. Die Blaupause des ständigen Schöpfungswerkes durch die Göttliche Investition in die Form. Als solche geht sie über die fünf Bücher Mose hinaus, um auch das Amt der Prophetie und das Vehikel der Merkabah zu offenbaren, die für die aufeinanderfolgenden Schöpfungszyklen notwendig sind. Ein besonderer Erlösungsplan.

Toyota züchtet Affen zu Versuchszwecken Toyota macht nicht nur Werbung mit Affen. Die Japaner züchten sie auch auf einer Farm auf den Philippinen. Nach Recherchen von „Auto Bild" exportiert die Handelsorganisation des weltweit drittgrößten Automobilherstellers die Tiere als Versuchsobjekte an Labors und Universitäten.

Treta Yuga Das Silberne Zeitalter, der zweite Zeitzyklus, der unmittelbar auf das Goldene Zeitalter (Sat Yuga) folgt. Siehe auch unter Yuga.

Trikaya (Sanskr.) Ein Körpertrinitäts-Vehikel, das jenseits von Dualität ist und von den Meistern für vielfache Manifestationen und Konfigurationen beim Lehren des Gesetzes und bei der Zusammenfassung aller wichtigen Aspekte der spirituellen

Arbeit, die mit den Myriaden Licht-Verwaltungen zusammenhängen, benutzt wird.

Trikuti Drei Erhebungen, drei Berge; Teil der subtilen Welt, die oberhalb der Astralwelt liegt; Bezeichnung für die zweite spirituelle Region; die Kausalregion; auch Brahm Lok genannt.

Triloki Drei Welten; die physische Welt (Pind), die Astralwelt (Anda) und die Kausalwelt (Brahmand), die alle von Brahm beherrscht werden.

Tulsi Das Ein Heiliger des Mittelalters; Autor des in Hindi verfassten Ramayana.

Tulsi Sahib Der große Dichter-Heilige von Hathras, der Sant Mat lehrte und welcher der Autor des Ghat Ramayana ist. Er wurde in der fürstlichen Familie der Peshwas im Jahre 1763 geboren und war Thronfolger des Königreiches Puna und Sitara. Von Kindheit an der Gottesverehrung zugetan, zeigte er kein Interesse an weltlichen Vergnügen und weltlichem Streben. Wenige Tage vor seiner Inthronisation verließ er das Schloss und floh, als Sadhu verkleidet, nach Norden. Er ließ sich dann in Hathras, nahe Aligarh im Staate Dttar Pradesh, nieder, wo er als „Dakkhini Baba" der Heilige aus dem Süden - bekannt wurde. Soami Jis Mutter war, lange bevor Soami Ji geboren wurde, eine Schülerin Tulsi Sahibs. Soami Ji selbst erhielt das Licht von ihm. Tulsi Sahib verließ diese Welt im Jahre 1848.

Tunneln/Untertunnelung Auch „Tunneleffekt" genannt. 1. Ein Quanteneffekt, der es einem Teilchen, das Quantenmechanischen Gesetzen gehorcht, erlaubt, Energiebarrieren zu übertreten, was die klassische Mechanik und Thermodynamik nicht zulassen würde. 2. Analog, ein Prozess, der es gestattet, Grenzen oder die Verbindungen von Bereichen zu überqueren, was normalerweise als unmöglich erachtet wird. 3. Ein Vorgang bei der Elektrofusion.

Turaya Der höhere Kreislaufweg des spirituellen Vehikels im menschlichen Körper.

Turiya Pad Eine andere Bezeichnung für Sahansdal Kanwal. Ein überbewusster Zustand, in dem die Seele zum ersten Mal mit dem wirklichen Shabd Verbindung aufnimmt.

U

Überselbst-Körper 1. Der vor existente höhere Lichtkörper, der für spirituell-physische Wesen vor ihrer Inkarnation existiert. Dieser Körper „wölbt sich" über den verwirklichten physischen Menschen, der die Synthese der fünf inneren Materie-Energie-Vehikel vollzogen hat. 2. Eines der verschiedenen Überselbst-Vehikel im Shekinah-Universum der Schöpfung, das zu neuen Wachstumsebenen in der Aktivität der gesamten Gottheit führt. Die exakte Natur der Überselbst-Beziehung ist offen-endig; die unmittelbare Überselbst-Hierarchie jedoch beinhaltet: Elohistische

Herren, Paradiessöhne, Orden der Sohnschaft, Christus- Überselbst (Söhne/ Töchter des Lichts), Überselbst (Super- Metaprogramme), Selbstverwirklichung (Vehikelsynthese).

Ultraschall (Überschall) 1. Eine Form von himmlischer Musik, die von mehreren der Bruderschaften des Lichts verwendet wird.

2. Ein elektrisches Stimulations verfahren, um nach den verkrüppelnden und behindernden Auswirkungen schwerer Epilepsie und medizinischer Störungen spürbare Erleichterung zu bringen. Eine Ultraschall-Umgebung mit Stickstoff-Stimulans, die für die Bezwingung von Leukämie genutzt werden kann. Diese spezielle Umgebung benutzt multiple Gruppen von konkaven Kristallen. 3. Eine Methode zum Eindringen in unterirdische Kammern und Tempelbezirke.

Umma (Arab.) „Lichtgemeinschaft." Die dynamische Realität sozialen Handelns, das auf einem „lebendigen Bündnis" mit Gott durch Seine Boten beruht (Koran 33:7).Asabiyyah und Umma entsprechen dem kosmischen Daylaman, dem „ausströmenden Prinzip". Der Bund zwischen Gott und „Israel" wird im Koran viele Male erwähnt (z.B. 2:40,80,83,84; 5:12,70;7:134,169; 4:154,155; 20:86 etc.). Der Koran übermittelt jedoch etwas anderes. Gottes Bund wird zuerst mit Seinen Botschaftern geschlossen und durch sie mit den Völkern beim Aufbau der „Lichtgemeinschaft" auf dem Planeten.

Unendlicher Weg Myriaden Energiesequenzen, die die Gedanken des Göttlichen Geistes (Mind) in die Umgebung transformieren, die für die Entwicklung einer Unendlichen Speziesschaft notwendig ist. Es ist auch der „Weg" des Ain Soph-Lichts, das die Gedankenformen des Vaters wiedergewinnen und die Gesamtheit der wissenschaftlichen und spirituellen Operationen einer Spezies umfassen kann. Daher ist der Unendliche Weg eine gemeinsame Planung zwischen dem Unendlichen Denken (Mind) und der Unendlichen Speziesschaft, wo alle Ebenen und Erfordernisse des Unendlichen Denkens/Geistes und der Unendlichen Speziesschaft gekreuzt werden, um die Operationen von sowohl dem Gedankenformen als auch Speziesformen, wie sie ursprünglich beabsichtigt waren, zu erreichen.

Upanishads Die philosophischen oder mystischen Teile der Veden, welche die esoterischen Lehren beschreiben. Wörtlich heißt Upanischaden: „nahe (bei jemand) sitzen". Sie wurden deswegen so genannt, weil die Lehren sowie die Geheimnisse von einem Lehrer an seinen Schüler persönlich übermittelt wurden.

Uparati Verzicht, Entsagung; Loslösung von allen weltlichen Wünschen.

Ur (Hebr) „Licht." Die Übermittlung von Lichtcodes zu den himmlischen Räten und den Merkabah-Vehikeln durch eine spirituelle Lichtstrahlung; die „Priesterschaft von Ur" bezieht sich auf eine besondere Priesterschaft, die die Wissenschaften am Ende des gegenwärtigen Zeitzyklus entmaterialisieren/verwandeln wird - sie sind die Verfasser der Urtexte.

Ur-Station Ein Übermittlungszentrum, das Pyramidentechnologie anwendet und in magnetischen Kommunikationsfeldern zentriert ist, die von den Bruderschaften des Lichts benutzt werden, um Akademien für Wissenschaft, spirituelle Führung und Elektromedizin für Heilung in den zwölf Ur-Zentren auf der Erde zu gründen.

Urim und Thummim Geheiligte Kristalle die ein Gitter zur Kommunikation bilden, in dem sie heilige Licht- und Klangmuster benutzen, welche Geometrien bilden, die mit Obertönen auf den jeweiligen Magnetgittern zusammenhängen.

V

Vah Guru, Wahi Guru Sikh-Name für Gott; der Höchste Herr.

Vairagi Jemand, der (innere) Loslösung erlang! hat.

Vairagya Loslösung, insbesondere innere Loslösung von der Welt und von weltlichen Wünschen; ein Zustand des Mind - nicht zu verwechseln mit Askese oder äußerer Loslösung von der Welt.

VATER Manifestierter und Offenbarter GOTT, der Göttliche Geist (Mind) des Alten-Jüngsten-Zukünftigen der Tage, der unser Vater-Universum lenkt als die Vernunft (Mind), durch die der Göttliche Unendliche Weg der Schöpfung und Erlösung gegangen werden kann. Der Vater-Schöpfer hinter der Hierarchie des Universums, den wir als JHWH in Seinen unendlichen Formen und Meta-Einheiten mit seinem Sohn und Seinem Heiligen Geist Shekinah zu erkennen und zu schauen vermögen (Matthäus 3:16-17).

Vater-Universum Multi-universelle Zeitzellen-Reiche, in denen die Nukleogenese in den Sternpopulationen direkt mit den Programmen von Sohn-Universen zusammenhängt.Diese Reiche werden von einem Schöpfer-Gott verwaltet, der eine Definition von JHWH ist. Vater-Universen bestehen aus Universen, von denen jedes einen Schöpfer-Gott hat, der die Entfaltung der Göttlichen Gedankenformen aufrechterhält. Die Vater-Universen entwickeln die Regierungssitze für die Standorte der Throne undHerrschaften.

Vedant, Vedanta Philosophisches System der Inder, das sich insbesondere auf die Upanischaden gründet, an die Existenz des einen Gottes und an die Identität von Seele und Gott glaubt.

Vedas Wörtlich: Wissen; offenbartes Wissen, dargelegt in den vier heiligen Büchern (Veden) der Hindus: Rig- Veda, Sam- Veda, Yajur-Veda und Artharva-Veda.

Veritas Israel (Lat.) „Das wahre Israel" 1.Eine spirituelle Intelligenz-Saat, die nicht mit einem Alpha-Omega-Programm arbeitet, sondern als die Völkerschaft aller großen Geistes(Mind)-Dimensionen des Vaters. 2.Auf unserem Planeten der Adamisch-Seth'sche Same als der „übriggebliebene Same" höherer Intelligenz unter den Völkern der Welt.

Verklärung/Transfiguration 1. Die Verwandlung eures Schöpfungskörpers in einen Körper aus LICHT. Das Erlebnis des ‚Menschensohns' in euch. Einheit mit dem leuchtenden Gewand des Lebens. 2. Im Kollektiv: Die selbstverwirklichte Menschheit, die an jenem glorreichen Tag das Mysterium des höheren Lebens jenseits der sterbenden Sonne erfährt (2. Könige 2:11;Exodus 24:9-10).

Vierte Dimension Eine „Zeit-Koordinate", zusätzlich zu Länge, Breite und Tiefe des gewöhnlichen Raumes. Enoch sagte, die „vierte Dimension" sei die Bewusstseinsschwelle, die beim Betreten und Verlassen unserer dreidimensionalen Wahrnehmungszeit und -raum überschritten werden muss.

Vierundzwanzig Älteste Herren, die in der Gegenwart von JHWH sitzen und dabei regelmäßig ihre Ämter und Ehren mit anderen Meistern austauschen. Sie kontrollieren vierundzwanzig Throne und Herrschaften, die das Gesetz der Zentralkontrolle durch Lichträte in allen Universen, die JHWH anerkennen, verwalten.

Vina, (Veena), Bina, (Beena) Ein Saiteninstrument, vielleicht das älteste der klassischen Musikinstrumente Indiens; es soll ein Vorläufer der Sitar sein. In der Sant Mat-Literatur wird für dieses Saiteninstrument korrekterweise der Begriff vina verwendet; andere Autoren jedoch haben den Begriff bin oder been verwendet, das aber nicht mit einer schottischen Dudelsackpfeife verwechselt werden darf. Der genaue Klang der Sach Khand-Region kann mit keinem Musikinstrument dieser Erde verglichen werden, da der göttlichen Melodie in dieser Weh nichts im entferntesten ähnelt. Wie das Licht jener Region, so spottet auch ihr Klang jedem irdischen Vergleich.

Vishnu Der Gott, der diese Welt erhält, gemäß der Hindu- Trinität des Schöpfers, des Erhalters und des Zerstörers (Brahma, Vishnu, Shiva).

Vivek Unterscheidungsvermögen; Nachforschung und sorgfältige
Prüfung als erster Schritt auf dem Wege der Heiligen.

Vortexjah (Sg./PL) Raumzeitkrümmungs-Programmierungszone für die Raum-Bruderschaften; Raum-Zeit-Materie-Gebiet, das nicht der Physik des dreidimensionalen Raumes und festen Funktionen der physischen Realität entspricht.

W

Wächter Aufgestiegene Meister in physischer Gestalt, die die kollektive Relativität der Raum-Zeit-Überlappung verstehen. Sie kennen die Orte der Rückkehr der Merkabah und des Aufstiegs der Spezies. Sie können spirituell unterscheiden zwischen der „Kraft" der Bruderschaften und der Meister des Lichts und den zahlreichen Streitkräften der „geistigen Finsternis" die den lebendigen Gott nicht achten (Hesekiel 3:17;Micha 7:2-4; Jesaja 21:8)

Wechselseitige Programmierung Die wirksame Zusammenarbeit zwischen der Höheren Intelligenz und der menschlichen Intelligenz beim Teilen und Einschätzen von Ideen, Unternehmungen und Verantwortlichkeiten zwischen interplanetaren, intergalaktischen und spirituellen Intelligenzebenen in einem bestimmten Programm. Die Schulung und spirituelle Entwicklung eines Volkes aus vielfachen Schöpfungsebenen.

WEISHEIT 1. Eine Emanation aus der Gottheit, die uns befähigt, einen Fließpfad für Bewusstseinsreisen durch die Myriaden von Himmeln zu schaffen. Das Vehikel von Chokmah (Sephira der Weisheit) oder „Sophia", die höhere Weisheit, eine Schatzkammer oder kreative Manifestation von Myriaden Wirklichkeiten (Psalm 136:5). 2.Die Braut Gottes. Die „weibliche Seite" der Gottheit, die die Herrlichkeitsgrade entfaltet. Die Krone der Weisheit trägt das „Lebensgewand" über die Abgründe zwischen Universen, wo sie in die Kommunion mit der Gottheit eintritt (Sprüche 1:7). 3. Ratschluss des Glanzes des Allmächtigen, der den „Vollkommenen" innewohnt als eine Garantie für die Erlösung auf den Wegen der höheren Schöpfung über den Wegen der Welt (Sprüche 2:6-12). 4. Ratschluss des Amts der Prophezeiung. „In allen Zeitaltern tritt Weisheit in heilige Seelen ein und macht sie zu Freunden Gottes und der Propheten" (Weisheit Salomos 7:27). 5. Ein Aspekt der Arbeit mit dem Überselbst oder dem „göttlichen Doppel", das als ein Mysterium dem Schleier menschlichen Wissens verborgen ist (Hiob 11:6).

Weißes Loch/Schwarzes Loch 1. Ein schwarzes Loch stellt das erste Stadium nach dem Neutronenstern dar, wenn intermolekulare Kräfte kollabiert sind und die Materie zu einer Singularität zusammengepresst wird.2. Ein weißes Loch repräsentiert ein schwarzes Loch von Anti-Materie mit umlaufenden gewöhnlichen Materiemassen, die auf der Anti-Materie im schwarzen Loch kreisen. Die Höhere Intelligenz kann eine Weiß loch-Kraftquelle als Schalter benutzen, um thermonukleare Fusion zu übertreffen und um Materie durch Gedankenformen zu aktivieren. 3. Mini-Weißlöcher und Mini-Schwarzlöcher sind Kanäle für Transit Transformationen, welche Universen und Übergänge zwischen diesen durchdringen. Auf einer anderen Ebene können sie für selbst-organisierte Biogravitationsfelder und für Gravitationsverdichtung benutzt werden.

Wiedergeboren/Wiedergeburt Enoch sagte, dass „wiedergeboren-werden" für jene, die das himmlische Königreich und die „Wohnungswelten" Gottes betreten wollen, notwendig sei (1. Korinther 15:50). Abhängig von der Weisheit und der Erziehung der Seele, können die „Wiedergeburt" und der „Austausch der Gewänder", wenn wir in die Fülle Christi, des Heiligen Geistes und des Vaters hineinwachsen wollen, viele „Wiedergeburten" erforderlich machen, während _man entsprechend dem Muster des fleischgewordenen Wortes wächst. Auf diese Weise umfasst das göttliche Bildnis durch die „Wiedergeburt" alle spirituellen und körperlichen Vorrechte des Menschen, die nicht rein übernatürlich sind; mit einem Wort, es beginnt mit der Wiedergeburt des natürlichen Menschen (Johannes 1:12-13;Römer 8:16; Epheser 1:13-14). Sind wir einmal wiedergeboren. dann sind wir gesalbte spirituelle Brüder Christi (Römer 8:29; Hebräer 2:10-11).

Wort, Das 1. Göttliche Buchstaben, Lichter, Mächte und Leben, die alle Intelligenzebenen zu Teilhabern an der göttlichen Natur der Frömmigkeit, Herrlichkeit und Tugend machen (Jesaja 40:1-31; 41:1-29; 42:1-25). 2. Göttliche Gedankenübertragung zwischen dem Prototypus und der Kopie des „uranfänglichen Lebens" in der Schöpfung der Welten (Hebräer 11:3). 3. Die Manifestation der Göttlichen Sohnschaft in einer einzelnen (Johannes 1:1) oder pluralistischen Form (Johannes 1:25). Das Innewohnen der „Sohnschaft", die sagt: „Sei du mein Lichtglanz, und ich will Dein Lichtglanz sein." 4. Die Schnittstelle zwischen dem ‚Ratschlag des Geistes' und dem ‚Ratschlag des prophetischen Wortes', wo Gnade den Demütigen gegeben wird, die von der Shekinah dahingehend bewegt werden, in Übereinstimmung mit dem Wort zu sein, das von den Patriarchen und Propheten gesprochen wurde, die einst auf dem Planeten waren, um dem Vater JHWH zu dienen (2. Petrus 1:18-21). Siehe S. 615 u. s. Logos.

Wurmloch 1. Spiralen, die die Elektronen- und Subelektronen-Räume als subtile Einheiten des Super-Elektrons verbinden. 2. Eine singuläre Stelle, an der das Materie-Energie-konstrukt gekrümmt ist, um ein anderes Raumzeit-Kontinuum hervorzubringen. Die Wurmloch-Effekte werden in allen Medien gefunden, wo sich die rotierenden „Magnetfelder" schneller fortpflanzen als Lichtgeschwindigkeit, und die im Verhältnis zur Entfernung zunehmen.

X

Xoikoi Die ‚Lehm-Menschen', die die niedrigsten Manifestationen der Menschheit darstellen, die einfach nur an den Dingen des Fleisches und der physischen Lebenshülle interessiert sind, ohne den Geist Gottes und die Weisheit Seines Reiches.

Y

Yama Der Herr des Todes, der sich der uneingeweihten Seelen beim Tode annimmt. Siehe auch unter Yamdut.

Yamdut, (Yamdoot) Botschafter oder Engel (dut) des Todes (yama).

Yoga Wörtlich: Vereinigung, Verbindung; esoterisch: spirituelle Übungen, Praxis; Meditation im spirituellen Sinne; jedes System, das zum Ziel hat, die Seele mit Gott zu vereinigen.

Yogishwar, (Yogeshwar) König der Yogis oder höchster Yogi; jemand, der die zweite spirituelle Region, Brahm Lok oder die Kausalregion, erreicht hat.

Yogi. Jemand, der Yoga ausübt.

Yuga. Zeitalter, ein großer Zeitzyklus. In der Hindu-Mythologie wird die Zeit in vier wiederkehrende Yugas oder Zeitzyklen eingeteilt: das Goldene Zeitalter (Sat-Yuga); das Silberne Zeitalter (Treta- Yuga); das Kupferne Zeitalter (Dwapar Yuga) und das Eiserne Zeitalter (Kali- Yuga), das wir gegenwärtig durchlaufen. Eintausend Yugas bilden ein Großes Zeitalter (Maha Yuga), das einem Tag Brahms entspricht. Die Heiligen verweisen auf dieses Konzept der Zeiteinteilung, um die sich ständig ändernde Natur des Lebens auf Erden zu verdeutlichen.

Z

Zadok (Hebr) „Rechtschaffen." 1. Der Zadik als ein gerechter Lehrer, der den Schüler in den Besitz von Wissen bringen soll, je nach seinen spirituellen Fähigkeiten und in Übereinstimmung mit den Regeln der Zeit. Ein besonderer Lehrer, dessen wahre Identität verborgen bleibt, und dem die Macht gegeben ist, die Auserwählten in den wundersamen Geheimnissen und in der Wahrheit zu unterrichten, mitten unter den Männern der Gemeinschaft, damit sie ganz im Lichte wandeln mögen. 2. Ein Prophet und Priester, der David beistand (1. Chronik 12:28); der half, die Bundeslade nach Jerusalem zu bringen (1. Chronik 15:11-13); ein prophetischer Seher (2. Samuel 15:27). 3.Ein Vorbild für die echten Schreiber und Gelehrten JHWHs, die als die „Ältesten des Glaubens" arbeiten und die Lehren JHWHs als die des wahren Lebendigen Gottes von Generation zu Generation bewahren.

Zadok, Priesterschaft von 1. Die geheime Priesterschaft der astrophysischen Messiasschaft, die die wahre spirituell- wissenschaftliche Lehre auf dem Planeten weitergeführt hat, als die Söhne Levis und Aarons vom Wege abkamen. Eine im Untergrund wirkende ‚apokalyptische Gemeinschaft' als ein Gegen-Israel. Die Qumran-Schriftrollen sagen uns: „Die ‚Priester' sind die Bußfertigen von Israel, die aus dem Lande Juda gingen. . . und die ‚Söhne Zadoks' sind die Erwählten von Israel, die ‚Auserwählten des Namens', die sich am Ende der Tage erheben werden." (1 QSa-Rolle 1,2,24;1 QSb-Rolle 111,22-23). 2. Die Samengemeinschaften von Zadok, die die ganze Geschichte hindurch, als der ‚Baum der Erkenntnis', für Gottes Wort Zeugnis abgelegt haben, sind die im Schema auf Seite 617 aufgelisteten. Am Ende der Zeit werden die Auserkorenen voller Strömungen und Gemeinschaften, die das Wort von JHWH vor dem Kommen des MSHJHJ offenbaren wird, versammelt werden.

Zehn Gebote Die „Gebote" des „Du sollst sein" in den einmaligen pyramidalen Lichtgittern. Zehn Licht-Superschriften, die die Grundlage des Lebens und des

Kosmischen Gesetzes in unserem Vater-Universum bilden (Exodus 34:28; 24:9-12).

Zeit 1. Eine messbare Periode oder Chronologie, die im Bewusstsein einer Spezies auf einer bestimmten Lichtwellenlänge erlebt wird. 2. Vom Ain Soph aus gesehen, gibt es keine „Zeit" und keinen „Raum".

Zeitkrümmung 1. Raum-Zeit-Krümmungen.
Innerhalb der Galaxie: die Koordinaten von elektrischen und magnetischen Gittern, die mit elektromagnetischen Geometrien rund um die Erde und natürlichen Raumzeitkrümmungsgebieten auf der Oberfläche des Planeten verbunden sind. Ein universelles raumfüllendes Raster. 2. Natürliche Raumzeitkrümmungen. Auf meteorologischen und geologischen Karten: Punkte mit Raumanomalien, die eine dodekaedrische (zwölfflächige) Energiekarte der Erde bilden. Ein magnetisches Gittersystem auf dem Planeten, ähnlich den Hauptakupunkturpunkten im menschlichen Körper. Architektonische Wirbel, die sich mit den himmlischen Einflüssen so kreuzen, dass sie unterschiedliche magnetische Phänomene erzeugen. Orte, an denen planetare Energieströme nicht nur die magnetischen Strömungen an der Erdoberfläche beeinflussen, sondern auch Energieschichten tief in der Erde. Der Hauptvortex über dem Takla Makan-Gebiet in Sinkiang ist die größte von der Bruderschaft des Lichts benutzte Struktur.

Zeitverzögerung/Zeitverzug 1. Zeitliche Differenz zwischen verschiedenen Schöpfungsordnungen, wobei die Sub-Schöpfungen Ereignisse nach einem Zeitplan durchlaufen, der messbar langsamer ist als der des Leit- oder Mutter-Programms. Daher leben Zivilisationen in einer Zeitverzögerung Ereignisse aus, die auf höheren Ebenen der Schöpfung bereits stattgefunden haben. 2. zeitbezogene Funktionen, die auf dem Wirkungsbereich „gequantelter subatomarer Teilchen" aufbauen. Wenn man gewillt ist, die Möglichkeit anzuerkennen, dass Elektronen- und Positronen-Paare einige oder alle neutralen Partikel ersetzen können, dann werden diese Paare zum gemeinsamen Z Nenner und zeigen drei hauptsächliche Energieebenen. Man kann dadurch Schwerkraft, Trägheit und „nuklearen Leim" als die elektromagnetische Kraft auf der Ultrahochfrequenz 1024 Hz erklären. Eine solche Erklärung des Stoffs aus dem das Universum besteht, würde also auf Elektronen und Positronen basieren, die mit einer Geschwindigkeit von c mal der Quadratwurzel von (pi/4) kreisen, mit einer relativistischen Masse fast doppelt so groß wie ihre Ruhemasse.

Zeitzelle Eine willkürliche Zeitmaßeinheit, bei der Experimentation mit verschiedenen 2 Lebensformen eingesetzt, die alle ihre eigene „Zeitcodierung" und unterschiedliche biologische Spuren haben.

Zen: Japanisch; eine Abkürzung des Wortes „Zenna" (auch japanischen Lesart des chinesischen „Ch'an-na" (abgekürzt Ch'an) das wiederum die Übertragung des Sanskrit-Wortes „Dhyana" ist und die Sammlung des Geistes und die Versunkenheit bezeichnet, in der alle dualistischen Unterscheidungen wie Ich / Du, Subjekt/ Objekt wahr / falsch aufgehoben sind. Zen lässt sich exoterisch und esoterisch definieren: Exoterisch gesehen, ist Zen eine Schule des Mahayana Buddhismus, die sich im China des 6. und 7.Jh. aus der Begegnung des von Bodhidharma nach China übermittelten Buddhismus mit dem Taoismus entwickelte. Als solche ist Zen eine Religion, deren Lehren und Praktiken darauf gerichtet sind, zur Selbst-Wesensschau (Satori) und schließlich zum vollen Erwachen (Erleuchtung) hinzuführen. Wie keine andere Schule des Buddhismus betont das Zen die Vorrangigkeit der Erleuchtungserfahrung und die Nutzlosigkeit von rituellen religiösen Übungen und intellektueller Auseinandersetzung mit der Lehre für die Erlangung der Befreiung (Erleuchtung). Esoterisch gesehen ist Zen keine Religion, sondern die nicht definierbare, nicht vermittelbare, von jedem einzelnen nur für sich selbst erfahrbare Wurzel, frei von jeglichen Namen, Bezeichnungen und Begriffen -aus der als Ausdrucksform dieser Erfahrung alle Religionen erst entspringen. In diesem Sinne ist Zen an keine religiöse Tradition, auch nicht an die buddhistische gebunden. Es ist die von den großen Weisen, Heiligen und Religionsstiftern aller Zeiten und Kulturen erfahrene und mit den verschiedensten Namen bezeichnete Ur-Vollkommenheit" alles Seienden.

Zentropie 1. Ein Spezialausdruck zur Beschreibung der Elektrifizierung von Materie in unserem Universum, die eine kreative Erneuerung hervorbringt. 2. Wenn LICHTstrukturen mit unserem Universum in Berührung treten, können sie Materie aus negativer Entropie in Zentropiek verwandeln.

Zirbeldrüse, endosekretorische Drüse im Zwischenhirn, deren Hormone eine reihe wichtiger Steuer-und Regelfunktionen auf die Tätigkeiten anderer Drüsen ausüben, unter anderem der Keimdrüsen **Zi'on** Gedankenpartikel, die zum Ausbreiten, Zusammenziehen und zur omnidirektionalen (nach allen Seiten gerichteten) Arbeit mit der Höheren Evolution notwendig sind. Ein Quantum von Lichtpartikeln, verantwortlich für die grundlegende Steuerung kombinierter magnetischer und elektrostatischer Felder u. dgl., die nötig sind, um die Paradigmen, die die physisch-spirituelle Fusion kontrollieren, zu verändern (Paradigmenwechsel).

Zion (Hebr) „Ze-iyon". Der Lichtkern. 1. Ein poetischer Name für das Volk Gottes als historisches Volk des Programmes Israel. Die restliche Adamische Saat als aktives Netzwerk spiritueller Liebe und Erneuerung. 2. Der ‚große weiße Thron' in der Mitte der Erde als ein direkter Kanal der Shekinah des Vaters, im Gegensatz zu den autoritären religiösen Eiferern, die das Prophetische Amt des Wortes leugnen, Die Heiligen, die durch die Shekinah beleb und am Ende der Zeit als Priester und Propheten des Lichts erhöht werden. (Offenbarung 20:9-12)

Zivilisation Typus 1 Hauptsächlich in Population-1 Sternsystemen zu finden. Eine

Zivilisation, die fähig ist, das Äquivalent der gegenwärtigen Energieleistung der irdischen Zivilisation für interstellare Kommunikation einzusetzen.

Zivilisation Typus II Hauptsächlich in Population-lI Sternsystemen zu finden. Eine Zivilisation, die fähig ist, das Äquivalent der Energieleistung multipler Sternensysteme für interstellare Kommunikationen und Wachstum entsprechend dem Kosmischen Gesetz der lokalen Hierarchie/Föderation und der Licht-Bruderschaften einzusetzen.

Zivilisation Typus III Eine Zivilisation von Licht-Intelligenz, die auf spirituellen Planeten lebt und die äquivalenten Kräfte einsetzt, die die Meister des Lichts bei ihrer Arbeit mit den materiellen Welten aufbringen.

Zohar Der Textkorpus aller Schriftrollen und heiligen Bücher, die eine Paralleltradition direkter Belehrung über Jahwehs viele Wohnungswelten lebendig erhalten haben.

Die Zohar-Belehrungen ermöglichen es dem getreuen Gläubigen, richtiggehend in eine Dimension von Raum-Zeit jenseits der herkömmlichen Raumzeit verklärt zu werden - voller Ehrfurcht vor den vielen Wohnungswelten des Vaters, die dem Seelen-Fortschritt im Unendlichen Weg vorbehalten sind. Die Wissenschaft der denkenden Sternen- Intelligenz.

Zohar-Körper Das Körper-Vehikel „äußeren Lichts", das es dem Körper ermöglicht, über den Lichtkegel der unmittelbaren Relativität hinauszugehen. Dieser Körper legt ein Lichtband um die vier anderen Energievehikel der (jeweiligen) „Inkarnation", so dass der physische Körper zwischen dem heiligen „Licht"-Raum und dem profanen „Licht"Raum unterscheiden kann. Der „vielfarbene Mantel", der die Grundlage der Energieform ist, die mit dem glänzenden und herrlichen Aufbau des „Himmlischen Jerusalem" übereinstimmt. Durch den Zohar-Körper werden die zweiundsiebzig Bereiche des Geistes (mind) ausgeglichen und der Mikrokosmos des unbewussten Menschen steigt zu Sohnschaft und zu einer Wohnstätte im Thron des Vaters auf (Offenbarung 7:9-16).Der Zohar-Körper arbeitet in Dreieinigkeit mit seinem ÜberselbstkÖrper und dem „Gesalbten" Christus-Üherselbstkörper, der die direkte' Offenbarung aus den Thronwelten JHWSs empfängt.

Zoharim-Rassen Fortgeschrittene Physische, die einen reineren Energiekörper oder Materie-Energiekörper haben als die physischen Rassen von Population-I einfachen Sonnensystemen und deren planetaren Welten.

Z-Teilchen Ein Teilchen, das in jeder seiner Eigenschaften außer in seiner Masse mit dem Photon ident ist. (Vektorboson).

Zyklus 1. Ein Intervall von Raum oder Zeit in welchem eine bestimmte Menge von Ereignissen oder Phänomenen abgeschlossen wird. 2. Jedwede Menge von Operationen, die regelmäßig in der gleichen Reihenfolge Wiederholt werden. Die Operationen können bei jeder Wiederholung Änderungen unterliegen.

Zu guter letzt noch das hier:

THE CREATURE FROM JEKYLL ISLAND (Aus dem Buch von G.Edward Griffin)

Der prozentuale Wert der Amerikaner die ihr eigenes Haus besitzen fällt.

Das Alter indem ein Haus gekauft werden kann steigt. Die Menge der Menschen die zur Mittelklasse gehörten fällt. Der Umfang der Familienersparnisse wird kleiner. Die Menge der Menschen die unterhalb der Armutsgrenze leben steigt stetig. Die Menge der persönlichen Pleiten Zahlungsunfähigkeiten steigt stetig und hat sich seit 1960 verdreifacht. Über 90% der Amerikaner sind mit dem Alter von 65 Pleite.

THE NEW WORLD ORDER

Nichts davon passiert durch einen Unfall. Zurzeit entfaltet sich ein Plan um einen funktionierenden Weltstaat aufzubauen innerhalb des UN Rahmens. Oft wird davon gesprochen als „The New World Order" durch ihre Advokaten. Der vorgeschlagene Staat ist ein Konstrukt auf den Prinzipien des Sozialismus aufgebaut. Es ist der zur Wahrheit werdende Traum der „Welt-Sozialist-Theoretiker", Politiker, und Techniker, die es als das Ultimative Labor für ihre sozialen Experimente, benutzen, für die Menschheit. Es werden zwei Waffen der Kontrolle in der UN nun fertig gestellt. Eine ist eine Weltmilitärkontrolle die eventuell alle nationalen Armeen kontrollieren wird und deren Superwaffen. Das wird unter dem Wahlspruch des „Friedens" erreicht und unter „Entwaffnung". Die andere ist eine Welt-Zentralbank, nun als IMF-Weltbank bekannt, mit der Möglichkeit ein einheitliches Geld zu drucken das alle Nationen akzeptieren müssen. Das wird erreicht unter dem Wahlspruch „Internationaler Handel" und „Wirtschaftliches Wachstum". Unter den zwei Waffen ist „Geld Kontrolle" die wichtigste. Das benutzen der Militärkraft ist als raue Kraft angesehen im Arsenal des Welt-Staates, das nur als letzte Möglichkeit genutzt werden soll. Der Effekt der Geld-Kontrolle ist viel Kraftvoller als die Mega-Tonnen von Atomenergie. Denn es reicht in jeden Laden und jeden Haushalt, etwas das durch Armeen niemals erreicht werden könnte. Es kann benutzt werden mit äußerster Präzision gegen Nationen, einer Gruppe, oder sogar einer Einzigen Person, während andere davon befreit sind oder andere involviert in dem Druck. Militärische Einmischung könnte zwar sehr verführerisch sein aber es schafft Abneigung und politisches Rächen durch die Bevölkerung das für Jahrzehnte lodern könnte. Da aber Geldmanipulationen sehr selten verstanden werde von den Bevölkerungen oder den Opfern so können die Verursacher auch nicht die Rache der Bevölkerung spüren. Als Fakt, der Manipulator, wird sogar noch gelobt und gewürdigt und hat hohes Ansehen in der Dumpfbackenbevölkerung. Da ja Status und finanzielle Belohnungen eine Wirkung haben werden so die Ausgebeuteten mit Geldkontrollen „Ruhig „gestellt, wie mit all den falschen anderen falschen „Ruhigstellern" einer materialistischen Herrschaftsgeldologie. Geld ist die Waffe der Wahl für den „Neuen Welt Staat" The New World Order.

Ein zukünftiges Weltparlament auf der Basis von Minimum Unfreiheit und Maximum Freiheit könnte ein wunderbares Advent sein für die Menschheit. Ohne zu versuchen alle Nationen zusammen zu Ferchen in eine zentralgesteuerte Maschine, es würde kulturelle und religiöse Variation begrüßen. Anstatt zu versuchen die Welt in ein kollektives Korsett von Gesetzen und Regelungen und Quoten und Unterwerfungen zu bringen, müsste es Diversität unterstützen und Freiheit zu wählen. Anstatt immer größere Steuerabgaben anzuwenden, auf jede nur ermöglichbare wirtschaftliche Aktivität und somit menschliche schöpferische Aktivität in seinem Prozess zu zerstören, es müsste die Mitglieder und Mitmösen- Nationen, ermuntern, Steuern zu reduzieren die schon existieren und dadurch Produktion und Kreativität stimulieren.

Ein Weltparlament, angebunden an das Konzept der Freiheit, dürfte keine Mitglieder aufnehmen von Nationen die sämtliche Rechte der Freiheit ihrer Bürger zerstören. Das könnte eine Methode sein durch die totalitäre inhumane Staaten unterstützt werden könnten ihre Bösartigkeiten aufzugeben mit ihren unterdrückerischen Methoden, damit sie in den wirtschaftlichen und politischen Weltkörper aufgenommen werden könnten. Das könnte die größte Kraft für Frieden und Wohlstand werden die wir je gesehen haben.

Aber „The New World Order" das nun ausgebrütet wird in den United Nations, ist ein gänzlich anders Wesen. Seine Mitglieder repräsentieren alle möglichen Diktaturen und Kriegsherren auf der Erde. Die Philosophie basiert auf der sozialistischen Doktrin das alles Gute vom Staat kommt. Jene die nicht konform sein wollen müssen gebeugt werden, zum Staatswille oder sie werden eliminiert. Es kann keine Totalität akzeptieren, weil es selber Totalitärisch ist.

Amerika ist das Ziel.

The New World Order kann keine funktionierende Realität werden, solange wie die USA die Fähigkeit besitzen alleine zu stehen. Amerika wird als der Bulle im Porzellanladen gesehen. Momentan ist die USA sicher kontrolliert, aber die Weltplaner sind nervös die USA könnte sich losreißen in der Zukunft. Wenn die amerikanischen Menschen aufwachen könnten und die Realitäten der Weltpolitik erkennen könnten und wieder Kontrolle über ihren Government bekommen würden, sie haben immer noch die militärische und wirtschaftliche Power auszubrechen. So unter den Weltplanern, ist deswegen das Ziel die USA zu schwächen, militärisch und auch wirtschaftlich. Und diese Direktive ist von amerikanischen Führungspersonen gekommen, und nicht von denen anderer Länder. CFR Mitglieder sitzen im Weißen Haus, das State Department, das Verteidigungsministerium, und das Finanzministerium, sie alle arbeiten daran um diesen Plan zu finalisieren. Es ist ein weitere Doomsday Mechanismus, das wenn er genügend Momentum erreicht hat, den kritischen Punkt erreicht, wo es kein zurück mehr gibt.

Der Koreakrieg war das erste Mal das Amerikanische Soldaten unter der UN-Autorität kämpften. Und der Trend ist beschleunigt worden, Irak, Jugoslawien, Bosnien, Somalia, Haiti. Wenn diese Buch in Druck geht da werden wohl weitere Einsätze mit der UN sein. Während das amerikanische Militär absorbiert wird, sind Versuche unterwegs die amerikanischen Atombomben abzugeben.

Wenn das passiert, ist der Doomsday-Mechanismus aktiviert. Es wird dann zu spät sein zu flüchten. Gleichzeitig, die IMF-World Bank funktioniert schon in Zusammenarbeit mit dem Federal Reserve System- als eine Welt-Zentral-Bank. Die amerikanische Wirtschaft wird bewusst ermüdet durch ausländische Übernahmen, und domestische Schwächung. Das Ziel ist denen die Hilfe brauchen nicht zu helfen, oder die Natur zu schützen, sondern das System zu zerstören. Wenn einmal stolze und unabhängige Amerikaner in den „Suppenreihen" stehen, werden sie bereit sein, das vorsichtig arrangierte „Rettungspaket" durch die Weltbank zu akzeptieren.

Eine Weltwährung ist bereits entworfen, nur darauf wartend die richtige „Krise" zu bekommen, um den Plan zu rechtfertigen. Und davon wird es dann auch kein entkommen geben.

Der Bericht von Iron Mountain

Die Substanz dieser Strategien können zurückverfolgt werden zu einer „Denk-Tank" Studie erschienen in 1966 genannt „Der Bericht von Iron Mountain". Obwohl der Ursprung dieses Berichts stark debattiert wird, deutet das Dokument selber an, das es herausgegeben wurde durch das Department of Defense unter Verteidigungsminister Robert McNamara und produziert wurde von Hudson Institut das am Fuße des Iron Mountain in Croton-on-Hudson, New York liegt. Das Hudson Institut wurde gegründet und geleitet von Herman Kahn, der zuvor bei der Rand Corporation war.

Beide McNamara und Kahn waren Mitglieder der CFR.

Der selbsternannte Grund dieser Studie war, um unterschiedliche Wege herauszufinden um „Gesellschaft zu Stabilisieren „. Lobenswert wie es sich anhört, ein Lesen des Berichts lässt erkennen das Wort „Gesellschaft" ist synonym mit dem Wort „Staat". Mehr noch, das Wort „Stabilisieren" wird benutzt als Bedeutung von Präservieren und als Wiederholung. Es ist von Anfang an klar, das die Natur der Studie, darin liegt, zu analysieren, wie der Staat auf unterschiedliche Wege ununterbrochene wiederholende Wege findet immer in Power also Macht zu bleiben, um die Bürger zu kontrollieren und sie vom rebellieren abzuhalten. Es wurde beschrieben gleich am Anfang der Studie, dass Moralität kein Thema ist. Diese Studie sprach nicht die Fragen von richtig und falsch an, weder noch beschäftigte sich die Studie mit dem Konzept der Freiheit oder Menschenrechte. Ideologien waren keine Themen, auch nicht Patriotismus, oder religiöse Angelegenheiten. Die einzige Beschäftigung ging um das Thema wie der Staat der zur Zeit existierenden Staat sich ununterbrochen an der Macht halten könne. Der Bericht sagte: Zuvorige Studien haben das wünschenswerte des Friedens genommen, die Wichtigkeit des menschlichen Lebens, die Überlegenheit von demokratischen Institutionen, das größte „Gute" für die meisten Menschen, die Würde des Individuums, das wünschenswerte von höchster Gesundheit und Langlebigkeit, und andere solche wünschenswerten Angelegenheiten als Axiome Werte nötig für die Rechtfertigung für eine Studie von Friedensberichten, wir haben das nicht so gefunden. Wir haben versucht den Standard der physischen Wissenschaft anzuwenden mit unserem Denken, die prinzipiellen Charakteristiken welche nicht Quantifikation ist, so wie es populär geglaubt wird, sondern das, in Whiteheads Worten, „ es ignoriert alle Beurteilungen von Werten, zum Beispiel, alle ethischen ; moralischen Beurteilungen"

Die Hauptaussage des Berichts war folgendes formuliert, in der Vergangenheit war Krieg das einzige wirkungsvolle Mittel um das Ziel zu erreichen. Der Bericht sagte das nur in der Zeit von Kriegen oder die Drohung das Krieg geführt werden würde, die Massen bereit waren die Belastung des Staates zu tragen ohne sich zu beschweren. Angst vor Angriffe und Übernahme durch den Feind kann fast alle Beschwerden als akzeptabel akzeptiert werden. Krieg kann benutzt werden um menschlichen Leidenschaften in Bewegung zu bringen und patriotische Gefühle der Loyalität zu den nationalen Führern. Kein Menge der Aufgabe und Belastung im Namen des Sieges wird abgewiesen. Widerstand,

Wiederspruch, Resistanz, wird als Verrat angesehen. Aber, in Zeiten des Friedens, werden Menschen unzufrieden mit hohen Steuern, Kürzungen, und bürokratischen Einmischungen. Wenn sie ihre keinen Respekt mehr vor ihren „Führer" haben, werden sie gefährlich. Keine Regierung hat lange überlebt, ohne Feinde und Militärische Konflikte. Krieg, ist deswegen, eine wichtige Kondition um „Gesellschaft zu stabilisieren „ Das sind die exakten Worte des Berichts:

Das Kriegssystem ist nicht nur Essentiel für die Existenz von Nationen als selbstständige politische Strukturen, sondern ist auch gleichzeitig unentbehrlich für die stabile politische Struktur. Ohne Krieg, war keine Regierung je fähig die Einwilligung für ihre „Legitimierung" oder das Recht ihre Gesellschaft zu beherrschen zu erreichen. Die Möglichkeit des Krieges erschafft den Sinn der äußerlichen Notwendigkeit ohne die eine Regierung nicht sehr lange an der Macht bleiben kann. Die historischen Berichte zeigen eine Situation nach der anderen wo der Fehler eines Regimes die Möglichkeit eines Kriegsdrucks nicht zu erreichen zu seiner Auflösung geführt hatte, durch die Kräfte der privaten Interessen, oder Reaktionen gegen soziale Ungerechtigkeit, oder durch andere auflösende Elemente. Das Organisieren der Gesellschaft für die Möglichkeit eines Krieges ist die prinzipielle politische Stabilisation....sie hat Gesellschaften ermöglicht notwendige

Klassenunterschiede aufrecht zu halten, und es hat die Unterwerfung der Bürger unter den Staat durch die Tugend der einheimischen Kriegsmacht gewährleistet in dem eingebauten Konzept der Nationalität.

Eine neue Definition von Frieden

Der Bericht erklärt dann, dass wir einen neuen Punkt in der Geschichte ansteuern, wo die alten Formeln nicht mehr länger wirken werden. Warum ? Weil es nämlich nun möglich wird eine Weltregierung zu erschaffen, in der alle Nationen entarmt sein werden und diszipliniert durch eine Weltarmee, eine Kondition Situation, die Frieden genannt wird. Der Bericht sagt:

Das Wort Frieden (Das muss man sich mal vorstellen die nennen Frieden ein Wort. Hier will ich gleich darauf aufmerksam machen, das alle Menschen egal wo sie herkommen und wer sie sind und was sie haben und wie viele Titel und so weiter, die sich auf ein Wort abstrahieren, also Abstraktionen am höchsten schätzen, das sie zur „Negativen Macht" gehören, und Macht und Kontrolle über die Menschheit und alles Leben haben wollen. Also wer Leben und Seinszustände als „Wort" bezeichnet gehört in die „Klinik". W. Schorat) also das Wort Frieden, so wie wir es in den folgenden Seiten benutzen, bedeutet totale generelle Abrüstung. Unter diesem Szenario werden selbstständige Staaten nicht mehr existieren und Staaten werden nicht mehr die Möglichkeit haben Kriege zu führen. Da könnten noch militärische Aktionen sein durch die Weltarmee gegen abweichende politische Unterdivisionen, aber das würden dann Friedenserhaltende Operationen genannt werden, und Soldaten würden dann Friedenserhalter genannt werden. Egal wie viel Eigentum zerstört werden würde und wie viel Blut fließen würde, die Kugeln werden „Friedvolle Kugeln „ und die Bomben --sogar Atombomben, wenn nötig, werden „Friedliche" Bomben sein.

Der Bericht bringt dann die Frage auf, ob da wirklich jemals eine passende alternative für Krieg sein würde? Was könnten regionale Staaten sonst benutzen und was könnte der Weltstaat für sich selber nutzen - sich selbst zu legitimieren und kontinuierlich an der Macht zu bleiben? Um eine Antwort zu finden zu diesen Fragen wurde diese Studie überhaupt gemacht. Das war der einzige Sinn dahinter. Der Bericht von Iron Mountain kommt zur Aussage, dass es keine alternative für Krieg gibt außer es hat drei Eigenschaften. Es muss (1) wirtschaftlich verschwenderisch sein. (2) repräsentiert eine akzeptierte Bedrohung von großer Wichtigkeit, und (3) erschafft einen logische Entschuldigung für zwangsmäßige Dienste für den Staat.

Eine Kultivierte Form der Sklaverei

Zum Thema der zwangsweisen Dienste, sagte der Bericht, das einer der Vorteile von stehenden Armeen der ist, das sie ein Werkzeug sind für den Staat um antisoziale und abweichende Elemente der Gesellschaft dort zu plazieren, In die Armee. In der Abwesenheit von Krieg, jene die in diese gezwungenen ArbeitsBatallione kommen, denen würde man erzählen, das sie Armut bekämpfen oder den Planeten reinigen oder das sie die Wirtschaft in Schwung bringen, oder das sie dem Allgemeinwohl dienen, oder irgendeiner anderen Mode. Jeder Teenager würde verpflichtet werden zu Dienen, insbesondere in den Jahren in denen junge Menschen am meisten rebellieren gegen Autoritäten. Ältere Menschen, auch, würden eingezogen werden, als eine Art um Steuern abzuarbeiten oder andere Gerichtskosten. Flüchtigen würden schwere Bußgelder zahlen müssen für „hass-kriminalität" und politisch inkorrekten Einstellungen, so, irgendwann würden sie alle in den Zwangs-Arbeits-Bataillonen sein. Der Bericht sagt: Wir werden examinieren.die Zeit-schätzenden Nutzungen von militärischen Institutionen um für antisoziale Elemente eine passende akzeptable soziale Struktur zu haben..Die momentanen beschönigten Klischeees--"Jugendliche Vergehen" und „Entfremdung" haben ihre Gegenteile, Ergänzung, in jedem Alter. Im Anfangsstadium werden diese Konditionen sofort und direkt vom Militär bearbeitet ohne die Komplikationen eines Gerichtsverfahrens, einfach durch Druckausübung oder sonst durch direkte Versklavung. Die meisten Anträge die sich selbst adressieren, insbesondere oder anderwertig, zu dem Nachkriegsproblemen die sogenannten „sozial entfremdeten „ sie werden in einer oder anderen Variante zu den Friedensgruppen oder den sogenannte Arbeitsgruppen geführt werden um dort eine Lösung für sie zu finden. Die sozial Nichtbetroffenen die wirtschaftlich unvorbereiteten die psychologisch unkomfortablen, die schweren „Vergehen", die nicht korrigierbaren „Subversiven" und der Rest der Arbeitslosen nicht vermittelbaren sind als irgendwie transformiert anzusehen durch die Disziplin eines Dienstmodells im militärischen Ablauf als irgendwie mehr oder weniger hingebungsvolle Sozialarbeiter.

Ein weiteres mögliches Surrogat für die Kontrolle von potenziellen Feinden der Gesellschaft ist die Wiedereinführung, in einer Form konsistent mit moderner Technologie und politischen Prozessen, von Sklaverei....es ist total möglich das die Entwicklung einer kulturellen Form von Sklaverei eine absolute Voraussetzung sein muss für soziale Kontrolle in einer Welt des Friedens. Als eine praktische Angelegenheit, muss der Kodex des Militärs und seiner Disziplin in eine euphemistische also beschönigende Form der Versklavung gebracht werden, was überraschenderweise sehr wenig Veränderung beanspruchen würde (Da das Militär ja Sklavenarbeit für die Negative Macht ist W. Schorat) der logische erste Schritt würde die Adoption von einer Form des „universellen Militärischen Dienstes „ sein.

Blutige Spiele

Der Bericht erwähnt Wege wie man die Öffentlichkeit mit Unwichtigen-Aktivitäten Vorbeschäftigt hält so das sie keine Zeit haben würden um an politischen Debatten teilzunehmen oder Wiederständen. Freizeitbeschäftigungen, trivale TV Shows und

Spiele, Pornografie, und Situationskomedien könnten eine sehr wichtige Rolle spielen, aber „Blutige Spiele" so wurde angenommen, würden die am meisten wirkenden von allen Möglichkeiten sein. Blutige Spiele sind Wettkämpfe zwischen Individuen oder Mannschaften die genügend Aggressiv sind in ihrer Natur um den Zuschauer kontinuierlich seine Frustration abarbeiten zu lasen. (Weil nämlich diese Gesellschaften alle ohne Ausnahme von der Negativen Macht geleitet sind Geld Geil und Kriegerisch und verlogen W. Schorat Nicht umsonst wird im Johannesevangelium gelesen „das Tier herrscht") Als Minimum muss dieser Event eine emotionale Mannschaftsloyalität erwecken auf der Seite des Fans und muss auch beinhalten die Erwartung von Schmerzen und Verletzungen auf der Seite der Spieler. sogar besser für das Ziel ist das verschütten von Blut und die Möglichkeit des Todes.

Der Normale Mensch der Durchschnittsmensch hat eine morbide Faszination für Gewalt und Blut. Menschenmengen versammeln sich um zu schreien „Spring" Spring! zu der Selbstmordfigur am Hoteldach. Autos fahren langsamer oder bleiben stehen nur um auf die zerschundenen Körper von Autounfällen zu glotzen. Ein Schulhofkampf zieht sofort die Aufmerksamkeit auf sich. Boxen und Fußballspiele und Hockey oder Autorennen sind täglich im TV, die Millionen anziehen die Jubeln wenn die Momente der Gefahr da sind, jeder wütende Schlag ins Gesicht, jeder gebrochene Knochen, jeder Ko-Schlag, jeder der unbewusst weggetragen wird mit möglichem sterben, das ist gewollt. Auf diese Art, ist die Wut gegen die „Gesellschaft" diffus und Fokussiert stattdessen, auf die gegnerische Mannschaft. Die Kaiser von Rom benutzten die Zirkusse und Gladiatoren und öffentliche Exekutionen durch wilde Tiere für genau den Grund. Bevor man zu der Entscheidung kommt das solche Konzepte absurd sind in dieser modernen Zeit, erinnert man sich an 1985 europäische Fußballmeisterschaft in Belgien, wo die Zuschauer so emotional wurden in der Meisterschaft das blutige Zusammenstöße ausbrachen und 38 Tote hinterließen und mehr als 400 verletzte. US News & World Report bringt diesen Bericht dazu: Die Wurzel des Ärgers. Eine Herden Loyalität zur Heimmannschaft das die Obsession übertrifft und, sagen einige Experten, ist nun eine Aushilfsreligion für viele geworden. Die Schlimmsten Angreifer waren Mitglieder von Gruppen aus Chelseas Anti-Personal Firm, zusammengestellt von ungebildeten jungen Männern die in Fußball Rivalität und Flucht von der Langeweile finden. Jedoch, die britischen haben kein Patent auf Fußballaggressionen. Am 26 Mai wurden 8 Menschen getötet und mehr als 50 verletzt in Mexico City. Ein 1964 Stadion Wahnsinn in Lima Peru tötete mehr als 300 und ein heiß umstrittenes Spiel 1969 zwischen El Salvador und Honduras führte zu einem wochenlangen Schieß-Krieg zwischen zwei Ländern, wobei Hunderte verletzt wurden. Die USA wird kritisiert wegen ihrer Spielfeld Aggressionen ihres beliebtesten Sports Football, aber Ausbrüche in den Rängen sind selten weil nämlich Loyalität über mehrere Sportsarten verteilt sind und nationaler Stolz ist dabei nicht bedroht. David Thomas Tutko, Professor der Psychologie im California San Jose State Universität sagt: „In diesen anderen Ländern, wird der Sport als ihre Armee benutzt. Nun ist es ihr Konkurrenzteam das ihre Emotionen entfacht."

Wenn man alle Verzweigungen von Blutigen Spielen sieht, der Bericht von Iron Mountain kommt zur Entscheidung dass sie kein adäquater Ausgleich sind für Krieg. Es ist wahr das aggressive Sportarten nutzbare Aufmerksamkeitsverschieber sind, und als ein Fakt ein Ventil sind für Langeweile und feurige Gruppenloyalitäten, aber der Effekt an der nationalen Seele kann nicht den Eindruck machen wie die Intensität einer Kriegeshysterie. Bis eine bessere Alternative gefunden werden kann, muss der WeltStaat verschoben werden, damit die Nationen weiterhin Kriege führen können.

Eine Glaubwürdige Globale Bedrohung Finden

In Kriegszeiten, die meisten Bürger ohne sich zu beschweren akzeptieren ihre minderwertigen Lebensumstände und bleiben trotzdem stark loyal ihren Führern gegenüber. Wenn ein passender Ausgleich für Krieg gefunden ist, dann muss er auch die gleichen Reaktionen hervorbringen wie ein Krieg. Deswegen, ein neuer Feind muss gefunden werden der ihre gesamte Welt bedroht und die Möglichkeit von der Gefahr überrannt zu werden muss genau so angstmachend sein wie Krieg selber. Der Bericht ist sehr ausführlich zu dieser Aussage: Vereinigung braucht einen Grund, und ein Grund braucht einen Feind. So viel ist klar, der kritische Punkt ist der das der Feind der den Grund definiert ehrlich schrecklich sein muss. Ungefähr gesprochen, die angenommene Kraft dieses „Feindes" muss genügend sein um sicher zu stellen das ein individueller Sinn einer Gemeinsamkeit zu seiner Gesellschaft muss proportional zur Größe und Komplexität der Gesellschaft sein. Heute, natürlich, diese Kraft muss von ungeheuerer Magnitude und Megaangstmachens sein. Die erste Annahme eine passende Bedrohung zu finden um als einer globalen Bedrohung zu dienen ist, das sie nicht Real sein muss. Eine reale würde natürlich besser sein, aber eine künstliche würde genau so gut wirken, vorrausgesetzt die Massen könnten überzeugt werden das es real ist.. Die Öffentlichkeit wird wesentlich schneller einer Fiktion glauben als andere. Glaubwürdigkeit würde wichtiger sein als Wahrheit.

Armut war auch als eine mögliche Bedrohung examiniert aber abgewiesen als nicht angstvoll genug. Der größte Teil der Menschheit war ja schon in Armut. Nur jene die niemals Armut erlebt hatten würde es als eine globale Bedrohung sehen. Aber für den Rest war es einfach ein Fakt des Tag täglichen Lebens. Eine Invasion von Außerirdischen aus dem Weltall wurde auch genau sehr ernst geprüft. Der Bericht sagte das Experimente entlang diesen Linien wurden schon gemacht. Die öffentlichen Reaktionen jedoch, waren nicht erfolgreich genug in bezug zur Voraussage, weil nämlich die Bedrohung nicht „ Glaubhaft „ genug war. Hier ist was der Bericht sagt: Glaubhaftigkeit, als Tatsache, liegt am Herzen dieses Problems, um ein politisches Äquivalent für Krieg zu finden. Das ist wo das Außerirdische - Rassenangebot, in vielen Wegen so wunderbar übereinstimmend als Substitut für wirtschaftliche Kriege, zu kurz kommt. Das am meisten Ambitiöse und unrealistische Raumprojekt kann in sich selber nicht genügend äußere Bedrohung generieren. Es wurde heiß argumentiert das solch eine Bedrohung „die letzte beste Hoffnung für Frieden" usw. durch die Vereinigung der Menschheit gegen die Gefahr einer Zerstörung vom Weltall sein würde. Experimente wurden angeboten um die Glaubwürdigkeit eines aus dem Weltall kommenden Weltkriegssituation zu testen. Es ist möglich das einige der mehr schwer zu erklärenden „Fliegenden Untertassen" Sichtungen in den letzten Jahren schon Experimente dieser Art waren, wenn so, so waren sie nicht sonderlich erbaulich.

Dieser Bericht war veröffentlicht in 1966 als die Idee von Außerirdischen gegenwärtigen zu weit ausgeholt war für die Durchschnittsperson. In den folgenden Jahren, jedoch, diese Wahrnehmung änderte sich. Eine wachsende Menge der Population glaubt nun dass intelligente Lebensformen existieren könnten außerhalb unseres Planeten und unsere eigene Zivilisation beobachten würden. Ob der Glaube nun richtig oder falsch ist interessiert uns hier nicht. Der Punkt ist das eine dramatische Zusammenkunft mit außerirdischen im TV Bereich - sogar wenn es total fabriziert würde von High Tec Computergrafik oder Laser Shows am Himmel - dafür genutzt werden könnte eine Stampede der Nationen in Unterstützung des Weltstaates um die Invasion zu verteidigen gegen die Außerirdischen. Auf der anderen Seite, wenn die Außerirdischen friedvoll wären, würde ein alternatives Szenario entwickelt werden um den Weltstaat zu formen um eine vereinte Humanität zu repräsentieren um mit einer gemeinsamen Stimme zu sprechen gegen die galaktische Förderation. Jedes dieser Szenarien würde heute wesentlich glaubhafter sein als noch 1966.

Das Umwelt-Vergiftung Modell

Der letzte Kandidat für eine nutzbare globalen Bedrohung war Vergiftung der Natur. Diese wurde als die größte Möglichkeit betrachtet Erfolg zu haben denn es könnte Verbindungen zu observierbaren Situationen herstellen solche wie Smog Wasservergiftung in anderen Worten, es würde sich auf Fakten aufbauen, deswegen, glaubwürdig sein. Voraussagen könnten gemacht werden die zeigen könnten dass es ein Ende der Erde Szenario genauso schlimm und übel wie ein Atomkrieg geben könnte. Genauigkeit in der Voraussage wäre nicht so wichtig. Der Sinn wäre um Angst zu machen und nicht zu informieren. Es könnte sogar nötig sein bewusst Vergiftungen der Umwelt zu gestalten um die Voraussagen mehr überzeugend zu machen, und um das Denken der Öffentlichkeit in die Richtung eines neuen Feindes zu bringen, noch bedrohlicher als jede Invasion von anderen Nationen oder sogar aus dem Weltall. Die Massen würden viel leichter gewillt sein einen fallenden Lebensstandart zu akzeptieren, Steuererhöhung und bürokratische Einmischungen in ihr Leben, als einfach „der Preis den wir zahlen müssen um Mutter Erde zu retten". wenn eine Vision von Tod und Zerstörung und Vergiftung in das öffentliche Denken eingepflanzt werden könnte ins Unterbewusstsein, dann könnte der globale Krieg dagegen, sehr wohl, Krieg ersetzen als der Mechanismus zur Kontrolle. Hatte der Bericht von Iron Mountain das wirklich gesagt? Ja sicherlich er tat das und sehr viel mehr. Hier sind nur einige Passagen der dazugehörigen Passagen:

Wenn es dazu kommt einen glaubwürdigen Ersatz für Krieg zu fordern...der „alternative Feind" muss ein mehr direkter, verwickelnder, und sofortbedrohender Druck der Zerstörung sein. Er muss die Rechtfertigung haben einen „Blutpreis" zu zahlen in weiten Gegenden des menschlichen Bereichs. In diesem Respekt, die mögliche Ersatzfeinde die zuvor erwähnt wurden wären dafür nicht genügend. Eine Ausnahme wäre ein Umweltverschmutzung Model, wenn die Bedrohung die sie der Gesellschaft bringen würde wirklich Immanent wäre. Die fiktiven Modelle würden das Gewicht tragen von außerordentlichen Überzeugungen, unterlegt mit einem nicht zu übersehenden Opfer von Leben....es könnte sein, angenommen, das starke Vergiftung und Umweltverschmutzung sogar die Bedrohung und Massenzerstörungen von Atomkriegen übernehmen könnte als der prinzipielle Bedrohung zum überleben der Spezies. Vergiftung der Luft und die prinzipiellen Quellen der Nahrung und Wasserlieferungen, ist schon weit fortgeschritten, und würde auf den ersten Blick sehr erfolgreich erscheinen, es stellt eine Bedrohung dar mit der man arbeiten kann aber nur mit sozialen Organisationen und politischer Kraft. Es ist wahr das der Grad der Vergiftung erhöht werden könnte selektiv für diese Ziele....aber das Umweltvergiftungsmodelproblem ist schon so weit veröffentlicht in den letzten Jahren das es doch sehr höchstwahrscheinlich ist das ein Programm von bewusster Umweltvergiftung noch eine politisch akzeptierte Gewohnheit werden könnte. Jedoch, einige der möglichen Bedrohungen die wir als Alternative Kriegsszenarien erwähnt haben, müssen wir darauf aufmerksam machen, muss man sicher stellen das glaubwürdige Qualität und Größe, falls eine Veränderung zum Frieden jemals kommen könnte ohne sozialen Zerfall. Es ist jedoch wesentlich möglicher in unserer Beurteilung dass eine Bedrohung erfunden werden muss.

Umweltschutz als ein Ersatz für Krieg

Es geht über den Horizont dieser Studie hinaus um zu beweisen dass die momentan akzeptierten vorhersagen des Umweltkatastrophen Doom aus Übertreibung und betrügerische „wissenschaftliche Studie" aufgebaut sind. Aber solch ein Beweis ist sehr leicht gebracht wenn man bereit ist sich die Rohdaten anzusehen und die Annahmen auf welche die Projektionen basieren. Viel wichtiger, jedoch ist die

Frage des warum „ende-der-welt-szenarien" auf falsche wissenschaftliche Studien aufbauen- oder sogar überhaupt keine Studien - alle sind unkritisch veröffentlicht durch die CFR Kontrollmedien, oder warum radikale Umweltgruppen die soziale Doktrinen und Antigeschäftsprogramme proklamieren sehr stark gefunden werden in den CFR- dominierten Foundation, Banken, und Corporation, alle diese Gruppen die man annehmen könnte am meisten zu verlieren hätten. Der Bericht von Iron Mountain beantwortete diese Fragen. Wie der Bericht schon erwähnte, Wahrheit ist nicht wichtig in diesen Angelegenheiten. Es ist das was man Menschen erzählen kann das sie „glauben" das zählt. Glaubwürdigkeit ist der Schlüssel, nicht Realität. Da ist gerade genug Wahrheit in den Fakten der Umweltverschmutzung um Vorhersagen zu machen über den planetaren Doomsday im Jahre Zweitausendirgendwann das glaubwürdig erscheint. Alles was gebraucht ist sind die Medienkooprerationen und Wiederholungen. Der Plan hat anscheinen gewirkt. Menschen der Industrienationen sind von vielen Dokumentationen, Szenarien, Dramen, Filmen, Balladen, Gedichten und Aufklebern Posters, Ansprachen, Seminaren, Konferenzen, und Konzerten berieseln worden, und das Resultat ist phänomenal. Politiker werden nun gewählt auf der Plattform die mit nichts aufgebaut ist außer das ein ausgesprochenes Interesse für die Umwelt und das Versprechen das zu bereinigen in diesen üblen Industrien gemacht werden soll. Keiner hinterfragt die Zerstörung die der Wirtschaft angetan wird oder den Nationen. Es macht keinen Unterschied wenn der gleiche Planet auf dem wir leben Krank ist und stirbt. Nicht einer in Tausend hinterfragt die darunter liegenden Voraussetzungen: Wie könnte das falsch sein. Schau dir alle diese Filmstars und die Rockstars, wie könnten die falsch liegen, sie haben sich der Bewegung angeschlossen. Während die Folger der Umweltbewegungen beschäftigt sind mit der Vision der planetaren Zerstörung, lass uns anschauen was die Führer denken. Der erste „Erdtag" wurde am 22 April 1970 ausgerufen bei einem „Gipfeltreffen" in Rio de Janeiro, auf dem Umweltschützer und Politiker von der ganzen Erde anwesend waren. Eine Veröffentlichung zirkulierte sehr umfangreich auf diesem Gipfel mit dem Titel: Umwelthandbuch. das Hauptthema diese Buchs war zusammengefasst durch Aussagen vom Princeton Professor Richard A, Falk, ein Mitglied der CFR (Center for foreign relation)Falk schrieb das da vier zusammenhängende Bedrohungen gegen den Planeten waren- Kriege von Massenzerstörungen, Überbevölkerung, Umweltvergiftungen, und die Verringerung der Rohstoffe. dann sagte er:"Die Basis der vier Probleme ist die Unfähigkeit der souvereignen Staaten die Probleme und Affären der Menschheit im Zwanzigsten Jahrhundert zu beseitigen." Das Handbuch führt weiter in der Richtung der CFR Linie in den rhetorische Fragen gefragt werden : „ sind Nationen _Staaten eigentlich möglich, nun das sie die Macht haben sich gegenseitig zu zerstören in einem einzigen Nachmittag" Welchen Preis würden die meisten Menschen willig zahlen für einen mehr dauernden humane Organisation - mehr Steuern, das aufgeben der nationalen Flaggen, womöglich die Aufgabe unserer schwer erkämpften Freiheiten ?

2.In 1989, die der CFR gehörenden Washington Post veröffentlichte einen Artikel geschrieben vom CFR Mitglied Georg Kennan in welchem er sagt : „ Wir müssen uns darauf vorbereiten...ein Zeitalter wo der große Feind nicht mehr die Soviet-Union sein wird, sondern der schnelle Zerfall unseres Planeten als eine unterstützende Struktur für das zivilisierte Leben...3 Am 27 März 1990,in der CFR kontrollierten New Yorker Times, CFR Mitglied Michael Oppenheimer schrieb: Globale Erwärmung Ozonverringerung Waldrodungen und Überbevölkerung sind die vier Reiter einer kommenden 21 Jahrhundert Apokalypse....Wie der kalte Krieg verschwindet, wird die Umwelt die Nummer 1 in internationalen Sicherheitsbedrohungen sein.

CFR Mitglied, Lester Brown, führt auch einen weiteren Denkpanzer (Think Tank) genannt das World Watscht Institut (Weltbeobachtungsinstitut). In dem Jährlichen Bericht des Instituts mit dem Titel das Stadium der Welt 1991, Brown schreibt das „Der Krieg den Planeten zu retten, wird den Krieg gegen die IDEOLOGIEN ERSETZEN ALS DAS ORGANISIERTE   Thema der 1 Weltordnung.“ In der offiziellen Veröffentlichung des 1992 Erdgipfels, finden wir dieses: Die Weltgemeinschaft ist nun mit einem viel größeren Risiko für unsere gemeinsame Sicherheit konfrontiert durch den Impakt durch die Umwelt als mit der Tradition militärischer Konflikte untereinander.“ Wie oft soll das noch erklärt werden?

Die Umweltbewegungen waren erschaffen durch die CFR. Es ist ein Ausgleich für Krieg von dem sie hoffen dass der emotionale und psychologische Grund erreicht wird für einen Weltstaat.

Humanität selber ist das Ziel

Der Club of Rom ist eine Gruppe von globalen Planern die jährlich Ende der Welt Szenarien veröffentlichen die auf Vorhersagen aufgebaut sind in bezug zur Überbevölkerung, Verhungern. Deren Mitgliedschaft ist International, aber die Amerikanischen Dienstliste beinhaltet solche gut bekannten CFR Mitglieder wie Jimmy Carter, Harlan Cleveland, Clairburne Pell, und Sol Linowitz. Deren Lösung zur Überbevölkerung? Ein Weltstaat der Geburtsraten kontrolliert und, wenn nötig, wendet Euthanasie an. Das ist das sanftere Word für die bewusste Tötung der Alten, der Schwachen, und natürlich der Unkooperativen. Dem gleichen Denken folgend weitergeführt in Iron Mountain, hat der Club Of Rome die die Schlussfolgerung, das Angst vor Umweltdisaster dazu benutzt werden könnte, als ein Ersatz - Feind für den Grund die Massen zu zerteilen, hinter ihrem Programm. In ihrem 1991 Buch mit dem Titel „ Die erste globale Revolution“ finden wir dieses : auf der Suche nach einem neuen Feind um uns zu vereinen, fanden wir diese Idee das Umweltvergiftung, die Bedrohung der globalen Erwärmung, Wasserknappheit(Der Weltwassermarkt wird von 3 entscheidenden Faktoren bestimmt: der Formierung bzw. Existenz einer expandierenden, internationalen Wasserindustrie, der Forcierung der Privatisierun gsdiskussion durch globale Finanzinstitute (Weltbank, IWF, Entwicklungsbanken) und der wachsenden Knappheit der Ressource Wasser.

Bisher beläuft sich der Anteil der privaten Anbieter an den Wasserwerken weltweit nur auf 5%, doch ihr Wachstum in den letzten 12 Jahren war enorm: Es wird davon ausgegangen, dass bis ins Jahr 2015 bereits 1.16 Mrd. Menschen Kunden privater Wasseranbieter sein werden.

Die internationalen Konzerne sind inzwischen auf allen Kontinenten aktiv. Da der Löwenanteil der Wasserversorgung in kommunaler Hand liegt, ist das geschätzte Volumen des noch privatisierbaren Marktes enorm hoch und liegt je nach Schätzung irgendwo zwischen 400 Mrd. und 3 Billionen US-Dollar.

Den Gewinnabsichten der Konzerne gegenüber steht die mangelhafte Verfügbarkeit von Trinkwasser für weite Teile der Weltbevölkerung.

Weltweit leben ca. 1,5-2 Mrd. Menschen ohne Zugang zu sauberem Trinkwasser. Die Vereinten Nationen gehen davon aus, dass bis 2025 ca. 2/3 der Weltbevölkerung unter Wassermangel leiden wird. So wurde von den Vereinten Nationen beschlossen, bis 2015 750 Mio. Menschen mit einem Trinkwasseranschluss zu versorgen.

Weltbank und IWF sehen bei der Bekämpfung der globalen Wasserkrise und der Erreichung des Ziels einen enormen Investitionsbedarf, der nur durch den Einsatz privaten Kapitals zu bewältigen sei. Die Weltbank spricht von einer notwendigen Verdoppelung der bisher im Wassersektor von Regierungen, Kommunen, Wirtschaft und Entwicklungshilfe aufgebrachte" Mittel in Höhe von 60-70 Mrd. Dollar. Doch nicht nur zur Schließung der Finanzlücken sollen die Privaten herangezogen werden, auch wird oft und gerne behauptet sie würden durch erfahrenes Management und hohe Effizienz sowohl Versorgung als auch Ressourcenschutz gegenüber öffentlichen Versorgern verbessern. Durch diese Umdefinierung von Wasser vom öffentlichen Gut zum Wirtschaftsgut schaffen diese Institutionen den ideologischen Rahmen für erste Privatisierungsmaßnahmen.

Inzwischen ist die Weltbank Hauptfinancier ‚Wassersektor. In den letzten Jahren wurden Kredite von rund einem Sechstel der von der Weltbank vergebenen Kredite an Wasserprojekte vergeben, die im zunehmendem Maße Privatisierungsauflagen geknüpft wurden. Aus einer Studie des ICIJ (International Consortium of Investigative Journalists) geht hervor, dass von 276 Krediten der Weltbank für Wassersorgung 30% die Privatisierung voraussetzten - der Großteil innerhalb der letzten fünf Jahre.

Gemeinsam befinden sich IWF und Weltbank hier in einer mächtigen Position: Der IWF kann die Privatisierung als Vorbedingung für neue Kredite und Schuldenerlass festschreiben und bei Kreditabkommen von den Empfängerländern die Schaffung der Rahmenbedingungen für Privatisierungen verlangen. Im Anschluss wird durch

Weltbankfinanzierung die Umstrukturierung umgesetzt und den Wasserkonzernen der Weg in den Wassersektors der Länder des Südens geebnet (Quelle: gats-kampagne-at-attac-netzwerk,de W. Schorat 24.6.2007) Hungersnöte und ähnliches genau passen würde...alle diese gefahren sind durch menschliches Tun entstanden... Der wirkliche Feind ist dann Humanität selber.

Soziale Theoretiker sind andauernd davon fasziniert gewesen von der Frage wie man Menschenmassen Überbevölkerung kontrolliert. Es bringt ihre Imagination in Wallungen denn es ist sozusagen der ultimative bürokratische Plan. Wenn die wirkliche Gefahr Humanität selber ist, so wie der Club of Rome sagt, dann muss auch Humanität selber das Ziel sein. Der Fabian Sozialist Bertrand Russel formuliert das folgender maßen : Ich gebe nicht vor das Geburtskontrolle der einzige Weg ist in welchem Bevölkerungen davon abgehalten werden sich zu vergrößern...Krieg, als ich dachte einen Moment lang, hat bis jetzt enttäuscht in diesem vergleich, aber womöglich bakteriologische Kriege, könnten sich besser beweisen effektiver sein. Falls ein Schwarzer Tod verbreitet werden könnte über die Welt einmal in jeder Generation, Überlebende könnten sich dann vermehren frei ohne dass die Welt zu voll wird. Eine wissenschaftliche Welt- Gesellschaft kann nicht stabil sein außer da ist ein Weltstaat...es wird nötig sein Wege zu finden die Weltbevölkerung zu reduzieren. wenn das nicht gemacht andersartig gemacht wird, dann durch Kriege. Pestizide und verhungern, das braucht eine Kraftvolle Internationale Autorität. Diese Autorität muss die Weltnahrung austeilen zu den unterschiedlichsten Nationalitäten in Proportion zu ihrer Bevölkerung zur Zeit der Gründung der Autorität. Wenn dann eine Nation subsequenterweise ihre Bevölkerung erhöht, sollte sie deswegen nicht mehr Nahrung bekommen. Das Motiv Bevölkerung nicht zu erhöhen würde dann sehr abstoßend sein".

Sehr abstoßend, wirklich. Diese sanftsprechenden Sozialisten machen keinen Spaß oderblödeln herum,. Als Beispiel, einer der am meisten sichtbaren „Umweltschoner" und Advokat der Bevölkerungskontrolle ist Jacues Cousteau. Interviewed von den vereinten Nationen UNESCO Kurier im November 1991, Cousteau sprach es aus. Von Tod durch Krebs sprechend, sagte er: Sollten wir leidende Krankheiten eliminieren ? Die Idee ist wunderschön, aber womöglich nicht ein Vorteil für Längere Zeit. Wir sollten nicht erlauben unsere sorgen vor Krankheiten die Zukunft unsere Spezies in Gefahr zu bringen. Das ist eine schlimme Sache das zu sagen. Aber um die Weltbevölkerung zu stabilisieren, müssen wir 350,000 Menschen pro Tag eliminieren. Es ist ein fürchterliches Ding das zu sagen, aber es ist genau so übel es nicht zu sagen."

Soo, das war einiges aus dem Buch von Griffin „ The Creature from Jekyll Island". Als letztes noch das hier : Ein Plan für wirtschaftliche Krisen. Es wird geglaubt dass das Welt ökologische System nur gerettet werden kann durch die Disziplinierung der Weltnationen die Verminderung von sozialen Lebensstandards durchzuführen. Um das zu erreichen müssen Nationen weniger bekommen, Steuern erhöht werden und politische Dominanz muss erreicht werden durch einen Weltstaat. Sie werden das wohl nicht freiwillig tun, wird geschrieben, so muss Gewalt angewendet werden. Um das zu erreichen müssen wir eine globale Geldkrise erzeugen durch die ihre wirtschaftlichen Systeme zerstört werden. Dann haben sie keine andere Wahl als die Kontrolle der UN zu akzeptieren, die wir kontrollieren. Diese Strategie wurde zum ersten mal im Mai 1990 veröffentlicht im West Magazin in Kanada. Der Artikel hieß „ Der Wizzard von Baca Grande" Der Journalist Daniel Wood beschreibt eine Woche auf einer privaten Ranch in Süd Colorado. CFR Mitglieder wie David Rockefeller und Henry Kissinger und Gründer der Weltbank Robert McNamara und die Präsidenten solcher Firmen wie IBM, Pan Am, und Harvard besuchten diese Ranch.

22.6.2007

Deswegen hatte Jesus wohl auch gesagt „ Fürchtet euch nicht, denn auch ich habe die Welt überwunden. Und zum Satan, das er kein Interesse habe Herrscher der Welt zu sein, und das er sich selbst ein „Blasen" soll und sich „Verpissen" soll….Oleeee. Ho Ho Ho, Denn dieser Bericht und andere Globale Abläufe und Versklavungen kommen Direkt vom Satan oder Kal oder Brahma. Die alle in einem selber Wirken durch die Affinitäten. Oleeee. Long John Baldry singt hier „ Dont try to lay no Boogy Woogy on the King of Rockn Roll" Lets Go. Weiter, weiter, weiter…..In dieser " Hölle" genannt Menschheit.

FRISCH AUS DER HÖLLE HOHOHO

Tag der Empfängnis Kreta 1993

und heute 2009

"Ich bin dafür

Wenn Du daran glaubst, die Welt kann ein Zuhause sein für Schwarz und Weiss, für Mann
und Kind und Frau
Und wenn du meinst wir sollten für sie kämpfen für jede Blume jeden Tropfen Tau
Und wenn Du meinst wir sollten Brücken schlagen aus Sympathien zwischen Dir und Mir
Und was wir Denken sollten wir auch sagen!
Dann zähl auf mich, ich bin dafür.
Ich bin dafür das wir die Kinder Lieben und ihnen zeigen wie man Liebe schenkt
statt in der Schule ihnen schon zu sagen:
"Pass auf ‚dein Nachbar ist ein Konkurrent"
Ich bin dafür, dass statt der Automaten erstmal die Menschen Arbeit finden hier.
Und das man Brot erzeugt statt Handgranaten
Ich bin dafür.Ich bin dafür.
Ich bin dafür, dass Wiederspruch erlaubt ist ich halte ihn sogar für eine Pflicht
Und das die Jungen eigne Wege gehen ob das den Alten recht ist oder nicht
Und wenn wir dann die Zukunft noch so planen dass jeder Baum und Bach und jedes Tier
uns mehr am Herzen liegt als Autobahnen bin ich dafür. Ich bin dafür.
Und sagt mir einer, ich sei ein Träumer ein Spinner, das mag sein
Jedoch ich träume mit dir und den andern ich trüme und ich spinne nicht allein.
Ich bin dafür, dass nicht einmal ein Kind mehr auch nur im Spiel mit Plastikpanzern
schiesst
Und dass wir alle Waffen dort versenken da wo das Meer am tiefsten ist.
Ich bin dafür, das wir als Menschen leben und nicht als stummes braves Herdentier
dass wir nicht kriechen, dass wir uns erheben
Ich bin dafür. Ich bin dafür.
Ich bin dafür, dafür zu sein für alles
was nicht Gewalt ist, Bosheit oder Gier
Und wenn es Lehrgeld kostet, ich bezahl es
Ich bin dafür. Ich bin dafür

UDO JÜRGEN"

G. Edward Griffin

Die Kreatur von Jekyll Island

Die US-Notenbank
FEDERAL RESERVE

Das schrecklichste Ungeheuer, das
die internationale Hochfinanz je schuf

KOPP

Das Fernsehprogram wurde inzwischen von den Sattelitenbesitzern gestoppt,weil die Informationen in der immer größer werdenden Plattform für Alternative Wissenschaften und Einsichten oder die Kriege und Verstrickungen der Bankster Gangster Bankenbesitzer und das Leid das sie der Globalen Menschheit an tuen zu Monströs wurden. Inzwischen ist ja auch bekannt das die westlichen „ReGier-ungen" alle bloß Firmen Unternehmen sind und auch so registriert sind an der Börse. Bundesrepublik Deutschland D-U-N-S®Nr 341611478 SIC 9199. Mehr unter: http://www.novertis.com/wpress/wp-content/uploads/2010/09/Die-Mutation-der-Rechtsfaehigkeit-Orga-Sklave-Kurzerkl%C3%A4rung.pdf.oder-unter:http://www. neudeutschland.org/index.php/news/items/staat-regierung-oder-unternehmen.html.Sigmar Gabriel, SPD-Vorsitzender auf dem Sonderparteitag in Dortmund, 27.Februar 2010:„Wir haben gar keine Bundesregierung - Frau Merkel ist Geschäftsführerin einer neuen Nichtregierungso rganisation in Deutschland." Steht übrigens auch im Grundgesetz für die BRD, Art. 65.Das kommt aus den USA.Aber wenn Regierungen bloß Firmen sind, sind deren Gesetze für die Menschen ungültig. Unternehmen können den Menschen nicht ihre Regeln aufzwingen. Schaut unter www.thrivemovement.com nachfür Informationen wie der Verbrecheraufbau dieser Staaaaaat-Firmen ist. Oder lest das Buch „Das Ubuntu Prinzip" von Michael Tellinger .
W.Schorat 22.10.2014

Hilfe und Heilung auf geistigem Weg durch die Lehre Bruno Grönings

– medizinisch beweisbar –

www.bruno-groening.de

MARTINUS
1890-1981

"Wo Unwissenheit
entfernt wird,
hört die Existenz
des Bösen auf"

Kosmische Analysen für die Welt

www.martinus-verlag.de
www.martinus.dk

SHAKJAMUNI BUDDHAS HÖCHSTE LEHRE

Das Surangama Sutra

TonStrom VERLAG

SHAKJAMUNI BUDDHAS HÖCHSTE LEHRE

Das Surangama Sutra II
Warnung an Praktizierende

TonStrom VERLAG

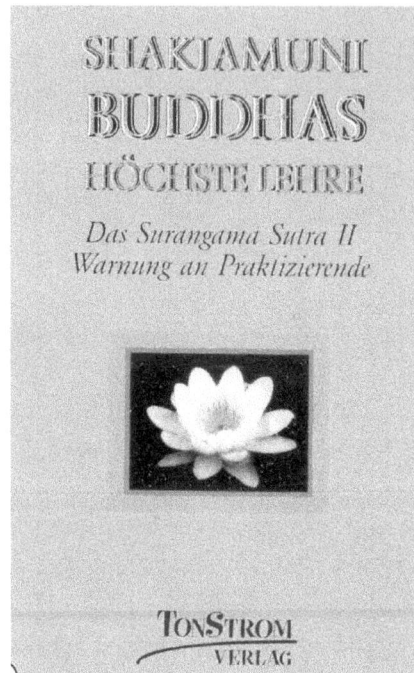

In dieser höchsten Lehre Buddhas sagt er, dass das Hören des transzendentalen
Tons und das Sehen des transzendentalen Lichts, zur höchsten Buddhaschaft und zur
Befreiung führt.
In anderen Schriften wird auch von der *göttlichen Melodie* gesprochen. Die *Hindus*
nennen sie auch
Anahad, Shabd oder *Ahash Bani* - die *himmlische Stimme.* In den *Mandok-
Upanischaden* wird vom *Udgith*
dem *himmlischen Gesang* ~ gesprochen.
Die *Sikhs* nennen es *Nam, Dhun* oder *Bani*, was *Melodie, Klang Wahrheit* oder *Wort,
Stimme* bedeutet.
Die *Moslems* sprechen vom *Kalma*, dem *Wort* oder der *Stimme Gottes*.
Die *griechischen Mystiker* sprechen vom *Logos*.
Und *Sokrates* spricht von der *Sphärenmusik*, die ihn in göttliche Reiche trug.
In der *Bibel* wird vom *Wort, das bei Gott war,* gesprochen - im *Neuen Testament* ist es
der *Heilige Geist.*
Im *Yoga der Seele* wird vom *Licht-und Klangstrom* gesprochen.
Suma Ching Hai lehrt die *Licht- und Klangstrom-Meditation,* die
GuanyinMeditation.   All das ist identisch mit Buddhas höchster Lehre vom
transzendentalen Ton und dem transzendentalen Licht
der höchsten Form der Wahrheitsfindung.
Nach 2600 Jahren zum ersten Mal in die deutsche Sprache übersetzt.

ISBN 3-932209-02-8 und ISBN-3-932209-12-5

Mit

dem

SOLAR
KANU

ZUR

HUDSON BAY

von

Schorat

TonStrom Verlag

Mit dem Kanu von Juni bis September auf dem Churchill River in Nordsaskatchewan
zur Hudson Bay in Nord Manitoba

DAS MANTRA

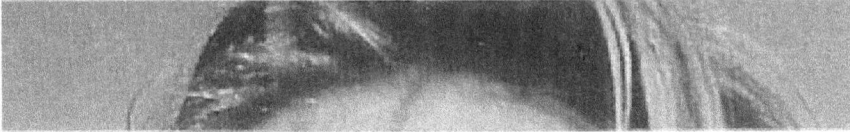

MICH SELBST

ERKENNEN

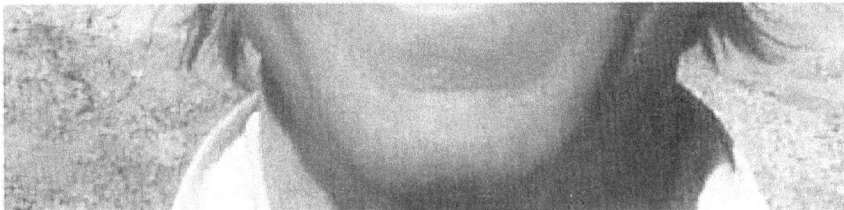

von
Schorat

TonStrom
VERLAG

MEDITATIVE TRANSFORMATION DER INDUSTRIE

VON

SCHORAT

LonStrone-Verlag

463

SOGAR
IN
KANADA
LEBT
DER
BLUES
DER
GERMANEN

VON
SCHORAT

TONSTROM
VERLAG

Bisher erschienen oder in Vorbereitung:

Meditative spirituelle Schwangerschaftslösung *Sachbuch* & **Buddhas höchste Lehre** *Sachbuch (nach 2600 Jahren zum ersten Mal ins Deutsche übersetzt)* & **Spirituelle Transformation der** *Industrie Anleitung zur Oualitätssteige*rung . *Mit* **dem Solar- Kanu zur Hudson Bay** *(3000 Kilometer von Saskatchewan zu den Eisbären) Expeditionsbeschreibung . Kohlenhydrate* **Eddy** *Verrückte Erzählung.* **Modernes** *amerikanisches* **Management** *In* **München** *Wahre* **Kriminalerzählung** & *Die blitzartige Erleuchtung* **des Herrn „Z"** *Humorvolle Erzählung* & *Wiedergeburt* und Erleuchtung des Jungen Werther *In* **Marrakesch** *Humorvolle Erzählung.* **Reise zur** *Fraueninsel Komische Liebeserzählung* & **Die Realität des** *Geleerten Seltsame Erzählung mit Erfahrung des übernatürlichen Lichts* & **Sigurd** *Lichtlos* **oder die Menschwerdung eines Engels** *Meditative* **Kriminalerzählung** & **Als Jesus noch blödelte** *Die Witze die Jesus erzählte, der Vatikan jedoch verbot* & **Als** *Ich* **noch Jude** **war** *Erfahrungserzählung* & **Der** Detektiv *Detektiverzählung auf spirituellem Niveau* & *Salziger* **Honig** *Liebeserzählung* & **Gott mit Koffer und Handtasche auf der staubigen Landstraße zur bedingungslosen Liebe** *Poetische Erzählung* & **Abschied vom Angeln** *Erzählung* & **Mit Lachsen und Grizzlys am Babine River In** *British* **Columbia** *Erzählung* & **Sogar** *in* **Kanada lebt der Blues der Germanen** *Verrückte wilde Erzählung. Die* **Auflösung** *Tagebuch - Tage* & **Sie nannten Ihn Fuzzy** *Wenn 10-Jährige missbraucht werden, Erzählung* & **Liebe stinkt nicht** *Theaterstück* & **Der** *Sinn* **des** *Papalagie Witzige Antworten* & **Ausbildung zum** *spirituellen* **Therapeuten** *Ein persönliches Lehrbuch* & **Die Meisterin Ching Hai** & **Rosa Frühling in Montreal** *Erotische Erzählung* & **Reise zur Badewanne** & **Erleuchtung durch alkoholische Getränke** & **Psychologie der Meister** & **Demokratie Faschisssmuuus** & **Das Mantra „Mich selbst erkennen"**

Wolfgang Eckhardt Schorat
Heinrich-Heine-Straße 17 . 34596 Bad Zwesten Telefon u. Fax 05626-1414

Inzwischen sind mehrere Jahre im Langlauf der Uhrzeit vorbeigezogen. Der Weg der ruhigen Evolution wäre mehr im Sinne der "Meditativen Transformation der Industrie", aber die Finanzwelt die BanksterRaubtiere versuchen weiterhin mit ihren Methoden des Kredits und dann mit Keine Kredite und Geldrücknahme die Menschheit zu kontrollieren. Der Glaube an die TOTALILLUSION "Geld" ist so groß wie die Dummheit der Menschen und die ist so groß wie das Universum, wie Einsteinchen mal formuliert hatte. Geld hat noch nie und wird nie eine Tätigkeit machen, weder noch Planen, Bauen. Denken, und so weiter, alles ist immer und wird immer ausschließlich vom Menschen gemacht. Und deswegen rufe ich die Menschen auf: Wenn der Finanzcrasch kommt und die Pleiten passieren, wenn die Inflation kommt und die Pleiten passieren, wenn die große Depression kommt und die Pleiten passieren, und euch nun mitgeteilt wird von euren überblöden Politikern, Wirtschaftsfachidioten und Doktoren ,Professoren und Diplomvollidioten global, das es keine Arbeit mehr gibt weil kein Geld vorhanden ist, dann erinnert euch global als Menschheit daran: Geld hat noch nie eine Leistung oder Arbeit gemachtes wird alles von euch gemacht, ihr seid bloß verblödet und ausgebeutet worden wegen euer Glaube an das Geld dass es ohne Geld nix gibt, das ist irrenanstaltmäßiger Irrsinnnn von den Besitzenden gegen euch aufgebaut über hunderte von Jahren sogar tausenden von Jahren, denn Geld dient ausschließlich dazu Menschen in Gefangenschaft und Totalverblödung und Versklavung zu halten. Das ist die Strategie der Herrschenden der Besitzenden von Anfang an, seit sie vom Raubtier zum Raubmensch voran getorkelt sind.

Und wenn ihr das erkannt habt, dann seid nicht mehr hörig, wie in den Gerichtssälen, sondern werdet wachsam und erkennt, gebt ab diese damit verbundenen Ängste nicht genug zu haben, und arbeitet alle weiter, macht eure Arbeiten in allen Bereichen weiter, global, und zwar----OHNE GELD---OHNE GELD------OHNE GELD-------und ihr werdet spätestens dann erkennen, das alles ohne Geld schon immer ging. Eure Gewohnheit in die ihr hereingeboren wurdet mit dieser Raubmenschgesellschaft der Gierigen, Besitzenden einer Spezies der Steinzeitmentalität, hat das für sich ,ausschließlich für sich so aufgebaut, damit sie über Besitzt und Geld auf ewig die Menschheit ausbeuten kann und kontrollieren kann. Und dazu gehört auch die Demokratie. Denn eine Demokratie kommt immer erst dann wenn in dem entsprechenden Land der Besitzt und Reichtum vergeben ist und die Ausbeutung nicht mehr weitergeführt werden kann, die Verdummung, dann kommt die subtilste Form der Ausbeutung und Verdummung die Demokratie. Und in ihr, diese Fiktion Demokratie, müsst ihr nun euer Leben lang, um % und milli% kämpfen von Generation zu Generation. Und da die Bankster Gangster Banker das Geld aus Luft drucken, werden sie euch aufbauen und abbauen in der Demokratie und euch wieder alles wegnehmen wenn zu viele Wohlstand erreicht haben, so wie es in allen Finanzkrisen gemacht wird, denn das ist das Ziel. Der Doublebind, Lächeln und Zusammenschlagen.

Da Staaten wie Firmen gehandhabt werden sind sie total vom Bankstermafiaklan abhängig, die Geld aus Luft drucken, und alles wird der Totalverblödung Totalillusion Geld untergeordnet. Und du musst so in deiner Ent-wicklung tiefer in der Ver-wicklung verweilen, weil es nie genug gibt und alles auf Konkurrenzkämpfe aufgebaut ist wie unter den Löwen. Und die ganzen unnoblen, primitiven, Tricksereien,Betrügereien,Morde,Manipulationen,Geldängste, der IllusionsGeldWahnsinnnn, der würde von euch Menschen abfallen, wenn ihr euch von der Totalverblödung Geld, löst, und ihr könntet ein Leben in Würde, Freude, Angstlosigkeit, Liebe und Hingabe an das Schöpferische leben.

Aber hört mit dem Glaube auf, denn wer Glaubt, bleibt Totalillusionist und wird auch nie erfahren wer und was er wirklich ist, nämlich das GÖTTLICHE selber.Glaube ist schlechtes Opium für die Menschheit. Geld hat noch nie etwas erarbeitet alles macht ihr schon immer und wird auch in Ewigkeit so sein ohne GELD ohne GELD ohne GELD ohne GELD ohne GELD.

Schönen Tag noch Wolfgang Schorat

webseiten von schorat

www.www.ararat-foto-ansichten.de
www.meditative-transformation-der-industrie.de
www.olhos-de-aguas-1974.de
www.nilgans-im-schwalm-eder-kreis.de
www.anleitung-zum-verhalten-in-finanzkrisen.de
www.shizzo-berlin1980.de

Erste Auflage 2010   Neuauflage 2014
TonStrom Verlag
Heinrich-Heine-Straße 17
34596 Bad Zwesten
Tel/Fax (05626)-1414
Herstellung: Books on Demand GmbH
Umschlag: Schorat
Layout : Schorat
© Wolfgang Schorat
Printed in Germany

ISBN 978-3- 932209- 26 - 0

www.ingramcontent.com/pod-product-compliance
Lightning Source LLC
Chambersburg PA
CBHW082103220326
41598CB00066BA/5010